HISTOIRE
DE
L'AFRIQUE SEPTENTRIONALE
(BERBÉRIE)

DEPUIS LES TEMPS LES PLUS RECULÉS

JUSQU'A LA CONQUÊTE FRANÇAISE (1830)

PAR

Ernest MERCIER

TOME PREMIER

PARIS
ERNEST LEROUX, ÉDITEUR
28, RUE BONAPARTE, 28

1888

HISTOIRE

DE

L'AFRIQUE SEPTENTRIONALE

I.

DU MÊME AUTEUR

Histoire de l'établissement des Arabes dans l'Afrique septentrionale, selon les auteurs arabes. 1 vol. grand in-8, avec deux cartes. — MARLE (Constantine). — CHALLAMEL (Paris), 1875.

Le cinquantenaire de l'Algérie. — L'Algérie en 1880. 1 vol. in-8. — CHALLAMEL (Paris), 1880.

L'Algérie et les questions algériennes. 1 vol. in-8. — CHALLAMEL, 1883.

Comment l'Afrique septentrionale a été arabisée. Brochure in-8. — MARLE, 1874.

La bataille de Poitiers et les vraies causes du recul de l'invasion arabe. Mémoire publié par la *Revue historique*. — Paris, 1878.

Constantine, avant la conquête française (1837). Notice sur cette ville à l'époque du dernier bey (avec une carte). — Mémoire publié par la Société archéologique de Constantine, 1878. — BRAHAM, éditeur.

Constantine au XVIe **siècle.** Elévation de la famille El Feggoun. — Société archéologique de Constantine, 1878. — BRAHAM, éditeur.

Notice sur la confrérie des Khouan Abd-el Kader-el Djilani, publiée par la Société archéologique de Constantine, 1868.

Les Arabes d'Afrique jugés par les auteurs musulmans. (*Revue africaine*, n° 98, 1873.)

Examen des causes de la croisade de saint Louis contre Tunis (1270). (*Revue africaine*, n° 94.)

Episodes de la conquête de l'Afrique par les Arabes. Kocéïla. La Kahena. — Mémoire publié par la Société archéologique de Constantine, 1883.

Les Indigènes de l'Algérie. Leur situation dans le passé et dans le présent. Revue libérale, 1884.

Le Cinquantenaire de la prise de Constantine (13 octobre 1837). Brochure in-8. — BRAHAM, éditeur à Constantine (Octobre 1887).

Commune de Constantine. Trois années d'administration municipale. Brochure in-8. — BRAHAM, éditeur à Constantine (Octobre 1887).

CHARTRES. IMPRIMERIE DURAND, RUE FULBERT.

HISTOIRE

DE

L'AFRIQUE SEPTENTRIONALE

(BERBÉRIE)

DEPUIS LES TEMPS LES PLUS RECULÉS

JUSQU'A LA CONQUÊTE FRANÇAISE (1830)

PAR

Ernest MERCIER

TOME PREMIER

PARIS

ERNEST LEROUX, ÉDITEUR

28, RUE BONAPARTE, 28

—

1888

PRÉFACE

Arrivé en Algérie il y a trente-quatre ans ; lancé alors au milieu d'une population que tout le monde considérait comme arabe, ce ne fut pas sans étonnement que je reconnus les éléments divers la composant : Berbères, Arabes et Berbères arabisés. Frappé du problème ethnographique et historique qui s'offrait à ma vue, je commençai, tout en étudiant la langue du pays, à réunir les éléments du travail que j'offre aujourd'hui au public.

Si l'on se reporte à l'époque dont je parle, on reconnaîtra que les moyens d'étude, les ouvrages spéciaux se réduisaient à bien peu de chose. Cependant M. de Slane commençait alors la publication du texte et de la traduction d'Ibn-Khaldoun et de divers autres écrivains arabes. La Société archéologique de Constantine, la Société historique d'Alger venaient d'être fondées, et elles devaient rendre les plus grands services aux travailleurs locaux, tout en conservant et vulgarisant les découvertes. Enfin, la maison Didot publiait, dans sa collection de l'*Univers pittoresque,* deux gros volumes descriptifs et historiques sur l'Afrique, dus à la collaboration de MM. d'Avezac, Dureau de la Malle, Yanosky, Carette, Marcel.

Un des premiers résultats de mes études, portant sur les ouvrages des auteurs arabes, me permit de séparer deux grands faits distincts qui dominent l'histoire et l'ethnographie de l'Afrique septentrionale et que l'on avait à peu près confondus, en attribuant au premier les effets du second. Je veux parler de la conquête arabe du VIIe siècle, qui ne fut qu'une conquête militaire, suivie d'une occupation de plus en plus restreinte et précaire, laissant, au Xe siècle, le champ libre à la race berbère, affranchie et retrempée dans son propre sang, et de l'immigration hilalienne du XIe siècle, qui ne fut pas une conquête, mais dont le résultat, obtenu par une action lente qui se continue encore de nos jours, a été l'arabisation de l'Afrique et la destruction de la nationalité berbère.

Je publiai alors l'*Histoire de l'établissement des Arabes dans l'Afrique septentrionale* (1 vol. in-8, avec deux cartes, Marle-Challamel, 1875), ouvrage dans lequel je m'efforçai de démontrer ce que je demanderai la permission d'appeler cette découverte historique.

Mais je n'avais traité qu'un point, important, il est vrai, de l'histoire africaine, et il me restait à présenter un travail d'ensemble. Dans ces trente-quatre années, que de documents, que d'ouvrages précieux avaient été mis au jour! En France, la conquête de l'Algérie avait naturellement appelé l'attention des savants sur ce pays. Nos membres de l'Institut, orientalistes, historiens, archéologues, trouvaient en Afrique une mine inépuisable, et il suffit, pour s'en convaincre, de citer les noms de MM. de Slane, Reynaud, Quatremère, Hase, Walcknaer, d'Avezac, Dureau de la Malle, Marcel, Carette, Yanosky, Fournel, de Mas-Latrie, Vivien de Saint-Martin, Léon Rénier, Tissot, H. de Villefosse.

En Hollande, le regretté Dozy publiait ses beaux travaux sur l'Espagne musulmane. En Italie, M. Michele Amari nous donnait l'histoire des Musulmans de Sicile, travail complet où le sujet a été entièrement épuisé. Enfin l'Allemagne, l'Angleterre, l'Espagne fournissaient aussi leur contingent.

Pendant ce temps, l'Algérie ne restait pas inactive. Un nombre considérable de travaux originaux était produit par un groupe d'érudits qui ont formé ici une véritable école historique. Je citerai parmi eux : MM. Berbrugger, F. Lacroix enlevé par la mort avant d'avoir achevé son œuvre, Poulle, le savant président de la Société archéologique de Constantine, Reboud, Cherbonneau, général Creuly, Mac-Carthy, l'abbé Godard, l'abbé Bargès, Brosselard, A. Rousseau, Féraud, de Voulx, Gorguos, Vayssettes, Tauxier, Aucapitaine, Guin, Robin, Moll, Ragot, Elie de la Primaudaie, de Grammont, président actuel de la Société d'Alger, et bien d'autres, auxquels sont venus s'ajouter plus récemment MM. Boissière, Masqueray, de la Blanchère, Basset, Houdas, Pallu de Lessert, Poinssot, Cagnat.....

Grâce aux efforts de ces érudits dont nous citerons souvent les ouvrages, un grand nombre de points, autrefois obscurs, dans l'histoire de l'Afrique, ont été éclairés, et s'il reste encore des lacunes, particulièrement pour l'époque byzantine, le XVe siècle et les siècles suivants, surtout en ce qui a trait au Maroc, elles se comblent peu à peu. Je ne parle pas de l'époque phénicienne : là, il n'y a à peu près rien à espérer.

Comme sources, notre bibliothèque des auteurs anciens est aussi complète qu'elle peut l'être. Quant aux écrivains arabes, elle est également à peu près complète, mais il faudrait, pour le public, que deux traductions importantes fussent entreprises, — et elles ne peuvent l'être qu'avec l'appui de l'Etat. — Je veux parler du grand ouvrage d'Ibn-el-Athir[1], qui renferme beaucoup de documents relatifs à l'Occident, et du *Baïane*, d'Ibn-Adhari, dont Dozy a publié le texte arabe, enrichi de notes.

Il est donc possible, maintenant, d'entreprendre une histoire d'ensemble. Je l'ai essayé, voulant d'abord me borner aux annales de l'Algérie; mais il est bien difficile de séparer l'histoire du peuple indigène qui couvre le nord de l'Afrique, en nous conformant à nos divisions arbitraires, et j'ai été amené à m'occuper en même temps du Maroc, à l'ouest, et de la Tunisie et de la Tripoli-

---

1. *Kamil-et-Touarikh*.

taine, à l'est. Cette fatalité s'imposera à quiconque voudra faire ici des travaux de ce genre, car l'histoire d'un pays, c'est celle de son peuple, et ce peuple, dans l'Afrique du Nord, c'est le Berbère, dont l'aire s'étend de l'Egypte à l'Océan, de la Méditerranée au Soudan.

Fournel, qui a passé une partie de sa longue carrière à amasser des matériaux sur cette question, a subi la fatalité dont je parle, et lorsqu'il a publié le résultat de ses recherches, monument d'érudition qui s'arrête malheureusement au XI° siècle, il n'a pu lui donner d'autre titre que celui d'histoire des « *Berbers* ».

Mes intentions sont beaucoup plus modestes, car je n'ai pas écrit uniquement pour les érudits, mais pour la masse des lecteurs français et algériens. Je me suis appliqué à donner à mon livre la forme d'un manuel pratique; mais, ne voulant pas étendre outre mesure ses proportions, je me suis heurté à une difficulté inévitable, celle de suivre en même temps l'histoire de divers pays, histoire qui est quelquefois confondue, mais le plus souvent distincte.

Dans ces conditions, je me suis vu forcé de renoncer à la forme suivie et coulante de la grande histoire, pour adopter celle du manuel, divisé par paragraphes distincts, dont chacun est indépendant de celui qui le précède. Ce procédé s'oppose naturellement à tout développement d'ordre littéraire : la sécheresse est sa condition d'être ; mais il permet de mener de front, sans interrompre l'ordre chronologique, l'exposé des faits qui se sont produits simultanément dans divers lieux. De plus, il facilite les recherches dans un fouillis de lieux et de noms, fait pour rebuter le lecteur le plus résolu.

Ecartant toutes les traditions douteuses transmises par les auteurs anciens et les Musulmans, car elles auraient allongé inutilement le récit ou nécessité des dissertations oiseuses, je n'ai retenu que les faits certains ou présentant les plus grands caractères de probabilité. Je me suis attaché surtout à suivre, le plus exactement possible, le mouvement ethnographique qui a fait de la population de la Berbérie ce qu'elle est maintenant.

Deux cartes de l'Afrique septentrionale à différentes époques, et une de l'Espagne, faciliteront les recherches. Enfin une table géographique complète terminera l'ouvrage et chaque volume aura son index des noms propres.

Constantine, le 1ᵉʳ Janvier 1888.

Ernest MERCIER.

SYSTÈME ADOPTÉ

POUR LA TRANSCRIPTION DES NOMS ARABES

Dans un ouvrage comme celui-ci, ne s'adressant pas particulièrement aux orientalistes, le système de transcription du nombre considérable de vocables arabes et berbères qu'il contient doit être, autant que possible, simple et pratique.

La difficulté, l'impossibilité même, de reproduire, avec nos caractères, certaines articulations sémitiques, a eu pour conséquence de donner lieu à un grand nombre de systèmes plus ou moins ingénieux. Divers signes conventionnels, ajoutés à nos lettres, ont eu pour but de les modifier théoriquement, en leur donnant une prononciation qu'elles n'ont pas ; pour d'autres, on a formé des groupes où l'*h*, cette lettre sans valeur phonétique en français, joue un grand rôle. Chaque pays, chaque académie a, pour ainsi dire, son système de transcription. Mais, pour le public en général, tout cela ne signifie rien, et si l'on a, par exemple, surmonté ou souscrit un *a* d'un point, d'un esprit ou de tout autre signe ($a\ \grave{a}\ \acute{a}\ \dot{a}$), l'immense majorité des lecteurs ne le prononcera pas autrement que le plus ordinaire de nos *a*.

De même, ajoutez un *h* à un *t*, à un *g* ou à un *k*, vous aurez augmenté, pour le profane, la difficulté matérielle de lecture, mais sans donner la moindre idée de ce que peut être la prononciation arabe des lettres que l'on veut reproduire.

Enfin, en se bornant à rendre, d'une manière absolue, une lettre arabe par celle que l'on a adoptée en français comme équivalente, on arrive souvent à former de ces syllabes qui, dans notre langue, se prononcent d'une manière sourde (*ein, in, an, on*) et ne répondent nullement à l'articulation arabe. C'est ainsi qu'un Français prononcera toujours les mots Amin, Mengoub, Hassein, comme s'ils étaient écrits : *Amain, Maingoub, Hassain.*

En présence de ces difficultés, je n'ai pas adopté de système absolu, ne souffrant pas d'exception, m'efforçant au contraire, même aux dépens de l'orthographe arabe, de retrancher toute lettre inutile et de rendre, sous sa forme la plus simple pour des Français, les sons, tels qu'ils frappent notre oreille en Algérie. N'oublions pas, en effet, qu'il s'agit des hommes et des choses de ce pays, et non de ceux d'Egypte, de Damas ou de Djedda.

Quiconque a entendu prononcer ici le nom مسعود, ne s'avisera jamais de le transcrire par *Masoud*, ainsi que l'exigeraient nos professeurs, mais bien par *Meçaoud*. Il en est de même de سعد, qui vient de la même racine. La meilleure reproduction consistera à le rendre par *Saad*, en ajoutant un *a*, et non par *Sad*, quels que soient les signes dont on affectera ce seul *a*.

J'ajouterai souvent un *e* muet aux noms terminés par *in, eïn, an, on*, et j'écrirai *Slimane* au lieu de *Souleïman* (ou *Soliman*), *Houcéïne*, *Yar'moracene*, etc.

Quant aux articulations qui manquent dans notre langue, voici comment je les rendrai :

Le ث, par *th, t* ou *ts*.

Le ح, par un *h;* ce qui, du reste, ne reproduit nullement la prononciation de cette consonne forte, et comme je ne figurerai jamais le ه par un *h,* le lecteur saura qu'il doit toujours s'efforcer de prononcer cette lettre par une expiration s'appuyant sur la voyelle suivante.

Le خ, par le *kh,* groupe bizarre encore plus imparfait que l'*h* seul pour la précédente lettre.

Le ع, généralement par un *a* lié à une des voyelles *a, i, o;* quelquefois par une de ces lettres seules ou par la diphthongue *eu* ou par l'*ë*. Cette lettre, dont la prononciation est impossible à reproduire en français, conserve presque toujours, dans la pratique, un premier son rapprochant de l'*a* et provenant de la contraction du gosier; ce son s'appuie ensuite sur la voyelle dont cette consonne, car c'en est une, est affectée. C'est pourquoi j'écrirai *Chiaïte* au lieu de *Chïïte*, *Saad* au lieu de *Sad*, etc.

Le غ, généralement par un *r'*. Si tout le monde grasseyait l'*r*, il n'y aurait pas de meilleure manière de rendre cette lettre arabe; malheureusement, il y a en arabe l'*r* non grasseyé, et il faut bien les différencier. Dans le cas où ces deux lettres se rencontrent, la prononciation de chacune s'accentue en sens inverse, et alors je rends le غ par un *g'*. Exemples : *Mag'reb, Berg'ouata*.

Le ق, par un *k*, comme dans Kassem, ou par un *g*, comme dans Gabès. Cette lettre possède encore une intonation gutturale que l'on ne peut figurer en français.

Le ه, par un *h*. Quant au ة (*ta* lié), dont la prononciation est celle de notre syllabe muette *at* dans contrat, je le rends par un simple *a* et j'écris : *Louata, Djerba, Médéa*.

Je ne parle que pour mémoire des lettres ط, ظ, ص, ض, dont il est impossible de reproduire, en français, le son emphatique, et je les rends simplement par *t, d, s, d*.

INTRODUCTION

DESCRIPTION PHYSIQUE ET GÉOGRAPHIQUE DE L'AFRIQUE SEPTENTRIONALE

Description et limites [1]. — Le pays dont nous allons retracer l'histoire est la partie du continent africain qui s'étend depuis la limite occidentale de l'Egypte jusqu'à l'Océan Atlantique, et depuis la rive méridionale de la Méditerranée jusqu'au Soudan. Cette vaste contrée est désignée généralement sous le nom d'Afrique septentrionale, sans y comprendre l'Egypte, qui a, pour ainsi dire, une situation à part. Les Grecs l'ont appelée *Libye;* les Romains ont donné le nom d'*Afrique* à la Tunisie actuelle, et ce vocable s'est étendu à tout le continent. Les Arabes ont appliqué à cette région la dénomination de *Mag'reb,* c'est-à-dire Occident, par rapport à leur pays. Nous emploierons successivement ces appellations, auxquelles nous ajouterons celle de *Berbérie,* ou pays des Berbères.

Nous avons indiqué les grandes limites de l'Afrique septentrionale. Sa situation géographique est comprise entre les 24° et 37° de latitude nord et les 25° de longitude orientale et 19° de longitude occidentale; ainsi le méridien de Paris, qui passe à quelques lieues à l'ouest d'Alger, en marque à peu près le centre.

Les côtes de l'Afrique septentrionale se projettent d'une façon irrégulière sur la Méditerranée. Du 31° de latitude, en partant de l'Egypte, elles atteignent, au

---

1. Suivre sur la carte de l'Afrique septentrionale au XVe siècle (vol II).

sommet de la Cyrénaïque, le 33°, puis s'infléchissent brusquement, au fond de la grande Syrte, jusqu'au 30°.

De là, la côte se prolonge assez régulièrement, en s'élevant vers le nord-ouest jusqu'au fond de la petite Syrte (34°). Puis elle s'élève perpendiculairement au nord et dépasse, au sommet de la Tunisie, le 37°. Elle suit alors une direction ouest-sud-ouest assez régulière, en s'abaissant jusqu'à la limite de la province d'Oran, pour, de là, se relever encore et atteindre le 36°, au détroit de Gibraltar.

Le littoral de l'Océan se prolonge au sud-sud-ouest, en s'abaissant du 8° de longitude occidentale jusqu'au 19°.

La partie septentrionale de la Berbérie se rapproche en deux endroits de l'Europe. C'est, au nord-est de la Tunisie, la Sicile, distante de cent cinquante kilomètres environ, et, à l'ouest, l'Espagne, séparée de la pointe du Mag'reb par le détroit de Gibraltar. Cette partie de l'Afrique offre, du reste, beaucoup d'analogie avec les dites régions européennes, tant sous le rapport de l'aspect et des productions que sous celui du climat.

Les écarts considérables de latitude que nous avons signalés en décrivant les côtes influent sur les conditions physiques et climatériques ; aussi le littoral des Syrtes diffère-t-il sensiblement de la région occidentale.

OROGRAPHIE. — La région comprise entre la petite Syrte et l'Océan est couverte d'un réseau montagneux se reliant au grand Atlas marocain, qui pénètre dans le sud jusqu'au 30° et dont les plus hauts sommets atteignent 3,500 mètres d'altitude. Toute cette contrée montagneuse jouit d'un climat tempéré et d'une fertilité proverbiale. Les indigènes, peut-être d'après les Romains, lui ont donné le nom de *Tel*. Ce Tel, en Algérie et en Tunisie, ne dépasse guère, au midi, le 35° de latitude.

Dans la partie moyenne de la Barbarie, c'est-à-dire ce qui forme actuellement l'Afrique française, la région telienne aboutit au sud à une ligne de *hauts plateaux,* dont l'altitude varie entre 600 et 1,200 mètres. Le Djebel-Amour en marque le sommet; au delà, le pays s'abaisse graduellement vers le sud et rapidement vers l'est, ce qui donne lieu, dans cette dernière direction, à une série de bas-fonds reliés par des cours d'eau aboutissant aux lacs Melr'ir et du Djerid, près du golfe de la petite Syrte. Cette ligne de bas-fonds est parsemée d'oasis produisant le palmier; c'est la région *dactylifère*.

Des montagnes dont nous venons de parler descendent des cours d'eau, au nord dans la Méditerranée, à l'ouest dans l'Océan. Ceux du versant nord sont généralement peu importants, en raison du peu d'étendue de leur cours : ce sont des torrents en hiver, presque à sec en été. Les rivières du versant océanien, venant de montagnes plus élevées et ayant un cours moins bref, ont en général une importance plus grande.

Au delà des hauts plateaux et de la première ligne des oasis, s'étend le *grand désert* ou *Sahara* jusqu'au Soudan. C'est une vaste contrée généralement aride, entrecoupée de chaînes montagneuses, de vallées, de plateaux desséchés et pierreux et de dunes de sable. Des régions d'oasis s'y rencontrent. Le tout est traversé par des dépressions formant vallées, dont les unes s'abaissent vers le Soudan et les autres se dirigent vers le nord pour rejoindre les lacs Melr'ir et du Djerid. Les vallées, les oasis et certaines parties montagneuses sont seules habitées.

Dans la Tripolitaine, la région tellienne est moins élevée et a moins de profondeur; en un mot, le désert est plus près. Cependant, derrière Tripoli se trouve un massif montagneux assez étendu, donnant accès au Hammada (plateau) tripolitain.

Le littoral de la Cyrénaïque est bordé de collines qui forment les pentes d'un plateau semblable à celui de Tripoli, mais moins étendu. Quelques oasis se trouvent au sud de ce plateau. Au delà commence le grand désert de Libye.

MONTAGNES PRINCIPALES

De l'est à l'ouest, les principales montagnes de l'Afrique septentrionale sont :

Cyrénaïque. — Le *Djebel-el-Akhdar,* dans la partie supérieure.

Tripolitaine. — Le *Djebel-R'ariane* et le *Djebel-Nefouça,* au sud de Tripoli.

Algérie. — Le *Djebel-Aourès,* s'élevant jusqu'à 2,300 mètres au midi de Constantine et s'abaissant au sud, brusquement, sur la région des oasis.
Le *Djebel-Amour* (2,000 mètres), au midi de la province d'Alger formant le sommet des hauts plateaux.
Le *Djebel-Ouarensenis* (2,000 mètres), au nord du Djebel-Amour, près de la ligne du méridien de Paris.
Le *Djebel-Djerdjera* ou *grande Kabilie* (2,300 mètres), près du littoral, entre l'Ouad-Sahel et l'Isser.

Maroc. — Les montagnes du *Grand Atlas* ou *Deren,* notamment le *Djebel-Hentata,* d'une altitude de 3,500 mètres et dont les sommets sont couverts de neiges éternelles.

PRINCIPALES RIVIÈRES

Versant méditerranéen. — L'*Ouad-Souf-Djine* et l'*Ouad-Zemzem,* descendant du Djebel-R'ariane et du plateau de Hammada et venant former le marais situé au-dessous de Mesrata, sur le littoral de la grande Syrte.
L'*Ouad-Medjerda,* qui recueille les eaux du versant nord-est de l'Aourès et du plateau tunisien et vient déboucher dans le golfe de Karthage, au sommet de la Tunisie.
L'*Ouad-Seybous,* recueillant les eaux de la partie orientale de la province de Constantine et débouchant à Bône.

L'*Ouad-el-Kebir*, formé de l'*Ouad-Remel* et de l'*Ouad-Bou-Merzoug*, dont le confluent est à Constantine et l'embouchure au nord de cette ville.

L'*Ouad-Sahel*, venant, d'un côté, du Djebel-Dira, près d'Aumale, et, de l'autre, des plateaux situés à l'ouest de Sétif, et débouchant, sous le nom de *Soumam*, dans le golfe de Bougie, à l'est du Djerdjera.

L'*Ouad-Isser*, à l'ouest du Djerdjera, et ayant son embouchure près de Dellis.

Le *Chelif*, descendant du versant nord du Djebel-Amour et du Ouarensenis, recevant le *Nehar-Ouacel*, venu du plateau de Seressou, au sud de cette montagne, et après avoir décrit un coude à la hauteur de Miliana, courant parallèlement à la côte de l'est à l'ouest, pour se jeter dans la mer à l'extrémité orientale du golfe d'Arzeu.

L'*Habra* et le *Sig*, appelé dans son cours supérieur *Mekerra*, se réunissant pour former le marais de la *Makta*, au fond du golfe d'Arzeu. La plus grande partie des eaux de la province d'Oran est recueillie par ces deux rivières.

La *Tafna*, descendant des montagnes situées au midi de Tlemcen et qui se jette dans la mer au nord de cette ville, après avoir recueilli l'*Isli*, venant de la région d'Oudjda (Maroc).

La *Moulouïa*, qui recueille les eaux du versant oriental et septentrional de l'Atlas marocain et dont l'embouchure se trouve à l'ouest de la limite algérienne.

VERSANT OCÉANIEN. — L'*Ouad-el-Kous*, qui se jette dans la mer près d'El-Araïche, au sommet du Maroc.

Le *Sebou*, descendant du versant nord-ouest de l'Atlas.

Le *Bou-Regreg*, au midi du précédent et ayant son embouchure non loin de lui, à Salé.

L'*Ouad-Oum-er-Rebïa*, grande rivière recueillant les eaux du versant occidental de l'Atlas et traversant de vastes plaines avant de déboucher à Azemmor.

Le *Tensift*, voisin du précédent, au midi.

L'*Ouad-Sous*, qui coule entre les deux chaînes principales du grand Atlas méridional et traverse la province de ce nom.

L'*Ouad-Noun*, débouchant près du cap du même nom.

Et enfin l'*Ouad-Deraa*, descendant du grand Atlas au midi et formant, dans la direction de l'ouest, une large vallée. Ce fleuve se jette dans l'Océan vis-à-vis l'archipel des Canaries.

Versant intérieur. — L'*Ouad-Djedi*, qui prend naissance au midi du Djebel-Amour, court ensuite vers l'est, parallèlement au Tel, et va se perdre aux environs du lac Melr'ir.

L'*Ouad-Mïa* et l'*Ouad-Ir'ar'ar*, venant tous deux de l'extrême sud et concourant à former la vallée de l'*Ouad-Rir'*, qui se termine au chott (lac) Melr'ir.

L'*Ouad-Guir*, descendant des hauts plateaux, pour se perdre au sud non loin de l'oasis de Touat.

Enfin l'*Ouad-Ziz*, qui vient de l'Atlas marocain et disparaît aux environs de l'oasis de Tafilala.

LACS

Les lacs de l'Afrique septentrionale sont peu nombreux. Voici les principaux :

Le chott du *Djerid*, au sud de la Tunisie.

Le *Melr'ir*, à l'ouest du précédent ; entre eux se trouve la dépression de *R'arça*.

La sebkha du *Gourara*, à l'est du cours inférieur de l'Ouad-Guir.

La sebhka de *Daoura*, près de Tafilala.

On compte, en outre, un certain nombre de marais, parmi lesquels nous citerons la sebkha de *Zar'ez*, dans le Hodna, et les chott *Chergui* (oriental) et *R'arbi* (occidental), dans les hauts plateaux. Ce sont souvent de vastes dépressions, avec des berges à pic, et dont le fond est plus ou moins marécageux, selon l'époque de l'année.

CAPS

Voici les principaux caps de l'Afrique, en suivant le littoral de l'est à l'ouest.

Ras-Tourba et cap *Rozat*, au sommet de la Cyrénaïque.

Cap *Mesurata*, près de la ville de Mesrata, à l'angle occidental du golfe de la grande Syrte.

Ras-Capoudïa (l'ancien *Caput Vada*), au sommet de la petite Syrte.

Ras-Dimas (l'antique *Thapsus*), à l'angle méridional du golfe de Hammamet.

Ras-Adar, ou cap *Bon*, au sommet de la presqu'île de Cherik, angle nord-est de la Tunisie.

Promontoire d'*Apollon* ou cap *Farina*, à l'angle occidental du golfe de Tunis.

Ras-el-Abiod, cap *Blanc*, à l'angle occidental du golfe de Bizerte.

Cap de *Garde*, à l'angle occidental du golfe de Bône.

Cap de *Fer*, à l'angle oriental du golfe de Philippeville.

Cap *Bougarone* ou *Sebâ-Rous* (les sept caps), à l'angle occidental du même golfe.

Cap *Cavallo*, à l'angle oriental du golfe de Bougie.

Cap *Sigli*, à l'angle opposé, c'est-à-dire au pied occidental de la grande Kabylie (Djerdjera).

Cap *Matifou* (régulièrement *Thaman'tafoust*), à l'angle oriental du golfe d'Alger.

Cap *Tenès*, à l'est et auprès de la ville de ce nom.

Cap *Carbon*, à l'angle occidental du golfe d'Arzeu, entre cette ville et Oran.

Cap *Falcon*, à l'angle occidental du golfe d'Oran.

Cap *Tres-Forcas*, à l'ouest du golfe formé par l'embouchure de la Moulouïa, dominant Melila, qui est bâtie sur le versant oriental de ce cap.

Cap de *Ceuta*, à la pointe orientale du détroit de Gibraltar.

Cap *Spartel*, sur l'Océan, à l'ouest de cette pointe.

Cap *Blanc*, au sud de l'embouchure de l'Oum-el-Rebïa et d'Azemmor.

Cap *Cantin*, un peu plus bas, au-dessus du Tensift.

Cap *Guir*, au-dessus de l'embouchure du Sebou et d'Agadir.

Cap *Noun*, à l'embouchure de la rivière de ce nom.

Cap *Bojador*, au-dessous de l'embouchure de l'Ouad-Deraa.

Cap *Blanc*, un peu au-dessus du 20° de longitude.

DIVISIONS GÉOGRAPHIQUES ADOPTÉES PAR LES ANCIENS

L'Algérie septentrionale, Libye des Grecs, a formé les divisions suivantes :

Région littorale

Cyrénaïque (comprenant la Marmarique); depuis la frontière occidentale de l'Egypte jusqu'au golfe de la grande Syrte.

Tripolitaine; de cette limite jusqu'au golfe de la petite Syrte. *Byzacène*, région au-dessus du lac Triton. *Zeugitane*, littoral oriental de la Tunisie actuelle, et *Afrique propre*, comprenant d'abord le territoire de Karthage (nord de la Tunisie), puis toute la région entre la Numidie à l'ouest et la Tripolitaine à l'est. La Tripolitaine, la Byzacène, la Zeugitane et l'Afrique propre ont été réunis, à l'époque romaine, sous le nom de *province proconsulaire d'Afrique*.

Numidie; depuis la limite occidentale de l'Afrique propre, qui a été formée généralement par le cours supérieur de la Medjerda, avec une ligne partant du coude de cette rivière pour rejoindre le littoral, et de là jusqu'au golfe de Bougie, c'est-à-dire environ le 3° de longitude est. La Numidie a été elle-même divisée en orientale et occidentale, avec l'Amsaga (Ouad-Remel) comme limite séparative.

Maurétanie orientale; depuis la Numidie jusqu'au Molochat (Moulouïa). A la fin du IIIe siècle de l'ère chrétienne, elle a été divisée en *Sétifienne*, comprenant la partie orientale avec Sétif, et *Césarienne*, formée de la partie occidentale, avec *Yol-Cesarée* (Cherchel) comme capitales.

Maurétanie occidentale ou *Tingitane*, comprenant le reste de l'Afrique jusqu'à l'Océan.

Région intérieure

Libye déserte, comprenant la *Phazanie* (Fezzan), au sud de la Tripolitaine et de la Cyrénaïque.

Gétulie, au sud de la Numidie et des Maurétanies, sur les hauts plateaux et dans le désert.

Ethiopie, comprenant la *Troglodytique*, au sud des deux précédents.

Populations anciennes

CYRÉNAÏQUE et TRIPOLITAINE. — *Libyens*, nom générique se transformant en *Lebataï* dans Procope, *Ilanguanten* dans Corippus, et que l'on peut identifier aux Berbères Louata des auteurs arabes.

Barcites, Asbystes, Adyrmakhides, Ghiligammes, etc., occupant le nord de la Cyrénaïque.

Nasammons, dans l'intérieur, sur la ligne des oasis et le golfe de la grande Syrte, dont ils occupent en partie les rivages.

Psylles, habitant en premier lieu la grande Syrte et refoulés ensuite vers l'est.

Makes, sur le littoral occidental de la grande Syrte.

Zaouekes (Arzugues de Corippus), établis sur le littoral, entre les deux Syrtes. Ils ont donné leur nom plus tard à la Zeugitane. On les identifie aux Zouar'a.

Troglodytes, dans les montagnes voisines de Tripoli.

Lotophages, dans l'île de Djerba et sur le littoral voisin.

AFRIQUE PROPRE. — Les *Maxyes* et les *Ghyzantes* ou *Byzantes*. Ces tribus, sous ces noms divers, y compris les Zaouèkes, paraissent être un seul et même peuple, qui a donné son nom à la Byzacène.

Libo-Phéniciens, peuplade mixte de la province de Karthage.

NUMIDIE. — *Numides*, nom générique.

Nabathres, dans la région du nord-est.

Masséssyliens, puis *Massyles;* occupaient le centre de la province. Ont été remplacés par les peuplades suivantes, qu'ils ont peut-être contribué à former :

Kedamousiens, sur la rive gauche de l'Amsaga (Ouad-Remel) et, de là, jusqu'à l'Aourès.

Babares ou *Sababares,* dans les montagnes, au nord des précédents, jusqu'à la mer.

Mauritanie orientale. — *Maures,* nom générique, auquel on a associé plus tard celui de *Maziques.*

Quinquegentiens, divisés en *Isaflenses, Massinissenses* et *Nababes,* occupant le massif du Mons-Ferratus (Djerdjera).

Masséssyliens, puis *Massyles,* au sud-est du Mons-Ferratus. Remplacés de bonne heure par d'autres populations.

Makhourèbes et *Banioures,* à l'ouest du Mons-Ferratus.

Makhrusiens, sur le littoral montagneux, à l'ouest des précédents.

Nacmusïi, dans la région des hauts plateaux, au midi des précédents.

Masséssyliens, sur la rive droite du Molochath.

Mauritanie occidentale. — *Maures,* nom générique.

Masséssyliens, établis dans le bassin de la Moulouïa.

Maziques, sur le littoral nord et ouest.

Bacuates, établis dans le bassin du Sebou et étendant leur domination vers l'est (identifiés aux Berg'ouata).

Makenites, cours supérieur du Sebou (identifiés aux Meknaça).

Autotoles, Banuires, etc., dans le bassin de l'Oum-er-Rebïa.

Daradæ, bassin du Derâa.

Région intérieure

Libye déserte. — *Garamantes,* appelés aussi *Gamphazantes,* oasis de Garama (Djerma) et Phazanie (Fezzan).

Blemyes, au sud-est des précédents, vers le désert de Libye (peuplade donnant lieu à des récits fabuleux).

Gétulie. — *Gétules,* nom générique. Sur toute la ligne des hauts plateaux et dans la partie septentrionale du désert.

Mélano-Gétules (*Gétules noirs*), au midi des précédents.

Perorses, Pharusiens, sur la rive gauche du Darat (Ouad-Derâa).

Éthiopie. — *Ethiopiens,* terme générique, divisés en *Ethiopiens blancs* et *Ethiopiens noirs.*

Quant aux *Ethiopiens rouges* ou *Ganges,* que les auteurs placent au midi de la Gétulie, sur les bords de l'Océan, nous ne pouvons nous empêcher de les rapprocher des Iznagen (Sanhaga des Arabes), qui ont donné leur nom au Sénégal. Nous trouverons du reste, dans l'histoire des *Sanhaga au voile* (*Mouletthemine*), le nom de Ouaggag, porté encore par des chefs de ces peuplades.

DIVISIONS GÉOGRAPHIQUES ADOPTÉES PAR LES ARABES

Les Arabes, arrivant d'Orient au VIIe siècle, donnèrent, ainsi que nous l'avons dit, à l'Afrique le nom générique de Mag'reb, qui s'étendit même à l'Espagne musulmane. Mais, dans la pratique, une désignation ne pouvait demeurer aussi vague, et les conquérants divisèrent le pays comme suit :

Pays de Barka, la Cyrénaïque (moins la Marmarique).

Ifrikiya, la Tunisie proprement dite, à laquelle on a ajouté la Tripolitaine à l'est, et la province de Constantine, jusqu'au méridien de Bougie, à l'ouest.

El-Mag'reb-el-Aouçot (ou Mag'reb central), depuis le méridien de Bougie jusqu'à la rivière Moulouïa.

El-Mag'reb-el-Akça (ou Mag'reb extrême). Tout le reste de l'Afrique, jusqu'à l'Océan à l'ouest et à l'Ouad-Derâa au sud.

Sahara, toute la région désertique.

Population

Là où les anciens n'avaient vu qu'une série de peuplades indigènes, sans lien entre elles, les Arabes ont reconnu un peuple, une même race qui a couvert tout le nord de l'Afrique. Ils lui ont donné le nom de *Berbère,* que nous lui conserverons dans ce livre. Cette race se subdivisait en plusieurs grandes familles, dont nous présentons les tableaux complets au chapitre 1er de la deuxième partie.

ETHNOGRAPHIE

ORIGINE ET FORMATION DU PEUPLE BERBÈRE

La question de l'origine et de la formation du peuple berbère n'a pas fait un grand pas depuis une vingtaine d'années. Nous avons donc peu de chose à ajouter au mémoire publié par nous en 1871, sous le titre : *Notes sur l'origine du peuple berbère*[1]. De nouvelles hypothèses ont été émises, mais, on peut l'affirmer, le fond solide, sur lequel doivent s'appuyer les données véritablement historiques, ne s'est augmenté en rien, malgré les découvertes de l'anthropologie.

En résumé, que possédons-nous, comme traditions historiques, sur ce sujet? Diodore, Hérodote, Strabon, Pline, Ptolémée, ne disent rien sur l'origine des peuplades dont ils parlent; ils voient là des agglomérations de sauvages, dont ils nous transmettent les noms altérés et dont ils retracent les mœurs primitives, sinon fantastiques.

Un seul, Salluste, s'inquiète de la formation des peuples africains et il reproduit, à cet égard, les traditions qu'il prétend avoir recueillies dans les livres du roi Hiemsal, « écrits en langue punique ». On connaît son système : L'Hercule tyrien aurait entraîné jusqu'au détroit qui a reçu son nom[2] des guerriers mèdes, perses et arméniens. Ces étrangers, restés dans le pays, au-

---

1. *Revue africaine*, 1871. Ce mémoire a été donné en appendice à la fin de notre *Histoire de l'établissement des Arabes dans l'Afrique septentrionale*.
2. Colonnes d'Hercule.

raient formé la souche des Maures et des Numides. Ces nouveaux noms *leur auraient été donnés par les Libyens dans leur jargon barbare*[1]. Les colonies phéniciennes établies sur le littoral auraient achevé de constituer la population de l'Afrique, en lui ajoutant un élément nouveau.

Voilà, en quelques mots, le système de Salluste.

Procope, reproduisant à cet égard les données de l'historien Josèphe, dit que l'Afrique a été peuplée par des nations chassées de la Palestine par les Hébreux[2]. Le rabbin Maïmounide, un des plus célèbres commentateurs du Talmud, nous apprend que les Gergéséens, expulsés du pays de Canaan par Josué, émigrèrent en Afrique.

Enfin, l'historien arabe Ibn-Khaldoun, après avoir examiné diverses hypothèses sur la question, s'exprime comme suit : « Les Berbères sont les enfants de Canaan, fils de Cham, fils de Noë ; leur aïeul se nommait Mazir ; ils avaient pour frères les Gergéséens et étaient parents des Philistins. Le roi, chez eux, portait le titre de Goliath (Galout). Il y eut en Syrie, entre les Philistins et les Israélites, des guerres, etc. Vers ce temps-là, les Berbères passèrent en Afrique[3]. »

Ainsi, voilà toute une série de traditions d'origines diverses, rappelant le souvenir d'invasions de peuples asiatiques dans le nord de l'Afrique.

Nous n'avons pas parlé des Hycsos, ces conquérants sémites, plus ou moins mélangés de Mongols, qui, après avoir conquis l'Egypte, renversé la XIII° dynastie et occupé en maîtres le pays durant plusieurs siècles, furent chassés par le Pharaon Ahmès I, de la XVIII° dynastie.

En effet, l'histoire de l'Egypte nous démontre péremptoirement qu'autrefois sa vie a été intimement mêlée à celle de la Berbérie, et c'est ce qui a été très bien ca-

---

1. « ..... barbara lingua Mauros, pro Medis appellantes » (Salluste).
2. Procope. *De bello Vandalico.*
3. *Histoire des Berbères* (trad. de Slane), t. I, p. 184.

ractérisé par M. Zaborowski[1] dans les termes suivants :
« L'action réciproque de l'Egypte et de l'Afrique l'une sur l'autre est si ancienne, elle a été si longue et si profonde, qu'il est impossible de démêler ce que la première a emprunté à la seconde, et réciproquement. »

Il est donc possible que les Hycsos, vaincus, soient passés en partie dans le Mag'reb. Mais, en revanche, cette même histoire nous apprend que, vers le xv° siècle avant J.-C., sous la XIX° dynastie, une invasion de nomades, aux yeux bleus et aux cheveux blonds, vint de l'ouest s'abattre sur l'Egypte.

Ces populations, que les Egyptiens confondaient avec les Libyens et qu'ils nommaient *Tamahou* (hommes blonds), d'où venaient-elles ? Arrivaient-elles d'Europe ou étaient-elles depuis longtemps établies dans la Berbérie? Cette question est insoluble; mais, quand on examine la quantité innombrable de dolmens qui couvrent l'Afrique septentrionale, on ne peut s'empêcher d'y voir les sépultures de ces hommes blonds ou un usage laissé par eux. Il faut, en outre, reconnaître la parenté étroite qui existe entre les dolmens de l'Afrique et ceux de l'Espagne, de l'ouest de la France et du Danemarck.

Berbères, Ibères, Celtibères, voilà des peuples frères et dont l'action réciproque des uns sur les autres est incontestable, sans même qu'il soit besoin d'appeler à son aide l'identité de conformation physique ou les rapprochements linguistiques, car ce sont des arguments d'une valeur relative et dont il est facile de tirer parti en sens divers.

A quelle époque, par quels moyens se sont établies ces relations de races entre le midi de l'Europe et l'Afrique septentrionale? Les invasions ont-elles eu lieu de celle-ci en celui-là, ou de celui-là en celle-ci? Autant de questions sur lesquelles les érudits ne parviendront jamais à s'entendre, en l'absence de tout document précis. Pourquoi, du reste, les deux faits ne se seraient-ils pas produits à des époques différentes ?

---

1. *Peuples primitifs de l'Afrique.* (Nouvelle revue, 1ᵉʳ mars 1883.)

Mais ne nous arrêtons pas à ces détails.

Du rapide exposé qui précède résultent deux faits que l'on peut admettre comme incontestables :

1° Des invasions importantes de peuples asiatiques ont eu lieu, à différentes époques, dans l'Afrique septentrionale ;

2° Cette région a été habitée anciennement par une race blonde, ayant de grands traits de ressemblance, comme caractères physiologiques et comme mœurs, avec certaines peuplades européennes.

Quelle conclusion tirerons-nous maintenant de cette constatation ?

Dirons-nous, comme certains, que la race berbère est d'origine purement sémitique, ou, comme d'autres, purement aryenne ?

Nullement. La race berbère, en effet, peut avoir subi, à différents degrés, cette double influence, et il peut exister parmi elle des branches qu'il est possible de rattacher à l'une et à l'autre de ces origines. Mais il n'en est pas moins vrai que, comme ensemble, elle a persisté avec son type spécial de race africaine, type bien connu en Egypte dans les temps anciens, et que l'on retrouve encore maintenant dans toute l'Afrique septentrionale.

Sans vouloir discuter la question de l'unité ou de la pluralité de la famille humaine, il est certain qu'à une époque très reculée, la race libyenne ou berbère s'est trouvée formée et a occupé l'aire qui lui est propre, toute l'Afrique du nord.

Sur ce substratum sont venues, à des époques relativement récentes, s'étendre des invasions dont l'histoire a conservé de vagues souvenirs, et ce contact a laissé son empreinte dans la langue, dans les mœurs et dans les caractères physiologiques. Les peuples cananéens, les Phéniciens ont eu une action indiscutable sur la langue berbère ; et les *blonds*, qui, peut-être, étaient en grande minorité, ont imposé pendant un certain temps leur mode de sépulture aux Libyens du Tell. Malgré l'adoption de la religion musulmane et la modification profonde subie par les populations du nord de l'Afrique, du fait de l'introduction de l'élément arabe, il existe encore en Algérie, notamment aux environs de la Kalàa des Beni-Hammad, dans les montagnes au nord de Mecila, des tribus qui construisent de véritables dolmens.

Mais cette action des étrangers, que nous reconnaissons, a eu des effets plus apparents que profonds, et il s'est passé en Afrique ce qui a eu lieu presque partout et toujours, avec une régularité qui permettrait de faire une loi de ce phénomène : la race vaincue, dominée, asservie, a, peu à peu, par une action lente, imperceptible, absorbé son vainqueur en l'incorporant dans son sein.

Le même fait s'est produit au moyen âge à l'occasion de l'invasion hilalienne, et cependant le nombre des Arabes était relativement considérable et leur mélange avec la race indigène avait été favorisé d'une manière toute particulière, par l'anarchie qui divisait les Berbères et annihilait leurs forces. L'élément arabe a néanmoins été absorbé ; mais, en se fondant au milieu de la race autochthone disjointe, il lui a fait adopter, en beaucoup d'endroits, sa langue et ses mœurs.

N'est-ce pas, du reste, ce qui s'est passé en Gaule : l'occupation romaine a romanisé pour de longs siècles les provinces méridionales, sans modifier, d'une manière sensible, l'ensemble de la race. Dans le nord, les conquérants francks se sont rapidement fondus dans la race conquise, sans laisser d'autre souvenir que leur nom substitué à celui des vaincus. Ces effets différents s'expliquent par le degré de civilisation des conquérants, supérieur aux vaincus dans le premier cas, inférieur dans le second. En résumé, ces conquêtes, ces changements dans les dénominations, les lois et les mœurs, n'ont pas empêché la race gauloise de rester, comme fond, celtique.

De même, malgré les influences étrangères qu'elle a subies, la race autochthone du nord de l'Afrique est restée libyque, c'est-à-dire berbère.

PRÉCIS DE L'HISTOIRE
DE L'AFRIQUE SEPTENTRIONALE
(BERBÉRIE)

PREMIÈRE PARTIE
PÉRIODE ANTIQUE
JUSQU'A 642 DE L'ÈRE CHRÉTIENNE

CHAPITRE Ier
PÉRIODE PHÉNICIENNE
1100-268 AVANT J.-C.

Temps primitifs. — Les Phéniciens s'établissent en Afrique. — Fondation de Cyrène par les Grecs. — Données géographiques d'Hérodote. — Prépondérance de Karthage. — Découvertes de l'amiral Hannon. — Organisation politique de Karthage. — Conquêtes de Karthage dans les îles et sur le littoral de la Méditerranée. — Guerres de Sicile. — Révolte des Berbères. — Suite des guerres de Sicile. — Agathocle, tyran de Syracuse. — Il porte la guerre en Afrique. — Agathocle évacue l'Afrique. — Pyrrhus, roi de Sicile. — Nouvelles guerres dans cette île. — Anarchie en Sicile.

TEMPS PRIMITIFS. — L'incertitude la plus grande règne sur les temps primitifs de l'histoire de la Berbérie. Le nom de l'Afrique est à peine prononcé dans la Bible, et si, dans les récits légendaires tels que ceux d'Homère, la notion de ce pays se trouve plusieurs fois répétée, les détails qui l'accompagnent sont trop vagues pour que l'histoire positive puisse s'en servir. Sur la façon dont s'est formée la race aborigène de l'Afrique septentrionale, on ne peut émettre que des conjectures, et l'hypothèse la plus généralement admise est qu'à un peuple véritablement autochtone que l'on peut appeler chamitique, s'est adjoint un double élément arian (blond) et sémitique (brun), dont le mélange intime a formé la race berbère, déjà constituée bien avant les temps historiques.

L'antiquité grecque n'a commencé à avoir de détails précis sur la partie occidentale de l'Afrique du nord que par ses navigateurs, lors de ses tentatives de colonisation en Egypte et sur les rivages de la Méditerranée. Hérodote est le premier auteur ancien qui ait écrit sérieusement sur ce pays (v° siècle av. J.-C.) ; nous examinerons plus loin son système géographique.

Selon cet historien, les Libyens étaient des nomades se nourrissant de la chair et du lait de leurs brebis. « Leurs habitations sont des cabanes tressées d'asphodèles et de joncs, qu'ils transportent à volonté. » Plus tard, Diodore les représentera comme « menant une existence abrutie, couchant en plein air, n'ayant qu'une nourriture sauvage ; sans maisons, sans habits, se couvrant seulement le corps de peaux de chèvres. » Ils obéissent à des rois qui n'ont aucune notion de la justice et ne vivent que de brigandage. « Ils vont au combat, dit-il encore, avec trois javelots et des pierres dans un sac de cuir..... n'ayant pour but que de gagner de vitesse l'ennemi, dans la poursuite comme dans la retraite..... En général, ils n'observent, à l'égard des étrangers, ni foi ni loi. » Ce tableau de Diodore s'applique évidemment aux Africains nomades. Dans les pays de montagne et de petite culture, les mœurs devaient se modifier suivant les lieux.

LES PHÉNICIENS S'ÉTABLISSENT EN AFRIQUE. — Dès le XII° siècle avant notre ère, les Phéniciens qui, selon Diodore, avaient déjà des colonies, non seulement sur le littoral européen de la Méditerranée, mais encore sur la rive océanienne de l'Ibérie, explorèrent les côtes de l'Afrique et les reconnurent, sans doute, jusqu'aux Colonnes d'Hercule. Les relations commerciales avec les indigènes étaient le but de ces courses aventureuses et, pour assurer la régularité des échanges, des comptoirs ne tardèrent pas à se former. Les Berbères ne firent probablement aucune opposition à l'établissement de ces étrangers, qui, sous l'égide du commerce, venaient les initier à une civilisation supérieure, et dans lesquels ils ne pouvaient entrevoir de futurs dominateurs. Il résulte même de divers passages des auteurs anciens que les indigènes étaient très empressés à retenir chez eux les Tyriens. Quant à ceux-ci, ils se présentaient humblement, se reconnaissaient sans peine les hôtes des aborigènes et se soumettaient à l'obligation de leur payer un tribut [1].

Ainsi les colonies de *Leptis* (Lebida), *Hadrumet* (Souça), *Utique*, *Tunès* (Tunis), *Karthage* [2], *Hippo-Zarytos* (Benzert), etc., furent

---

1. Mommsen, *Histoire romaine*, trad. de Guerle, t. II, p. 206 et suiv. Voir la tradition recueillie par Trogue-Pompée et Virgile, sur la fondation de Karthage par Didon.

2. En phénicien « la ville neuve » (*Kart-hadatch*) par opposition à Utique (*Outik*) « la vieille ».

successivement établies sur le continent africain, et le littoral sud de la Méditerranée fut ouvert au commerce par les Phéniciens, comme le rivage nord et les îles l'avaient été par les Grecs.

Fondation de Cyrène par les Grecs. — Les rivaux des Phéniciens dans la colonisation du littoral méditerranéen furent les Grecs. Depuis longtemps, ils tournaient leurs regards vers l'Afrique, lorsque Psammetik Ier combla leurs vœux en leur ouvrant les ports de l'Egypte. Après avoir exploré cette contrée jusqu'à l'extrême sud, ils firent un pas vers l'Occident, et dans le viie siècle [1], une colonie de Grecs de l'île de Théra vint, sous la conduite de son chef Aristée, surnommé Battos, s'établir à Cyrène. Les peuplades indigènes que les Théréens y rencontrèrent leur ayant dit qu'elles s'appelaient *Loub* ou *Loubim,* ils donnèrent à leur pays le nom de Libye (Λιβύε), que l'antiquité conserva à l'Afrique. La tradition a gardé le souvenir des luttes qui éclatèrent entre les Grecs de Cyrène et leurs voisins de l'Ouest, les Phéniciens, au sujet de la limite commune de leurs possessions, et l'histoire retrace le dévouement des deux frères Karthaginois qui consentirent à se laisser enterrer vivants pour étendre le territoire de leur patrie jusqu'à l'endroit que l'on a appelé en leur honneur « Autel des Philènes » [2].

Données géographiques d'Hérodote. — Vers 420, Hérodote, qui avait lui-même visité l'Egypte, écrivit sur l'Afrique des détails précis que ses successeurs ont répétés à l'envi. Ses données, très étendues sur l'Egypte, sont assez exactes relativement à la Libye, jusqu'au territoire de Karthage; pour le pays situé au delà, il reproduit les récits plus ou moins vagues des voyageurs grecs.

Pour Hérodote, la Libye comprend le « territoire situé entre l'Egypte et le promontoire de Soleïs (sans doute le cap Cantin). Elle est habitée par les Libyens et un grand nombre de peuples libyques et aussi par des colonies grecques et phéniciennes établies sur le littoral. Ce qui s'étend au-dessus de la côte est rempli de bêtes féroces; puis, après cette région sauvage, ce n'est plus qu'un désert de sable prodigieusement aride et tout à fait désert » [3].

---

1. On n'est pas d'accord sur la date de la fondation de Cyrène. Selon Théophraste et Pline, il faudrait adopter 611. Solin donne une date antérieure qui varie entre 758 et 631.
2. A l'est de Leptis, au fond de la Grande Syrte. Salluste, *Bell. Jug.*, XIX, LXXVIII.
3. Lib. IV.

Après avoir décrit le littoral de la Cyrénaïque et des Syrtes, Hérodote s'arrête au lac Triton (le Chot du Djerid). Il ne sait rien, ou du moins ne parle pas spécialement de Karthage. « Au delà du lac Triton, — dit-il, — on rencontre des montagnes boisées, habitées par des populations de cultivateurs nommés *Maxyes*. » Enfin, il a entendu dire que, bien loin, dans la même direction, était une montagne fabuleuse nommée Atlas et dont les habitants se nommaient *Atlantes* ou *Atarantes*. Au midi de ces régions, au delà des déserts, se trouve la noire Ethiopie.

Parmi les principaux noms de peuplades donnés par Hérodote, nous citerons :

Les *Adyrmakhides*, les *Ghiligammes*, les *Asbystes*, les *Auskhises*, etc., habitant la Cyrénaïque.

Les *Nasamons* et les *Psylles* établis sur le littoral de la Grande Syrte.

Les *Garamantes* divisés en *Garamantes du nord*, habitant les montagnes de Tripoli, et *Garamantes du sud*, établis dans l'oasis de *Garama* (actuellement Djerma dans le Fezzan), dont ils ont pris le nom.

Les *Troglodytes*, voisins des précédents et en guerre avec eux.

Les *Lotophages*, établis dans l'île de Méninx (Djerba) et sur le littoral voisin.

Les *Makhlyes*, habitant le littoral jusqu'au lac Triton.

Les *Maxyes*, les *Aœses*, les *Zaouekès* et les *Ghyzantes* au nord du lac Triton et sur le littoral en face des îles Cercina (Kerkinna)[1].

Tels sont les traits principaux de la Libye d'Hérodote. Comme détail des mœurs de ces indigènes, il cite la vie nomade, l'absence de toute loi, la promiscuité des femmes, etc. Il parle encore de peuplades fabuleuses habitant l'extrême sud[2].

PRÉPONDÉRANCE DE KARTHAGE. — La prospérité des comptoirs phéniciens, augmentant de jour en jour, attira de nouveaux immigrants, et Karthage, dont la fondation date du commencement du xe siècle (av. J.-C.), devint la principale des colonies de Tyr et de Sidon en Afrique. Ces métropoles envoyaient à leurs possessions de la Méditerranée des troupes qui, chargées d'abord de les protéger contre les indigènes, servirent ensuite à dompter ceux-ci. Bientôt les villages agricoles avoisinant les colonies phéniciennes furent soumis, et les cultivateurs berbères durent donner à leurs

---

1. Hérodote, l. IV, ch. 143.
2. Vivien de Saint-Martin, *Le Nord de l'Afrique dans l'Antiquité*, passim.

anciens locataires, devenus leurs maîtres, le quart du revenu de leurs terres, tant il est vrai que deux peuples ne peuvent vivre côte à côte sans que le plus civilisé, fût-il de beaucoup le moins nombreux, arrive à imposer sa domination à l'autre.

La puissance de Karthage devint donc plus grande et s'étendit sur les tribus du tel de la Tunisie et de la Tripolitaine. Les Berbères du sud, maintenus dans une sorte de vasselage, servaient d'intermédiaires pour le commerce de l'intérieur de l'Afrique[1]. Non seulement Karthage, après avoir cessé de payer tribut aux indigènes, en exigea un de ceux-ci, mais elle devint la capitale des autres colonies phéniciennes, qui durent lui servir une redevance. De plus, elle s'était peu à peu débarrassée des liens qui l'unissaient à la mère patrie et avait conquis son autonomie à mesure que la puissance du royaume phénicien déclinait[2].

En même temps les navigateurs puniques fondaient à l'ouest de nouvelles colonies : *Djidjel* (Djidjeli), *Salde* (Bougie), *Kartenna* (Ténès), *Yol* (Cherchel), *Tingis* (Tanger), etc. Les Karthaginois conclurent avec les rois ou chefs de tribus de ces contrées éloignées, des traités de commerce et d'alliance.

Découvertes de l'amiral Hannon. — Mais cette extension ne suffisait pas à l'ambition des Phéniciens ; il leur fallait de nouvelles conquêtes. Entre le vi⁰ et le v⁰ siècle, le gouvernement de Karthage chargea l'amiral Hannon de reconnaître le littoral de l'Atlantique et d'y établir des colonies. Le hardi marin partit avec une flotte de soixante navires portant trente mille colons phéniciens et libyens, et les provisions nécessaires pour le voyage et les premiers temps de l'établissement. Il franchit le détroit de Gadès, répartit son monde sur la côte africaine de l'Océan et s'avança jusqu'au golfe formé par la pointe qu'il appelle *Corne du Midi* et que M. Vivien de Saint-Martin identifie à la pointe du golfe de Guinée. Seule, la crainte de manquer de vivres l'obligea à s'arrêter. Il retourna sur ses pas après avoir accompli un voyage qui ne devait être renouvelé que deux mille ans plus tard[3].

Le succès de l'entreprise de Hannon frappa tellement ses concitoyens que les principales circonstances de son voyage furent relatées en une inscription qu'on plaça dans le temple de Karthage. Cette inscription, traduite plus tard par un voyageur grec, nous

---

1. Ragot. Sahara, de la province de Constantine, II⁰ partie, p. 147 (*Recueil des notices de la Société arch. de Constantine*, 1875).
2. Justin, XIX, 1,2.
3. Par les Portugais en 1462.

est parvenue sous le nom de *Périple de Hannon ;* malheureusement la date manque. L'on sait seulement, d'après Pline, que c'était à l'époque de la plus grande puissance de Karthage, alors que, selon Erathosthène, cité par Strabon, on comptait plus de trois cents colonies phéniciennes au delà du détroit [1].

ORGANISATION POLITIQUE DE KARTHAGE. — La puissance acquise par Karthage au milieu des populations berbères était le fruit de l'esprit d'initiative, du courage et de l'adresse dont les Phéniciens avaient sans cesse donné des preuves pendant de longs siècles. Chacun avait coopéré à cette conquête ; le gouvernement avait donc été d'abord une république où le rang de chacun était égal. Puis, les fortunes commerciales et militaires s'étant faites, les grandes familles avaient conservé le pouvoir entre leurs mains, et il en était résulté une oligarchie assez compliquée. Le pouvoir exécutif était dévolu à deux rois [2], assistés d'un conseil dit des anciens, composé de vingt-huit membres, tous paraissant avoir été élus par le peuple et pour un temps assez court. L'exécutif nommait les généraux en chef, mais leur déléguait une partie de ses pouvoirs, ce qui tendait à en faire de véritables dictateurs, tout en offrant l'avantage de rétablir une unité nécessaire dans le commandement. Pour compléter la machine gouvernementale, un autre conseil, dit des Cent-Quatre, composé de l'aristocratie, exerçait les fonctions judiciaires et contrôlait les actes de tous [3]. Ce gouvernement impersonnel n'avait pas les avantages d'une démocratie et en avait tous les inconvénients ; il manquait d'unité et, par suite, de force, et ouvrait la porte à toutes les intrigues et à toutes les compétitions.

CONQUÊTE DE KARTHAGE DANS LES ÎLES ET SUR LE LITTORAL DE LA MÉDITERRANÉE. — Dès le sixième siècle avant notre ère, les Karthaginois firent des expéditions guerrières dans les îles et sur le rivage continental de la Méditerranée. En 543, à la suite d'une guerre contre les Phocéens, ils restèrent maîtres de l'île de Corse. Quelques années plus tard, eut lieu leur premier débarquement en Sicile (536).

---

1. Vivien de Saint-Martin. — Voir également : « *Navigation d'Hanno capitaine carthaginois aux parties d'Afrique, delà les colonnes d'Hercule,* » par Léon l'Africain (trad. Temporal), t. I, p. xxv et suiv.
2. Suffètes (*Chofetim*) ou juges. Les auteurs anciens leur donnent le nom de rois. Tite-Live les compare aux consuls (XXX).
3. Mommsen, *Histoire romaine*, t. II, p. 217 et suiv. — Aristote, *Polit.*, l. II. — Polybe, VI et pass.

Les relations amicales de Karthage avec l'Italie remontent à cette époque; déjà les Etrusques l'avaient aidée dans sa guerre contre les Phocéens; en 509 fut conclu son premier traité d'alliance avec les Romains [1].

Sous l'habile direction de Magon, la puissance punique s'étendit sur la Méditerranée, dont tous les rivages reçurent la visite des vaisseaux de Karthage se présentant, non plus comme de simples trafiquants, mais comme les maîtres de la mer. Les Berbères de l'Afrique propre sont ses vassaux; ceux du sud et de l'ouest ses alliés : tous lui fournissent des mercenaires pour ses campagnes lointaines. La civilisation Karthaginoise se répandit au loin et exerça la plus grande influence, particulièrement sur la Grèce et le midi de l'Italie.

GUERRES DE SICILE. — Mais ce fut contre la Sicile que Karthage concentra ses plus grands efforts; elle était attirée vers cette conquête par la richesse et la proximité de l'île, et aussi par le désir d'abattre la puissance des Grecs en Occident. Alors commença ce duel séculaire, qui devait avoir pour résultat d'arrêter la colonisation grecque dans la Méditerranée, mais dont Rome devait recueillir tous les fruits.

Alliés à Xerxès par un traité fait dans le but d'opérer simultanément contre les Grecs, les Karthaginois firent passer en Sicile une armée considérable sous la conduite d'Amilcar [2], fils de Magon; mais cette alliance ne leur fut pas favorable et, tandis que les Perses étaient écrasés à Salamine, les Phéniciens éprouvaient un véritable désastre en Sicile (vers 480).

La guerre continua pendant de longues années en Sicile, sans que les Karthaginois y obtinssent de grands succès : les revers, la peste, les calamités de toute sorte semblaient stimuler leur ardeur. Néanmoins, vers la fin du ve siècle, Hannibal et Himilcon, de la famille de Hannon, remportèrent de grandes victoires et conquirent aux Karthaginois près d'un tiers de l'île, avec des villes telles que Selinonte, Hymère, Agrigente, etc. [3].

Denys, tyran de Syracuse, les arrêta dans leurs succès et les força à signer un traité, ou plutôt une trêve, pendant laquelle les deux adversaires se préparèrent à une lutte plus sérieuse (404).

En 399 Denys envahit les possessions Karthaginoises; Himilcon,

---

1. Polybe.
2. C'est à tort que M. Mommsen et les Allemands orthographient ce nom par un H. La première lettre est un Aïu ( ) et non un Heth ( ).
3. Diodore.

nommé suffète, arrive avec une flotte nombreuse devant Syracuse, force l'entrée du port et coule les vaisseaux ennemis (396). L'année suivante, il revient en force, s'empare de Motya, de Messine, de Catane, de presque toute l'île, vient mettre le siège devant Syracuse et porte le ravage dans la contrée environnante. Au moment où il est sur le point de triompher de son ennemi, la peste éclate dans son armée. Denys profite de cette circonstance pour attaquer les Karthaginois démoralisés, les bat sur terre et sur mer et force le suffète à souscrire à une capitulation qui consacre la perte de toutes ses conquêtes. Ainsi finit cette campagne si brillamment commencée [1].

Révolte des Berbères. — A la nouvelle de ce désastre, les indigènes de l'Afrique croient que le moment est venu de reconquérir leur indépendance. Ils se réunissent en grandes masses et viennent tumultueusement attaquer Karthage (395). Tunis tombe en leur pouvoir et la métropole punique se trouve exposée au plus grand danger. Mais bientôt la discorde se met parmi ces hordes sans chefs, qui ne veulent obéir à aucune règle, et ce rassemblement se fond et se désagrège. Ainsi nous verrons constamment les Berbères profiter des malheurs dont leurs dominateurs sont victimes pour se lever contre eux : la révolte éclate comme la foudre ; mais bientôt la désunion et l'indiscipline font leur œuvre, la réunion se dissout en quelques jours et les indigènes retombent sous le joug de l'étranger [2].

Suite des guerres de Sicile. — A peine Karthage avait-elle triomphé des Berbères qu'elle envoya Magon en Sicile avec de nouvelles forces. La guerre recommença aussitôt entre Denys et les Karthaginois, et se prolongea avec des chances diverses pendant plusieurs années. Magon, ayant péri dans une bataille, fut remplacé par son fils portant le même nom. En 368, Denys cessa de vivre et eut pour successeur son fils Denys le jeune. Malgré ces changements, la guerre continuait avec acharnement de part et d'autre : c'était comme un héritage que les pères transmettaient en mourant à leurs enfants.

Mais si les Grecs de Sicile avaient recouvré une certaine puissance sous la ferme main de Denys, le règne de son successeur ne leur procura pas les mêmes avantages. Poussés à bout par les vices de Denys le jeune, les Syracusains l'expulsèrent de leur ville ;

---

1. Diodore, l. XXIV.
2. Diodore, l. XIV, ch. LXXII.

mais comme un tyran a toujours des partisans, la guerre civile divisa les Grecs. Karthage saisit avec empressement cette occasion pour envoyer de nouvelles troupes en Sicile avec Magon, en chargeant ce général de reprendre avec vigueur les opérations militaires. Vers le même temps elle concluait avec Rome un nouveau traité d'alliance tout en sa faveur, car elle imposait à celle-ci de ne pas naviguer au delà du détroit de Gadès, à l'Ouest, et du cap Bon, à l'Est, et lui interdisait même de faire du commerce en Afrique (348).

A l'arrivée de Magon en Sicile, un groupe de citoyens de Syracuse, car la ville elle-même était divisée en plusieurs camps, fit appel aux Corinthiens fondateurs de leur cité, en implorant leur secours. Ceux-ci envoyèrent Timoléon avec une petite armée d'un millier d'hommes. Syracuse était alors sur le point de tomber : un parti avait livré le port aux Karthaginois ; Denys occupait le château ; Icetas le reste de la ville. Timoléon obtint la soumission de Denys et la remise de la citadelle et força les Karthaginois à une trêve pendant laquelle il détacha de Magon ses auxiliaires grecs. Celui-ci, se croyant perdu, s'embarqua précipitamment et vint chercher un refuge à Karthage, où, pour échapper à un supplice ignominieux, il se donna la mort.

Karthage, brûlant du désir de tirer vengeance de ces échecs, fit passer, en 340, de nouvelles troupes en Sicile sous le commandement de Hannibal et de Amilcar ; mais ce ne fut que pour essuyer un nouveau et plus complet désastre. Timoléon, bien qu'il disposât d'un nombre beaucoup moins grand de soldats, réussit, après une lutte acharnée dans laquelle les Karthaginois déployèrent le plus grand courage, à triompher d'eux. En 338 un traité fut conclu entre les Syracusains et les Karthaginois. Timoléon fit ainsi reconnaître l'intégrité de Syracuse et de son territoire et recula les bornes des possessions puniques, en imposant aux Karthaginois la défense de soutenir à l'avenir les tyrans.

AGATHOCLE, TYRAN DE SYRACUSE. — IL PORTE LA GUERRE EN AFRIQUE. — Quelques années plus tard, un homme de la plus basse extraction, sans mœurs, mais d'un caractère énergique et ambitieux, parvint, avec l'appui d'Amilcar, à s'emparer par un coup de force de l'autorité à Syracuse ; il mit à mort les citoyens les plus honorables et se proclama roi des Grecs (319). Bien qu'il eût juré à Amilcar, pour obtenir son appui, une fidélité éternelle à Karthage, il se considéra comme dégagé de son serment par la mort de son ancien protecteur et envahit les possessions puniques. Aussitôt, Karthage fit passer en Sicile une armée nombreuse sous la conduite de Amilcar, fils de Giscon, et ses troupes remportèrent sur Agathocle une victoire décisive et vinrent mettre le siège devant Syracuse.

Agathocle, réduit à la dernière extrémité, ne possédant plus que la ville dans laquelle il est bloqué, repoussé par les Grecs auxquels il s'est rendu odieux par sa tyrannie, conçoit le dessein hardi de se débarrasser de ses ennemis en allant porter la guerre chez eux. Il supplie les Syracusains de résister encore quelques jours, parvient, au moyen d'un stratagème, à attirer les vaisseaux Karthaginois en dehors du port, profite de ce moment pour en sortir lui-même avec quelques navires, et fait voile vers l'Afrique. Poursuivi par la flotte de ses ennemis, il parvient à lui échapper et, après six jours d'une traversée des plus périlleuses, aborde dans le golfe même de Tunis et se retranche dans les carrières, après avoir brûlé ses vaisseaux afin d'enlever à ses troupes toute pensée de retour (310).

Revenus de la stupeur que leur a causée cette attaque imprévue, les Karthaginois appellent tous les hommes aux armes et chargent les généraux Hannon et Bomilcar de repousser l'usurpateur qui s'est déjà emparé de plusieurs villes. Mais le sort des armes est funeste aux Phéniciens ; leurs troupes sont écrasées par Agathocle qui vient mettre le siège devant Karthage (309).

Pendant que les Phéniciens démoralisés multiplient les offrandes à leurs dieux pour apaiser leur courroux, en sacrifiant même leurs propres enfants, la renommée porte de tous côtés, en Berbérie, la nouvelle des succès de l'envahisseur et de la destruction de l'armée Karthaginoise. Les indigènes, tributaires ou alliés, accourent en foule au camp d'Agathocle pour l'aider à écraser leurs maîtres ou leurs amis.

En Sicile, Amilcar a continué le siège de Syracuse : mais bientôt le bruit des victoires des Grecs parvient aux assiégés et, par un puissant effort, ils obligent les Karthaginois à lever le blocus (309). L'année suivante, Amilcar essaie en vain d'enlever Syracuse ; il est vaincu, fait prisonnier et expire dans les supplices.

Cependant Agathocle, solidement établi à Tunis, continuait de menacer Karthage et en même temps parcourait en vainqueur le pays, au sud et à l'est, faisant reconnaître son autorité par les Berbères ; dans une seule campagne, plus de deux cents villes lui ont fait leur soumission. Après avoir, avec une audacieuse habileté, réprimé une révolte qui avait éclaté contre lui au milieu de ses soldats, Agathocle entra en pourparlers avec Ophellas, roi de la Cyrénaïque, ancien lieutenant d'Alexandre, et lui demanda son alliance. Séduit par ses promesses, Ophellas n'hésita pas à amener son armée au tyran ; mais Agathocle le fit assassiner et s'attacha ses troupes. Karthage se trouvait alors dans une situation des plus critiques, et pour comble de malheur, la trahison et la guerre civile paralysaient ses forces.

Agathocle, après avoir enlevé Utique et Hippo-Zarytos[1], laissa le commandement de son armée à son fils Archagate, et rentra en Sicile, où il tenait aussi à assurer son autorité (306) ; aussitôt après son départ, les Karthaginois reprirent vigoureusement l'offensive et réduisirent les Grecs à l'état d'assiégés. Agathocle s'empressa de venir au secours de son fils ; mais la victoire n'est pas toujours fidèle aux conquérants et il éprouva à son tour les revers de la fortune.

Agathocle évacue l'Afrique. — Trahi par ses alliés berbères, n'ayant plus autour de lui que quelques soldats épuisés et démoralisés, Agathocle se décida à évacuer sa conquête ; il retourna suivi de quelques officiers en Sicile, laissant à Tunis ses enfants, avec l'armée ; mais les soldats, se voyant abandonnés, mirent à mort la famille de leur prince et traitèrent avec les Karthaginois auxquels ils abandonnèrent toutes les villes conquises par Agathocle.

Ainsi cette guerre qui avait mis Karthage à deux doigts de sa perte se terminait subitement au grand avantage de la métropole punique (306). Un traité de paix ayant été conclu entre les deux puissances, les Karthaginois purent s'appliquer à réparer leurs désastres et à reprendre de nouvelles forces, tandis qu'Agathocle établissait solidement son autorité à Syracuse, devenait un véritable roi, et s'unissait à Pyrrhus d'Epire en lui donnant sa fille en mariage.

Pyrrhus, roi de Sicile. — Nouvelles guerres dans cette contrée. — Mais la paix entre la Sicile et Karthage ne pouvait être de longue durée. Après la mort d'Agathocle, survenue en 289, l'île devint de nouveau la proie des factions et durant près de dix années l'anarchie y régna seule. Enfin, en 279, les Syracusains menacés de l'attaque imminente de Karthage appelèrent à leur secours Pyrrhus, auquel ils avaient déjà fourni leur appui dans ses guerres contre Rome. Malgré les victoires d'Héraclée et d'Asculum si chèrement achetées, le roi d'Epire se trouvait dans la plus grande indécision, car il avait dû, pour vaincre les Romains, mettre en ligne toutes ses forces et il jugeait qu'avec les éléments hétérogènes composant son armée il ne pourrait obtenir une

---

1. Benzert.

seconde fois ce résultat. La discorde avait éclaté parmi ses alliés et les Tarentins, mêmes, qui l'avaient appelé, étaient sur le point de se tourner contre lui. La proposition des Syracusains lui ouvrit de nouvelles perspectives : la royauté de la Sicile était, à défaut de Rome, une riche proie ; Pyrrhus passa donc le détroit et arriva à Syracuse, où il fut accueilli avec le plus grand empressement.

Les Karthaginois avaient, deux ans auparavant, renouvelé leur alliance avec les Romains et fourni à ceux-ci l'appui de leur flotte dans la dernière guerre, car c'était un véritable traité d'alliance offensive et défensive qu'ils avaient conclu ensemble contre Pyrrhus. Pendant ce temps ils avaient redoublé d'efforts pour s'emparer de la Sicile et recommencé le blocus de Syracuse. L'arrivée de Pyrrhus, amenant des troupes nombreuses et aguerries, arrêta net leurs progrès ; bientôt même ils se virent assiégés dans leur quartier général de Lilybée. Mais le temps des succès de Pyrrhus était passé ; ses troupes furent vaincues dans plusieurs rencontres et le roi, voyant la fidélité des populations chanceler autour de lui, voulut se la conserver par la violence ; il fit gémir l'île sous le poids de sa tyrannie, ce qui acheva de détacher de lui les Grecs. Dans cette conjoncture Pyrrhus, qui, du reste, était rappelé sur le continent par les Tarentins, se décida à laisser le champ libre aux Karthaginois et, passant de nouveau la mer, rentra en Italie (276), où le sort ne devait pas lui être plus favorable.

Anarchie en Sicile. — Le départ du roi laissait la Sicile en proie aux factions. Un grand nombre de mercenaires de toutes races avaient été appelés dans l'île par Agathocle ou y avaient été amenés par Pyrrhus. Abandonnés par leurs chefs, ils s'étaient d'abord livrés au brigandage, puis avaient formé de petites colonies indépendantes. La principale était celle des Mamertins ou soldats de Mars, nom que s'était donné un groupe d'aventuriers campaniens établis à Messine. Les Syracusains, après le départ de Pyrrhus, avaient élu comme chef un officier de fortune nommé Hiéron qui avait pris en main la direction de la résistance contre les Karthaginois et, pendant sept années, avait lutté contre eux, non sans succès. Pendant ce temps les Mamertins, alliés à des brigands de leur espèce établis à Rhige, sur la côte italienne, en face de Messine, avaient vu leur puissance s'accroître et étaient devenus un véritable danger pour les Grecs de Sicile, pour les Karthaginois et même pour les Romains. Cette situation allait donner naissance aux plus graves événements et déterminer une rupture, depuis quelque temps imminente, entre Rome et Karthage.

CHAPITRE II

PREMIÈRE GUERRE PUNIQUE

268-220

Causes de la première guerre punique.—Rupture de Rome avec Karthage.— Première guerre punique.— Succès des Romains en Sicile.— Les Romains portent la guerre en Afrique. — Victoire des Karthaginois à Tunis; les Romains évacuent l'Afrique. — Reprise de la guerre en Sicile. — Grand siège de Lilybée. — Bataille des îles Egates; fin de la première guerre punique. — Divisions géographiques adoptées par les Romains. — Guerre des mercenaires. — Karthage, après avoir établi son autorité en Afrique, porte la guerre en Espagne. — Succès des Karthaginois en Espagne.

CAUSES DE LA PREMIÈRE GUERRE PUNIQUE. — Les échecs éprouvés par Pyrrhus dans l'Italie méridionale, son retour en Epire, sa mort (272), avaient délivré Rome d'un des plus grands dangers qu'elle eût courus. Sa puissance s'était augmentée d'autant, car elle avait hérité de presque toutes les conquêtes du roi d'Epire. Si donc les Romains avaient, dans le moment du danger, recherché l'alliance des Karthaginois contre l'ennemi commun, cette union momentanée de deux peuples ayant des intérêts absolument opposés ne pouvait subsister après la disparition des causes spéciales qui l'avaient amenée. Maîtresse de l'Italie méridionale, Rome jetait les yeux sur la Sicile, que Karthage considérait comme sa conquête, car depuis plusieurs siècles elle se consumait en efforts pour achever de s'en approprier la possession; c'est sur ce champ que la lutte de la race sémitique contre la race ariane allait commencer.

Un des premiers actes des Romains, après le départ de Pyrrhus, avait été de détruire le nid de brigands campaniens établis à Rhige. Les Mamertins de Messine, réduits ainsi à leurs seules forces, avaient alors été en butte aux attaques des Syracusains, habilement dirigés par Hiéron. Vers 268, leur situation n'étant plus tenable, ils se virent dans la nécessité de se rendre soit aux Grecs, leurs plus grands ennemis, soit aux Karthaginois. Un certain nombre d'entre eux entrèrent en pourparlers avec ceux-ci; mais les autres se décidèrent à faire hommage de leur cité aux Romains. Le Sénat de Rome, après quelque hésitation, admit les brigands campaniens dans la confédération italique et, dès lors, la rupture avec Karthage ne fut plus qu'une question de jours. Les prétextes, comme cela arrive dans de tels cas, ne manquaient pas; les Romains, notamment, reprochaient à Karthage d'avoir violé plus d'une clause de leurs précédents traités et d'avoir profité des embarras que leur causait la guerre de Pyrrhus, pour tenter de s'emparer de Tarente et de prendre pied sur le continent.

RUPTURE DE ROME AVEC KARTHAGE. — Tandis que Rome adressait à Hiéron l'ordre de cesser toute agression contre ses alliés les Mamertins, et se préparait à faire passer des troupes à Messine (265), elle envoyait à Karthage une députation chargée de demander des explications sur l'affaire de Tarente survenue sept ans auparavant[1]. C'était, en réalité, un ultimatum, et Karthage parut essayer d'éviter la guerre en désavouant les actes de son amiral. En même temps elle entrait en pourparlers avec Hiéron; le groupe de Mamertins dissidents amenait un rapprochement entre ces ennemis et obtenait que Messine fût livrée aux Syracusains, leurs nouveaux alliés. Au moment donc où les troupes romaines réunies à Rhège se disposaient à traverser le détroit, on apprit que la flotte phénicienne commandée par Hiéron se trouvait dans le port de Messine et que la forteresse de cette ville était occupée par les Karthaginois (264). Sans se laisser arrêter par cette surprise, les Romains mirent à la voile et parvinrent à s'emparer, plutôt par la ruse que par la force, de Messine, car les chefs Karthaginois, liés par des instructions leur recommandant la plus grande prudence afin d'éviter une rupture, n'osèrent pas repousser les Italiens par l'emploi de toutes leurs forces. Maintenant la rupture était consommée et la guerre allait commencer avec la plus grande énergie de part et d'autre.

PREMIÈRE GUERRE PUNIQUE. — Dès qu'on eut appris à Karthage l'occupation de Messine par les Italiens, la guerre fut décidée. Une flotte nombreuse vint, sous la conduite de Hannon, bloquer la ville par mer, tandis que les troupes puniques, d'un côté, et Hiéron, avec les Syracusains, de l'autre, l'assiégeaient par terre. Mais les Romains n'étaient pas disposés à se laisser enlever leur nouvelle colonie. Le consul Appius Claudius étant parvenu à passer le détroit contraignit bientôt les alliés à lever le siège et vint même

1. En vertu du traité d'alliance les unissant aux Romains, les Karthaginois avaient envoyé à ceux-ci pour les aider dans leur guerre contre Pyrrhus une flotte de 120 navires. Mais on avait pris ombrage à Rome de cet empressement et l'amiral punique avait dû reprendre la mer. C'est alors qu'il était allé à Tarente offrir sa médiation ou peut-être ses services à Pyrrhus. (Justin, XVIII).

faire une démonstration contre Syracuse. L'année suivante les Romains remportèrent de grands succès, dont la conséquence fut de détacher Hiéron du parti des Karthaginois et d'obtenir son alliance contre ceux-ci (263)[1]; les colonies grecques de l'île suivirent son exemple et dès lors Karthage se trouva isolée, sur un sol étranger, et obligée de faire face à des ennemis s'appuyant sur des forteresses telles que Messine et Syracuse. Bientôt les Phéniciens en furent réduits à se retrancher derrière leurs places fortes.

Dans ces conjonctures, les Karthaginois jugèrent qu'il y avait lieu de tenter un grand effort; ils réunirent une armée imposante de mercenaires liguriens, espagnols et gaulois et, l'ayant fait passer en Sicile, la répartirent dans leurs places fortes et s'établirent solidement à Agrigente (Akragas), afin de faire de cette ville le nœud de leur résistance. Bientôt les consuls vinrent attaquer ce camp retranché, mais, n'ayant pu l'enlever d'un coup de main, ils durent en faire le siège régulier. Hannibal, fils de Giscon, défendait avec habileté la ville et était aidé par Hiéron qui avait contracté une nouvelle alliance avec les Karthaginois. Quant aux Romains, ils recevaient constamment d'Italie des vivres et des renforts et resserraient chaque jour le blocus.

Succès des Romains en Sicile. — Sur ces entrefaites, le général Hannon, envoyé de Karthage avec une nouvelle et puissante armée, débarque en Sicile et vient attaquer les Romains dans leur camp. Mais le sort des armes est favorable à ceux-ci; les Karthaginois, écrasés, laissent leur camp aux mains des vainqueurs; Hannon parvient, non sans peine, à se réfugier dans Héraclée avec une poignée de soldats. Cette bataille décida du sort d'Agrigente : Hannibal s'ouvrit un passage à la pointe de l'épée, au milieu des ennemis, et abandonna la ville aux Romains (262). Les habitants de la cité furent vendus comme esclaves[2].

Malgré les succès des Italiens, la situation en Sicile n'était pas désespérée pour les Karthaginois, car ils tenaient encore une grande partie de l'île et avaient souvent l'appui des colonies grecques. Une guerre incessante, guerre d'escarmouches et de surprises, sur mer et sur terre, remplaça les grandes batailles. La flotte punique, beaucoup plus puissante que celle des Romains, causa de grands dommages sur les côtes italiennes et fit un tort considérable au commerce. Force fut aux latins de se construire

1. Diodore, XXIII. — Polybe, l. I.
2. Polybe, l. I, ch. 19, 20.

des navires et de remplacer leurs barques par des quinquirèmes[1], en état de lutter avec celles de leurs ennemis. Après avoir créé les vaisseaux, il fallut improviser les marins, mais l'ardeur des Italiens pourvut à tout, et, en 260, une flotte imposante était prête à tenir la mer. Le début ne fut pas heureux ; une partie des navires, avec le consul, tomba aux mains des Karthaginois, dans le port de Lipari ; mais bientôt les marins italiens prirent leur revanche dans plusieurs combats et enfin le consul Duilius remporta la grande victoire navale de Miloe, dans laquelle la flotte karthaginoise fut capturée ou détruite. Duilius ayant débarqué en Sicile obtint sur les ennemis de nouveaux et importants avantages (260).

Encouragés par les succès de leur flotte, les Romains exécutèrent, pendant les années suivantes, des descentes en Sardaigne et en Corse et réussirent à arracher aux Karthaginois une partie des postes qu'ils occupaient dans ces deux îles. En même temps la guerre de Sicile suivait son cours avec des chances diverses, mais sans amener de résultat décisif. Néanmoins, dans la campagne de 258, les consuls A. Calatinus et S. Paterculus s'emparèrent de villes importantes ; Hippane, Canarine, Enna, Erbesse, etc.

Les Romains portent la guerre en Afrique. — La guerre durait depuis huit ans, absorbant toutes les forces des Italiens et menaçant de s'éterniser. Le plus sûr moyen de la terminer était d'attaquer les ennemis chez eux, et de transporter le théâtre de la lutte dans leur propre pays. En 256, les Romains résolurent d'exécuter ce hardi projet. Ils réunirent une flotte de trois cents galères et firent voile vers l'Afrique sous la conduite des consuls Manlius et Régulus. Ils rencontrèrent à Eknome les vaisseaux Karthaginois et leur livrèrent une mémorable bataille navale qui se termina par la victoire des Romains. Dès lors l'Afrique était ouverte. Les consuls abordèrent à l'est de Karthage et allèrent s'établir solidement à Clypée (Iclibïa), pour y grouper toutes les forces, hors de la portée de leurs ennemis. De là ils lancèrent dans l'intérieur des expéditions qui portèrent au loin le ravage et la terreur, et ramenèrent un grand nombre de prisonniers. Sur ces entrefaites arriva l'ordre du Sénat de Rome, rappelant en Italie le consul Manlius avec une grande partie des troupes et prescrivant à Régulus de presser les opérations, au moyen de son armée réduite à 15,000 hommes d'infanterie et 500 cavaliers.

Après le premier moment de stupeur qui avait suivi à Kar-

---

[1]. La quinquirème avait jusqu'à 300 rameurs et portait le même nombre de soldats.

thage la nouvelle du désastre d'Eknome, on s'était préparé avec ardeur à la résistance ; des mercenaires avaient été enrôlés et Amilcar, rappelé de Sicile, avait ramené des forces importantes. Mais le sort des armes fut encore défavorable aux Karthaginois : vaincus à Adis (Radès), ils ne purent empêcher Régulus d'occuper Tunès (Tunis) (255).

Menacée d'un siège immédiat, Karthage proposa la paix aux envahisseurs ; mais les conditions qui lui furent faites étaient si dures qu'elle renonca à toute pensée de transaction et se prépara à lutter avec la dernière énergie, préférant mourir en combattant que consommer elle-même sa ruine. Sur ces entrefaites arrivèrent des vaisseaux chargés de mercenaires grecs, parmi lesquels se trouvait le lacédémonien Xanthippe, officier de mérite, formé à l'école des grands capitaines de son pays. Les Karthaginois ayant eu l'heureuse inspiration de lui confier la direction de la défense, le nouveau général changea complètement le système qui avait été suivi jusque-là. Au lieu de tenir les troupes derrière les murailles ou sur des hauteurs inaccessibles, il les fit sortir dans la plaine et les tint constamment en haleine, les exerçant à l'art de la guerre et leur donnant confiance en elles-mêmes et en leurs chefs, ce qui est le gage de la victoire. Pendant ce temps Régulus restait inactif à Tunès, n'ayant pas assez de monde pour entreprendre le siège de Karthage et ne pouvant se résoudre à abandonner sa conquête pour se replier derrière ses retranchements de Clypée.

Victoire des Karthaginois a Tunis. — Les Romains évacuent l'Afrique. — Bientôt les Karthaginois sont en état de marcher contre leurs agresseurs ; ils les attaquent en avant de Tunis et, grâce aux habiles dispositions prises par Xanthippe, remportent sur eux une victoire décisive. Régulus est fait prisonnier avec ses meilleurs soldats, tandis que les débris de son armée, deux mille hommes à peine, se réfugient à Clypée.

C'était la perte de la campagne ; en vain les Romains envoyèrent contre l'Afrique une nouvelle flotte qui remporta une nouvelle victoire ; la situation n'était plus tenable ; on embarqua sur les vaisseaux la garnison de Clypée et l'on fit voile vers la Sicile en abandonnant à la vengeance des Karthaginois, non seulement les prisonniers, mais les alliés indigènes qui avaient soutenu Régulus dans sa campagne. Cette vengeance fut terrible : les tribus durent payer des contributions écrasantes ; quant aux chefs, ils périrent dans les tortures. Xanthippe avait sauvé Karthage. Il fut largement récompensé et put quitter l'Afrique avant d'avoir éprouvé les effets de l'ingratitude et de l'envie des Karthaginois [1].

REPRISE DE LA GUERRE EN SICILE. — Après ce succès, Karthage se trouvait en état de reprendre l'offensive en Sicile : elle le fit avec énergie. Agrigente et plusieurs autres places tombèrent tout d'abord en son pouvoir. Mais la puissance de Rome et surtout son ardeur étaient loin d'être abattues ; de nouveaux vaisseaux furent construits et, l'année suivante (254), la flotte romaine se réunit à Messine. De là, les consuls allèrent attaquer par mer Panorme (Palerme) et s'en rendirent maîtres, après un siège vigoureusement mené. Ils s'emparèrent en outre de presque tout le littoral septentrional de l'île, mais n'osèrent se mesurer avec l'armée karthaginoise qui tenait le pays à l'intérieur. L'année suivante, les Romains, ayant voulu tenter une nouvelle descente en Afrique, virent la tempête disperser leur flotte, ce qui les força à renoncer à ce projet.

Pendant plusieurs années la guerre continua avec des chances diverses, mais sans aucun résultat décisif ; les ressources, de part et d'autre, s'épuisaient et l'on pouvait prévoir, sinon la fin de ce grand duel, au moins l'imminence d'une trêve. Les Karthaginois, voulant tenter un effort décisif, s'adressèrent même, pour obtenir de l'argent, à leur allié Ptolémée Philadelphe, roi d'Egypte, qui leur refusa tout secours. Les Romains, non moins gênés, se virent contraints de réduire le nombre de vaisseaux qu'ils avaient créés et de renoncer à la guerre maritime.

Cependant en 250, Metellus s'étant trouvé assez fort pour lutter contre l'armée karthaginoise, que les Romains n'avaient plus voulu affronter depuis la défaite de Tunis, remporta une importante victoire sur Asdrubal [2], qui s'était audacieusement avancé jusqu'aux portes de Palerme. Les éléphants, qui avaient puissamment contribué aux succès de Xanthippe, tombèrent aux mains des vainqueurs.

A la suite de ce nouvel échec, Karthage, après avoir mis en croix son général, se décida à faire encore une tentative pour obtenir la paix, et c'est à cette occasion que l'histoire a placé le récit du dévouement de Régulus. De même que la première fois, les conditions faites par les Romains furent jugées inacceptables, et la guerre recommença (249).

1. Polybe, I.
2. C'est encore une erreur d'écrire Asdrubal, en phénicien Azrou-Baâl « le secours de Baal », par un H.

GRAND SIÈGE DE LILYBÉE. — Les Romains, qui avaient achevé la conquête du littoral nord de la Sicile, voulurent profiter de leur succès pour expulser définitivement leurs ennemis de l'île. Ils vinrent en conséquence les attaquer dans leur place forte de Lilybée et commencèrent le siège de cette ville, siège aussi mémorable par l'ardeur et le génie des assiégeants que par le courage et l'obstination des assiégés, commandés par le général Himilcon. Pendant plusieurs mois les machines de guerre battirent les remparts, tandis que la flotte romaine bloquait étroitement le port ; mais Himilcon triompha par son habileté de tous les efforts des assiégeants, renversant par des sorties soudaines les travaux par eux faits au prix des plus grandes difficultés, incendiant leurs machines, déjouant tous leurs plans ; en même temps, de hardis marins parvenaient à faire entrer dans la ville, en passant au milieu des vaisseaux ennemis, des vivres et même des renforts. Sur ces entrefaites le consul P. Claudius Pulcher, désespérant d'enlever la ville de vive force, se contenta de la bloquer et partit subitement avec une flotte nombreuse pour écraser les navires karthaginois à l'ancre dans le port de Drépane. Cette fois la victoire fut pour les Karthaginois qui prirent leur revanche de leurs précédentes défaites maritimes en infligeant aux Romains un véritable désastre. Une tempête, qui suivit de près cette bataille, coûta encore aux Italiens un grand nombre de vaisseaux.

Ces nouvelles portèrent à Rome le découragement ; si Karthage avait profité de ce moment pour pousser vigoureusement les opérations, nul doute que la guerre n'eût été promptement terminée à son avantage. Mais, soit par l'effet de la vicieuse organisation gouvernementale, soit en raison du caractère propre aux races sémitiques, qui ne s'inclinent que devant la nécessité immédiate, on ne voit Karthage tenter d'efforts décisifs que quand l'ennemi est aux portes et le danger imminent. On resta donc sur cette victoire et la guerre continua pendant plusieurs années, consistant en de petits combats sur terre et des courses de piraterie sur mer. En 247, Amilcar-Barka avait pris le commandement des troupes de Karthage en Sicile, troupes assez peu dévouées et composées en partie de mercenaires de tous les pays. Mais Amilcar était un général de grande valeur ; il sut tirer parti de ces éléments mauvais et, sans remporter de succès décisifs, empêcher tout progrès de la part des Romains. Pour contenter ses soldats, il leur fit exécuter une razia dans le Bruttium, puis il vint occuper le mont Ercté[1] qui domine Palerme, et de là, surveillant les routes, ne

---

1. Monte Pellegrino.

manqua aucune occasion de tomber sur ses ennemis et de couper les convois[1]. De leur côté les Romains déployaient la plus grande ténacité, si bien que les deux armées rivales en arrivèrent à reconnaître mutuellement l'impossibilité de se vaincre.

Bataille des îles Égates. — Fin de la première guerre punique. — La guerre durait depuis vingt-deux ans et les deux puissances rivales donnaient des signes non équivoques de lassitude, quand Rome, décidée à en finir, eut l'heureuse inspiration de se refaire une marine et d'essayer encore des luttes navales. Au commencement de l'année 242, trois cents galères, plus un grand nombre de bâtiments de transport, firent voile vers la Sicile. Le consul Lutatius Catulus, qui commandait, s'empara sans difficulté de Drépane et de Lilybée, car les vaisseaux karthaginois étaient absents, soit qu'ils fussent rentrés en Afrique, soit qu'ils se trouvassent retenus dans de lointains voyages. A cette nouvelle, Karthage se prépara à envoyer des troupes en Sicile à son général, dont la situation devenait critique. Quatre cents vaisseaux chargés de vivres, de munitions et d'argent partirent bientôt d'Afrique sous la conduite de Hannon, avec mission d'éviter à tout prix le combat et de débarquer subrepticement les secours dans l'île; mais la vigilance de Lutatius ne put être déjouée. Avec autant d'audace que de courage, il attaqua la flotte punique en face d'Egusa (Favignano), une des Égates, et remporta sur les ennemis une victoire décisive. Cinquante galères karthaginoises furent coulées, soixante-dix capturées, et le reste se dispersa. Ce beau succès allait mettre fin à la campagne.

Démoralisée par sa défaite, Karthage autorisa Amilcar à traiter comme il l'entendrait avec l'ennemi; mais un traité dans ces conditions ne pouvait être que désastreux, c'est-à-dire entraîner la perte de la Sicile, pour la possession de laquelle les Phéniciens luttaient depuis si longtemps. Voici quelles furent les principales conditions imposées à Karthage :

Restitution de tous les prisonniers romains et des transfuges, sans rançon.

Abandon définitif de la Sicile, avec engagement de ne pas attaquer Hiéron ni ses alliés.

Et paiement d'une contribution considérable, dont partie sur-le-champ, et partie en dix annuités[2].

---

1. Polybe, l. I, p. 57.
2. En tout 3200 talents euboïques d'argent.

De son côté, Rome reconnaissait l'intégrité du territoire de Karthage.

Les conséquences de la première guerre punique furent considérables, et permirent de mesurer la puissance acquise par Rome depuis un demi-siècle. Suzeraine de l'Italie méridionale et de la Sicile et maîtresse de la mer, voilà dans quelles conditions la laissait la conclusion de la paix, ou plutôt de la trêve. Quant à Karthage, sa situation était tout autre : son prestige maritime compromis, ses finances ruinées, son autorité sur les Berbères ébranlée, tels étaient pour elle les fruits de cette fatale guerre. Certes, elle était encore capable de grands efforts et devait le prouver avant peu ; néanmoins ses jours de grandeur étaient passés et son déclin approchait.

Divisions géographiques de l'Afrique adoptées par les Romains. — La guerre des Romains contre Karthage et surtout leur descente en Afrique leur donnèrent des connaissances précises sur le continent que les Grecs avaient nommé Libye. Ils donnèrent, les premiers, le nom d'Afrique au territoire de Karthage, en conservant celui de Libye pour l'ensemble du pays, mais, peu à peu, l'appellation d'Afrique devint générale. Ils surent dès lors que cette vaste contrée était habitée par un grand nombre de peuplades indigènes, dont les Phéniciens n'étaient pas partout les maîtres, mais souvent les alliés ou les hôtes.

Voici quelles furent les divisions adoptées par les Romains pour la géographie africaine :

1° *Cyrénaïque* ou *Libye pentapole*, bornée à l'est par la Marmarique et, à l'ouest, par la Grande-Syrte, et habitée par différentes peuplades parmi lesquelles les *Nasamons* et les *Psylles*.

2° *Région Syrtique*, comprenant les deux Syrtes, et habitée par les *Troglodytes, Lothophages, Makes*, etc.

3° *Afrique propre* ou *Territoire de Karthage*, correspondant à peu près à la Tunisie actuelle, sous la domination directe des Karthaginois. Dans la partie méridionale se trouve la grande tribu des Musulames et, près du Triton, celle des Zouèkes.

4° *Numidie*, s'étendant de l'Afrique propre à la Molochath ou Mouloeuia. Elle est divisée en deux royaumes : celui des *Massiliens* à l'est avec Hippo-Regius (Bône), ou Zama, pour capitale, et celui des *Masséssyliens* à l'ouest, capitale Siga[1]. La ville de Kirta

---

1. Auprès de l'embouchure de la Tafna. Il est à remarquer, du reste, que la Massœssylie, c'est à dire le pays situé à l'ouest de l'Amsaga, constituait en réalité la partie orientale de la Maurétanie. Nous lui verrons

(ou Cirta) sur l'Amsaga était, en quelque sorte, la capitale de la Numidie occidentale.

5° *Maurétanie* ou *Maurusie*, s'étendant à l'ouest de la Numidie jusqu'à l'Océan. Elle est habitée par un grand nombre de peuplades maures.

6° *Gétulie*, région située au sud de la Numidie et de la Maurétanie, et formant la ligne du Sahara qui rejoint les Hauts-Plateaux. Elle est habitée par les Gétules nomades.

7° *Libye intérieure*, comprenant les déserts africains. Habitée par les *Garamantes*, *Mélano-Gétules*, *Leucœthiopiens* et des peuplades fantastiques, telles que les *Blemmyes*, ayant le visage au milieu de la poitrine, et les *Egypans* aux jambes de bouc. Strabon et Pline ne tarderont pas à reproduire ces fables.

Les peuplades berbères obéissent à des chefs, véritables rois, dont le pouvoir se transmet à leurs enfants par hérédité et que nous allons voir entrer en scène.

Guerre des Mercenaires. — Au moment de la conclusion de la paix, vingt mille mercenaires se trouvaient en Sicile, et il fallut, tout d'abord, évacuer cette armée composée des éléments les plus divers : Gaulois, Ligures, Baléares, Macédoniens et surtout Libyens. Giscon, successeur de Amilcar, les expédia par fractions à Karthage, où ils ne tardèrent pas à créer une situation périlleuse, car non seulement il fallut les nourrir, mais encore payer leur solde arriérée. Les désordres commis par cette soldatesque devinrent si intolérables que le gouvernement de Karthage se décida à donner à chaque homme une pièce d'or à la condition qu'il irait s'établir à Sicca[1], sur la frontière de la Numidie. Les Phéniciens, qui avaient espéré s'en débarrasser par ce moyen, jugèrent le moment favorable pour proposer aux mercenaires une réduction considérable sur leur solde. Aussitôt la révolte éclate : en vain Karthage essaie de parlementer et dépêche aux stipendiés plusieurs parlementaires, et enfin le général Giscon avec lequel ceux-ci avaient demandé à traiter ; les soldats redoublent d'exigences. Au milieu d'un tumulte effroyable, ils élisent pour chefs deux des leurs, le campanien Spendius et le berbère Mathos. Giscon, abreuvé d'outrages, est arrêté par les rebelles qui adressent un appel aux indigènes. Aussitôt la révolte se propage et l'armée des mercenaires devient formidable[2] ; elle se divise en deux troupes dont

prendre ce nom, aussitôt que les conquêtes des Romains leur auront mieux fait connaître le pays.
1. Actuellement le Kef.
2. Polybe, LI, ch. LXVII et suiv.

l'une vient attaquer Hippo-Zarytos (Benzert) et l'autre met le siège devant Utique (239).

Dans cette circonstance critique Karthage, au lieu de remettre la direction de la guerre à Amilcar, le seul homme capable de la mener à bien, préféra donner le commandement de ses troupes à Hannon, qui avait déjà fourni la mesure de son incapacité en Sicile. De grands efforts furent faits pour résister à l'attaque des rebelles ; mais deux échecs successifs essuyés par le général décidèrent les Karthaginois à le remplacer par Amilcar. Il était temps, car la levée de boucliers des Berbères était générale et les jours de Karthage semblaient comptés. L'histoire de l'Afrique fournit de nombreux exemples de ces tumultes des indigènes, feux de paille qui semblent devoir tout embraser et qui s'éteignent d'eux-mêmes, si la résistance est entre des mains fermes et expérimentées.

En 238, Amilcar avait pris la direction des affaires ; bientôt les rebelles furent contraints de lever le siège d'Utique ; le général karthaginois, continuant une vigoureuse offensive, infligea aux mercenaires une défaite sérieuse près du fleuve Bagradas (Medjerda) et s'empara d'un certain nombre de villes. Cependant Tunès était toujours aux mains des stipendiés et Mathos continuait le siège de Hippo-Zarytos. Spendius et Antarite, chefs des Gaulois, se détachèrent de ce blocus pour marcher contre les Karthaginois et les mirent en grand péril ; mais l'habile Amilcar, qui connaissait les indigènes, était parvenu à détacher de la cause des rebelles un Berbère nommé Naravase. Soutenu par les forces de son nouvel allié, il attaqua résolument les mercenaires et, grâce à sa stratégie et au courage de ses soldats, parvint encore à les vaincre ; ils laissèrent un grand nombre de morts sur le champ de bataille et quatre mille prisonniers entre les mains des vainqueurs.

Une des premières conséquences de cette défaite fut la mise à mort de Giscon et de sept cents prisonniers karthaginois que les mercenaires firent périr dans les tortures. Dès lors, la lutte fut, de part et d'autre, suivie de cruautés atroces, ce qui lui valut dans l'histoire le nom de *guerre inexpiable*. En même temps, Karthage perdait la Sardaigne qu'elle avait laissée à la garde d'une troupe de mercenaires ; ceux-ci, suivant l'exemple de leurs collègues d'Afrique, massacrèrent les Phéniciens qui se trouvaient dans l'île et, après avoir commis mille excès, l'offrirent aux Romains. Pour comble de malheur, Utique et Hippo-Zarytos, las de résister, ouvrirent leurs portes aux rebelles. Mathos et Spendius, encouragés par ces succès, vinrent alors, à la tête d'une grande multitude, mettre le siège devant Karthage. La métropole punique réduite de nouveau à la dernière extrémité se vit contrainte d'implorer le secours de Hiéron de Syracuse et des Romains, qui s'empressèrent de l'aider à résister à l'attaque des mercenaires ; en même temps Amilcar, soutenu par Naravase, inquiétait les rebelles sur leurs derrières et les attirait à des combats en plaine, où il avait presque toujours l'avantage (237). Contraints de lever le siège de Karthage, les stipendiés se laissèrent pousser par Amilcar dans une sorte de défilé que les historiens appellent *défilé de la Hache*, où ils se trouvèrent étroitement bloqués, et, comme ils ne voulaient pas se rendre, ils furent bientôt en proie à la plus affreuse famine et contraints, dit l'histoire, de s'entre-dévorer. Ne pouvant plus résister à leurs souffrances, les chefs Spendius, Antarite, un Berbère du nom de Zarzas et quelques autres, se présentèrent, pour traiter, à Amilcar, qui stipula que dix rebelles à son choix seraient laissés à sa disposition et les retint prisonniers. Puis il fit avancer ses troupes et ses éléphants contre les rebelles et les extermina sans faire de quartier. Il en périt, dit-on, quarante mille.

La révolte semblait domptée ; mais Tunès tenait encore. Mathos s'y était retranché avec des forces importantes. Amilcar, étant venu l'y assiéger, fut défait, ce qui ajourna pour quelque temps encore l'issue de la campagne. Enfin Karthage, s'étant résolue à un suprême effort, adjoignit Hannon à Amilcar en chargeant les deux généraux d'en finir. Bientôt, en effet, les Karthaginois amenèrent Mathos à tenter le sort d'une bataille en rase campagne et parvinrent à l'écraser. Cette fois, c'en était fait des mercenaires ; la révolte était domptée et Karthage échappait à un des plus grands dangers qu'elle eût courus. L'attitude des Berbères pendant cette guerre put lui prouver combien sa domination en Afrique était précaire, car, sans leur appui et leur coopération, les mercenaires n'auraient jamais pu tenir la campagne pendant si longtemps et avec tant de succès [1].

KARTHAGE, APRÈS AVOIR RÉTABLI SON AUTORITÉ EN AFRIQUE, PORTE LA GUERRE EN ESPAGNE. — Après avoir fait rentrer sous leur obéissance les villes compromises par l'appui donné aux rebelles, et notamment Utique et Hippo-Zarytos, qui opposèrent une résistance désespérée, les Karthaginois firent plusieurs expéditions dans l'intérieur, tant pour châtier les Berbères que pour

---

1. V. pour la guerre des mercenaires : Polybe, l. I, Corn. Nepos, *Amilcar*, Tite-Live l. XX, Justin, XXVII.

garantir la limite méridionale par une ligne de postes. Ils occupèrent notamment, alors, la ville de Theveste (Tébessa).

Dès qu'elle ne fut plus absorbée par le soin de son salut, Karthage songea aussi à réoccuper la Sardaigne ; mais Rome, apprenant qu'elle préparait une flotte expéditionnaire, imposa son veto absolu et, comme on ne tenait pas compte de sa défense, elle se disposa à recommencer la guerre contre sa rivale. Mais la métropole punique était encore trop meurtrie de la lutte qu'elle venait de soutenir pour se résoudre à entreprendre une nouvelle guerre. Force lui fut de plier devant les exigences romaines et de renoncer à toute prétention sur la Sardaigne (237).

Karthage tourna alors ses regards vers l'Espagne où il semblait que Rome devait lui laisser le champ libre. Amilcar, autant pour échapper à l'envie de ses concitoyens qui, comme récompense de ses services, l'avaient décrété d'accusation, que pour continuer à servir sa patrie, accepta le commandement de l'expédition dont le prétexte était de secourir Gadès (Cadix), colonie punique alors attaquée par ses voisins. Pour mieux surprendre ses ennemis, il quitta Karthage en simulant une expédition contre les Maures. Il emmenait avec lui ses fils, parmi lesquels le jeune Hannibal[1], auquel il fit jurer, sur l'autel du Dieu suprême, la haine du nom romain. Il marcha le long de la côte en emmenant un grand nombre d'éléphants ; la flotte le suivait, au large, à sa hauteur. Parvenu à Tanger, il traversa le détroit. La victoire couronna les efforts d'Amilcar ; pendant neuf ans, il ne cessa de conquérir des provinces à Karthage ; mais en 228 il trouva la mort du guerrier dans un combat contre les Lusitaniens[2].

Succès des Karthaginois en Espagne. — Asdrubal, gendre de Amilcar, remplaça celui-ci dans la direction des affaires d'Espagne. Doué d'un esprit politique supérieur, il consolida, par des alliances et des traités avec les populations indigènes, les succès de son beau-père, fonda la cité de Karthagène et réalisa en Espagne de grands progrès. Tout le pays jusqu'à l'Ebre fut administré au nom du gouvernement karthaginois, par Asdrubal, chef de la famille des Barcides[3], dont le pouvoir fut, en réalité, celui d'un vice-roi à peu près indépendant. Karthage, recevant de riches tributs et voyant dans les conquêtes de son général une compensation à ses pertes dans la Méditerranée, lui laissa le champ libre.

1. Henn-baal, ou Baal Henna, *don de Dieu*, en punique.
2. Cornelius Nepos, *Amilcar*, III.
3. De Barka ou Barca (surnom de Amilcar).

Cependant les Romains, qui avaient cru leurs ennemis écrasés, ne virent pas sans la plus grande jalousie les progrès des Karthaginois en Espagne. Ils jugèrent bientôt qu'il était de la dernière importance de les arrêter, et, à cet effet, ils conclurent un traité d'alliance avec deux colonies grecques d'Espagne, Sagonte[1] et Amporia (Ampurias). Après s'être assuré ces points d'appui, ils forcèrent Asdrubal à signer un traité par lequel il s'obligeait à respecter ces colonies et à ne pas franchir l'Ebre. Malgré l'engagement auquel Asdrubal avait été forcé de souscrire, la puissance punique avait continué à s'étendre dans la péninsule; mais le poignard d'un esclave gaulois vint arrêter l'exécution des projets de ce grand homme (220). Le jeune Hannibal, qui s'était fait remarquer à l'armée par ses brillantes et solides qualités et qui avait en outre hérité de la popularité du nom de son père, fut appelé, par le vœu de tous les officiers, à remplacer son beau-frère Asdrubal, et, bien qu'il ne fût âgé que de vingt-neuf[2] ans, reçut le commandement des possessions et de l'armée d'Espagne. Le Sénat de Karthage se vit forcé de ratifier ce choix, malgré l'opposition de la famille de Hannon opposée à celle des Barcides. Hannon voyait dans cette nomination la certitude de la reprise de la guerre avec les Romains. L'événement n'allait pas tarder à lui donner raison.

1. Actuellement Murviedes dans la province de Valence.
2. Vingt-six selon Cliton (Fasti).

CHAPITRE III

DEUXIÈME GUERRE PUNIQUE

220-201

Hannibal commence la guerre d'Espagne. Prise de Sagonte. — Hannibal marche sur l'Italie. — Combat du Tessin; batailles de la Trébie et de Trasimène. — Hannibal au centre et dans le midi de l'Italie; bataille de Cannes. — La guerre en Sicile. — Les Berbères prennent part à la lutte. — Syphax et Massinissa. — Guerre d'Espagne. — Campagne de Hannibal en Italie. — Succès des Romains en Espagne et en Italie: bataille du Métaure. — Evénements d'Afrique; rivalité de Syphax et de Massinissa. — Massinissa, roi de Numidie. — Massinissa est vaincu par Syphax. — Evénements d'Italie; l'invasion de l'Afrique est résolue. — Campagne de Scipion en Afrique. — Syphax est fait prisonnier par Massinissa. — Bataille de Zama. — Fin de la deuxième guerre punique; traité avec Rome.

HANNIBAL COMMENCE LA GUERRE D'ESPAGNE. PRISE DE SAGONTE. — A peine Hannibal fut-il revêtu du pouvoir qu'il se prépara à la guerre contre les Romains. A cet effet, il vint en Afrique faire des levées et réunit une armée considérable formée presque en entier de Berbères: Numides, Maures, Libyens et même Gétules et Ethiopiens [1], tous attirés par l'espoir du butin. Ayant fait passer ses mercenaires en Espagne, il commença le siège de Sagonte, malgré l'opposition des Romains; pendant huit mois, les assiégés se défendirent avec un courage indomptable, mais, abandonnés à eux-mêmes, écrasés par le grand nombre de leurs ennemis, ils succombèrent en s'ensevelissant sous les ruines de leur cité que les derniers survivants incendièrent eux-mêmes (219).

Dès lors, Rome se disposa à la lutte; néanmoins, une nouvelle ambassade fut envoyée à Karthage pour obtenir réparation: tentative inutile dans un moment où la victoire surexcitait l'orgueil national. La guerre, proposée par Fabius pour trancher le différend, fut acceptée avec acclamation par les Karthaginois. Les Romains, croyant avoir facilement raison de leurs ennemis, chargèrent le consul Sempronius de se rendre en Sicile pour y préparer une armée destinée à envahir l'Afrique; mais c'est sur un autre théâtre que la guerre allait éclater.

1. Tite-Live, XXII.

Hannibal marche sur l'Italie. — Le but de Hannibal était atteint : la guerre allait recommencer, et il ne lui restait qu'à appliquer un plan de campagne depuis longtemps préparé par son père et par Asdrubal. Il ne s'agissait rien moins que de l'envahissement de l'Italie par la voie de terre; la route avait été soigneusement étudiée par des émissaires, et les Barcides avaient eu soin de nouer des relations d'amitié avec les peuplades dont on devait traverser le territoire, et de faire briller à leurs yeux l'or de Karthage[1]. Ce ne fut donc pas une inspiration soudaine, mais un plan parfaitement mûri que Hannibal mit à exécution. Il commença par envoyer en Afrique une vingtaine de mille hommes, dont la plus grande partie fut chargée de garder le détroit pour assurer les communications, le reste allant coopérer à la défense de Karthage; il laissa en Espagne douze mille fantassins, deux mille cinq cents cavaliers, une trentaine d'éléphants, le tout sous le commandement de son frère Asdrubal. La flotte reçut la mission de croiser dans le détroit. Des otages espagnols furent gardés en Afrique, tandis que des Libyens des meilleures familles étaient répartis en Espagne ou emmenés à l'armée. En même temps, on préparait à Karthage une flotte de guerre destinée à attaquer les côtes d'Italie et de Sicile.

Au printemps de l'année 218, Hannibal quitta Karthagène à la tête d'une armée d'une centaine de mille hommes, et se dirigea vers le nord. Dans sa marche, il se débarrassa des éléments faibles et douteux, culbuta les peuplades indigènes qui voulurent lui résister, laissa son frère Magon entre l'Ebre et les Pyrénées et, ayant franchi cette chaîne de montagnes, entra en Gaule avec cinquante mille fantassins et neuf mille cavaliers, tous soldats éprouvés, les deux tiers berbères; à sa suite marchaient trente-sept éléphants. L'inertie inexplicable des Romains semblait laisser le champ libre à l'audacieux Karthaginois.

Dans sa marche à travers la Gaule, Hannibal rencontra des populations diverses dont les unes se joignirent à lui comme alliées; il gagna les autres par ses présents, et passa sur le corps de celles qui refusèrent de traiter. Il atteignit ainsi sans grandes difficultés le Rhône. Non loin de Marseille, les cavaliers numides, envoyés en éclaireurs, soutinrent un combat contre les soldats du consul P. Scipion, parti par mer pour l'Espagne, mais qui, apprenant les progrès de l'ennemi, s'était arrêté dans la cité phocéenne. En vain, les Volks essayèrent de disputer aux envahisseurs le passage du Rhône; Hannibal les trompa, franchit le fleuve et se lança hardi-

---

1. Polybe.

ment dans les Alpes. Par quel défilé passa l'armée karthaginoise ? c'est un point sur lequel on discutera sans doute pendant longtemps. Peu importe, du reste ! Ce qui est certain, c'est qu'à force d'énergie, et au prix des plus grandes fatigues et des souffrances les plus pénibles, car on était au mois d'octobre, Hannibal parvint, malgré la neige et les précipices, à traverser la terrible montagne. Il déboucha dans le pays des Insubres avec vingt mille fantassins et six mille cavaliers. Il avait donc perdu en route la moitié de son armée, et c'est avec ces débris qu'il fallait conquérir l'Italie.

Combat du Tessin; batailles de la Trébie et de Trasimène. — D'immenses difficultés avaient été surmontées par Hannibal, mais celles qu'il lui restait à vaincre étaient plus grandes encore. Les Gaulois cisalpins, qui lui avaient promis leur appui, se tenaient dans l'expectative, et il ne pouvait décidément compter que sur ses soldats exténués par leur marche et démoralisés par leurs pertes. Publius Scipion arrivait sur son flanc droit. Dans ces conditions, le seul espoir de salut était dans l'énergie de la lutte, et Hannibal qui avait, comme tous les grands hommes de guerre, l'art d'enflammer les courages, sut le persuader à ses troupes. Les Romains étaient venus se placer en avant du Tessin pour garder le passage. Hannibal les fit attaquer par sa cavalerie numide. Scipion vaincu, blessé dans le combat, se vit contraint de repasser le fleuve, d'aller se retrancher derrière la ligne du Pô et d'y attendre des secours.

Rome, renonçant pour le moment à la campagne d'Afrique, s'empressa de rappeler le consul Sempronius, qui venait de s'emparer de l'île de Malte, et lui donna l'ordre de rejoindre au plus vite son collègue Scipion. Quelque temps auparavant, la flotte karthaginoise, ayant fait une démonstration contre Lilybée, avait été écrasée par le préteur Æmilius (218).

En Espagne, où Cneius Scipion avait été envoyé par son frère, ce général réussissait à intercepter les communications des Karthaginois avec l'Italie. Hannibal ne pouvait donc compter sur aucun secours, ni par mer, ni par terre. Heureusement pour lui, son succès du Tessin avait décidé les Gaulois, Insubres et Boïens, à lui fournir leur appui; ses troupes, remises de leurs fatigues, bien approvisionnées par leurs alliés et par leurs fourrageurs, et pleines de confiance, ne demandaient qu'à combattre.

Le consul Sempronius ayant, par une marche de quarante jours, au milieu d'un pays insurgé, rejoint P. Scipion [1], les forces ro-

---

1. Pour les probabilités des itinéraires suivis tant par Sempronius

maines réunies présentèrent un effectif considérable que les consuls jugèrent suffisant pour triompher de l'armée karthaginoise. Après quelques combats sans importance, Hannibal amena Sempronius à lui livrer une bataille décisive sur les bords de la Trébie. L'armée romaine était forte de quarante mille hommes, dont quatre mille cavaliers seulement. Les Karthaginois étaient moins nombreux, mais possédaient une plus forte cavalerie; de plus, ils occupaient un terrain choisi et dont Hannibal tira très habilement parti; enfin, les Romains étaient exténués par les combats des jours précédents, mouillés par la pluie et la grêle, et sans vivres.

La bataille fut néanmoins des plus acharnées, et l'infanterie romaine y montra une grande solidité; mais un mouvement tournant, opéré par un corps d'élite karthaginois commandé par Hannon, frère de Hannibal, décida de la victoire. Les Romains écrasés laissèrent trente mille hommes sur le champ de bataille; un corps de dix mille hommes, commandé par Sempronius, parvint seul à se réfugier à Plaisance en culbutant les Gaulois insurgés.

Cette brillante victoire assurait à Hannibal la conquête de toute l'Italie du nord. Elle ne lui coûtait, en outre de ses derniers éléphants, qu'un nombre relativement peu considérable de guerriers, car les principales pertes avaient été supportées par les Gaulois. Mais ces pertes furent bientôt compensées par l'arrivée d'auxiliaires accourant de toutes parts, et il ne tarda pas à se trouver à la tête d'une armée de quatre-vingt-dix mille hommes. Au printemps suivant, Hannibal laissant Plaisance, avec Sempronius sur ses derrières, se jeta résolûment dans l'Apennin, et, l'ayant traversé au prix des plus grandes fatigues, envahit l'Etrurie. Le consul Flaminius attendait, dans son camp retranché d'Arrétium, l'attaque de l'ennemi. Hannibal ne commit pas la faute d'aller l'y chercher; il le dépassa, et comme le général romain s'était mis à sa poursuite, il manœuvra assez habilement pour l'attirer dans une véritable souricière, sur les bords du lac de Trasimène. L'armée romaine, surprise par les Karthaginois cachés dans les collines entourant le lac, fut entièrement détruite; le consul y trouva la mort, ainsi que quinze mille de ses soldats; un nombre égal fut fait prisonnier[1]; mais Hannibal suivant une politique constante, renvoya sans rançon les confédérés italiens, ne conservant que les Romains (218).

que par Hannibal, consulter le bel ouvrage du commandant Hennebert, *Hist. d'Annibal*.

1. Tite-Live, l. XXII, ch. 4. Polybe, l. III, 85.

Hannibal au centre et dans le midi de l'Italie. Bataille de Cannes. — Le sort de la guerre semblait favorable aux Karthaginois : l'Etrurie était ouverte et Rome, s'attendant à voir paraître l'ennemi, coupait ses ponts et se préparait à la résistance. Q. Fabius Maximus, nommé dictateur, fut chargé de la périlleuse mission de repousser les Karthaginois. Cependant Hannibal, ne se jugeant pas assez fort pour tenter un effort décisif et ne voulant rien livrer au hasard, était passé en Ombrie et dans le Picénum et s'occupait à refaire son armée et à former ses auxiliaires à la tactique romaine. Jusqu'alors, il avait dû ses succès à sa brillante cavalerie berbère, mais pour triompher de la solide infanterie ennemie, il lui fallait avant tout des fantassins. Du Picénum, Hannibal descendit, en suivant l'Adriatique, vers l'Italie méridionale, ravageant tout sur son passage. Fabius le suivait, couvrant Rome, harcelant sans cesse l'ennemi et l'affaiblissant, mais en ayant soin d'éviter une grande bataille, ce qui lui valut le nom de « temporiseur ». Mais l'impatience populaire, habilement exploitée par les ennemis du dictateur, ne s'accommodait pas de cette prudence ; les armées romaines avaient remporté des succès en Espagne et dans le nord de l'Italie ; quant à Hannibal, qui avait compté sur le soulèvement des populations de la Grande-Grèce, il n'avait rencontré partout qu'hostilité et défiance ; abandonné à lui-même, il se trouvait dans une situation en somme assez critique. C'est pourquoi l'on réclamait à Rome une action décisive. Fabius ayant résigné le pouvoir, le parti populaire nomma consul T. Varron, tandis que la noblesse élisait Paul-Emile.

Au printemps de l'année 216, Hannibal avait repris l'offensive en Apulie et était venu s'emparer de la place forte de Cannes. Ce fut là que les nouveaux consuls vinrent l'attaquer, avec une armée forte de quatre-vingt mille hommes d'infanterie et de six mille chevaux. Paul-Emile, élève de Fabius, ne voulait pas encore attaquer, mais Varron, héros populaire sans aucun talent, tenait avant tout à plaire à l'opinion de la masse, et comme les deux consuls avaient, tour à tour, le commandement pendant un jour, il donna le signal du combat. Dix mille hommes furent laissés à la garde du camp ; le reste s'avança dans la plaine en masses profondes, disposition qui avait été adoptée par Varron pour donner plus de solidité à la résistance, mais qui lui enlevait son principal avantage en laissant dans l'inaction une partie de ses forces.

Hannibal n'avait à mettre en ligne que cinquante mille hommes, mais sur ce nombre il possédait dix mille cavaliers berbères, et il sut, avec son génie habituel, disposer son armée pour envelopper celle de l'ennemi. Après une lutte acharnée, dans laquelle la cavalerie numide, commandée par Asdrubal, se couvrit de gloire, la défaite des Romains fut consommée; un très petit nombre parvint à s'échapper. Paul-Emile et presque tous les chevaliers romains restèrent sur le champ de bataille; les dix mille hommes laissés à la garde du camp furent faits prisonniers. Les pertes de Hannibal étaient, cette fois encore, peu considérables et portaient principalement sur les auxiliaires gaulois.

Conséquences de la bataille de Cannes. — Énergique résistance de Rome. — Après la victoire de Cannes, Hannibal ne voulut pas encore marcher directement sur Rome; son armée, composée en partie de mercenaires, ne lui offrait pas une confiance assez grande pour se lancer dans les périls d'une longue route au milieu de nations hostiles, avec cette perspective de trouver comme but une ville puissamment fortifiée et défendue par une population résolue. Il préféra continuer méthodiquement la guerre qui lui avait si bien réussi jusqu'alors. Un certain nombre de villes, parmi lesquelles Capoue, la seconde cité de l'Italie, lui offrirent leur soumission. Les populations grecques résistèrent généralement; Hannibal se vit donc contraint d'entreprendre une série d'opérations de détail, afin de réduire par la force les opposants. En même temps il envoyait à Karthage son frère Magon pour demander instamment des secours; il ne pouvait en attendre d'Espagne, car les Scipions avaient continué à y remporter des avantages et, soutenus par la puissante confédération des Celtibériens, ils empêchaient absolument le passage des Pyrénées.

Les échecs éprouvés par les Romains, loin d'abattre leur courage, n'avaient eu pour conséquence que de surexciter leur énergie et de leur inspirer de mâles résolutions. Le Sénat, par sa fermeté, rendit à tous la confiance. Les forces furent réorganisées; on appela aux armes tous les hommes valides, même les esclaves, même les criminels. Le préteur Marcus Claudius Marcellus reçut la mission de sauver la patrie; les voix qui osèrent parler de traiter furent bientôt réduites au silence.

A Karthage, tout autre était l'attitude. Là, nul enthousiasme; l'annonce des victoires de Hannibal ne suscitait que la jalousie du parti de Hannon et la défiance de tous. Alors que l'envoi d'importants renforts en Italie eût été nécessaire pour terminer promptement la campagne, le frère de Hannibal obtint avec beaucoup de difficulté le départ de quatre mille Berbères et de quarante éléphants. On autorisa, il est vrai, Magon, à lever des troupes en Espagne, mais ce projet ne se réalisa pas (216).

Hannibal demeurait donc, pour ainsi dire, abandonné à lui-même, car ces secours étaient insuffisants et le temps s'écoulait, permettant chaque jour aux Romains de reprendre de nouvelles forces sous l'habile direction de Marcellus. La confédération italique était brisée, mais la résistance était partout, chacun combattant pour son compte. Dans cette conjoncture, Hannibal, qui était en relations avec Philippe, roi de Macédoine, signa avec lui un traité d'alliance offensive et défensive, d'après lequel le roi devait arriver en Italie avec deux cents vaisseaux (215).

En attendant, la position de Hannibal, entouré par trois armées romaines, devenait de jour en jour plus critique ; pour éviter d'être cerné, le général karthaginois se décida même à se porter vers le nord-est, espérant que le roi de Macédoine le rejoindrait sur les côtes de l'Adriatique.

En Sicile, Hiéronyme, roi de Syracuse, qui avait contracté alliance avec les Karthaginois, était vaincu par les légions échappées à Cannes et périssait assassiné.

L'année 214 se passa en opérations militaires dans lesquelles les généraux déployèrent de part et d'autre un véritable génie. Les succès des Romains furent positifs : presque toute l'Apulie était reconquise et Capoue étroitement bloquée. Enfin, en Espagne, les Romains n'avaient cessé de remporter des avantages décisifs : la plus grande partie de la Péninsule avait été conquise par eux. Cependant les Karthaginois tenaient encore fermement dans les provinces du sud-est.

La guerre en Sicile. — Après la mort de Hiéronyme, Karthage tenta de recueillir l'héritage de son allié. Un parti avait proclamé à Syracuse une sorte de république ; mais cette ville ne pouvait rester neutre entre les deux grandes rivales ; d'habiles émissaires, envoyés, dit-on, par Hannibal, la décidèrent à appeler les Karthaginois. A cette nouvelle, Rome chargea Marcellus de prendre la direction des affaires en Sicile ; le brave général commença aussitôt le siège de Syracuse ; mais cette ville avait été fortifiée avec soin par Hiéron, durant son long règne, et elle était défendue par une population énergique, avec le génie d'Archimède pour auxiliaire ; aussi les Romains, après six mois d'efforts infructueux, durent-ils renoncer aux opérations actives et se contenter d'un blocus. En même temps, des troupes nombreuses, dont le chiffre atteignait, dit-on, trente mille hommes, avaient été envoyées par Karthage, en Sicile. Bientôt la plus grande partie de l'île fut arrachée aux Romains. Quant à Marcellus, il concentrait tous ses efforts contre Syracuse.

Hannibal avait compté sur le secours que Philippe s'était engagé à lui fournir par son traité, et il est certain que, si le roi de Macédoine avait envoyé en Sicile ou en Italie des secours importants aux Karthaginois, la situation des Romains serait devenue fort critique. Son indécision, ses retards, sa mollesse compromirent tout, et Rome en profita habilement pour attaquer Philippe chez lui et semer la défiance et l'esprit d'opposition parmi les confédérés grecs ; le secours du roi de Macédoine fut donc annulé.

En 212, Syracuse se rendit à Marcellus, qui livra la ville au pillage. La guerre, transformée en lutte de guérillas, devint dès lors funeste aux Karthaginois. Le consul Lævinus leur enleva toutes leurs conquêtes.

Les Berbères prennent part a la lutte. Syphax et Massinissa. — Les Berbères étaient depuis trop d'années mêlés, par leurs mercenaires, à la lutte de Rome et de Karthage, pour qu'il leur fût possible d'en demeurer plus longtemps les spectateurs désintéressés. Gula, fils de ce Naravase qui avait aidé Amilcar à triompher des Mercenaires, était chef des Massyliens. Syphax[1] régnait sur les Masséssyliens, c'est-à-dire, sur la Numidie occidentale. Par ses traditions, par sa situation, Gula devait s'allier aux Karthaginois qui, du reste, lui prodiguaient leurs bons offices ; c'est ce qu'il fit. Quant à Syphax, il accueillit, dit-on, les propositions et les promesses que les Scipions lui envoyèrent d'Espagne et se prononça pour Rome (213). Il s'occupa d'abord à organiser son armée sous la direction de centurions romains, et, quand il se crut assez fort, il se mit en marche contre les Massyliens.

Mais Gula, prévenu de ces dispositions, n'était pas resté inactif. Son fils Massinissa, jeune homme de dix-sept ans, doué des plus belles qualités[2], marcha, à la tête de troupes massyliennes et karthaginoises, à la rencontre de Syphax, le vainquit dans une grande bataille, où celui-ci perdit, dit-on, plus de trente mille hommes, et le contraignit à abandonner Siga, sa capitale, pour se réfugier dans les montagnes de la Maurétanie. Syphax ayant voulu se reformer avec l'appui des Maures fut de nouveau vaincu (212). Toute la Numidie se trouva alors réunie sous le sceptre de Gula, dont le royaume s'étendit de la Molochat à l'Afrique propre.

Guerre d'Espagne. — Ces victoires éloignaient, pour le moment, un danger qui avait menacé directement Karthage. Celle-ci songea

---

1. Il serait beaucoup plus simple d'adopter pour ce nom l'orthographe *Sifax*, car rien ne nous oblige d'employer l'y et ph, sinon la traduction.
2. Tite-Live.

alors à tenter un grand effort en Espagne pour arrêter les succès des Scipions. Asdrubal, qui était venu lui-même coopérer à la campagne contre Syphax, s'empressa de retourner dans la péninsule, emmenant avec lui des renforts considérables fournis en grande partie par les Numides, et avec eux Massinissa, dont il avait pu apprécier la valeur.

Les Scipions appelèrent aux armes les populations espagnoles nouvellement soumises et, comme les Karthaginois avaient divisé leurs troupes en trois corps, ils formèrent aussi trois armées pour les leur opposer. Le résultat fut désastreux pour eux. Publius Scipion, abandonné par ses auxiliaires, fut d'abord défait, puis ce fut le tour de Cnéius. Enfin les débris de l'armée furent sauvés par Caius Marcius qui se retira derrière l'Ebre. Toute la ligne située au sud de ce fleuve rentra ainsi en la possession des Karthaginois. Massinissa et les Numides avaient puissamment contribué à ces importants succès (212).

Les deux Scipions étaient morts en combattant et il semblait qu'il restait peu d'efforts à faire aux Karthaginois pour débloquer le nord de l'Espagne et porter secours à Hannibal ; mais la désunion qui régnait parmi les chefs phéniciens, d'autre part, l'habile tactique de C. Marcius et la promptitude de Rome à envoyer des secours arrêtèrent les conséquences d'une campagne si bien commencée. La guerre, avec ses péripéties, reprit son cours régulier. Massinissa d'un côté, le jeune Publius Scipion, de l'autre, se rencontrèrent sur ces champs de bataille.

CAMPAGNES DE HANNIBAL EN ITALIE. — Pendant que la Sicile, l'Afrique et l'Espagne étaient le théâtre de ces événements, Hannibal abandonné, enfermé en Italie, déployait les ressources inépuisables de son génie pour tenir ses ennemis en échec. Un moment, en 213, il s'était trouvé dans une situation si critique que le Sénat, jugeant sa chute prochaine, avait cru pouvoir rappeler deux légions et les envoyer contre Capoue. Aussitôt, le général karthaginois avait repris l'offensive, reconquis une partie du terrain perdu dans la Lucanie et le Bruttium et s'était même fort approché de Rome. Peu après, Tarente lui ouvrait ses portes (212). Mais comme les Romains s'étaient réfugiés dans la citadelle de cette ville, les Karthaginois furent contraints d'en entreprendre régulièrement le siège.

En 211, pendant qu'une partie des troupes karthaginoises étaient retenues devant la citadelle de Tarente, Hannibal se porta par une marche rapide sur Rome, qu'il espérait surprendre par la soudaineté de son attaque. Mais la ténacité des Romains déjouait toutes les surprises ; il trouva tous les postes gardés et dut se contenter de ravager la campagne environnante. Vers le même temps, Capoue était réduite à capituler (211). L'année suivante se passa en opérations dans lesquelles Hannibal obtint quelques succès ; mais cette situation ne pouvait se prolonger, s'il ne recevait promptement de puissants renforts. En 209, tandis que les troupes karthaginoises étaient retenues dans le centre, le vieux consul Fabius parvenait à rentrer en possession de Tarente ; quelque temps après le brave Marcellus, écrasé par Hannibal, trouvait sur le champ de bataille la mort du guerrier (208).

Succès des Romains en Espagne et en Italie. Bataille du Métaure. — Cette terrible guerre se poursuivait en Italie avec un acharnement égal de part et d'autre, et il était difficile d'en prévoir le dénouement, quand les événements d'Espagne vinrent changer la face des choses. En 209, Publius Scipion, profitant de ce que les troupes karthaginoises étaient disséminées à l'intérieur, alla surprendre et enlever Karthagène, quartier général des Phéniciens, où il trouva des approvisionnements considérables, un nombreux matériel de guerre, des vaisseaux, de l'argent, des otages. Le tout lui fut livré par le général Magon, après une résistance qui aurait pu être plus héroïque. Pour assurer les conséquences de cet important succès, Scipion marcha contre Asdrubal et le défit, mais il ne put empêcher le hardi Karthaginois de prendre, avec des forces importantes, des éléphants et de l'argent, le chemin du Nord. En route, Asdrubal reforma son armée, traversa les Pyrénées et fit invasion en Gaule (208).

Bientôt on apprit à Rome que les Karthaginois menaçaient le nord de l'Italie. La consternation fut grande, mais comme toujours les viriles résolutions triomphèrent. L'argent manquait : on fit appel au patriotisme des citoyens et des alliés ; les légions étaient disséminées, on les fit rentrer d'Espagne et de Sicile et l'on appela tous les hommes valides aux armes. Les consuls Marcus Livius et Caius Néron reçurent la mission d'empêcher la jonction des Karthaginois.

Hannibal, qui voyait enfin son plan sur le point d'être réalisé, s'empressa de marcher vers le nord pour y tendre la main à son frère, mais les consuls lui barrèrent le passage, et après plusieurs actions dans lesquelles il n'eut pas l'avantage, il se trouva arrêté à Canusium, en Apulie, ayant en face de lui C. Néron, tandis que Marcus gardait la frontière du Nord. Sur ces entrefaites, un courrier, envoyé par Asdrubal à son frère, étant tombé entre les mains des Romains, les mit au courant du plan et de la situation de l'ennemi. Néron laissa alors son camp à la garde d'une faible partie de son armée et se porta, par marches forcées, avec le reste de ses troupes, contre les Karthaginois dont il connaissait la position et l'itinéraire. En combinant ses forces avec celles de son collègue, il put surprendre les ennemis au moment où ils franchissaient le Métaure. En vain Asdrubal essaya de se dérober par la retraite à l'attaque des Romains, il fallut combattre, et on le fit de part et d'autre avec un grand courage. La journée se termina par la défaite des Karthaginois, dont le chef se fit bravement tuer. Quatorze jours après son départ, Néron rentrait dans son camp et faisait lancer dans les lignes ennemies la tête d'Asdrubal. Ce fut ainsi que Hannibal apprit qu'il ne lui restait plus d'espoir d'être secouru et qu'il ne pouvait plus compter que sur lui-même (207). Il se mit en retraite, atteignit le Bruttium, s'y retrancha et y résista pendant plusieurs années encore aux attaques des troupes romaines.

Evénements d'Afrique. Rivalité de Massinissa et de Syphax. — Pendant que l'Italie était le théâtre de ces événements, Scipion poursuivait en Espagne le cours de ses succès. Vainqueur des généraux karthaginois Hannon, Magon et Asdrubal, fils de Giscon, les Romains conquirent toute l'Espagne méridionale, de telle sorte que les Phéniciens ne conservèrent plus que Gadès et son territoire. Scipion sut en outre détacher Massinissa de la cause de ses ennemis. On dit que ce dernier se laissa séduire par la générosité du général romain qui avait laissé la liberté à son neveu Massiva[1]; il accepta une entrevue avec Silanus, lieutenant de Scipion, et s'attacha pour toujours aux Romains. C'était une nouvelle conquête, et l'on n'allait pas tarder à en avoir la preuve en Afrique (207).

Scipion, cela n'est pas douteux, avait déjà l'intention bien arrêtée d'attaquer Karthage chez elle. Une condition de réussite était d'avoir l'appui des Berbères. Il renoua donc les relations avec Syphax qui, après avoir reconquis son royaume, avait recouvré une grande puissance en Masséssylie et alla même audacieusement lui rendre visite en Afrique. Asdrubal, fils de Giscon, l'avait devancé auprès du prince numide; mais, malgré tous ses efforts, il ne put empêcher Syphax de conclure avec Scipion un traité d'alliance contre Karthage. Rentré en Espagne après une fort courte absence, Scipion eut une entrevue avec Massinissa et le décida à se prononcer ouvertement contre les Phéniciens, dont il sut habilement faire ressortir l'ingratitude vis-à-vis de lui, en lui rappelant

---

1. Tite-Live, l. XXVII.

qu'il leur avait rendu les plus grands services avec ses cavaliers numides, dans la péninsule (206).

Mais Asdrubal, resté auprès de Syphax, n'eut pas de peine à tirer parti de cette circonstance pour susciter la jalousie de ce prince berbère et le détacher des Romains. La main de sa fille, la célèbre Sophonisbe qui, dit-on, avait autrefois été promise à Massinissa[1], scella la nouvelle alliance.

Massinissa, roi de Numidie. — Ce n'était pas sans motif que Massinissa s'était prononcé contre les Karthaginois ; en effet, tandis qu'il luttait pour eux en Espagne, ils assistaient impassibles à sa spoliation. Gula étant mort, le pouvoir passa, selon la coutume du pays, dans les mains de son frère Desalcès, vieillard fatigué, qui ne tarda pas à le suivre au tombeau. Il laissait deux jeunes fils, Capusa et Lucumacès. Le premier hérita du pouvoir ; mais un intrigant Massylien, nommé Mézétule, profita de sa faiblesse pour le renverser et faire proclamer à sa place son jeune frère Lucumacès, en se réservent pour lui la direction des affaires.

Il était temps, pour Massinissa, de venir prendre une part active à la lutte. En 206, il passa en Maurétanie et se rendit auprès de Bokkar, roi de cette contrée, duquel il obtint, non sans difficulté, une escorte pour se rendre à Massylie. Arrivé dans son pays, il vit accourir un grand nombre de Berbères las de la tyrannie de l'usurpateur, et ne tarda pas, avec leur appui, à entrer en lutte ouverte contre son cousin. Lucumacès, réduit à la fuite, parvint à se réfugier auprès de Syphax et obtint de lui un corps de troupe considérable avec lequel il vint offrir la bataille à Massinissa ; mais le sort des armes fut favorable à celui-ci et cette victoire lui rendit son royaume. Il entra alors en pourparlers avec Lucumacès, lui offrant de partager le pouvoir avec lui, ce qui fut accepté. Le jeune prince rentra ainsi en Massylie avec Mezétule.

Massinissa est vaincu par Syphax. — Le but de Massinissa, par cette transaction, avait été de ne pas diviser ses forces, dans la prévision de l'attaque imminente de Syphax. Bientôt, en effet, les Masséssyliens envahirent, avec des forces nombreuses, son territoire. En vain Massinissa essaya de tenir tête à ses ennemis : vaincu dans un grand combat, il perdit en un jour sa couronne et se vit réduit à fuir avec quelques cavaliers (205). Il chercha un refuge dans le mont Balbus, non loin de Clypée[2] et, ayant été rejoint

---
1. Ce fait, attesté par Appien, est passé sous silence par Tite-Live.
2. Près de la côte orientale de la Tunisie.

par un certain nombre d'aventuriers, y vécut pendant quelque temps de brigandage et du produit de ses incursions sur les terres karthaginoises. Mais un corps d'armée envoyé par Syphax, sous la conduite de son lieutenant Bokkar, vint l'y relancer, le vainquit en deux rencontres et dispersa ses adhérents.

Blessé dangereusement, Massinissa fut transporté dans une caverne et échappa à la mort grâce au dévouement de quelques hommes restés avec lui. Aussitôt qu'il fut en état de monter à cheval, Massinissa rentra dans la Numidie où il fut bien accueilli par les Berbères qui, avec leur inconstance habituelle, vinrent en masse se ranger sous sa bannière. Syphax le croyait mort, lorsqu'il apprit qu'il était campé avec un énorme rassemblement entre Cirta et Hippone. Le roi des Masséssyliens marcha contre lui et le défit dans une sanglante bataille, dont le gain fut en grande partie dû à un habile mouvement tournant exécuté par Vermina, fils de Syphax. Cette fois il ne resta à Massinissa d'autre ressource que de gagner le pays des Garamantes et de se tenir sur la limite du désert en attendant les événements. Nous verrons, dans tous les temps, les agitateurs aux abois suivre cette tactique. Quant à Syphax, il demeura maître de toute la Numidie (204). Il vint alors s'établir à Cirta, ville qui, par son importance et sa situation centrale, était la réelle capitale du royaume.

Événements d'Italie. L'invasion de l'Afrique est résolue. — Tandis que l'Afrique était le théâtre de ces événements, Magon, qui avait enfin reçu de Karthage quelques secours, quittait l'Espagne et allait débarquer à Gênes dans l'espérance de pouvoir débloquer son frère Hannibal, avec l'appui des Gaulois et des Liguriens. Il obtint en effet quelques secours de ces peuplades ; mais ce n'était pas avec de telles forces qu'il pouvait traverser l'Italie, et il n'avait pas le prestige qui donne la confiance et supplée à la faiblesse : après quelques tentatives infructueuses, il fut à peu près réduit à l'inaction (205).

Pendant ce temps, Scipion qui, lui aussi, avait quitté l'Espagne, s'efforçait de faire adopter à Rome son plan d'invasion de l'Afrique, mais il se heurtait à une résistance invincible : les vieux sénateurs n'avaient pas confiance dans ce jeune homme qui affectait d'adopter les mœurs étrangères ; ils oubliaient qu'il venait de conquérir l'Espagne et disaient, pour expliquer leur refus, qu'il ne fallait pas songer à une guerre lointaine tant que Hannibal n'aurait pas quitté l'Italie. A force d'insistance, Scipion finit cependant par arracher au Sénat l'autorisation d'attaquer Karthage chez elle, mais il n'obtint pas les forces matérielles nécessaires ; on l'envoya en Sicile organiser la flotte et former son armée des restes des légions de Cannes et des aventuriers et des mercenaires qu'il pourrait réunir, mais sans lui donner d'argent pour cela. L'activité et le génie du général suppléèrent à tout : il se fit remettre des subsides par les villes, mit en état la flotte, organisa l'armée et, au printemps de l'année 204, fit voile pour l'Afrique en emmenant trente mille hommes.

Campagne de Scipion en Afrique. — Débarqué heureusement au Beau-Promontoire, près d'Utique, Scipion fut rejoint par Massinissa accouru avec quelques cavaliers [1]. Après divers engagements heureux contre les troupes karthaginoises, le général romain vint mettre le siège devant Utique. Mais Syphax, étant accouru avec une puissante armée au secours de ses alliés, força Scipion à lever le siège d'Utique et à aller prendre ses quartiers d'hiver dans un camp retranché, entre cette ville et Karthage. Les troupes phéniciennes et berbères se contentèrent de l'y bloquer étroitement. Au printemps suivant, Scipion profita de la sécurité dans laquelle il avait entretenu Syphax, en lui adressant des propositions de paix, comme s'il jugeait la campagne perdue ; simulant un mouvement vers Utique, il se porta par une marche rapide sur les campements de ses ennemis divisés en deux groupes, les Karthaginois sous le commandement d'Asdrubal et les Berbères sous celui de Syphax, les surprit de nuit dans leur camp, et fit incendier celui des Numides par Lélius, son lieutenant, et par Massinissa ; quant à lui, il se réserva l'attaque de celui des Phéniciens. Le succès de ce coup de main fut inespéré : quarante mille ennemis périrent, dit-on, dans cette nuit funeste, car ceux qui essayaient d'échapper aux flammes et au tumulte tombaient dans les embuscades des Romains (203).

Sans se laisser abattre par ce désastre, Karthage s'occupa avec activité de se refaire une armée. Quatre mille mercenaires celtibériens furent enrôlés, et bientôt une armée nombreuse de Berbères, envoyés par Syphax, arriva à Karthage. Asdrubal, à la tête d'une trentaine de mille hommes, marcha alors contre Scipion qui s'avança à sa rencontre et lui livra bataille en un lieu que les historiens appellent « les grandes plaines ». Cette fois encore, la fortune se prononça pour les Romains. Scipion remporta une victoire décisive, puis il marcha directement sur Karthage et vint se rendre maître de Tunis.

---

1. Tite-Live, XXIX, 29.

Syphax est fait prisonnier par Massinissa. — Mais avant de porter les derniers coups à la métropole punique, Scipion jugea qu'il fallait la priver de ses alliés ; Massinissa brûlait trop du désir de tirer vengeance de son rival pour ne pas le pousser dans cette voie. Ce fut Massinissa lui-même que Scipion chargea de ce soin, en lui adjoignant Lélius. Syphax marcha bravement à la rencontre de ses ennemis et leur livra bataille ; mais dans l'action, son cheval s'étant abattu, il se blessa et fut fait prisonnier. Après ce premier succès, Massinissa, dépassant sans doute les instructions reçues, marche directement avec Lélius sur Cirta, la place forte de la Numidie. Il trouve la population disposée à la lutte à outrance ; mais il montre Syphax enchaîné et profite de la stupeur des Berbères pour se faire ouvrir les portes. Il pénètre dans la ville, court au château et en retire Sophonisbe[1]. Puis on reprend le chemin de Tunis, et Massinissa se présente à Scipion, en traînant à sa suite Syphax captif ; Sophonisbe suivait aussi, mais dans un tout autre équipage. Scipion, ayant appris que Massinissa se disposait à en faire sa femme, craignit que l'influence de la belle Karthaginoise ne détachât de lui le prince numide, et exigea, malgré les supplications de celui-ci, qu'elle lui fût livrée, sous le prétexte que tout le butin appartenait à Rome. Mais Sophonisbe évita, par le poison, la honte d'orner son triomphe ; on ne remit qu'un cadavre au général romain.

Bataille de Zama. — La chute de Syphax acheva de démoraliser Karthage. On s'empressa d'abord de rappeler d'Italie Magon et Hannibal ; puis, la flotte fut envoyée au secours d'Utique ; mais cette diversion, bien qu'ayant forcé Scipion à quitter son camp de Tunis, n'eut aucune conséquence décisive. Les Karthaginois proposèrent alors des ouvertures de paix que Scipion accueillit ; il fit connaître ses conditions, et, comme elles étaient acceptables, les bases de la paix furent arrêtées et des envoyés partirent pour Rome, afin de soumettre le traité à la ratification du Sénat.

Pendant ce temps, Magon et Hannibal quittaient l'Italie. Le premier, grièvement blessé quelque temps auparavant, ne devait jamais revoir son pays ; quant à Hannibal, qui avait depuis longtemps pris ses dispositions pour la retraite, il s'embarqua sans être inquiété, à Crotone, après avoir massacré ses alliés italiens qui ne voulaient pas suivre sa fortune, et débarqua heureusement à Leptis[2]. Pour la première fois depuis trente-six ans, il se retrouvait

---

1. Tite-Live, XXX, 13.
2. Actuellement Lamta.

dans sa patrie. De Leptis, il gagna Hadrumète, puis, se lançant dans l'intérieur des terres, vint prendre position au midi de Karthage (202). Il sut attirer à lui un certain nombre de chefs indigènes parmi lesquels Mezétule, et fut rejoint par Vermina, lui amenant les derniers soldats et alliés de son père, de sorte que son armée présenta bientôt un effectif imposant.

Le retour de Hannibal et des troupes d'Italie rendit l'espoir aux Karthaginois, et au mépris de la trêve, ils recommencèrent les hostilités en attaquant une flotte romaine de transport et même un vaisseau portant les ambassadeurs de Rome. Justement irrité de ce manque de foi, Scipion se remit en campagne, saccageant et massacrant tout sur son passage. Il remonta le cours de la Medjerda et se trouva bientôt en présence de Hannibal, au lieu dit Zama, que l'on place dans les environs de Souk-Ahras [1]. Après une entrevue entre les deux généraux, entrevue dans laquelle ils ne purent réussir à s'entendre, on en vint aux mains.

Hannibal couvrit son front de ses éléphants, au nombre de quatre-vingts, et rangea son infanterie en trois lignes, en mettant en réserve ses vétérans d'Italie, et disposant sa cavalerie sur les ailes. Scipion prit des dispositions analogues, mais en ayant soin de laisser dans ses lignes des espaces pour que les éléphants pussent les traverser sans les rompre. Massinissa avait joint sa cavalerie à celle de Scipion. Dès le commencement de l'action, le désordre fut mis dans l'armée de Hannibal par ses éléphants qui se jetèrent sur ses ailes, puis des mercenaires karthaginois, se croyant trahis, entrèrent en lutte contre la milice punique. Cependant l'ordre se rétablit ; les vétérans se formèrent en ligne, et l'on combattit de part et d'autre avec le plus grand courage. Mais la cavalerie romaine, qui s'était un peu écartée à la poursuite de celle de l'ennemi, étant revenue vers la fin de la journée, enveloppa l'armée de Hannibal et décida la victoire. Elle fut complète. Le général karthaginois parvint, non sans peine, à se réfugier à Hadrumète, avec une poignée d'hommes. Les Romains avaient acheté leur victoire par de cruelles pertes (202).

Fin de la IIe guerre punique. Traité avec Rome. — Après ce dernier échec, Karthage ne pouvait plus songer à combattre encore. Scipion, ayant écrasé Vermina, était venu reprendre ses positions à Tunis et à Utique. Quant à Hannibal il s'efforçait, à Hadru-

---

1. A Naraggara. Voir « *Naraggara* » par M. Goyt. *Recueil de la soc. arch. de Constantine*, 20e vol. et *Recherches sur le champ de bataille de Zama*, par M. Lewal, *Revue afr.*, t. II, p. 111.

mète, de reconstituer une armée, mais sans aucun espoir sur l'issue de la lutte. Rappelé à Karthage, il conseilla énergiquement à ses concitoyens de traiter. Une ambassade fut envoyée à Scipion pour lui proposer la paix. Le vainqueur de Zama était maître absolu de la situation ; mais, soit qu'il eût hâte de terminer cette guerre, parce que la fin de son consulat approchait, soit qu'il craignît les revers de la fortune, en poussant les Karthaginois au désespoir, il s'empressa de traiter en dictant des conditions fort dures pour Karthage, mais qui auraient pu encore être plus désastreuses. Un armistice de trois mois fut conclu, à la condition que le gouvernement punique paierait une première indemnité de vingt-cinq mille livres d'argent, et fournirait à l'armée romaine tout ce dont elle aurait besoin pour vivre.

Peu après, dix commissaires furent envoyés de Rome et adjoints à Scipion pour la conclusion du traité, qui fut arrêté sur les bases suivantes :

Karthage livrera tous les prisonniers, les transfuges, ses vaisseaux, excepté dix, et tous ses éléphants.

Elle conservera ses lois et ses possessions en Afrique.

Elle renoncera à tous droits sur ses anciennes colonies de la Méditerranée.

Elle paiera à Rome dix mille talents en cinquante ans et lui livrera cent otages.

Massinissa, reconnu roi de Masséssylie, avec Cirta comme capitale, recevra une indemnité de Karthage et sera respecté comme allié.

Enfin Karthage ne pourra lever de mercenaires ni entreprendre de guerre sans l'autorisation de Rome.

Ce traité fut aussitôt ratifié et mis à exécution : Scipion se fit remettre cinq cents vaisseaux qu'on incendia, par son ordre, dans la rade de Karthage. Il reçut quatre mille prisonniers et un certain nombre de transfuges qui périrent dans les supplices, puis il partit pour Rome, où l'attendaient les honneurs du triomphe. Quant à Syphax, envoyé précédemment en Italie avec le butin, il était mort de misère et de chagrin à Albe [1] (201).

La deuxième guerre punique se terminait par la ruine effective de Karthage ; dépouillée de toutes ses forces et de ses ressources, passée à l'état de vassale, elle a cessé d'exercer aucune prépondérance sur l'Afrique. Les Berbères vont bientôt connaître de nouveaux maîtres.

---

1. Pour la fin de la 2ᵉ guerre punique, voir Tite-Live, Polybe et Appien. Voir aussi l' « *Afrique ancienne* » dans l' « *Univers pittoresque* », édition Didot, t. II et VII.

CHAPITRE IV

TROISIÈME GUERRE PUNIQUE

201-146

Situation des Berbères en l'an 201. — Hannibal, dictateur de Karthage; il est contraint de fuir. Sa mort. — Empiètements de Massinissa. — Prépondérance de Massinissa. — Situation de Karthage. — Karthage se prépare à la guerre contre Massinissa. — Défaite des Karthaginois par Massinissa. Troisième guerre punique. — Héroïque résistance de Karthage. — Mort de Massinissa. — Suite du siège de Karthage. — Scipion prend le commandement des opérations. — Chute de Karthage. — L'Afrique province romaine.

Situation des Berbères en l'an 201. — Jusqu'à présent, l'histoire de l'Afrique s'est concentrée, pour ainsi dire, dans celle de Karthage. A mesure que la puissance phénicienne penche vers son déclin, nous allons voir s'élever celle des princes indigènes, et les Berbères, qui n'ont paru jusqu'ici que comme comparses, vont occuper la scène. Il est donc utile d'examiner quelle est la situation respective des royaumes indigènes.

Dans la Massylie, agrandie de Cirta et de son territoire, règne Massinissa, sous la tutelle de Rome. Le prince numide jette des regards avides sur le territoire de Karthage, sur la Byzacène et la Tripolitaine. En attendant, il s'applique à discipliner les Berbères, à les fixer au sol et à les initier à des procédés plus perfectionnés de culture.

La Masséssylie occidentale, depuis l'Amsaga jusqu'à la Molochath, obéit à Vermina, qui a fait sa soumission à Rome, et a été laissé sur le flanc de Massinissa pour assurer sa fidélité.

La Maurétanie ou Maurusie est soumise, au moins en grande partie, à une famille princière dont le chef porte le nom de Bokkar. Ce pays est encore peu connu des Romains ; mais les Maures (Berbères de l'Ouest) ne vont pas tarder à prendre part aux affaires de l'Afrique.

Quant aux tribus désignées sous le nom de Gétules (Zenètes et Sanhadja) elles continuent à errer dans les hauts plateaux et le désert, ne perdant aucune occasion de faire des incursions dans le Tel et de chercher à s'y établir au détriment des anciennes populations. Mais leurs efforts sont isolés et les Gétules ne forment pas, à proprement parler, un royaume.

De même, dans l'est, les tribus des Nasamons, Psylles, Troglodytes, etc. (Berbères de l'est), obéissant à des chefs distincts, continuent à occuper la Tripolitaine, où l'influence phénicienne est en pleine décadence.

Hannibal dictateur de Karthage. Il est contraint de fuir ; sa mort. — Après la conclusion d'une paix aussi désastreuse, les dissensions, les vengeances, les récriminations stériles, occupèrent les Karthaginois. Hannibal essaya en vain de rétablir la concorde parmi ses concitoyens, en leur représentant combien il était peu patriotique de consumer ses forces dans des divisions intestines, sous l'œil de l'ennemi héréditaire, au lieu de s'appliquer à réparer les désastres et à se prémunir contre les attaques imminentes de Massinissa. Mais le parti aristocratique, ayant à sa tête Hannon, ennemi irréconciliable des Barcides, voulait avant tout la ruine de cette famille, dût-elle entraîner celle de Karthage. Hannibal, décrété d'accusation, sous le prétexte qu'il avait trahi en ne marchant pas sur Rome après la bataille de Cannes, échappa à une condamnation trop certaine, par une sorte de coup d'état qu'il exécuta avec l'appui du parti populaire. Resté maître du pouvoir, il exerça sa dictature pour le plus grand bien de la république, rétablissant les finances, réorganisant les forces, se créant des alliances et s'efforçant de cicatriser les maux de la dernière guerre (195).

Mais les Romains suivaient d'un œil jaloux le relèvement de Karthage, et étaient tenus par le parti aristocratique au courant de tous les progrès accomplis. Déjà, ils avaient adressé plusieurs fois des représentations aux Karthaginois, au sujet de prétendus préparatifs militaires ; car ils craignaient toujours de voir paraître Hannibal en Italie pendant que la plupart des légions étaient occupées en Asie. Il fallait à tout prix se débarrasser du vainqueur de Cannes. Une ambassade fut donc envoyée, sous divers prétextes, à Karthage, dans le but réel de se saisir de Hannibal avec l'appui du parti aristocratique. Mais le héros karthaginois, qui avait pénétré le dessein de ses ennemis, sut leur échapper. Il partit de nuit et gagna rapidement, au moyen de relais, la côte près de Thapsus, où il s'embarqua sur une galère qu'il avait fait préparer, fuyant ainsi une ingrate patrie qui le récompensait si mal de son héroïque dévouement. Il se rendit d'abord à Tyr et de là à la cour du roi Antiochus, et décida ce prince à entrer en lutte contre les Romains. Il espérait que les succès des rois de Syrie auraient en Occident un contre-coup qui permettrait à Karthage de reprendre avec fruit l'offensive. Mais de nouveaux dégoûts l'y attendaient. Après avoir en vain poussé le monarque oriental à adopter ses plans, il dut assister à ses défaites, et quand la paix eut été conclue, se vit contraint de fuir. Il chercha un asile auprès de Prusias, roi de Bythinie ; mais la haine de Rome l'y poursuivit, et ne sachant où reposer sa tête, il échappa par le poison aux coups de la fortune adverse (183).

Empiétements de Massinissa. — Cependant Massinissa avait, depuis longtemps, commencé ses incursions sur le territoire soumis à Karthage, et c'est en vain que la métropole punique avait fait parvenir ses réclamations à Rome contre le prince berbère. Les Romains avaient éludé toute mesure réparatrice et, passant au rôle d'accusateurs, avaient reproché aux Karthaginois d'entretenir des relations avec Antiochus, leur ennemi. Un parti puissant, dont Caton n'allait pas tarder à se faire l'écho, réclamait déjà la destruction de Karthage.

Massinissa, encouragé par cette approbation tacite, fit, en 193, une expédition sur le territoire des Emporia, au fond du golfe de Gabès, et ravagea cette riche contrée sans pouvoir toutefois s'emparer d'aucune ville. Mais il renouvela bientôt ses attaques et, après quelques années de luttes, resta maître de toute cette province [1] (183).

Karthage, à force de plaintes, obtint de Rome que des commissaires viendraient enfin en Afrique juger le différend entre elle et le prince numide. Publius Scipion et deux autres sénateurs arrivèrent à cet effet à Karthage ; mais, obéissant aux instructions reçues, ils s'arrangèrent pour ne donner aucune décision, de sorte que l'usurpation de Massinissa fut consacrée par une apparence de légalité [2].

Prépondérance de Massinissa. — Le prince numide avait donc le champ libre ; bien mieux, il avait pu se convaincre qu'il ne pouvait être plus agréable aux Romains qu'en harcelant sans trêve Karthage. Il ne cessa dès lors de multiplier ses attaques. En vain les Karthaginois renouvelèrent leurs plaintes à Rome et leurs protestations contre la violation des traités à eux consentis. En vain ils s'humilièrent ; en vain ils envoyèrent des vaisseaux et du blé pour aider leurs ennemis dans leurs guerres d'Asie et de Macédoine. Ils n'obtinrent que des satisfactions dérisoires. Massinissa,

---

1. Polybe.
2. Tite-Live.

lui aussi, en fidèle vassal, envoyait à Rome ses enfants pour offrir en son nom des secours de toute sorte, hommes, chevaux, grains et même des éléphants.

Peu à peu le prince de Numidie conquit toute la Tripolitaine et soumit à son autorité les nombreuses tribus indigènes établies entre la Cyrénaïque et l'Amsaga, resserrant chaque jour le cercle dans lequel il restreignait le territoire de Karthage. Les Berbères de l'est purent enfin se grouper sous la main ferme de ce prince et commencer à former une véritable nation. Il sut en outre les discipliner et s'efforça de les attacher au sol et de les initier, comme nous l'avons déjà dit, à des procédés de culture plus perfectionnés[1]. Etabli à Cirta, sa capitale, il vivait entouré de tous les raffinements de la civilisation romaine et grecque. Mais, tout en adoptant ces mœurs nouvelles, il avait conservé ses qualités guerrières et était resté le premier cavalier de son royaume. Son luxe semblait un hommage rendu au progrès et sa magnificence un moyen de frapper ses sujets; car, pour lui, il se plaisait à n'en pas profiter et se faisait un devoir de vivre de la manière la plus simple et la plus rude[2].

SITUATION DE KARTHAGE. — Pendant que la puissance du prince berbère s'élevait, celle de Karthage penchait rapidement vers son déclin. Trois partis s'y disputaient le pouvoir : l'aristocratie, qu'on appelait le parti romain, était toujours prête aux plus grandes bassesses pour conserver la paix; le parti barcéen, ou parti national, formé du peuple et chez lequel se conservaient les dernières traditions du patriotisme qui avait fait la grandeur de Karthage; et enfin le parti de Massinissa, tout disposé à ouvrir les portes de la ville au prince numide; malgré ces dissensions intestines, le génie commercial des Phéniciens n'avait pas tardé à ramener dans la ville une certaine prospérité matérielle.

Les dernières spoliations de Massinissa poussèrent les Karthaginois à tenter auprès de Rome un suprême effort pour obtenir justice. La violation du droit était trop flagrante pour qu'on ne fût pas obligé de sauver au moins les apparences. De nouveaux commissaires furent envoyés en Afrique. Parmi eux était Marcus Caton, vétéran des guerres contre Hannibal. Lorsqu'il vit Karthage florissante, ses craintes patriotiques redoublèrent et il ne songea

---

1. Les auteurs anciens s'accordent à dire qu'il introduisit l'agriculture en Numidie; nous pensons qu'il est plus juste de dire qu'il s'attacha à la perfectionner.
2. Polybe.

qu'à décider sa ruine. Massinissa, sûr des bonnes dispositions des commissaires, se soumit à leur décision; mais les Karthaginois, non moins sûrs de leur mauvais vouloir, refusèrent de les laisser prononcer en dernier ressort. Ils rentrèrent donc sans avoir rien fait et les choses demeurèrent en l'état (157). De retour à Rome, Caton commença sa campagne contre la métropole punique, en prononçant le célèbre *delenda Carthago*.

Karthage se prépare a la guerre contre Massinissa. — Dans cette conjoncture, Karthage était bien forcée de pourvoir à sa sécurité, et comme le parti populaire était revenu au pouvoir, il réunit une forte armée de Berbères, en donna le commandement à Ariobarzane, petit-fils de Syphax, et lui confia la garde de la frontière numide. Aussitôt que cette nouvelle fut connue à Rome, Caton et son parti en profitèrent pour recommencer la campagne contre Karthage. Des commissaires furent encore chargés d'aller en Afrique pour s'assurer du fait. Il était indéniable; cependant les envoyés tentèrent d'amener une transaction en proposant à Massinissa d'abandonner ses conquêtes. Mais Giscon, chef du parti populaire et revêtu de la magistrature suprême, exigea des satisfactions plus effectives et des garanties pour l'avenir. Les commissaires durent se retirer au plus vite, car un tumulte s'éleva à Karthage, les partisans de Massinissa furent recherchés et expulsés de la ville (152).

Massinissa envoya ses fils Micipsa et Gulussa à Karthage pour obtenir que l'on rapportât le décret d'expulsion de ses adhérents, mais les princes furent fort mal reçus et eurent même quelque peine à se retirer sains et saufs. Il fit alors partir pour Rome Gulussa qui avait déjà fait de nombreux séjours en Italie. Les intrigues du Berbère, complétées par la fougue de Caton, décidèrent l'envoi de nouveaux commissaires en Afrique. L'existence d'une armée et d'une flotte ayant été constatée, sommation fut adressée à Karthage d'avoir à se conformer aux stipulations du traité, sous peine de voir recommencer la guerre.

Défaite des Karthaginois par Massinissa. — Sur ces entrefaites, Massinissa brusqua le dénouement en venant attaquer une ville punique, nommée par les auteurs Oroscopa. Aussitôt, les troupes karthaginoises, fortes de 25,000 fantassins et de 4,000 cavaliers, se mirent en campagne sous le commandement d'Asdrubal, de la famille de Barka. Le sort des armes parut d'abord lui être favorable : il remporta quelques succès et détacha de son ennemi un fort groupe de cavaliers berbères. Mais Massinissa, par d'habiles manœuvres, attira les Karthaginois dans un terrain choisi et leur livra une grande bataille. L'action fut longtemps indécise ; le vieux chef berbère, alors âgé de quatre-vingt-huit ans, chargea lui-même à la tête de ses troupes et combattit avec une grande bravoure [1]. L'issue du combat ne fut pas décisive ; néanmoins Asdrubal entra en pourparlers avec Massinissa et lui fit proposer la paix par le jeune Scipion-Emilien qui se trouvait en Afrique, où il était venu chercher des renforts. Asdrubal ayant refusé de rendre les transfuges, les négociations furent rompues. Massinissa parvint alors à entourer ses ennemis et à les bloquer si étroitement qu'ils ne tardèrent pas à être en proie à la famine. Après avoir supporté d'horribles souffrances et perdu plus de la moitié de son effectif, le général karthaginois se décida à se soumettre aux exigences du vainqueur. Il dut livrer les transfuges, s'obliger à payer cinq cents talents d'argent en cinquante ans et s'engager à rappeler les exilés. De plus, tous ses soldats devaient être désarmés. Pendant que les débris de cette armée rentraient à Karthage, Gulussa fondit sur eux à l'improviste et les tailla en pièces. Ainsi finit cette campagne qui coûtait près de soixante mille hommes aux Karthaginois, car des renforts incessants avaient été envoyés à Asdrubal (150).

Troisième guerre punique. — Cette fois, Rome avait le prétexte depuis longtemps cherché : le traité était violé, puisque Karthage avait fait la guerre à un prince allié ; elle était battue et démoralisée ; il fallait saisir cette occasion d'en finir avec la rivale. Le parti de la guerre n'eut donc aucune peine à entraîner le Sénat à décider une expédition en Afrique. A cette nouvelle, les Karthaginois condamnèrent à mort Asdrubal et les autres chefs du parti populaire et envoyèrent à Rome une ambassade pour implorer la paix. Mais, en même temps, arrivait une députation des gens d'Utique offrant leur soumission aux Romains. Tout semblait conjuré contre la malheureuse Karthage. Les envoyés puniques n'obtinrent qu'un silence dédaigneux. De nouveaux ambassadeurs arrivés en Italie avec de pleins pouvoirs, car les Karthaginois étaient prêts à toutes les concessions, supplièrent les Romains de leur faire connaître ce qu'ils voulaient, promettant qu'ils recevraient satisfaction. « Ce que nous voulons, répondit-on, vous devez le savoir. »

En effet, les consuls Lucius Censorinus et Marcus Nepos étaient déjà en Sicile, et l'armée allait être embarquée (149). On daigna cependant dire aux ambassadeurs qu'ils devaient, avant tout, en-

---

1. Appien, l. 69 et suiv.

voyer aux consuls trois cents otages pris dans les premières familles. Les Karthaginois, dans leur affolement, s'empressèrent de se soumettre à cette exigence, espérant encore empêcher le départ de l'armée ; mais les consuls, après avoir expédié les otages à Rome, ordonnèrent de mettre à la voile, en faisant connaître aux envoyés que les autres conditions leur seraient dictées à Utique.

Les Karthaginois, ne pouvant croire à tant de duplicité, laissèrent les Romains débarquer tranquillement, au nombre de quatre-vingt mille, et s'établir à Utique. Le sénat de Karthage vint humblement se mettre aux ordres du consul. On exigea de lui la remise de toutes les armes et de tout le matériel de guerre, et aussitôt les Karthaginois livrèrent à leurs ennemis tout ce qui pouvait servir à lutter contre eux : des armes de toute nature, deux cent mille armures, trois mille catapultes, des vaisseaux, etc. [1].

Le consul Censorinus leur fit connaître alors qu'ils devaient évacuer leur ville, car ses instructions portaient destruction de Karthage.

Héroïque résistance de Karthage. — Lorsque cette exigence fut connue à Karthage, l'indignation populaire fit explosion et se traduisit par une formidable insurrection. Tous ceux qui avaient pris part à la remise des armes, tous les partisans de la paix, tous les amis des Romains furent massacrés et l'on jura de lutter jusqu'à la mort. On se mit en relation avec Asdrubal, qui avait réussi à s'échapper et se tenait à quelque distance, à la tête d'une vingtaine de mille hommes, presque tous proscrits. Un autre Asdrubal, petit-fils de Massinissa, par sa mère, prit le commandement de la ville. Mais il fallait avant tout des armes et, pour gagner du temps, les Karthaginois demandèrent une trêve de trente jours aux consuls qui la leur accordèrent, persuadés que ce temps suffirait à les décider à la soumission. On vit alors ce spectacle admirable de toute une population, hommes, femmes, enfants, vieillards travaillant sans relâche, nuit et jour, en secret et sans bruit, dans les temples, dans les caves, à remplacer les armes et le matériel livrés par la lâcheté à l'ennemi, sacrifiant tout au salut de la patrie, transformant chaque objet en arme et remédiant, à force de génie et d'énergie, à l'absence de moyens matériels. Bel exemple donné par une nation qui va périr, mais qui sauve son honneur !

A l'expiration du délai, les consuls quittèrent leur camp d'Utique

---

1. Strabon, l. XVII, ch. 833. Appien, 74 et suiv. Nous suivons pas à pas le texte de ces auteurs pour la 3ᵉ guerre punique.

et marchèrent sur Karthage, pensant que les portes de la ville allaient tomber devant eux. Quel ne fut par leur étonnement de trouver toutes les entrées soigneusement fermées et les murailles garnies de défenseurs en armes. Une tentative d'assaut fut repoussée et les consuls purent se convaincre qu'il fallait entreprendre des opérations régulières de siège. Les Romains s'appuyaient sur Utique et sur une partie des places du littoral oriental ; mais Asdrubal, avec une nombreuse cavalerie, tenait l'intérieur et était en communication avec Karthage, qu'il ravitaillait régulièrement. Enfin une population de 700,000 âmes occupait la ville et était décidée à une résistance héroïque. Quant à Massinissa, qui ne voyait pas sans jalousie les Romains attaquer une ville qu'il considérait comme sa proie, il se tenait dans une réserve absolue.

Le consul Censorinus avait donc à lutter contre des difficultés aussi grandes qu'inattendues ; néanmoins il commença avec activité le siège. Asdrubal vint établir son camp à Néphéris, de l'autre côté du lac, et ne cessa d'inquiéter les assiégeants qui, d'autre part, avaient à résister aux sorties des assiégés. Censorinus avait concentré ses efforts contre le mur, plus faible, établi sur la langue de terre (la tœnia), séparant le lac de Tunis de la mer ; ayant réussi à y faire une brèche, il ordonna l'assaut ; mais les Phéniciens repoussèrent facilement leurs ennemis.

Quelque temps après, le consul Manilius, à qui était resté le commandement, par suite du départ de Censorinus, tenta contre le camp d'Asdrubal, à Néphéris, une attaque qui se serait terminée par un véritable désastre pour lui, sans l'habileté et le dévouement de Scipion.

Ainsi se passèrent les premiers mois du siège, sans que les Romains pussent obtenir un seul avantage sérieux.

MORT DE MASSINISSA. — Sur ces entrefaites, le vieux Massinissa, sentant sa mort prochaine, fit venir auprès de lui le jeune Scipion Emilien, tribun dans l'armée romaine, car il le désignait comme son exécuteur testamentaire. Scipion se mit en route pour Cirta, mais, à son arrivée, le prince numide venait de mourir (fin de 149). Cet homme remarquable laissait un grand nombre d'enfants, dont trois seulement furent désignés comme devant hériter du pouvoir. Ils se nommaient Micipsa, Gulussa et Manastabal. Le premier avait reçu de Massinissa l'anneau, signe du commandement. Une des dernières recommandations de leur père avait été de conserver la fidélité aux Romains.

Scipion, pour éviter tout froissement entre les frères, leur laissa le pouvoir, en conservant à tous trois le titre de roi. Micipsa eut cependant l'autorité principale avec Cirta comme résidence ; Gulussa reçut le commandement des troupes et la direction des choses relatives à la guerre ; enfin Manastabal fut chargé des affaires judiciaires. Tous les trésors restèrent en commun.

Après avoir pris ces sages dispositions, Scipion revint au camp, amenant avec lui Gulussa et une troupe de guerriers numides [1].

Suite du siège de Karthage. — La situation des Romains devant Karthage, sans être critique, commençait à devenir difficile. Les maladies, conséquence de l'agglomération, de la chaleur et des privations, s'étaient mises dans le camp ; les approvisionnements arrivaient mal et étaient souvent interceptés par l'ennemi : enfin les sorties des assiégés et les attaques d'Asdrubal tenaient les assiégeants sans cesse en éveil et paralysaient toutes leurs entreprises. Dans ces conjonctures, le jeune Scipion avait su par son activité et ses talents militaires rendre les plus grands services ; plusieurs fois il avait sauvé l'armée, aussi son nom était-il devenu très populaire parmi les soldats. Enfin sa connaissance du pays et des indigènes le désignait pour le commandement suprême, dans ce pays qui semblait être le patrimoine des Scipions.

Sur ces entrefaites, les consuls Calpurnius Pison et L. Mancinus vinrent prendre la direction du siège, tandis que Scipion allait à Rome préparer son élection à l'édilité (148). Les nouveaux généraux trouvèrent des troupes fatiguées et démoralisées à ce point qu'ils renoncèrent, pour le moment, à pousser les opérations contre Karthage. Pison entreprit une expédition vers l'ouest et, après avoir pillé quelques places sans importance, vint mettre le siège devant Hippône ; mais il échoua misérablement dans cette entreprise et dut opérer une retraite désastreuse. La situation commençait à devenir inquiétante ; la discipline était complètement relâchée ; on ne pouvait plus compter sur les soldats ; enfin les frères de Gulussa ne lui envoyaient aucun renfort.

Quant aux Karthaginois, ils reprenaient confiance et redoublaient d'activité pour se créer des ressources et des alliés. Malheureusement les divisions intestines, qui avaient été si fatales à Karthage et qui disparaissaient quand le danger était pressant, avaient recommencé leur jeu. Le parti numide continuait ses intrigues et, comme on lui donnait pour chef Asdrubal, petit-fils de Massinissa, les patriotes le mirent à mort.

Scipion prend le commandement des opérations. — Les nouvelles

---

1. Appien, *Pun.*, 185. Salluste, *Jug.*, 5.

d'Afrique ne cessaient de porter à Rome le trouble et l'inquiétude. La voix publique désignait Scipion pour la direction de cette campagne; cependant, le jeune tribun, qui briguait alors l'édilité, ne pouvait encore recevoir le consulat. On fit fléchir la loi; d'une voix unanime, le peuple le nomma consul (147).

A peine arrivé à Utique, Scipion alla porter secours au consul Mancinus qui se trouvait bloqué, dans une situation très critique, à Karthage même, puis il vint s'établir avec toute son armée dans un camp fortifié, non loin de cette ville, et appliqua ses premiers soins au rétablissement de la discipline. Asdrubal le Barkide, laissant son armée à Néphéris, alla, accompagné d'un chef berbère nommé Bithya, prendre position en face du camp romain. Mais l'on put bientôt s'apercevoir que la direction du siège était passée dans d'autres mains. Une attaque de nuit, vigoureusement conduite, rendit Scipion maître du faubourg de Meggara, compris dans l'enceinte de la ville, mais séparé d'elle par des jardins coupés de murs et de clôtures faciles à défendre.

Cette perte causa une vive douleur aux assiégés qui, sous l'impulsion de leur chef Asdrubal, massacrèrent tous leurs prisonniers romains. Le camp karthaginois avait dû être abandonné et tous les défenseurs se trouvaient maintenant retranchés dans la ville. Scipion coupa toute communication entre Karthage et la terre, en fermant par un mur le large isthme qui donne accès à la presqu'île sur laquelle la ville est bâtie. Une double ligne de circonvallation, formée de fossés et de palissades, complétait le blocus. La mer restait libre et, bien que les navires romains croisassent constamment devant le port, de hardis marins réussissaient à passer et à apporter des vivres aux assiégés. Scipion entreprit de fermer aussi cette voie: il fit construire un môle de pierre ayant 92 ou 96 pieds à la base[1], et allant de la tœnia jusqu'au môle, travail gigantesque renouvelé par Louis XIII au siège de La Rochelle.

Mais les assiégés, de leur côté, ne restaient pas inactifs: pendant que les Romains leur fermaient cette entrée, ils s'en taillaient une autre dans le roc. En même temps on travaillait à Karthage à faire une flotte en utilisant les bois de construction. Ainsi, au moment où les Romains croyaient avoir achevé leur blocus, ils virent paraître les navires puniques. Ceux-ci ne surent pas profiter de la surprise de leurs ennemis et, quand ils se représentèrent trois jours après, les Romains, prêts à combattre, forcèrent la flotte à rentrer dans le port après lui avoir infligé de grandes pertes. Scipion profita de ce succès pour s'établir dans une position avan-

---

1. Le pied romain était de 0 m. 296 mill.

tageuse, lui permettant d'attaquer les ouvrages qui couvraient le second port (*le Cothôn*). Mais des hommes déterminés sortirent dans la nuit de Karthage, s'approchèrent à la nage des lignes romaines et incendièrent les machines des assiégeants.

Les succès des Romains se réduisaient encore à peu de chose et avaient été chèrement achetés. Cependant Scipion avait atteint un grand résultat, celui de compléter le blocus de la ville. Déjà la famine s'y faisait sentir. En attendant l'action de ce puissant auxiliaire, Scipion alla avec Lélius et Gulussa attaquer le camp de Néphéris, où se trouvait une puissante armée Karthaginoise dont on ne s'explique pas l'inaction. Cette expédition réussit à merveille : le camp fut pris et enlevé et toute l'armée ennemie taillée en pièces. Les cantons environnants ne tardèrent pas à offrir leur soumission aux Romains (147).

CHUTE DE KARTHAGE. — Depuis près d'un an Scipion avait pris la direction des affaires et, bien qu'il eût obtenu de grand succès, la ville assiégée ne semblait pas encore disposée à se rendre, malgré la famine à laquelle elle était en proie. Au printemps de l'année 146, le général romain se décida à frapper un grand coup en tentant une attaque de nuit sur le Cothôn. Asdrubal, pour déjouer son plan, incendia la partie sur laquelle il semblait que l'effort des assiégeants allait se porter. Mais pendant ce temps Lélius parvenait à escalader la porte ronde du Cothôn et à l'ouvrir à l'armée qui se précipitait dans la ville. Scipion attendit sur le forum le lever du soleil ; puis il donna l'ordre de marcher sur Byrsa, la colline où se trouvaient le grand temple de Baal et la citadelle. Trois rues bordées de hautes maisons y conduisaient ; mais à peine les soldats commencèrent-ils à s'y engager qu'ils furent écrasés sous une grêle de traits et de projectiles de toute sorte : l'ennemi était partout : en face, sur les côtés et en haut, car des plates-formes tendues sur les terrasses des maisons les reliaient entre elles. Il ne fallut pas moins de six jours de luttes acharnées pour que l'armée romaine pût atteindre le pied du roc sur lequel s'élevait la citadelle et où étaient réfugiés Asdrubal et ses derniers adhérents. Scipion fit alors incendier et démolir les quartiers qui venaient d'être conquis, et cette opération barbare coûta la vie à un grand nombre de Karthaginois, spécialement des vieillards, des femmes et des enfants qui se tenaient cachés dans ces constructions. «... Le mouvement et l'agitation, — dit Appien, — la voix des hérauts, les sons éclatants de la trompette, les commandements des tribuns et des centurions qui dirigeaient le travail des cohortes, tous ces bruits enfin d'une ville prise et saccagée, inspiraient aux soldats une sorte d'enivrement et de fureur qui les empêchaient de voir ce qu'il y avait d'horrible dans un pareil spectacle. »

Depuis sept jours Scipion était maître de la ville, lorsque des Karthaginois vinrent lui dire qu'un grand nombre d'assiégés, se trouvant dans la citadelle, demandaient à se rendre à la condition qu'on leur laissât la vie sauve. Le général leur accorda cette demande, ne refusant de quartier qu'aux transfuges. Cinquante mille personnes sortirent ainsi de Byrsa, où il ne resta que Asdrubal, sa famille et les transfuges au nombre de neuf cents environ. Tous se réfugièrent dans le temple et s'y défendirent d'abord avec vigueur ; mais peu à peu, le manque de vivres, la discorde et l'impossibilité d'espérer le salut poussèrent ces malheureux au désespoir. Asdrubal eut alors la lâcheté de se présenter en suppliant à Scipion pour obtenir la vie, pendant que ses adhérents incendiaient leur dernier refuge et que sa femme se précipitait dans les flammes avec ses deux enfants pour ne pas survivre à sa honte[1] (146).

L'Afrique province romaine. — Cette fois Karthage, la métropole de la Méditerranée, la rivale de Rome, n'existait plus ; le vœu de Caton était exaucé. La colonisation phénicienne en Afrique avait vécu et allait faire place à la colonisation latine. Scipion laissa son armée piller les ruines fumantes de la ville, pendant que Rome célébrait par des offrandes aux dieux le succès de ses armes. Bientôt dix commissaires, choisis parmi les patriciens, arrivèrent en Afrique pour régler avec Scipion le sort de la nouvelle conquête. Ils commencèrent par achever la destruction des pans de murs qui restaient encore debout, notamment dans les quartiers de Meggara et de Byrsa ; puis ils prononcèrent, au milieu de cérémonies religieuses, les imprécations les plus terribles contre ceux qui seraient tentés de venir habiter ces lieux maudits voués par eux aux dieux infernaux.

Utique, pour prix de sa trahison, reçut le pays compris entre Karthage et Hippo-Zarytos ; les villes qui avaient soutenu les Phéniciens furent, au contraire, privées de leur territoire et de leur libertés municipales et durent payer une taxe fixe. Les princes numides conservèrent les régions usurpées par eux dans l'Afrique propre. La limite de la province romaine s'étendit depuis le fleuve Tusca (O. Z'aïn ou O. Berber), en face de la Sicile, jusqu'à la ville de Thenæ (Tina) en face des îles Kerkinna, au nord du

1. Appien, *Pun.*

golfe de Gabès[1]. Cette mince bande de terre reçut le nom de *Province romaine d'Afrique*. Un gouverneur, résidant à Utique, fut chargé de l'administration de ce territoire.

Aussitôt après sa victoire, Scipion chargea Polybe de reconnaître les établissements phéniciens du littoral, à l'ouest de Karthage. Le récit de ce voyage, qui a été écrit par Polybe, manque dans son ouvrage, et nous n'en connaissons que l'analyse incomplète donnée par Pline. Cette perte est regrettable à tous les points de vue, car nous ignorons quelle était l'action des Karthaginois sur la civilisation berbère. Cette action est incontestable et il est à supposer qu'elle s'exerçait par des colonies de marchands établis dans les principales villes. C'est ce qui explique qu'à Cirta, par exemple, existait un temple dédié à Tanit. On en a retrouvé les vestiges à un kilomètre de la ville, ainsi qu'un grand nombre d'inscriptions votives qui se trouvent maintenant au musée du Louvre[2].

1. Pline, *H. N.*, V, 3, 22.
2. V. *Recueil des notices et mémoires de la société archéologique de Constantine*, années 1877, 1878.

CHAPITRE V

LES ROIS BERBÈRES VASSAUX DE ROME

146-89

L'élément latin s'établit en Afrique. — Règne de Micipsa. — Première usurpation de Jugurtha. — Défaite et mort d'Adherbal. — Guerre de Jugurtha contre les Romains. — Première campagne de Métellus contre Jugurtha. — Deuxième campagne de Métellus. — Marius prend la direction des opérations. — Chute de Jugurtha. — Partage de la Numidie. — Coup d'œil sur l'histoire de la Cyrénaïque; cette province est léguée à Rome.

L'ÉLÉMENT LATIN S'ÉTABLIT EN AFRIQUE. — A peine Scipion Emilien avait-il quitté l'Afrique que l'on vit « affluer la troupe avide des négociants de toute sorte, des chevaliers romains commerçants ou fermiers de l'Etat, qui envahissent bientôt tout le trafic de la nouvelle province, aussi bien que des pays numides et gétules, fermés jusqu'alors à leurs entreprises[1] ». Les Berbères, qui n'avaient subi que l'influence de la civilisation punique, allaient connaître les mœurs et le génie romains. Malgré les imprécations officielles lancées contre Karthage, cette ville, dans toute la partie avoisinant les ports, ne tarda pas à se relever de ses ruines.

Enfin, vingt-quatre ans s'étaient écoulées depuis la chute de Karthage, lorsque Caïus Gracchus, désigné pour exécuter la loi Rubria qui en ordonnait le rétablissement, débarqua en Afrique avec six mille colons latins, et les établit sur l'emplacement de la vieille cité punique à laquelle il donna le nom nouveau de *Junonia*[2]. De là, les Italiens allaient rayonner dans tout le pays et s'établir, comme artisans ou comme commerçants, dans les villes de la Numidie. L'année suivante la loi Rubria fut rapportée; mais Karthage, quoique déchue de son titre, n'en continua pas moins à se relever de ses ruines et à reprendre son importance politique et commerciale[3].

---

1. G. Boissière, *Esquisse d'une histoire de la conquête romaine*, p. 183.
2. En plaçant la nouvelle colonie sous la protection de Junon, Gracchus rendait hommage à la divinité protectrice de Karthage, *la maîtresse Tanit, reflet de Baal*, que les Romains assimilèrent à *Junon céleste*.
3. Voir « *Le Capitole de Carthage* », par M. Castan (*Comptes rendus de l'Académie des Inscr. et B. Lettres*, 1885, p. 112).

Règne de Micipsa. — Pendant que l'Afrique propre était le théâtre de ces graves événements, Micipsa continuait à régner paisiblement à Cirta. C'était un homme d'un caractère tranquille et studieux, tout occupé de la philosophie grecque, et ne manifestant aucune ambition. Son royaume s'étendait alors du Molochath aux Syrtes, avec la petite enclave formée par la province romaine. Micipsa vit successivement mourir ses deux frères et continua à exercer seul le pouvoir, avec l'aide de ses deux fils, Adherbal et Hiemsal, et de son neveu Jugurtha, fils naturel de Manastabal, s'appliquant, particulièrement, à conserver l'amitié des Romains, en remplissant ses devoirs de roi vassal. Lors du siège de Numance (133), il avait envoyé à ses maîtres une armée auxiliaire, sous la conduite de Jugurtha. Peut-être espérait-il se débarrasser ainsi de ce neveu dont l'ambition l'effrayait, non pour lui, mais pour ses enfants. Or, il arriva que le prince berbère sut échapper à tous les dangers, bien qu'il les affrontât avec le plus grand courage; ses talents lui valurent l'estime de tous et il rapporta en Afrique la renommée d'un guerrier accompli, ce qui ne contribua pas peu à augmenter son influence sur les Berbères. Ainsi tout réussissait à ce jeune hommme que Micipsa avait dû adopter en lui accordant un rang égal à ses fils.

En 119, Micipsa, sur le point de mourir, recommanda à ses deux fils et à son neveu de vivre en paix et unis et de s'entr'aider pour la défense de leur royaume numide. Il s'éteignit ensuite après un paisible règne de trente années [1], pendant lequel il s'était appliqué à continuer l'œuvre de civilisation commencée par Massinissa, appelant à lui les artistes et les savants étrangers, pour orner la capitale de la Numidie. Il léguait à ses successeurs un vaste royaume paisible et prospère.

Première usurpation de Jugurtha. — A peine Micipsa avait-il fermé les yeux que des discussions s'élevèrent entre ses deux fils et son neveu, à l'occasion du partage du royaume et des trésors. Ce conflit se termina par une transaction dans laquelle chaque partie se crut lésée et qu'elle n'accepta qu'avec le secret espoir d'en violer les clauses, à la première occasion. Jugurtha dut se contenter de la Numidie occidentale, s'étendant du Molochath à une ligne voisine du méridien de Saldæ (Bougie). Adherbal et Hiemsal se partagèrent le reste, conservant ainsi tout le pays riche

---

1. Salluste, *Bell. Jug.*, VIII et suiv. Nous suivons pour, l'usurpation et la guerre de Jugurtha, les détails précis donnés par cet auteur et l'appendice de M. Marcus à la fin de sa traduction de Mannert.

et civilisé, la Numidie proprement dite, avec Cirta et toutes les conquêtes de l'est.

Jugurtha n'était pas homme à s'accommoder d'une situation inférieure; il lui fallait l'autorité suprême et, du reste, il devait songer à prévenir les mauvaises dispositions de ses cousins à son égard. Sans différer l'exécution de son plan, il fit, la même année, assassiner à Thermida[1] Hiemsal, celui des deux frères qui, par son énergie, était à craindre. Puis il envahit à la tête d'un grand nombre de partisans la Numidie propre. Adherbal, déconcerté par une attaque si soudaine, s'empressa de demander des secours à Rome, et essaya, néanmoins, de tenir tête aux envahisseurs; mais il fut vaincu en un seul combat, et contraint de chercher un refuge dans la province romaine. En une seule campagne, Jugurtha se rendit maître de la Numidie et s'assit sur le trône de Cirta.

Cependant Adherbal, qui n'avait rien pu obtenir du gouverneur de la province d'Afrique, se rendit à Rome où il réclama à haute voix justice contre la spoliation dont il était victime. Mais Jugurtha, qui connaissait parfaitement son terrain, envoyait en même temps, en Italie, des émissaires chargés de répandre l'or en son nom et de lui gagner des partisans parmi les principaux citoyens. En vain Adherbal retraça en termes éloquents les malheurs de sa famille et la perfidie de Jugurtha; il ne put rencontrer aucun appui effectif, car chacun était favorable à la cause de son ennemi. Néanmoins, comme la contestation était soumise au Sénat, ce corps ne put violer ouvertement toutes les règles de la justice. Il décida qu'une commission de dix membres serait chargée d'opérer entre les deux princes numides le partage de leurs états[2]. Les commissaires, sous la présidence de Lucius Opimius, favorable à Jugurtha, rendirent à celui-ci toute la Numidie occidentale et replacèrent Adherbal à la tête de la Numidie propre, décision qui n'avait pour elle que l'apparence de l'équité, en admettant que Jugurtha, par son crime et son usurpation, n'eût pas perdu ses droits, car il était certain qu'Adherbal, laissé à ses propres forces, ne tarderait pas à devenir la victime de son cousin (114).

Défaite et mort d'Adherbal. — Après cette première tentative qui n'avait réussi qu'à demi, Jugurtha s'appliqua à se mettre en mesure de recommencer, dans de meilleures conditions. Comme il avait vu que, malgré tout, Rome soutiendrait son cousin, il jugea qu'il fallait se créer un point d'appui sur ses derrières et, à

---

1. Ville de la Proconsulaire.
2. Salluste, *Bell. Jug.*, XVI.

cet effet, il entra en relation avec son voisin de l'ouest, Bokkus, roi des Maures, et scella son alliance avec lui, en épousant sa fille. Puis, il recommença ses incursions sur les terres d'Adherbal, espérant le pousser à entamer la lutte contre lui, de façon à lui donner tous les torts aux yeux des Romains. Mais ce prince était bien résolu à tout supporter, et ce fut Jugurtha lui-même qui, perdant patience, ouvrit les hostilités, en envahissant le territoire de Cirta, à la tête d'une armée nombreuse.

Adherbal se porta à sa rencontre, avec toutes les troupes dont il pouvait disposer. Arrivé en présence de ses ennemis, il avait pris ses dispositions pour les attaquer le lendemain, lorsque, pendant la nuit, les troupes de Jugurtha se jetèrent sur son camp et l'enlevèrent par surprise. Adherbal put, avec beaucoup de peine, se réfugier derrière les remparts de Cirta. Jugurtha l'y suivit et commença le siège de cette place fortifiée par l'art et la nature, et dans laquelle se trouvaient un grand nombre d'artisans et marchands italiens, décidés à défendre la cause du prince légitime. Tandis qu'il pressait ces opérations, il reçut trois députés envoyés de Rome pour le sommer de mettre bas les armes ; il les congédia avec force démonstrations de respect et assurances de fidélité, mais ne tint aucun compte de leurs remontrances. Mandé, peu après, à Utique, par de nouveaux envoyés du Sénat, il se rendit dans cette ville, y accepta avec déférence les ordres à lui adressés ; puis il revint à Cirta, dont le blocus avait été rigoureusement maintenu. Cette ville était alors réduite à la dernière extrémité par la famine. La nouvelle de l'échec des négociateurs romains y porta le découragement et le désespoir. Adherbal, voyant la fidélité de ses adhérents fléchir, se décida à traiter avec son cousin. Jugurtha lui promit la vie sauve ; mais, dès qu'il eut entre les mains les clés de la ville, il ordonna le massacre général des habitants, sans épargner les Italiens, et fit périr Adherbal dans les tourments[1].

GUERRE DE JUGURTHA CONTRE LES ROMAINS. — Cette fois Jugurtha restait maître incontesté du pouvoir ; il est possible que les Romains eussent fermé les yeux sur l'origine criminelle de sa royauté ; mais des citoyens latins avaient été lâchement massacrés et il était impossible de tolérer cette insulte. Le parti du peuple accusa à bon droit la noblesse d'avoir encouragé ces crimes. En vain Jugurtha envoya à Rome son fils et deux de ses confidents : l'entrée du Sénat leur fut interdite et l'expédition d'Afrique résolue. Calpurnius Bestia, en ayant reçu le commandement, partit bientôt de Sicile à

---

1. Salluste, *Bell. Jug.*, XXVI.

la tête des troupes, débarqua en Afrique, s'avança jusqu'à Badja et remporta de grands succès. Bokkus, lui-même, envoya aux Romains l'hommage de sa soumission. Jugurtha, se voyant perdu, eut alors recours à un moyen qui lui avait toujours réussi, la corruption. Bestia, gagné par son or, consentit à signer avec lui un traité après s'être fait livrer par le prince numide des éléphants, des chevaux, des bestiaux et une contribution de guerre (111).

Mais, à Rome, cette compensation ne fut pas jugée suffisante et, quand les infamies commises en Afrique eurent été dénoncées par la voix indignée de C. Memmius, tribun du peuple, on exigea la comparution immédiate de Jugurtha, afin de connaître la vérité sur ce honteux traité. Lucius Cassius, envoyé en Afrique, ramena sous son égide le prince berbère à Rome. Dans ce milieu, Jugurtha se trouva entouré des intrigues les plus basses. C'était son véritable terrain. Il parvint à gagner à sa cause le tribun du peuple C. Bebius et, lors de sa comparution devant le sénat, non seulement il fut protégé par lui contre les violences de l'assemblée indignée, mais encore, le tribun, usant de son droit de véto, lui défendit de répondre aux accusations dont il était l'objet, lui permettant ainsi d'échapper à la nécessité d'une justification impossible.

Dès lors, l'audace de Jugurtha ne connaît plus de bornes : un fils de Gulussa nommé Massiva se trouvait à Rome. Il le fait assassiner par Bomilcar son favori, afin de couper court aux projets d'ambition qu'il aurait pu avoir. En vain la voix publique crie vengeance : on facilite la fuite de Bomilcar et l'on se contente d'ordonner à Jugurtha de sortir de l'Italie. C'est alors que le prince numide, quittant Rome, prononce ces célèbres paroles, au moins étranges dans sa bouche : « *O ville vénale et près de périr, si elle « trouve un acheteur*[1] ! »

Cependant le propréteur Aulus, qui était resté en Afrique avec l'armée, se disposa à prendre l'offensive, car le sénat avait annulé le traité fait par Bestia ; mais la rigueur de la saison et l'adresse de Jugurtha triomphèrent bientôt de ce chef inhabile. Les troupes romaines démoralisées, peut-être même gagnées par l'or numide, se laissèrent surprendre dans leur camp, après avoir en vain essayé d'enlever Suthul[2], où se trouvaient les trésors et les approvisionnements du roi. Aulus, pour sauver sa vie, accepta une humiliante capitulation qui l'obligeait à quitter sous dix jours la Numidie et condamnait l'armée à passer sous le joug (109). Le Sénat ne ratifia pas ce traité. Il envoya le consul Albinus, frère d'Aulus, prendre

---

1. Salluste, *Bell. Jug.*, XXXV.
2. Actuellement Guelma.

la direction des opérations; mais ce chef ne sut, ne put ou ne voulut rien entreprendre.

PREMIÈRE CAMPAGNE DE MÉTELLUS CONTRE JUGURTHA. — Ces succès devaient être les derniers du prince numide. Métellus, homme d'une intégrité reconnue, ce qui avait motivé sa nomination, bien qu'il appartînt au parti de la noblesse, arriva en Afrique, avec mission de venger les affronts faits à l'honneur de Rome. Débarqué à Utique, il s'occupa d'abord, avec activité, à rétablir la discipline dans l'armée qui avait perdu, sous ses derniers chefs, ses anciennes vertus de courage, d'obéissance et de fermeté. Jugurtha, connaissait Métellus et le savait incorruptible ; il essaya en vain de conjurer l'orage en offrant les plus grands témoignages de soumission. L'heure des transactions honteuses était passée, celle de l'expiation allait commencer.

Au printemps de l'année 108[1], Métellus se met en marche, occupe Vacca (Badja) et attaque Jugurtha qui l'attend de pied ferme dans une position par lui choisie près du Muthul[2]. L'armée berbère est divisée en deux corps: l'infanterie avec les éléphants, sous le commandement de Bomilcar, est retranchée derrière la rivière; la cavalerie, avec le roi, est dissimulée dans les gorges environnantes. Métellus charge son lieutenant Rufus d'aller prendre position en face de Bomilcar. Aussitôt, la cavalerie ennemie se précipite sur les flancs de la troupe romaine, mais ne peut parvenir à l'ébranler. Pendant ce temps, Métellus, aidé de Marius, marche vers les collines afin d'en déloger les Berbères et de tourner Bomilcar. On se battit de part et d'autre avec le plus grand acharnement, mais, à la fin de la journée, la victoire se décida pour les Romains. Jugurtha leur abandonna le champ de bataille et presque tous ses éléphants.

Cette journée suffit pour prouver à Jugurtha qu'il ne pouvait se mesurer en ligne contre les Romains ; changeant donc de tactique, il répartit ses adhérents dans toutes les directions, et les chargea d'inquiéter sans cesse l'ennemi, en se gardant de lui offrir l'occasion de lutter en bataille rangée. Ainsi, au moment où Métellus voulut recueillir les fruits de sa victoire, en achevant d'écraser l'ennemi, il ne trouva plus personne devant lui et force lui fut de changer de

---

1. Nous adoptons la date acceptée par M. Mommsen (t. IV, p. 261 note), tout en reconnaissant que la date de 109 est possible.
2. Sans doute vers Tifech, au nord de Tébessa. M. Marcus identifie le Muthul au Hamiz. Peut-être faut-il placer cette rivière plus près de Badja.

tactique et de se contenter de la guerre d'escarmouches, sans toutefois se laisser entraîner dans les lieux déserts et n'offrant aucune ressource où Jugurtha prétendait l'attirer. L'armée romaine, divisée en deux principaux corps, l'un sous les ordres de Métellus, et l'autre commandé par Marius, opérèrent quelque temps dans cette région, ruinant les cultures des indigènes ennemis, et enlevant par la force les villes qui ne voulaient pas se soumettre. Zama, attaquée par eux, se défendit avec énergie, ce qui permit à Jugurtha d'accourir à son secours et de forcer les Romains à lever le siège.

Ainsi finit cette première campagne. De grands résultats avaient été obtenus, puisque l'armée romaine avait vu fuir devant elle le roi numide, et cependant aucune conquête n'était conservée. Rentré dans la province d'Afrique pour prendre ses quartiers d'hiver, Métellus songea à obtenir le succès par d'autres moyens. Il parvint à détacher secrètement Bomilcar du parti de Jugurtha, en lui promettant sa succession s'il parvenait à le livrer entre ses mains. Bomilcar poussa donc le roi a abandonner une lutte dont l'issue ne pouvait que lui être fatale et l'amena à entrer en pourparlers avec Métellus. Les bases d'un traité furent arrêtées; déjà une partie des clauses était exécutée par le versement d'une somme considérable et la remise d'éléphants, de transfuges, d'armes, etc., lorsque Jugurtha, mis en défiance par l'insistance avec laquelle on l'invitait à se rendre au camp romain, évenla le piège dans lequel il avait failli tomber et s'éloigna au plus vite [1].

DEUXIÈME CAMPAGNE DE METELLUS. — Il fallait donc recourir de nouveau au sort des armes. Métellus alla d'abord s'emparer de Vacca (Badja), qui s'était révoltée après son départ, et avait massacré sa garnison romaine ; il fit subir à cette ville un châtiment exemplaire. Sur ces entrefaites, Jugurtha, ayant découvert la trahison de Bomilcar, le condamna à expirer dans les tourments.

Au printemps de l'année 107, Métellus reprit méthodiquement la campagne et envahit la Numidie. Jugurtha, après avoir sans cesse reculé devant lui, se décide à lui offrir le combat, mais les Berbères ne tiennent pas et fuient lâchement devant les légionnaires. Cirta ouvre alors ses portes à Metellus, tandis que Jugurtha se réfugie dans le sud ; de là, le prince berbère revient dans le Tel et va se retrancher, avec sa famille et ses trésors, dans une localité fortifiée nommée Thala [2]. Métellus l'y poursuit, mais Jugurtha

---

1. Salluste, *Bell. Jug.*, LXVIII.
2. Ce nom veut dire *source* en berbère ; il est commun à une foule de

s'échappe et va chercher la sécurité chez les Gétules, pendant que les Romains font le siège régulier de la place. Après quarante jours d'efforts, Thala est forcée, mais les défenseurs ne livrent aux Romains que des ruines fumantes.

Pendant que Métellus était devant Thala, il reçut une députation de la colonie phénicienne de Leptis (parva)[1], venant lui demander protection contre les attaques des Berbères. Quatre cohortes de Liguriens allèrent prendre possession de cette localité au nom de Rome.

Quant à Jugurtha, il mit à profit son séjour parmi les Gétules pour les gagner à sa cause, en faisant luire à leurs yeux l'appât du butin. Tout en s'appliquant à former ces sauvages à la discipline, il envoya à son beau-père, Bokkus, des émissaires, pour l'amener à lui fournir son appui. Le roi de Maurétanie avait, dès le début de la guerre, adressé des protestations de dévouement aux Romains, et était peu disposé à entrer en lutte contre eux ; mais Jugurtha, ayant obtenu de lui une entrevue, agit avec tant d'habileté sur son esprit, en lui représentant que les Romains n'avaient d'autre but que de conquérir la Maurétanie, après avoir pris la Numidie, qu'il lui arracha son adhésion. Bientôt les alliés se mirent en marche directement sur Cirta.

Prévenu de la ligue des deux rois, Métellus vint se placer dans un camp solidement retranché, en avant de la capitale de la Numidie, afin de couvrir cette contrée. Sur ces entrefaites, on apprit que Marius, alors à Rome, venait d'être élevé au consulat par le peuple ; que la mission de terminer la guerre de Jugurtha lui avait été confiée et qu'il allait arriver avec des renforts et de l'argent. Sans attendre son ancien lieutenant, Métellus rentra en Italie (107).

MARIUS PREND LA DIRECTION DES OPÉRATIONS. — Débarqué à Utique, Marius fut bientôt sur le théâtre de la guerre. Il amenait avec lui des renforts qui, ajoutés aux troupes déjà en campagne, devaient porter l'effectif des forces romaines à environ 50,000 hommes[2]. Le mouvement offensif des rois berbères avait été arrêté par les mesures de Métellus. Bokkus avait en outre été travaillé par lui, de sorte que Jugurtha savait bien qu'il ne pouvait pas

---

localités et il est bien difficile, malgré toutes les recherches de MM. Marcus, Dureau de la Malle, Guérin, etc., d'indiquer d'une manière précise la situation de cette ville, qui devait se trouver soit dans l'Aourès, soit vers la limite actuelle de la Tunisie.

1. Actuellement Lamta, près de Monastir, en Tunisie.
2. Poulle, *Étude sur la Maurétanie Sétifienne* (*Recueil de la Soc. arch. de Constantine*, 1863, p. 54).

compter sur son beau-père pour une action sérieuse. Le roi numide ne se hasardait plus aux batailles rangées ; à la tête des cavaliers gétules, il poussait des pointes hardies, jusqu'aux portes du camp de ses ennemis, pillait les populations soumises et regagnait les régions éloignées avant qu'on ait eu le temps de le combattre. Il avait déposé ses trésors à Capsa [1] et tenait toute la ligne du désert. Quant à Bokkus, il restait dans une prudente expectative.

Marius, voulant à tout prix sortir de cette situation, dans laquelle il ne faisait, pour ainsi dire, aucun progrès, se porta, par une marche audacieuse, sur Capsa, quartier général de son ennemi, enleva cette place, brûla et dévasta les villes voisines qui soutenaient Jugurtha et força ce prince à évacuer le pays et à se jeter dans l'Ouest. C'était ce qu'il cherchait car son plan était de reporter la campagne à l'Occident, en conservant Cirta comme base d'opérations. Marius vint donc relancer son ennemi dans les contrées de l'Ouest, et mena avec habileté et succès cette campagne dans le Zab et le Hodna, et les montagnes qui bordent ces plaines au nord et à l'ouest [2]. Il réussit même à s'emparer d'une forteresse établie sur un rocher presque inaccessible, une de ces kalâa que les Berbères savaient placer sur des pitons escarpés, où le prince numide avait caché ses derniers trésors.

Cette habile tactique du général romain enlevait à Jugurtha tous ses avantages. Le prince numide adressa alors un appel désespéré à Bokkus, lui promit le tiers de la Numidie en récompense de ses services et le décida enfin à agir. Les deux rois, ayant opéré en secret leur jonction, fondirent à l'improviste à la tête de masses considérables [3] sur les troupes romaines. Surpris par l'impétuosité de l'attaque, Marius, secondé par Sylla, qui lui a amené un corps de cavalerie, prend d'habiles dispositions lui permettant de résister ; on combat jusqu'au soir sans résultat. Les Berbères entourent les Romains et passent toute la nuit à chanter et à danser devant leurs feux, se croyant sûrs de la victoire. Mais, au

1. Gafça, dans le Djerid tunisien.
2. D'après Salluste, il se serait avancé jusqu'au Molochath ; mais nous considérons cette marche comme impossible et nous nous rangeons à l'opinion de M. Poulle qui a discuté avec autorité cette question dans son excellent travail sur la Maurétanie sétifienne (*Annuaire de la Société archéologique*, 1863, pp. 40 et suiv). Quant à l'opinion de M. Rinn (*Revue Africaine*, n° 171), tendant à placer le Molochath à l'est de Cirta, il nous est impossible de l'admettre. M. Tauxier (*Revue Africaine*, n° 174), propose d'identifier la Macta au Mulucha (ou Molochath).
3. 60,000 hommes, selon Paul Orose.

point du jour, les Romains se jettent sur les Gétules et sur les Maures, qui viennent de céder à la fatigue, en font un carnage horrible et mettent en fuite les survivants[1].

Après cette victoire, Marius conduisit habilement son armée vers Cirta pour lui faire prendre ses quartiers d'hiver, à l'abri de cette place. En chemin, il fut de nouveau attaqué par les rois indigènes, qui avaient rallié les fuyards et divisé leurs troupes en quatre corps. Le courage de Marius et de Sylla, la prudence et l'habileté du général dans son ordre de marche, sauvèrent encore l'armée romaine, qui dut, selon Paul Orose, lutter pendant trois jours avec acharnement[2].

Chute de Jugurtha. — Ces défaites successives avaient suffi pour dégoûter Bokkus de la guerre. Cinq jours après le dernier combat arrivèrent à Cirta les envoyés du roi de Maurétanie, chargés de proposer la paix. Les malheureux parlementaires, qui avaient suivi la route du désert, sans doute pour éviter les partisans de Jugurtha, avaient été entièrement dépouillés par des pillards Gétules, et se présentèrent nus et pleins de terreur[3]. Néanmoins, leurs propositions ayant été acceptées en principe, on les fit partir pour Rome, afin qu'ils fournissent devant le sénat les justifications de leur maître.

A la suite de ces négociations, Sylla fut envoyé vers Bokkus avec une escorte de guerriers choisis et armés à la légère. Après cinq jours de marche, il rencontra Volux, fils du roi de Maurétanie, venu à sa rencontre pour lui faire escorte. Le même soir il faillit se jeter sur le camp de Jugurtha et n'échappa à ce danger que par son audace et son énergie. Enfin, la petite troupe atteignit le campement de Bokkus. Sylla fut fort surpris d'y trouver un envoyé de Jugurtha, qui l'y avait précédé et devant lequel il lui était difficile de traiter de l'extradition du prince numide. Néanmoins Sylla agit avec une telle habileté qu'il finit par triompher des irrésolutions de Bokkus et le décider à livrer son gendre. Un message fut envoyé à Jugurtha pour l'engager à venir traiter de la paix; mais le Numide était trop fin pour consentir à se livrer ainsi aux mains de ses ennemis et il exigea tout d'abord que Sylla lui fût remis en otage.

---

1. Salluste, *Bell. Jug.*, XCV, XCVI. M. Poulle, dans l'article précité, place le théâtre de ces combats aux environs d'El Anasser et de l'Ouad Gaamour, à l'O. de Sétif.
2. *Hist.*, l. V, cap. 15.
3. *Bell. Jug.*, XCIX, C.

Pendant plusieurs jours Bokkus hésita encore pour savoir s'il livrerait Sylla à Jugurtha, ou Jugurtha à Sylla. Enfin, il se prononça pour le dernier parti. Après bien des négociations, il fut convenu que chacun se rendrait, sans armes, à un endroit désigné, afin d'arrêter les conditions de la paix. Jugurtha, vaincu par les assurances que lui prodigua son beau-père, se décida à venir au rendez-vous ; mais, à peine était-on réuni, que des gardes, cachés aux environs, se jetèrent sur le prince numide et le livrèrent garrotté à Sylla[1]. Ainsi la trahison mit fin à cette guerre que le génie de Jugurtha aurait peut-être prolongée encore. Le premier janvier 104, Marius fit son entrée triomphale à Rome, précédé de Jugurtha en costume royal et couvert de chaînes ; puis le vaincu fut jeté dans le cachot du Capitole, où il mourut misérablement.

La guerre de Jugurtha fut en résumé l'acte de résistance le plus sérieux des Berbères contre les Romains. Sans approuver les crimes du prince numide, on ne saurait trop admirer les ressources de son esprit et son indomptable énergie ; et il faut reconnaître qu'avec lui tomba l'indépendance de son pays. Cette guerre nous montre le caractère des indigènes tel que nous le retrouverons à toutes les époques, qu'il s'agisse de soutenir Jugurtha, Tacfarinas, Firmus, Abou Yezid, Ibn R'ania ou Abd-el-Kader, c'est toujours chez eux la même ardeur à l'attaque, le même découragement après la défaite et la même ténacité à recommencer la lutte jusqu'à ce que la trahison vienne y mettre fin.

Partage de la Numidie. — Après la chute de Jugurtha, les Romains n'osèrent encore prendre possession de toute la Numidie. Ils attribuèrent à Bokkus, pour le récompenser de ses services, la Numidie occidentale, l'ancienne Masséssylie, s'étendant depuis la Molochath jusque vers le méridien de Saldæ. Le reste, la Numidie proprement dite, fut donné à Gauda, frère de Jugurtha, depuis longtemps au service de Rome, sauf toutefois une petite partie que l'on adjoignit à la province d'Afrique. Gauda, vieillard chargé d'années et faible de caractère, mourut peu de temps après son élévation au pouvoir. Les documents historiques font absolument défaut pour ce qui se rapporte à cette période. On sait seulement que la Numidie propre fut de nouveau partagée entre Hiemsal II, fils de Gauda, et Yarbas ou Hiertas, prince de la famille royale, peut-être également fils de ce dernier. Il est probable que Hiemsal II eut pour sa part la région orientale de la Numidie confinant à la province romaine et l'entourant au sud, et que Yar-

---

1. Salluste, *Bell. Jug.*, CX.

bas reçut la partie occidentale, s'étendant jusqu'à Saldæ, limite des possessions du roi de Maurétanie. Peut-être, comme le pense M. Poulle[1], un autre prince, du nom de Masintha, régnait-il déjà sur la province sitifienne.

Ces rois vassaux gouvernèrent sous la tutelle directe de Rome, exerçant un pouvoir qui n'avait en réalité d'autre but que de préparer, par une transition, l'asservissement du pays au peuple-roi.

Des traités furent conclus avec les tribus gétules indépendantes, qui furent comptées au nombre des alliés libres de Rome[2], premier pas vers la soumission.

Coup d'œil sur l'histoire de la Cyrénaique. — Cette province est léguée a Rome. — Nous avons jusqu'à présent négligé les faits de l'histoire de la Cyrénaïque, car ils ne se rattachaient pas directement à celle de la Berbérie. Nous avons dit[3] que Cyrène fut fondée par une colonie de Grecs Théréens, vers le VIIe siècle avant notre ère. Après avoir vécu plus d'un siècle heureuse et prospère sous l'autorité de ses rois de la famille de Battos, la colonie fut vaincue et soumise par les Perses (525). A la bataille de Platée, les Berbères libyens figurent parmi les troupes de Xerxès. Dans le cours du Ve siècle une vaste révolte des indigènes rend la liberté à la Cyrénaïque. Le régime républicain y est proclamé[4]. Cyrène atteint alors une grande prospérité. Elle se rencontre à l'ouest avec Karthage, sa rivale ; une guerre sanglante éclate entre les Grecs et les Karthaginois au sujet de la limite commune. La lutte se termine par un traité consacré par le dévouement des Philènes, deux frères Karthaginois, qui, selon la tradition, consentirent à être enterrés vivants pour agrandir, vers l'est, le domaine de leur patrie (350).

Lors du voyage d'Alexandre le Grand à l'oasis d'Ammon, les Cyrénéens lui envoyèrent des ambassadeurs chargés de lui offrir l'hommage de leur soumission et de lui remettre des présents consistant en chevaux et en chars. Sans se détourner de sa route, le grand conquérant accueillit cette démarche et admit les Cyrénéens parmi ses tributaires, ou peut-être simplement ses alliés, car le pays conserva son indépendance, jusqu'au jour où les Egyptiens, appelés par une faction vaincue à la suite d'une longue guerre ci-

---

1. Maurétanie sétifienne (*Annuaire de la Soc. arch. de Constantine*, 1863).
2. Mommsen, *Hist. Rom.*, t. IV, p. 272.
3. Voir *Fondation de Kyrène par les Grecs*, ch. I.
4. Diodore, Thucydide, Héraclide de Pont.

vile, vinrent s'emparer du pays. Ptolémée le Lagide laissa à Cyrène un gouverneur et une garnison (322).

Quelque temps après, le Macédonien Oppellas, qui gouvernait la Cyrénaïque pour le compte du souverain d'Egypte, se déclara roi indépendant et, soutenu par ses amis de Grèce, acquit une grande puissance. C'est alors que, cédant aux instances d'Agathocle qui était venu porter la guerre en Afrique, il alla se joindre à lui pour combattre les Karthaginois. Nous avons vu[1] que le roi de Sicile le fit assassiner. A la suite de ces événements, Ptolémée voulut ressaisir la Cyrénaïque, mais il dut se porter au plus vite vers l'est, pour combattre ses mortels ennemis, Antigone et Démétrius, fils de celui-ci, qui avait épousé la veuve d'Oppellas. Ce ne fut qu'après avoir triomphé d'eux à la bataille d'Ipsus (301), qu'il put s'occuper de la soumission de la Cyrénaïque. Son beau-fils Magas accomplit cette mission et resta gouverneur du pays.

Ptolémée avait ramené de ses expéditions en Syrie un grand nombre de Juifs; il les expédia en Cyrénaïque et dans les autres villes de la Libye[2]. C'est ainsi que nous verrons, au xie siècle de notre ère, le kalife Fâtemide El Mostancer, lancer sur le Mag'reb les Arabes hilaliens qu'il a également ramenés de ses guerres de Syrie et dont il ne sait que faire.

A la mort de Ptolémée (285), Magas se déclara indépendant et, après avoir tenté de renverser du trône d'Egypte son frère utérin Ptolémée Philadelphe, conclut avec lui un traité d'alliance et donna à la Cyrénaïque des jours de calme et de prospérité. A sa mort, sa fille, la célèbre Bérénice, épousa le beau Démétrius, fils du Polyorcète, et partagea avec lui le trône de Cyrène. On connaît la fin tragique de Démétrius et le second mariage de Bérénice, avec Ptolémée Evergète[3]. Ainsi la Cyrénaïque fut encore une fois réunie à la couronne d'Egypte (247). Mais Bérénice n'oublia pas sa patrie : elle y fit exécuter de grands travaux et orna certaines villes avec magnificence. Son nom fut donné à la ville d'Hespéride (Ben-Ghazi).

A l'occasion de la querelle survenue entre les deux frères Ptolémée Philométor et Ptolémée Evergète, surnommé Physcon, qui avaient partagé pendant quelque temps le trône de l'Egypte, Rome, sollicitée par le premier (164), envoya des commissaires qui opérèrent le partage du royaume entre les deux frères. Physcon obtint, pour sa part, la Cyrénaïque avec la partie de la Libye y

---

1. Chapitre I, p. 10.
2. Josèphe.
3. Justin, *Hist.*, XXVI.

attenant[1]. Mécontent de son lot, il essaya en vain de décider son frère ou Rome à réformer le partage. En 147, Philométor étant mort, Physcon alla s'emparer du trône d'Egypte et fit gémir le pays sous sa tyrannie, pendant un long règne qui ne se termina qu'en l'année 117. Par son testament il léguait la Cyrénaïque à son fils naturel Apion.

Pour la dernière fois la Cyrénaïque formait un royaume indépendant. Apion régna paisiblement, obscurément même, pendant vingt années, entretenant avec Rome des rapports fréquents, et, à sa mort survenue en l'an 96, il légua son royaume au peuple-roi. Cette nouvelle province s'étendait de l'Egypte à la grande Syrte. Rome laissa à la Cyrénaïque ses institutions, aux villes leurs franchises, et se contenta de prendre possession des biens de la couronne, dont les produits vinrent grossir les revenus du trésor public. En réalité, le pays demeura livré à l'anarchie des factions jusqu'au moment où Lucullus, au retour de la guerre contre Mithridate, vint prendre possession de la Cyrénaïque et la réduire en province romaine (86).

1. Polybe.

CHAPITRE VI

L'AFRIQUE PENDANT LES GUERRES CIVILES

89-46

Guerre entre Hiemsal et Yarbas. — Défaite des partisans de Marius en Afrique; mort de Yarbas. — Expéditions de Sertorius en Maurétanie. — Les pirates africains châtiés par Pompée. — Juba I successeur de Hiemsal. — Il se prononce pour le parti de Pompée. — Défaite de Curion et des Césariens par Juba. — Les Pompéiens se concentrent en Afrique après la bataille de Pharsale. — César débarque en Afrique. — Diversion de Sittius et des rois de Maurétanie. — Bataille de Thapsus, défaite des Pompiens. — Mort de Juba. — La Numidie orientale est réduite en province Romaine. — Chronologie des rois dé Numidie.

Guerre entre Hiemsal II et Yarbas. — Dans la situation de vassalité où se trouvaient les rois numides vis-à-vis de Rome, il leur était difficile de ne pas prendre une part, plus ou moins directe, aux troubles qui l'agitaient. Marius, forcé de fuir, se réfugia en Afrique, comptant sur le secours du roi Hiemsal II, auprès duquel il avait envoyé son fils. Mais le Berbère voyait poindre la fortune de Sylla. Il se prononça pour celui-ci, et le fils de Marius, qu'il avait retenu comme prisonnier et qui n'était parvenu à s'échapper, — s'il faut en croire Plutarque, — que grâce à l'intérêt que lui portait une concubine de son hôte, ayant rejoint son père, lui apprit qu'il ne lui restait qu'à fuir. Marius qui avait été repoussé de Karthage par le proconsul Sextus, errait sur le rivage près de la limite de la Numidie; il put cependant prendre la mer, gagner les îles Kerkinna, échappant ainsi aux sicaires de Hiemsal. Il trouva ensuite un refuge chez Yarbas, qui s'était déclaré pour lui, et y passa sans doute l'hiver de l'année 88.

Bientôt Yarbas marcha contre son parent, le défit, et s'empara de son royaume. Ainsi le parti de Marius triomphait en Afrique, tandis qu'en Europe il n'éprouvait que des revers.

Défaite des partisans de Marius en Afrique. Mort de Yarbas. — La province africaine devint le refuge des partisans de Marius. Le préteur Hadrianus en avait expulsé Métellus et Crassus, qui essayaient en vain de rallier ce pays au parti des Optimates. Pour augmenter ses forces, Hadrianus voulut affranchir les esclaves; mais les marchands d'Utique se révoltèrent en masse et brûlèrent le préteur dans sa maison. Cependant l'Afrique resta fidèle au parti Marianien. Domitius Ahénobarbus, gendre de Cinna, y organisa la résistance. Un camp fut formé près d'Utique et bientôt, grâce aux renforts fournis par Yarbas, une vingtaine de mille hommes s'y trouvèrent réunis.

Mais Sylla, sans laisser à ses ennemis le temps de se reformer, chargea Cnéius Pompée d'une expédition en Afrique. Il lui confia à cet effet six légions qui partirent sur une flotte de cent vingt galères, suivies d'un grand nombre de bateaux de transport.

Débarqué heureusement en Afrique, le général romain marcha contre ses ennemis, qui l'attendaient dans une forte position, les attaqua en profitant du désordre causé par un orage, les défit, et enleva leur camp, avec leurs bagages et les éléphants du roi numide. D. Ahénobarbus tomba en combattant; quant à ses soldats, il en fut fait un grand carnage, puisque trois mille, seulement, d'entre eux purent s'échapper.

Yarbas avait pris la fuite avec les débris de ses Numides et tâchait de gagner sa retraite, lorsqu'il se heurta contre un corps de cavaliers maures, envoyés par le roi Bogud, fils de Bokkus, au secours de Pompée. Gauda fils de Bogud, commandant de cette colonne, contraignit Yarbas à se réfugier derrière les remparts de Bulla-Regia[1], sa capitale.

Pompée, qui avait envahi la Numidie, empêcha les Berbères de porter secours à leur roi. Forcé de se rendre à Gauda, Yarbas fut mis à mort. Hiemsal rentra ainsi en possession de son royaume et reçut, comme récompense de sa fidélité à Sylla, le territoire du vaincu[2] (81). Ces luttes avaient duré sept ans. Vers la même époque Bokkus, roi de Maurétanie, ayant cessé de vivre, son empire avait été partagé entre ses deux fils : Bokkus II, qui obtint la partie orientale, avec Yol pour capitale, et Bogud, à qui échut la partie occidentale, avec Tingis. Ce dernier avait fourni son appui à Pompée pour écraser Yarbas.

Expéditions de Sertorius en Maurétanie. — Tandis que la Numidie était le théâtre de ces guerres, Sertorius était chassé de l'Espagne par Annius, lieutenant de Sylla. Forcé de prendre la mer, il s'adjoignit à des pirates ciliciens et vint tenter un débarquement sur les côtes de la Maurétanie. Mais il fut reçu les armes à la main par les farouches montagnards de l'ouest et parvint, non

---

1. Sur un affluent de la Medjerda, en Tunisie.
2. Florus, *Hist. Rom.*

sans peine, à se rembarquer. Il alla chercher un refuge dans les îles Fortunées (Canaries) et, de là, attendit une occasion plus favorable d'intervenir. Cette occasion ne tarda pas à se présenter. Un certain Ascalis, soutenu par une partie des corsaires ciliciens dont nous avons parlé, s'était mis en état de révolte contre le souverain maurétanien et s'était emparé de Tanger.

Sertorius débarqua de nouveau en Afrique avec ses soldats, et vint mettre le siège devant Tanger. Un corps de troupes romaines, sous le commandement de Paccianus (ou Pacciæcus), ayant été envoyé par Sylla au secours d'Ascalis, Sertorius lui offrit le combat, avant qu'il eût opéré sa jonction avec ce dernier, le défit et tua Paccianus; puis il enleva d'assaut Tanger et fit prisonnier le prétendant et sa famille (82). Encouragé par ce succès et appelé par les Lusitaniens, Sertorius réunit ses guerriers au nombre d'environ deux mille hommes, auxquels s'adjoignirent sept cents Berbères. Etant passé en Espagne, il reçut dans son armée le contingent des Lusitaniens et marcha contre les Romains. On sait qu'il se rendit bientôt maître de toute l'Espagne (78) et que sa puissance fut assez grande pour que Mithridate lui proposât une alliance; on sait aussi qu'il fallut toute la science et les efforts combinés de Métellus et de Pompée pour triompher de ce chef de partisans (72). Ce fait prouve que les incursions des Berbères de l'ouest en Espagne datent de loin.

LES PIRATES AFRICAINS CHATIÉS PAR POMPÉE. — Nous avons vu plus haut des pirates s'associer à Sertorius pour faire une expédition en Maurusie. La Méditerranée était alors infestée par ces écumeurs de mer, précurseurs des corsaires barbaresques, à l'industrie desquels la conquête de l'Algérie par la France a mis fin. Le littoral des Syrtes et de la Cyrénaïque était un des repaires de ces brigands qui enlevaient toute sécurité à la navigation. Les Nasamons se faisaient remarquer parmi eux par leur hardiesse. Des mercenaires et des officiers licenciés, des proscrits, épaves de toutes les guerres civiles, des brigands de toutes les nations complétaient les équipages. Plusieurs expéditions avaient déjà été entreprises contre eux; mais les leçons qu'on leur avait infligées n'avaient eu, pour ainsi dire, aucun résultat. Leur audace ne connaissait pas de bornes : « l'or, la pourpre, les tapis précieux décoraient leurs navires; quelques-uns avaient des rames argentées, et chaque prise était suivie de longues orgies au son des instruments de musique[1] ». Ils possédaient, dit-on, plus de trois mille navires

---

1. Duruy, *Hist. des Romains*, t. II, p. 779.

avec lesquels ils entreprenaient de véritables expéditions et interceptaient souvent les convois de grains venant non seulement de l'Afrique, mais de la Sicile et de la Sardaigne. Les corsaires formaient un véritable état qui avait déclaré la guerre au reste du monde. Ils avaient établi des règles d'obéissance et de hiérarchie auxquelles tous se soumettaient; quant à leurs prises, ils les considéraient comme du butin légitimement conquis par la guerre.

En 67 Pompée, chargé par décret de mettre fin à cette situation insupportable, et ayant reçu à cet effet des forces considérables, divisa sa flotte en treize escadres, nettoya en quarante jours les rivages de l'Espagne et de l'Italie, accula les pirates dans la Méditerranée orientale, détruisit tous leurs navires, et força à la soumission ceux qui n'avaient pas péri.

En 59, lors du premier triumvirat, Pompée obtint dans son lot l'Afrique; il fit administrer cette province par des lieutenants et conserva des relations amicales avec le prince de Numidie, qui lui devait tout [1].

Juba I, successeur de Hiemsal II. Il se prononce pour le parti de Pompée. — Après les événements qui avaient rendu à Hiemsal II son royaume, augmenté de celui de Yarbas, ce prince régna tranquillement pendant de longues années, aidé dans l'exercice du pouvoir, par son fils Juba, sous le protectorat de Rome. A la suite d'une contestation survenue avec un chef berbère du nom de Masintha, le même qui, ainsi que nous l'avons dit [2], gouvernait sans doute la Numidie occidentale, voisine de la Maurétanie, les princes africains vinrent soumettre leur procès au Sénat. Juba, représentant son père, obtint gain de cause malgré l'opposition de César qui, d'après Suétone, serait allé, dans son ardeur à défendre Masintha, jusqu'à saisir par la barbe son adversaire. Juba garda un âpre ressentiment de cette violence et profita de son séjour à Rome pour resserrer les liens qui unissaient son père au parti pompéien.

En l'an 50 Hiemsal cessa de vivre. Son fils Juba lui succéda. C'était un homme d'un courage et d'une hardiesse remarquables; ses rapports avec les Romains l'avaient initié aux raffinements de la civilisation; mais son goût pour les choses de la guerre l'avait empêché de tomber dans la mollesse. Persuadé qu'il était appelé à jouer un grand rôle dans la querelle qui divisait alors le peuple romain, son premier soin, en prenant le pouvoir, fut d'organiser ses forces, non seulement au moyen de ses guerriers numides,

---

1. Boissière, p. 169.
2. D'après M. Poulle, *loc. cit.*

mais encore en attirant à lui des aventuriers de toute race, qui, profitant de l'anarchie générale, s'étaient réunis en bandes et guerroyaient pour leur compte sur divers points. Ainsi préparé, il attendit, au cœur de son royaume, que le moment d'agir fût arrivé.

Défaite de Curion et des Césariens par Juba. — L'occasion ne tarda pas à se présenter. Après que César eut enlevé l'Italie aux Pompéiens, Attius Varus, lieutenant de Pompée, se réfugia avec quelques forces en Afrique, y proclama l'autorité de son maître et se mit en relations avec Juba. Curion, ennemi personnel de ce dernier, dont il avait proposé au Sénat la dépossession, fut dépêché par César pour réduire le rebelle et son allié numide, déclaré ennemi public. Après quelques opérations dans lesquelles il eut l'avantage, il contraignit Varus à se réfugier à Utique et commença le siège de cette ville. La situation des Pompéiens devenait critique, lorsque Juba accourut à leur secours, à la tête d'une puissante armée, ce qui contraignit Curion à lever le siège et à chercher lui-même un refuge derrière les retranchements du camp Cornélien[1], où rien ne lui manquait. Il aurait pu résister avec succès aux forces combinées de ses ennemis; mais ceux-ci employèrent la ruse pour l'en faire sortir et leur stratagème réussit. Ils répandirent le bruit que Juba, rappelé dans son royaume par une révolte subite, avait emmené la plus grande partie de ses forces, en laissant le reste sous le commandement de son général Sabura. Pour donner plus de sérieux à cette feinte, le roi numide se tint en arrière avec le gros de son armée et ses éléphants et fit avancer Sabura suivi de peu de monde.

Aussitôt Curion sortit du camp avec une partie de ses gens et se porta sur la Medjerda (Bagradas), où il ne tarda pas à rencontrer l'avant-garde numide. Les prisonniers confirmant les précédents rapports, à savoir qu'il n'avait devant lui que Sabura, le général romain se lança imprudemment à la poursuite des guerriers indigènes qui, tantôt combattant, tantôt fuyant, l'attirèrent dans un terrain choisi, à portée des renforts de Juba. Les Césariens, harassés de fatigue, débandés, négligeant leurs précautions habituelles, car ils se croyaient sûrs de la victoire, se virent tout à coup entourés par de nouveaux et innombrables ennemis, parmi lesquels deux mille cavaliers espagnols et gaulois de la garde de Juba. Il ne leur restait qu'à vendre chèrement leur vie. Enflammés par l'exemple de Curion, qui refusa de fuir, ils combattirent avec

---

1. Les vestiges de ce camp se voient encore à **Porto Farina**.

la plus grande bravoure et furent tous exterminés. La tête du général romain fut apportée au prince berbère.

Dès que la nouvelle de cette défaite parvint au camp cornélien, les soldats furent pris d'une véritable panique, que le préteur M. Rufus fut impuissant à calmer. Tous se précipitèrent vers le rivage afin de s'embarquer sur des navires marchands ancrés dans le port ; mais la plupart de ces barques sombrèrent, étant surchargées ; dans certains navires, les marins jetèrent à l'eau les soldats, et il en résulta que, de toute cette armée, bien peu de Césariens purent gagner la côte de Sicile, où ils arrivèrent isolés et démoralisés. Ceux qui n'avaient pu s'embarquer se rendirent à Juba qui les fit tous massacrer sans pitié [1].

Rempli d'orgueil par ce succès, Juba entra solennellement à Utique et commença à faire rudement sentir son arrogance aux Pompéiens.

Les Pompéiens se concentrent en Afrique après la bataille de Pharsale. — Mais, tandis que l'Afrique était le théâtre de ces événements, le grand duel de César et de Pompée se terminait à Pharsale par la défaite de celui-ci, suivie bientôt de sa mort misérable (août-juin 48). Les débris des Pompéiens vinrent en Afrique se réfugier auprès de Varus et tenter de se reformer sous la protection de Juba.

Métellus Scipion, beau-père de Pompée, Labiénus et autres chefs du parti pompéien, et enfin Caton, arrivé le dernier, après avoir mis la Cyrénaïque en état de défense, se trouvèrent réunis et ne tardèrent pas à grouper des forces respectables, tant comme effectif que comme matériel et vaisseaux. Ils enrôlèrent aussi un grand nombre d'indigènes et renforcèrent leurs légions au moyen d'éléments divers. L'éloignement de César, retenu en Egypte, favorisait cette réorganisation de leurs forces. Malheureusement la concorde était loin de régner parmi les Pompéiens : Scipion et Varus s'y disputaient le commandement, et Juba faisait avec insolence sentir le poids de son autorité à tous. Il fallait l'énergie de Caton pour éteindre ces discordes et rappeler chacun à son devoir. Grâce à lui, Scipion fut reconnu général en chef des forces pompéiennes ; ce fut lui également qui sauva Utique de la destruction, car Juba voulait raser cette cité comme étant attachée au parti césarien. Il s'appliqua particulièrement à la fortifier et laissa aux autres chefs le soin de diriger les opérations actives. Le roi berbère, rempli d'orgueil par l'importance que lui donnaient les évé-

---

1. Appien, *passim*.

nements, s'entoura des insignes de la royauté et fit frapper des monnaies à son effigie. Il avait imposé aux Pompéiens cette condition, qu'en cas de succès, la province d'Afrique lui serait donnée, et il se voyait déjà souverain d'un puissant empire [1].

CÉSAR DÉBARQUE EN AFRIQUE. — Ainsi, il ne suffisait pas à César d'avoir vaincu son rival à la suite d'une brillante campagne. Il fallait recommencer une nouvelle guerre contre son parti, sur un autre continent et avec des forces bien inférieures à celles de ses ennemis. César accepta les nécessités de la situation avec sa décision ordinaire. Retenu à Alexandrie par les vents contraires, il prit toutes les dispositions pour assurer la réussite de sa téméraire entreprise. Dans le but d'entraver le secours que Juba allait offrir aux Pompéiens, il le proclama, ainsi que nous l'avons dit, ennemi public, et accorda ses états aux deux rois de Maurétanie Bokkus et Bogud, comptant bien qu'ils attaqueraient la frontière occidentale de la Numidie et feraient ainsi une salutaire diversion.

Au commencement de l'an 46, César débarqua non loin d'Hadrumète (Sousa), après une périlleuse traversée dans laquelle sa flotte avait été dispersée. Il n'avait alors avec lui qu'environ cinq mille fantassins et cent cinquante cavaliers gaulois. C'est avec cette faible armée qu'il allait affronter, loin de tout secours, des forces combinées montant à soixante mille hommes, avec une nombreuse cavalerie et des éléphants. Heureusement pour le dictateur, ses ennemis ne surent pas tirer parti de leurs avantages. Leurs nombreux navires restèrent à l'ancre, au lieu d'aller intercepter ses communications et empêcher l'arrivée de renforts. Scipion soumis aux caprices de Juba, se montra d'une faiblesse extrême et, pour plaire à ce prince, laissa ses soldats ravager la province d'Afrique, ce qui détacha de lui la population coloniale qui ne voulait à aucun prix subir la domination d'un Berbère. Enfin les opérations de guerre furent menées sans énergie ni cohésion.

Cependant César, après avoir en vain essayé de se rendre maître d'Hadrumète, soit par la force, soit en achetant Considius qui défendait cette place, se vit bientôt forcé de battre en retraite, poursuivi dans sa marche par un grand nombre de Numides, contre lesquels la cavalerie gauloise était obligée de faire tête à chaque instant. Bien accueilli par les habitants de Ruspina [2], il se retrancha dans cette localité et reçut également la soumission de

---

1. Mommsen, *Hist. Rom.*, t. VII, p. 128.
2. Monastir, selon M. Guérin.

Leptis parva[1], ce qui lui procura l'avantage d'un bon port où il ne tarda pas à recevoir des renforts et des provisions.

Bientôt arriva Labiénus à la tête d'une armée de huit mille hommes, comprenant un grand nombre de cavaliers numides. César leur offrit aussitôt le combat, et, grâce à une habile tactique, parvint à repousser ses ennemis. Malgré ce succès, sa situation était des plus critiques : Scipion arrivait avec huit légions et de nombreux cavaliers ; il n'était plus qu'à trois journées, et derrière lui s'avançait le gros de l'armée de Juba, commandée par le prince berbère en personne. Bloqué, manquant de tout, César déploya, dans cette conjoncture critique, les ressources de son génie: construisant des machines de guerre, démolissant des galères pour avoir le bois nécessaire aux palissades, enfin nourrissant ses chevaux au moyen d'algues marines lavées dans l'eau douce. Heureusement Salluste, alors préteur, parvint à surprendre l'île de Kerkinna, où avaient été entassées de nombreuses provisions qui assurèrent le salut des Césariens.

DIVERSION DE SITTIUS ET DES ROIS DE MAURÉTANIE. — Sur ces entrefaites, un certain P. Sittius, chef d'une bande d'aventuriers, avec lequel César était en pourparlers depuis quelque temps, se joignit aux troupes de Bogud, roi de la Maurétanie orientale, et envahit la Numidie par l'ouest. Ce Sittius, Italien d'origine, compromis dans la conspiration de Catilina, et qui déjà, en 48, avait aidé Cassius, lieutenant de César, à écraser Marcellus en Espagne, avait réuni en Afrique une véritable armée de malandrins de tous les pays avec lesquels il se mettait au service de quiconque le payait convenablement[2]. Homme énergique et d'une grande audace, son appui, surtout après sa jonction avec les troupes de Maurétanie, allait être d'un grand prix pour César.

Marchant résolument sur Cirta, Sittius parvint sans empêchement sous les remparts de cette ville, l'enleva après un siège de peu de jours[3] et se rendit maître d'une autre place forte dont on ignore le nom, où se trouvaient les magasins d'armes et de vivres de Juba. Appuyé sur cette forteresse, il rayonna dans tous les sens, menaçant les villes et les campagnes de la Numidie.

A la réception de ces graves nouvelles, Juba dut faire rétrograder une partie de son armée pour s'opposer aux entreprises des envahisseurs et couvrir sa capitale. Mais bientôt un autre sujet

---

1. Lemta, au sud du golfe de Hammamet, selon le même.
2. Appien, *De bell. civ.*, lib. IV, cap. 54. Salluste, *Catil.*, c. 21.
3. Hirtius, *De bell. afr.*

d'inquiétude le força à porter ses regards vers le sud. Les Gétules, travaillés par les émissaires de César, s'étaient lancés sur sa frontière méridionale. Il fallut donc distraire encore de nouveaux soldats pour contenir les nomades sahariens. Ainsi Juba, menacé sur ses derrières et sur son flanc, fut contraint de suspendre son mouvement et de changer ses plans. Il n'est pas douteux que ces diversions assurèrent le salut de César.

BATAILLE DE THAPSUS, DÉFAITE DES POMPÉIENS. — Cependant César, après s'être solidement établi dans ses retranchements, avait cherché à s'étendre sur le littoral, ayant en face de lui Scipion, appuyé sur Hadrumète, Thapsus[1] et Thysdrus[2]. Ce général restait, depuis deux mois, dans une inaction incompréhensible, appelant sans cesse Juba à son secours ; mais le prince berbère avait d'autres soucis, ainsi qu'on l'a vu. Peut-être aussi ne se souciait-il pas trop de débarrasser les Pompéiens de leur ennemi et n'était-il pas fâché de les laisser à la merci de César, pour arriver ensuite, écraser celui-ci et rester maître du pays[3].

Cédant enfin à des instances de plus en plus pressantes ou peut-être à des promesses précises, Juba laissa le commandement des opérations contre Sittius à son lieutenant Sabura, se porta vers l'est et établit son camp en arrière de celui de Scipion. Les soldats de César, effrayés de l'approche du prince numide dont la renommée avait considérablement exagéré les forces, furent surpris de constater que son armée n'était pas aussi puissante qu'on l'annonçait. Le dictateur, qui venait de recevoir du renfort, profita habilement de cette impression pour prendre l'offensive et attaquer Thapsus, ville construite sur une sorte de presqu'île. Par son ordre, l'isthme qui reliait cette ville à la terre fut coupé et toute communication se trouva interrompue entre les assiégés et les Pompéiens.

Déjà les Césariens avaient remporté quelques avantages sur terre et sur mer et repris confiance, d'autant plus que les rangs de leurs ennemis s'éclaircissaient par la désertion. La désaffection des populations s'accentuait chaque jour, et Juba, pour faire un exemple, était allé détruire la ville de Vacca (Badja), dont les habitants avaient offert leur soumission à César. Scipion ne pouvant plus persister dans son inaction, se porta au secours de Thapsus où il fut rejoint par Juba. Bientôt César, qui avait pris toutes ses dis-

---

1. Ras Dimas, au sud du golfe de Hammamet.
2. El Djem.
3. Cf. Hirtius.

positions pour l'offensive, fit attaquer ses ennemis coalisés. Les Césariens déployèrent la plus grande bravoure et forcèrent les Pompéiens à reculer. Les éléphants affolés concribuèrent au désordre et empêchèrent la cavalerie numide de donner. Le camp des Pompéiens et celui de Juba tombèrent successivement aux mains des vainqueurs. Quant à l'armée coalisée, naguère si nombreuse et si puissante, elle fuyait en désordre dans toutes les directions. Les Césariens firent des vaincus un carnage horrible : dix mille cadavres restèrent sur le champ de bataille.

Cette belle victoire assurait le succès de César. Les villes environnantes, Hadrumète, Thysdrus, qui étaient déjà pour lui, s'empressèrent de se rendre à ses officiers pendant que sa cavalerie marchait sur Utique. Caton essaya d'y organiser la résistance, mais, on l'a vu, les habitants de cette ville étaient pour César ; aussi n'eut-il bientôt d'autre ressource pour échapper au vainqueur que de se donner la mort (avril 46).

Mort de Juba ; la Numidie orientale est réduite en province romaine. — Après la bataille de Thapsus, les chefs pompéiens qui échappèrent au fer du vainqueur prirent la route de l'ouest pour tâcher d'atteindre l'Espagne. Mais Sittius, qui les attendait au passage, en arrêta un grand nombre et coula leurs vaisseaux dans le port d'Hippone [1]. Scipion, repoussé en Afrique par la tempête, se perça de son épée.

Quant à Juba, échappé de la mêlée, il évita la poursuite des vainqueurs ; en se cachant le jour et ne marchant que la nuit, il parvint à atteindre sa capitale Zama regia, où il avait laissé sa famille et où il espérait trouver un refuge. Mais les habitants, effrayés par les préparatifs de destruction générale qu'il avait faits avant son départ, en prévision d'une défaite possible, refusèrent de lui ouvrir les portes de leur cité : ni les prières ni les menaces ne purent les fléchir, et ils ne voulurent même pas laisser sortir la famille de leur roi. Il fallait, pour agir ainsi, qu'ils jugeassent sa cause bien compromise. Elle l'était en effet, car Sittius avait vaincu et tué Sabura ; le roi berbère n'avait plus un asile.

Juba se décida alors à se retirer à sa maison de campagne avec le pompéien Pétréius et quelques serviteurs fidèles. Les Césariens, appelés par les gens de Zama, accouraient, et il ne restait au prince vaincu qu'à mourir. Il fit préparer un festin qu'il partagea avec Pétréius, puis tous deux engagèrent un combat singulier où ils devaient périr l'un et l'autre. Mais là encore la fortune fut con-

---

1. Florus, *Hist. Rom.*

traire au prince numide : il triompha de Pétréius, sans avoir reçu de blessure mortelle et en fut réduit à se plonger lui-même son glaive dans le corps ; enfin, comme la mort n'arrivait pas, il se fit achever par un esclave.

Ainsi finit le dernier roi de Numidie.

La partie orientale de ce royaume fut réduite en province romaine (46) sous le nom de *Nouvelle Numidie* ou *d'Africa nova*. César plaça Salluste à sa tête, avec le titre de proconsul. S'il faut s'en rapporter au témoignage de Dion Cassius et de Florus, l'historien de la guerre de Jugurtha, dans son court passage en Numidie, s'y rendit coupable de telles exactions qu'il fut traduit en justice et couvert de honte et d'infamie (Dion).

Les habitants de Zama, qui avaient si hardiment résisté à leur roi, furent affranchis d'impôts.

Il restait quelqu'un à récompenser : Sittius, dont la coopération avait été si décisive. César lui donna, ainsi qu'à ses compagnons, les territoires environnant Cirta qu'ils avaient conquis. Ces territoires, selon Appien, appartenaient à un certain Masanassès, ami et allié de Juba, et père d'Arabion, qui se réfugia en Espagne. Ainsi s'établit la colonie des Sittiens dont les tombes sont si nombreuses à Constantine [1].

Juba laissait un fils. Le vainqueur l'épargna et l'envoya à Rome, où il reçut une brillante éducation. Nous le verrons plus tard jouer un rôle important dans l'histoire de l'Afrique.

Enfin Bogud I reçut, pour prix de son alliance, la partie occidentale de la Numidie.

Chronologie des rois de Numidie.

Sifax, (ou Syphax), roi des Massésyliens............	vers 225
Gula, roi des Massyliens	av. J.-C.
Massinissa, roi des Massésyliens.................	
Vermina, roi des Massyliens	201
Massinissa seul................................	(?)
Micipsa..	
Gulussa..	149
Manastabal....................................	
Micipsa seul...................................	vers 145

---

1. Selon M. Poulle (*Maurétanie Sétifienne*, p. 86), la colonie des Sittiens ou Cirtésiens s'étendit assez loin au sud-est et se prolongea au nord, jusque vers Chullu (Coïlo). Elle comprit les colonies de Milevum (Mila), Rusicada (Philippeville) et un grand nombre de bourgs.

Chronologie des rois de Numidie (*Suite*).

Adherbal...................................	vers 118
Hiemsal.....................................	av. J.-C.
Jugurtha....................................	
Adherbal...................................	117
Jugurtha....................................	
Jugurtha seul...............................	112
Gauda, Numidie propre......................	104
Bokkus I, id occid........................	
Hiemsal II, Numidie orientale................	
Yarbas id. centrale..................	(?)
Masintha (?) sétifienne...................	
Yarbas, Numidie orientale et centrale..........	88
Masintha (?) sétifienne...................	
Hiemsal, Numidie orientale et centrale.........	81
Masintha (?) sétifienne...................	
Juba I, Numidie orientale et centrale...........	50
Masanassès, sétifienne......................	

En 46, la Numidie orientale et centrale est réduite en province romaine. La sétifienne est réunie à la Maurétanie orientale.

CHAPITRE VII

LES DERNIERS ROIS BERBÈRES

46 avant J.-C. — 43 après J.-C.

Les rois maurétaniens prennent parti dans les guerres civiles. — Arabion rentre en possession de la Sétifienne. — Lutte entre les partisans d'Antoine et ceux d'Octave. — Arabion se prononce pour Octave. — Arabion s'allie à Lélius lieutenant d'Antoine ; sa mort. — L'Afrique sous Lépide. — Bogud II est dépossédé de la Tingitane. Bokkus III réunit toute la Maurétanie sous son autorité. — La Berbérie rentre sous l'autorité d'Octave. — Organisation de l'Afrique par Auguste. — Juba II roi de Numidie. — Juba roi de Maurétanie. — Révolte des Berbères. — Mort de Juba ; Ptolémée lui succède. — Révolte des Tacfarinas. — Assassinat de Ptolémée. — Révolte d'Ædémon. La Maurétanie est réduite en province Romaine. — Division et organisation administrative de l'Afrique romaine. — CHRONOLOGIE DES ROIS DE MAURÉTANIE.

LES ROIS MAURÉTANIENS PRENNENT PARTI DANS LES GUERRES CIVILES. — Après tant de secousses, la Berbérie ne recouvra pas encore la tranquillité qui lui aurait été si nécessaire pour panser ses plaies. Liée désormais au sort de Rome, elle devait ressentir le contre-coup de toutes les luttes que s'y livraient les partis. Le meurtre de César, les compétitions qui en furent la conséquence fournirent aux Africains de nouvelles occasions d'y participer.

Bogud I, fidèle à César, avait aidé le dictateur à écraser en Espagne les restes du parti pompéien (45). Il était logique, ou au moins conforme à l'usage, que Bokkus II se prononçât dans un sens opposé ; aussi ses deux fils combattirent-ils à Munda pour Sextus et Cnéus Pompée.

ARABION RENTRE EN POSSESSION DE LA SÉTIFIENNE. — Nous avons vu que le prince berbère Arabion, fils de Masanassès, après avoir été dépossédé du royaume de son père (la Numidie sétifienne), avait rejoint, en Espagne, les fils de Pompée. A la tête d'une bande d'aventuriers, il vécut d'abord de brigandages ; puis, sa troupe grossissant, il devint redoutable et lutta, non sans succès, contre les cohortes du dictateur. Après la mort de César (15 mai 44) Arabion jugea le moment favorable pour reconquérir l'héritage de son père. Il passa en Afrique et s'appliqua à former une armée. On dit même qu'il envoya des Numides au jeune Pompée, pour qu'ils apprissent, sous sa direction, à combattre à la romaine[1]. Bientôt il fut en mesure d'entrer en campagne et, par son courage et son habileté, ne tarda pas à triompher de Bokkus III qui avait succédé à son père Bogud I, et à rentrer en possession du royaume paternel. En vain Bokkus, s'appuyant sur les services passés, réclama le secours d'Octave. Le jeune triumvir avait alors d'autres occupations et ainsi toute la contrée comprise entre Saldæ et l'Amsaga, la Numidie sétifienne, échappa au prince maure pour rentrer en la possession de son ancien chef.

« Arabion était actif, entreprenant, astucieux comme un Numide, doué de qualités guerrières, avide de pouvoir[2]. » Il n'est pas douteux qu'il n'ait nourri l'espoir d'expulser les Romains de la Numidie. Son premier acte d'hostilité fut d'attirer Sittius, le spoliateur de son père, dans une embuscade, et de le tuer. Puis il attendit pour voir comment ce nouvel attentat serait jugé à Rome. Mais l'attention était absorbée dans la métropole par des choses autrement graves que les usurpations d'un Numide.

Luttes entre les partisans d'Octave et ceux d'Antoine. — A la suite du partage effectué entre les triumvirs, l'Afrique était échue à Octave. La Numidie était alors gouvernée par Titus Sextius, tandis que l'ancienne province d'Afrique obéissait à Cornificius. Octave donna à Sextius le commandement des deux provinces réunies, et cet officier voulut prendre possession de la Proconsulaire, mais Cornificius refusa d'évacuer l'Afrique, en déclarant qu'il tenait son poste du sénat et qu'il n'avait cure de ce qui pouvait avoir été fait par les dictateurs. Bientôt la guerre éclata entre eux.

Cornificius, qui disposait des forces les plus considérables, envahit la Numidie nouvelle, tandis que Sextius, pour forcer l'ennemi à la retraite, allait hardiment s'emparer d'Hadrumète et des localités voisines. Cornificius, séparant ses forces, chargea son lieutenant Décimus Lélius d'assiéger Cirta, avec une partie de son armée, et confia le reste à P. Ventidius avec mission de repousser Sextius. Cette tactique parut devoir être couronnée de succès, car Sextius, s'étant laissé surprendre, fut battu et réduit à la fuite.

Arabion se prononce pour Octave. — Cependant Arabion, qui était sollicité par les deux gouverneurs de se prononcer pour chacun d'eux, gardait une attitude expectante afin de saisir le moment d'intervenir avec profit. Craignant, s'il laissait écraser

---

1. Poulle, *Maurétanie Sétifienne*, p. 94 et passim.
2. Poulle *loc. cit.* Nous suivons entièrement son récit, car il est impossible de mieux résumer cet épisode de l'histoire de la Berbérie.

Sextius, que son adversaire ne devînt trop redoutable, ou, peut-être, prévoyant le triomphe d'Octave, le prince berbère se déclara alors pour ce dernier, et entraîna avec lui les Sittiens. Cette nouvelle rendit la confiance à Sextius alors assiégé par ses ennemis : ayant enflammé le courage de ses soldats, il opéra une sortie heureuse et parvint à triompher de Ventidius, qui resta sur le champ de bataille.

La conséquence de ces événements fut la levée immédiate du siège de Cirta et la retraite de Lélius sur Utique, où se trouvait le camp de Cornificius. Arabion l'y poursuivit, tandis que Sextius arrivait de l'autre côté. Ainsi le partisan d'Antoine se trouvait pris entre deux ennemis ; mais il disposait de forces considérables et aurait été en mesure de résister avec fruit, si la fortune ne s'était tournée si manifestement contre lui.

Lélius envoyé en reconnaissance se heurta contre le corps de Sextius, qui l'attaqua avec violence. Secondé par un habile mouvement d'Arabion, celui-ci parvint à le séparer du camp et à le contraindre à la retraite. La cavalerie du prince numide le força de chercher un refuge sur une montagne escarpée. Cornificius, voyant la position critique de son lieutenant, sort du camp pour aller à son secours. Pendant ce temps Arabion a détaché de son armée un corps d'hommes déterminés qui escaladent par surprise les retranchements du camp, et massacrent les soldats laissés à sa garde.

Cornificius, dans cette conjoncture critique, continue à pousser hardiment sa marche pour opérer sa jonction avec Lélius ; mais celui-ci ne fait rien pour le seconder, de sorte qu'il reste seul exposé à l'attaque combinée de Sextius et d'Arabion. Bientôt, tous ses soldats tombent autour de lui, et lui-même trouve la mort du guerrier. Pendant ce temps, Lélius désespéré se perçait de son épée et ses soldats démoralisés n'essayaient pas de résister à leurs ennemis.

« La journée avait été bonne pour Arabion ; il avait donné une province à Sextius et conquis le pardon de son ancienne hostilité contre César ; il rentra dans ses États chargés de dépouilles et peut-être y annexa-t-il quelques cantons de la Nouvelle Numidie. Cette heureuse campagne eut encore pour résultat de raffermir la couronne sur sa tête et de consacrer son titre de roi [1] ».

Toute l'Afrique romaine resta ainsi soumise à l'autorité de Sextius. En 43, après la réconciliation d'Octave et d'Antoine et la formation d'un nouveau triumvirat, Sextius fut sacrifié et rem-

---

1. Poulle, *Maurétanie*, p. 99. Appien, *de bell. civ.*, lib. IV. Dion Cassius, lib. XLVII.

placé par C. F. Fango. L'Afrique avait été conservée par Octave. Mais, à la suite de la bataille de Philippes, en 42, un nouveau partage intervint entre les triumvirs : Antoine reçut l'Orient et dans son lot se trouvèrent la Cyrénaïque et l'Afrique propre, tandis que la Numidie seule restait à César-Octavien, avec les régions de l'Occident.

Arabion s'allie a Sextius lieutenant d'Antoine. Sa mort. — La femme d'Antoine, Fulvie, qui selon l'expression de V. Paterculus, n'avait de féminin que le corps, chargea Sextius resté en Afrique de s'emparer de la province échue à son mari. Fango, ne cédant qu'à la force, alla prendre le gouvernement de la Nouvelle Numidie ; mais son administration ne l'avait pas rendu sympathique. Il trouva la population en armes, et bientôt une révolte générale éclata contre lui. Arabion et les Sittiens soutenaient les rebelles. Cependant Fango parvint à rétablir son autorité et Arabion, vaincu par lui, alla chercher un refuge auprès de Sextius.

Fango somma ce dernier de lui livrer le roi berbère et, sur son refus, envahit des cantons de l'ancienne province et y porta le ravage. Mais Sextius, secondé par Arabion et un grand nombre de Numides, ayant marché contre lui, le força à une prompte retraite. Sur ces entrefaites, Sextius fit assassiner perfidement Arabion. Les détails fournis par Dion Cassius et Appien, sur ce fait, sont contradictoires, et il est assez difficile de se rendre compte du motif de ce meurtre. Selon ces auteurs, Sextius aurait redouté la grande influence exercée sur les Berbères par Arabion et aurait agi sous la double impulsion de la jalousie et de la crainte.

Quoi qu'il en fût, ce meurtre détacha de Sextius tous les cavaliers numides, qui allèrent offrir leurs services à Fango et le poussèrent à attaquer de nouveau son rival. Mais, encore une fois, la victoire se prononça pour Sextius : Fango vaincu et mis en déroute se donna la mort. Zama, qui résistait encore, ne tarda pas à être réduite à la soumission. Ainsi Sextius resta maître de toute l'Afrique. Il ajouta sans doute à ses provinces l'ancien royaume d'Arabion, la Numidie sétifienne.

L'Afrique sous Lépide. — En l'an 40, Lépide, qui avait reçu l'Afrique pour son lot, vint, avec six légions détachées de l'armée d'Antoine, en prendre possession. Sextius lui remit sans opposition ses provinces, et durant quatre années, les deux Afriques obéirent à son administration. Les auteurs donnent fort peu de renseignements sur cette période. On sait seulement que Lépide retira à Karthage, la Junonia de Gracchus, ses privilèges de colonie romaine, et lui enleva même une partie de ses habitants qu'il déporta au loin. Quelle fut la cause de cette sévérité? Peut-être les colons de Karthage témoignèrent-ils des sentiments peu favorables au triumvir, peut-être celui-ci céda-t-il aux conseils des habitants d'Utique, dont la rivalité contre la colonie voisine était un héritage des siècles. La nouvelle Karthage était en effet devenue très florissante sous le consulat de Marc-Antoine. On est réduit à cet égard à des conjectures.

BOGUD II EST DÉPOSSÉDÉ DE LA TINGITANE. BOKKUS III RÉUNIT TOUTE LA MAURÉTANIE SOUS SON AUTORITÉ. — L'année 40 avait vu la mort de Bokkus II, roi de la Tingitane, qui avait été remplacé par Bogud II, son fils. Héritier de la haine de son père contre Octave, Bogud céda aux instances de Lucius Antonius, alors proconsul en Espagne, et en 38, il passa dans la péninsule avec une armée, afin d'arracher cette province aux lieutenants d'Octave. Mais à peine avait-il quitté l'Afrique qu'une révolte éclatait dans sa capitale, à Tingis même.

En même temps, Bokkus III, roi de la Numidie orientale, profitait de son absence et des mauvaises dispositions de ses sujets pour envahir son royaume et occuper les principales villes.

Rappelé en Afrique par ces graves événements, Bogud trouva tous les ports fermés et fut repoussé partout où il se présenta. Son absence lui coûtait sa couronne. Il alla chercher un refuge à Alexandrie, auprès d'Antoine, qui lui donna un commandement important. Il devait périr plus tard à Methone [1].

Bokkus III réunit ainsi sous son autorité deux les Maurétanies et vit son usurpation ratifiée par Octave. Établi à Yol (Cherchel), ce Berbère, vassal de Rome, régna assez paisiblement, ou plutôt obscurément, pendant plusieurs années. Il mourut en 33.

LA BERBÉRIE RENTRE SOUS L'AUTORITÉ D'OCTAVE. — En 36, Lépide appelé par Octave en Sicile pour coopérer à la guerre contre Sextus Pompée, quitta l'Afrique à la tête de douze légions. Mais bientôt des discussions s'élevèrent entre les deux triumvirs, et Lépide fut dépouillé de son autorité par Octave qui envoya en Afrique, pour le remplacer, Statilius Taurus. Les historiens parlent, mais sans donner de détails précis, des incursions des Musulames et des Gétules, populations établies sur la limite du désert, et des razzias qu'ils opéraient alors dans le Tel. Le nouveau gouverneur dut faire

---

1. Agrippa, entre les mains de qui il était tombé, lui fit trancher la tête (31).

plusieurs expéditions contre ces pillards pour les forcer à rentrer dans leurs limites.

En l'an 33, Octave vint lui-même en Afrique et réunit les possessions de Bokkus au domaine du peuple romain.

Karthage avait été privée par Lépide de ses privilèges de colonie romaine et même dépeuplée en partie. Octave s'attacha à rendre à la colonie de Caius Gracchus toute sa splendeur et lui envoya trois mille citoyens romains. Nous avons vu que les Romains avaient essayé de donner à la colonie de Gracchus le nom de Junonia. Octave la consacra à Vénus, déesse protectrice de la famille Julia, mais ce dernier vocable fut aussi éphémère que le précédent [1].

Vers le même temps, Antoine, entièrement subjugué par les charmes de Cléopâtre, lui rendait la Cyrénaïque, et pour la dernière fois cette province était rattachée à l'empire d'Egypte. Mais trois ans plus tard (en 33), il se déclarait publiquement son époux et partageait ses provinces entre les enfants de sa femme. C'est ainsi que la jeune Cléopâtre Séléné, dont nous aurons bientôt à parler, reçut en dot la Cyrénaïque.

La longue rivalité d'Antoine et d'Octave se terminait, le 2 septembre 31, par la bataille d'Actium. Après sa défaite, le triumvir songea à s'appuyer sur les quatre légions qu'il avait laissées en Cyrénaïque à son lieutenant Scaurus ; mais celui-ci les avait livrées, ainsi que le pays qu'il était chargé de défendre, à Gallus, officier d'Octavien. En vain Antoine essaya-t-il, à Parœtonium, de rappeler ses soldats à la fidélité ; sa voix ne fut pas écoutée et, perdant tout espoir, il alla chercher auprès de Cléopâtre un trépas misérable.

Ainsi toute l'Afrique se trouva soumise à l'autorité d'Octave.

ORGANISATION DE L'AFRIQUE PAR AUGUSTE. — Octave avait conservé sous son autorité directe les Maurétanies depuis la mort de Bokkus et tenté d'y implanter une colonisation latine, pour amener insensiblement les indigènes à se façonner aux lois et aux usages des Romains et les préparer à accepter sans mécontentement leur réunion définitive à l'empire [2].

Après la mort d'Antoine et de Cléopâtre, leurs enfants furent recueillis par Octave qui les traita avec les plus grands égards. Parmi eux se trouvait la jeune Cléopâtre Séléné ; il la donna en mariage au fils de Juba, qui venait de combattre pour lui à Actium, et confia à celui-ci le gouvernement de l'Egypte [3].

---

1. Appien, *Punic.* 136. Suétone, *Aug.*, 47.
2. Poulle, *Maurétanie*, p. 102.
3. La date de cette nomination est incertaine.

Resté maître incontesté du pouvoir, Octave s'était sérieusement occupé de l'organisation des provinces. Dans les dernières années de la république, elles étaient au nombre de quatorze, gouvernées soit par des préteurs, soit par des consulaires. Le 13 janvier de l'an 27, au moment où il constituait le régime impérial, Auguste maintint cette division : les provinces paisibles et depuis longtemps conquises, où peu de forces étaient nécessaires, furent appelées sénatoriales ou proconsulaires; les autres, où stationnèrent particulièrement les légions, furent dites prétoriennes ou de l'empereur, général en chef des armées [1]. L'Afrique, avec la Numidie, la Cyrénaïque avec la Crète, furent classées parmi les provinces sénatoriales; mais ces divisions changèrent selon les circonstances.

La IIIe légion (Augusta) fut chargée de tenir garnison en Afrique. Auguste plaça son quartier permanent à Theveste (Tebessa), au pied oriental de l'Aourès, à cheval sur les routes de la province de Karthage, de la Numidie et de la région des oasis et de la Tripolitaine. Elle protégeait aussi le pays colonisé contre les invasions des Gétules.

JUBA II, ROI DE NUMIDIE. — Vers le même temps, c'est-à-dire entre l'an 29 et l'an 25, Auguste plaça Juba II à la tête de la Numidie, non comme un simple gouverneur, mais comme roi vassal[2]. C'était une nouvelle application de son système qui consistait à chercher à se rallier les indigènes en les amenant à l'assimilation; il pensait ne pouvoir trouver un meilleur intermédiaire qu'un compatriote parfaitement romanisé.

Nous avons vu qu'après la mort de son père, le jeune Juba avait été élevé à Rome avec le plus grand soin, sous l'œil de César. Les maîtres les plus célèbres de la Grèce et de l'Italie l'initièrent à toutes les connaissances de l'époque et firent de ce jeune Berbère un savant et un raffiné[3]. C'était, au dire de Plutarque, un homme beau et gracieux[4]. Ces dons naturels, rehaussés par la culture, lui gagnèrent l'amitié d'Auguste et d'Octavie et firent sa fortune. Hâtons-nous de dire qu'il ne trompa pas l'espoir qu'on avait placé en lui et que, s'il n'amena pas, comme ses protecteurs avaient pu l'espérer, les indigènes à l'assimilation, c'est que la tâche était beaucoup trop difficile et ne pouvait être l'œuvre d'un homme.

Il est assez difficile de dire quelle fut l'action du roi indigène sur

---

1. *Hist. des Romains* par Duruy, t. IV, p. 2.
2. De la Blanchère: *De rege Juba, regis Jubæ filio*, Paris 1883.
3. Dion Cassius, l. LI, ch. xv.
4. *Auton*, c. VII.

le territoire de la colonie des Sittiens. Il est probable que, tout en exerçant sur lui son autorité gouvernementale, il lui laissa ses franchises communales et n'administra, à proprement parler, que la partie orientale de la Numidie, cette *Africa nova* que César avait érigée en province après sa victoire.

Que se passa-t-il en Numidie pendant les années qui suivirent l'élévation de Juba ? Les auteurs sont muets sur ce point, et nous en sommes réduits à supposer que son règne fut tranquille. La nouvelle fonction qu'Auguste va confier au prince numide semble indiquer que son administration avait été paisible et heureuse.

Juba, roi de Maurétanie. — Nous avons vu qu'après la mort de Bokkus le trône de Maurétanie était demeuré vacant. En l'an 17 [1], Auguste, renonçant à l'administration directe qu'il exerçait sur cette vaste contrée, retira Juba II de la Numidie et lui confia la souveraineté des deux Maurétanies. Le prince numide vint régner, non sans éclat, à Yol sur un vaste territoire s'étendant de Sitifis, ou peut-être de Saldæ [2] jusqu'à l'Atlantique, et de la mer jusqu'au désert, c'est-à-dire en englobant une partie des tribus gétules.

Les deux Afriques ne formèrent qu'une seule province sous les ordres d'un gouverneur nommé par le Sénat. La IIIᵉ légion (*Augusta*) y fut maintenue comme corps permanent d'occupation.

Dans sa nouvelle capitale, à laquelle il donna le nom de Césarée, pour complaire à son protecteur, Juba put s'adonner tout entier à ses chères études. On le comparait aux Grecs les plus instruits et sa renommée s'étendit jusqu'en Grèce : Athènes, selon le dire de Pausanias, lui aurait élevé une statue [3]. Il composa un grand nombre d'ouvrages d'histoire, de géographie, de botanique, etc.

Mais ses travaux scientifiques ne le détournaient pas des soins de son gouvernement. Il aurait, paraît-il, fait explorer les îles *Fortunées* (Canaries) et la découverte des îles Purpurariæ (Madère), lui serait due [4]. Enfin il aurait entretenu des relations commerciales assidues avec l'Espagne, aurait été nommé consul de Cadix Gadès par Auguste et était magistrat municipal de Carthagène.

Révolte des Berbères. — Nous avons vu que les Gétules et les Musulames du désert ne cessaient de faire des incursions dans le

---

1. Ou 25, selon Dion, LIII, 26.
2. M. Poulle, *loc. cit.*, penche pour la première de ces localités et nous croyons qu'il a raison.
3. Berbrugger, *Dernière dynastie mauritanienne*, (*Revue africaine*, Nᵒ 26, p. 82 et suiv.).
4. Pline, cité par Berbrugger.

Tel et que Taurus avait dû les repousser plusieurs fois par les armes. En l'an 29, L. A. Petus, et en 21, L. S. Atratinus, avaient poursuivi, jusque dans le désert, ces turbulents indigènes. Les succès de ces généraux leur avaient valu les honneurs du triomphe ; mais bientôt de nouvelles *razzias* avaient été opérées par ces incorrigibles pillards.

Dans la Tripolitaine, le rivage des Syrtes était infesté par les pirates Nasamons, qui oubliaient la sévère leçon donnée à leurs pères par Pompée. L'intérieur était livré aux Garamantes dont Tacite a dit : *gens indomita et inter accolas latrociniis fecunda*. En l'an 19, L. Cornélius Balbus, nommé proconsul, fut chargé de conduire une expédition dans ces contrées ; il s'enfonça au sud de Tripoli et, s'avançant sur la voie fréquentée par les anciens marchands karthaginois, traversa le pays des Troglodytes (les monts R'arian), seuls intermédiaires du commerce de la pierre précieuse qui vient d'Ethiopie [1], et atteignit Garama (Djerma) dans la Phazanie (Fezzan). Cette belle campagne étendit la domination romaine jusqu'au désert. Comme récompense, le triomphe fut accordé à Balbus, bien que n'étant pas citoyen romain. Pline nous a transmis les noms fort altérés des tribus qui y figuraient [2].

Cependant les Gétules étaient toujours en état de révolte, et de nouvelles incursions ayant coïncidé avec l'élévation de Juba au trône de Numidie, les historiens en ont inféré, généralement, qu'ils s'étaient soulevés contre lui ; mais, en considérant que l'état normal des tribus sahariennes a toujours été, jusqu'à ces derniers temps, l'anarchie, la guerre et le pillage, nous ne voyons pas pourquoi on rattache ces faits l'un à l'autre. La révolte, il est vrai, s'étendit à l'est, gagna les Musulames et se signala comme toujours par des dévastations et le massacre de tout ce qui portait le nom de romain. Les armées de Juba furent plusieurs fois battues et il fallut que l'empereur envoyât de nouvelles forces en Afrique. Cn. Corn. Cossus, chargé de réduire ces Berbères, lutta contre eux durant de longues années et finit par en triompher et les forcer à la soumission, en l'an 6 de notre ère. Il reçut à cette occasion le surnom de Gétulicus. Les Garamantes et les Nasamons s'étaient joints aux Gétules. Carinius fut spécialement chargé de les en châtier. Ce général les poursuivit jusqu'à la Marmarique. Une partie de la IIIe légion reçut la mission de garder la frontière méridionale [3].

---

1. Pline.
2. Ibid., *Hist. nat.*, V, 3.
3. Florus, l. IV, c. 12. Tacite, *Ann.*, passim. D. Cassius, lib. LV et suiv. P. Orose, lib. VI. V. Paterculus, II.

Mort de Juba II; Ptolémée lui succède. — Après cette secousse qui, peut-être, se fit sentir principalement vers l'est, le règne de Juba s'acheva paisiblement. En l'an 4, il prit part à l'expédition d'Arabie, et d'après M. Ch. Müller[1], il aurait dans cette campagne épousé ou pris pour concubine Glaphyra, fille d'Archélaüs, roi de Cappadoce. Les renseignements à ce sujet sont contradictoires, mais il paraît certain qu'il ne ramena pas cette femme à Césarée.

Cléopâtre Séléné mourut vers l'an 6 (de J.-C.) et fut enterrée dans le magnifique mausolée que Juba avait fait élever à l'est de sa capitale[2], et qui est connu maintenant sous le nom de *tombeau de la Chrétienne*.

Vers l'an 22 ou 23 (de J.-C.), Juba lui-même cessa de vivre et fut placé auprès de son épouse dans le mausolée. Il laissait un fils, Ptolémée, qui lui succéda. L'histoire nous représente ce prince comme adonné entièrement à ses plaisirs et à ses études, abandonnant à ses affranchis la direction des affaires. Juba avait reçu d'Auguste ou de Tibère le titre de citoyen romain; il était en outre citoyen d'Athènes, duumvir de Gadès et quinquennal de Karthagène[3].

Révolte de Tacfarinas. — Depuis quelques années, un Berbère du nom de Tacfarinas avait relevé l'étendard de la révolte dans la Gétulie. Déserteur de la légion romaine, il avait d'abord réuni une bande d'aventuriers et vécu de pillage et de vols. Vers l'an 17, les Musulames, alors établis dans les environs de l'Aourès[4], s'étant laissés entraîner par lui, vinrent attaquer les soldats romains dans leurs cantonnements. La révolte s'étendit à l'est jusqu'aux Syrtes et à l'ouest jusqu'au Hodna. Un certain Mazippa, chef des Maures, lui fournit son appui consistant particulièrement en cavalerie. Le proconsul M. F. Camillus rassembla aussitôt ses troupes et les auxiliaires et, ayant marché résolument à l'ennemi, le mit en complète déroute. Tacfarinas, avec ses Gétules, se jeta dans les profondeurs du désert.

L'année suivante, Tacfarinas, après avoir mis à profit son temps pour former ses guerriers à la discipline en les habituant à combattre à la romaine, les uns à pied, les autres à cheval, se porte de nouveau contre les établissements romains, pille les bourgades et

---

1. *Num. de l'Afr. anc.*
2. *Monumentum commune regiæ gentis Mauritaniæ*, d'après Pomponius Mela.
3. Masqueray, *Compte rendu de la thèse de M. de la Blanchère*. Voir aussi cette thèse intitulée *De rege Juba, regis Jubæ filio*. Thorin, 1883.
4. C'est ce qui est établi par Ragot *Sahara*, 2ᵉ partie, p. 74.

les fermes, fait un butin considérable et met en déroute une cohorte romaine qui lui abandonne un poste fortifié sur le fleuve Pagyda [1]. Plein de confiance, il entreprend le siège de Thala.

Mais le nouveau proconsul L. Apronius, ayant pris la direction des opérations, l'attaque avec vigueur, le bat dans toutes les rencontres et le force à prendre encore la route du sud (20).

Bien que les honneurs du triomphe eussent été accordés à Apronius, il faut croire que ses succès n'avaient pas été bien décisifs, puisque, peu de temps après, Tacfarinas poussa l'audace jusqu'à proposer à Tibère un traité de paix, à la condition qu'on lui donnât des terres. Pour toute réponse, l'empereur nomma en l'an 21 Blæsus, proconsul d'Afrique, et, lui ayant fourni d'importants renforts (une partie de la IXe légion), le chargea d'anéantir la puissance du chef indigène. Ce fut, avec la plus grande habileté et une parfaite notion de cette sorte de guerre, que le général romain mena la campagne : ses forces, s'appuyant sur des postes fortifiés, furent divisées en plusieurs corps qui, durant un an, poursuivirent les rebelles sans relâche ni trêve. Battu chaque fois qu'il était rejoint, Tacfarinas dut encore s'enfoncer dans les profondeurs du désert, son refuge habituel. Il ne lui restait ni adhérents ni ressources d'aucune sorte, et l'on put à bon droit considérer la guerre comme finie. Tibère s'empressa de faire rentrer en Italie une partie des troupes (22). Blæsus reçut le titre d'*imperator*.

Mais Tacfarinas n'était pas homme à se laisser abattre ainsi. La mort du roi Juba lui fournit, sur ces entrefaites, un nouveau motif pour intriguer chez les indigènes et soulever les tribus de l'ouest. Soutenu par les Garamantes et par une foule d'aventuriers, encouragé par le départ de la IXe légion, il se lança de nouveau sur le Tel et se heurta au proconsul Dolabella, successeur de Blæsus. Profitant du petit nombre de ses ennemis, il glissa entre leurs cohortes et vint audacieusement mettre le siège devant Tubusuptus (Tiklat) dans la vallée du Sahel.

Dolabella, dans cette conjoncture, voulant éviter que les tribus de l'ouest et du sud (Musulames et Gétules) ne vinssent se joindre au rebelle, les terrifia en mettant à mort leurs chefs; puis il fit garder la ligne du sud par des postes et réclama au roi Ptolémée une armée de secours afin de cerner Tacfarinas. Lorsqu'il sait que les divisions maurétaniennes sont en marche, il se jette sur Tacfarinas et le force à lever le siège de Tubusuptus. Le Berbère veut fuir vers le sud, mais les issues sont gardées; il se porte vers l'ouest poursuivi l'épée dans les reins par Dolabella qui l'atteint à

---

1. Près de Lambèse, selon le même auteur.

Auzia (Aumale), surprend son camp par une attaque de nuit et le tue, ainsi que tous ses adhérents (24).

Telle fut la fin de ce remarquable chef de partisans dont l'activité, l'audace et la ténacité causèrent tant de soucis aux Romains. Cette révolte avait duré huit ans[1].

ASSASSINAT DE PTOLÉMÉE. — A la suite de cette guerre, dans laquelle Ptolémée avait coopéré si efficacement à réduire le rebelle, un sénateur fut désigné pour porter au roi de Maurétanie le bâton d'ivoire et la toge brodée, présents du Sénat, et de le saluer du titre de roi, d'allié et d'ami.

La révolte qui venait de causer de si grandes difficultés aux Romains décida l'empereur à fortifier la Numidie en la détachant de la province d'Afrique pour la placer sous l'autorité d'un commandant militaire, légat de rang sénatorial, qui lui obéissait directement. Quant à la province d'Afrique, s'étendant à l'est d'Hippone jusqu'aux limites de la Cyrénaïque, elle resta sous l'autorité du Sénat, représentée par un proconsul (37)[2].

Le règne de Ptolémée se continua sans que rien de saillant se produisit, lorsqu'en l'an 39, il fut pour son malheur appelé à Rome, par son cousin l'empereur Caligula[3]. Le tyran l'accabla d'abord de prévenances; puis, soit qu'il fût jaloux de la magnificence du roi maurétanien et de l'attention qu'il attirait sur sa personne, soit qu'il voulût s'emparer de ses immenses richesses, soit enfin qu'il cédât à un de ses caprices sanguinaires dont il a donné tant d'exemples, il le fit assassiner. On ignore si Ptolémée fut tué à la sortie du cirque, ou s'il fut envoyé en exil et mis à mort secrètement, car les auteurs diffèrent dans leurs versions.

RÉVOLTE D'ÆDÉMON. LA MAURÉTANIE EST RÉDUITE EN PROVINCE ROMAINE. — La nouvelle de l'assassinat du roi Ptolémée causa la plus grande émotion en Afrique. L'affranchi Ædemon saisit ce prétexte pour lever l'étendard de la révolte. Les Maures et même les Gétules le soutinrent, et il fallut plusieurs expéditions pour le réduire. L'empereur Claude se laissa décerner le triomphe pour les victoires de ses lieutenants.

Cependant la révolte n'était pas éteinte. En l'an 41, le préteur Suétonius Paullinus poursuivit les rebelles jusque dans l'ouest, pénétra au cœur de la Tingitane, traversa les chaînes neigeuses du

---

1. Tacite, *Annales*, l. II, ch. LII.
2. Mommsen, *Hist. Rom.*
3. Ils étaient tous deux petits-fils d'Antonia, fille de Marc-Antoine.

Grand-Atlas et, enfin, atteignit une rivière nommé le Ger (Guir), « à travers des solitudes couvertes d'une poussière noire d'où sur- « gissent çà et là des rochers qui semblent noircis par le feu [1] ».

Hasidius Géta termina la conquête de la Maurétanie occidentale en rejetant dans le désert les débris des troupes d'un certain Salabus, roi des Maures, dernier adhérent d'Ædémon.

La Maurétanie fut réduite en province romaine vers l'an 42, ou peut-être un peu plus tard, lorsque la dernière résistance eut été écrasée. Quant à l'ère provinciale de Maurétanie, son point de départ doit être fixé à l'année 40, date de l'assassinat de Ptolémée [2]. Yol-Césarée reçut le titre de colonie.

DIVISION ET ORGANISATION ADMINISTRATIVE DE L'AFRIQUE ROMAINE. — En l'an 42, il fut procédé, par ordre de Claude, à une nouvelle division des provinces africaines. Les anciennes demeurèrent placées sous l'autorité du Sénat. Voici quelle fut la répartition :

1° *Cyrénaïque* avec la *Crète*, régies par un proconsul.

2° *Province proconsulaire d'Afrique*, subdivisée en By---ne et Zeugitane, formée de la Tripolitaine et de la Tunisie actuelles, régie par un proconsul résidant à Karthage.

3° Numidie, régie par un légat impérial ou par le proconsul de la province d'Afrique.

4° Maurétanie césarienne, s'étendant de Sétif à la Moulouia.

5° Et Maurétanie Tingitane, de la Moulouia à l'Océan.

Ces deux dernières provinces, faisant partie du domaine de l'empereur, furent régies par de simples chevaliers, avec le titre de procurateurs (*procuratores augusti*), ne relevant que de l'empereur et ayant des pouvoirs très étendus. Elles reçurent comme garnison des troupes de second ordre.

Jusqu'au règne de Caligula, le proconsul qui gouvernait la province ou les provinces d'Afrique était en même temps le chef des troupes : la nécessité obligeait de réunir les deux pouvoirs entre les mains du même chef, afin de donner plus d'unité à la direction des affaires. Mais cet empereur, craignant la grande influence exercée par le proconsul L. Pison, qui disposait d'un effectif de troupes considérable, donna le commandement de l'armée et des « nomades » à un lieutenant ou légat du prince, et ne laissa à Pison que l'administration propre du pays, ce qui engendra de

---

1. Pline, l. V, 14. Dion Cass., LX, 9.
2. Ce fait a été péremptoirement démontré par MM. Berbrugger *Rev. afr.*, t. p. 30; Général Creuly *Ann. de la soc. arch. de Constantine*, 1857, p. 1, et Poulle, *id.*, 1862, p. 261.

nombreux conflits[1]. Les empereurs craignaient toujours de laisser trop de troupes à leurs représentants en Afrique, et nous avons vu, lors de la révolte de Tacfarinas, Tibère s'empresser de rappeler la IXe légion, alors que le rebelle n'était pas encore vaincu. C'est, qu'après des victoires, le proconsul sénatorial qui, déjà, était un personnage considérable, pouvait être proclamé *imperator* par ses troupes. Cette séparation des pouvoirs fut maintenue.

Le pouvoir des proconsuls dans leurs provinces était, pour ainsi dire, illimité. Le pays, réduit en province romaine, perdait ses anciennes institutions, et le personnage chargé d'appliquer le senatus-consulte qui ordonnait cette incorporation élaborait un ensemble de lois spéciales à la nouvelle province. Il était, généralement, tenu grand compte des institutions locales. Quelquefois une commission de sénateurs l'assistait dans ce travail. Chaque proconsul, en arrivant dans son commandement — et l'on sait que la durée de ses pouvoirs n'était que d'un an — publiait un nouvel édit par lequel il pouvait modifier, selon son caprice, la loi fondamentale. Il réunissait dans ses mains tous les pouvoirs militaire, administratif et judiciaire. A. Thierry a dit à ce sujet : « un arbitraire presque illimité pesait sur la vie comme sur la fortune des provinciaux. »

Les provinces étaient donc regardées comme les domaines et les propriétés du peuple romain[2]. Les publicains et les banquiers qui accompagnaient le proconsul complétaient son œuvre.

Sous l'empire, cette situation se modifia. Nous avons vu Auguste placer Juba II, comme roi, à la tête de la Numidie qui venait d'être pressurée par ses gouverneurs. Enfin Caligula décapita la puissance des proconsuls en leur retirant le commandement militaire. L'action de l'empereur se fit dès lors sentir directement dans les provinces, qui cessèrent d'être pressurées aussi violemment par la métropole. Nous n'allons pas tarder à voir celle d'Afrique exercer à son tour une grande influence sur la capitale.

A côté des proconsuls étaient des légats impériaux, officiers chargés de diverses fonctions militaires et administratives et qui, bien que soumis aux ordres généraux du gouverneur, étaient directement sous l'autorité du prince, notamment pour le commandement des troupes. Un questeur était attaché au proconsul et ajoutait à son titre celui de propréteur ; il était chargé de le suppléer par délégation. « Il n'y avait de questeurs que dans les provinces du Sénat[3] ». Un intendant (*procurator*) était chargé de

---

1. V. Dion, LX, 9, et Tacite, *Ann.*
2. Boissière, *loc. cit.*, p. 217. C'est à cet ouvrage que nous renvoyons pour une partie de ces détails.
3. Boissière, p. 258.

l'établissement et de la rentrée des impôts, ainsi que de l'administration des domaines impériaux.

Ces fonctionnaires principaux avaient sous leurs ordres un grand nombre d'agents de toute sorte.

L'autorité religieuse de la province était confiée à un *sacerdos provinciae africae*. « Elu parmi les personnes les plus considérées et les plus riches, choisi parmi celles qui avaient occupé tous les emplois dans leurs cités ou qui avaient obtenu le rang de chevalier romain, il présidait l'assemblée religieuse réunie, tous les ans, à Karthage. Son emploi était annuel et, au moment de sortir de charge, il organisait à ses frais des jeux qui étaient appelés *ludi sacerdotales* [1] ».

Dans certaines provinces, l'assemblée (*concilium*) était annuelle : c'était le cas de celle d'Afrique. Des délégués des cités y prenaient part et, après la célébration des rites du culte de l'empereur, le concilium s'occupait de questions administratives et de vœux à présenter dans l'intérêt de la province. Ses membres exerçaient un contrôle sur l'administration de leur gouverneur et avaient le droit de le mettre en accusation.

La confédération des quatre colonies cirtéennes (Cirta, Mileu, Rusicade et Chullu), ancien domaine de Sittius, jouissait, pour toute chose, d'une véritable autonomie ; « elle formait, dit M. Duruy, un véritable État, où l'édile municipal était investi des pouvoirs attribués au questeur romain, dans les provinces proconsulaires [2] » ; elle avait un concilium particulier, dont les attributions étaient beaucoup plus étendues que dans les provinces. Son clergé et son culte avaient une physionomie spéciale ; ses prêtres, des deux sexes, portaient le titre de *flamines*. Chaque colonie était administrée, pour ses affaires particulières, par un *ordo*, sorte de conseil municipal [3].

Les provinces, comme les cités, se choisissaient des patrons, personnages influents, chargés de défendre leurs droits dans la métropole.

Les villes étaient divisées en plusieurs catégories :

1° Les *colonies romaines*, dont les citoyens jouissaient de tous les droits et privilèges du citoyen romain, notamment de l'exemption du tribut.

---

1. Héron de Villefosse, *Comptes rendus de l'Académie des Inscriptions*, IVe série, t. XI, p. 216, 217.
2. *Hist. des Romains*, t. V, p. 360.
3. Voir l'intéressant travail de M. Pallu de Lessert, dans le *Bulletin des Antiquités africaines* de M. Poinssot, année 1884. Voir également Duruy, *Histoire des Romains*, t. IV, p. 42 et suiv.

2° Les *municipes,* dont les habitants, tout en profitant de la plupart des privilèges du citoyen romain, n'avaient pas le droit de suffrage.

3° Les *colonies latines,* dont les habitants avaient le droit d'acquérir et de transmettre la propriété quiritaire (*jus commercii*), mais qui ne possédaient pas le *jus connubii,* conférant la puissance paternelle sur les enfants. Leurs magistrats, à l'expiration de leur charge, étaient capables du droit de cité romain.

Il y avait encore les villes alliées, les villes libres et les villes exemptes d'impôts.

Les cités avaient, en général, la libre disposition de leurs revenus, sous la direction d'une assemblée de magistrats municipaux : la *curie* ou *ordo decurionum,* composée de notables qui conféraient, à l'élection, les honneurs ou fonctions dont ils disposaient. Le candidat, pour s'assurer leurs suffrages, était obligé de verser des sommes considérables dans la caisse municipale, et de promettre des fêtes et des travaux. Une fois élu, il supportait une partie des dépenses de la cité et était pécuniairement responsable de la rentrée de l'impôt. Il arriva un temps où ces honneurs, autrefois si recherchés, furent refusés et fuis par les citoyens, qui les considéraient, à bon droit, comme une cause de ruine.

Les terres ayant appartenu aux princes indigènes et celles qui provenaient de séquestre, avaient été incorporées au domaine du peuple romain. Le reste des terres était généralement laissé aux indigènes, mais à titre de simple occupation et à charge de payer une redevance représentative du fermage.

Les obligations des provinciaux étaient de quatre sortes : l'impôt personnel, l'impôt foncier, les douanes et droits régaliens, et les réquisitions.

L'impôt foncier, payable en nature ou en argent, devait représenter en général le dizième de la récolte [1]. L'Afrique rachetait en général cet impôt par une indemnité fixe en argent.

La province devait fournir le blé nécessaire à la nourriture des armées et des matelots employés à sa garde, procurer les logements nécessaires pour les soldats et même équiper parfois des auxiliaires.

Ces charges étaient du reste assez variables selon les localités. Ainsi, la plupart des villes de l'Afrique karthaginoise payaient la capitation, même pour les femmes [2].

---

[1]. Cet impôt se perçoit encore sur les indigènes d'Afrique sous le nom d'Achour (Dîme).

[2]. Duruy, *Hist. des Romains,* t. II, p. 177 et suiv.

Quant à la condition des personnes, elle était la même que dans le reste des conquêtes romaines. Le citoyen romain, qu'il provînt, soit des municipes d'Italie, soit des *colonies* romaines, était au sommet de l'échelle. Il recevait des concessions de terres qu'il faisait cultiver par l'esclave ou par le paysan. Les soldats étaient également pourvus de concessions, mais ils formaient des colonies purement militaires, où les civils ne pénétraient pas.

Le colon ou paysan, bien qu'il ne fût pas esclave, était généralement attaché à la glèbe. « Un certain nombre de gens du peuple était assigné sur chaque propriété (*affixus, assignatus*) ; leur personne suivait la condition de la terre. Les propriétaires s'appelaient leurs maîtres »[1]. Plus tard, ils recevront le nom de serfs.

La condition de l'esclave était particulièrement dure ; ceux nés sur le domaine étaient un peu moins maltraités que ceux achetés.

Chronologie des rois de Maurétanie. — Bokkus Ier règne sur les deux Maurétanies vers l'an 106 av. J.-C.

Vers l'an 80, ses deux fils lui succèdent et se partagent son royaume.

Bokkus II reçoit la Maurétanie orientale.

Bogud Ier, la Maurétanie occidentale, augmentée de la Sétifienne, en 46.

En 44, Bokkus III succède à son père Bogud Ier. La même année il perd la Sétifienne, qui est reprise par Arabion.

En 40, Bogud II succède à son père Bokkus II.

En 38, Bokkus III reste seul maître des deux Maurétanies. Il meurt en 33.

La Maurétanie reste jusqu'en 25 sans roi.

Juba II est nommé roi de Maurétanie en 25, et règne jusqu'en 23 ap. J.-C.

Ptolémée règne de 23 à 40.

---

1. Lacroix, *Revue africaine*, N° 79, p. 23.

CHAPITRE VIII

L'AFRIQUE SOUS L'AUTORITÉ ROMAINE

43-297

Etat de l'Afrique au Ier siècle; productions, commerce, relations. — Etat des populations. — Les gouverneurs d'Afrique prennent part aux guerres civiles. — L'Afrique sous Vespasien. — Insurrection des Juifs de la Cyrénaïque. — Expéditions en Tripolitaine et dans l'extrême sud. — L'Afrique sous Trajan. — Nouvelle révolte des Juifs. — L'Afrique sous Hadrien; insurrection des Maures. — Nouvelles révoltes sous Antonin, Marc-Aurèle et Commode, 138-190. — Les empereurs africains : Septime Sévère. — Progrès de la religion chrétienne en Afrique; premières persécutions. — Caracalla, son édit d'émancipation. — Macrin et Elagabal. — Alexandre Sévère. — Les Gordiens ; révolte de Capellien et de Sabianus. — Période d'anarchie; révoltes en Afrique. — Persécutions contre les chrétiens. — Période des trente tyrans. — Dioclétien; révolte des Quinquégentiens. — Nouvelles divisions géographiques de l'Afrique.

ETAT DE L'AFRIQUE AU Ier SIÈCLE; PRODUCTIONS, COMMERCE, RELATIONS. — Ainsi l'autorité romaine régnait sans conteste sur toute l'Afrique du nord, la Berbérie, de l'Egypte à l'Océan. Il avait fallu près de deux siècles et demi (232 ans) au peuple-roi pour effectuer cette conquête; mais nous avons vu avec quelle prudence, par quelle suite de transitions habilement ménagées, il y était arrivé.

Au moment où la Berbérie entre dans une ère nouvelle, il convient de se rendre bien compte de sa situation matérielle et de l'état de ses populations.

L'Afrique propre, la première occupée, est couverte de colonies latines ; « les notables des villes recevaient avec reconnaissance le droit de cité; leurs enfants prirent des noms romains, reçurent une éducation romaine ; la carrière des emplois et des honneurs s'ouvrit devant eux [1] ». Dans les campagnes de cette fertile province, les patriciens s'étaient taillé de beaux domaines et le pays n'avait pas échappé à la formation des *latifundia* qui avaient eu, en Italie, des conséquences si funestes. Mais, si « l'on y trouvait, selon Aggenus Urbicus, des domaines privés plus vastes que ceux de l'Etat, ils étaient occupés par un grand nombre de cultivateurs; la maison du maître était entourée de villages qui lui faisaient une

---

1. Hase, *Sur l'établissement Romain* (*Rev. afr.*, p. 301).

ceinture de fortifications[1] ». Du reste, la petite propriété était constituée aussi par les concessions aux vétérans, ou par la vente ou la location à des émigrants. Ainsi les progrès de la culture[2], loin d'avoir été arrêtés par la conquête, lui durent, au contraire, une plus grande extension. Leptis Magna, Hadrumète, Utique et surtout Karthage, étaient les principaux ports où les céréales venaient s'entasser. Là les flottes de toute l'Italie chargeaient les grains, et c'est particulièrement de l'Afrique que Rome tirait ses approvisionnements. Les blés d'Egypte allaient dans les autres parties de l'Italie. Sous Auguste, sous Tibère, sous Claude, la population romaine attendait sans cesse les arrivages d'Afrique et faisait entendre ses murmures, ou se mettait en rébellion, au moindre retard, car la conséquence immédiate était la famine. On l'avait bien vu, lors de la lutte entre César et Pompée, quand celui-ci avait arrêté les convois d'Afrique.

Tous les empereurs prirent des mesures afin d'assurer les arrivages d'Afrique. Claude accorda des immunités particulières pour encourager les importations de blé, Néron exempta de tout impôt les navires servant au transport du blé. Commode créa la flotte d'Afrique, affectée spécialement à cet usage, et ses successeurs perfectionnèrent cette institution. Un préfet de l'*Annone,* résidant en Afrique, fut chargé d'assurer les approvisionnements.

Après le blé, l'huile était une des principales branches d'exportation, mais, de même que l'huile faite actuellement par nos Kabiles, elle était de qualité inférieure, et sa mauvaise odeur la dépréciait beaucoup, de sorte qu'on ne l'employait guère que dans les gymnases.

Les fruits, surtout le raisin, les dattes et les figues, les oignons, le sylphium, la thapsie, diverses sortes de jonc, les bois de l'Atlas, les marbres, tels étaient ensuite les principaux articles d'exportation[3]. A ces productions, il faut ajouter les bêtes féroces servant aux combats du cirque, les chevaux et les gazelles. Quant aux éléphants, il est à peu près démontré qu'ils n'existaient plus en Berbérie à l'état sauvage, quoi qu'en disent Strabon, Pline, Solin et autres auteurs. Ils étaient sans doute amenés de l'intérieur par les caravanes.

Au premier rang des villes de commerce brillait Karthage, la métropole punique, relevée de ses ruines et toujours la reine de

---

1. F. Lacroix, *Afrique ancienne* (*Rev. afr.*, N° 73, p. 18).
2. On sait que les Karthaginois avaient perfectionné la culture en Afrique et que l'ouvrage de Magon servit ensuite de guide aux cultivateurs italiens.
3. Cf. Hirtius, *Bell. afr.*, Pline, Hérodote, Strabon, Appien, *Bell. civ.*, Suétone, Varron, Dion Cassius, Spartien, Tacite.

l'Afrique par sa magnificence et sa civilisation. Dans son port, les vaisseaux venus de tous les points de la Méditerranée se pressaient pour charger les grains, les bois précieux, la poudre d'or, l'ivoire, les marbres, les bêtes féroces, les chevaux numides, les nègres. Une population punique importante dominait dans cette ville, elle y avait conservé ses mœurs, sa langue et sa religion. Le temple d'Astarté (*Tanit*), divinité phénicienne admise par les Romains dans leur Panthéon, sous le nom de Juno Cœlestis, avait été reconstruit avec une nouvelle splendeur ; nous verrons plus tard un empereur donner une consécration officielle à ce culte barbare dont les divinités exigeaient des sacrifices humains.

La Cyrénaïque fournissait en quantité les blés, l'huile et les vins. « Derrière cette province passait la route commerciale qui unissait l'est, le sud et l'ouest de l'Afrique. La grande caravane, partie de la haute Egypte, traversait les oasis d'Ammon, d'Oudjela et des Garamantes, où elle trouvait les marchands de Leptis, puis descendait au sud par le pays des Atarantes et des Atlantes, pour rencontrer ceux de la Nigritie [1] ».

Dans la Numidie et la Maurétanie, les principaux ports de commerce étaient Igilgilis (Djidjelli), Saldœ, Yol-Césarée, Siga (à l'embouchure de la Tafna) et Tingis. Il existait, entre les ports de l'ouest et l'Espagne, et même jusqu'en Gaule, des relations suivies qui avaient amené des alliances de famille. Nous avons vu que Juba II était magistrat municipal de Carthagène.

État des populations. — Examinons maintenant ce que devenait le peuple indigène en présence de la colonisation romaine. La vieille race berbère commençait à subir une transformation ; diminuée par les guerres incessantes où elle prodiguait son sang avec tant de générosité, elle était refoulée par la colonisation romaine et commençait à s'assimiler ou à disparaître dans la province d'Afrique ou la Numidie. Mais dans toute la Maurétanie et certains massifs montagneux, comme le *Mons ferratus* (la grande Kabilie), elle se conservait intacte et se préparait à de nouvelles luttes. Sur la ligne des hauts plateaux, se pressaient les tribus gétules, toujours prêtes à envahir le Tel pour le piller et autant que possible s'y fixer. On a pu constater cette tendance des tribus du désert, par la demande de terres faite par Tacfarinas à Tibère. Nous les verrons s'avancer continuellement, par un mouvement lent et irrésistible, pour s'étendre sur les restes des vieilles tribus berbères et les remplacer à mesure que la puissance romaine s'affaiblira.

---

1. Duruy, *Hist. des Romains*, t. IV, p. 88.

Ces Berbères, établis au delà de la limite de l'occupation romaine, reconnaissaient en général la suzeraineté du peuple-roi, particulièrement dans le Tel et le pays ouvert ; ils fournissaient, en temps de paix, certains tributs, et devaient des services de guerre. « On utilisait ainsi les Berbères soumis dans l'intérêt de Rome, mais on ne les organisait pas à la manière romaine, comme aussi on ne les employait pas dans l'armée. En dehors de leur propre province, les irréguliers de Maurétanie furent aussi utilisés, plus tard, en grand nombre, surtout comme cavaliers, tandis qu'on ne procédait pas ainsi pour les Numides [1] ».

En Cyrénaïque, la population n'avait pas subi de grandes modifications. Les Juifs, déportés autrefois de Palestine dans cette province [2], y avaient prospéré malgré les mauvais traitements auxquels ils étaient en butte de la part des Grecs et la jalousie qu'ils inspiraient. Ayant eu recours à la justice d'Auguste pour être protégés, ce prince envoya des ordres à Flavius, préteur de Lybie, pour qu'il veillât à ce qu'ils ne fussent pas troublés dans leurs biens et l'exercice de leur culte. En l'an 14 av. J.-C., un rescrit de Marcus Agrippa ordonna « qu'ils seraient maintenus dans l'exercice de leurs droits et que si, dans quelque ville, on avait diverti de l'argent sacré, il serait restitué aux Juifs par des commissaires nommés à cet effet [3] ». Nous verrons avant peu l'esprit d'indiscipline de ces Juifs, surexcité par les événements de Judée, leur attirer de terribles répressions.

Les Gouverneurs d'Afrique prennent part aux guerres civiles. — Après quelques années de tranquillité, l'Afrique ressentit le contre-coup de l'anarchie qui termina et suivit le règne de Néron. Pendant que Vindex levait l'étendard de la révolte en Gaule, Clodius Macer, légat d'Afrique, retenait les convois de blé et prenait le titre de propréteur, pour bien montrer qu'il avait abandonné le service de l'empereur. Bientôt il se proclama indépendant et leva de nouvelles troupes parmi les indigènes qu'il forma en légion [4].

Le 9 juin 68, Néron terminait sa triste carrière et était remplacé par Galba, ancien proconsul d'Afrique [5]. Un de ses premiers soins fut de se débarrasser de Macer, par l'assassinat, et de licencier la

---

1. Mommsen, *Histoire Romaine*, t. V, trad. par M. Pallu de Lessert.
2. A la suite de la prise de Jérusalem par Ptolémée Soter, vers 320 av. J.-C. V. Josèphe, *contra Appio*, II, 4, cité par M. Cahen dans son travail sur les Juifs (*Soc. arch.*, 1867).
3. Passage reproduit par d'Avezac dans l'*Afrique ancienne*, p. 124.
4. Tacite, *Ann.*, lib. II, cap. xcvii.
5. Il avait reçu cette fonction de Claude et la garda deux ans.

légion Macrienne. Il fut alors reconnu par toutes les troupes d'Afrique et obtint l'appui du procurateur Lucceius Albinus qui commandait les Maurétanies et disposait de troupes nombreuses. Mais bientôt Galba est assassiné (juin 68) [1]. Othon et Vitellius lui succèdent. Ces trois règnes avaient duré dix-huit mois, triste période remplie par les meurtres, les révoltes et l'anarchie.

A la nouvelle de la mort d'Othon, L. Albinus essaya de se déclarer indépendant à son tour. Il avait sous ses ordres dix cohortes et cinq ailes de cavalerie, sans compter les auxiliaires. C'étaient des forces imposantes, avec l'appui desquelles il pouvait espérer le succès ; mais au moment où il se préparait à passer dans la Tingitane, pour, de là, envahir l'Espagne, le gouverneur de cette province le fit assassiner, et ses troupes se prononcèrent pour Vitellius, qui ne jouit pas longtemps du pouvoir et succomba à son tour en décembre 69.

L'Afrique sous Vespasien. — Enfin Vespasien resta seul maître du pouvoir. C'était aussi un ancien proconsul d'Afrique, et il s'était fait remarquer dans son commandement par une honnêteté bien rare pour l'époque. On raconte même que les habitants d'Hadrumète, irrités de sa parcimonie dans les fêtes, l'assaillirent un jour en lui lançant des raves à la tête.

Lucius Pison était alors proconsul d'Afrique; il se tenait sagement à l'écart des factions et cependant on le soupçonnait d'être partisan de Vitellius, parce que beaucoup de Vitelliens s'étaient réfugiés dans sa province. Ce parti avait encore de nombreux adhérents en Gaule et l'on craignait que Pison ne fît alliance avec eux, ce qui aurait eu pour conséquence immédiate la famine. Le légat qui commandait les troupes, Valérius Festus, cédant à son ambition, exploita perfidement cette situation en peignant, dans ses rapports, la révolte comme imminente. Un certain Papirius, qui avait déjà pris part au meurtre de Macer, arrive en Afrique dans le but de tuer le proconsul. Pison prévenu le fait mettre à mort et adresse une proclamation au peuple. Mais bientôt les soldats auxiliaires dépêchés par Festus pénétrent dans sa demeure et demandent le proconsul. Un esclave déclare qu'il est Pison et tombe sous leurs coups. Ce dévouement ne sauve pas son maître, qui est reconnu par le procurateur B. Massa et mis à mort.

Ainsi délivré de son rival, Festus alla au camp, fit mettre à mort les soldats sur la fidélité desquels il avait des doutes et récompensa

---

1. Il tomba sous les coups du procurateur de la Maurétanie tingitane, Trébonius Garucianus.

les autres. Puis il se rendit dans l'est afin de faire cesser les luttes qui divisàient les colons de Leptis et d'Oea (Tripoli). Ceux-ci, appuyés par les Garamantes, avaient mis au pillage Leptis et ses environs (70).

Pour châtier les Garamantes, Festus les poursuivit jusque dans leur pays, et afin de mieux les surprendre il passa par les défilés des montagnes, chemin difficile et peu usité, mais plus court. La Phazanie qui n'avait pas revu les aigles romaines depuis l'expédition de Balbus, fut de nouveau contrainte à la soumission et au paiement d'un tribut.

Insurrection des Juifs de la Cyrénaïque. — Un certain Jonathas ayant fait partie de ces zélateurs, ou sicaires, dont les excès avaient attiré de si grands malheurs à leur nation, vint se réfugier à Cyrène. Ayant réuni autour de lui environ deux mille misérables de son espèce, il alla camper au désert en proclamant son intention de réformer la religion juive. Catullus préteur de Libye, appelé par les orthodoxes juifs, arriva à la tête de ses troupes et, ayant cerné les rebelles, les massacra presque tous. Jonathas, le promoteur du mouvement, avait pu s'échapper, mais il fut arrêté et comme le préteur voulait le faire périr il prétendit qu'il avait des révélations importantes à lui faire sur l'origine de la conspiration. Catullus qui, au dire de l'historien Flavien Josèphe, était un homme corrompu, comprit le parti qu'il pouvait tirer de son prisonnier ; se faisant désigner par lui les juifs les plus riches, il les mit à mort et s'empara de leur fortune. La plus grande terreur pesa sur cette population qui vit périr en peu de temps trois mille de ses principaux citoyens.

Après cette exécution, Catullus se rendit à Rome en emmenant le délateur et un certain nombre d'israélites notables d'Alexandrie, parmi lesquels Josèphe lui-même, désignés comme chefs du complot. Mais Vespasien, éclairé par son fils Titus, ne s'y trompa point. Il rendit aussitôt la liberté aux prisonniers à l'exception de Jonathas qu'il fit brûler vif.

Expéditions en Tripolitaine et dans l'extrême sud. — Après la mort de Vespasien et le court règne de Titus, l'empire échut à Domitien. Sous son règne, de nouvelles expéditions furent faites au sud de la Tripolitaine. Septimius Flaccus, chef des troupes de cette province, se rendit à Garama, puis à Audjela, et de là jusqu'en Ethiopie.

Quelque temps après les Nasamons s'étant révoltés et ayant massacré les collecteurs d'impôts, le même général marcha contre eux et après différentes péripéties en fit un massacre horrible.

Domitien annonça au Sénat que ces incorrigibles pillards étaient détruits[1]. Vers la même époque, Marsys, roi de cette peuplade, s'étant rendu auprès de Domitien, alors dans les Gaules, le décida à faire une expédition en Ethiopie où, disait-il, existaient de grandes quantités d'or.

Julius Maternus, chargé du commandement de cette expédition, arriva dans le pays des Garamantes où le roi de cette contrée se joignit à lui avec des contingents. Ainsi guidées par les Garamantes, les troupes romaines atteignirent, après sept mois de marche, le pays d'*Agisymba*[2], « patrie des rhinocéros » (de 81 à 96).

La réussite de cette aventureuse entreprise, dans un pays inconnu, est vraiment surprenante, et nous sommes en droit de nous demander avec M. Ragot[3] si, malgré nos connaissances et les moyens dont nous disposons actuellement, nous serions à même d'en faire autant. Malheureusement les détails que nous possédons sur cette expédition se réduisent à quelques lignes. L'Afrique proprement dite paraît avoir été assez calme pendant cette période.

L'Afrique sous Trajan. — Après le court règne de Nerva, Trajan fut investi du pouvoir suprême (28 janvier 98).

Ce prince guerrier employa largement l'élément berbère dans ses campagnes lointaines. En Afrique, il reporta l'occupation militaire, qui n'avait guère dépassé la ligne de Theveste-Lambèse, jusqu'au Djerid. Il fonda notamment un établissement militaire au lieu appelé ad-Majores (au nord de Negrin) point stratégique qui commandait les routes du sud et de l'est[4]. Thamugas, voisine et rivale de Lambèse, date également de cette époque. C'est là probablement que furent établis les vétérans de la XXX° légion. Une autre colonie de vétérans était fondée vers la même époque à Sitifis, sous la dénomination de Nerviana Augusta Martialis.

Pendant que l'empereur guerroyait au loin, l'Afrique demeurait livrée aux exactions de ses gouverneurs. Le proconsul Marius Priscus, secondé par son lieutenant Hostilius Firminus, avait mis le pays en coupe réglée, vendant la justice et étendant à tout ses prévarications. Poussés à bout par tant d'injustices, les habitants portèrent leurs doléances au Sénat[5]. Ils trouvèrent comme défen-

---

1. Zouare, *Ann.*, l. XI.
2. Probablement l'oasis actuelle d'Asben. V. Vivien de Saint-Martin, *Le Nord de l'Afrique*, p. 231.
3. *Sahara*, p. 191.
4. Ibid., p. 192.
5. Déjà en l'an 63 (av. J.-C.) la Cyrénaïque avait été défendue devant le Sénat et c'est la grande voix de Cicéron qui avait plaidé sa cause.

seurs Tacite et Pline le jeune et, grâce aux efforts de ces hommes illustres, obtinrent gain de cause..... en principe, car le proconsul, déclaré coupable, fut simplement exilé sans qu'on le dépouillât de ses richesses mal acquises.

Nouvelle révolte des Juifs. — A la fin du règne de Trajan (en l'an 115), les Juifs de la Cyrénaïque, devenus très nombreux depuis la destruction du temple par Titus, fanatisés par leurs malheurs et irrités par les mauvais traitements auxquels ils étaient soumis, se mirent en état de révolte. Le général Lupus ayant marché contre eux, fut vaincu et contraint de se jeter dans Alexandrie. Un juif nommé Andréas (ou Lucus), était à la tête de ce mouvement qui fut caractérisé par des cruautés épouvantables. Tout ce qui était romain et grec tomba sous les coups des rebelles ; ce fut une orgie de sang. Les juifs allèrent, dit-on, jusqu'à manger la chair de leurs victimes et à se couvrir de leur sang. Par représailles, ils les forcèrent, à leur tour, à combattre dans le cirque, ou les firent déchirer par les bêtes féroces. Dans la seule Cyrénaïque, deux cent vingt mille personnes auraient ainsi trouvé la mort[1].

Trajan était alors retenu en Orient par la guerre contre les Parthes, qui nécessitait l'emploi de toutes ses forces. Ainsi les populations de la Cyrénaïque abandonnées à elles-mêmes, étaient sans force pour résister aux rebelles, dont le nombre était considérable. Alliés aux révoltés d'Egypte, les juifs se livrèrent à tous les excès. Cependant Marcius Turbo, ayant reçu de l'empereur l'ordre de marcher contre les rebelles, arriva de Libye avec des forces importantes, tant en infanterie qu'en cavalerie et même une division navale. Mais c'était une véritable guerre à entreprendre et il fallut toute l'habileté de ce général pour triompher de cette révolte qui se prolongea jusqu'à l'avènement d'Hadrien. La répression que les juifs s'étaient ainsi attirée fut sévère, et il est probable qu'à cette occasion un grand nombre d'entre eux émigrèrent dans l'ouest et se mêlèrent à la population indigène de la Berbérie.

L'Afrique sous Hadrien. Insurrections des Maures. — En 117, commença le beau règne d'Hadrien. Un soulèvement général des Maures concorde avec son élévation. C'est à la voix d'un Berbère latinisé du nom de Lusius Quiétus que les indigènes prennent les armes. Ce chef avait été chargé de conduire à Trajan un corps de troupes maures, et il s'était tellement distingué, dans la guerre contre les Parthes et dans celle de Judée, que l'empereur lui avait

1. Dion Cassius.

donné le gouvernement de la Palestine. Rappelé en Afrique, il renia la fidélité dont il avait donné des preuves si éclatantes, pour entraîner ses compatriotes à la révolte.

Marcius Turbo appelé de la Cyrénaïque, et nommé proconsul d'Afrique, reçut la difficile mission de réduire cette révolte qui avait pris des proportions générales. Quiétus fut mis à mort; mais Turbo ne triompha des rebelles qu'avec beaucoup de peine. Pour le récompenser de ses services, il reçut des honneurs particuliers et fut ensuite nommé gouverneur de la Dacie.

En 122 une nouvelle insurrection de la Maurétanie décida l'empereur à passer en Afrique[1]. Après avoir apaisé la révolte, Hadrien visita la contrée et, au dire de Spartien, la combla de bienfaits. Ayant vu par lui-même ce qui était nécessaire, il prescrivit l'ouverture de routes et fit établir toute une ligne de postes avancés, pour préserver les colonies contre les incursions des Maures. Vers la fin de 123, ou au commencement de 124, le quartier général de la IIIe légion fut transféré à Lambèse. L'achèvement de la route de Karthage à Théveste, venait d'avoir lieu, et, en assurant la facilité des communications, permettait de reporter les lignes plus à l'ouest.

En 125, l'empereur voyageur visita la Proconsulaire. Un certain nombre de villes furent élevées par lui au rang de colonies et il concéda des terres à ses vétérans. Il imprima une puissante impulsion à la colonisation du pays, le dotant de monuments et de routes, si bien qu'il reçut sur des monnaies le titre de « restaurateur de l'Afrique. » Les villes imitèrent son exemple et une inscription nous apprend que Cirta construisit à ses frais les ponts de la route de Rusicade[2]. C'est sans doute dans ce voyage qu'il parcourut la Cyrénaïque. Ce pays était ruiné et en partie dépeuplé depuis la révolte des juifs. Il y amena des colons et fonda de nouveaux établissements, notamment une ville à laquelle il donna son nom, Adrianopolis.

Hadrien vint sans doute une troisième fois en Afrique (vers 129). Les documents à cet égard manquent de précision. Dans tous les cas, il s'occupa avec sollicitude du développement de la colonisation et le pays garda un souvenir durable de ce prince ainsi que de sa belle-mère Matidie. A ce souvenir se joignit une circonstance particulière qui prouve bien que les conditions physiques du pays

---

1. Une inscription récemment découverte à *Rapidi*, Sour Djouâb, confirme ce fait. Voir *Comptes rendus de l'Académie des Inscriptions*, IVe série, t. IX, pp. 198 et suiv.

2. Duruy, *Hist. des Romains*, t. V, p. 54 et suiv.

n'ont pas changé : il n'avait pas plu depuis cinq ans en Afrique et sa venue coïncida avec le retour des pluies[1].

Nouvelles révoltes sous Antonin, Marc-Aurèle et Commode (138-190). — Antonin succéda à Hadrien en 138. Les Maures en profitèrent pour envahir de nouveau les contrées colonisées et porter partout le feu et la révolte. Il est probable que les Gétules se joignirent à cette levée de boucliers. La situation devint si grave que l'empereur dut venir en personne combattre les rebelles. Il les vainquit, dit Pausanias, et les contraignit à se réfugier « aux extrémités de la Libye, vers la chaîne du Mont-Atlas et les peuples qui y habitent ». Les documents fournis par l'histoire sont si pauvres qu'il est impossible de se rendre compte de cette campagne et de conjecturer dans quelle direction les Berbères furent repoussés. M. Ragot[2] pense que l'empereur se décida à reporter alors la ligne d'occupation et de fortification jusqu'au delà de l'Aourès, précaution qui devait, hélas, être bien insuffisante.

Sous le règne de Marc-Aurèle, nouvelle insurrection des Maures Maziques et Baquates, du Rif, qui vont porter le ravage jusqu'en Espagne. « Ni les garnisons romaines, ni le détroit de Gadès, n'empêchèrent les hordes de l'Atlas de prendre l'offensive, de pénétrer en Europe et de ravager une grande partie de l'Espagne[3]. » Peut-être, comme le fait remarquer Lacroix[4], ne s'agit-il ici que d'expéditions maritimes. Il est certain d'autre part, que les proconsuls d'Afrique luttèrent pour ainsi dire sans relâche contre les invasions des indigènes maures et gétules. « Rome, dit encore Capitolin, loin d'envahir, se trouva heureuse de préserver ses frontières. » Marc-Aurèle dut envoyer de nouvelles troupes. L'Afrique cessa d'être une province sénatoriale, et le gouverneur de la Maurétanie ne fut qu'un légat propréteur.

En 188, les Maures étaient de nouveau en état de révolte. L'empereur Commode parla d'aller les combattre en personne ; mais après avoir obtenu du Sénat l'argent nécessaire, il préféra l'employer à ses débauches et se contenta d'envoyer en Afrique des lieutenants[5]. Pertinax dont le règne éphémère devait faire suite au sien, opéra la pacification de l'Afrique (190).

---

1. Spartien, *Hadrian*. XXII.
2. *Loc. cit.*, p. 194.
3. Jul. Capitolin.
4. *Numidie et Maurétanie*, p. 180.
5. Lampride, *Commode*, ch. IX et suiv.

Les empereurs africains. Septime Sévère. — Septime Sévère, natif de Leptis magna, dans la Tripolitaine, fut, en 193, proclamé empereur par les légions de Pannonie. Ce prince fit largement profiter l'Afrique de la puissance dont il disposait. Il s'attacha surtout à punir, et à repousser dans le sud, les tribus de la Tripolitaine, ayant pu apprécier par lui-même le tort que les incursions des nomades faisaient à la colonisation. Les troupes romaines pénétrèrent encore dans la Phazanie et établirent une ligne de postes fortifiés de Tripoli à Garama[1]. Karthage et Leptis reçurent de lui le droit italique.

Sévère montra constamment pour l'Afrique une grande prédilection. Il y fit exécuter des travaux considérables dont de nombreuses inscriptions ont conservé le souvenir. A Rome il s'entoura d'Africains et composa sa garde personnelle, en grande partie, de ses compatriotes. Les Africains, en Italie, se distinguèrent particulièrement dans le barreau et à l'armée. La langue punique, ou peut-être berbère, car les historiens de l'époque ne paraissent pas soupçonner qu'il en existât une, était parlée dans l'entourage de l'empereur. L'impératrice Julia Domna, syrienne d'origine, était très favorable aux orientaux. L'Afrique rendait à Sévère l'affection qu'il lui témoignait ; l'on dit qu'après sa mort les Berbères le mirent au rang des dieux[2] ; dans tous les cas, aucune révolte n'est signalée sous son règne, dans cette Afrique, depuis si longtemps en proie à l'insurrection.

On est porté à supposer que ce prince sépara la Numidie de la proconsulaire, et envoya à celle-ci un légat impérial, tandis que l'ancienne Afrique restait sous l'autorité administrative du proconsul.

Progrès de la religion chrétienne en Afrique ; premières persécutions. — La religion chrétienne s'était introduite dans les villes de l'Afrique à peu près en même temps qu'en Italie. La Cyrénaïque fut une des premières contrées où les apôtres allèrent prêcher la nouvelle doctrine. Dès l'an 40, saint Marc qui était juif cyrénéen, vint dans son pays faire des prosélytes, jusque vers 61, époque où il alla à Alexandrie, fonder diverses paroisses. Devenu chef de cette église, il n'oublia pas sa patrie, y revint plusieurs fois et y institua, dit-on, les premiers évêques.

Dans le reste de l'Afrique, le christianisme pénétra avec moins d'éclat ; néanmoins le nombre des adeptes de la nouvelle religion

---

1. Le Docteur Barth en a retrouvé les traces.
2. Hérodien.

ne tarda pas à devenir considérable. On sait quel était l'esprit de ces premiers chrétiens : la vieille société devait disparaître pour faire place au règne du Christ. Ce n'était rien moins qu'une profonde révolution sociale qui se préparait et, si les Romains s'étaient montrés très tolérants pour les dieux des peuples qu'ils avaient conquis, ils ne pouvaient recevoir dans leur panthéon celui qui disait : « Mon royaume n'est pas de ce monde », et qui prêchait l'égalité absolue de tous les hommes. L'empereur, souverain pontife, divinisé après sa mort, était directement attaqué, de même que l'état social reposant sur l'esclavage. Enfin les chrétiens refusaient le service militaire. Il n'est donc pas surprenant que le pouvoir cherchât à s'opposer aux progrès de pareils adversaires. Les empereurs le firent d'abord avec la plus grande modération. Domitien, se servant de la loi qui avait été édictée au sujet des druides, prit les premières mesures contre ceux qui *christianisaient* ou *judaïsaient,* car, dans le principe, on confondit les adeptes des deux religions. Ses successeurs, ne voyant pas le danger d'une secte qui ne faisait de prosélytes que parmi les petites gens, ne furent pas plus sévères. Mais la population des villes, moins tolérante, commença à faire des exécutions sommaires sur lesquelles on ferma les yeux.

Trajan inscrivit dans le code le crime de christianiser. « S'ils sont accusés et convaincus, — écrivit-il à ses gouverneurs, — punissez-les. » Les chrétiens furent rendus responsables des troubles qui se produisaient dans les cités. Quand un chrétien manifestait publiquement sa foi, on le conduisait au forum et s'il maintenait sa déclaration, on l'incarcérait. Lorsque le gouverneur arrivait, il interrogeait les chrétiens du haut de son tribunal, en présence du peuple, que les soldats avaient peine à contenir. S'ils persistaient, on les condamnait à mort [1].

Sous les règnes d'Antonin et de Marc-Aurèle, la religion chrétienne fit de grands progrès. Les néophytes, loin d'être terrifiés par les mauvais traitements, recherchaient le martyre. La crédulité publique, les révélations arrachées aux esclaves par la torture, étaient cause qu'on les chargeait de tous les crimes et jusqu'alors c'était plutôt la vindicte publique que le représentant de la loi qui les châtiait.

Septime Sévère fit poursuivre avec rigueur les chrétiens d'Afrique. Quiconque refusait de sacrifier aux dieux et de rendre hommage au génie de l'empereur, était puni de mort. En l'an 200, douze chrétiens, sept hommes et cinq femmes, ayant été amenés à

---

1. Duruy, *Hist. des Romains.*

Saturnin, proconsul de la province d'Afrique, subirent le martyre. On les considère comme les douze premiers confesseurs de l'église d'Afrique. Peu après avait lieu à Karthage le supplice de sainte Perpétue et de sainte Félicité. Les chrétiens, dès lors, se mirent à chercher le martyre avec avidité et l'on vit des épouses résister aux larmes de leur famille, repousser leurs enfants, répondre aux exhortations, aux conseils du représentant de l'autorité par des provocations, et ne chercher qu'à apaiser leur soif de souffrance et de tourments.

Tertullien avait vu le jour à Karthage en 160. Il était, à l'époque de la mort de Sévère, dans toute la force de son talent. Comme tant d'autres, c'est la vue de la constance des martyrs au milieu des supplices qui l'avait attiré vers la religion chrétienne. Ainsi les persécutions allaient directement contre leur but.

CARACALLA. SON ÉDIT D'ÉMANCIPATION. — Caracalla continua les travaux commencés en Afrique par son père ; aussi ce prince fut-il cher aux Africains, qui ont inscrit sur la pierre le témoignage de leur reconnaissance. Le pays continua alors de jouir d'une tranquillité dont il avait si grand besoin.

Par son édit de 216, l'empereur accorda le titre de citoyen à tous les habitants libres des provinces romaines ; il ne resta donc plus en principe que deux catégories, le citoyen et l'esclave. Mais, dans la pratique, on ne voit pas que la condition des personnes en ait subi un réel changement. « Si cet édit [1] proclamait une émancipation générale, pourquoi les désignations de villes libres, ou municipales, ou coloniales, de droit italique, de droit latin, etc., ont-elles continué à subsister ? A-t-il empêché les nouveaux citoyens d'être décapités par le bourreau ou cloués au gibet ? »

En réalité cette mesure n'avait de libéral que l'apparence : son but était de se procurer de l'argent et des hommes, en étendant l'impôt à tous et en supprimant les exemptions.

MACRIN ET ELAGABAL. — Macrin, le troisième empereur africain, était né à Yol-Césarée. C'était un avocat que son audace et son succès portèrent au poste de préfet du prétoire. Le meurtrier de Caracalla fut d'abord bien accueilli par le sénat (217), mais bientôt on apprit qu'Elagabal, grand-prêtre du soleil à Edesse, âgé seulement de 17 ans, avait été proclamé par les soldats à l'instigation de Julia Mœsa, sœur de l'impératrice Julia Domna. Ayant essayé de lutter contre son compétiteur, Macrin périt avec son fils Dia-

---

1. Poulle, *loc. cit.*, p. 115.

dumène à Chalcédoine (avril 218). Dans son règne aussi court qu'agité, il avait trouvé le temps de réduire sensiblement les impôts.

Bassien-Elagabal était fils de Socuzis, ancien légat de la IIIe légion, et gouverneur de Numidie ; aussi avait-il beaucoup de partisans en Afrique [1]. Dans le cours de son règne, ce prince, qui avait importé à Rome les rites et coutumes de l'Orient, procéda en grande pompe à une ridicule cérémonie par laquelle il maria la déesse *Tanit* de Karthage, représentée par une pierre triangulaire, avec le Dieu *Gabal* (Alah-Gabal), un aérolithe rapporté de Syrie [2].

En prenant le pouvoir, le nouvel empereur s'était attribué les noms de Marc-Aurèle Antonin. Après un court règne de cinq ans, il fut à son tour mis à mort par les soldats. Une révolte avait eu lieu dans la Césarienne peu de temps auparavant (222).

ALEXANDRE SÉVÈRE. — L'arrivée au pouvoir d'Alexandre Sévère mit fin à l'anarchie que venait de traverser l'empire et qui n'était que le prélude de nouvelles convulsions. Sous la main ferme de ce prince les affaires reprirent leur marche régulière et chacun dut revenir à l'obéissance. L'Afrique eut beaucoup à se louer de son administration. Il fit ouvrir de nouvelles routes et reporta très loin au sud les frontières de l'occupation [3]. La Tingitane aurait, paraît-il, été alors le théâtre d'une révolte, mais Lampride, qui cite ce fait, ne fournit aucun détail.

En 229, Marcus Antonius Gordianus avait été nommé par le sénat proconsul d'Afrique, avec son fils comme légat. Pendant sept années, ses pouvoirs lui furent prorogés, et l'Afrique vécut tranquille sous son autorité.

LES GORDIENS. RÉVOLTE DE CAPELLIEN ET DE SABINIANUS. — Mais en 235, Sévère tomba sous le poignard du Goth Maximin, et aussitôt l'anarchie reparut dans le monde romain. L'Afrique saisit cette occasion de produire un empereur. Des citoyens de Karthage, irrités par la dureté et les violences d'un intendant du fisc, le mirent à mort et, pour s'assurer l'impunité, soulevèrent la province et proclamèrent empereur le vieux Gordien, leur gouverneur, alors âgé de quatre vingts ans.

Les soldats de la IIIe légion ratifièrent ce choix et, malgré la

---

1. Voir l'intéressante communication de M. L. Rénier à l'Académie des Inscr. et Belles-Lettres, séance du 21 juin 1878.
2. Voir les *Comptes-rendus* de cette Académie.
3. Ragot, p. 200.

résistance du proconsul, lui conférèrent le pouvoir, à Thysdrus, en lui laissant son fils comme lieutenant. Des députés furent alors envoyés au Sénat qui approuva l'élection et déclara Maximin ennemi public (237). A cette nouvelle, le sénateur Capellien qui gouvernait la Maurétanie et, disposant de forces importantes, était chargé de garder les limites, se déclara pour Maximin. En même temps Gordien, avec lequel il avait eu des démêlés, prononçait sa destitution.

Bientôt Capellien envahit la Numidie à la tête de troupes aguerries depuis longtemps par les luttes incessantes qu'elles soutenaient contre les Maures. Pendant ce temps, les Gordiens réunissaient et armaient à la hâte des adhérents nombreux, mais indisciplinés, et se portaient bravement à la rencontre de l'ennemi. La bataille eut lieu en avant de Karthage, elle se termina bientôt par le triomphe de Capellien et la mort du jeune Gordien. Pour ne pas tomber entre les mains de son ennemi, le vieil empereur se donna la mort en s'étranglant avec sa ceinture, six semaines après son élévation.

Capellien s'empara de Karthage, mit cette ville au pillage et commit en Afrique les plus grandes cruautés [1]. Il suivait en cela les ordres de son maître qui, furieux contre l'Afrique, avait promis à ses soldats les biens des habitants de cette province, de même qu'il leur avait octroyé les propriétés des sénateurs. Il voulait ainsi assouvir sa vengeance contre ceux qui s'étaient prononcés contre lui. Il est probable que, pour punir la IIIe légion, il la licencia [2].

Sur ces entrefaites, Maximin fut assassiné par les soldats lassés de ses cruautés (238). Le sénat, malgré la mort des Gordiens, avait persisté dans son refus de reconnaître Maximin : deux sénateurs avaient été élus empereurs et on leur avait adjoint comme césar, un petit-fils de Gordien Ier, âgé de 13 ans. Après s'être défaits de Maximin, les prétoriens mirent à mort les deux fantômes d'empereurs et proclamèrent à leur place le jeune Gordien, sous le nom de Gordien III.

Que devint l'Afrique pendant ces guerres civiles? L'histoire ne nous le dit pas, et nous en sommes réduits aux conjectures. Il est

---

1. Hérodien, *Hist.*, l. VIII.
2. Ragot, p. 205. Cela est constaté par une inscription trouvée à Gemellæ, et d'où il résulte que cette légion fut rétablie en 253. — Voir l'article de M. Pallu de Lessert dans le *Bulletin des Antiquités africaines*, fasc. XII, p. 73, et la communication de M. Cat à l'Académie des Inscriptions et Belles-Lettres, séance du 26 mars 1886.

probable que la restauration de la famille de Gordien fut bien accueillie dans la Proconsulaire. On ignore le sort de Capellien, mais il n'est pas téméraire de conjecturer qu'il fut mis à mort. En 240 un certain Sabinianus, proconsul d'Afrique, suivant son exemple, se proclama empereur et voulut soulever sa province. Le præses de la Maurétanie restait fidèle à Gordien. L'usurpateur marcha contre lui et obtint d'abord quelques succès; mais, l'empereur ayant envoyé du renfort en Maurétanie, le prœses reprit l'offensive, chassa devant lui les envahisseurs, et vint, à son tour, mettre le siège devant Karthage. Les habitants de cette ville, pour obtenir leur pardon, livrèrent Sabinianus aux troupes fidèles.

PÉRIODE D'ANARCHIE. RÉVOLTES EN AFRIQUE. — A l'époque que nous avons atteinte, les empereurs se succèdent au pouvoir avec une rapidité qui démontre à quel état d'anarchie l'empire est tombé.

L'arabe Philippe, brigand de grands chemins, parvenu à l'emploi de préfet du prétoire, tue Gordien III et se fait proclamer à sa place (244); Decius (249), Gallus (251), le maure Emilien (253), passent successivement au pouvoir et périssent tous sous les coups des soldats. En 253, Valérien ancien chef de la IIIe légion, s'empare de l'autorité et la conserve pendant quelques années, mais en 260, il est fait prisonnier par Sapor, roi des Perses.

Que pouvait faire l'Afrique pendant cette anarchie? Le silence de l'histoire est suppléé ici par les inscriptions relevées en Algérie. Les tribus indigènes, particulièrement celles qui occupaient la région montagneuse comprise entre Cirta, Sétif, Rusucurru (Dellis) et la mer en profitèrent pour attaquer les colonisations latines. Les maures du sud-ouest paraissent les avoir soutenues. En 260 un officier du nom de Q. Gargilius, chef de la cohorte des cavaliers auxiliaires maures cantonnés à Auzia (Aumale), prend et met à mort un rebelle du nom de Faraxen, chef des Fraxiniens. Après ce succès, Gargilius se met en marche vers l'est pour rejoindre le légat de la Numidie qui accourt avec les troupes disponibles, mais il tombe dans une embuscade dressée par les Babares et périt en combattant.

Vers le même temps, ou peu après, les Babares habitant le massif du Babor, soutenus par quatre chefs berbères, envahirent les environs de Mileu (Mila) et de là, portèrent le ravage jusque sur la limite de la Numidie. Le légat C. M. Decianus proprêteur de Numidie et de Norique, les mit en pièces; puis il dut réduire les Quinquegentiens, réunion de cinq peuplades, établies dans le territoire de la grande et de la petite Kabilie[1]. Ces succès partiels ne furent pas suivis de pacifications bien solides.

PERSÉCUTIONS CONTRE LES CHRÉTIENS. — Malgré les persécutions, la religion chrétienne faisait de rapides progrès en Afrique. Dans la Cyrénaïque surtout, un clergé organisé relevait directement du pape. L'édit de Decius, rendu en 250, organisa d'une manière régulière la persécution contre ceux qui refusaient de sacrifier aux Dieux. C'est à la suite de cette mesure que saint Denis d'Alexandrie fut exilé dans une petite bourgade de la Cyrénaïque. Valérien prescrivit de nouvelles rigueurs contre les chrétiens et, comme un certain nombre de tribus de la Proconsulaire avait embrassé le nouveau culte, ce fut une cause de plus de troubles en Afrique et de résistance au pouvoir central. Les pasteurs, décorés du nom d'évêques, se réunirent plus d'une fois en conciles pour traiter des points de doctrine, car déjà des hérésies se produisaient et souvent le clergé africain était en lutte avec ses chefs spirituels. Saint Cyprien qui, à Karthage, avait recueilli l'héritage de Tertullien, était en butte aux haines de la populace.

En 254 à Lambèse, et en 255 à Karthage, se réunirent deux conciles d'évêques de la Numidie et de la Maurétanie, auxquels assistèrent, pour le premier, soixante et onze, et, pour le second, quatre-vingt-cinq membres. Plusieurs fois saint Cyprien avait failli être jeté aux bêtes; sous Valérien il trouva le martyre ainsi qu'un certain nombre d'évêques.

PÉRIODE DES TRENTE TYRANS. — Après la chute de Valérien, avait commencé le règne de Gallien et la période dite des trente tyrans. L'Afrique ne pouvait se dispenser d'avoir le sien. En 265 le proconsul Vibius Passienus et F. Pomponianus « duc de la frontière libyque, » allèrent chercher dans ses terres un ancien tribun, nommé Celsus, et l'ayant revêtu du manteau de pourpre de la déesse Tanit à Karthage, le proclamèrent Auguste. Quelques jours après, le tyran était mis à mort par la populace, qui l'avait élevé, et son cadavre livré en pâture aux chiens.

Vers la même époque, un parti de Franks, après avoir ravagé la Gaule et l'Espagne, fit une descente en Maurétanie: c'était un prélude à l'invasion Vandale.

En 268, Claude II succède à Gallien, et est à son tour remplacé par Aurélien (270). On devine ce que pouvaient faire les indigènes

---

1. Poulle, *Maurétanie*, p. 119-120. Berbrugger, *Époques militaires de la grande Kabylie*, p. 212.

de l'Afrique pendant une telle anarchie, quand on les a vu tenir tête à la puissance romaine sous Hadrien et sous Sévère : la révolte fut l'état permanent. « Le débordement général des barbares fut comme une tempête qui brise tout [1] ». L'évêque de Karthage sollicitait la charité des fidèles pour racheter les captifs faits par les « barbares » qui avaient envahi la Numidie. C'est du massif de la Grande-Kabilie (Mons-ferratus) habité par les cinq nations (quinquegentiens), que l'étincelle était partie. De là, la révolte s'était répandue, pendant le règne de Gallien (265), sur la Maurétanie orientale et la Numidie occidentale.

Le général Probus, après avoir rétabli la paix dans la Marmarique insurgée, arriva dans la Proconsulaire, vers 270, avec le titre de chef des troupes. Un Berbère, du nom d'Aradion, avait soulevé les populations de la Numidie. Tout était en révolte jusqu'aux portes de Karthage. Probus attaqua vigoureusement les rebelles, les mit en déroute et tua Aradion en combat singulier. Pour honorer le courage de ce chef, il lui fit élever par ses troupes un tombeau de deux cents pieds de largeur [2]. Il est assez difficile de se rendre compte du théâtre de cette campagne ; mais les probabilités semblent indiquer que c'est vers Sicca Veneria (le Kef) que le chef berbère trouva la mort [3].

Vers 275, des Franks, faits prisonniers par Probus, et transportés par lui en Asie-Mineure, parvinrent à s'échapper sur quelques navires. En passant devant les côtes de la Maurétanie césarienne, ils y firent une descente et mirent tout au pillage. Il fallut un envoi de troupes de Karthage pour les forcer à reprendre la mer. Ils traversèrent le détroit et rentrèrent chez eux par l'embouchure du Rhin.

Lorsque Probus eut été proclamé empereur, l'Afrique, au lieu de se souvenir de ses services, soutint son compétiteur Florien. Sous le règne de son successeur Carus (282), eut lieu le premier partage du monde romain. L'Afrique, avec le reste de l'occident, fut donnée à Carus.

Dioclétien. Révolte des Quinquegentiens. — Dioclétien parvenu au trône en 284, essaya en vain de gouverner seul : deux années plus tard, il s'associa Maximien Hercule, auquel il donna en apanage l'Italie, l'Afrique et l'Hispanie. Mais ce n'était pas encore assez de deux maîtres pour gouverner le monde romain dans l'état

---

1. Aurélius Victor.
2. Vopiscus, *Hist. de Probus*, cap. IX.
3. V. *Recueil de la Soc. arch. de Constantine*, 1854-1855.

de désagrégation où il se trouvait, et sous la pression générale des barbares qui l'entouraient. Afin d'arrêter le débordement, les deux augustes s'adjoignirent deux césars, Galère et Constance Chlore. Il fallut partager l'empire en quatre parties. Maximien conserva l'Afrique, moins peut-être la Tingitane. La Cyrénaïque et la Libye échurent à Dioclétien qui avait l'Orient pour lot.

Le moment était trop opportun pour que l'Afrique le laissât échapper, et du reste la révolte était pour ainsi dire à l'état permanent dans la Maurétanie. Dès 288, la grande confédération des Quinquégentiens était en pleine insurrection. Le præses de la Césarienne, Aurélius Litua, obtint contre eux quelques avantages et les contraignit à une soumission éphémère.

Mais bientôt les Quinquégentiens reprennent les armes et portent le ravage dans la Numidie. Le mouvement se propage à l'est. Un certain Julien, sur lequel on n'a que des renseignements vagues, est proclamé à Karthage. La situation devient si grave que Maximien passe lui-même en Afrique pour prendre la direction des opérations. Il combat les farouches Quinquégentiens, les repousse chez eux et les poursuit jusque sur les sommets de leurs montagnes inaccessibles. Cette fois la répression est sérieuse et la soumission réelle. Pour en assurer les effets, Maximien juge nécessaire de transporter une partie de ces tribus indomptées [1] (297).

Vers le même temps, l'usurpateur Julien cessait de vivre; cependant la révolte persista encore dans les Syrtes, et ce fut en vain que l'empereur essaya de la réduire.

Nouvelles divisions géographiques de l'Afrique. — Sous le règne de Dioclétien, les divisions administratives de l'empire furent modifiées et il en fut ainsi notamment en Afrique. On suppose que ces remaniements ont été effectués par Maximien, après sa victoire sur les Quinquégentiens (297). Morcelli les place en 297, à la même date que la reconstitution générale de l'empire. Il est probable que la confédération des *cinq* républiques cirtéennes, (*Cuicul* (Djemila) avait été ajoutée aux quatre précédentes), fut dissoute un peu auparavant, car il n'en est plus fait mention depuis l'époque d'Alexandre Sévère. La séparation de la Numidie en territoire militaire et territoire civil, fournit naturellement l'occa-

---

1. Eutrope, l. VIII, 5, 6. Mammertin, III, 17. P. Orose, l. IX, 14. Aurel. Victor, ch. XXXIX. On ignore l'endroit où ces tribus ont été transportées, M. Fournel penche pour le désert, mais cette conjecture nous semble peu justifiée.

sion de faire cesser une anomalie qui ne pouvait être que préjudiciable au bon ordre, dans une époque aussi troublée.

La Maurétanie orientale fut divisée en deux parties : celle de l'est avec Sitifis pour chef-lieu, reçut le nom de Sitifienne ; celle de l'ouest conservant Césarée, comme siège du gouverneur, continua à être appelée Césarienne.

Dès lors, l'Afrique fut divisée de la manière suivante :

1° Cyrénaïque, ayant un gouverneur particulier, rattachée au diocèse d'Orient.

2° Diocèse d'Afrique comprenant :

La Tripolitaine depuis la Cyrénaïque jusqu'au Triton.

La Bysacène ou Valérie, du Triton jusqu'à Horréa.

L'Afrique propre, d'Horréa à Tabarka.

La Numidie divisée elle-même en Numidie cirtéenne (avec Cirta), et Numidie militaire avec Lambèse, comme chef-lieu, de Tabarka à l'Amsaga.

La Maurétanie sétifienne, de l'Amsaga à Saldæ.

Et la Maurétanie césarienne de Saldæ à la Malua (Moulouïa).

Ces provinces étaient administrées civilement par des *præses* relevant du *vicaire d'Afrique*. Le commandement militaire était confié au *comte d'Afrique*, ayant sous ses ordres des *præpositi limitum* [1].

3° Et la Maurétanie Tingitane, rattachée au diocèse d'Espagne, et commandée par un *comes Tingitanae*, relevant directement du *magister peditum* (sorte de ministre de la guerre) de Rome. Son administration civile était confiée à un præses obéissant au vicaire d'Espagne. Le manque de communication terrestre entre la Tingitane et la Césarienne, ses relations constantes avec l'Hispanie, si proches, expliquent ce rattachement à l'Europe.

---

1. Pallu de Lessert, *loc. cit.*, p. 81.

CHAPITRE IX

L'AFRIQUE SOUS L'AUTORITÉ ROMAINE (*Suite*).

297-415.

Etat de l'Afrique à la fin du IIIe siècle. — Grandes persécutions contre les chrétiens. — Tyrannie de Galère en Afrique. — Constantin et Maxence, usurpation d'Alexandre. — Triomphe de Maxence en Afrique ; ses dévastations. — Triomphe de Constantin. — Cessation des persécutions contre les chrétiens ; les Donatistes ; schisme d'Arius. — Organisation administrative et militaire de l'Afrique par Constantin. — Puissance des Donatistes. Les Circoncellions. — Les fils de Constantin ; persécution des Donatistes par Constant. — Constance et Julien ; excès des Donatistes. — Exactions du comte Romanus. — Révolte de Firmus. — Pacification générale. — L'Afrique sous Gratien, Valentinien II et Théodose. — Révolte de Gildon. — Chute de Gildon. — L'Afrique sous Honorius.

ETAT DE L'AFRIQUE A LA FIN DU IIIe SIÈCLE. — Nous avons vu dans le chapitre qui précède, combien les révoltes des indigènes rendaient précaire la situation de la colonisation africaine. Quatre siècles et demi s'étaient écoulés depuis la chute de Karthage, et les Romains avaient effectué leur conquête avec la plus grande prudence, ménageant les transitions et n'avançant que méthodiquement. Ils avaient fait des efforts considérables pour coloniser l'Afrique et avaient pu croire un instant au succès ; mais sous les règnes les plus brillants, les révoltes des Berbères avaient démontré la précarité de cette occupation et, malgré le déploiement d'un appareil militaire formidable pour l'époque, la puissance de l'empereur avait été insultée par les sauvages africains.

Cette situation, dont le danger déjà pressenti allait se démontrer par des faits, était la conséquence d'une erreur ou d'un oubli des maîtres du monde, dans leur tentative de colonisation. Ils n'avaient pas assez tenu compte de la race indigène et, se contentant de la refouler dans les plaines livrées aux colons, ils l'avaient laissée se concentrer, se renforcer au milieu d'eux, dans de vastes contrées comme le pays des Quinquégentiens et le massif de l'Aourès. Ils voyaient bien aussi les tribus nomades du sud se masser sur la ligne du désert, mais ils se contentaient de renforcer leurs postes ou de les reporter plus au sud.

Certes, dans les plaines et le Tel de l'Afrique propre et de l'ancienne Numidie, la vieille race indigène avait disparu ou s'était assimilée. La langue, la littérature et les institutions de Rome avaient été adoptées par ces Berbères. Ceux-là n'étaient pas à craindre ; mais, tout autour d'eux, la race africaine se reconstituait et était prête à entrer en lutte. L'anarchie, prélude du démembrement de l'empire, les luttes religieuses, dont l'Afrique était sur le point de devenir le théâtre, allaient servir merveilleusement la reconstitution de la nationalité africaine et permettre aux nouvelles tribus berbères de s'étendre en couche épaisse sur les restes des anciennes. Il y a là un enseignement que les colonisateurs actuels de l'Afrique feront bien de ne pas perdre de vue, car ce fait prouve une fois de plus que, si la conquête est facile, il n'en est pas de même de la colonisation et que, tant que la race autochthone reste à peu près intacte, l'établissement des étrangers au milieu d'elle est précaire.

GRANDES PERSÉCUTIONS CONTRE LES CHRÉTIENS. — Les persécutions exercées contre les chrétiens semblaient n'avoir d'autre résultat que de fortifier la religion nouvelle. Les prosélytes étaient très nombreux en Afrique, non-seulement chez les colons latins, mais chez les indigènes romanisés et même dans les tribus berbères. « Il est impossible de ne pas être frappé de ce fait concluant que ce fut le sang indigène qui coula ici le premier pour la foi chrétienne, car les victimes inscrites en tête du martyrologe africain sont bien des berbères : Namphanio, Miggis, Lucita, Sanaes et d'autres encore dont le nom seul révèlerait la nationalité, si l'histoire n'avait eu soin de la constater expressément [1]. »

Des bas-fonds populaires où le christianisme avait d'abord pris racine, il s'élevait et pénétrait l'administration et l'armée. Un jour c'était un gardien de prison qui demandait à partager le sort des condamnés ; une autre fois c'était un centurion qui, jetant au loin le sarment, insigne de commandement, se dépouillant de sa cuirasse et de ses insignes, refusait de continuer à servir César pour entrer dans la milice du Christ [2] ; ailleurs des hommes enrôlés n'acceptaient pas leur incorporation [3]. Pour tous c'était la mort, mais ils supportaient avec joie les affres du supplice.

Le triomphe de la nouvelle religion était proche. Le trône des empereurs en était ébranlé sur sa base, car le christianisme, à son

---

1. Berbrugger, *Revue africaine*, N° 51, p. 193.
2. Voir les *Actes du centurion saint Marcellus, martyr à Tanger*, 30 Oct. 298. *Acta prim. martyr.* p. 311.
3. V. *Actes de saint Maximilien de Théveste* (12 mars 295).

début, était la négation de tout pouvoir temporel. Depuis l'exécution des édits de Décius et de Valérien, la persécution, tout en continuant, avait subi une certaine modération. Dioclétien n'était pas porté aux mesures extrêmes contre les chrétiens ; mais Galère ne voyait le salut de l'empire que dans l'extinction de la religion nouvelle et il suppliait l'empereur de prendre les mesures les plus énergiques. Enfin, en 303, Dioclétien, cédant aux instances de son césar, promulgua l'édit de persécution connu sous le nom d'édit de Nicomédie. Les mesures prescrites étaient terribles : destruction des églises et des livres et ustensiles du culte ; mise hors la loi de tous les chrétiens dont les biens devaient être saisis et qui devaient, eux-mêmes, être jetés en prison ou livrés au bourreau.

Cet édit fut immédiatement exécuté, sauf dans la partie du diocèse d'Occident qui était soumise au césar Constance Chlore, c'est-à-dire la Gaule, la Bretagne, l'Espagne et la Tingitane. Dans tout le reste de l'empire, les persécuteurs se mirent à l'œuvre. En Afrique, ils déployèrent un grand zèle. A Cirta, un certain Munatius Felix, flamine perpétuel, se fit remarquer par son ardeur et sa violence. Généralement les chrétiens restèrent fermes dans leur foi et des prêtres subirent le martyre plutôt que de remettre aux persécuteurs leurs vases et leurs livres qu'ils avaient cachés ; mais un grand nombre faiblirent, renièrent leur foi et livrèrent leur dépôt sacré. L'église de Cirta se signala par sa faiblesse : son évêque Paulus se soumit à tout ce qu'on exigea de lui.

Cette persécution n'était que le prélude de violences plus grandes encore. Il ne suffisait pas d'avoir détruit les églises et les objets extérieurs du culte ; on allait s'en prendre aux consciences. A la fin de l'année 303, un édit adressé au gouverneur de la Palestine fixait certains jours pendant lesquels tout homme devait sacrifier aux dieux. Ces jours déterminés furent appelés *dies thurificationis* et l'on avouera que c'était un excellent moyen de reconnaître les chrétiens. Valérius Florus, præses de la Numidie miliciana, et Anulinus, proconsul de la Proconsulaire, se firent les exécuteurs de ces mesures. Le sang des chrétiens coula à flots en Afrique pendant cette période qui fut appelée l'ère des martyrs [1].

TYRANNIE DE GALÈRE EN AFRIQUE. — En 305, Dioclétien et Maximien Hercule abdiquèrent au profit des deux césars Constance Chlore et Galère, lesquels s'adjoignirent comme césars Sévère et Maximin. Bien que Constance Chlore eût l'Afrique dans son lot,

---

1. Voir l'intéressante dissertation de M. Poulle à ce sujet dans l'*Annuaire de la Société arch. de Constantine*, 1876-77, pp. 484 et suiv.

il en abandonna l'administration à Galère qui en confia le commandement au césar Sévère. On sait qu'un des premiers actes de Galère, en prenant le pouvoir, fut de prescrire un recensement général des personnes et des biens de l'empire afin d'augmenter les revenus du fisc. « On procéda à l'exécution de cette mesure avec une rigueur qui répandit partout la terreur et la désolation : les gens du peuple, les enfants, les serviteurs étaient réunis et comptés sur les places qui regorgeaient de monde. On excitait à la délation le fils contre le père, l'esclave contre le maître, l'épouse contre le mari. On obtenait par les tourments des déclarations de biens que l'on ne possédait pas [1]. » Il est probable que l'Afrique, qui avait déjà tant à se plaindre de Galère, souffrit beaucoup de ces mesures et de la façon cruelle dont elles furent appliquées. Les troupes seules, qui profitaient des largesses de ce prince, avaient pour lui quelque fidélité.

Constantin et Maxence. Usurpation d'Alexandre. — A la mort de Constance Chlore, survenue le 25 juillet 306, les troupes proclamèrent auguste son fils Constantin. De son côté, Galère donna le titre d'auguste à Sévère.

Peu de temps après, Maxence, fils de Maximien Hercule et gendre de Galère, ayant gagné l'appui du préfet du prétoire Anulinus, prit aussi la pourpre et fut acclamé par les soldats (28 octobre 306).

En Afrique, Anulinus avait comme lieutenant un certain Alexandre, qui avait d'abord reçu le titre de comte et, après le départ du proconsul, avait été élevé aux fonctions de vicaire d'Afrique (mars 306). Il reçut probablement la mission de proclamer l'autorité de Maxence, dans les provinces africaines; mais, nous l'avons dit, les troupes tenaient pour Galère. Elle refusèrent de reconnaître l'usurpateur et prirent le chemin de l'Orient, afin de rejoindre, à Alexandrie, le lieutenant de leur maître. On ne sait au juste quel obstacle elles rencontrèrent sur leur route, toujours est-il qu'elles furent forcées de rentrer à Karthage, où elle retrouvèrent leur chef Alexandre. A quel prince obéissait alors l'Afrique, nul ne peut le dire et il est fort probable qu'elle était dans un état voisin de l'anarchie. Cependant Maxence devait y avoir des partisans.

Sur ces entrefaites, Galère étant mort, les troupes exploitèrent habilement un bruit, vrai ou faux, d'après lequel Maxence, doutant de la fidélité d'Alexandre, aurait envoyé des émissaires pour le

1. Poulle, *loc. cit.*, p. 481.

tuer. Bon gré mal gré, elles le proclamèrent empereur. Alexandre dont l'origine est incertaine, mais qu'on désigne généralement comme un paysan pannonien, était alors un vieillard affaibli par l'âge au moral et au physique, incapable de résistance autant que d'initiative. Il se laissa ainsi porter au pouvoir, mais il ne sut rien faire pour l'affermir et le conserver (308).

TRIOMPHE DE MAXENCE EN AFRIQUE. SES DÉVASTATIONS. — Cependant Maxence, après avoir défait et mis à mort Sévère, s'était emparé de Rome et de toute d'Italie. Absorbé par le soin d'asseoir sa puissance, il ne pouvait s'occuper de l'Afrique. Alexandre régnait tranquillement à Karthage ; toutes les provinces avaient fini par reconnaître son autorité, mais il ne paraît pas qu'il ait su gagner l'affection des populations.

En 311, Maxence pouvant détacher quelques troupes, les plaça sous le commandement du préfet du prétoire, Rufus Volusianus, et du général Zénas, et les envoya en Afrique. Karthage emportée d'assaut fut mise à feu et à sang. Quant à Alexandre, il avait pu se réfugier derrière les remparts de Cirta. Les généraux de Maxence l'y poursuivirent et s'étant rendus maîtres de cette ville, s'emparèrent de l'usurpateur qui fut étranglé[1].

Cirta, comme Karthage, fut entièrement saccagée, puis brûlée par les vainqueurs. Maxence fit cruellement expier à l'Afrique ce qu'il appelait son manque de fidélité : un grand nombre de cités furent livrées aux flammes ; les principaux citoyens se virent poursuivis, dépouillés de leurs biens ; beaucoup d'entre eux périrent dans les tortures, car toutes les haines, toutes les rivalités purent exercer librement leurs vengeances, et le pays gémit sous la plus épouvantable terreur. Les campagnes, même, n'échappèrent pas à la fureur du vainqueur qui se fit livrer les réserves de grain et porta la dévastation partout.

TRIOMPHE DE CONSTANTIN. — Après avoir ainsi assouvi sa vengeance, Maxence s'appliqua à retirer de l'Afrique tout ce que la contrée pouvait lui fournir en hommes et en argent, afin d'être en mesure de résister à son compétiteur Constantin. En 312, la lutte commença entre les deux empereurs et se termina bientôt par la défaite de Maxence devant Rome. Malgré la supériorité de son

---

1. Voir, pour la révolte d'Alexandre: Aur. Victor, *Epitome*, Eutrope, *Epit.*; Zosime. Tillemont, *Hist. des empereurs*, etc. Nous avons adopté en grande partie les opinions de M. Poulle (*Soc. arch. de Constantine*), 1876-77.

armée, où les Berbères étaient en grand nombre, il fut entièrement vaincu par son compétiteur et se noya dans le Tibre (28 octobre).

La chute de Maxence fut accueillie en Afrique avec la plus grande joie ; on dit que Constantin envoya la tête du tyran à Karthage qui avait tant eu à se plaindre de lui. Le vainqueur s'appliqua de toutes ses forces à panser les plaies de la Berbérie : il envoya des secours en argent, diminua les impôts, rendit les biens confisqués à leurs propriétaires, et fit relever les cités détruites.

Cirta, reconstruite pas ses ordres, reçut son nom et nous l'appellerons à l'avenir Constantine. Par ces mesures il mérita la reconnaissance de ce pays si maltraité par ses prédécesseurs.

Cessation des persécutions contre les chrétiens. Les Donatistes. Schisme d'Arius. — A partir de l'année 305, les persécutions s'étaient ralenties ; selon le témoignage d'Eusèbe et de saint Optat, Maxence les fit immédiatement cesser, dès son avènement. Le triomphe de la religion nouvelle était proche, mais, avant même qu'il fût assuré, des divisions se produisaient dans son sein et il allait en résulter de bien graves événements.

Au mois de mars 305, l'évêque de Cirta, Paulus, étant mort, un concile se réunit dans cette ville, chez un particulier, car les églises étaient détruites, pour lui donner un successeur. Dix évêques de Numidie y prirent part. A peine la séance était-elle ouverte, que des discussions s'élevèrent entre les membres : on reprocha à un certain nombre d'entre eux d'avoir faibli pendant les persécutions et d'avoir remis les livres et vases sacrés. Pour la première fois l'épithète de « *traditeurs* » fut lancée. Un certain Purpurius, que nous retrouverons plus tard, montra dans l'assemblée une grande violence. Sylvain avait été proposé pour le siège épiscopal, mais il était traditeur ; grâce à l'appui de la populace il fut élu, tandis que les hommes les plus pieux et les plus éminents étaient enfermés dans le « cimetière des martyrs. » Ce fait qui semblerait de peu d'importance, fut le point de départ de la déplorable scission qui se produisit dans l'église d'Afrique.

Quelque temps après, en 311 mourait l'évêque de Karthage Mensurius, qui avait su résister avec autant de fermeté que de prudence aux violences des persécuteurs et conserver les vases de son église. Les fidèles s'assemblèrent pour procéder à son remplacement et élurent le diacre Cécilien. Il avait de nombreux adversaires, et bientôt l'opposition contre lui se manifesta par le refus de lui remettre les vases sacrés que son prédécesseur avait cachés chez les fidèles. Une véritable conspiration ayant à sa tête Donat, évêque des Cases-Noires [1], en Numidie, s'ourdit contre lui ; les prêtres de l'intérieur ne lui pardonnaient pas de s'être fait élire sans leur participation. Ils formèrent un groupe de soixante-dix prélats à la tête desquels était Secundus, évêque de Ticisi [2]. Réunis en concile, ils citèrent Cécilien à comparaître devant eux ; mais, comme il s'y refusait, disant qu'il avait été régulièrement sacré et ajoutant qu'il était prêt à recevoir de nouveau l'imposition des mains, Purpurius, dont la violence s'était fait remarquer à Cirta, s'écria : « Qu'il vienne la recevoir et on lui cassera la tête pour pénitence. »

Le concile rendit alors une sentence de condamnation contre Cécilien, fondée sur les trois points suivants : 1° il avait refusé de se rendre à leur réunion ; 2° il avait été sacré par des traditeurs ; 3° il aurait, lors des persécutions, empêché des fidèles de secourir les martyrs. Or ces deux derniers chefs n'étaient rien moins que prouvés et, dans le groupe des évêques qui s'érigeaient ainsi en juges, plusieurs s'étaient reconnus eux-mêmes traditeurs. Pour compléter leur œuvre, ils déclarèrent le siège de Karthage vacant et y élevèrent un certain Majorin, simple lecteur. Une intrigante, du nom de Lucilla, ennemie personnelle de Cécilien, avait, par ses instances et son argent, contribué à ce résultat.

Ainsi fut consommée la scission de l'église d'Afrique, au moment même où sa cause triomphait. L'irritation réciproque des deux partis devint extrême et amena des conflits journaliers.

Constantin tenait essentiellement à la pacification de l'Afrique ; bien qu'inclinant vers le christianisme, il ménagea les adhérents de l'ancien culte et fit même ériger un temple en l'honneur de la famille flavienne. Il apprit donc avec peine les divisions de l'église d'Afrique et écrivit au proconsul Anulinus, pour qu'il tâchât de les faire cesser. Dans ces instructions il semble pencher pour le parti de Cécilien. Mais les Donatistes, ainsi les appelait-on déjà, n'étaient pas gens à s'incliner devant des conseils ou même des menaces ; ils adressèrent à l'empereur une supplique dans laquelle ils entassèrent toutes les accusations contre leur ennemi.

En présence de cette réclamation, Constantin ordonna la comparution des deux parties devant un conseil d'évêques, et convoqua à ce concile un grand nombre de prélats de la Gaule et de l'Italie. Tous se réunirent à Rome, en octobre 313, sous la prési-

---

1. Emplacement inconnu au nord de l'Aourès.
2. Actuellement Tidjist (Aïn-el-Bordj), près de Sigus, au sud de Constantine.

dence du pape Miltiade. Cécilien et Majorin, accompagnés de clercs et de témoins, se présentèrent à ce concile qui est dit de Latran, et fournirent leurs explications tant sur les griefs reprochés par eux à leur adversaire, que sur ce qui leur était imputé. On devine ce que purent être de tels débats. Après bien des jours d'audience, le concile rendit une sentence par laquelle il reconnaissait Cécilien innocent et validait son ordination. Il disposait en outre que les prêtres ordonnés par Majorin continueraient à exercer leur ministère et que si, dans une localité, il se trouvait deux prêtres ordonnés l'un par Cécilien, l'autre par Majorin, le plus ancien serait conservé et l'autre placé ailleurs. Quant à Donat, on le condamnait comme « auteur de tout le mal et coupable de grands crimes ».

A la suite de cette décision, Cécilien fut retenu provisoirement en Italie, et Donat obtint la permission de rentrer en Numidie, sous la promesse qu'il ne reparaîtrait plus à Karthage. Des commissaires ecclésiastiques furent envoyés en Afrique pour notifier cette décision au clergé et faire une enquête qui confirma l'innocence de Cécilien. Celui-ci rentra peu après à Karthage. Donat, de son côté, ne tarda pas à y paraître, au mépris de son serment. Les luttes recommencèrent alors avec une nouvelle violence. Elien, proconsul, chargé d'informer par l'empereur, conclut encore contre les Donatistes.

Mais ceux-ci ayant réclamé le jugement d'un nouveau concile, l'empereur voulut bien faire convoquer les évêques à Arles, pour le mois d'août 314. Ce fut encore un triomphe pour Cécilien; seulement le concile crut devoir donner son avis sur le grand différend qui divisait l'église d'Afrique et il opina « que ceux qui seraient reconnus coupables d'avoir livré les écritures ou les vases sacrés ou dénoncé leurs frères, devraient être déposés de l'ordre du clergé[1]. » C'était donner aux Donatistes de nouvelles armes. Cependant ceux-ci ne furent pas encore satisfaits et en appelèrent à l'empereur qui confirma à Milan, en 315, les décisions des conciles de Rome et d'Arles.

Constantin avait montré dans toute cette affaire une très grande modération; mais, quand tous les degrés de juridiction eurent été épuisés, il prescrivit à Celsus, son vicaire en Afrique, de traiter avec sévérité toute tentative de rébellion de la part des Donatistes. Ceux-ci se virent donc bientôt l'objet d'une nouvelle per-

---

1. L'*Afrique chrétienne* par Yanoski, pp. 20 et suiv. C'est à cet ouvrage que nous avons emprunté la plus grande partie des documents qui précèdent.

sécution dans laquelle les plus marquants d'entre eux furent bannis. Mais leurs partisans étaient très nombreux, surtout dans l'intérieur, et ils gardèrent souvent par la force leurs positions.

Tandis que cette scission se produisait en Numidie, un schisme dont le succès devait être encore plus grand prenait naissance en Cyrénaïque. Vers 320, le Libyen Arius se séparait de l'église orthodoxe, par suite de divergences sur des points d'appréciation relativement à la trinité. Là encore, l'empereur intervenait et essayait de faire entendre sa voix pour ramener la pacification dans l'Église ; mais le schisme arien était fait.

Organisation administrative et militaire de l'Afrique par Constantin. — En 323, Constantin attaqua brusquement son rival, l'empereur d'Orient Licinius, le vainquit, et le fit mettre à mort. Resté ainsi seul maître de l'empire, il s'appliqua à rétablir l'unité de commandement et à régulariser l'administration des provinces. L'empire fut divisé en quatre grandes préfectures.

L'Afrique, contenant la Tripolitaine, la Byzacène, la Numidie et les Maurétanies, sétifienne et césarienne, fit partie de la préfecture d'Italie, et fut placée, pour l'administration civile, sous l'autorité du préfet du prétoire de cette préfecture.

La Tingitane, rattachée à la préfecture des Gaules, était sous l'autorité du préfet du prétoire des Gaules.

La Cyrénaïque dépendit de la préfecture d'Orient.

Le préfet du prétoire d'Italie était représenté en Afrique :

1º Par un proconsul d'Afrique, qui administrait par deux légats la proconsulaire ;

2º Par le vicaire d'Afrique, qui administrait par deux consulaires la Byzacène et la Numidie, et par trois præses la Tripolitaine, la Sétifienne et la Césarienne.

Le préfet des Gaules était représenté dans la Tingitane par un præses.

Le *Comte des largesses sacrées* avait la direction de tout ce qui se rapporte aux finances ; et le *Comte des choses privées* était le directeur et administrateur des domaines. Ces deux personnages, qui portaient le titre d'*illustres,* avaient un certain nombre de délégués en Afrique.

« L'armée et les choses militaires relevaient du *magister peditum,* sorte de ministre de la guerre, résidant aussi à Rome, et représenté en Afrique par deux ducs et deux comtes : les ducs de Maurétanie césarienne et de Tripolitaine et les comtes d'Afrique et de Tingitane.

« Le comte d'Afrique avait sous ses ordres seize préposés des limites, qui commandaient les troupes placées sur la frontière, plus les corps mobiles.

« Le comte de la Tingitane avait sous son commandement un préfet de cavalerie et cinq tribuns de cohortes, plus des corps mobiles.

« Le duc de la Césarienne avait huit préposés des limites. Il était aussi præses et, pour cette partie de ses fonctions, devait dépendre du vicaire d'Afrique.

« Le duc de la Tripolitaine avait douze préposés et deux camps où étaient, sans doute, les troupes destinées à tenir la campagne.

« Les troupes, on le voit, étaient divisées en deux classes : les troupes mobiles et celles qui gardaient en permanence la frontière[1]. »

Sous le Bas-Empire, l'organisation des assemblées provinciales fut modifiée ; le culte de l'empereur ayant disparu, leurs attributions religieuses cessèrent et le concilium devint une assemblée purement administrative, chargée d'éclairer les préfets et de leur fournir un appui moral, car il n'avait aucun droit exécutif. La centralisation établie par Constantin fit cesser l'autonomie des provinces. L'empereur voulut tout diriger du fond de son palais et c'est dans ce but que les fonctions furent multipliées. Des *curiosi*, inspecteurs plus ou moins occultes, furent chargés de surveiller les fonctionnaires et de rendre compte de leurs moindres actes au chef suprême ; en même temps les cités reçurent des *defensores*, dont la mission était de protéger les citoyens contre l'injustice et la tyrannie des agents du prince.

Le concilium provinciæ conserva le droit de présenter des vœux et des doléances à l'empereur ; sa réunion était l'occasion de fêtes et de réjouissances publiques ; la convocation était faite par le préfet. Le sacerdos provinciæ, dont la fonction paraît avoir été conservée pendant quelque temps encore, dut céder la présidence du concile au préfet ou à son vicaire. Le corps des *sacerdotes*, ou prêtres devenus chrétiens, fut entouré d'honneurs et d'immunités ; mais il perdit toute occasion de s'immiscer légalement dans les affaires administratives[2].

Puissance des Donatistes. — Les Circoncellions. — Vers 321, les Donatistes avaient obtenu le rappel de leurs exilés, et il se produisit une sorte d'apaisement. En 326, Cécilien étant mort fut

---

1. *L'Afrique septentrionale après le partage du monde romain*, par Berbrugger, travail extrait de la *Notice des dignités*, de Bocking.
2. *Les Assemblées provinciales et le culte provincial*, par M. Pallu de Lessert, passim.

remplacé par Rufus : de leur côté, les Donatistes élirent Donat, homonyme de l'évêque des Cases-Noires, comme successeur de Majorin. Peu après, les nouveaux élus réunissaient à Karthage un concile auquel deux cent soixante-dix évêques prirent part et où, grâce à des concessions mutuelles, on put consolider la trêve.

On sera peut-être étonné du grand nombre d'évêques se trouvant alors en Afrique, mais il faut considérer ces prélats comme de simples curés. « La création des sièges épiscopaux en Afrique n'a pas toujours été motivée par l'importance des localités et le chiffre de la population. L'on observe en effet dans l'histoire des Donatistes que ces habiles sectaires, afin d'augmenter leur influence, multipliaient le nombre des évêques et les préposaient à de simples hameaux...... Or, on conçoit parfaitement que l'Eglise, pour tenir tête aux Donatistes, ait imité cette conduite et multiplié les évêchés..... Au surplus, il était dans l'esprit de l'Église d'Afrique de multiplier les diocèses afin que leur peu d'étendue en facilitât l'administration [1]. »

Ainsi les deux églises vivaient côte à côte et essayaient de se tolérer, mais, comme nous l'avons dit, les Donatistes tenaient en maints endroits les temples et nous voyons, en 330, l'empereur, cédant à la demande de Zezius, évêque de Constantine, ordonner la construction d'une basilique pour les orthodoxes, attendu que « tout ce qui appartenait à l'Église catholique était tombé au pouvoir des Donatistes » et que les orthodoxes n'avaient aucun local pour tenir leurs assemblées [2].

A côté des Donatistes modérés, qui essayaient de chercher un modus vivendi avec les autres chrétiens, se trouvaient les zélés, les purs. Réunis en bandes obéissant à un chef, ils se mirent à parcourir le pays dans le but, disaient-ils, de faire reconnaître la sainteté de leur foi. Leur cri de ralliement était *Laudes Deo* (Louanges à Dieu!), et il fut bientôt redouté comme un signal de pillage et de mort. Faisant profession de mépriser les biens de la terre et de vivre dans la continence, ils ne tardèrent pas à ériger la destruction en principe. Ils n'ont du reste rien à perdre, car la plupart sont des esclaves fugitifs, des malheureux ruinés par les guerres civiles ou les exactions du fisc. Ils prétendent établir l'égalité en détruisant les biens et faire le salut des riches en les ruinant.

---

1. *Observations sur la formation des diocèses dans l'ancienne Église d'Afrique*, par l'abbé Léon Godart (*Revue africaine*, 2ᵉ année, pp. 399 et suiv.)
2. V. L'*Africa christiana* de Morcelli, t. II, p. 234. Cette église se trouvait dans l'emplacement occupé actuellement par l'hôpital militaire.

Ces bandes, qui rappellent celles de la Jacquerie, s'attaquèrent d'abord aux fermes isolées; c'est pourquoi les gens qui en faisaient partie furent stigmatisés du nom de *Circoncellions*[1]. Nous verrons avant peu à quels excès ces fanatiques se portèrent. Leur quartier général était Thamugas (aujourd'hui Timgad), au pied de l'Aourès, entre Lambèse et Theveste[2].

LES FILS DE CONSTANTIN. — PERSÉCUTION DES DONATISTES PAR CONSTANT. — A la mort de Constantin (337), l'empire se trouva fractionné en cinq parties; mais bientôt ses trois fils Constantin II, Constant et Constance, restèrent, par suite du meurtre de leurs deux cousins, seuls maîtres du pouvoir. Un nouveau partage fut alors opéré entre eux (338). L'Afrique demeura pendant plusieurs années un sujet de contestation entre Constant et Constantin, et les deux frères en vinrent plusieurs fois aux mains. La mort de Constantin (340) mit fin à la lutte en assurant le triomphe de Constant.

Ce prince fanatique tyrannisa d'abord les païens, puis, des dissensions nouvelles s'étant produites en Afrique entre les Donatistes et les orthodoxes, il envoya deux officiers, Paul et Macaire, pour mettre fin à ces troubles. A peine étaient-ils arrivés à Karthage que les Donatistes se soulevèrent de toutes parts. Aidés par les Circoncellions, ils osèrent tenir tête aux armées de l'empereur. Mais bientot ils furent vaincus et réduits à la fuite, et la persécution commença; les évêques compromis furent exilés ou mis à mort. Le principal résultat de ces violences fut d'augmenter le nombre des Circoncellions et de redoubler leur fureur, au grand préjudice de la colonisation.

CONSTANCE ET JULIEN. — EXCÈS DES DONATISTES. — En 350, Constant fut mis à mort par Magnence, comte des Gaules, qui s'empara de son trône et étendit son autorité sur l'Afrique. Deux ans plus tard les troupes de Constance prenaient possession de l'Afrique au nom de leur maître. Elles passèrent ensuite en Espagne, de là en Gaule et vinrent à Lyon écraser l'armée de Magnence, qui périt dans la bataille. Ainsi Constance resta seul maître de l'empire. On sait qu'il s'érigea en protecteur de l'arianisme.

En 360, Julien, ayant été proclamé à Lutèce et reconnu par l'Italie, chercha à gagner l'Afrique à sa cause, mais ne put par-

---

1. De *Circumiens cellas* (rôdant autour des fermes).
2. Voir sur les Donatistes les textes de saint Augustin et de saint Optat.

venir à la détacher de sa fidélité au fils de Constantin. Du reste, Constance avait pris des précautions sérieuses pour conserver sa province, et, bien qu'il fût menacé par son compétiteur d'un côté, et par les Perses de l'autre, il envoya en Afrique son secrétaire d'état Gaudentius avec ordre de lever des troupes et de s'opposer à tout débarquement. « Gaudentius remplit sa mission avec fidélité, il invita le comte Cretion et les gouverneurs (rectores) à faire des levées, et il tira des deux Maurétanies une cavalerie légère excellente avec laquelle il protégea efficacement tout le littoral contre les troupes stationnées en Sicile et qui n'attendaient qu'une occasion pour faire une descente en Afrique[1]. »

L'année suivante, la mort de Constance laissa Julien seul au pouvoir. Il se vengea alors de l'Afrique en accordant ses faveurs aux Donatistes, fort affaiblis par la persécution macarienne. Leurs évêques leur furent rendus et une violente réaction contre les orthodoxes se produisit. Les Donatistes se vengèrent d'eux par les mêmes armes: les spoliations, les dévastations, les meurtres. Un exemple donnera une idée du caractère de ces luttes: « Félix et Januarius, deux Donatistes, se jettent sur Lemelli[2], à la tête d'une troupe de Circoncellions. Ayant trouvé la porte de la basilique fermée, ils en firent le siège; les Circoncellions montèrent sur le toit et, de là, accablèrent les fidèles sous un monceau de tuiles. Un grand nombre fut cruellement blessé; deux diacres qui défendaient l'autel furent tués et les fastes de l'église inscrivent deux martyrs de plus[3]. » Ailleurs, à Typaza, en présence du gouverneur, ils maltraitent et expulsent les catholiques; « les hommes sont torturés, les femmes traînées; les enfants mis à mort ou étouffés dans les entrailles de leurs mères. »

Du reste les Donatistes ne tardèrent pas à voir des schismes se produire dans leur sein. Le plus important fut celui de Rogatus, évêque de Cartenna[4], qui imposait un nouveau baptême à tous les anciens traditeurs.

Exactions du comte Romanus. — A la fin de 363, sous Jovien, et ensuite, dans les premiers temps du règne de Valentinien, une tribu indigène de la Tripolitaine, les *Asturiens,* ainsi appelés par les auteurs[5], causèrent les plus grands ravages dans cette contrée et

---

1. Poulle (*Soc. arch.*), 1878, pp. 414, 415. — Voir aussi *Rev. afr.* t. IV, pp. 137, 138, et Ammien Marcellin, l. XXI, parag. 7.
2. Zembia, dans la Medjana.
3. Poulle, *Maurétanie*, p. 129.
4. Tenès.
5. Ammien Marcellin, l. XXVII et suiv.

vinrent même attaquer les colonies de Leptis et de Tripoli. Les colons appelèrent à leur secours le comte Romanus, nommé depuis peu maître des milices d'Afrique ; mais ce général ne voulut entrer en campagne que si on lui fournissait quatre mille chevaux et une grande quantité de vivres, conditions que les Tripolitains ruinés ne pouvaient remplir ; de sorte que les Berbères continuèrent leurs déprédations. A l'avènement de Valentinien, les gens de Leptis envoyèrent des députés à l'empereur pour lui exposer leurs doléances ; mais les partisans de Romanus en atténuèrent en partie l'effet. Cependant l'empereur chargea un administrateur de l'ordre civil, auquel on confia des pouvoirs militaires extraordinaires, de rétablir la paix.

En 366, nouvelle incursion des Asturiens. L'empereur envoya un tribun nommé Pallade pour faire une enquête sur les lieux, mais cet agent se laissa corrompre et déclara que les plaintes n'étaient pas fondées. Pour Romanus, c'était le triomphe, l'impunité assurée ; aussi se livra-t-il, sans retenue, à une prévarication effrénée. Une nouvelle plainte des victimes ayant eu le même résultat que la précédente, l'empereur ordonna la mise à mort des réclamants, *convaincus* de calomnie. Un ancien prœses de la Tripolitaine, nommé Rurice, qui avait cherché à faire triompher la vérité, fut englobé dans l'accusation et exécuté à Sitifis.

Révolte de Firmus. — Sur ces entrefaites, un des plus puissants chefs des Quinquégentiens vint à mourir en laissant plusieurs fils, Firmus, Gildon, Mascizel, Dius (ou Duis), Salmacès et Zamma. Ce dernier était fort lié avec Romanus, et, comme son frère aîné, Firmus, craignait d'être victime d'une spoliation, il fit assassiner Zamma. C'était s'exposer à la vengeance certaine du comte ; aussi, après avoir essayé en vain de se disculper auprès du pouvoir central, Firmus comprit-il qu'il ne lui restait de salut que dans la révolte. Ces fils de Nubel étaient tous empreints de civilisation latine, plusieurs d'entre eux étaient chrétiens.

En 372, Firmus lève l'étendard de l'insurrection dans les montagnes du Djerdjera. Les Maurétanies le soutiennent ; les Donatistes lui fournissent leur appui ; les aventuriers, les gens ruinés, tous ceux qui recherchent le désordre, des soldats, on dit même une légion entière, viennent se joindre à lui. Firmus disposant d'une vingtaine de mille hommes se met aussitôt en campagne ; un évêque de Rusagus, bourgade sur la frontière de la Césarienne, lui ouvre les portes de la ville. Les Firmianiens, continuant leur marche vers l'ouest, assiègent Césarée, s'en rendent maîtres et réduisent en cendres cette belle ville. Romanus essaie en vain de lutter; il est défait et la révolte gagne la Numidie. Les soldats proclamèrent alors Firmus roi ; un tribun lui posa le diadème.

A la réception de ces graves nouvelles, l'empereur d'occident envoya en toute hâte des troupes en Afrique sous le commandement du comte Théodose, maître de la cavalerie. Débarqué à Igilgili (Djidjelli), cet habile général gagna Sitifis et convoqua toutes ses troupes dans un poste des environs nommé Panchariana, d'où il devait commencer les opérations (373). Il avait été rejoint, tout en arrivant, par un corps d'auxiliaires indigènes, commandé par Gildon, frère de Firmus.

Le prince indigène, comprenant que la situation était changée, essaya de traiter avec Théodose, et lui fit offrir sa soumission ; mais le général ne voulut rien entendre avant d'avoir reçu des otages, et les choses en restèrent là. Bientôt, du reste, Théodose entra en campagne, et porta son camp à Tubusuptus[1]. Ayant repoussé un nouveau message du rebelle, il attaqua les Tyndenses et Massissenses, commandés par Mascizel et Duis, les mit en déroute, et porta le ravage dans toute la contrée, sans cependant se départir d'une grande prudence et en s'appuyant sur une place nommée Lamforte. De là, s'avançant vers l'ouest, Théodose défit de nouveau Mascizel, qui avait osé l'attaquer.

Encore une fois, Firmus fit implorer la paix par l'intermédiaire de prêtres chrétiens, et Théodose la lui accorda. Le prince berbère remit au vainqueur Icosium[2] et lui livra, dans cette ville, ses enseignes, sa couronne, son butin et des otages, mais il ne paraît pas qu'il soit venu en personne signer le traité.

Après avoir obtenu ce résultat, Théodose se rendit à Césarée et employa ses légions à relever cette ville de ses ruines. Dans cette localité, il fit mourir sous les verges ou décapiter les soldats qui étaient passés au service du rebelle.

Sur ces entrefaites, ayant appris que Firmus cherchait de nouveau à soulever les tribus, il se remit en campagne et battit les Maziques et les Muzones. La tribu des Isaflenses, établie sur le versant sud du Djerdjera, soutint Firmus et se battit bravement sous les ordres de son chef Mazuca, mais elle fut encore défaite et son chef, fait prisonnier, hâta sa mort en déchirant ses blessures. Firmus, réduit encore à la fuite, se jette au cœur des montagnes, puis prend la direction de l'est, suivi par les Romains. Au moment où ceux-ci vont l'atteindre, il leur échappe encore et revient sur ses pas. Il entraîne de nouveau les Isaflenses, avec leur chef Igma-

1. Tiklat en Kabylie.
2. Alger.

cen et réunit un grand nombre d'adhérents. Théodose, qui s'est avancé contre lui et le croit sans forces, est subitement attaqué par vingt mille indigènes ; il a la douleur de voir ses soldats lâcher pied et ne s'échappe lui-même qu'à la faveur de la nuit [1].

Ayant pu, dans sa déroute, gagner le fort de Castellum Audiense [2], il y rallia son armée et s'y retrancha. Il punit ses soldats avec la dernière sévérité, brûlant les uns, mutilant les autres ; et grâce à son énergie, il rétablit promptement la discipline et put résister aux attaques tumultueuses des indigènes. Il opéra ensuite sa retraite vers Sitifis [3]. L'année suivante (375), il s'avança, à la tête de forces considérables, contre les Isaflenses, toujours fidèles à Firmus, et leur fit essuyer une nouvelle défaite. Igmacen, leur roi, se laissa alors gagner par les promesses de Théodose. Il cessa toute résistance et arrêta Firmus au moment où celui-ci, devinant sa trahison, se disposait à fuir. Prévoyant le sort qui l'attendait, le prince berbère se pendit dans sa prison et le traître Igmacen ne put livrer à ses ennemis qu'un cadavre qui fut apporté à leur camp, chargé sur un chameau.

Ainsi finit cette révolte qui avait duré trois ans.

PACIFICATION GÉNÉRALE. — Après avoir obtenu la pacification générale des tribus soulevées, Théodose s'appliqua, par une série de sages mesures, à rétablir la marche de l'administration et à faire oublier les maux causés par Romanus. Les complices des exactions de ce dernier furent sévèrement punis.

Mais le comte Théodose avait de nombreux ennemis qui le dénoncèrent à l'empereur Gratien, presque un enfant, successeur de son père, Valentinien (375). On le présenta comme étant sur le point de se déclarer indépendant et de lui disputer le pouvoir. Gratien prêtant l'oreille à ces calomnies expédia l'ordre de le mettre à mort [4]. Le vainqueur de Firmus, celui qui avait conservé l'Afrique à l'empire, fut décapité à Karthage.

La révolte de Firmus permit aux Romains de mesurer tout le terrain qu'ils avaient perdu en Afrique. En laissant autour de leurs colonies, si romanisées qu'elles fussent, des tribus indigènes intactes, non assimilées, ils avaient en quelque sorte préparé pour l'avenir la ruine de leur colonisation. La levée de boucliers à laquelle

---

1. Berbrugger, *Époques militaires de la grande Kabylie.*
2. Aïoun Bessem, au nord d'Aumale.
3. Les auteurs disent qu'il se retira à Typaza, mais cela semble bien improbable et nous nous rallions à l'opinion de MM. Poulle et Berbrugger, qui démontrent que c'est à Sétif que Théodose s'est reformé.
4. Orose, *Hist.*, l. VII, ch. XXXIII.

la rébellion de Firmus avait servi de prétexte, était le premier acte du drame. Les Donatistes y avaient joué un rôle trop actif pour ne pas porter la peine de la défaite. En 378, les édits qui les condamnaient furent remis en vigueur et exécutés strictement.

L'Afrique sous Gratien, Valentinien II et Théodose. — Le monde romain, assailli de tous côtés par les barbares, était dans une situation des plus critiques, et Gratien n'avait ni l'énergie ni les talents qui auraient été nécessaires dans un tel moment. Son frère, Valentinien II, empereur d'Orient, était un enfant en bas âge. Pour soulager ses épaules d'un tel fardeau, Gratien s'associa le général Théodose, fils du comte Théodose, qui avait été mis à mort par ses ordres, et l'envoya défendre les frontières de l'empire. Peu après, Maxime était proclamé par ses soldats dans les Gaules (383). Gratien, ayant marché contre lui, fut vaincu et tué par l'usurpateur, près de Lyon. On dit que sa défaite fut due à la défection de sa cavalerie maure.

Théodose, forcé de reconnaître l'usurpateur, obtint cependant que l'Italie et l'Afrique fussent attribuées à Valentinien II. Mais Maxime ne pouvait se contenter d'une position si secondaire. En 387, il attaqua Valentinien et l'expulsa de l'Afrique. L'année suivante, il était à son tour vaincu par Théodose qui, après l'avoir tué, remit Valentinien II en possession de l'Afrique. Enfin, en 392, Valentinien ayant été assassiné, le trône impérial resta à Théodose.

Mais à cette époque, les empereurs ne vivaient pas longtemps. Théodose mourut en 395 et l'empire échut à ses deux fils Arcadius et Honorius. Ce dernier, âgé de onze ans, eut l'Occident avec l'Afrique.

Révolte de Gildon. — Pendant ces compétitions, que pouvait faire l'Afrique, sinon se lancer de nouveau dans la révolte? Nous avons vu qu'à l'arrivée du comte Théodose en Maurétanie, Gildon, frère de Firmus, s'était mis à sa disposition et lui avait amené des renforts. On avait été content de ses services et il était resté sans doute en relations intimes avec la famille de ce général. Aussi, lorsque le fils du comte Théodose eut été associé à l'empire, il songea à être utile à Gildon et lui fit donner, en 387, le commandement des troupes d'Afrique avec le titre de *grand maître des deux milices*. Résidant à Karthage auprès du proconsul Probinus, il joignit à la puissance dont il était revêtu l'honneur de s'allier à la famille de Théodose, en donnant sa fille à un des neveux de celui-ci.

Dès lors, l'orgueil du prince indigène ne connut plus de bornes, et le pays commença à sentir le poids de sa tyrannie, car l'autorité du proconsul était effacée par la sienne. Cependant, lors de la révolte d'Eugène dans les Gaules, il refusa les propositions qui lui furent faites par cet usurpateur (394); mais, d'autre part, il ne montra pas grand zèle pour l'empereur et se dispensa d'envoyer les secours qu'il lui réclamait.

La mort de Théodose le décida à lever le masque, et, pour déclarer ses intentions, il retint dans le port de Karthage les blés destinés à l'alimentation de Rome (395). Cette fois, la guerre est inévitable, car la disette ne permet plus de faiblesses. Gildon est déclaré ennemi public, et Stilicon, ministre d'Honorius, se disposa à le combattre.

Dans cette conjoncture, Gildon appelle à lui le peuple indigène en se déclarant restaurateur de son indépendance. Il comble les Donatistes de ses faveurs et persécute les catholiques. Mascizel, son frère, s'étant rendu à Milan pour un motif inconnu, Gildon le soupçonne d'être allé intriguer contre lui, et, pour l'intimider, il fait mettre à mort ses deux fils[1]; puis il adresse, pour la forme, sa soumission à l'empereur.

CHUTE DE GILDON. — C'est à Mascizel, brûlant du désir de la vengeance, que Stilicon donna le commandement de l'expédition. En 398, ce chef débarqua en Afrique avec cinq mille légionnaires (Gaulois, Germains et auxiliaires) et marcha contre son frère qui l'attendait à la tête d'un rassemblement de soixante-dix mille guerriers, mal armés et demi-nus. Parvenu auprès de Theveste, il se trouva isolé au milieu de montagnes escarpées et entouré de ses innombrables ennemis.

Gildon est au milieu de ses cavaliers Maures et Gétules et de ses montagnards berbères; en voyant les faibles forces que son frère ose lui opposer, il donne le signal du combat comme celui d'une exécution en masse. L'action s'engage, et Mascizel, désespéré, s'avance pour parlementer. Alors un certain tumulte se produit aux premières lignes : un porte-enseigne tombe devant le chef des troupes romaines, et les Berbères croient à une trahison; ce mot se propage parmi eux comme un éclair, et bientôt cette immense armée, prise d'une terreur inexplicable, tourne le dos à l'ennemi. En même temps, les légionnaires, revenus de leur étonnement, chargent les indigènes et changent leur retraite en déroute [2].

---

1. Orose, l. VII, ch. XXXIII.
2. Zosime, *Hist.*, l. V. Orose, l. VII.

Après cette inexplicable défaite, Gildon, abandonné de tous, parvint à atteindre le littoral et à prendre la mer; il voulait gagner Constantinople; mais les vents contraires le rejetèrent sur la côte d'Afrique. Arrêté à Tabarka, il fut conduit à son frère qui l'accabla de reproches et le jeta en prison en attendant l'heure de son supplice. Gildon l'évita en s'étranglant de ses propres mains. Il avait gouverné l'Afrique pendant douze ans.

Mascizel, qui venait de rétablir si heureusement la paix en Afrique, et d'assurer la subsistance de l'Italie, se rendit à Milan, afin d'obtenir la récompense de ses services, c'est-à-dire sans doute la position de son frère. Mais Stilicon venait de se convaincre par la révolte de Gildon du peu de confiance que l'on pouvait accorder aux Africains; il se débarrassa du solliciteur en le faisant noyer sous ses yeux.

L'Afrique sous Honorius. — L'Afrique, qui depuis un an relevait de l'empire d'Orient, fut rattachée à celui d'Occident; puis on envoya à Karthage un proconsul qui réunit au fisc tous les domaines de la succession de Nubel et de Gildon. Ces biens étaient considérables et l'on dut nommer un fonctionnaire spécial pour les administrer.

La chute de Gildon fut suivie de persécutions contre ceux qui avaient pris part à sa révolte, et, comme ils étaient presque tous donatistes, ces représailles prirent la forme d'une nouvelle persécution attisée par les évêques orthodoxes. Quiconque était soupçonné d'avoir eu de la sympathie pour les rebelles se voyait dépouillé de ses biens et chassé du pays, trop heureux s'il échappait au supplice. L'évêque Optatus de Thamugas, qui avait été un des principaux auxiliaires de Gildon, fut jeté en prison et y périt. Cette terreur dura dix ans. Ce fut pour les Circoncellions une occasion de recommencer leurs désordres.

En 399, Honorius promulgua un édit par lequel il prohibait d'une façon absolue le culte des idoles. L'exécution de cette mesure rencontra en Afrique une vive opposition, car les païens y étaient encore nombreux. Le temple de Tanit à Karthage, qui avait été fermé par ordre de Théodose, fut affecté au culte chrétien, mais comme les idolâtres continuaient à y faire leurs sacrifices, on se décida à le démolir.

Cependant l'invasion des peuples du Nord achevait de se répandre sur l'Europe. Dans les premières années du ve siècle, les Vandales, les Alains et les Suèves, poussés par les Huns, partis de la Pannonie, traversent la Germanie, culbutent les Franks, pénètrent en Gaule et, continuant leur marche à travers les Pyrénées, s'arrêtent en Espagne. En 409, ils opèrent entre eux un premier partage du pays. Dans le cours de la même année, les Goths, conduits par Alaric, s'emparaient de Rome. Assiégé par eux dans Ravenne, Honorius était obligé d'appeler à son secours l'empereur d'Orient, son neveu Théodose II.

Dans cette conjoncture, l'Afrique resta fidèle à l'empereur et continua à assurer la subsistance de l'Italie. Les Goths firent plusieurs tentatives infructueuses pour s'en emparer [1]. Le gouverneur, Héraclien, défendit avec habileté sa province et la conserva à l'empire; le chef des Goths abandonnant ses projets se contenta de la cession d'un territoire dans la Novempopulanie. Alaric, de son côté, avait des vues sur l'Afrique; il se disposait à se mettre en personne à la tête d'une expédition et préparait une flotte à cet effet; mais la tempête détruisit ses navires, et il dut y renoncer.

Pendant ce temps, les Austrusiens et les Maxyes mettaient la Tripolitaine au pillage; le commandant militaire qui avait licencié une partie de ses troupes pour s'approprier leur solde, s'empressa de prendre la mer en laissant les populations se défendre comme elles le pourraient.

En 413, Héraclien qui s'était emparé des biens des émigrants réfugiés en Afrique pour fuir les Goths, se déclara indépendant et commença sa révolte en retenant les blés. Bientôt il passa en Italie à la tête d'une armée considérable, mais il fut entièrement défait près d'Orticoli; après quoi il chercha un refuge à Karthage où il ne trouva que la mort.

1. Lebeau, *Histoire du Bas-Empire*, l. XXVIII.

CHAPITRE X

PÉRIODE VANDALE

415-531

Le christianisme en Afrique au commencement du v⁰ siècle. — Boniface gouverneur d'Afrique; il traite avec les Vandales. — Les Vandales envahissent l'Afrique. — Lutte de Boniface contre les Vandales. — Fondation de l'empire vandale. — Nouveau traité de Genseric avec l'empire; organisation de l'Afrique Vandale. — Mort de Valenthinien III; pillage de Rome par Genséric. — Suite des guerres des Vandales. — Apogée de la puissance de Genséric; sa mort. — Règne de Hunéric ; persécutions contre les catholiques. — Révolte des Berbères. — Cruautés de Hunéric. — Concile de Karthage ; mort de Hunéric. — Règne de Goudamond. — Règne de Trasamond. — Règne de Hildéric. — Révoltes des Berbères; usurpation de Gélimer.

LE CHRISTIANISME EN AFRIQUE AU COMMENCEMENT DU V⁰ SIÈCLE. — Avant d'entreprendre le récit des événements qui vont faire entrer l'histoire de la Berbérie dans une nouvelle phase, il convient de jeter un coup d'œil sur la situation du christianisme en Afrique au commencement du v⁰ siècle. Si nous sommes entrés dans des détails un peu plus complets que ne semble le comporter le cadre de ce récit, sur cette question, c'est que l'établissement de la religion chrétienne fut une des principales causes du désastre de l'Afrique[1]. Les premières persécutions commencèrent à porter un grand trouble dans la population coloniale et à diminuer sa force en présence de l'élément berbère en reconstitution. Et cependant cette période est la plus belle, car les chrétiens unis dans un malheur commun donnent l'exemple de l'union et de la concorde. Aussitôt que la cause pour laquelle ils ont tant souffert vient à triompher, une scission radicale, irrémédiable, se produit dans leur sein et ils se traitent avec la haine la plus féroce. « Il n'y a pas de bêtes si cruelles aux hommes que la plupart des chrétiens le sont les uns

---

1. C'est l'opinion d'un homme dont on ne contestera ni la compétence ni le catholicisme, M. Lacroix. « Il ne faut pas se dissimuler, dit-il dans son ouvrage inédit, que le christianisme eut une large part à revendiquer dans le désastre de l'Afrique. . . . . . Nul doute que les déplorables dissensions dont la population créole offrit alors le triste spectacle n'ait hâté la chute du colosse. » (*Revue africaine*, n° 72 et suivants).

aux autres. » Ainsi s'exprime Ammien Marcellin[1], qui les a vus de près. Mais ce n'est pas tout : avec le succès, leurs mœurs deviennent moins pures et leurs assemblées servent de prétexte aux orgies, si bien que saint Augustin, qui avait failli être lapidé à Karthage pour avoir prêché contre l'ivrognerie, s'écrie : « Les martyrs ont horreur de vos bouteilles, de vos poêles à frire et de vos ivrogneries ![2] » Il faut ajouter à cela les schismes qui divisent l'église orthodoxe, en outre du donatisme et de l'arianisme, car tous les jours il paraît quelque novateur : Pélage fonde l'hérésie qui porte son nom; Célestius, son compagnon, la propage en Afrique; les nouveaux sectaires se subdivisent eux-mêmes en Pélagiens et semi-Pélagiens. En Cyrénaïque et dans l'est de la Berbérie, c'est l'hérésie de Nestorius qui est en faveur; ailleurs les Manichéens ont la majorité.

Nous avons vu à quels excès s'étaient portés les Donatistes et les orthodoxes les uns contre les autres, suivant leurs alternatives de succès ou de revers. La rage des Circoncellions fut surtout funeste à la colonisation romaine, car elle détruisit cette forte occupation des campagnes qui était le plus grand obstacle à l'expansion des indigènes; les fermes étant brûlées et les colons assassinés, les campagnes furent toutes prêtes à recevoir de nouveaux occupants. L'histoire n'offre peut-être pas d'autre exemple de l'esprit de destruction animant ces sectaires, véritables nihilistes qui se tuaient les uns les autres, quand ils avaient fait le vide autour d'eux et qu'il ne restait personne à frapper.

Quelques nobles figures nous reposent dans ce sombre tableau. La plus belle est celle de saint Augustin, né à Thagaste[3]; il étudia d'abord à Madaure[4], puis à Karthage. Nous n'avons pas à faire ici l'histoire de ce grand moraliste. Disons seulement qu'après un long séjour en Italie, il revint en Afrique en 388 et y écrivit un certain nombre de ses ouvrages. Il s'appliqua alors, de toutes ses forces, à combattre, par sa parole et par ses écrits, les Manichéens, et surtout les Donatistes. Il fut secondé dans cette tâche par saint Optat, évêque de Mileu, qui a laissé des écrits estimés et notamment une histoire des Donatistes.

En 410, Honorius, cédant à la pression des prêtres qui l'entouraient, rendit un nouvel édit contre les Donatistes. Mais leur nombre était trop grand en Afrique et l'empereur n'avait pas la force matérielle nécessaire pour faire exécuter ses ordres. Il voulut

---

1. Lib. XXII, cap. v.
2. *Sermon* 273.
3. Actuellement Souk-Ahras.
4. Medaourouch.

alors essayer de la conviction et réunit le 16 mai 411, à Karthage, un concile auquel prirent part deux cent quatre-vingt-six évêques dont la moitié étaient schismatiques, sous la présidence du tribun et notaire Flavius Marcellin. Les Donatistes furent encore vaincus dans ce combat. Ils en appelèrent de la sentence, mais l'empereur leur répondit par un nouvel édit leur retirant toutes les faveurs qu'ils avaient pu obtenir précédemment, et prescrivant contre eux les mesures les plus sévères. Contraints encore une fois de rentrer dans l'ombre, ils attendirent l'occasion de se venger.

Boniface gouverneur d'Afrique. Il traite avec les Vandales. — Le 14 août 423, Honorius cessait de vivre, en laissant comme héritier au trône un jeune neveu, alors en exil à Constantinople, avec sa mère la docte Placidie. Aussitôt, celle-ci le fit reconnaître comme empereur d'Occident par les troupes; mais ce ne fut qu'après bien des vicissitudes qu'il fut proclamé à Ravenne sous le nom de Valentinien III. Comme il n'était âgé que de six ans, Placidie s'attribua, avec la régence, le titre d'Augusta et prit en main la direction des affaires.

Le général Boniface, qui s'était distingué dans une longue carrière militaire, dont une partie passée en Maurétanie comme préposé des limites à Tubuna[1], avait été nommé en 422, par Honorius, comte d'Afrique. Il avait su, par une administration habile et une juste sévérité, ramener ou maintenir dans le devoir les populations latines, depuis si longtemps divisées par l'anarchie, et repousser les indigènes qui, de toutes parts, envahissaient le pays colonisé. Nommé gouverneur de toute l'Afrique par Placidie, il l'aida puissamment, grâce à ses conseils et à l'envoi de secours de toute nature, à triompher de l'usurpateur Jean. Ces éminents services avaient donné à Boniface un des premiers rangs dans l'empire.

Mais la cour de Valentinien, dirigée par une femme partageant son temps entre les lettres et la religion, était un terrain propice aux intrigues de toute sorte. Aétius, autre général, jaloux des faveurs dont jouissait Boniface, prétendit que le comte d'Afrique visait à l'indépendance et, comme l'impératrice refusait de le croire, il l'engagea pour l'éprouver à lui donner l'ordre de venir immédiatement se justifier en personne. Ce conseil ayant été suivi, il fit dire indirectement à Boniface qu'on voulait attenter à ses jours. Cette odieuse machination réussit à merveille. Boniface refusa de venir se justifier. Dès lors sa rébellion fut certaine pour Placidie et comme on apprit, sur ces entrefaites, que le comte d'Afrique

1. Tobna, dans le Hodna.

venait d'épouser une princesse arienne de la famille du roi des Vandales d'Espagne [1], on ne douta plus de sa trahison.

Aussitôt l'impératrice nomma à sa place Sigiswulde, et fit marcher contre lui trois corps d'armée (427) ; mais Boniface les repoussa sans peine. Pour cela, il avait été obligé de rappeler toutes les garnisons de l'intérieur et les Berbères en avaient profité pour se lancer dans la révolte. L'année suivante Placidie envoya en Afrique une nouvelle armée qui ne tarda pas à s'emparer de Karthage. La situation devenait critique pour Boniface ; attaqué par les forces de sa souveraine, menacé sur ses derrières par les indigènes, le comte prit un parti désespéré qui allait avoir pour l'Afrique les plus graves conséquences. Il s'adressa au roi des Vandales et conclut avec lui un traité, aux termes duquel il lui cédait les trois Maurétanies, jusqu'à l'Amsaga, à la condition qu'il conserverait pour lui la souveraineté du reste de l'Afrique [2].

Les Vandales envahissent l'Afrique. — Les Vandales, après avoir été écrasés par les Goths et rejetés dans les montagnes de la Galice (416-8), avaient, à la suite du départ de leurs ennemis, reconquis l'Andalousie, battu les Alains, et établi leur prépondérance sur l'Espagne, malgré les efforts des Romains, aidés des Goths (422). Au moyen de vaisseaux, trouvés, dit-on, à Carthagène, ils n'avaient pas tardé à sillonner la Méditerranée et ils avaient pu jeter des regards sur cette Afrique, objet de convoitise pour les Barbares. C'est ce qui explique la facilité avec laquelle la proposition de Boniface avait été acceptée.

Dans le mois de mai 429 [3], les Vandales avec leurs alliés Alains, Suèves, Goths et autres barbares, au nombre de quatre-vingt mille personnes, dont cinquante mille combattants [4], traversèrent le détroit et débarquèrent dans la Tingitane. Boniface leur fournit ses vaisseaux et l'on dit que les Espagnols, heureux de se débarrasser d'eux, leur facilitèrent de tout leur pouvoir ce passage.

Aussitôt débarqués, les envahisseurs se mirent en marche vers

---

1. Selon M. Creuly (*Annuaire de la Soc. arch. de Constantine*, 1858-59, pp. 16, 17), la personne épousée par Boniface, nommée Pélagie, aurait été bien plus probablement une dame romaine ayant des propriétés en Afrique.

2. Procope, *Bell. Vand.*, l. I, ch. III, Lebeau, *Hist. du Bas-Empire*, t. IV, p. 24. Marcus, *Hist. des Vandales*, p. 143. Dureau de la Malle, *Recherches*, etc., p. 36.

3. Cette date varie, selon les auteurs, entre 427 et 429. Nous adoptons celle de l'*Art de vérifier les dates*, t. I, p. 403.

4. Ces chiffres donnent également lieu à des divergences. V. Victor de Vite, *Hist. pers. Vand.*, p. 3, et Procope, l. I, ch. v.

l'est, s'avançant en masse comme une trombe qui détruit tout sur son passage. Ils étaient conduits par Genseric (ou Gizeric) leur roi, qui venait d'usurper le pouvoir en faisant assassiner son frère Gunderic, souverain légitime. Les Vandales étaient ariens et grands ennemis des orthodoxes. Les Donatistes les accueillirent comme des libérateurs et facilitèrent leur marche. Il est très probable que les Maures, s'ils ne s'allièrent pas à eux, s'avancèrent à leur suite pour profiter de leurs conquêtes.

Sur ces entrefaites, Placidie, ayant reconnu les calomnies dont Boniface avait été victime, se réconcilia avec lui et lui rendit ses faveurs. Saint Augustin, ami du comte d'Afrique et qui avait fait tous ses efforts pour l'amener à abandonner son dessein, servit de médiateur entre le rebelle et sa souveraine. Boniface, qui avait enfin mesuré les conséquences de la faute par lui commise en appelant les Vandales en Afrique, essaya d'obtenir la rupture du traité conclu avec eux et leur rentrée en Espagne; mais il était trop tard, car il est souvent plus facile de déchaîner certaines calamités que de les arrêter. Encouragés par leurs succès et par l'appui qu'ils rencontraient dans la population, les Vandales repoussèrent dédaigneusement ses propositions, et, pour braver ses menaces, franchirent l'Amsaga et envahirent la Numidie.

LUTTE DE BONIFACE CONTRE LES VANDALES. — Le comte d'Afrique ayant marché à la tête de ses troupes contre les envahisseurs, leur livra bataille en avant de Calama[1]; mais il fut entièrement défait et se vit contraint de chercher un refuge derrière les murailles d'Hippône[2]. Les Barbares l'y suivirent (430) et, ayant employé une partie de leurs forces pour investir cette ville, lancèrent le reste dans le cœur de la Numidie, où ils mirent tout à feu et à sang. Guidés sans doute par les Donatistes, ils s'acharnèrent particulièrement à détruire les églises des orthodoxes. Constantine résista à leurs efforts[3]. Le siège d'Hippône durait depuis longtemps et l'on dit que les Vandales, pour démoraliser les assiégés et leur rendre le séjour de la ville intolérable, amassaient les cadavres dans les fossés et au pied des murs et mettaient à mort leurs prisonniers sur ces charniers qu'ils laissaient se décomposer en plein air. Saint Augustin, qui aurait pu fuir, avait préféré rester dans son évêché et soutenir l'honneur de cette église d'Afrique pour laquelle il

1. Guelma.
2. Bône.
3. Lebeau, t. IV, p. 49. L. Marcus, pp. 130 et suiv. Yanoski, *Hist. de la domination vandale en Afrique*, p. 12.

avait tant lutté. Mais il ne put résister aux souffrances et à la fatigue du siège et mourut le 28 août 430.

Enfin, dans l'été de 431, des secours commandés par Aspar, général de l'empereur d'Orient, furent envoyés par Placidie à Hippône. Boniface crut alors pouvoir prendre l'offensive et chasser ses ennemis qui avaient, à peu près, levé le siège. Il leur livra bataille dans les plaines voisines; mais le sort des armes lui fut encore funeste. Aspar se réfugia sur ses vaisseaux avec les débris de ses troupes, et Hippône ne fut plus en état de résister. Les Vandales mirent cette ville au pillage et l'incendièrent.

Boniface se décida alors à abandonner l'Afrique. Il alla se présenter devant sa souveraine qui l'accueillit avec honneur et évita les récriminations inutiles : tous deux, en effet, étaient également responsables de la perte de l'Afrique.

Fondation de l'empire Vandale. — Ainsi la Numidie et les Maurétanies restaient aux mains des Vandales. L'empereur, absorbé par d'autres guerres, ne pouvait songer pour le moment à reconquérir ces provinces ; il pensa, dans l'espoir de conserver ce qui lui restait, qu'il était préférable de traiter avec Genséric et lui envoya un négociateur du nom de Trigétius. Le 11 février 435, un traité de paix fut signé entre eux à Hippône. Bien que les conditions particulières de cet acte ne soient pas connues, on sait que Genséric consentit à payer un tribut annuel à l'empereur, lui livra son fils Hunéric en otage, et s'engagea par serment à ne pas franchir la limite orientale de la contrée qu'il occupait en Afrique[1].

C'était la consécration du fait accompli. Genséric donna d'abord de grands témoignages d'amitié aux Romains, et ceux-ci en furent tellement touchés, qu'ils lui renvoyèrent son fils. Mais l'ambitieux barbare sut employer ce répit pour préparer de nouvelles conquêtes. Il avait, du reste, à assurer sa propre sécurité menacée par les partisans de son frère Gundéric. Dans ce but il fit massacrer la veuve et les enfants de celui-ci qu'il détenait dans une étroite captivité et réduisit à néant les derniers adhérents de son frère. Il s'était depuis longtemps déclaré le protecteur des Donatistes et des Ariens ; les orthodoxes furent cruellement persécutés. En 437, les évêques catholiques avaient été sommés par lui de se convertir à l'arianisme; ceux qui s'y refusèrent furent poursuivis et exilés et leurs églises fermées. Enfin, il tâcha de s'assurer le concours des Berbères et il est plus que probable qu'il leur abandonna sans conteste les frontières de l'ouest et du sud, que

---

1. Fournel, *Berbers*, p 79.

les Romains défendaient depuis si longtemps contre leurs invasions.

En même temps, Genséric suivait avec attention les événements d'Europe, car il avait comme auxiliaires contre l'empire, à l'est les Huns, avec Attila, dont l'attaque était imminente, et à l'ouest et au nord, les Vizigoths et les Suèves. Dans l'automne de l'année 439, le roi vandale, profitant de l'éloignement d'Aétius retenu dans les Gaules par la guerre contre les Vizigoths, marcha inopinément sur Karthage et se rendit facilement maître de cette belle cité, alors métropole de l'Afrique (19 oct.). Les Vandales y trouvèrent de grandes richesses, notamment dans les églises catholiques qu'ils mirent au pillage. L'évêque Quodvultdéus ayant été arrêté avec un certain nombre de prêtres, on les accabla de mauvais traitements, puis on les dépouilla de leurs vêtements et on les plaça sur des vaisseaux à moitié brisés qu'on abandonna au gré des flots. Ils échappèrent néanmoins au trépas et abordèrent sur le rivage de Naples. La conquête de la Byzacène suivit celle de Karthage. Ainsi cette province échappa aux Romains qui l'occupaient depuis près de six siècles.

Après ce succès, Genséric, qui avait des visées plus hautes, donna tous ses soins à l'organisation d'une flotte, et bientôt les corsaires vandales sillonnèrent la Méditerranée ; ils poussèrent même l'audace jusqu'à attaquer Palerme (440). Se voyant menacé chez lui, Valentinien envoya des troupes pour garder les côtes, autorisa les habitants à s'armer et leur abandonna d'avance tout le butin qu'ils pourraient faire sur les Vandales. En 442, l'empereur Théodose envoya à son secours une flotte ; mais les navires furent rappelés avant d'avoir pu combattre, par suite d'une invasion des Huns.

Nouveau traité de Genséric avec l'empire. — Organisation de l'Afrique vandale. — Valentinien, dans l'espoir de préserver son trône, se décida à traiter, de nouveau, avec le roi des Vandales. Il céda à Genséric la Byzacène jusqu'aux Syrtes et la partie orientale de la Numidie, la limite passant à l'ouest de *Theveste, Sicca-Veneria* et *Vacca*[1]. De son côté, le roi abandonna à l'empereur le reste de la Numidie et les Maurétanies. Le traité fut signé à Karthage en 442[2]. Ainsi les Vandales s'emparaient du territoire le plus riche, le mieux colonisé et le moins dévasté, et ils rendaient aux Romains des pays ruinés, livrés à eux-mêmes, et où

---

1. Tebessa, le Kef et Badja.
2. V. de Vite, l. I, ch. iv. Marcus, p. 166. Yanoski, p. 17.

ils n'avaient plus aucune action. En 445, Valentinien promulguait une loi par laquelle il faisait remise aux habitants de la Numidie et de la Maurétanie des sept huitièmes de leurs impôts. Cela donne la mesure de la destruction de la richesse publique. Quelque temps après, il prescrivait d'attribuer dans ces provinces des emplois aux fonctionnaires destitués par les Vandales.

Genséric divisa son empire en cinq provinces : la *Byzacène*, la *Numidie*, l'*Abaritane* (territoire situé sur le haut Bagrada, à l'est de Tebessa), la *Gétulie*, comprenant le Djerid et les pays méridionaux, et la *Zeugitane* ou *Consulaire*. Il fit raser les fortifications de toutes les villes, à l'exception de Karthage, et se forma avec l'aide des indigènes une armée de quatre-vingts cohortes. « Il partagea les terres en trois lots. Les biens meubles et immeubles des plus nobles et des plus riches, ainsi que leurs personnes, furent attribués à ses deux fils Hunéric et Genson [1]. Le deuxième, se composant particulièrement des terres de la Byzacène et de la Zeugitane, fut donné aux soldats, en leur imposant l'obligation du service militaire. Enfin le troisième lot, le rebut, fut laissé aux colons. » De sévères persécutions contre les catholiques achevèrent de consommer la ruine d'un grand nombre de cités et de colonies latines.

En même temps, Genséric donna une nouvelle impulsion à la course, et les indigènes y prirent une part active. Le butin était partagé entre le prince et les corsaires [2], absolument comme nous le verrons plus tard sous le gouvernement turc. Enfin il entretint des relations d'alliance, quelquefois troublées il est vrai, avec les Huns, les Vizigoths et autres barbares, qu'il s'efforçait d'exciter contre l'empire.

Mort de Valentinien III. Pillage de Rome par Genseric. — Genséric se préparait à retirer tout le fruit des attaques incessantes des barbares, et l'occasion n'allait pas tarder à se présenter, pour lui, d'exercer ses talents sur un autre théâtre. En 450, Théodose II mourut et fut remplacé par Marcien ; quelques mois après (27 novembre 450), Placidie cessait de vivre, et Valentinien III, débarrassé de sa tutelle, prenait en main un pouvoir pour lequel il avait été si mal préparé par son éducation. Après avoir commis de nombreuses folies, il tua, dans un acte de rage, Aétius son dernier soutien (454) ; mais peu après il fut à son tour massacré par les sicaires du sénateur Petrone Maxime, qui avait à venger

1. Poulle, *Maurétanie*, p. 146, 147.
2. V. de Vite, l. I, ch. viii.

son honneur: sa femme, objet des violences de Valentinien, s'était donné la mort. Maxime prit ensuite la pourpre et contraignit Eudoxie, veuve de l'empereur, à devenir son épouse [1].

Le roi des Vandales ne laissa pas échapper cette occasion, patiemment attendue, et il est inutile de savoir si, comme les auteurs du temps l'affirment, il répondit à l'appel d'Eudoxie. Après avoir équipé de nombreux vaisseaux, il débarqua en Italie une armée dans laquelle les Berbères avaient fourni un nombreux contingent. A son approche, Maxime se disposait à fuir, lorsqu'il fut massacré par ses troupes et par le peuple (12 juin 455).

Trois jours après, Genséric se présenta devant Rome et, bien qu'il n'eût éprouvé aucune résistance, la ville éternelle demeura livrée pendant quatorze jours à la fureur des Vandales et des Maures. Le vainqueur fit charger sur ses vaisseaux toutes les richesses enlevées aux monuments publics et aux habitations privées, et un grand nombre de prisonniers, membres des principales familles, qui furent réduits à l'état d'esclaves. Le tout fut amené à Karthage et partagé entre le prince et les soldats. Genséric eut notamment pour sa part le trésor de Jérusalem qui avait été rapporté de Rome par Titus. Il ramena en outre à Karthage Eudoxie et ses deux filles, et donna l'une de celles-ci en mariage à son fils Hunéric [2].

Suite des guerres des Vandales. — La conquête de Rome avait non seulement donné aux Vandales de grandes richesses, elle leur avait acquis la souveraineté de toute l'Afrique. Il y a lieu de remarquer à cette occasion combien le roi barbare fut prudent en ne restant pas en Italie, après sa victoire. Rentré dans sa capitale, il compléta l'organisation de son empire et s'appliqua à entretenir chez ses sujets le goût des courses sur mer, qui avaient ce double résultat de tenir les guerriers en haleine et de remplir le trésor. Les rivages baignés par la Méditerranée furent alors en butte aux incursions continuelles des corsaires vandales. Malte et les petites îles voisines du littoral africain durent reconnaître leur autorité; ils occupèrent même une partie de la Corse. Mais Récimer, général de l'empire d'Occident, ayant été chargé de purger la Méditerranée de ces corsaires, fit subir aux Vandales de sérieuses défaites navales et les expulsa de la Corse.

En avril 457, l'empereur Majorien monta sur le trône. C'était un homme actif et énergique, et les Vandales ne tardèrent pas à s'en

---

1. Procope, l. I, ch. IV.
2. *Ibid.*, l. I, ch. V.

apercevoir, car il s'attacha à les combattre. Après leur avoir infligé de sérieux échecs, il se crut assez fort pour leur arracher l'Afrique. A cet effet, il réunit à Carthagène une flotte de trois cents galères et dirigea sur cette ville une armée considérable destinée à l'expédition (458).

A l'annonce de ces préparatifs, Genséric, qui avait en vain essayé, par des propositions de paix, de conjurer l'orage, se crut perdu. Pour retarder ou rendre impossible la marche de l'armée romaine, il donna l'ordre de ravager les Maurétanies. Mais ces dévastations étaient bien inutiles, et la trahison allait faire triompher sans danger l'heureux chef des Vandales. Des divisions habilement fomentées par ses émissaires dans le camp romain, amenèrent les auxiliaires Goths à lui livrer la flotte qui fut entièrement détruite. Majorien se vit forcé d'ajourner ses projets ; mais en 462 il périt assassiné et, dès lors, Genséric put recommencer ses courses.

Il se rendit maître de la Corse et de la Sardaigne et poussa même l'audace jusqu'à porter le ravage sur les côtes de la Grèce. Pour venger cet affront, l'empereur d'Orient, qui se considérait encore comme suzerain de l'Afrique, fit marcher par l'Egypte une armée contre les Vandales, tandis qu'il envoyait d'autres forces par mer sous le commandement de Basiliscus.

L'armée de terre, conduite par Héraclius, ayant traversé la Cyrénaïque, tomba à l'improviste sur Tripoli et s'en empara, puis elle marcha sur Karthage. Pendant ce temps, Basiliscus avait expulsé les Vandales de Sardaigne, puis était venu débarquer non loin de Karthage. La situation de Genseric devenait critique, mais son esprit était assez fertile en intrigues pour lui permettre encore de se tirer de ce mauvais pas : profitant habilement des tergiversations de ses ennemis, semant parmi eux la défiance, corrompant ceux qu'il pouvait acheter, il parvint à annuler leurs efforts, et, les ayant attaqués en détail, à les mettre en déroute. Basiliscus se sauva avec quelques navires en Sicile, tandis qu'Héraclius gagnait par terre l'Egypte [1] (470).

Apogée de la puissance de Genséric ; sa mort. — Ainsi, tous les efforts tentés pour abattre la puissance vandale n'amenaient d'autre résultat que de l'affermir. Après ses récentes victoires, Genséric, plus audacieux que jamais, avait de nouveau lancé ses corsaires dans la Méditerranée et reconquis la Sardaigne et la Sicile. Allié avec les Ostrogoths, il les poussait à attaquer l'empereur d'Orient, ce qui forçait celui-ci à lui laisser le champ libre. Au mois

---

1. Procope, l. I, ch. vi.

d'août 476, il eut la satisfaction de voir la chute de l'empire d'Occident, qui tomba avec Romulus Augustule. Odoacre, roi des Hérules, recueillit son héritage.

Cependant, soit que sentant sa fin prochaine, il voulût assurer à ses enfants l'empire qu'il avait fondé, soit qu'il fût las de guerres et de combats, Genséric signa des traités de paix perpétuelle avec Zénon, empereur d'Orient, et avec Odoacre. Il céda même au roi des Hérules une partie de la Sicile, à charge par celui-ci de lui servir un tribut annuel. Ces souverains consacraient les succès de Genséric en lui reconnaissant la souveraineté de l'Afrique et des îles de la Méditerranée occidentale (476).

Peu de temps après, c'est-à-dire au mois de janvier 477, Genséric mourut, dans toute sa gloire, après une longue vie qui n'avait été qu'une suite non interrompue de succès. Ce prince est une des grandes figures de l'histoire d'Afrique et, s'il est permis de ne pas admirer la nature de son génie, on ne peut en méconnaître la puissance. Si nous nous en rapportons au portrait qui nous a été laissé de lui par Jornandès[1], « Giseric était de taille moyenne, et une chute de cheval l'avait rendu boiteux. Profond dans ses desseins, parlant peu, méprisant le luxe, colère à en perdre la raison, avide de richesses, plein d'art et de prévoyance pour solliciter les peuples, il était infatigable à semer les germes de division ». Les historiens catholiques se sont plu à entasser les accusations contre le roi des Vandales, et il est certain qu'il ne fut pas doux pour eux ; mais en faisant la part de la dureté des mœurs de l'époque, il ne paraît pas que l'Afrique eût été malheureuse sous son autorité. Après l'anarchie des périodes précédentes, c'était presque le repos.

Les conséquences de la conquête vandale furent considérables pour la colonisation latine qui reçut un coup dont elle ne se releva pas ; mais sa ruine profita immédiatement à la population indigène ; elle fit un pas énorme vers la reconstitution de sa nationalité, et si une main comme celle de Genséric était capable de contenir les Berbères en les maintenant au rôle de sujets, il était facile de prévoir qu'au premier acte de faiblesse ils se présenteraient en maîtres [2].

Règne de Hunéric. — Persécution contre les Catholiques. — La succession du roi des Vandales échut à son fils Hunéric. Ce prince n'avait aucune des qualités qui distinguaient son père, et

---

1. *Histoire des Goths*, ch. xxxiii.
2. Fournel, *Berbers*, p. 86.

l'on n'allait pas tarder à s'en apercevoir. A peine était-il monté sur le trône que des difficultés s'élevèrent entre lui et la cour de Byzance au sujet de diverses réclamations dont Genséric avait toujours su ajourner l'examen. Hunéric céda sur tous les points, car il voulait la paix, pour s'occuper des affaires religieuses et surtout de l'intérêt de l'arianisme.

Il avait paru, d'abord, vouloir diminuer les rigueurs édictées par son père contre les catholiques ; mais les persécutions auxquelles les Ariens étaient en butte dans d'autres contrées l'irritèrent profondément et lui servirent de prétexte pour se lancer dans la voie opposée. Il prescrivit des mesures d'une cruauté jusqu'alors inconnue ; quiconque persista dans la foi catholique fut mis hors la loi, spolié, martyrisé ; les femmes de la plus noble naissance ne trouvèrent pas grâce devant lui : on les suspendait nues et on les frappait de verges ou on les brûlait par tout le corps au fer rouge. Les hommes étaient soumis à des mutilations horribles et conduits ensuite au bûcher [1]. En 483, des évêques, prêtres et diacres catholiques au nombre de quatre mille neuf cent soixante-seize furent réunis à Sicca [2] et de là conduits au désert, dans le pays des Maures, c'est-à-dire au trépas.

Révolte des Berbères. — Le résultat d'une telle politique fut une insurrection générale des Berbères. Des déserts de la Tripolitaine, de la frontière méridionale de la Byzacène, des montagnes de l'Aourès et des hauts plateaux qui s'étendent de ce massif au Djebel-Amour, les indigènes se précipitèrent sur les pays colonisés. Ce fut une suite ininterrompue de courses et de razias. Après quelques tentatives pour s'opposer à ce mouvement, Hunéric se convainquit de son impuissance. Tout le massif de l'Aourès échappa dès lors à l'autorité vandale, et les tribus indépendantes se donnèrent la main depuis cette montagne jusqu'au Djerdjera, de sorte que l'empire vandale se trouva réduit aux régions littorales de la Numidie et de la Proconsulaire et à quelques parties de l'intérieur de ces provinces. Dressés à la guerre par Genséric, les indigènes étaient devenus des adversaires redoutables et, du reste, il ne manquait pas, parmi les colons ruinés ou les officiers persécutés pour leur religion, de chefs habiles capables de les conduire.

Cruautés de Hunéric. — Mais Hunéric se préoccupait peu de faire respecter les limites de son empire : le soin de satisfaire ses

---

1. Victor de Vite, l. I, ch. xvii. Procope, l. I, p. 8.
2. Le Kef.

passions sanguinaires l'absorbait uniquement et, après avoir persécuté les catholiques, il persécutait ses proches et ses amis. Genséric avait institué comme règle pour la succession au trône vandale, que le pouvoir appartiendrait toujours à l'homme le plus âgé de la famille, au décès du prince régnant, même au détriment de ses fils. Soit pour modifier les effets de cette clause, soit par crainte des compétitions, Hunéric s'attacha à diminuer le nombre des membres de sa famille. La femme et le fils aîné de son frère Théodoric, accusés d'un crime imaginaire, furent décapités par son ordre. Un autre fils et deux filles de Théodoric furent livrés aux bêtes. Ce n'était pas assez ; Théodoric, lui-même, Genzon, autre frère du roi, et un de ses neveux, furent exilés et maltraités avec une dureté inouïe. Si les proches parents du prince étaient traités de cette façon, on peut deviner comment il agissait envers ses serviteurs ou ses officiers : pour un soupçon, pour un caprice, il les faisait périr dans les tourments. Jocundus, évêque arien de Karthage, ayant essayé de rappeler le roi à des sentiments d'humanité fut, par son ordre, brûlé en présence de la population [1].

Concile de Karthage. Mort de Hunéric. — Zénon, empereur d'Orient, ayant adressé à Hunéric des représentations au sujet des souffrances de la religion catholique, le roi convoqua, en 484, à Karthage, un concile où tous les évêques orthodoxes, donatistes et ariens de l'Afrique furent appelés. Il est inutile de dire qu'ils ne purent s'entendre, et comme les Ariens étaient en majorité, les catholiques furent condamnés. Hunéric, s'appuyant sur cette décision, rendit alors un édit longuement motivé, où la main des prêtres se reconnaît, car il contient comme préambule une longue controverse sur des questions de dogme et la condamnation officielle du principe de la consubstantialité du Père, du Fils et du Saint-Esprit. Comme sanction, il édicte de nouvelles mesures de coercition contre les catholiques. Cet édit fut exécuté avec la plus grande rigueur. Les églises catholiques furent remises aux prêtres ariens.

Enfin, le 13 décembre 484, le régime de terreur, qui durait depuis huit années, prit fin par la mort de Hunéric. Les écrivains catholiques prétendent qu'il mourut rongé par les vers.

Règne de Gondamond. — Gondamond ou Gunthamund, fils de Genzon, succéda à son oncle Hunéric, en vertu des règles posées par Genséric. Il se trouva aussitôt aux prises avec les révoltes des

---

1. Yanoski, *Vandales*, p. 34.

Berbères et ne put empêcher les indigènes de recouvrer entièrement leur indépendance sur toute la ligne des frontières du Sud et de l'Ouest. Les Gétules s'avancèrent même jusqu'auprès de Kapça[1].

Après avoir continué, pendant quelque temps, les persécutions contre les catholiques, Gondamond se départit de sa rigueur et finit, vers 487, par les laisser entièrement libres. Les orthodoxes rentrèrent d'exil et reprirent peu à peu possession de leurs biens et de leurs églises. La lutte contre les Berbères absorbait presque tout son temps et ses forces; aussi, pour être tranquille du côté de l'Europe, se décida-t-il à conclure avec Théodoric, souverain de l'Italie, un traité par lequel il lui abandonna le reste de la Sicile.

Au mois de septembre 496, la mort termina brusquement sa carrière.

Règne de Trasamond. — Après la mort de Gondamond, son frère Trasamond hérita de la royauté vandale. Ce prince continua l'œuvre d'apaisement commencée par son prédécesseur, et, bien qu'il fût ennemi du catholicisme, il ne persécuta plus les sectateurs de cette religion par la violence, et se borna à chercher à les en détacher en offrant des avantages matériels à ceux qui étaient disposés à entrer dans le giron de l'arianisme et en refusant tout emploi aux autres. Mais il ne permit pas la réorganisation de l'église orthodoxe et il exila en Sardaigne des évêques qui s'étaient permis de faire des nominations.

Il resserra, dans le cours de son règne assez paisible, les liens qui unissaient la cour vandale à celle des Ostrogoths, et leurs bonnes relations furent scellées par son mariage avec Amalafrid, propre sœur de Théodoric. Cela ne l'empêcha pas en 510 de prêter son appui à Gesalic.

Cependant l'attitude des Berbères devenait de plus en plus menaçante : ce n'étaient plus des sujets rebelles, c'étaient des ennemis de la domination vandale qu'il fallait combattre. Dans la Tripolitaine, la situation était devenue fort critique. Vers 520, un indigène de cette contrée, nommé Gabaon, s'était mis à la tête des Berbères et attaquait incessamment la frontière méridionale de la Byzacène.

Trasamond fit marcher contre eux un corps de troupes composé en grande partie de cavalerie, et la rencontre eut lieu en avant de Tripoli ; mais Gabaon employa contre eux une stratégie dont nous verrons les tribus arabes se servir fréquemment plus tard. Il cou-

1. Gafsa.

vrit son front, auquel il donna la forme d'un demi-cercle, d'une décuple rangée de chameaux et fit placer ses archers entre les jambes de ces animaux, tandis que le gros de ses guerriers et ses bagages étaient abrités au milieu de cette forteresse vivante. Lorsque les Vandales voulurent charger l'ennemi, ils ne surent où frapper, et leurs chevaux, effrayés par l'odeur des chameaux, portèrent le désordre dans leurs propres lignes. Pendant ce temps, les archers les criblaient de traits. Les guerriers de Gabaon, sortant de leur retraite, achevèrent de mettre en déroute leurs ennemis. De toute l'armée vandale, il ne rentra à Karthage que quelques fuyards isolés [1].

En 523, Trasamond cessa de vivre. On dit que, sur le point de mourir, il recommanda à son successeur Hildéric d'user de tolérance envers les catholiques.

Règne de Hildéric. — Hildéric, fils d'Hunéric, succéda à Trasamond. Son premier soin fut de rendre aux catholiques les faveurs du pouvoir et de s'attacher à les réconcilier avec les ariens. Dans ce but, il convoqua, en 524, à Karthage, un nouveau concile; mais, comme dans les précédents, il fut impossible aux évêques d'arriver à une entente, et la controverse à laquelle ils se livrèrent démontra une fois de plus l'impossibilité d'une réconciliation.

Amalafrid, veuve de Trasamond, était l'ennemie du roi; avec l'appui des Goths qui se trouvaient à la cour, elle tenta de susciter une révolte qui fut promptement apaisée. Arrêtée, tandis qu'elle cherchait, avec ses adhérents, un refuge chez les Maures, elle fut jetée en prison; les Goths furent exécutés, et elle-même périt quelque temps après de la main du bourreau. Il en résulta une rupture avec les Ostrogoths d'Italie; mais ceux-ci étaient trop occupés chez eux pour qu'on eût lieu de les craindre.

Hildéric se rapprocha alors de la cour d'Orient. Justinien, avec lequel il s'était lié pendant son séjour à Constantinople, venait de monter sur le trône. Il sollicita son appui et ne craignit pas de faire envers lui hommage de vassalité. Pour lui prouver son zèle, il voulut que ses propres monnaies portassent l'effigie de l'empereur.

Révoltes des Berbères. Usurpation de Gélimer. — Hildéric, doué d'un caractère timide, était ennemi de la guerre et laissait d'une manière absolue la direction des affaires militaires à son général Oamer, appelé l'Achille vandale. Les indigènes de la Byza-

---

1. Procope, l. I, ch. ix.

cène s'étant mis en état de révolte, Oamer marcha contre eux, mais il fut défait en bataille rangée par ces Berbères commandés par leur chef Antallas. Toute la Byzacène recouvra son indépendance, et les villes du nord, menacées par les rebelles, durent improviser des retranchements pour résister à leurs attaques imminentes.

Cet échec acheva de porter à son comble le mécontentement général, déjà provoqué par la protection accordée aux catholiques, par la rupture avec les Ostrogoths et par l'hommage de soumission fait à l'empire : Gélimer, petit-fils de Genzon, profitait de ces circonstances pour se créer un parti. Chargé de combattre les Maures, il remporta sur eux quelques avantages qui augmentèrent son ascendant sur l'armée. Il saisit cette occasion pour faire proclamer par les soldats la déchéance d'Hildéric et obtenir la royauté à sa place. Ayant marché sur Karthage, il s'en empara. Hildéric fut jeté en prison (531).

Lorsque Justinien apprit cette nouvelle, il était absorbé par sa guerre contre les Perses et ne pouvait s'occuper efficacement de porter secours à son ami et vassal. Il dut se contenter d'envoyer une ambassade à Gélimer pour l'engager à restituer la liberté et le trône au prince captif. Le seul résultat qu'obtinrent les envoyés fut de rendre plus dure la captivité d'Hildéric. Puis, par une sorte de bravade, Gélimer fit crever les yeux à Oamer.

L'empereur d'Orient écrivit alors à Gélimer une lettre dans laquelle il l'invitait à laisser Hildéric et ses parents se réfugier en Orient, à sa cour, le menaçant d'intervenir par les armes, s'il refusait de le faire. Gélimer lui répondit dans des termes hautains que Procope nous a transmis : « Je ne dois point ma royauté à la violence..... Hildéric complotait contre sa propre famille : c'est la haine de tous les Vandales qui l'a renversé. Le trône était vacant ; je m'y suis assis en vertu de mon âge et de la loi de succession. » Après cette déclaration, il ajoutait comme réponse aux menaces : « Un prince agit sagement lorsque, livré tout entier à l'administration de son royaume, il ne porte pas ses regards au dehors et ne cherche pas à s'immiscer dans les affaires des autres états. Si tu romps les traités qui nous unissent, j'opposerai la force à la force..... ».

Cette fière déclaration allait avoir pour conséquence la chute de la royauté vandale et la soumission de l'Afrique à de nouveaux maîtres.

CHAPITRE XI

PÉRIODE BYZANTINE

531-642

Justinien prépare l'expédition d'Afrique. — Départ de l'expédition. Bélisaire débarque à Caput-Vada. — Première phase de la campagne. — Défaite des Vandales conduits par Ammatas et Gibamond. — Succès de Bélisaire. Il arrive à Karthage. — Bélisaire à Karthage. — Retour des Vandales de Sardaigne. Gélimer marche sur Karthage. — Bataille de Tricamara. — Fuite de Gélimer. — Conquêtes de Bélisaire. — Gélimer se rend aux Grecs. — Disparition des Vandales d'Afrique. — Organisation de l'Afrique byzantine; état des Berbères. — Luttes de Salomon contre les Berbères. — Révolte de Stozas. — Expéditions de Salomon. — Révolte des Levathes; mort de Salomon. — Période d'anarchie. — Jean Troglita gouverneur d'Afrique; il rétablit la paix. — Etat de l'Afrique au milieu du vi[e] siècle. — L'Afrique pendant la deuxième moitié du vi[e] siècle. — Derniers jours de la domination byzantine. — Appendice : Chronologie des rois Vandales.

Justinien prépare l'expédition d'Afrique. — Seul héritier de l'empire romain, Justinien nourrissait l'ambition de le rétablir dans son intégrité et d'arracher aux barbares leurs conquêtes de l'Occident. C'est pourquoi l'hommage d'Hildéric avait été accueilli à la cour de Byzance avec la plus grande faveur; la chute du royaume vandale, en livrant à l'empereur la belle et fertile Afrique, était aussi une première étape vers la reconstitution de l'empire. La nouvelle de l'usurpation de Gélimer, arrivant sur ces entrefaites, émut Justinien « comme si on lui avait arraché une de ses provinces »[1]. Renonçant à poursuivre la guerre dispendieuse qu'il soutenait contre les Perses depuis cinq ans, il leur acheta la paix moyennant un tribut évalué à onze millions de francs, et s'appliqua à préparer l'expédition d'Afrique malgré l'opposition qu'il rencontra chez ses ministres, effrayés de la grandeur de l'entreprise. On dit même qu'il fut un instant sur le point d'y renoncer et que c'est la prédiction d'un évêque d'Orient, saint Sabas, lui promettant le succès, qui le décida à réaliser son projet. Il apprit alors qu'un Africain, du nom de Pudentius, venait de s'emparer de Tripoli et lui offrait d'entreprendre pour lui des conquêtes, s'il recevait l'appui de quelques troupes. En même temps un certain

---

1. Yanoski, *Vandales*, p. 41.

Godas, chef goth, qui commandait en Sardaigne pour les Vandales, se mettait en état de révolte et offrait aussi son concours à l'empire.

Tous ces symptômes indiquaient que le moment d'agir était arrivé. Justinien le comprit et organisa immédiatement l'expédition dont le commandement fut confié à Bélisaire, habile général, jouissant d'une grande autorité sur les troupes et d'une réelle influence à la cour par sa femme Antonina, amie de l'impératrice. Des soldats réguliers, des volontaires de divers pays, et même des barbares, Hérules et Huns, accoururent avec enthousiasme au camp du général, où bientôt une quinzaine de mille hommes, dont un tiers de cavaliers, se trouvèrent réunis. On s'arrêta à ce chiffre, jugeant, avec raison, qu'une petite armée solide et bien dirigée était préférable à un grand rassemblement sans cohésion. Les officiers furent choisis avec soin par le général, parmi eux se trouvaient Jean l'Arménien, préfet du prétoire, et Salomon, dont les noms reviendront sous notre plume; presque tous les autres officiers étaient originaires de la Thrace. Le patrice Archelaüs fut adjoint à l'expédition comme questeur ou trésorier. Cinq cents vaisseaux de toute grandeur furent rassemblés pour le transport de l'expédition; vingt mille marins les montaient.

Départ de l'expédition. Bélisaire débarque a Caput-Vada. — En 533, « vers le solstice d'été »[1], on donna l'ordre de l'embarquement et ce fut l'occasion d'une imposante cérémonie à laquelle présida l'empereur. L'archevêque Epiphanius, en présence du peuple et de l'armée bénit le vaisseau où s'embarqua Bélisaire, accompagné de sa femme et de Procope, son secrétaire, qui nous a retracé l'histoire si complète de cette expédition. L'immense flotte se mit en route et voyagea lentement, troublée quelquefois dans sa marche par la tempête, et faisant souvent escale dans les ports situés sur son chemin, pour se remettre de ces secousses, ou se ravitailler. Bélisaire montra dans ce voyage autant d'habileté que de fermeté; comme tous les hommes de guerre, il savait qu'il n'y a pas d'armée sans discipline et réprimait avec la dernière rigueur toute infraction aux règles, sans s'arrêter aux murmures ou aux menaces des auxiliaires.

Enfin on atteignit le port de Zacinthe en Sicile, où l'armée, qui souffrait cruellement de la mauvaise qualité des vivres et de l'eau, put se refaire. Bélisaire manquait de nouvelles sur la situation et les dispositions des Vandales et était fort incertain sur le choix du

---

1. Procope, *Bell. Vand.*, lib. I, cap. XII.

point de débarquement. Il chargea Procope de se rendre à Syracuse pour tâcher d'obtenir des renseignements et en même temps passer un marché avec les Ostrogoths pour l'approvisionnement de la flotte et de l'armée. L'envoyé fut assez heureux pour apprendre d'une manière sûre que les Vandales, ne s'attendant nullement à une attaque de l'empire, avaient envoyé presque toutes leurs forces en Sardaigne à l'effet de réduire Godas. Quant à Gélimer, il s'était retiré à Hermione, ville de la Byzacène, et ne songeait nullement à défendre Karthage.

Ainsi renseigné, Bélisaire donna l'ordre de mettre à la voile en se dirigeant à l'ouest de Malte. Parvenue à la hauteur de cette île, la flotte fut poussée par le vent vers la côte d'Afrique, en face du sommet du golfe de Gabès ; elle était partie depuis trois mois. Avant de procéder au débarquement, le général en chef fit mettre en panne et convoqua un conseil de guerre des principaux officiers à son bord. Archélaüs, effrayé de l'éloignement de la localité et du manque de ports pour abriter les navires, voulait que l'on remît à la voile et qu'on allât directement à Karthage. Mais Bélisaire n'était pas de cet avis ; il redoutait la rencontre de la flotte vandale, et craignait que son armée ne perdît ses avantages dans un combat naval. Son opinion ayant prévalu, il ordonna aussitôt le débarquement, qui s'opéra sans encombre au lieu dit Caput-Vada[1]. Des soldats furent laissés à la garde des navires qui furent en outre disposés dans un ordre permettant la résistance à une attaque de l'ennemi. A terre, le général s'attacha à couvrir son camp de retranchements et à se garder soigneusement par des avant-postes ; toute tentative de pillage ou de maraudage fut sévèrement réprimée. Cette prudence, cette observation constante des règles de la guerre, allaient assurer le succès de l'expédition.

Première phase de la campagne. — Cependant Gélimer, toujours à Hermione, ignorait encore le danger qui le menaçait. Les nouvelles données par Procope étaient exactes. Après la double perte de la Tripolitaine et de la Sardaigne, le prince vandale, remettant à plus tard le soin de faire rentrer sous son autorité la province orientale, réunit cinq mille soldats et les envoya en Sardaigne sous le commandement de son frère Tzazon, un des meilleurs officiers vandales. Une flotte de cent vingt vaisseaux les conduisit dans cette île, et aussitôt les opérations commencèrent contre Godas.

Le roi vandale suivait attentivement les phases de l'expédition

---

1. Actuellement Capoudia.

de Sicile, lorsqu'il apprit enfin le débarquement de l'armée byzantine en Afrique, et sa marche sur ses derrières. Bélisaire, en effet, après s'être emparé sans coup férir de la petite place de Sylectum[1], avait marché, dans un bel ordre, vers le nord, accompagné au large par la flotte, et avait pris successivement possession de Leptis parva et d'Hadrumète[2], accueilli comme un libérateur par les populations. Il paraît même que les Berbères de la Numidie et de la Maurétanie lui envoyèrent des députations, offrant leur soumission à l'empereur et donnant comme otages les enfants de leurs chefs. En même temps, le général byzantin adressait aux principales familles vandales un manifeste de Justinien protestant qu'il ne faisait pas la guerre à leur nation, mais qu'il combattait seulement l'usurpateur Gélimer.

Bientôt l'on apprit que l'armée envahissante n'était plus qu'à quatre journées de Karthage. Gélimer écrivit à son frère Ammatas, resté dans cette ville, en lui donnant l'ordre de mettre à mort Hildéric et ses partisans, et d'appeler aux armes tous les hommes valides. Oamer était mort. Hildéric fut massacré avec tous les gens soupçonnés d'être ses amis. Puis Ammatas conduisit ses troupes en avant de Karthage, dans les gorges de Décimum, à une quinzaine de kilomètres de cette ville. Gélimer, qui opérait sur son flanc avec une autre armée, devait tenter de tourner l'ennemi, tandis que Gibamund, neveu du roi, avait pour mission d'attaquer le flanc gauche des envahisseurs à la tête de deux mille Vandales. Ce plan était assez bien combiné et aurait pu avoir des suites fâcheuses pour l'armée de Bélisaire, si l'on avait su le réaliser.

DÉFAITES DES VANDALES CONDUITS PAR AMMATAS ET GIBAMUND. — Ammatas avait donné à ses troupes l'ordre du départ, mais, comme il était d'un caractère ardent et téméraire, il se porta à l'avant-garde et hâta la marche de la tête de colonne, sans s'inquiéter s'il était suivi par le reste de l'armée. Il arriva vers midi à Décimum, à la tête de peu de monde et y rencontra l'avant-garde des Byzantins, commandée par Jean l'Arménien. Aussitôt, on en vint aux mains : malgré le courage d'Ammatas, qui combattit comme un lion et tomba percé de coups, les Vandales ne tardèrent pas à tourner le dos. Jean les poursuivit l'épée dans les reins et rencontra bientôt le reste des soldats, qui arrivaient par groupes isolés. Il en fit un grand carnage et s'avança jusqu'aux portes de Karthage.

1. Selecta, au nord du golfe de Gabès.
2. Lemta et Souça.

Pendant ce temps, Gibamund s'approchait avec ses deux mille hommes pour attaquer le flanc gauche, lorsqu'il rencontra, dans la plaine qui avoisine la Saline (Sebkha de Soukkara), le corps des Huns envoyé en reconnaissance. A la vue de ces farouches guerriers, les Vandales sentirent leur courage faiblir ; ils rompirent leurs rangs et furent bientôt en déroute, en laissant la plupart des leurs sur le champ de bataille.

Succès de Bélisaire. Il arrive a Karthage. — Bélisaire, ignorant le double succès de son avant-garde et de ses flanqueurs, s'arrêta en arrière de Décimum et plaça son camp dans une position avantageuse où il se fortifia. Le lendemain, laissant dans le camp son infanterie, ses impédimenta et sa femme Antonina, il se mit à la tête d'une forte colonne de cavalerie et alla pousser une reconnaissance sur Décimum. Les cadavres des Vandales lui firent deviner la victoire de son avant-garde et les informations qu'il prit sur place confirmèrent cette présomption, mais il ne put avoir aucune nouvelle précise de Jean l'Arménien.

Au même moment Gélimer débouchait dans la plaine où il espérait retrouver son frère. Il était à la tête d'un corps nombreux de cavalerie. Ayant rencontré les coureurs de Bélisaire, disséminés par petits groupes, il les attaqua avec vigueur et les mit en déroute. Puis, parvenu à Décimum, il trouva, lui aussi, les preuves de la défaite de son frère et le corps de celui-ci. Rempli de douleur, ne sachant ce qui se passait à Karthage, il demeura dans l'inaction, au lieu de compléter son succès en écrasant les ennemis peu nombreux qu'il avait devant lui et qui étaient démoralisés par leur premier échec.

Tandis que Gélimer s'occupait des funérailles de son frère, le général byzantin, voyant le grand danger auquel il était exposé, ralliait ses fuyards, relevait leur courage en leur annonçant les succès déjà remportés sur lesquels il était enfin renseigné, et, tentant un effort désespéré, les entraînait dans une charge furieuse contre les Vandales. Gélimer, surpris par cette attaque imprévue, n'eut pas le temps de former ses lignes et vit bientôt toute son armée en déroute. Il alla se réfugier à Bulla. Le lendemain, toute l'armée byzantine campa à Décimum, y compris l'avant-garde et le corps des Huns. Le manque de décision de Gélimer avait consommé sa perte au moment où il tenait la victoire[1]. Bélisaire marcha aussitôt sur Karthage.

1. M. Marcus (*Hist. des Vandales*, p. 378), cherche à excuser Gélimer de la grande faute par lui commise en laissant à Bélisaire le temps de

Bélisaire a Karthage. — L'arrivée des fuyards de Décimum avait apporté à Karthage la nouvelle des succès de l'armée d'Orient. Aussitôt le vieux parti romain avait relevé la tête et, aidé des ennemis de Gélimer, s'était emparé du pouvoir en forçant à la fuite les adhérents de l'usurpateur. Sur ces entrefaites la flotte grecque, doublant le cap de Mercure, parut au large. Le questeur Archélaüs, ignorant les succès du général et les dispositions bienveillantes de la population de Karthage, fit entrer tous ses navires dans le golfe de Tunis. Un seul vaisseau, commandé par Calonyme, s'écarta, au mépris des ordres donnés, du gros de la flotte, et alla se présenter devant le Mandracium, premier port de Karthage, qu'il trouva ouvert. Le capitaine y ayant pénétré mit ses hommes à terre et employa toute la nuit au pillage des marchands, étrangers pour la plupart, établis aux alentours du port.

Le lendemain, Bélisaire, averti de l'arrivée de sa flotte, entra dans Karthage sans rencontrer de résistance et, ayant traversé la ville, monta sur la colline de Byrsa où se trouvait le palais royal. « Comme représentant de Justinien, il s'assit sur le trône de Gélimer[1] » et prononça sa déchéance. Fidèle au principe suivi dans cette remarquable campagne, Bélisaire veilla avec le plus grand soin à ce qu'aucun pillage ne fût commis, et il fit restituer aux marchands ce qui leur avait été pris par Calonyme et ses hommes (septembre 533). Un grand nombre de Vandales avaient cherché un refuge dans les églises. Le général leur permit de sortir sans être inquiétés; puis il s'appliqua à relever les fortifications de Karthage, qui étaient fort délabrées et à mettre cette ville en état de défense.

Bien que les Vandales tinssent encore la campagne et qu'il y eût lieu de craindre le retour de Tzazon avec l'armée de Sardaigne, on pouvait, dès lors, considérer le succès de l'expédition comme assuré. La province d'Afrique rentrait dans le giron de l'empire et sa belle capitale allait refleurir sous la protection de Justinien, dont elle devait prendre le nom. Les églises catholiques que les Ariens occupaient rentrèrent aussitôt en la possession des orthodoxes, qui célébrèrent avec éclat les victoires de Bélisaire « si manifestement secondé par la protection divine. » Les chefs indigènes qui, nous l'avons vu, avaient d'abord envoyé leur hommage

---

rallier ses fuyards, au lieu de l'écraser et de rentrer ensuite à Karthage. Il estime que le roi vandale était trop peu sûr de la population de cette ville pour venir ainsi se mettre à sa discrétion; et cependant il était certain qu'en l'abandonnant, il la livrait à ses ennemis.

1. Yanoski, *Vandales*, p. 56.

au représentant de l'empereur, s'étaient ensuite tenus dans l'expectative afin de ne pas se compromettre. Après l'entrée de Bélisaire à Karthage, ils ouvrirent auprès de lui de nouvelles négociations, à l'effet d'obtenir une investiture officielle. Le général accueillit avec faveur ces ouvertures et envoya pour chacun d'eux : « une baguette d'argent doré, un bonnet d'argent en forme de couronne, un manteau blanc qu'une agrafe d'or attachait sur l'épaule droite, une tunique qui, sur un fond blanc, offrait des dessins variés, et des chaussures travaillées avec un tissu d'or. Il joignit à ces ornements de grosses sommes d'argent[1]. »

Retour des Vandales de Sardaigne. Gélimer marche sur Karthage. — Cependant Gélimer ne restait pas inactif, bien qu'il continuât à se tenir à distance. Il reformait son armée et encourageait les pillards indigènes à harceler sans cesse les environs de Karthage ; il alla même jusqu'à leur payer chaque tête de soldat grec qui lui serait apportée.

En même temps, il adressait à son frère Tzazon une lettre pressante, dans laquelle il lui rendait compte des événements survenus en Afrique et l'invitait à revenir au plus vite. Ce général, avec ses cinq mille guerriers choisis, avait obtenu de brillants succès en Sardaigne, vaincu et mis à mort Godas et replacé l'île sous l'autorité vandale. Il avait bien entendu dire qu'une flotte grecque avait tenté une expédition en Afrique, mais il était persuadé que cette attaque avait été facilement repoussée. Aussi avait-il envoyé à Karthage même, au « roi des Vandales et des Alains », un député chargé de rendre compte de ses victoires, et c'est Bélisaire qui avait reçu sa lettre !

Sans se laisser abattre par la nouvelle des prodigieux événements qui avaient mis Karthage aux mains des Grecs, ni rien cacher à ses soldats, Tzazon fit embarquer aussitôt son armée et vint prendre terre sur un point de la côte « où se rencontrent les frontières de la Numidie et de la Maurétanie[2] », puis il se porta rapidement sur Bulla, où les deux frères opérèrent leur jonction.

Les forces vandales, grâce à ce renfort, devenaient respectables. Peu après Gélimer fit un mouvement en avant, coupa l'aqueduc de Karthage et opéra diverses reconnaissances offensives dans le but d'attirer Bélisaire sur un terrain choisi. En même temps, il chercha à fomenter des trahisons à Tunis et entra en pourparlers avec les Huns, afin de les détacher de leurs alliés.

---

1. Yanoski, *Vandales*, p. 62.
2. Sans doute entre Djidjeli et Collo.

Mais Bélisaire était au courant de tout, et ne se laissait pas prendre aux feintes des Vandales. Il tâcha de ramener à lui les Huns, mais ne put obtenir d'eux que la promesse de rester neutres.

BATAILLE DE TRICAMARA. — Vers le milieu de décembre, Bélisaire se décida à marcher à l'ennemi. Les deux armées se trouvèrent en présence au lieu dit Tricamara, à environ sept lieues de Karthage, et prirent position, chacune sur une des rives d'un petit ruisseau. Bélisaire plaça au centre de son front Jean l'Arménien avec les cavaliers d'élite et le drapeau. Les Huns se tenaient à l'écart, afin de voir quelle tournure allait prendre la bataille, pour se joindre au vainqueur. Les Vandales, de leur côté, présentaient un front au centre duquel étaient le roi, Tzazon et les soldats d'élite. En arrière se tenait un corps de cavaliers maures dans les mêmes dispositions que les Huns. Les femmes, les impédimenta et toutes les richesses avaient été laissées dans le camp par les Vandales.

Les ennemis s'observèrent pendant un certain temps; puis Jean l'Arménien entama l'action en faisant passer le ruisseau à sa division : deux fois il fut contraint à la retraite, mais ayant enflammé le courage de ses troupes, il les ramena à l'assaut une troisième fois et on lutta de part et d'autre avec le plus grand courage, jusqu'au moment où, Tzazon ayant été tué, les Vandales commencèrent à faiblir. Bélisaire saisit avec habileté cet avantage pour faire donner sa cavalerie. Alors les ailes se replièrent en désordre; ce que voyant, les Huns chargèrent à leur tour et déterminèrent la retraite de l'armée vandale, qui se réfugia dans son camp, en laissant huit cents cadavres sur le terrain.

Sur ces entrefaites, comme l'infanterie grecque était arrivée, Bélisaire donna l'ordre de marcher sur le camp vandale. Gélimer occupant une position fortifiée et ayant encore un grand nombre d'adhérents était en état de résister. Mais les malheurs qu'il venait d'éprouver l'avaient complètement démoralisé, car son âme n'était pas de la trempe de celles dont l'énergie est doublée par les revers; à l'approche de l'ennemi, il abandonna lâchement ses adhérents et s'enfuit à cheval, comme un malfaiteur, suivi à peine de quelques serviteurs dévoués. Lorsque cette nouvelle fut connue dans son camp, ce fut une explosion d'imprécations et de cris de désespoir; les femmes, les enfants se répandirent en tous sens en pleurant, et bientôt chacun chercha son salut dans la fuite, sans s'occuper de son voisin.

L'armée grecque, survenant alors, s'empara, sans coup férir, du camp et fit un massacre horrible des fuyards. Les vainqueurs se portèrent aux plus grands excès que Bélisaire ne put absolument empêcher (15 décembre 533). Le camp vandale renfermait un butin considérable: c'était le produit de cinquante années de pillage. L'armée victorieuse resta débandée toute la nuit et ce ne fut qu'au jour que le général put commencer à rallier ses soldats. Si un homme courageux, réunissant les Vandales, avait tenté un retour offensif, c'en était fait de l'armée de l'empire.

Fuite de Gélimer. — Quand Bélisaire fut parvenu à calmer l'effervescence de ses troupes, il montra une grande bienveillance aux vaincus, et empêcha qu'on n'exerçât des représailles inutiles.

Jean l'Arménien avait été lancé, à la tête d'une troupe de deux cents cavaliers, à la poursuite de Gélimer. Pendant cinq jours il suivit ses traces et était sur le point de l'atteindre, lorsqu'un événement imprévu permit au roi détrôné d'échapper à ses ennemis. Un officier grec du nom d'Uliaris, qui, pendant la station à l'étape, avait trouvé le loisir de s'enivrer, voulut, au moment de partir, tirer une flèche sur un oiseau ; mais le projectile, mal dirigé, alla frapper à la tête Jean l'Arménien et causa sa mort. La poursuite fut suspendue. Les cavaliers, qui aimaient beaucoup leur chef, s'arrêtèrent pour lui rendre les devoirs funéraires et firent porter la triste nouvelle au général en chef. Bélisaire arriva bientôt et témoigna, au nom de l'armée, les plus vifs regrets de la perte de son lieutenant. Il voulait faire périr Uliaris, mais les cavaliers l'assurèrent que les dernières paroles de Jean avaient été pour implorer le pardon de son meurtrier, et il se décida à lui accorder sa grâce.

Conquêtes de Bélisaire. — Le roi s'était réfugié dans le mont Pappua, montagne escarpée, située sur les confins de la Numidie et de la Maurétanie[1]. Il avait obtenu l'appui des indigènes de cette contrée qui lui avaient ouvert leur ville principale, nommée Midénos. Bélisaire renonça pour le moment à le poursuivre. Il marcha sur Hippône et s'empara de cette ville. Un grand nombre de Vandales s'y trouvaient et, pour échapper au trépas qu'ils redoutaient, s'étaient réfugiés dans les églises. Bélisaire les

---

1. La situation du Pappua a donné lieu à de nombreuses controverses. La commission de l'Académie avait d'abord identifié cette montagne à l'Edough, près de Bône. Berbrugger (*Rev. afr.*, vol. 6, p. 475), puis M. Papier (*Recueil de la Soc. arch. de Constantine*, 1879-80, pp. 83 et suiv.), ont démontré l'impossibilité de cette synonymie. Il est plus difficile de dire où était réellement le Pappua. M. Papier, se fondant sur une inscription, penche pour le Nador; mais, en vérité, nous ne sommes pas là sur les confins de la Numidie et de la Maurétanie.

fit conduire à Karthage où ils furent réunis aux autres prisonniers. Au moment où les affaires semblaient prendre une mauvaise tournure pour lui, Gélimer avait envoyé à Hippône tous ses trésors, en les confiant à un serviteur fidèle du nom de Boniface. Celui-ci voulut les soustraire au vainqueur en fuyant sur mer, mais les vents contraires le rejetèrent à Hippone et tout ce qu'il portait devint la proie des Grecs.

Après ces succès, Bélisaire, rentré à Karthage, envoya par mer des officiers prendre possession de Césarée et de Ceuta, points importants sous le double rapport politique et commercial. Un autre s'empara des Baléares; enfin des secours furent envoyés à Pudentius qui, à Tripoli, était pressé par les indigènes en révolte. Une forte division alla, sous les ordres de Cyrille, reconquérir la Sardaigne. Enfin une autre expédition partit pour la Sicile, afin de revendiquer par les armes la partie de cette île qui avait appartenu aux Vandales; mais les Goths la repoussèrent et ne laissèrent pas entamer le domaine d'Atalaric.

GÉLIMER SE REND AUX GRECS. — Bélisaire ayant appris le lieu où s'était réfugié Gélimer, de la bouche de son serviteur Boniface, envoya pour le réduire un Hérule, du nom de Fara, avec une troupe de cavaliers de sa nation. Après avoir en vain essayé d'enlever Midénos de vive force, Fara dut se borner à entourer cette ville d'un blocus rigoureux. Gélimer, qui avait avec lui quelques membres de sa famille et ses derniers adhérents fidèles, manquait de tout et ne pouvait se faire à la dure vie des indigènes dans un pays élevé, où le froid se faisait cruellement sentir. Néanmoins, il résista durant trois mois à toutes les privations, et ce ne fut qu'à la fin de l'hiver qu'il se décida à se rendre, à la condition que Bélisaire lui garantît la vie sauve.

Cette proposition, transmise par Fara au général, fut accueillie avec empressement. Bélisaire dépêcha à Midénos des officiers chargés de lui donner sa promesse et de le ramener sain et sauf. Gélimer fut reçu à l'entrée de Karthage par son vainqueur (534). Peu après, Bélisaire s'embarquait pour Byzance, afin de remettre lui-même son prisonnier à l'empereur. Son but était non seulement de recevoir des honneurs bien mérités, mais encore de se justifier des accusations que les envieux avaient produites contre lui. En quittant l'Afrique, il laissa le commandement suprême à Salomon avec une partie de ses vétérans.

Justinien, plein de reconnaissance pour celui qui avait rendu l'Afrique à l'empire, lui décerna le triomphe, honneur qui n'avait été donné à aucun général depuis cinq siècles. Gélimer, revêtu d'un manteau de pourpre, fut placé dans le cortège et dut, arrivé devant l'empereur, se dépouiller de cet insigne, se prosterner et adorer son maître. Bélisaire reçut le titre de consul. Quant à Gélimer, on lui assigna un riche domaine en Galatie, dans l'Asie Mineure, et le dernier roi vandale y finit tranquillement et obscurément sa vie.

DISPARITION DES VANDALES D'AFRIQUE. — En moins de six mois l'Afrique avait cessé d'être vandale, ce qui prouve combien peu de racines cette occupation avait poussées dans le pays. Après la brillante conquête qui leur avait livré la Berbérie, les Vandales s'étaient concentrés dans le nord de l'Afrique propre et de là s'étaient lancés dans des courses aventureuses qui les avaient conduits en Italie et dans toutes les îles de la Méditerranée. Ainsi, malgré le partage des terres qu'ils avaient opéré, ils n'avaient pas fait, en réalité, de colonisation. Ils s'étaient prodigués dans des guerres qui n'avaient d'autre but que le pillage et, tandis qu'ils augmentaient leurs richesses et leur puissance d'un jour, ils diminuaient, en réalité, leur force comme nation. Aucune assimilation ne s'était faite entre eux et les colons romains; quant aux indigènes, ils continuaient à se reformer et l'on peut dire qu'il n'y avait plus rien de commun entre eux et les étrangers établis sur leur sol.

Cela explique comment, après une occupation qui avait duré un siècle, l'élément vandale disparut subitement de l'Afrique. Un assez grand nombre de guerriers étaient morts dans la dernière guerre ; d'autres avaient été emmenés comme prisonniers en Orient par Bélisaire et entrèrent au service de l'empire[1]. Or, les Vandales étaient essentiellement un peuple militaire et ainsi l'élément actif se trouva absorbé, car, nous le répétons, il s'était trop prodigué pour avoir augmenté en nombre, quoi qu'en aient dit certains auteurs. Quant au reste de la nation, une partie demeura en Afrique et se fondit bientôt dans la population coloniale ou s'unit aux Byzantins, tandis que les autres, émigrant isolément, allèrent chercher un asile ailleurs.

Les Vandales d'Afrique ne laissèrent d'autre souvenir dans le pays que celui de leurs dévastations. Cela démontre une fois de plus combien est fragile une conquête qui ne se complète pas par une forte colonisation et se borne à une simple occupation, quelque solide qu'elle paraisse.

1. Gibbon, *Hist. de la décadence de l'empire romain*, ch. 41.

ORGANISATION DE L'AFRIQUE BYZANTINE. ETAT DES BERBÈRES. — Salomon[1], premier gouverneur de l'Afrique, avait reçu la lourde charge d'achever la conquête et d'organiser l'administration du pays. Par l'ordre de l'empereur on forma sept provinces : la Consulaire, la Byzacène, la Tripolitaine, la Tingitane gouvernées par des consuls, et la Numidie, la Maurétanie et la Sardaigne commandées par des *præses*. Mais cette organisation était plus théorique que réelle. Sur bien des points le pays restait absolument livré à lui-même. Ainsi, dans la Tingitane et même dans la plus grande partie de la Césarienne, l'occupation se réduisait à quelques points du littoral. Des garnisons furent envoyées dans l'intérieur de la Numidie. Elles trouvèrent les villes en ruines et s'appliquèrent à élever des retranchements, au moyen des pierres éparses provenant des anciens édifices[2]. Quelques colons se hasardèrent à la suite des soldats. « Que nos officiers s'efforcent avant tout de préserver nos sujets des incursions de l'ennemi et d'étendre nos provinces jusqu'au point où la république romaine, *avant les invasions des Maures* et des Vandales, avait fixé ses frontières..... » telles étaient les instructions données par l'empereur[3].

En même temps, la religion catholique fut rétablie dans tous ses privilèges; par un édit de 535 les Ariens furent mis hors la loi, dépouillés de leurs biens et exclus de toute fonction. La pratique de leur culte fut sévèrement interdite. Les Donatistes et autres dissidents et les Juifs furent également l'objet de mesures de proscription. C'était encore semer des germes de mécontentement et de haine qui ne devaient pas contribuer à asseoir solidement l'autorité byzantine.

Justinien voulait rendre aux provinces d'Afrique leurs anciennes limites; mais la situation du pays était profondément modifiée et, si les Vandales avaient disparu, il restait la population berbère qui avait reconquis peu à peu une partie des territoires abandonnés par les colons, à la suite de longs siècles de guerres et d'anarchie, et qui, réunie maintenant en corps de nation, n'était nullement disposée à laisser la colonisation reprendre son domaine. Bien au contraire, l'élément indigène se resserrait de toute part, autour de l'occupation étrangère.

---

1. Sur les inscriptions d'Afrique où le nom de ce général est cité, il est toujours écrit Solomon. Nous adoptons l'orthographe des historiens byzantins.

2. Poulle, *Ruines de Bechilga* (*Revue africaine*, n° 27, p. 199).

3. Voir, dans l'*Afrique ancienne* de D'Avezac, le texte curieux des deux rescrits adressés, le 13 avril 534, par l'empereur à Archélaüs pour l'organisation militaire et administrative de l'Afrique.

Les Berbères, groupés par confédérations de tribus, avaient maintenant des rois prêts à les conduire au combat et au pillage. *Antalas* était chef des Maures de la Byzacène. *Yabdas* était roi indépendant du massif de l'Aourès, ayant à l'est *Cutzinas* et à l'ouest *Orthaïas*, dont l'autorité s'étendait jusqu'au Hodna. Enfin les tribus de la Maurétanie obéissaient à *Massinas*. Voilà les chefs de la nation indigène contre lesquels les troupes de l'empereur allaient avoir à lutter.

Cette reconstitution de la nationalité berbère a été très bien caractérisée par M. Lacroix auteur que nous ne saurions trop citer: « Les Romains, dit-il, ce peuple si puissant, si habile, si formidable par sa civilisation et sa force conquérante ne s'étaient jamais assimilé les indigènes, dans le sens qu'on attache à ce mot. Le Berbère des villes, des plaines et des vallées voisines des centres de population, fut absorbé par les conquérants, cela va sans dire; mais l'indigène du Sahara et des montagnes ne fut jamais pénétré par l'influence romaine. Après sept siècles de domination italienne, je retrouve la race autochtone ce qu'elle était avant l'occupation. Les insurgés qui, au vi[e] siècle, se firent châtier par Salomon et Jean, dans l'Aurès, dans l'Edough et dans la Byzacène, étaient les mêmes hommes qui combattaient six cents ans auparavant sous la bannière de Jugurtha. Mêmes mœurs, mêmes usages, même haine de l'étranger, même amour de l'indépendance, même manière de combattre..... Cette population était restée intacte, imperméable à toute action extérieure..... Le nombre immense des insurgés qui tinrent en échec la puissance de Justinien, après l'expulsion des Vandales, et l'impossibilité, pour les Romains, de rétablir leur autorité dans les parties occidentales de leurs anciennes possessions, prouvent clairement que ce fut, non point une faible partie, mais la grande masse des indigènes qui resta impénétrable[1]. »

LUTTES DE SALOMON CONTRE LES BERBÈRES. — Ce fut la Byzacène qui donna le signal de la révolte. Deux officiers grecs Rufin et Aigan furent envoyés contre les rebelles. Ils avaient obtenu quelques succès partiels, lorsqu'ils se virent entourés par des masses de guerriers berbères commandés par Cutzinas. Les Byzantins se mirent en retraite jusque sur un massif rocheux, d'où ils se défendirent avec la plus grande opiniâtreté; mais leurs flèches étant épuisées, ils finirent par être tous massacrés.

Salomon, ayant reçu des renforts, marcha en personne contre les

---

1. *Revue africaine*, n° 72 et suiv. Voilà des enseignements qui ne doivent pas être perdus pour nous, conquérants du xixe siècle.

rebelles et leur infligea une sanglante défaite, dans la plaine de Mamma (535), où les indigènes l'avaient attendu derrière leurs chameaux, forteresse vivante de douze rangs d'épaisseur. Il fit un butin considérable et croyait avoir triomphé de la révolte; mais à peine était-il rentré à Karthage qu'il apprenait que les Berbères avaient de nouveau envahi et pillé la Byzacène. C'était une campagne à recommencer. Cette fois le gouverneur s'avança vers le sud jusqu'à une montagne appelée par Procope le mont Burgaon[1], où les ennemis s'étaient retranchés, et obtint sur eux un nouveau et décisif succès, dans lequel il fut fait un grand carnage de Maures[2].

Pendant ce temps, Yabdas, roi de l'Aourès, allié à Massinas, portait le ravage dans la Numidie. L'histoire rapporte que Yabdas, revenant d'une razia et poussant devant lui un butin considérable, s'arrêta devant la petite place de Ticisi[3], où s'était porté un officier byzantin du nom d'Athias, qui commandait le poste de Centuria, à la tête de soixante-dix cavaliers huns, pour lui disputer l'accès de l'eau. Yabdas lui offrit, dit-on, le tiers de son butin; mais Athias refusa et proposa au roi berbère un combat singulier qui fut accepté et eut lieu en présence des troupes. Yabdas vaincu abandonna tout son butin et regagna ses montagnes[4].

Après la défaite du mont Burgaon, les fuyards et les tribus compromises vinrent chercher asile auprès d'Yabdas, et lui offrirent leurs services. Vers le même temps, Orthaias, qui avait à se plaindre du roi de l'Aourès, et d'autres chefs indigènes mécontents offraient à Salomon leur appui contre Yabdas, et lui proposaient de le guider dans l'expédition qu'il préparait. Le général byzantin s'avança jusque sur l'Abigas[5] et ayant pénétré dans les montagnes parvint jusqu'au mont Aspidis[6], sans rencontrer l'ennemi qui s'était retranché au cœur du pays. Manquant de vivres et voyant l'hiver approcher, Salomon n'osa pas s'engager davantage et rentra à Karthage sans avoir obtenu le moindre succès.

RÉVOLTE DE STOZAS. — Au printemps de l'année 536, Salomon préparait une grande expédition contre l'Aourès, lorsqu'il faillit tomber sous le poignard de ses soldats révoltés. La sévérité des

---

1. Sans doute le Djebel-Bou-Ghanem, à l'est de Tébessa.
2. Procope, *De bell. vand.*. l. II, cap. XII.
3. Au sud de Constantine, à Aïn-el-Bordj, non loin du village de Sigus.
4. Cet épisode a été rappelé par M. Poulle dans le *Recueil de la Soc. arch. de Constantine*, 1878, p. 375.
5. La rivière de Khenchela, selon Ragot (*loc. cit.*, p. 301).
6. Le Djebel-Chelia.

mesures prises contre les Ariens paraît avoir été la cause de cette rébellion à la tête de laquelle était un simple garde nommé Stozas.

Salomon, après avoir échappé aux révoltés, parvint à s'embarquer et à passer en Sicile, où Bélisaire avait été envoyé depuis l'année précédente par l'empereur. La soldatesque, qui s'était livrée à tous les excès, fut réunie par Stozas dans un camp, non loin de Karthage. Les Vandales, des aventuriers de toute origine y accoururent et bientôt Stozas se trouva à la tête de huit mille hommes, avec lesquels il marcha sur Karthage. Mais en même temps, Bélisaire débarquait en Afrique, avec un corps de cent hommes choisis. La présence du grand général ranima le courage de tous et fit rentrer les hésitants dans le devoir. Ayant formé un corps de deux mille hommes, il marcha contre les rebelles qui rétrogradèrent jusqu'à Membresa, sur la Medjerda[1], et leur livra bataille. Mais les soldats de Stozas se dispersèrent dans toutes les directions, après un simulacre de résistance.

Bélisaire voulait s'appliquer à tout remettre en ordre dans sa conquête, lorsqu'il apprit que son armée venait de se révolter en Sicile. Contraint de retourner dans cette île, il laissa le commandement de l'Afrique à deux officiers : Ildiger et Théodore. Aussitôt Stozas qui se tenait à Gazauphyla, à deux journées de Constantine, dans la Numidie, où les fuyards l'avaient rejoint, releva la tête. Le gouverneur de cette province marcha contre lui, à la tête de forces importantes, mais Stozas sut entraîner sous ses étendards la plus grande partie des soldats byzantins. Les officiers furent massacrés et le pays demeura livré à l'anarchie (536).

Germain, neveu de l'empereur, fut chargé de rétablir son autorité en Afrique. Etant arrivé, il s'appliqua à relever la discipline et à reconstituer son armée. Il en était temps, car Stozas marchait sur Karthage et ne se trouvait plus qu'à une vingtaine de kilomètres. Germain sortit bravement à sa rencontre et, comme Stozas avait en vain essayé de débaucher ses soldats, il n'osa pas soutenir leur choc et se mit en retraite poursuivi par Germain jusqu'au lieu dit Cellas-Vatari[2]. Là, se tenaient Yabdas et Orthaias avec leurs contingents, et, comme Stozas croyait pouvoir compter sur leur appui, il offrit la bataille à Germain ; mais ses soldats, sans cohésion, ne tardèrent pas à plier, ce que voyant, les deux rois maures

---

1. A Medjez-el-Bab, à 75 kil. de Karthage.
2. M. D'Avezac place cette localité vers Tifech (*Afrique ancienne*, p. 250). M. Ragot, qui appelle cette localité *Scales Veteres*, pense, en raison de la présence d'Orthaias, roi du Hodna, qu'elle devait se trouver au sud de Constantine (*loc. cit.*, p. 303).

se jetèrent sur son camp pour le livrer au pillage et achevèrent la déroute de son armée. Stozas se réfugia dans la Maurétanie et Germain put s'apppliquer à rétablir l'ordre en Afrique.

Expéditions de Salomon. — En 539 Germain fut rappelé par l'empereur et remplacé par Salomon élevé, pour la seconde fois, aux fonctions de gouverneur. Son premier soin, dès son arrivée en Afrique, fut de reprendre l'organisation de l'expédition de l'Aourès, que la révolte avait interrompue trois ans auparavant. Pour s'assurer la neutralité des Maures de la Byzacène, il aurait, paraît-il [1], attribué à Antalas, le commandement de tous les Berbères de l'est, en lui assignant une solde et le titre de fédéré. Au printemps de l'année suivante, il se mit en marche. La campagne débuta mal. Un officier du nom de Gontharis, ayant poussé une reconnaissance jusque sur l'Ouad-Abigas, se heurta à un fort rassemblement et fut contraint de chercher un refuge derrière les murailles de la ville déserte de Baghaï. Les indigènes, se servant des canaux d'irrigation, purent inonder son camp et rendre sa situation intolérable. Il fallut que Salomon lui-même vînt le délivrer. Puis les troupes byzantines, pénétrant dans la montagne, mirent en déroute Yabdas et ses Berbères, malgré leur grand nombre et la force des positions qu'ils occupaient.

Le roi maure s'était réfugié à Zerbula. Salomon vint l'y bloquer, après avoir ravagé Thamugas. Forcé de fuir encore, Yabdas gagna Thumar, « position défendue de tous côtés par des précipices et des rochers taillés à pic ». Le général byzantin l'y relança et, ne pouvant songer à l'escalade, dut se contenter de bloquer étroitement l'ennemi. Ce siège se prolongea et les troupes souffraient beaucoup du manque d'eau et de provisions, lorsque des soldats réussirent à s'emparer d'un passage mal gardé par les Maures : secondés par un assaut de l'armée, ils parvinrent à enlever la position. Yabdas blessé put néanmoins s'échapper et se réfugier en Maurétanie.

Cette fois les Byzantins étaient maîtres de l'Aourès ; ils y trouvèrent les trésors du prince berbère. Après avoir fait occuper deux points stratégiques dans ces montagnes, Salomon se porta dans le Zab et de là dans le Hodna et la région de Sitifis, forçant partout les indigènes à la soumission et relevant les ruines des cités et des forteresses. Le souvenir de ses travaux dans la région sitifienne a été conservé par les inscriptions. Zabi [2], la métropole du Hodna,

---

1. Tauxier, *Notice sur la Johannide* (*Rev. afr.*, n° 118, p. 293).
2. Actuellement Mecila.

fut réédifiée par lui et reçut le nom de Justiniana[1]. De là, Salomon s'avança sans doute, vers l'ouest, jusque dans la région du haut Mina, car le récit de cette expédition se trouve retracé sur une pierre, dont l'inscription est relatée par les auteurs arabes[2] et a été retrouvée près de Frenda.

Ainsi Salomon acheva la conquête de l'Afrique que Bélisaire avait enlevée aux Vandales, mais qu'il fallait reprendre aux indigènes. Une tradition berbère qui annonçait la conquête de l'Afrique par un homme sans barbe se trouva réalisée, car on sait que Salomon était eunuque et avait le visage glabre. Après avoir terminé les opérations militaires, le gouverneur s'appliqua à régulariser la marche de l'administration et mérita par sa justice la reconnaissance des populations depuis si longtemps opprimées.

RÉVOLTE DES LEVATHES. MORT DE SALOMON. — En 543, l'empereur détacha la Pentapole et la Tripolitaine de l'Afrique ; il, s'était appliqué à relever les villes de la Cyrénaïque de leurs ruines et plaça à la tête de cette province, comme gouverneur de la Pentapole, Cyrus, neveu de Salomon. Sergius, autre neveu de Salomon, reçut le commandement de la Tripolitaine, où se trouvait toujours Pudentius.

Peu de temps après, quatre-vingts cheikhs de la grande tribu des Levathes[3] étant venus à Leptis magna, où se trouvait Sergius, pour recevoir selon l'usage l'investiture de leur commandement et présenter leurs doléances, ces malheureux furent massacrés dans la salle où ils étaient réunis, parce que, dit-on, ils étaient soupçonnés d'un complot. Un seul d'entre eux s'échappa et appela aux armes les guerriers de la tribu qui s'étaient rapprochés. Sergius marcha contre eux, les mit en déroute et s'empara de tout leur butin, ainsi que de leurs femmes et de leurs enfants. Pudentius avait trouvé la mort dans le combat.

Ce fut l'occasion d'une levée générale de boucliers chez les Berbères de la Tripolitaine. Antalas, auquel, selon M. Tauxier, Salomon avait retiré sa solde et ses avantages, se joignit à eux, avec ses guerriers, et tous marchèrent vers le nord. Salomon se rendit à Tébessa pour les arrêter dans leur marche. Il devait s'y rencontrer avec Coutzinas et les Maures alliés et Pelagius, duc de Tripolitaine. Mais ces deux chefs furent vaincus isolément ; le dernier périt même dans la bataille et il en résulta que Salomon

---

1. Poulle, *Rev. afr.*, n° 27, pp. 190 et suiv.
2. Ibn-Khaldoun, trad. de Slane, t. I, p. 234, II, p. 540.
3. Les Louata des auteurs arabes.

se trouva seul avec un faible corps de troupes. Il proposa aux rebelles de traiter, mais les Berbères, qui se sentaient en forces, entamèrent le combat et ne tardèrent pas à mettre en fuite les Byzantins. Salomon entraîné dans la déroute, ayant été désarçonné, fut massacré par les indigènes.

Les Levathes et leurs alliés s'avancèrent alors jusqu'à Laribus; mais ils se retirèrent après avoir reçu des habitants de cette ville une rançon de trois mille écus d'or (545).

PÉRIODE D'ANARCHIE. — Sergius, l'auteur de ces désastres, fut nommé par Justinien gouverneur de l'Afrique. On ne pouvait faire un plus mauvais choix. Bientôt il sut tourner tout le monde contre lui et l'anarchie devint générale.

Stozas, qui avait quitté la Maurétanie et s'était joint à Antalas portait le ravage et la désolation dans les malheureuses campagnes de la Byzacène et de la Numidie, sans que Sergius prît les moindres mesures pour protéger les colons. Il en résulta une véritable émigration : les populations quittèrent non seulement les campagnes, mais l'Afrique, et allèrent se réfugier dans les îles de la Méditerranée et même en Orient. Ce fut une des périodes les plus funestes à la colonisation africaine. Stozas poussa l'audace jusqu'à proposer à Justinien de rétablir la paix, si Sergius était rappelé. L'empereur, sans daigner répondre à cette proposition, envoya en Afrique un sénateur du nom d'Aréobinde, absolument étranger au métier des armes, en le chargeant de combattre les Maures de la Numidie, tandis que Sergius réduirait ceux de la Byzacène.

Stozas, qui avait augmenté son armée d'un grand nombre d'aventuriers et de transfuges, se tenait, avec Antalas et les Maures, aux environs de Sicca-Veneria[1]. Aréobinde fit marcher contre lui un de ses meilleurs officiers, du nom de Jean. Les deux troupes en vinrent aux mains et, dans le combat, Jean et Stozas trouvèrent la mort. Les Byzantins se retirèrent en désordre, tandis que les rebelles élisaient un autre chef.

Ce nouvel échec décida Justinien à rappeler Sergius (546). Aréobinde restait seul et il n'était pas de taille à tenir tête aux difficultés du moment, car l'anarchie était à son comble et la révolte partout. Gontharis, ancien officier de Salomon, entra alors en pourparlers avec les principaux chefs berbères : Yabdas, Cutzinas et Antalas, et les poussa à exécuter une attaque générale, de concert avec les bandes de Stozas. A l'approche de l'ennemi, Aréobinde fit rentrer toutes ses garnisons et confia le commande-

1. Le Kef.

ment des troupes à Gontharis lui-même. Peu de jours après, le traître, ayant fomenté une sédition parmi les soldats, en profita pour assassiner le gouverneur et s'emparer du pouvoir.

Gontharis avait promis à Antalas la moitié de l'Afrique, mais, une fois maître de l'autorité, il refusa de tenir ses promesses, et il en résulta une rupture entre lui et le chef maure. Par haine de celui-ci, Cutzinas vint se joindre à Gontharis en lui amenant les soldats de Stozas, Vandales, Romains et Massagètes. Antalas fut battu par un officier arménien du nom d'Artabane qui, peu après, assassina Gontharis dans un festin (546) ; trente-six jours s'étaient écoulés depuis le meurtre d'Aréobinde.

JEAN TROGLITA GOUVERNEUR D'AFRIQUE. IL RÉTABLIT LA PAIX. — Justinien voulut récompenser Artabane en le nommant gouverneur de l'Afrique, mais cet officier, ayant d'autres projets, déclina l'honneur qui lui était offert[1]. L'empereur choisit alors un autre officier du nom de Jean Troglita, qui se trouvait à la guerre de Mésopotamie et auquel il donna le commandement de toute l'Afrique. Jean avait servi avec distinction en Berbérie, sous les ordres de Bélisaire et de Germain ; il connaissait donc les hommes et les choses du pays et, comme il était doué de remarquables qualités militaires, le choix de l'empereur était fort heureux ; l'on n'allait pas tarder à s'en apercevoir.

Débarqué à Caput-Vada, avec une très faible armée, Jean se porta en trois jours jusqu'auprès de Karthage et recueillit dans son camp tous les soldats dispersés, capables de rendre quelques services. Puis il alla attaquer Antalas et ses bandes qui bloquaient la ville. « Les Berbères s'étaient rangés en bataille et, de plus, selon une tactique qui leur était familière, ils s'étaient, en cas d'insuccès, ménagé un réduit dans une enceinte carrée formée de plusieurs rangs de chameaux et de bêtes de somme. Ces précautions, pourtant, ne les sauvèrent pas d'une défaite complète. Jerna, grand-prêtre de Louata, en essayant de sauver du pillage l'idole adorée par ces peuples, s'attarda dans la déroute et fut tué par un cavalier romain[2]. » Antalas chercha un refuge dans le désert.

Karthage était débloquée et la Byzacène reconquise ; mais les Berbères étaient loin d'avoir été abattus. Bientôt Jean apprit que les Louata (Levathes), alliés aux Nasamons et aux Garamantes, accouraient vers le nord sous le commandement d'un nouveau et terrible chef, dont Corrippus nous a transmis le nom sous la forme

---

1. Fournel, *Berbers*, p. 101.
2. Tauxier, *Johannide*, (*loc. cit.*), p. 296.

de Carcasan[1]. On était alors au cœur de l'été de l'année 547. Jean se porta contre les envahisseurs, mais il essuya une défaite et dut se réfugier derrière les remparts de Laribus. La situation était critique. Jean n'hésita pas à faire appel aux indigènes, en tirant parti de l'esprit de rivalité qui a toujours été si fatal aux Berbères. Cutzinas, Ifisdias, chefs d'une partie de l'Aourès, et Yabdas lui-même lui promirent leur appui.

Cependant les hordes d'Antalas dévastaient la Byzacène et arrivaient jusqu'aux portes de Karthage. Troglita, assuré sur ses derrières et ayant reçu d'importants renforts, quitta sa position fortifiée et alla chercher Antalas dans la plaine. Les deux armées se rencontrèrent au lieu dit le champ de Caton, et la victoire des Byzantins fut complète. Un grand nombre d'indigènes restèrent sur le champ de bataille. Dix-sept chefs de tribus, parmi lesquels le terrible Carcasan, furent tués et l'on promena leurs dépouilles dans les rues de Karthage. Antalas fit sa soumission (548).

ETAT DE L'AFRIQUE AU MILIEU DU VIe SIÈCLE. — La nation berbère se trouvait encore une fois vaincue et, grâce aux succès de Troglita, l'empire conservait sa province d'Afrique ; mais combien était précaire la situation de cette colonie, réduite à une partie de la Tunisie et de la province de Constantine actuelles. Partout l'élément indigène avait repris son indépendance et ce n'était que grâce à l'appui des principicules berbères, véritables rois tributaires, que les Byzantins se maintenaient en Afrique. Les campagnes étaient absolument ruinées: « Lorsque Procope débarqua en Afrique pour la première fois, il admira la population des villes et des campagnes et l'activité du commerce et de l'agriculture. En moins de vingt ans, ce pays n'offrit plus qu'une immense solitude ; les citoyens opulents se réfugièrent en Sicile et à Constantinople et Procope assure que les guerres et le gouvernement de Justinien coûtèrent cinq millions d'hommes à l'Afrique[2]. »

Selon Procope, les Maures, après les victoires de Troglita, semblaient de véritables esclaves[3], et l'on vit un grand nombre d'entre eux, qui étaient redevenus païens, se convertir au christianisme. Mais nous pensons qu'il parle d'une manière trop générale, et que ces faits ne peuvent s'appliquer qu'aux indigènes voisins des postes de l'Afrique propre et de la Numidie. La race berbère prise dans

---

1. *Johannide*, poème en l'honneur de Jean Troglita, par Fl. Cres. Corippus, lib. V.
2. Gibbon, *Hist. de la décadence de l'Empire romain*, t. II, ch. XLIII.
3. *Anecdotes*, ch. XVIII.

son ensemble avait trop bien reconquis son indépendance pour qu'on puisse croire que l'action du gouverneur byzantin s'exerçât à ce point sur elle, et ce serait une grave erreur de ranger dans cette catégorie les Louata de la Tripolitaine, les Berbères de l'Aourès et les Maures de l'Ouest.

Troglita fit tous ses efforts pour assurer son occupation et se garantir des incursions indigènes par des postes fortifiés : avec les ruines des cités détruites, on construisit des retranchements et des forteresses derrière lesquels les garnisons byzantines s'abritèrent, et quelques colons cherchèrent sous leur protection à rentrer en possession de leurs champs dévastés.

L'Afrique pendant la deuxième moitié du VIe siècle. — Privés des documents si précis laissés par Procope, nous ne possédons, sur la phase de l'histoire africaine par nous atteinte, que des détails épars et sans suite. C'est ainsi qu'on ignore l'époque du départ de Jean Troglita.

En 563, Rogathinus, préfet du prétoire d'Afrique, fit traîtreusement assassiner Cutzinas, chef de la région orientale de l'Aourès, qui était venu à Karthage réclamer au sujet d'immunités dont on l'avait frustré. Les services rendus par ce chef eussent dû lui épargner un semblable traitement ; aussi la nouvelle de sa mort fut-elle le signal d'une levée de boucliers des Berbères, appelés aux armes par ses fils. Justinien dut envoyer en Afrique son neveu Marcien, maître de la milice[1], qui contraignit les rebelles à la soumission.

Justinien termina sa longue carrière le 14 novembre 565, sans avoir pu réaliser le vaste projet qu'il avait conçu. Sa mort paraît avoir été le signal de nouvelles révoltes en Berbérie. Un certain Gasmul, roi des Maures, entre en scène et se fait remarquer par son ardeur à combattre l'étranger. Dans ces luttes périssent successivement : Théodore, préfet d'Afrique (568), Théoctiste, maître de la milice (569), et Amabilis, successeur du précédent (570).

C'est Gasmul qui obtient ces succès. « Devenu tout puissant par ses victoires, Gasmul, en 574, *donne à ses tribus errantes des établissements fixes*, et s'empare peut-être de Césarée. L'année suivante (575), il marche contre les Francs et tente l'invasion des Gaules, mais il échoue dans cette entreprise[2]. » Si ces faits sont

---

1. D'Avezac, *Afrique ancienne*, p. 256.
2. Morcelli et *Travaux de l'Académie des Inscriptions*, apud Ragot, (*loc. cit.*, p. 317).

exacts, on ne saurait trop regretter l'absence de documents historiques précis à cet égard.

Cet état de rébellion permanente durait toujours lorsque l'empereur Tibère II, qui venait de succéder à Justin II, nomma comme exarque de l'Afrique un officier du nom de Gennadius, militaire d'une réelle valeur. Dès lors la situation changea. En 580, ce général attaqua Gasmul, le tua de sa propre main, massacra un grand nombre de Maures, et leur reprit toutes les conquêtes qu'ils avaient faites.

Gennadius fut nommé préfet du prétoire d'Afrique, et il est probable que, sous sa main ferme, le pays retrouva quelques jours de tranquillité. Cependant, selon le rapport de Théophane, un soulèvement général des Berbères aurait eu lieu en 588 ; mais nous ne possédons aucun détail sur ce fait. Il est probable, en raison de l'état d'affaiblissement où était tombé l'empire, que les gouverneurs byzantins de l'Afrique étaient à peu près abandonnés à eux-mêmes, et que les Berbères, réellement maîtres du pays, continuaient leur mouvement d'expansion et de reconstitution.

En 597, nouvelle révolte des Berbères: ils viennent tumultueusement assiéger Karthage, ce qui indique suffisamment qu'ils sont à peu près maîtres du reste du pays. Gennadius, manquant de soldats pour entreprendre une lutte ouverte, feint d'être disposé à traiter avec les indigènes, et à accepter leurs exigences. Il leur envoie des vivres et du vin et, profitant du moment où les Berbères se livrent à la joie et font bombance, il les attaque à l'improviste et les massacre sans peine[1].

Voilà quelle était la situation de l'Afrique à la fin du vi^e siècle.

Derniers jours de la domination byzantine. — Le 16 novembre 602, le centurion Phocas avait assassiné l'empereur Maurice et s'était emparé du pouvoir. Il en résulta des révoltes et de longues luttes dans les provinces.

L'exarque Héraclius, qui commandait en Afrique avec le patrice Grégoire, comme légat, se mit en état de révolte (608) et retint les blés destinés à l'Orient. Deux ans plus tard, le fils d'Héraclius, portant le même nom que son père, partait par mer pour Constantinople, en même temps que le fils de Grégoire s'y rendait par terre, en passant par l'Egypte et la Syrie. Arrivé le premier, Héraclius mettait fin à la tyrannie de Phocas et s'emparait de l'autorité souveraine. En 618, il fut sur le point d'abandonner son empi., alors ravagé par la famine et par la peste, et de retourner

---

1. Fournel, *Berbers*, p. 107.

dans cette Afrique qu'il regrettait et que la conquête arabe allait bientôt arracher de sa couronne. On dit qu'il ne se décida à rester qu'en cédant aux supplications et aux larmes de ses sujets.

Héraclius ne tarda pas à entreprendre une longue série de guerres dans lesquelles les Africains lui fournirent des contingents importants. En 641, l'empereur mourait après avoir eu la douleur de voir la Syrie et la Palestine, et enfin l'Egypte, tomber aux mains des conquérants arabes.

Les premières courses des Arabes en Afrique datent de cette époque. L'histoire de la Berbérie va entrer dans une autre phase.

APPENDICE

CHRONOLOGIE DES ROIS VANDALES

Genséric .... 11 février 435 .... janvier 477.
Hunéric .... Janvier 477 .... 13 décembre 484.
Gondamond . 13 décembre 484 .... septembre 496.
Trasamond.. Septembre 496 .... 523.
Hildéric .... 523 .... 531.
Gélimer .... 531 .... 534.

FIN DE LA PREMIÈRE PARTIE

DEUXIÈME PARTIE

PÉRIODE ARABE ET BERBÈRE

641 — 1045

CHAPITRE Ier

LES BERBÈRES ET LES ARABES

Le peuple berbère; mœurs et religion. — Organisation politique. — Groupement des familles de la race. — Division des tribus berbères. — Position de ces tribus. — Les Arabes; notice sur ce peuple. — Mœurs et religions des Arabes anté-islamiques. — Mahomet; fondation de l'islamisme. — Abou Beker, deuxième khalife; ses conquêtes. — Khalifat d'Omar; conquête de l'Egypte.

Le peuple berbère. Mœurs et religion. — Nous nous sommes efforcé, dans la première partie, de suivre les vicissitudes traversées par la race indigène et d'indiquer les transformations survenues dans ses éléments constitutifs, de façon à relier la chaîne de son histoire, si négligée par les historiens de l'antiquité, avec la période qui va suivre. Grâce aux auteurs arabes, tout ce qui se rapporte à la nation qu'ils ont nommée eux-mêmes Berbère, en lui restituant son unité, va devenir précis, et il convient, avant de reprendre le récit des faits, d'entrer dans quelques détails sur ce peuple et d'indiquer sa division en tribus, et les positions respectives occupées par les groupes. Ainsi, aux désignations vagues de Numides, de Maures et de Gétules, vont succéder des appellations précises. Les noms appliqués aux localités vont changer également [1], et c'est bien dans une nouvelle phase qu'entre l'histoire de l'Afrique septentrionale.

Les Berbères formaient un grand nombre de groupes que les Arabes appelèrent tribus, par analogie avec les peuplades de l'Orient. Ils avaient des mœurs et des habitudes diverses, selon les lieux que les vicissitudes de leur histoire leur avaient assignés

---

1. Voir, au commencement du livre, la notice géographique.

comme demeure : cultivateurs sur le littoral et dans les montagnes, ils vivaient attachés au sol, habitant des cabanes de branchages ou de pierres couvertes en chaume; pasteurs dans l'intérieur, ils menaient la vie semi-nomade, couchant sous la tente et parcourant avec leurs troupeaux les hauts plateaux du Tel jusqu'à la limite du désert, selon la saison ; enfin, dans le Sahara, leurs conditions normales d'existence étaient, en outre de l'accompagnement des caravanes, la guerre et le pillage, tant aux dépens de leurs frères les Berbères pasteurs du nord que des populations nègres du sud. « La classe des Berbères qui vit en nomade, dit Ibn-Khaldoun[1], parcourt le pays avec ses chameaux et, toujours la lance en main, elle s'occupe également à multiplier ses troupeaux et à dévaliser les voyageurs. » Telle est encore, de nos jours, la manière d'être des habitants du désert.

Le costume des Berbères se composait d'un vêtement de dessous rayé, dont ils rejetaient un pan sur l'épaule gauche, et d'un burnous noir mis par-dessus. Ils se faisaient raser la tête et ne portaient souvent aucune coiffure[2]. Dans le Sahara, ils se cachaient la figure au moyen d'un voile, le *litham*, encore usité par les Touareg et autres Berbères de l'extrême sud. Quant à leur langue, elle se composait de plusieurs dialectes aux racines non sémitiques, se rattachant à la même souche. C'est celle qui se parle de nos jours dans le désert sous le nom de *Tamacher't* et dont les différents idiomes, plus ou moins arabisés, s'appellent en Algérie, en Tunisie, au Maroc et jusqu'au Sénégal : *Chelha, Zenatïya, Chaouïa, Kebaïlïya, Zenaga, Tifinar'*, etc.

Comme religion, ils professaient généralement l'idolâtrie et le culte du feu; cependant dans les plaines avoisinant les pays autrefois romanisés, et où la religion chrétienne avait régné, deux siècles auparavant, sans conteste, il restait encore un grand nombre d'indigènes chrétiens. Ailleurs, des tribus entières étaient juives. Enfin des peuplades avaient conservé le souvenir des rites importés par les Phéniciens, et s'il faut en croire Corippus, elles offraient encore, au sixième siècle, des sacrifices humains à Gurzil, Mastiman et autres divinités barbares. Nous avons vu que certaines tribus avaient une idole spéciale confiée au soin d'un grand-prêtre.

ORGANISATION POLITIQUE. — Chaque tribu nommait un roi, ou chef, et souvent plusieurs tribus formaient une confédération soumise au commandement suprême du même prince. Ce droit de

---

1. *Hist. des Berbères*, trad. de Slane, t. I, p. 166.
2. *Ibid.*, p. 167.

commandement était spécial à certaines tribus qui exerçaient une sorte de suprématie sur les autres. Il est probable que chaque groupe de la nation possédait, à défaut de lois fixes, des coutumes dont le souvenir s'est perpétué en Algérie dans les *Kanouns* de nos Kabiles[1]. Au septième siècle, n'ayant pas encore profité de la civilisation arabe, les Berbères étaient, en maints endroits, fort sauvages, mais leurs qualités ne devaient pas tarder à se développer et c'est avec raison qu'Ibn-Khaldoun a pu dire d'eux : « Les Berbères ont toujours été un peuple puissant, redoutable, brave et nombreux ; un vrai peuple comme tant d'autres, dans ce monde, tels que les Arabes, les Persans, les Grecs et les Romains[2]..... » « On a vu, des Berbères, des choses tellement hors du commun, des faits tellement admirables — ajoute-t-il — qu'il est impossible de méconnaître le grand soin que Dieu a eu de cette nation. »

GROUPEMENT ET SITUATION DES FAMILLES DE LA RACE. — Les auteurs arabes ont divisé les Berbères en deux familles principales : les *Botr*, descendants de Madghis-El-Abter, et les *Branès*, descendants de Bernès. Les *Zenata*, qui sont quelquefois placés à part, sont compris en général dans les Botr. Mais ces distinctions, qui ont pu avoir leur raison d'être à une époque reculée, sont devenues bien arbitraires, par suite du mélange intime des divers éléments et de la constitution d'une race unique. A peine peut-on placer à part les tribus de race Zénète, qui semblent présenter des différences de traits et de mœurs avec les vieux Berbères, et paraissent d'origine plus récente. Nous admettrions volontiers qu'elles sont le produit d'une invasion venue de l'Orient, car elles se sont insinuées comme un coin au milieu de la vieille race, et se tiennent sur la limite du désert, prêtes à pénétrer dans le Tel, comme le feront les Arabes Hilaliens quatre siècles plus tard.

Renonçant à reproduire les généalogies plus ou moins ingénieuses des auteurs arabes, nous ne tiendrons compte que de la situation générale de la race au moment que nous avons atteint, et, à défaut d'autre classification, nous proposerons de diviser les Berbères en trois groupes principaux de la manière suivante :

1° Berbères de l'est ou *Race de Loua*[3], représentant les anciens

---

1. Voir l'ouvrage sur la Kabylie, de MM. Letourneux et Hanoteau. Voir aussi : *Coutumes kabyles*, par M. Féraud (*Revue africaine*, nos 34, 36, 37, 38).

2. T. I, p. 199 et suiv.

3. Selon les auteurs arabes Loua est l'ancêtre des Louata, des Nefzaoua, des Ourfeddjouma, etc. Voir Ibn-Khaldoun, t. I, p. 171, citant Ibn-Hazm et Ibn-el-Kelbi.

Libyens, les *Ilasguas* et *Ilanguanten* de Procope et de Corippus. Elle couvre le pays de Barka, la Tripolitaine et ses déserts, et le midi de la Tunisie.

2° Berbères de l'ouest ou *Race Sanhaga*[1], répondant aux Gétules et aux Maures. Elle s'étend sur les deux Mag'reb, et leur désert jusqu'au Soudan.

3° *Race Zenète*. Elle est établie dans le désert, depuis l'ouest de la Tripolitaine jusque vers le méridien d'Alger, en couvrant partie de l'Aourès, l'Ouad Rir', le Zab méridional et les hauts plateaux du Rached (Djebel Amour)[2].

DIVISIONS DES TRIBUS BERBÈRES. — Voici comment se divisaient les tribus berbères. Nous en donnons le tableau complet, bien qu'au VIIe siècle la plupart des subdivisions n'existassent pas encore, mais afin de ne pas avoir à y revenir et pour que le lecteur, dans ses recherches, les trouve toutes groupées.

I. — Berbères de l'Est.

Louata
- Sedrata
- Atrouza
- Agoura
- Djermana
- Mar'ar'a
- Zenara

Houara (Issus des Aourir'a)
- Ouergha
- Kemlan
- Melila
  - Beni-Kici
  - Ourtagot
  - Heiouara
- R'arian
- Zeggaoua
- Mecellata
- Medjeris

Aourir'a
- Maouès
- Azemmor
- Keba
- Mesraï
- Ouridjen (Ouriguen)
- Mendaça
- Kerkouda
- Kosmana

---

1. Telle est l'orthographe la plus régulière de ce nom.
2. Jean Léon l'Africain, qui avait des notions très précises sur les populations africaines, divise les « blancs d'Afrique » en cinq peuples : *Sanhagia, Masmuda, Zénéta, Haoara* et *Gumera* (t. I, p. 36 et suiv.).

Aourir'a (suite)
- Ourstif
- Biata
- Bel
- Melila
- Satate
- Ourfel
- Ouacil
- Mesrata

Nefouça
- Beni-Azemmor
- Beni-Meskour
- Metouça

Nefzaoua
- R'assaça
- Meklata
- Merniça
- Zehila
- Soumata
- Zatima
- Oulhaça
- Medjera
- Ourcif

R'assaça :
- Beni-Ouriagol
- Gueznaïa
- Beni-Isliten
- Beni-Dinar ou Rihoun.
- B. Seraïne

Oulhaça :
- Ourtedin
- Ourfedjouma { Zeggoula ou Zeddjala

Aoureba
- Ledjaïa (ou Legaïa)
- Anfaça
- Nidja
- Zehkoudja
- Meziata
- Reghioua
- Dikouça

II. — Berbères de l'Ouest.

Ketama
- Felaça
- Denhadja
- Matouça
- Latana
- Ouricen
- Messala
- Kalden
- Maad
- Lehiça
- Djemila
- R'asman
- Messalta
- Iddjana (Oudjana ou Addjana)
- Beni-Zeldoui
- Hechtioua
- Beni-Istiten
- Beni-Kancila

Lehiça :
- Inaou
- Intacen
- Aïan

		Anciennes	Nouvelles
Ketama (*suite*)	Sedouikech	Siline Tarsoun (Darsoun) Torghian Moulit Kacha Elmaï Gaïaza B. Zalan El-Bouëïra B. Merouan Ouarmekcen B. Eïad Meklata Righa	O. Mohammed O. Mehdi O. Aziz O. Brahim B. Thabet

	Anciennes	Nouvelles
Zouaoua	Medjesta Mellikch Beni-Koufi Mecheddala B. Zerikof B. Gouzit Keresfina Ouzeldja Moudja Zeglaoua B. Merana	B. Idjer B. Menguellat B. Itroun B. Yenni B. Bou-R'ardan B. Itrour' B. Bou-Youçof B. Chaïb B. Eïci B. Sedka B. R'obrin B. Guechtoula

Senhadja	Metennane Ouennoura'a B. Othman B. Mezr'anna B. Djâad Telkata Botouïa B. Aïfaoun B. Kkalil

Dariça	Azdadja (ou Ouzdaga	B. Mesguen Mecettaça Adjiça

B. Faten	Matr'ara Lemaïa Sadina Koumïa Mediouna Mar'ila Matmata

LES BERBÈRES ET LES ARABES (641) 185

B. Faten (*suite*)	{ Melzouza Kechana (ou Kechata) Douna	
Zanaga	{ Botouïa Medjekça B. Ouartin Lokaï	{ B. Ouriagol Fechtala Mechta B. Hamid B. Amran, etc.....
Oursettif	{ Miknaça	{ Moualat B. Houat (ou Harat) B. Ourflas B. Ouridous (ou Ourtedous) Kansara Ourifleta Ourtifa
	Ourtandja	{ Sederdja Mekceta Betâlça Kernita
	Augma ou Megma	{ B. Isliten B. Toulalin B. Terin B. Idjerten
R'omara ou Ghomara	{ B. Hamid Metiona Beni-Nal Ar'saoua B. Ou-Zeroual Medjekça	

Berg'ouata. — Formant diverses fractions qui ont toutes disparu de bonne heure.

Masmouda	{ Hergha Hentata Tinemellal Guedmioua Guenfiça Ourika Regraga Hezmira Dokkala Haha Assaden B. Ouazguit B. Maguer Heïlana	Sekçioua { Mesfaoua Mar'ous	 { Dor'ar'a Youtanan

Heskoura
- Mestaoua
- R'odjdama
- Fetouaka
- Zemraoua
- Aïntift
- Aïnoultal
- B. Sekour

Guezoula (Forme de nombreuses branches)

Lamta
- Zegguen
- Lakhès

Sanhadja au Litham (Voile)
- Guedala
- Lemtouna
- Messoufa
- Outzila
- Targa (Touareg)
- Zegaoua
- Lamta
- Telkata
- Mesrata
- B. Aoureth
- B. Mecheli
- B. Dekhir
- B. Ziyad
- B. Moussa
- B. Lemas
- B. Fechtal

III. — Race Zenète.

Ifrene
- Merendjiça
- Ouarghou

Demmer
- B. Ournid
  - B. Berzal
  - B. Isdourine
  - B. Sar'mar
  - B. Itoueft
- B. Ourtantine
- B. R'arzoul
- B. Toufourt
- Ourgma
- Zouar'a

Mag'raoua (anciens)
- B. Ilent
- B. Zeddjak ou Zendak
- B. Ourak
- Ourtezmar
- B. Bou-Saïd
- B. Ourcifen
- Lar'ouate
- B. Righa

Mag'raoua (anciens) (suite) { Sindjas / B. Ouerra / B. Ourtadjen

Irnïane

Djeraoua

Ouagdiguen (Ouadjidjen

Ouar'mert ou R'omert (Ghomra)

Ouargla — B. Zendak

Ouemannou

Iloumene (ou Iloumi)

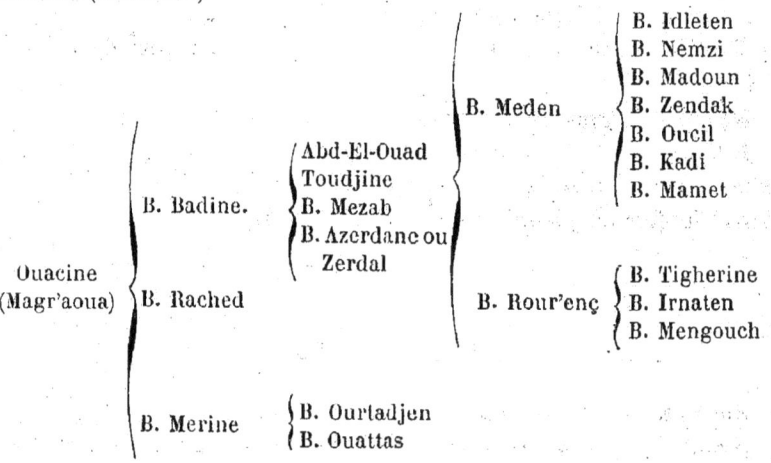

Ouacine (Magr'aoua) — B. Badine { Abd-El-Ouad / Toudjine / B. Mezab / B. Azerdanc ou Zerdal — B. Meden { B. Idleten / B. Nemzi / B. Madoun / B. Zendak / B. Oucil / B. Kadi / B. Mamet } ; B. Rached — B. Rour'enç { B. Tigherine / B. Irnaten / B. Mengouch } ; B. Merine { B. Ourtadjen / B. Ouattas }

POSITION DE CES TRIBUS. — Voici maintenant la situation générale de ces tribus, par provinces, au VII° siècle.

Barka et Tripolitaine.

Houara et *Aourir'a*. — Pays de Barka, midi de la Tripolitaine, Fezzan : s'avancent jusque vers le Djerid.

Louata. — Région syrtique, environs de Tripoli et de là jusque vers Gabès.

Nefouça. — Région montagneuse de ce nom, au midi de Tripoli.

Zouar'a et *Ourgma* (Zenètes Demmer), à l'ouest de Tripoli.

Ifrikiya proprement dite.

(Tunisie.)

Nefzaoua. — Djerid et intérieur de la Tunisie.
Merendjica et *Ouargou* (Ifrene), régions méridionales.

Ifrikya occidentale.

(Province de Constantine.)

Nefzaoua. — Plaines de l'est de la province.
Djeraoua. — Djebel-Aourès.
Aoureba. — Région au nord du Zab.
Ifrene. Magraoua. — Hodna, Zab et région méridionale de l'Aourès.
Ouargla, Ouacine. — Ouad-Rir' et Sahara.
Ketâma. — Cette grande tribu occupe toute la région littorale, depuis Bône jusqu'à l'embouchure de l'Ouad-Sahel et s'avance dans l'intérieur, jusqu'à Constantine et Sétif.

Mag'reb central.

Zouaoua. — Massif de la grande Kabilie.
Sanhadja. — Se rencontrent à l'ouest et au nord avec les Zouaoua et s'étendent jusqu'à l'embouchure du Chelif, occupant ainsi le littoral et une partie du centre.
B. Faten. — Font suite aux Sanhadja, à l'ouest, jusqu'à la Moulouïa, couvrant le littoral et le centre de la province d'Oran.
Lemaïa et *Matmata,* aux environs du Guezoul et du Ouarensenis.
Mar'ila, sur la rive droite du Chelif.
Azdadja (des Dariça), aux environs d'Oran.
Koumïa et *Mediouna,* au nord et à l'ouest de Tlemcen.
Adjiça (Dariça), au sud des Zouaoua.
Les tribus Zenètes anciennes couvrent les hauts plateaux.
Ouemannou et *Iloumi,* à l'ouest du Hodna.
Ouar'mert, dans le Rached (Djebel-Amour).
Ournid, à l'ouest de cette montagne.
Irniane, au sud de Tlemcen.

Mag'reb extrême.

R'omara. — Occupent la région littorale du Rif, de l'embouchure de la Moulaïa à Tanger.

Miknaça, Ourtandja et *Augma,* région centrale.

Zanaga. — Se rencontrent avec les précédents et occupent les premiers contreforts de l'Atlas.

Matr'ara. — Vers la limite du Mag'reb central, où ils se rejoignent aux autres Fatene.

Berghouata. — Sur le littoral de l'Océan, depuis Tanger jusqu'à l'embouchure du Sebou.

Masmouda. — Tout le versant occidental de l'Atlas, les plaines et le littoral de l'Océan, du Sebou à l'Ouad-Sous.

Heskoura. — Les montagnes du Grand-Atlas.

Guezoula et *Lamta*. — La rive gauche de l'Ouad-Sous jusqu'à l'Ouad-Deraa.

Aucune tribu zénète n'a encore pénétré dans le Mag'reb extrême.

Grand-Désert.

Sanhadja au Litham (Messoufa Guedala, Lemtouna, Lamta, etc.), occupant toute la région saharienne jusqu'au Niger.

Ainsi était répartie la race berbère dans l'Afrique septentrionale.

Il restait en outre quelques débris de la population coloniale dans le nord de l'Ifrikiya et aux alentours des postes occupés par les Byzantins.

LES ARABES. NOTICE SUR CE PEUPLE. — Le peuple arabe devant désormais mêler son histoire à celle de la Berbérie, il convient encore, avant de reprendre notre récit, d'entrer dans quelques détails sur cette nation.

La population de l'Arabie était divisée en deux groupes distincts :

1º Les Arabes de race pure ou ancienne, descendant, selon les généalogistes, de *Kahtan*, le Yectan de la Bible. Établis depuis une haute antiquité dans la partie méridionale du pays, l'*Arabie heureuse,* l'Iémen, ils formèrent deux grandes tribus, celles de Kehlan et de Himyer. On les désignait sous le terme général d'Iéménites ;

2° Et les Arabes de race mélangée, descendants de *Adnan*, et beaucoup plus nombreux que les précédents. Ils ont formé les tribus de Moder, Rebïa, Maad, etc..... Nous les désignerons sous le nom de Maadites. Ils occupaient les vastes solitudes qui s'étendent de la Palestine à l'Iémen, ayant au centre le plateau du Nedjd et le Hedjaz sur le littoral[1].

Une rivalité implacable divisait ces deux races et nous verrons ces traditions de haine les suivre en Afrique et en Espagne. C'est que la première, habitant des régions fertiles, établie en partie dans des villes, se livrait à la culture et au commerce et vivait dans l'abondance ; tandis que l'autre, réduite à l'existence précaire du nomade, dans des régions désertes, n'avait d'autre ressource, en dehors du produit de maigres troupeaux, que la guerre et le brigandage. Cette rivalité n'avait au fond d'autre mobile que le combat pour la vie.

En outre de ces deux grandes divisions, chaque groupe se partage en citadins et gens des steppes (*bédouins*).

MOEURS ET RELIGION DES ARABES ANTÉ-ISLAMIQUES. — La condition propre de l'Arabe, c'est la vie en tribu, la famille agrandie, à la tête de laquelle est le cheikh, vieillard renommé par sa sagesse dans le conseil, sa bravoure dans le combat. Une grande solidarité règne entre les gens d'une même tribu, mais aucun lien ne réunit les tribus entre elles. Bien au contraire, elles ont toutes des sujets de haine particulière les unes contre les autres, car la vengeance est un culte pour ces âmes ardentes. « Une infinité de tribus, les unes sédentaires, le plus grand nombre constamment nomades, sans communauté d'intérêts, sans centre commun, ordinairement en guerre les unes contre les autres, voilà l'Arabie au temps de Mahomet[2]. » Les Arabes ne vivent que pour la guerre, car sans cela « pas de butin, et c'est le butin surtout qui fait vivre les Bédouins. » Aussi la bravoure est-elle estimée au-dessus de tout. Les femmes suivent les guerriers dans les combats pour les encourager, faire honte aux fuyards et même les marquer d'un signe

---

1. Voir Abou-l-feda, *Rois des Arabes avant l'Islamisme.* — Hamza d'Ispahan, *Annales des Himyérites.* — En-Mouéïri, *Histoire des rois de Kahtan.* — Messaoudi, *Les prairies d'or.* — Ibn-Khaldoun, *Histoire des Berbères* et *Prolégomènes.* — Ibn-El-Athir, *Histoire,* passim.
2. Dozy, *Histoire des Musulmans d'Espagne,* t. I, p. 16.

d'ignominie. « Les braves qui font face à l'ennemi, disent-elles, nous les pressons dans nos bras; les lâches qui fuient nous les délaissons et nous leur refusons notre amour[1]. » L'éloquence et la poésie sont honorées après la bravoure.

Les habitants des villes du littoral, ainsi que nous l'avons dit, s'adonnaient avec succès au commerce, et conservaient des relations avec les Bédouins, leurs parents ou leurs alliés.

La Mekke, ville située près du littoral du golfe arabique, était un grand centre commercial et religieux. Les Koréichites, famille de la race d'Adnan, y dominaient. C'étaient des marchands fort entendus aux affaires. Ils gouvernaient la cité par un conseil dit des Sadate (pluriel de Sid) qui avait entre ses mains tous les pouvoirs[2].

Les Arabes pratiquaient différents cultes : certaines tribus adoraient les astres, d'autres se faisaient des idoles de pierre ou de bois. Les Juifs avaient, en Arabie, de très nombreux sectateurs; enfin, le chiffre des chrétiens établis, surtout dans les villes, était assez considérable. Mais la religion nationale était une sorte d'idolâtrie. La Mekke était déjà la ville sainte : on y conservait, dans le temple de la Kaaba, une pierre noire, sans doute un aérolithe, et la construction du temple était attribuée à Abraham par une ancienne tradition. Un grand nombre d'idoles y étaient en outre enfermées. La tribu de Koréich avait le privilége de fournir le grand-prêtre.

« Le naturel farouche des Arabes — a dit Ibn-Khaldoun[3], — en a fait une race de pillards et de brigands. Toutes les fois qu'ils peuvent enlever un butin, sans courir un danger ou soutenir une lutte, ils n'hésitent pas à s'en emparer et à rentrer au plus vite dans le Désert. » C'est la *razia,* le mode de combattre particulier à l'Arabe. « Les habitudes et les usages de la vie nomade, — ajoute notre auteur, — ont fait des Arabes un peuple rude et farouche. La grossièreté des mœurs est devenue pour eux une seconde nature. .....Si les Arabes ont besoin de pierres pour servir d'appuis à leurs marmites, ils dégradent les bâtiments afin de se les procurer; s'il leur faut du bois pour en faire des piquets ou des soutiens de tente, ils détruisent les toits des maisons pour en avoir. Par la nature même de leur vie, ils sont hostiles à tout ce qui est édifice..... Ajoutons que, par leur disposition naturelle, ils sont

---

1. Poésie citée par Caussin de Perceval dans son bel *Essai sur l'histoire des Arabes avant l'Islamisme,* t. III, p. 99.
2. Michele Amari, *Storia dei Musulmani di Sicilia,* t. I, p. 47 et suiv.
3. *Prolégomènes,* t. I, de la trad., p. 309 et suiv.

toujours prêts à enlever de force le bien d'autrui, à chercher les richesses les armes à la main, et à piller sans mesure et sans retenue. »

Tels sont, dépeints par un de leurs compatriotes, les hommes qui vont prendre une part prépondérante à l'histoire de l'Afrique.

MAHOMET. — FONDATION DE L'ISLAMISME. — En 570 naquit Mahomet (Mohammed), de la tribu de Koreich. Resté orphelin de bonne heure, il fut élevé par son oncle, Abou-Taleb, et envoyé par lui dans une tribu bédouine selon l'usage. C'était un jeune homme faible de corps, sujet à des attaques nerveuses, parlant peu et restant de longues heures plongé dans la méditation. A l'inverse de ses compatriotes, il avait peu de goût pour la poésie, bien qu'il eût l'imagination assez développée. Il se vantait de ne pas savoir écrire.

Mahomet avait quarante ans lorsqu'il commença à prophétiser et à prétendre qu'il recevait des révélations de Dieu, par l'intermédiaire de l'ange Gabriel : ses concitoyens l'accueillirent par des moqueries et tournèrent en dérision ses prédications. Rien ne l'arrêta, ni les injures, ni les violences, et il finit par gagner à sa cause quelques prosélytes. Mais si, après onze années d'apostolat, Mahomet avait obtenu un si mince succès chez ses concitoyens, il avait rencontré à Yatrib, ville rivale, habitée par des gens de race yéménite, des esprits mieux disposés à accueillir la nouvelle religion, et s'y était créé des adhérents dévoués. Menacé dans son existence par les Mekkois, le prophète se décida à fuir et alla, en 622, chercher un refuge chez ses amis les Aous et les Khazradj, de Yatrib, qui reçut le nom de *Médine* (la ville par excellence). De cette fuite (*Hégire*) date l'ère musulmane. Les adhérents de Mahomet lui prêtèrent à Médine un solennel serment et furent appelés ses *défenseurs* (Ansar). On nommait *émigrés* les Mekkois qui l'avaient suivi dans sa fuite. Aussitôt la lutte commença entre eux et les Mekkois, et après différentes péripéties, Mahomet entra en vainqueur à la Mekke. Cette fois, c'était le triomphe. Par la persuasion ou par la force, les Arabes durent adopter le nouveau culte. L'islamisme était fondé. Nous croyons inutile d'analyser ici cette religion dont chacun connaît les dogmes et qui a pour code le Koran. L'Iman, chef de la religion, était en même temps souverain politique de tous les musulmans. La *Guerre sainte* imposée aux *vrais croyants,* comme une obligation étroite, allait ouvrir la voie aux conquêtes [1].

1. Voir le Koran et les *Hadith* ou traditions sur Mahomet.

Abou-Beker, deuxième khalife. — Ses conquêtes. — En 632, Mahomet cessa de vivre. Les Arabes n'avaient pas attendu sa mort pour apostasier et se lancer dans la révolte. Le Nedjd, l'Iémen, même, étaient au pouvoir d'un rival Aïhala le Noir ; l'insurrection devint alors générale.

Mahomet, peut-être à dessein, n'avait pas fixé les règles de la succession au khalifat[1]. Son oncle Abou-Beker qui, par son dévouement à toute épreuve, avait été le plus ferme soutien du prophète, fut appelé à lui succéder. C'était un homme d'une rare énergie et dont la violence se traduisait par d'implacables cruautés. Faisant énergiquement tête aux ennemis, il sut ramener la confiance parmi les siens et put ainsi battre les insurgés les uns après les autres. Ses victoires furent suivies d'horribles massacres. Quiconque apostasiait ou refusait de se convertir était aussitôt mis à mort. Les nouveaux musulmans trouvaient au contraire toutes les satisfactions de leurs passions : la guerre et le pillage. Il n'est donc pas surprenant que sous la direction d'Abou-Beker l'islamisme eût fait de si grands progrès. Les *compagnons* de Mahomet, les *défenseurs* et les *émigrés* étaient comblés d'honneurs et investis de commandements ; ils formaient en quelque sorte une nouvelle noblesse. Tout en luttant contre les révoltés, Abou-Beker entreprenait la guerre de conquête ; dès la fin de 633, ses généraux enlevaient l'Irak aux Perses et une partie de la Syrie aux Byzantins.

Khalifat d'Omar. Conquête de l'Égypte. — Dans le mois d'août 634, Abou-Beker mourut au milieu de toute sa gloire. Il désigna pour son successeur Omar-ben-el-Khattab, qui prit le titre d'*Emir-el-Moumenin* (Prince des croyants). Peu après, Damas et le reste de la Syrie tombaient au pouvoir des Arabes. La Mésopotamie et la Palestine subissaient bientôt le même sort (638-40).

En 640, le général Amer-ben-el-Aci enleva l'Égypte au représentant d'Héraclius. L'incendie de la bibliothèque d'Alexandrie éclaira les vertigineux succès des Arabes. En quelques années une peuplade à peine connue avait fondé un vaste royaume. Nous allons voir les Arabes transporter au Mag'reb, le théâtre de leurs exploits.

1. Ses successeurs reçurent le titre de Khalifes (*successeurs*), d'où l'on a formé le mot de Khalifat pour désigner leur trône.

CHAPITRE II.

CONQUÊTE ARABE

641-709

Campagnes de Amer en Cyrénaïque et en Tripolitaine. — Le Khalife Othman prépare l'expédition de l'Ifrikiya. — Usurpation du patrice Grégoire. Il se prépare à la lutte. — Défaite et mort de Grégoire. — Les Arabes traitent avec les Grecs et évacuent l'Ifrikiya. — Guerres civiles en Arabie. — Les Kharedjites; origine de ce schisme. — Mort d'Ali; triomphe des Oméïades. — Etat de la Berbérie; nouvelles courses des Arabes. — Suite des expéditions arabes en Mag'reb. — Okba gouverneur de l'Ifrikiya; fondation de Kaïrouan. — Gouvernement de Dinar. — Abou-el-Mohadjer. — 2º gouvernement d'Okba; sa grande expédition en Mag'reb. — Défaite de Tehouda; mort d'Okba. — La Berbérie sous l'autorité de Koçéïla. — Nouvelles guerres civiles en Arabie. — Les Kharedjites et les Chïaïtes. — Victoire de Zohéïr sur les Berbères; mort de Koçéïla. — Zohéïr évacue l'Ifrikiya. — Mort du fils de Zobéïr; triomphe d'Abd-el-Malek. — Situation de l'Afrique; la Kahéna. — La Kahéna reine des Berbères; ses destructions. — Défaite et mort de la Kahéna. — Conquête et organisation de l'Ifrikiya par Haçane. — Mouça-ben-Nocéïr achève la conquête de la Berbérie.

CAMPAGNES DE AMER EN CYRÉNAIQUE ET EN TRIPOLITAINE. — Aussitôt après avoir effectué la conquête de l'Egypte, Amer poussa une pointe vers l'Ouest, jusqu'au pays de Barka. Les Houara et Louata de cette contrée furent contraints de se soumettre et, afin d'éviter l'esclavage, durent se racheter au prix d'une contribution de treize mille pièces d'or. Ils vendirent, dit-on, tout ce qu'ils possédaient, et même, en certains endroits, leurs enfants pour s'acquitter[1]. Après cette fructueuse razia, Amer rentra en Egypte (641). Pendant ce temps, un de ses lieutenants, Okba-ben-Nafa, parcourait les régions méridionales et s'avançait en vainqueur jusqu'à Zouila dans le Fezzan.

Les campagnes dans l'Ouest étaient trop fructueuses pour que les guerriers de l'Islam ne fussent pas tentés d'y effectuer de nouvelles courses. En 642, Amer ayant organisé une expédition vint mettre le siège devant Tripoli et s'empara de cette ville, qui fut livrée au pillage. On y trouva un riche butin qui fut réparti entre les soldats. Les habitants qui purent se réfugier sur les vaisseaux

---

1. Ibn-Abd-el-Hakem (apud Ibn-Khaldoun, t. I, p. 302 et suiv.). En-Nouéïri, id., p. 313. El-Kaïrouani, p. 36 et suiv.

et gagner le large furent épargnés; quant aux autres, ils n'obtinrent aucun quartier. De cette place, le général arabe envoya une reconnaisance de cavalerie sur Sabra, tandis qu'un corps de troupes allait de nouveau vers le Fezzan, et s'avançait jusqu'à Ouaddan.

En vain, Amer sollicita de son maître l'autorisation d'envahir l'Ifrikiya ; mais ces opérations dans l'Ouest étaient faites contre le gré du khalife qui n'avait aucune confiance dans ce « lointain perfide », comme il se plaisait, par un jeu de mots, à appeler le Mag'reb ; de plus il craignait un retour offensif des Byzantins en Egypte. Ces prévisions n'étaient que trop justifiées ; on apprit tout à coup qu'une flotte grecque venait de s'emparer d'Alexandrie. Aussitôt Amer se porta contre l'ennemi à la tête de forces imposantes et força les chrétiens à la retraite.

Le khalife Othman prépare l'expédition d'Ifrikiya. — Le 31 octobre 644, Omar fut poignardé par un esclave ou artisan de Koufa. Avant de mourir, il désigna, comme candidats à sa succession, six des plus anciens compagnons de Mahomet. Ceux-ci, après trois jours de discussion, finirent par charger l'un d'eux, qui s'était désisté, de prononcer entre eux. Le Mekkois Othman-ben-Offan fut proclamé khalife, au grand désappointement des trois autres candidats. Ali, gendre du prophète, qui se considérait déjà comme ayant été frustré par les précédents khalifes, fut surtout très irrité de ce nouvel échec. Deux autres candidats, Zobéïr et Talha devaient également faire parler d'eux.

Othman appartenait à la famille des Beni-Oméïa qui s'était montrée l'adversaire acharnée de Mahomet ; son triomphe était celui du parti mekkois. C'était un vieillard affaibli par l'âge qui se laissait entièrement diriger par ses parents. Un des premiers actes du nouveau kalife fut de rappeler Amer et de confier le commandement de l'Egypte à son frère de lait Abd-Allah-ben-Abou-Sarh. Vers 646 [1], ce général envoya des reconnaissances qui lui rapportèrent des renseignements précis sur la situation de l'Ifrikiya, et, lorsqu'il eut réuni tous les documents, il pressa le khalife d'entreprendre cette conquête qui, disait-il, devait donner aux Musulmans une nouvelle gloire et un abondant butin. Mais, en Orient, on ne voyait pas l'entreprise sous un jour aussi favorable ; le conseil réuni plusieurs fois hésita à l'autoriser et ce ne fut qu'à force d'insistance que le khalife finit par rallier les esprits et faire décider l'expédition.

La guerre sainte fut alors proclamée et, un camp ayant été dressé à El-Djorf, près de Médine, la fleur des guerriers de l'Islam

---

1. On sait que ces premières dates sont incertaines.

vint s'y réunir[1]. Les tribus yéménites et maadites y envoyèrent leur contingent. Othman contribua de ses deniers à l'organisation de l'armée, qui se trouva prête dans l'automne de l'année 647. Au mois d'octobre le khalife vint la haranguer, puis ces troupes, pleines d'ardeur, se mirent en route sous la direction d'El-Harith. De son côté, le gouverneur de l'Egypte avait réuni toutes les forces dont il pouvait disposer. Lorsque les troupes d'Orient furent arrivées, il leur adjoignit les siennes et forma ainsi une armée d'environ cent vingt mille hommes, composée d'autant de cavaliers que de fantassins. Laissant le commandement de l'Egypte à Okba, il entraîna ses guerriers à la conquête des pays de l'Ouest, depuis si longtemps convoités par les Musulmans.

Usurpation du patrice Grégoire. Il se prépare a la lutte. — En présence des préparatifs des Arabes, que faisaient les Byzantins d'Afrique ? Nous avons vu, à la fin de la première partie, que l'empereur Héraclius était mort après avoir eu la douleur de voir l'Egypte lui échapper. A cette nouvelle, le patrice Grégoire, fils du Grégoire dont il a été également parlé, qui gouvernait l'Afrique au nom de l'empire, jugea le moment favorable pour se déclarer indépendant. Il prit la pourpre, s'entoura des insignes de la royauté et choisit Sbëitla[2], comme siège de son empire.

Karthage abandonnée fut occupée par un nouvel exarque, venu de Constantinople, et autour duquel se groupèrent les chrétiens restés fidèles. Bien que les détails fassent complètement défaut sur les conditions dans lesquelles l'usurpation de Grégoire s'est effectuée, il est probable que ce chef a été appuyé par les indigènes ; le choix de Sbëitla comme capitale semble l'indiquer. Ainsi, au moment où les Byzantins auraient dû grouper toutes leurs forces pour résister à l'étranger, ils étaient divisés par la guerre civile. C'est ce qui explique que, lors des premières razzias des Arabes, ils abandonnèrent la Tripolitaine à elle-même.

Cependant, Grégoire, averti de la prochaine attaque des Arabes, n'était pas resté inactif : il avait adressé un appel pressant aux débris de la population coloniale et aux Berbères. Les tribus indigènes de cette région, qui savaient, par ouï-dire, ce qu'était la rapacité des Arabes et se voyaient menacés dans leur existence et dans leurs biens, accoururent en foule sous ses étendards. Le patrice se trouva bientôt entouré d'un rassemblement considé-

---

1. En-Nouéïri donne les noms des principaux guerriers, presque tous compagnons de Mahomet (p. 314, 315).
2. L'antique Suffétula, au sud de Kaïrouan.

rable dont les auteurs arabes portent le chiffre à plus cent mille combattants, ce qui est évidemment exagéré. A la tête de cette armée il se porta en avant de Sbéïtla et attendit, dans une position retranchée, le choc de l'ennemi[1].

Défaite et mort de Grégoire. — Les guerriers arabes ne tardèrent pas à paraître ; conduits par Abd-Allah, ils vinrent prendre position au lieu dit Akouba, en face du camp de ceux qu'ils appelaient les infidèles. Dans leur marche, ils avaient laissé de côté les villes du littoral où des sièges longs et difficiles les auraient retenus, et étaient venus attaquer leurs ennemis au centre de leur puissance. Quelques jours se passèrent d'abord en pourparlers. Abd-Allah proposait à Grégoire de se convertir à l'islamisme, de reconnaître la suzeraineté du khalifat et de payer tribut. Mais le prince grec refusa péremptoirement, et il fallut en venir aux mains. Les premières rencontres n'eurent rien de décisif ; chaque matin, dit En-Nouéïri[2], on combattait entre les deux camps, jusqu'au milieu du jour, puis on rentrait de part et d'autre dans ses lignes pour prendre du repos et recommencer le lendemain. Les Grecs réparaient leurs pertes par des renforts qu'ils recevaient chaque jour, et les Arabes commençaient à douter du succès lorsqu'un événement imprévu vint à leur aide.

Le khalife Othman, ne recevant pas de nouvelles de ses guerriers, avait dépêché vers ceux-ci un de ses officiers nommé Abd-Allah-ben-Zobéïr. Ce chef parvint au camp à la tête de quelques cavaliers seulement ; mais le bruit causé par sa réception fit croire aux Grecs que leurs ennemis avaient reçu de puissants renforts, ce qui leur causa un certain découragement. Les Arabes, tenus au courant par leurs espions, en profitèrent avec une grande habileté. Il fut convenu entre Abd-Allah et ben-Zobéïr que, le lendemain, on n'enverrait au combat que peu de monde, que les meilleurs guerriers se tiendraient sous les tentes et qu'ils profiteraient de la trêve journalière suivant la bataille, pour attaquer le camp des infidèles, tandis qu'ils seraient plongés dans une fausse sécurité.

Il fut fait ainsi qu'il avait été convenu. Les chrétiens, s'attendant à une attaque sérieuse, sortirent en foule et fondirent sur les Musulmans, qui étaient conduits par Abd-Allah en personne. On combattit avec un grand acharnement. Grégoire, le diadème en

---

1. Lebeau, *Hist. du Bas-Empire*, t. II, p. 319 et suiv. Ibn-Khald, *Hist. des Berbères*, t. I, p. 208, 209. En-Nouéïri, p. 317 et suiv. El-Kaïrouani, p. 39.
2. *Loc. cit.*

tête et ayant auprès de lui l'étendard surmonté de la croix, dirigeait en personne ses troupes. Les chefs arabes surent faire durer la bataille plus longtemps que d'habitude et, enfin, les combattants, fatigués par l'excessive chaleur du jour, rentrèrent dans leur camp. Ce fut alors que, profitant du moment où les chrétiens avaient retiré leurs armures pour se reposer, Abd-Allah et Ben-Zobéïr firent sortir leurs guerriers et, à la tête de ces troupes fraîches, se précipitèrent sur le camp ennemi aux cris de : « *Dieu est grand! Il n'y a d'autre Dieu que lui !* » Les chrétiens, surpris à l'improviste, sans avoir le temps de s'armer ni de se mettre en selle, sont renversés par les cavaliers arabes, et bientôt l'armée, prise d'une terreur panique, fuit en désordre dans toutes les directions. Les Musulmans, las de tuer, mettent le camp au pillage.

Ainsi fut détruite cette armée qui était bien supérieure en nombre à celle des assaillants. Le patrice Grégoire périt dans l'action, frappé par une main inconnue [1].

Les Arabes traitent avec les Grecs et évacuent l'Ifrikiya. — Les Arabes, après leur victoire, poursuivirent les infidèles qui s'étaient réfugiés à Sbéïtla et s'emparèrent de cette capitale éphémère. Elle était remplie de richesses entassées tant par Grégoire que par la population coloniale. Après le pillage et le massacre, conséquence habituelle des victoires arabes, on réunit l'immense butin qui avait été fait, et le général en chef en préleva le quint, selon la règle musulmane ; puis le reste fut partagé entre les guerriers, la part du cavalier étant triple de celle d'un fantassin. De Sbéïtla où il s'était établi, Abd-Allah lança ses bandes vers l'intérieur de l'Ifrikiya. Les Arabes portèrent ainsi la dévastation jusqu'aux bourgades de Gafça et au Djerid, et de là, revenant vers le nord, ils s'avancèrent jusqu'à Mermadjenna [2].

Les Grecs, après la défaite de Sbéïtla, s'étaient réfugiés dans les places fortes de la Byzacène et particulièrement autour de Karthage, où s'étaient groupés les derniers restes de la population coloniale. Or, les Arabes ne tenaient nullement à entreprendre de nouveaux sièges ; ils songeaient encore moins à s'établir dans le pays, la plupart brûlant au contraire du désir de retourner en Orient pour montrer leur butin et raconter leurs prouesses. Dans de telles dispositions, des propositions d'arrangement que leur

---

1. Nous croyons inutile de reproduire les traditions qui le font mourir de la main de Ben-Zobeïr, ainsi que l'histoire trop romanesque de sa fille.

2. A une dizaine de lieues au N.-E. de Tébessa.

firent les chrétiens furent accueillies avec empressement. Ils conclurent avec eux une convention par laquelle ils s'obligeaient à se retirer contre le versement d'une contribution de trois cents kintars d'or, selon les auteurs arabes. Peut-être ce tribut énorme ne fut-il pas versé par les Grecs seuls ; il est fort possible que les Arabes aient traité aussi avec les chefs de tribus berbères ou des régions qu'ils avaient parcourues, comme le Djerid par exemple. Ibn-Khaldoun dit positivement que les cheikhs berbères furent bien traités par Abd-Allah et que l'un d'eux, Soulat-ben-Ouazmar, qui avait été fait prisonnier, fut entouré d'honneurs et retourna librement dans sa tribu (les Mag'raoua), après s'être converti à l'islamisme [1].

Pendant que le général en chef réglait ces questions, Ben-Zobéïr partait en hâte pour Médine afin d'y porter la nouvelle des succès de l'Islam. Il fit le trajet en vingt-quatre ou vingt-sept jours et, par l'ordre d'Othman, il raconta en pleine chaire, au peuple, les détails, quelque peu embellis, de la conquête de l'Ifrikiya [2].

Enfin les Musulmans évacuèrent la Berbérie. Abd-Allah laissa à Sbéïtla un certain Djenaha [3], comme représentant du khalifat, mais sans forces militaires, ni autorité réelle, car aucune idée d'occupation permanente ne paraît avoir été le mobile de ces premières guerres : c'étaient de véritables razias [4].

Guerres civiles en Arabie. — Les événements d'Orient vinrent distraire les Arabes de leurs entreprises contre l'Ifrikiya, et la conséquence fut de laisser quelques années de répit à la Berbérie. La partialité du khalife, qui n'était guidé dans le choix des gouverneurs que par des intérêts de famille, avait suscité d'ardentes haines que les candidats au trône surent habilement exploiter. Bientôt Othman fut assiégé dans son propre palais, à Médine, et, comme il résistait avec une grande fermeté aux sommations qui lui étaient adressées, les sicaires pénétrèrent chez lui par une maison voisine et le mirent à mort (juin 656). Ali, l'un des promoteurs du meurtre, fut élevé au khalifat par les *Défenseurs*. C'était le triomphe du parti

---

1. *Hist. des Berbères*, t. 1, p. 120, t. II, p. 228.
2. Amari (*Storia*, t. I, p. 110, 111), donne une partie du texte du discours.
3. Habahia, selon le Baïan.
4. Nous avons suivi dans le récit qui précède le texte d'En-Nouéïri, (p. 314 et suiv.), complété par les documents fournis par Ibn-Abd-El-Hakem, Ibn-Khaldoun, El-Kaïrouani, le Baïan Pour les dates, nous avons adopté celles données par M. Fournel, *Histoire des Berbers*, p. 110 et suiv.

des orthodoxes, des gens de Médine contre les nobles et les Mekkois, triomphe bien précaire et qui allait donner lieu à de sanglantes représailles.

Ali avait destitué tous les gouverneurs en les remplaçant par des *Défenseurs* et des hommes d'un dévouement à toute épreuve; mais l'un d'eux, Moaouïa-ben-Abou-Sofiane, surnommé le *Fils de la mangeuse de foie*[1], gouverneur de la Syrie, qui avait acquis une grande puissance sous les précédents khalifes, refusa péremptoirement de le reconnaître. D'autre part, ses complices Zobéïr et Talha, qui avaient compté obtenir le khalifat, se retirèrent à La Mekke et, excités par Aïcha, la veuve du prophète, femme perfide et ambitieuse, se mirent en état de révolte. Ils appelèrent à eux les partisans d'Othman, avides de venger le meurtre de ce vieillard, et exploitant les rivalités qui divisaient les tribus, réunirent bientôt un nombre considérable de guerriers. Ali n'était soutenu que par les Défenseurs et les meurtriers d'Othman; mais il parvint à gagner l'appui des Arabes de Koufa. Il marcha alors contre les rebelles et remporta contre eux la bataille dite du Chameau, qui coûta la vie à Talha (8 décembre 656). Zobéïr périt assassiné dans sa fuite. Aïcha, échappée à la mort, était restée sur le champ de bataille auprès de son chameau criblé de traits; elle implora son pardon du vainqueur, qui le lui accorda.

Ali était maître de l'Arabie et de l'Egypte, mais la Syrie refusait toujours de le reconnaître, et Moaouïa aspirait ouvertement au khalifat. De Koufa, où il avait transporté le siège de l'empire, Ali marcha à la tête de quatre-vingt-dix mille hommes contre le rebelle et, après une campagne longue et meurtrière, il fut décidé qu'un arbitrage trancherait la question entre les deux compétiteurs. En vain Ali avait fait tous ses efforts pour éviter de verser le sang musulman, il avait même proposé à Moaouïa de vider leur querelle en combat singulier; mais celui-ci préféra l'emploi d'une diplomatie tortueuse, aboutissant à l'arbitrage qui devait, sans danger, lui conférer le pouvoir. Ali, trahi par une partie de ses adhérents, s'était retiré à Koufa; il refusa, non sans raison, de reconnaître la légalité de la sentence qui le déposait.

Les Kharedjites; origine de ce schisme. — Lorsqu'Ali s'était décidé à accepter l'arbitrage, douze mille de ses soldats, après avoir en vain essayé de l'en détourner, avaient déserté sa cause et

---

1. Sa mère, la féroce Hind, avait, dit-on, ouvert le ventre de Hamza, oncle du prophète, à la suite de la bataille d'Ohod, et, en ayant retiré le foie, l'avait déchiré avec ses dents.

s'étaient eux-mêmes séparés de la religion officielle. Le nom de Kharedjites (non-conformistes) leur fut appliqué à cette occasion. C'étaient des puritains austères, fidèles aux premières prédications de Mahomet et considérant tous les nouveaux convertis comme de purs infidèles. Le caractère propre de leur doctrine était l'égalité absolue du croyant. « Tous les Musulmans sont frères, répétaient-« ils, d'après le Koran. Ne nous demandez pas si nous descendons « de Kaïs ou bien de Temim ; nous sommes tous fils de l'islamisme, « tous nous rendons hommage à l'unité de Dieu, et celui que Dieu « préfère aux autres, c'est celui qui lui montre le mieux sa grati-« tude [1] ». Ces principes ne plaisaient guère aux Arabes, si partisans des castes et des droits de la naissance, et qui prenaient des doctrines de l'islamisme ce qui leur plaisait, en s'arrogeant le droit de juger les paroles du prophète. Les Kharedjites ne l'entendaient pas ainsi : pour eux, le demi-croyant était pire que l'infidèle, et comme ils se recrutaient parmi les plus basses classes de la société, le dissentiment religieux se complétait d'une rivalité sociale.

Ces dissidents en arrivèrent bientôt à contester aux Koréichites le droit exclusif au khalifat. Ils prétendaient que le chef des Musulmans pouvait être pris dans tout le corps des fidèles, sans distinction d'origine ni de race, même parmi les esclaves. Du reste, le rôle du khalife, selon eux, devait se borner à contenir les méchants ; quant aux hommes vertueux, ils n'avaient pas besoin de chef. Tels étaient les principes de ces schismatiques que nous verrons jouer un si grand rôle dans l'histoire de l'Afrique.

MORT D'ALI. TRIOMPHE DES OMÉÏADES. — Les fidèles adhérents d'Ali étaient devenus ses ennemis. Il marcha contre eux et en fit un carnage épouvantable à la bataille de Nehrouan (659). Pendant ce temps, les lieutenants de Moaouïa s'emparaient de l'Egypte et de la Mésopotamie, et le Hedjaz était envahi. Ali se multiplia pour repousser les attaques des Syriens, mais il avait d'autres ennemis. Les Kharedjites, qu'il avait cru exterminer, se reformaient dans l'ombre ; ne pouvant entrer en lutte ouverte, ils employaient pour se venger une autre arme. Dans le mois de janvier 661, Ali tomba sous le poignard d'un de ces sectaires. Son fils El-Haçane recueillit son héritage ; mais cette charge était trop lourde pour lui, et peu après il abdiquait en faveur de Moaouïa et allait se retirer à Médine, avec son frère El-Houcéïne. C'était la défaite des Défenseurs et le triomphe définitif des Oméïades et du parti mekkois.

Les Syriens, qui avaient tant contribué au succès de Moaouïa,

---

1. Moubarred, p. 588. (Cité par Dozy, t. I, p. 142.)

acquirent dès lors une influence incontestée. Un grand nombre de tribus yéménites s'étaient fixées dans cette province quelques années auparavant. Elles s'y trouvèrent en rivalité avec celles de race maadite et déterminèrent l'émigration d'une partie de celles-ci en Irak. Cependant les Kaïsistes restèrent dans le pays, et entrèrent en lutte avec les Kelbites, une des principales tribus yéménites. Leur rivalité prit bientôt un caractère d'acuité extrême qui se traduisit par des luttes acharnées [1].

Cependant, l'Egypte demeurait livrée à la fureur des factions. Les vengeurs d'Othman s'y étaient mis en état de révolte ouverte, puis Ali s'y était créé un parti. Vers la fin de 659, Moaouïa envoya en Egypte Amer-ben-El-Aci, avec des forces imposantes, et ce général parvint à placer toute la contrée sous l'autorité des Oméïades.

ÉTAT DE LA BERBÉRIE. NOUVELLES COURSES DES ARABES. — Les vingt années de guerre civile qui venaient de désoler l'Orient avaient eu pour conséquence de laisser à la Berbérie un moment de répit que les Grecs et les indigènes auraient dû employer pour organiser sérieusement leur résistance. Un rapprochement semblait s'être opéré entre les Berbères et les Byzantins après le départ des Arabes, mais il fallait rentrer dans les sommes versées aux envahisseurs, et bientôt l'avidité des agents du fisc impérial, les exactions des gouverneurs avaient entièrement détaché d'eux les indigènes.

Depuis longtemps les Arabes avaient fait des courses sur mer et s'étaient avancés jusque dans la Méditerranée antérieure. En 648, la flotte de Moaouïa, envoyée de Syrie, avait opéré une descente à Chypre; deux ans plus tard, son armée navale s'emparait de Rhodes, puis venait faire une expédition en Sicile et rentrait en Orient chargée de butin et de captives [2].

Le gouverneur de l'Egypte, Amer, qui avait toujours conservé l'espoir d'effectuer la conquête du Mag'reb, envoya de nouvelles expéditions, tant par terre que par mer, contre ce pays et les îles, mais les détails font absolument défaut relativement à ces entreprises que sa mort vint arrêter (663).

SUITE DES EXPÉDITIONS ARABES EN MAG'REB. — Vers l'an 665, Djenaha, cet agent qui avait été laissé par les Arabes à Sbéïtla, s'étant rendu en Orient auprès de Moaouïa, le décida à tenter une nouvelle expédition en Mag'reb. Le khalife confia le commandement à

---

1. Dozy, *Hist. des Mus. d'Espagne*, t. I, p. 114 et suiv.
2. Amari, *Storia*, t. I, p. 79 et suiv.

Moaouïa-ben-Hodaïdj (ou Khodaïdj); et ce général partit pour l'Ouest, à la tête d'une armée de dix mille hommes[1], composée de guerriers choisis. L'empereur, averti de cette expédition, envoya en Afrique des renforts sous le commandement du patrice Nicéphore.

Parvenus en Ifrikiya, les Arabes vinrent prendre position en un lieu appelé depuis Mamtour, non loin de l'emplacement que devait occuper Kaïrouan. Les Grecs, arrivés sans doute avant eux, avaient débarqué à Souça et s'étaient établis en avant de cette ville. Une forte colonne, envoyée contre eux par Moaouïa, les attaqua avec l'impétuosité habituelle des Arabes; les Byzantins cédèrent sur toute la ligne, et, ayant regagné en hâte le littoral, se rembarquèrent sur leurs vaisseaux et rentrèrent en Orient. Après ce succès, les Musulmans s'emparèrent de Djeloula, qu'ils mirent au pillage et où ils trouvèrent un butin considérable. Des discussions s'élevèrent alors entre les vainqueurs au sujet du partage des prises, et il fallut en référer au khalife pour trancher ces différends.

D'autres expéditions furent effectuées simultanément, ou, dans tous les cas, suivirent immédiatement celle de Moaouïa. Le général Okba-ben-Nafa, qui avait déjà joué un rôle dans les premières guerres d'Afrique, parcourut de nouveau le Fezzan, imposa aux vaincus l'obligation d'embrasser l'islamisme, leva des tributs considérables sur toutes les populations du sud, et revint vers Barka après une campagne de cinq mois, dans laquelle les plus grandes cruautés avaient été commises par les Arabes. Vers le même temps, un défenseur du nom de Rouaïfi, après avoir réduit les localités du littoral de la Tripolitaine, s'emparait de l'île de Djerba. Enfin, en 668, Abd-Allah-ben-Kaïs, de la tribu de Fezara (Kaïs), partait d'Alexandrie avec deux cents navires, abordait en Sicile, mettait au pillage Syracuse, et rapportait en Orient des richesses immenses. On dit que le khalife fit revendre dans l'Inde les statues d'or et d'argent apportées de Sicile, dans l'espoir d'en obtenir un meilleur prix, et que ce commerce d'idoles causa un grand scandale aux Musulmans[2].

Okba, gouverneur de l'Ifrikiya. Fondation de Kaïrouan. — Le khalife nomma alors Okba-ben-Nafa gouverneur de l'Ifrikiya, en formant de cette contrée une nouvelle province de l'empire (669). Ce général, qui était resté sans doute dans les environs de Barka,

---

1. Selon El-Kaïrouani, p. 40.
2. Amari, *Storia*, t. I, p. 99.

reçut d'Orient des renforts, et, à la tête d'une armée d'une dizaine de mille hommes, dans laquelle figuraient pour la première fois des Berbères convertis, se mit en route vers l'ouest. Il parcourut d'abord le Djerid, et s'empara de Gafsa et de quelques places du pays de Kastiliya où les chrétiens tenaient encore. Selon son habitude, il montra une rigueur extrême contre les infidèles et répandit en Afrique la terreur de son nom.

Du Djerid, Okba vint s'établir à l'endroit où son prédécesseur Moaouïa avait campé, et y posa les fondations d'une ville destinée à servir de centre religieux et politique dans le Mag'reb. Il traça lui-même le plan des édifices publics de la nouvelle métropole qu'il établit dans des proportions grandioses. Il lui donna le nom de *Kaïrouan*, sur le sens duquel on n'est pas d'accord. L'emplacement était aride et désert et il fallut d'abord en expulser les bêtes sauvages et les serpents. Les ruines des cités romaines environnantes, et particulièrement celles d'une ville appelée Kamounïa ou Kamouda, lui fournirent des matériaux en abondance. Tout en apportant ses soins à l'édification de Kaïrouan, Okba étendait son influence en Ifrikiya et envoyait ses guerriers en reconnaissance vers l'ouest. Des habitants ne tardèrent pas à venir se grouper autour de la nouvelle cité.

Gouvernement de Dinar-Abou-el-Mohadjer. — Sur ces entrefaites, le khalife ayant replacé l'Ifrikiya sous l'autorité du défenseur Meslama-ben-Mokhalled, gouverneur de l'Egypte, celui-ci envoya dans le Mag'reb un de ses affranchis, nommé Dinar, et surnommé Abou-el-Mohadjer, pour en prendre le commandement (vers 675). C'est ainsi que l'on récompensait Okba des importants services rendus, et cette manière d'agir paraîtrait inexplicable, si l'on n'y retrouvait l'effet d'une de ces rivalités de race et d'opinion qui divisaient si profondément les Arabes.

Dès son arrivée, Dinar fit, dit-on, arrêter Okba et l'accabla d'humiliations, exécutant ainsi les instructions qui lui avaient été données par son maître. Mais la vengeance n'aurait pas été complète si l'on ne s'était pas attaché à détruire l'œuvre du rival. Par l'ordre de Dinar, les constructions de Kaïrouan furent renversées et la ville nouvelle rasée. Okba ayant pu, peu après, se rendre en Orient, exposa ses doléances au khalife, mais ne put obtenir de lui aucune réparation et dut dévorer en silence son humiliation.

Une levée de boucliers des Berbères coïncida avec le départ d'Okba. A leur tête était Koçéïla, chef de la grande tribu des Aoureba. Il est certain que ces indigènes avaient été en relations avec Okba, peut-être même avaient-ils déjà accepté l'islamisme. Dinar-

Abou-el-Mohadjer marcha contre eux et les poussa devant lui jusqu'aux environs de l'emplacement de Tlemcen. Les ayant forcés d'accepter le combat dans ce lieu, il leur infligea une défaite dans laquelle leur chef fut fait prisonnier. Pour éviter la mort, Koçéïla dut se convertir à la religion de Mahomet ; il fut traité alors avec bienveillance, mais conservé par le vainqueur dans une demi-captivité. Après avoir apaisé tous les germes de sédition, Dinar rentra en Ifrikiya et organisa quelques expéditions contre les Grecs, retranchés dans les places du nord. On dit qu'à la suite de ces opérations, les adversaires conclurent un traité aux termes duquel la presqu'île de Cherik fut abandonnée aux chrétiens [1].

DEUXIÈME GOUVERNEMENT D'OKBA. SA GRANDE EXPÉDITION EN MAG'REB. — Moaouïa étant mort le 7 avril 680, son fils Yézid, qu'il avait déjà désigné comme héritier présomptif, lui succéda. Peu après, Okba obtenait la réparation de l'injustice qu'il avait éprouvée et était nommé, pour la seconde fois, gouverneur de l'Ifrikiya.

A la fin de l'année 681, Okba arriva à Kaïrouan et, à son tour, il jeta Dinar dans les fers, renversa les constructions qu'il avait élevées et entreprit la réédification de Kaïrouan, où il établit de nouveau une population. Koçéïla partagea la mauvaise fortune de Dinar, avec lequel il avait fini par se lier d'amitié.

Après avoir savouré la volupté de la vengeance, Okba, dont le fanatisme ardent ne pouvait s'accommoder du repos, décida une grande expédition dans le Mag'reb, afin de soumettre à son autorité tous les Berbères de l'Afrique septentrionale. Il réunit en conséquence ses meilleurs guerriers et, ayant laissé Zohéïr-ben-Kaïs, avec quelques troupes, à Kaïrouan, il donna le signal du départ. Avant de se mettre en route, il adressa à ceux qu'il laissait derrière lui, et notamment à ses fils, une allocution dans laquelle il déclara qu'il s'engageait à ne s'arrêter que lorsqu'il ne rencontrerait plus d'infidèles devant lui.

Le général conduisit les troupes vers l'Aourès, afin de réduire les populations zenètes qui, alliées aux Grecs, restaient dans l'indépendance. Il vint d'abord prendre position auprès de Bar'aï et livra aux indigènes un combat sanglant dans lequel ils eurent le désavantage ; mais ceux-ci s'étant réfugiés dans la citadelle, Okba n'osa en entreprendre le siège. Il se dirigea vers Lambèse et eut à supporter une vigoureuse sortie des Berbères et des chrétiens, qui vinrent attaquer son camp et faillirent s'en rendre maîtres. Les Arabes parvinrent cependant à repousser l'ennemi ; mais

---

1. Fournel, *Berbers*, p. 163. Amari, *Storia*, t. I, p. 611.

Okba renonça à courir les hasards de nouvelles luttes avec de tels adversaires. Il se dirigea vers le Zab, alors habité par de nombreuses tribus zenètes ; dans les oasis se trouvaient aussi des populations chrétiennes et quelques soldats grecs. Après plusieurs combats, la victoire resta aux Musulmans, mais ces succès, chèrement achetés, n'avaient pas pour conséquence cette soumission générale qui était le but de l'expédition.

Okba, continuant néanmoins sa route, arriva devant Tiharet[1], où il trouva les Berbères réunis en grand nombre. Avec eux étaient quelques troupes grecques. Il les attaqua et les défit dans une sanglante bataille. De là, le général musulman conduisit son armée dans le Mag'reb extrême et, ayant traversé, sans rencontrer une grande opposition, la région maritime occupée par les Romara, parvint à Ceuta, le seul point qui, dans ces régions éloignées, reconnût encore l'autorité de Byzance. Le comte Julien, qui y commandait, entretenait des relations beaucoup plus fréquentes avec les Wisigoths d'Espagne qu'avec l'empereur. Il vint au devant d'Okba, lui fit bon accueil et lui donna des renseignements précis sur l'intérieur de la contrée. Il lui apprit qu'il ne trouverait plus de pays soumis aux chrétiens, mais que, dans les montagnes et les plaines du Mag'reb, vivaient de nombreuses populations berbères ne rec nnaissant aucune autorité.

Muni de ces renseignements, Okba s'enfonça dans le cœur des montagnes marocaines, en passant par Oulili (l'emplacement de Fès). Les Berbères Masmouda et Zanaga qui habitaient ces localités lui opposèrent une vive résistance et il se trouva un moment cerné au milieu d'elles. Un secours qui lui fut envoyé par les Mag'raoua lui permit de se dégager. Reprenant l'offensive, il s'empara de Nefis, métropole des Masmouda, où il trouva un riche butin. Selon El-Bekri, il y construisit une mosquée. De là, il descendit vers le Sous, défit les Heskoura, Guezoula et Lamta de ces régions, et atteignit enfin le rivage de l'Océan. On rapporte qu'ayant fait entrer son cheval dans la mer, il prit Dieu à témoin qu'il avait accompli son serment, puisqu'il ne trouvait plus devant lui d'ennemi de sa religion à combattre[2].

DÉFAITE DE TEHOUDA. MORT D'OKBA. — Les Musulmans reprirent

---

1. C'est de l'ancienne ville de ce nom qu'il est question.
2. Pour toute cette campagne nous avons suivi Ibn-Khaldoun, *Hist. des Berbères*, t. I, p. 212 et suiv., 287 et suiv. En-Nouéïri (*loc. cit.*, p. 332 et suiv.). El-Bekri, passim. El-Kaïrouani, p. 44 et suiv. Le Baïan, t. I, p. 211 et suiv. Ibn-El-Athir, t. IV, passim.

alors le chemin de l'est, traînant à leur suite de nombreux esclaves et rapportant le butin fait dans cette belle campagne. Okba avait amené avec lui, dans le Mag'reb, Koçéïla et Dinar, et n'avait négligé aucune occasion de les mortifier. Un jour, il ordonna au prince berbère d'écorcher un mouton en sa présence; contraint de remplir ainsi le rôle d'un esclave, Koçéïla passait de temps en temps sa main ensanglantée sur sa barbe en regardant Okba d'une étrange façon. « Que signifie ce geste ? » demanda le gouverneur. « Rien, répondit le Berbère, c'est que le sang fortifie la barbe ! »

Les assistants expliquèrent à Okba qu'il fallait y voir une menace, et Dinar lui reprocha de traiter avec autant d'injustice un homme d'un rang élevé parmi les siens, lui prédisant qu'il pourrait bien s'en repentir. Mais Okba, gonflé d'orgueil par ses succès, voyant les populations indigènes s'ouvrir devant lui avec crainte, ne pouvait se croire menacé d'un danger immédiat ; et cependant une vaste conspiration s'ourdissait autour de lui. Koçéïla avait pu envoyer des émissaires aux gens de sa tribu et à ses alliés, et tout était préparé pour la révolte.

Parvenu dans le Zab, Okba, qui considérait tout le Mag'reb comme soumis, renvoya son armée par détachements vers sa capitale. Quant à lui, ne conservant qu'un petit corps de cavalerie, il voulut reconnaître ces forteresses des environs de l'Aourès où il avait éprouvé une résistance inattendue, afin d'étudier les moyens de les réduire. Mais il avait compté sans la vengeance de Koçéïla. Parvenu à Tehouda, au nord-est de Biskra, le général qui, depuis quelque temps, était suivi par les Berbères, se trouva tout à coup face à face avec d'autres ennemis, commandés par des chefs chrétiens. La victoire, comme la fuite, était impossible, il ne restait aux Arabes qu'à mourir en braves. Ils s'y résolurent sans faiblesse et, ayant brisé les fourreaux de leurs épées, attendirent le choc de l'ennemi. Dinar, auquel la liberté avait été rendue et qui pouvait fuir, voulut partager le sort de ses compatriotes. Le combat ne fut pas long ; enveloppés de toute part, les guerriers arabes furent bientôt anéantis ; un très petit nombre fut fait prisonnier (683).

Ainsi périt au milieu de sa gloire Okba-ben-Nafa, le chef qui a le plus contribué à la conquête de l'Afrique par les Arabes, l'apôtre farouche de l'islamisme chez les Berbères. D'un caractère vindicatif, fanatique à l'excès, sanguinaire sans nécessité, il faisait suivre ses victoires de massacres inutiles. Son tombeau est encore un objet de vénération pour les fidèles et a donné son nom à l'oasis qui le renferme.

LA BERBÉRIE LIBRE SOUS L'AUTORITÉ DE KOÇÉÏLA. — Un seul cri de guerre poussé par les indigènes accueillit la nouvelle du massacre de Tehouda. En un instant, tous les Berbères furent en armes, prêts à se ranger sous la bannière de Koçéïla, pour expulser leurs oppresseurs. Les débris des populations coloniales firent cause commune avec eux.

Zohéïr-ben-Kaïs essaya d'organiser la résistance, mais ses guerriers avaient perdu toute confiance et n'aspiraient qu'à rentrer en Orient. Force lui fut d'évacuer Kaïrouan ; il alla, suivi d'une partie des habitants de cette ville, se réfugier à Barka. Bientôt Koçéïla, à la tête d'une foule immense, se présenta devant Kaïrouan dont les portes lui furent ouvertes par les habitants. Grâce aux ordres sévères donnés par le roi indigène, aucun pillage, aucun excès ne fut commis, rare exemple de modération que les Musulmans n'avaient pas donné et qu'ils se garderont bien d'imiter.

La Berbérie avait, en un jour, recouvré son indépendance. Koçéïla, reconnu par tous comme roi, établit le siège de son gouvernement dans ce Kaïrouan que les envahisseurs avaient construit pour une tout autre destination. Une alliance étroite fut cimentée entre lui et les chrétiens, qui reconnurent même son autorité. Quant aux Berbères, en reprenant leur liberté, ils s'étaient empressés de répudier le mahométisme, devenu pour eux le symbole de l'asservissement.

Pendant cinq années (de 683 à 688), Koçéïla régna sur le Mag'reb, avec une justice que ses ennemis mêmes durent reconnaître[1]. La paix et la tranquillité étendirent pendant quelque temps leurs bienfaits dans ce pays désolé par la guerre ; mais ce répit devait être de courte durée.

NOUVELLES GUERRES CIVILES EN ARABIE. — La guerre civile, qui avait de nouveau éclaté en Orient, ne laissait pas aux Arabes le loisir de s'occuper de la Berbérie. Le khalife Yézid était entouré d'ennemis, ou plutôt de compétiteurs. Le premier qui leva l'étendard de la révolte fut El-Houceïn, deuxième fils d'Ali. Il comptait sur l'appui des Arabes de l'Irak, mais il périt dans le combat de Kerbela (le 10 octobre 680). Abd-Allah, fils de Zobéïr, dont il a été déjà plusieurs fois question, avait été le promoteur de la révolte d'El-Houceïn ; il recueillit son héritage et sut gagner à sa cause un grand nombre d'*Emigrés* et de parents ou d'amis du prophète. La Mekke devint le centre de cette révolte ; bientôt Mé-

---

1. Ibn-Khaldoun, *Hist. des Berbères*, t. I, p. 208 et suiv. En-Nouéïri, p. 334 et suiv. El-Kaïrouani, p. 44 et suiv.

dine fut entraînée dans la conjuration, et les Oméïades se virent expulsés de cette ville. Après avoir en vain essayé de traiter avec les rebelles, le khalife envoya dans le sud une armée qui rentra en possession de Médine ; cette ville fut livrée au pillage et les habitants emmenés comme esclaves. Ainsi les Syriens trouvaient l'occasion d'assouvir leur haine contre les Défenseurs.

La Mekke, assiégée par l'armée du khalife, résistait avec vigueur, lorsque, le 10 novembre 683, Yezid cessa de vivre. A cette nouvelle, les assiégeants démoralisés levèrent le siège, le fils de Zobéïr prit alors le titre de khalife, reçut le serment des provinces méridionales, rentra en possession de Médine et envoya des gouverneurs en Irak et en Egypte.

Pendant ce temps, l'anarchie était à son comble en Syrie. Moaouïa, fils aîné de Yezid, semblait désigné pour être son successeur ; mais aucune précaution n'avait été prise, et, conformément aux principes posés par Omar, le khalifat devait se transmettre par élection et non par hérédité. Une autre cause venait augmenter le trouble : Moaouïa étant petit-fils d'un kelbite, les kaïsites refusaient de le reconnaître, et ils ne tardèrent pas à se prononcer pour Abd-Allah-ben-Zobéïr.

Sur ces entrefaites, Moaouïa vint à mourir, et l'on vit les prétendants surgir de toute part et trouver toujours une tribu prête à les appuyer. Dahhak-ben-Kaïs avait été élu par les kaïsites, l'oméïade Merouan-ben-el-Hakem fut proclamé par les kelbites (juillet 684). Peu après, kelbites et kaïsites en vinrent aux mains dans la bataille dite de la Prairie, où Dahhak trouva la mort. Merouan était maître de la Syrie, et les kelbites triomphaient ; la soumission de l'Egypte fut obtenue par lui peu après, mais, dans le Hedjaz, le fils de Zobéïr continuait à résister. Une armée de quatre mille hommes envoyée pour surprendre Médine fut taillée en pièces en avant de cette ville par Abd-Allah.

Merouan étant mort subitement, son fils Abd-el-Malek lui succéda. Il prenait le pouvoir dans des conditions particulièrement difficiles, car, en outre du puissant compétiteur contre lequel il avait à lutter, et de l'anarchie qui s'étendait partout, il avait à réduire deux redoutables ennemis, deux sectes religieuses sur lesquelles nous devons entrer dans quelques détails, en raison du rôle qu'elles sont appelées à jouer en Afrique.

Les Kharedjites et les Chiaïtes. — Nous avons indiqué précédemment dans quelles conditions le schisme des Kharedjites s'était formé. Se posant en réformateurs puritains, ne tenant aucun compte des motifs de rivalité qui divisaient les Arabes, ils considéraient ceux qui n'étaient pas de leur secte comme des infidèles, et étaient ainsi les ennemis de tous. On a vu avec quelle rigueur ils furent traités. Retirés dans l'Ahouaz, ils rompirent toutes relations avec les autres Arabes et, s'appuyant sur ce passage du Koran : « Seigneur, ne laisse subsister sur la terre aucune famille infidèle, car si tu en laissais, ils séduiraient tes serviteurs et n'enfanteraient que des impies et des incrédules ! », ils décidèrent bientôt le massacre de tous les *infidèles*. Ils vinrent, en répandant des torrents de sang sur leur passage, assiéger Basra ; la terreur que ces *têtes rasées*[1] inspiraient était si grande que les gens de Basra envoyèrent leur hommage au fils de Zobéïr, en implorant son secours.

L'autre secte, celle des *Chiaïtes*, avait été formée par les partisans d'Ali et de ses fils. Ils prétendaient que le khalife ne pouvait être pris que dans la descendance de Mahomet par sa fille Fatima (épouse d'Ali). Ils accordaient, du reste, au fondateur de l'islamisme des attributs divins et prêchaient la soumission absolue à ses paroles. C'était une secte essentiellement persane, se recrutant de préférence parmi les affranchis originaires de cette nation[2]. « Nulle autre secte — dit encore l'auteur que nous citons — n'était aussi simple et crédule, nulle autre n'avait ce caractère d'obéissance passive ». Leur chef Mokhtar arracha, par un hardi coup de main, Koufa au lieutenant de Ben-Zobéïr (686), puis il marcha contre les Syriens qui s'avançaient et les mit en déroute. Peu après, les Chiaïtes étaient défaits à leur tour par les troupes du fils de Zobéïr ; c'était un grand service rendu à son compétiteur Abd-el-Malek. Celui-ci, ayant repris l'offensive contre les Chiaïtes, obtint sur eux quelques succès qui les décidèrent à traiter avec lui, et bientôt l'Irak reconnut son autorité.

VICTOIRE DE ZOHÉÏR SUR LES BERBÈRES. MORT DE KOCÉÏLA. — Malgré les difficultés auxquelles Abd-El-Malek avait à faire face, il ne cessait de tourner ses regards vers la Berbérie. Il recevait du reste des appels pressants du gouverneur de l'Egypte, auquel Zohéïr demandait des renforts pour reprendre l'offensive. Vers 688, un corps de plusieurs milliers d'Arabes lui fut envoyé, ainsi que des secours en argent. Zohéïr se mit alors en marche vers l'Ifrikiya. Kocéïla jugeant la position de Kaïrouan peu favorable pour la défense, s'était retiré à Mems, à l'est de Sebiba, près de la branche orientale de la Medjerda et y attendait, dans une position retran-

---

1. Conformément à une prescription de leur secte.
2. Dozy, *Hist. des Mus. d'Espagne*, t. I, p. 158.

chée, l'attaque de l'ennemi; des contingents grecs et des colons latins étaient venus l'y rejoindre.

Zohéïr rentra, sans coup férir, en possession de Kaïrouan, puis, après avoir donné trois jours de repos à ses troupes, il marcha contre l'ennemi. La bataille fut longue et acharnée; mais les indigènes, ayant vu tomber Kocéïla et les principaux chefs chrétiens, commencèrent à plier. Les Musulmans redoublèrent alors d'ardeur et la victoire se décida pour eux. La déroute fut désastreuse. Poursuivis l'épée dans les reins, les Berbères se jetèrent en partie dans l'Aourès; les autres gagnèrent le Zab, où les Arabes les relancèrent. La tribu des Aoureba fut à peu près détruite; ses débris cherchèrent un refuge dans le Mag'reb central et se fixèrent dans les montagnes qui environnent Fès, où ils se fondirent parmi les autres Berbères. C'est un nom que nous n'aurons plus l'occasion de prononcer.

ZOHÉÏR ÉVACUE L'IFRIKIYA. — Zohéïr rétablit ainsi l'autorité arabe en Mag'reb; mais cette victoire était précaire, car le peuple indigène, malgré ses pertes, restait à peu près intact, et son hostilité n'attendait qu'une occasion pour se manifester. Le général arabe manquait de troupes pour compléter sa conquête et le khalife n'était certes pas en mesure de lui en envoyer. Il n'est donc pas surprenant que Zohéïr ait songé à la retraite; de plus, les auteurs nous le représentent comme un musulman fervent, n'ayant pas les qualités administratives nécessaires dans sa situation. Et puis, il était bien loin pour suivre les événements d'Orient; or, tous ces premiers conquérants avaient les yeux tournés vers l'est. El-Kairouani prétend que « Zohéïr ne tarda pas à reconnaître combien était lourd le fardeau dont il était chargé et craignit que son cœur ne se corrompît au sein de la puissance et de l'abondance dont il jouissait en Ifrikiya[1] ». Quoi qu'il en soit, il quitta Kaïrouan avec ses principaux guerriers. Parvenu à Barka, il se heurta contre une troupe de Grecs qui venaient de faire une descente et de ravager le pays. Il les attaqua aussitôt, malgré la supériorité de leur nombre, et périt avec toute son escorte (690).

MORT DU FILS DE ZOBÉÏR. TRIOMPHE D'ABD-EL-MALEK. — Abd-el-Malek reçut la nouvelle du désastre d'Afrique alors qu'il était occupé à réduire les Chiaïtes. Après avoir traité avec eux et soumis l'Irak à son autorité, il ne pouvait encore se tourner vers l'Afrique, car il fallait, avant tout, vaincre son compétiteur Abd-Allah. Celui-

---

1. P. 51.

ci se flattait que le khalife n'oserait pas assiéger La Mekke. Il se trompait. Bientôt l'armée syrienne, commandée par El-Hadjadj, parut sous les murs de la ville sainte et en commença l'investissement (692). Durant de longs mois, les assiégés résistèrent avec énergie à toutes les attaques et supportèrent les tourments de la famine. Le courage d'Abd-Allah était soutenu par sa mère, âgée de près de cent ans ; lorsque tout moyen de résister fut épuisé, elle répondit stoïquement à son fils qui lui demandait ce qu'il lui restait à faire : « mourir ! ». Peu d'instants après, Abd-Allah, s'étant armé de pied en cap, vint dire un dernier adieu à sa mère ; mais celle-ci, apercevant qu'il portait une cotte de maille, la lui fit enlever en disant : « Quand on est décidé à mourir, on n'a pas besoin de cela. » Le fils de Zohéïr, après avoir combattu bravement, tomba percé de coups ; sa tête fut envoyée au khalife (oct. 692). Ainsi finit cette révolte qui durait depuis de longues années. Abd-el-Malek restait maître incontesté du khalifat, mais de quelles difficultés n'était-il pas environné ? Les Kharedjites étaient toujours en insurrection et l'Irak sans cesse menacé. Plusieurs armées envoyées contre eux avaient subi de honteuses défaites, suivies de cruautés épouvantables, car la férocité de ces sectaires contre les *païens* s'accroissait avec les difficultés qu'ils rencontraient. Enfin El-Hadjadj, le vainqueur du fils de Zobéïr, fut chargé de réduire les rebelles et, après deux années de luttes, il parvint, grâce à son énergie, à les forcer de mettre bas les armes (696). Les Kelbites avaient contribué pour beaucoup au triomphe du khalife et faisaient valoir avec arrogance leurs services. Abd-el-Malek, irrité de leurs exigences, accorda toutes ses faveurs aux Kaïsites, et accabla d'humiliations leurs rivaux.

Situation de l'Afrique. La Kahéna. — Libre enfin, le khalife tourna ses regards vers l'Afrique et se disposa à tirer vengeance de la défaite et de la mort de son lieutenant.

Après la fuite des Arabes, la révolte s'était répandue de nouveau chez les Berbères : les Aoureba étaient détruits, et chaque tribu prétendait imposer son chef aux autres ; de là des luttes interminables. Dans les derniers temps une sorte d'apaisement s'était produit et les indigènes de l'Ifrikiya avaient reconnu l'autorité d'une femme Dihia ou Damïa, fille de Tabeta, fils d'Enfak, reine des Djeraoua (Zénètes) de l'Aourès. Cette femme remarquable appartenait, dit El-Kaïrouani, à une des plus nobles familles berbères ayant régné en Afrique. « Elle avait trois fils, héritiers du commandement de la tribu et, comme elle les avait élevés sous ses yeux, elle les dirigeait à sa fantaisie et gouvernait, par leur intermédiaire, toute la tribu. Sachant par divination la tournure que chaque affaire importante devait prendre, elle avait fini par obtenir, pour elle-même, le commandement [1]. » Cette prétendue faculté de divination fit donner à Dihia, par les Arabes, le surnom d'*El-Kahéna* (la devineresse). Sa tribu était juive, ainsi que l'affirme Ibn-Khaldoun [2], et il est possible que ce nom de Kahéna, que les Musulmans lui appliquaient, avec un certain mépris, ait été, au contraire, parmi les siens, une qualité quasi-sacerdotale.

Les relations de la Kahéna avec Kocéïla et la part active qu'elle prit à la conspiration qui se dénoua à Tehouda, sont affirmées par les auteurs. Après la mort de Kocéïla, un grand nombre de Berbères se joignirent à elle, dans ses retraites fortifiées de l'Aourès. Ainsi le drapeau de l'indépendance berbère avait été relevé par une femme qui avait su rallier les forces éparses de ce peuple, calmer les rivalités et imposer son autorité même aux Grecs. La situation avait donc changé de face en Berbérie et les Arabes allaient en faire l'épreuve.

Expédition de Haçane en Mag'reb. Victoire de La Kahéna. — En 696, le khalife ayant réuni une armée de quarante mille hommes en confia le commandement à Haçane-ben-Nomane, le Ghassanide, et l'envoya en Egypte, où son autorité était encore méconnue en maints endroits. L'année suivante, il lui expédia l'ordre de marcher sur le Mag'reb. « Je te laisse les mains libres, lui écrivit-il, puise dans les trésors de l'Egypte et distribue des gratifications à tes compagnons et à ceux qui se joindront à toi. Ensuite, va faire la guerre sainte en Ifrikiya et que la bénédiction de Dieu soit avec toi [3]. »

Parvenu en Mag'reb avec son immense armée, Haçane entra à Kaïrouan, dont la possession ne lui fut pas disputée; puis il alla attaquer et enlever Karthage. Les habitants eurent en partie le temps de se réfugier sur leurs navires et de gagner les îles de la Méditerranée. Quant aux troupes grecques, elles essayèrent de se rallier à Satfoura, près de Benzert, mais ce fut pour essuyer un véritable désastre. Sur ces entrefaites, une flotte byzantine, envoyée de Constantinople, sous le commandement du patrice Jean, aborda à Karthage. Appuyés par les indigènes et des aventuriers de toute race, les Grecs rentrèrent facilement en possession de cette ville.

---

1. El-Kaïrouani, p. 53. Ibn-Khaldoun, t. I, p. 213 t. III, p. 193. En-Nouéïri, p. 338 et suiv.
2. T. I, p. 208.
3. En-Nouéïri, p. 338.

Mais aussitôt le khalife équipa et expédia une flotte considérable qui ne tarda pas à arriver en Afrique; en même temps Haçane revenait mettre le siège devant Karthage. Ces deux forces combinées eurent facilement raison des chrétiens, dont les débris se rembarquèrent et regagnèrent l'Orient (698). Ce fut la dernière tentative de l'empire pour conserver sa colonie africaine. Dès lors les chrétiens restés en Ifrikiya se virent forcés d'unir intimement leur sort à celui des indigènes. Après ces campagnes, Haçane dut se retirer à Kaïrouan, pour donner quelque repos à ses troupes et se reformer avant d'entreprendre l'expédition de l'Aourès.

Pendant ce temps, la Kahéna se préparait activement à la lutte en appelant aux armes les Berbères et en enflammant leur courage. Ayant appris que Haçane s'était mis en marche, elle descendit de ses montagnes et alla détruire les remparts de Bar'aï, soit pour que le général arabe ne s'attardât pas à en faire le siège et vînt directement attaquer les Berbères dans le terrain qu'elle avait choisi, soit pour qu'il ne pût s'appuyer sur aucun retranchement, s'il était parvenu à l'enlever.

Haçane marchant directement contre son ennemi lui livra bataille sur les bords de l'Ouad-Nini, près de Bar'aï[1]. Au point du jour on en vint aux mains. L'avant-garde berbère, commandée par un ancien général de Koceïla, obtint les premiers succès et, après une lutte acharnée, les Arabes furent enfoncés de toutes parts et mis en pleine déroute. Haçane, avec les débris de ses troupes, prit la fuite vers l'est, poursuivi l'épée dans les reins jusqu'à Gabès: il ne s'arrêta que dans la province de Barka, où il s'établit dans des postes retranchés qui reçurent son nom: *Koçour Haçane*.

La Kahéna reine des Berbères. Ses destructions. — Les Arabes avaient laissé sur le champ de bataille un grand nombre d'entre eux; de plus, quatre-vingts prisonniers, presque tous nobles, étaient aux mains des vainqueurs. La Kahéna les traita avec bonté et les mit en liberté, à l'exception d'un seul, Khaled, fils de Yézid, de la tribu de Kaïs, jeune homme d'une grande beauté, qu'elle combla de présents et qu'elle adopta en faisant le simulacre de l'allaiter, coutume qui, selon le Baïan, consacrait l'adoption chez les Berbères. Nous verrons plus loin de quelle façon Khaled reconnut ces procédés. Ainsi, pour la deuxième fois, les sauvages Berbères donnaient une leçon d'humanité à ceux qui se présentaient

---

1. Ibn-Khaldoun donne la Meskiana comme le théâtre de cette bataille; mais nous adoptons l'indication d'En-Nouéïri qui est la plus plausible.

comme les apôtres du vrai Dieu et qui n'employaient d'autres moyens que la violence, le meurtre et la dévastation.

L'Ifrikiya et même, s'il faut en croire les auteurs arabes, tout le Mag'reb, reconnurent alors l'autorité de la Kahéna. De quelle façon exerça-t-elle le pouvoir suprême? D'après un passage d'En-Nouéïri, la Kahéna aurait tyrannisé les Berbères. Il est certain que, prévoyant le retour des Arabes, elle chercha à les éloigner en faisant le vide devant eux. « Les Arabes veulent s'emparer des villes, de l'or et de l'argent, tandis que nous, nous ne désirons posséder que des champs pour la culture et le pâturage. Je pense donc qu'il n'y a qu'un plan à suivre: c'est de ruiner le pays pour les décourager[1]. » Tel fut son raisonnement et, passant aussitôt à l'exécution, elle envoya des agents dans toutes les directions, ruiner les villes, renverser les édifices, détruire et incendier les jardins. De Tunis à Tanger, le pays qui, au dire des auteurs, n'était qu'une succession de bosquets, fut transformé en désert.

Ce sacrifice était héroïque. Il a été pratiqué plus d'une fois par des patriotes préférant leur propre ruine à la servitude; mais les Berbères n'ont jamais su sacrifier au salut de la patrie leurs intérêts immédiats. Et puis, il y avait, dans la rigueur de cette mesure, comme une sorte de vengeance du nomade habitant des hauts plateaux dénudés, contre les gens du littoral établis dans les campagnes ombragées et fraîches. Rien ne pouvait être plus sensible à ces petits cultivateurs que de voir disparaître en un jour, avec leur fortune, le fruit d'efforts séculaires. Aussi furent-ils profondément irrités et se détachèrent-ils de la Kahéna.

Défaite et mort de la Kahéna. — Après sa retraite, Haçane était resté à Barka, où il avait reçu du khalife l'ordre d'attendre des renforts. Mais le Khoraçan venait de se mettre en révolte (700); un Kaïsite du nom de Abd-er-Rahman s'était fait proclamer khalife et bientôt Basra et Koufa étaient tombées aux mains des rebelles. En 703, Abd-er-Rahman ayant été tué, la révolte ne tarda pas à être apaisée et le khalife put s'occuper du Mag'reb.

Haçane, après avoir reçu des renforts et de l'argent, se mit en marche, parfaitement renseigné sur la situation en Berbérie par les nouvelles que lui faisait parvenir l'Arabe Khaled, fils adoptif de la Kahéna, au moyen d'émissaires secrets.

A l'approche de l'ennemi, la Kahéna ne se fit pas d'illusion sur le sort qui l'attendait, et l'on ne manqua pas d'attribuer à des pratiques divinatoires ce que sa perspicacité lui faisait entrevoir.

---

1. En-Nouéïri, p. 340.

Ayant réuni ses fils, elle leur dit : « Je sais que ma fin approche ; lorsque je regarde l'Orient, j'éprouve à la tête des battements qui m'en avertissent[1] » ; elle leur ordonna de faire leur soumission au général arabe et de se mettre à son service, ce qui semble indiquer une intention de se venger des Berbères, dont la lâcheté allait causer sa perte. On insistait autour d'elle pour qu'elle prît la fuite, mais elle repoussa avec indignation ce conseil. « Celle qui a commandé aux chrétiens, aux Arabes et aux Berbères, dit-elle, doit savoir mourir en reine ! »

Dans quelle localité la Kahéna attendit-elle le choc des Arabes ? S'il faut en croire El-Bekri, elle se serait retranchée dans le château d'El-Djem, qui aurait été appelé pour cela *Kasr-el-Kahena ;* mais il est plus probable qu'elle se retira dans l'Aourès, car il résulte de l'étude comparée des auteurs que Haçane marcha directement vers cette montagne, en passant par Gabès, Gafça et le pays de Kastiliya. Quand il fut proche du campement de la reine berbère, il vit venir au devant de lui les deux fils de celle-ci, accompagnés de l'Arabe Khaled. Les deux chefs indigènes furent conduits par son ordre à l'arrière-garde ; quant à Khaled, il reçut le commandement d'un corps d'attaque.

La bataille fut longue et acharnée et, pendant un instant, le succès parut se prononcer pour les Berbères ; mais, dit En-Nouëïri, Dieu vint au secours des Musulmans, qui finirent par remporter la victoire. La Kahéna y périt glorieusement. Selon une autre version, elle aurait été entraînée dans la déroute et atteinte par les Arabes dans une localité qui fut appelée en commémoration *Bir-el-Kahéna*. Sa tête fut envoyée à Abd-el-Malek[2]. Telle fut la fin de cette femme remarquable, et l'on peut dire qu'avec elle tomba l'indépendance berbère[3].

Conquête et organisation de l'Ifrikiya par Haçane. — Après la défaite de leur reine, les Berbères de cette région se soumirent en masse au vainqueur et acceptèrent l'islamisme. Ils fournirent à Haçane un corps de douze mille auxiliaires à la tête desquels les fils de la Kahéna furent placés. Grâce à ce renfort, le général arabe put compléter sa victoire en réduisant les autres centres de résistance où les Grecs, aidés des indigènes, tenaient encore ; puis il rentra à Kaïrouan. Il s'occupa alors de régler les détails de

---

1. El-Kaïrouani, p. 54.
2. *Ibid.*
3. Ibn-Khaldoun, t. I, p. 207 et suiv., t. III, p. 193 et suiv. En-Nouëïri, p. 339 et suiv. El-Bekri, trad. de Slane, p. 76, 77.

l'administration, et notamment de la fixation de l'impôt foncier (*kharadj*), auquel il soumit les populations berbères et celles d'origine chrétienne [1].

Ce fut, sans doute, vers cette époque qu'il établit à Tunis une colonie de mille familles coptes venues d'Égypte [2]. Mais c'est en vain que Haçane s'était mérité le surnom de « *vieillard intègre* ». Les grandes richesses rapportées de ses expéditions, et conservées par lui pour le khalife, faisaient des envieux et bientôt il se vit dépossédé de son commandement par le gouverneur de l'Égypte et reçut l'ordre de se rendre en Orient. Il partit en emportant tout ce butin qui avait servi de prétexte à sa révocation et dont on le dépouilla à son passage en Égypte. Mais il avait su conserver ce qu'il possédait de plus précieux et put enfin le remettre au khalife, en se justifiant de toute inculpation. On voulut lui restituer son commandement, mais il protesta qu'il ne servirait plus la dynastie oméïade.

Mouça-ben-Noceïr achève la conquête de la Berbérie. — En 705, Mouça-ben-Noceïr arriva à Kaïrouan avec le titre de gouverneur de l'Ifrikiya. Cette province releva directement du khalifat et fut dès lors indépendante de l'Égypte. Il trouva un commencement d'organisation en Ifrikiya, mais dans les deux Mag'reb l'anarchie était à son comble : les tribus berbères étaient toutes en lutte les unes contre les autres. Les Mag'raoua en profitaient pour s'étendre au nord et à l'ouest, au détriment des Sanhadja. « Conquérir l'Afrique est chose impossible, avait écrit le précédent gouverneur au khalife ; à peine une tribu berbère est-elle exterminée, qu'une autre vient prendre sa place [3]. » Le Mag'reb était couvert de ruines et changé en solitude.

Les détails fournis par les auteurs arabes sur les premiers actes du gouvernement de Mouça sont contradictoires. Il paraît probable qu'il commença par rétablir la tranquillité dans l'Ifrikiya et le Mag'reb central, au moyen d'expéditions dans lesquelles il déploya la plus grande rigueur. En même temps il s'appliquait à former de bonnes troupes indigènes et à organiser une flotte au moyen de laquelle il pût piller les îles de la Méditerranée. Cela fait, il entreprit une campagne dans l'ouest, où les Berbères n'avaient pas revu d'Arabes depuis Okba ; aussi avaient-ils repris leur liberté et répudié le culte musulman. Il infligea d'abord une défaite aux

---

1. Ibn-Khaldoun, t. I, p. 215.
2. El-Kaïrouâni, p. 55.
3. Dozy, *Musulmans d'Espagne*, t. I, p. 229.

R'omara, mais, parvenu à Ceuta, il trouva cette ville en état de défense, sous le commandement du comte Julien, et essaya en vain de la réduire. Il fit des razzias aux environs, espérant affamer la place ; mais Julien recevait par mer des vivres d'Espagne, et chaque fois qu'il se mesurait avec les Musulmans leur faisait éprouver de rudes échecs [1]. Abandonnant ce siège, Mouça pénétra au cœur de l'Atlas et attaqua et réduisit les tribus masmoudiennes. Après s'être avancé jusqu'au Sous, il traversa le pays de Derâ et porta ses armes victorieuses jusqu'aux oasis de Sidjilmassa [2]. Ayant soumis toutes ces contrées et exigé des otages de chaque tribu, il revint vers Tanger et s'empara de cette ville.

Le gouverneur plaça à Tanger un berbère converti du nom de Tarik, auquel il laissa un corps nombreux de cavaliers indigènes. Vingt-sept Arabes restèrent également dans la contrée pour instruire les Berbères dans la religion musulmane. Vers 708, le gouverneur rentra à Kaïrouan en rapportant un butin considérable dont le quint fut envoyé au khalife. Il s'occupa avec activité des intérêts de la religion. « Toutes les anciennes églises des chrétiens furent transformées en mosquées », dit l'auteur du Baïan. La conquête de l'Afrique septentrionale était terminée ; mais ce théâtre n'était déjà plus assez vaste pour les Arabes ; ils allaient reporter sur l'Europe leur ardeur et faire trembler la chrétienté dans ses fondements. Déjà, depuis quelques années, ils exécutaient d'audacieuses courses sur mer et portaient la dévastation sur les rivages de la Sicile, de la Sardaigne et des Baléares.

Ainsi, en un peu plus de cinquante ans, fut consommé l'asservissement du peuple berbère aux Arabes, et l'Afrique devint musulmane. Mais, si la Berbérie avait changé de maîtres, aucun élément nouveau de population n'y avait été introduit. Le gouverneur arabe de Kaïrouan remplaçait le patrice byzantin de Karthage. De petites garnisons laissées dans les postes importants, des missionnaires parcourant les tribus pour répandre l'islamisme, ce fut à quoi se borna l'occupation. Le Mag'reb, tout en se laissant extérieurement arabiser, demeura purement berbère. La faiblesse de l'occupation, qui ne fut pas complétée par une immigration coloniale, devait permettre aux indigènes de se débarrasser bientôt de la domination du khalifat.

---

1. *Akhbar Madjouma*, apud Dozy, *Recherches sur l'histoire de l'Espagne*, t. I, p. 45.
2. Tafilala.

CHAPITRE III

CONQUÊTE DE L'ESPAGNE. — RÉVOLTE KHAREDJITE

709 — 750

Le comte Julien pousse les Arabes à la conquête de l'Espagne. — Conquête de l'Espagne par Tarik et Mouça. Destitution de Mouça. — Situation de l'Afrique et de l'Espagne. — Gouvernement de Mohammed-ben-Yezid. — Gouvernement d'Ismaïl-ben-Abd-Allah. — Gouvernement de Yezid-ben-Abou-Moslem; il est assassiné. — Gouvernement d'Obéïd-Allah-ben-El-Habhab. — Gouvernement de Bichr-ben-Safouane. — Incursions des Musulmans en Gaule; bataille de Poitiers. — Despotisme et exactions des Arabes. — Révolte de Meicera, soulèvement général des Berbères. — Défaite de Koltoum à l'Ouad-Sebou. — Victoires de Hendhala sur les Kharedjites. — Révolte de l'Espagne; les Syriens y sont transportés. — Abd-er-Rahman-ben-Habib usurpe le gouvernement de l'Ifrikiya. — Chute de la dynastie oméïade : établissement de la dynastie abbasside.

LE COMTE JULIEN POUSSE LES ARABES A LA CONQUÊTE DE L'ESPAGNE. — Si toute résistance ouverte avait cessé en Afrique, le pays ne pouvait cependant pas être considéré comme soumis d'une façon définitive. Les Berbères étaient plutôt épuisés que domptés, et l'on devait s'attendre à de nouvelles révoltes, aussitôt qu'ils auraient eu le temps de reprendre haleine. Un événement inattendu vint en ajourner l'explosion, en fournissant un aliment aux forces actives berberes.

En 709, Wittiza, roi des Goths d'Espagne, étant mort, un de ses guerriers, nommé Roderik, s'empara du pouvoir, ou peut-être y fut porté par acclamation, au détriment des fils de son prédécesseur, nommés Sisebert et Oppas[1]. Ceux-ci vinrent à Ceuta demander asile au comte Julien et furent rejoints en Afrique par les partisans de la famille spoliée. Peut-être faut-il ajouter à cela la tradition d'après laquelle une fille de Julien, qui se trouvait à la cour des rois goths, aurait été outragée par Roderik. Toujours est-il que Julien devint l'ennemi le plus acharné de cette dynastie et ne songea qu'à tirer de son chef la plus éclatante vengeance. Entré en relations avec Tarik, gouverneur de Tanger, il ouvrit à ce Berbère son petit royaume et le poussa à envahir l'Espagne, lui

---

1. *Akhbar Madjouma*, loc. cit., p. 46.

offrant de lui servir de guide et lui donnant des renseignements précieux sur l'intérieur du pays.

Le khalife Abd-el-Malek était mort et avait été remplacé par son fils El-Oualid, en 705. Mouça ne pouvait se lancer dans une entreprise telle que la conquête de l'Espagne, sans lui demander son assentiment ; mais le khalife voulut avant tout qu'on reconnût bien les lieux. « Faites explorer l'Espagne par des troupes légères, mais « gardez-vous d'exposer les Musulmans aux périls d'une mer ora- « geuse, » telles furent ses instructions. En conséquence, Mouça chargea un de ses clients nommé Tarif d'aller faire une reconnaissance, et lui confia dans ce but quatre cents hommes et cent chevaux[1]. Ayant abordé à l'île qui reçut son nom (Tarifa), ce général occupa Algésiras et reconnut que sa baie était fort propice à un débarquement. Il rentra en Afrique avec un riche butin et de belles captives (710).

Conquête de l'Espagne par Tarik et Mouça. — Le khalife ayant alors autorisé l'expédition, on établit un camp près de Tanger et bientôt une armée de sept ou huit mille Berbères convertis, avec trois cents Arabes[2] comme chefs, s'y trouva concentrée. En mai 711, l'armée traversa le détroit, au moyen de quatre navires fournis sans doute par Julien, et aborda au pied du mont Calpé, qui fut appelé du nom du chef de l'expédition *Djebel Tarik*. Ce général reçut encore un renfort de cinq mille Berbères, puis, ayant brûlé ses vaisseaux, il pénétra dans l'intérieur du pays, guidé par le comte Julien.

Roderik était occupé à combattre les Basques, dans le nord de son royaume. En apprenant l'invasion des Arabes, il réunit des forces s'élevant, dit-on, à cent mille hommes, et marcha contre les ennemis. La rencontre eut lieu en un endroit appelé par certains auteurs arabes Ouad-Bekka[3], et les ennemis en vinrent aux mains le 17 juillet. Pendant huit ou neuf jours consécutifs, il y eut une suite de combats, mais les ailes de l'armée des Visigoths

---

1. *Akhbar Madjouma*, loc. cit., p. 47.
2. On a beaucoup discuté sur le chiffre et la composition de cette armée expéditionnaire. Nous adoptons les renseignements fournis à cet égard par En-Nouéiri, p. 344 et suiv., Ibn-Khaldoun, t. I, p. 245, et El-Kaïrouani, p. 58. L'*Akhbar Madjouma* donne le chiffre de 7,000 Berbères.
3. D'autres ont écrit ouad Leka, et cette rivière a été assimilée au Guadalete. Mais Dozy a établi qu'il faut adopter Ouad-Bekka, contrée qui se trouve « à une lieue au nord de l'embouchure du Barbate, non loin du cap Trafalgar, entre Vejer de la Frontera et Cornil. » (*Recherches sur l'histoire de l'Espagne*, t. I, p. 314 et suiv.).

ayant lâché pied, le centre, où se trouvait le roi, eut à supporter tout l'effort des Musulmans. Roderik mourut en combattant et son armée se débanda. D'après la chronique que nous avons plusieurs fois citée, le roi goth aurait confié le commandement des deux ailes de son armée aux fils de Wittiza, réconciliés avec lui; mais ceux-ci, pour se venger de l'usurpateur, l'auraient trahi en entraînant les troupes confiées à leurs ordres [1].

Les chrétiens, s'étant ralliés auprès d'Ejiça, y essuyèrent une nouvelle défaite. Ce double succès mit fin à l'empire des Goths et ouvrit l'Espagne aux Musulmans.

Tarik, sans tenir compte des ordres de Mouça qui lui avait fait dire de l'attendre, continua sa marche victorieuse sur Tolède, alors capitale de l'Espagne, tandis que trois corps détachés allaient prendre possession de Grenade, de Malaga et d'Elvira. S'étant rendu maître de Tolède, il y réunit toutes ses prises, qui étaient considérables, pour les remettre au gouverneur de l'Afrique. Lorsqu'une ville était enlevée, les Musulmans armaient les Juifs s'y trouvant et les chargeaient de la défendre; puis ils continuaient leur route [2].

Mouça avait appris avec une vive jalousie les succès de son lieutenant, et il s'était décidé aussitôt, malgré son grand âge, à se rendre en Espagne. C'était un homme de très basse extraction, dominé par la soif de l'or, et cette passion n'avait pas été sans lui attirer de graves affaires. Ayant réuni une armée de quinze à dix-huit mille guerriers, tant arabes que berbères, il partit pour l'Espagne, en laissant l'Ifrikiya sous le commandement de son fils Abd-Allah et débarqua à Algésiras pendant le mois de ramadan 93 (juin-juillet 712). Au lieu de traverser les pays conquis par Tarik, Mouça voulut suivre une nouvelle voie et conquérir aussi des lauriers; des chrétiens lui servirent, dit-on, de guides. Carmona et Séville tombèrent en son pouvoir, mais il fut arrêté par Mérida [3], ville somptueuse qui contenait un nombre considérable d'habitants, et dont il dut entreprendre un siège régulier. Ce ne fut qu'en juin 713 qu'il parvint à se rendre maître de Mérida, après une résistance héroïque des assiégés.

Sur ces entrefaites, Mouça, s'étant rendu à Tolède, se rencontra auprès de cette ville avec Tarik. Il avait conçu contre celui-ci une violente jalousie qui s'était transformée en haine ardente; aussi, bien que son lieutenant se présentât avec l'attitude la plus

---

1. *Akhar Madjouma.*
2. *Ibid.*, p. 55.
3. L'antique Emerita-Augusta.

respectueuse, il l'accabla d'injures et de reproches et, dans sa violence, alla jusqu'à le frapper au visage ; puis il le fit jeter dans les fers et aurait ordonné sa mort, si des officiers ne s'étaient interposés. Cette conduite souleva contre lui une véritable réprobation, dont l'expression fut portée au khalife[1].

DESTITUTION DE MOUÇA. — Tandis que les Berbères, conduits par les Arabes, conquéraient l'Espagne au khalifat, les armées musulmanes s'emparaient de Samarkand, et s'avançaient victorieuses vers l'est, à travers l'Inde, jusqu'à l'Himalaya. L'histoire n'offre peut-être pas d'autre exemple de succès aussi grands dans un règne aussi court que celui d'El-Oualid. Mais ce prince n'entendait pas partager sa puissance avec ses généraux, et il trouvait que les contrées sur lesquelles s'étendait l'autorité de Mouça étaient bien grandes. Aussi, saisit-il avec empressement l'occasion fournie par l'odieuse conduite de son lieutenant, pour lui intimer l'ordre de se présenter devant lui.

Mouça, qui venait de s'avancer en vainqueur jusqu'aux Pyrénées, ne voulut pas croire qu'on le rappelait et il fallut qu'un nouvel émissaire vint prendre par la bride sa monture, pour le décider à s'arrêter. Le gouverneur, laissant, en Espagne, le commandement à son fils Abd-el-Aziz, rentra à Kaïrouan pour se préparer au départ. Son troisième fils, Abd-el-Malek, fut placé à Ceuta, afin de commander le détroit. En 715, Mouça partit pour l'Orient, emportant un butin considérable, enlevé aux palais et aux églises de la péninsule. A sa suite marchaient enchaînées trente mille esclaves chrétiennes[2]. Ces riches présents ne purent désarmer la colère du khalife qui l'accabla de reproches et le frappa d'une forte amende. Peu de jours après, El-Oualid cessait de vivre et était remplacé par son frère Soleïman. C'était la chute des kaïsites ; mais Mouça, bien que kelbite, n'en profita pas et resta dans l'ombre jusqu'à sa mort.

SITUATION DE L'AFRIQUE ET DE L'ESPAGNE. — Cependant, en Afrique, les Berbères continuaient à se jeter en foule sur l'Espagne. La vue des prises rapportées par Mouça avait enflammé leur cupidité et redoublé l'ardeur des néophytes. Aussitôt qu'un groupe était prêt, on l'envoyait à la *guerre sainte,* et ce courant ininter-

---

1. Ibn-Khaldoun, t. I, p. 216, 348. En-Nouéïri, p. 345. El-Kaïrouani, p. 57 et suiv. El-Marrakchi (*Hist. des Almohades,* édit. arabe de Dozy, Leyde, 1847, p. 6 et suiv.).
2. Il est inutile de faire ressortir l'exagération de ce chiffre.

rompu permettait de se porter en avant, car les premiers arrivés s'étaient établis dans le territoire conquis. Les Arabes, profitant de la conquête faite par les Berbères, avaient commencé par garder pour eux la fertile Andalousie. Quant aux Africains, on les avait relégués dans les plaines arides de la Manche et de l'Estramadure, dans les âpres montagnes de Léon, de Galice, d'Asturie, où il fallait escarmoucher sans cesse contre les chrétiens mal domptés[1]. Les Musulmans, poussés par derrière par les arrivées incessantes, n'allaient pas tarder à franchir les Pyrénées. Des chefs arabes les conduisaient au pillage de la chrétienté.

Mouça avait partagé entre ses guerriers les terres et le butin conquis par les armes, en réservant toutefois le cinquième pour le prince. Les terres ainsi réservées formèrent le domaine public et furent cultivées par des indigènes, chrétiens ou convertis, qui reçurent comme salaire le cinquième des récoltes, en raison de quoi ils furent appelés *khemmas*. Dans les localités où les populations s'étaient soumises en vertu de traités, les chrétiens conservèrent leurs terres et leurs arbres, à charge de payer un impôt foncier. Du reste, un grand nombre de chrétiens embrassèrent l'islamisme, soit pour conserver leurs biens, soit pour échapper aux mauvais traitements. Selon une chronique latine, ces apostats répondaient aux reproches de leurs prêtres : « Si le catholicisme était la vraie religion, pourquoi Dieu aurait-il livré notre pays, qui pourtant était chrétien, aux sectateurs d'un faux prophète ? Pourquoi les miracles que vous nous racontez ne se sont-ils pas renouvelés, alors qu'ils auraient pu sauver notre patrie ? »[2].

Abd-el-Aziz, en Espagne, avait continué à étendre les conquêtes des Musulmans. Séduit par les charmes de la belle Egilone, veuve de Roderik, il l'avait épousée, bien qu'elle fût chrétienne. Il vivait en roi à Séville, nouvelle capitale du pays, et traitait les populations chrétiennes avec une grande douceur. Cette bienveillance

---

1. Dozy, *Musulmans d'Espagne*, t. I, p. 255.
2. Dozy, *Recherches sur l'hist. de l'Espagne*, t. I, p. 19 et passim.
La loi musulmane dispose que tous les biens mobiliers ou immobiliers conquis les armes à la main appartiennent aux vainqueurs, déduction faite du cinquième revenant au *prince*. Les terres appartiennent au prince seul, lorsqu'elles sont acquises par traité ou échange. Les Infidèles peuvent acheter la faveur de continuer à les exploiter, en payant la *Djazia* (tribut). Ceux qui occupent les terres conquises sont frappés d'un cens déterminé, appelé *Kharadj*. L'infidèle se débarrasse de ces charges en devenant musulman. Le cinquième prélevé sur les dépouilles doit être employé par le prince en dépenses d'intérêt général. Voir *Institutions du droit musulman relatives à la guerre sainte*, par Reland, trad. Solvet (Alger, 1838), et Koran, sour. 8, v. 42.

irritait le fanatisme des Musulmans, qui l'attribuaient à l'influence d'Egilone, et les ennemis du gouverneur répétaient qu'il était sur le point d'abandonner l'islamisme et de se déclarer roi indépendant.

Gouvernement de Mohammed-ben-Yezid. — Cependant le khalife Soléïman, après avoir cherché un homme digne de sa confiance, nomma comme gouverneur de l'Ifrikiya Mohammed-ben-Yezid, et le chargea de réclamer aux fils de Mouça des sommes considérables, sous le prétexte que leur père ne s'était pas acquitté des amendes à lui imposées. Dès son arrivée en Afrique, le nouveau gouverneur fit arrêter Abd-Allah et Abd-el-Malek et les tint dans une étroite captivité ; El-Kairouani prétend même qu'ils furent mis à mort.

Ces procédés n'étaient pas faits pour rattacher Abd-el-Aziz au khalife. On dit qu'il rompit entièrement avec lui. Ne pouvant songer à l'attaquer ouvertement, Soléïman écrivit secrètement à El-Habib-ben-Abou-Obéïda, petit-fils du grand Okba, qui se trouvait en Espagne, et le chargea de le débarrasser de ce compétiteur par l'assassinat. Une conspiration s'ourdit autour d'Abd-el-Aziz et les conjurés le mirent à mort en pleine mosquée, pendant qu'il prononçait la prière du vendredi. Sa tête fut envoyée au khalife [1] (août-septembre 715). Le commandement de l'Espagne resta quelque temps entre les mains d'un neveu de Mouça-ben-Noçeïr, nommé Ayoub ; peu après, Mohammed-ben-Yezid, qui avait pris en mains l'administration de toutes les conquêtes de l'ouest, envoya comme lieutenant dans la péninsule, El-Horr-ben-Abd-er-Rahman.

Gouvernement d'Ismaïl-ben-Abd-Allah. — En octobre 717, le khalife Soléïman, étant mort, fut remplacé par Omar II. Peu après, Mohammed-ben-Yezid était rappelé et Ismaïl-ben-Abd-Allah, petit fils d'Abou-el-Mehadjer, venait prendre le commandemant du Mag'reb. Il arriva avec l'ordre d'appliquer tous ses soins à achever la conversion des Berbères. Il paraît même que le khalife adressa aux indigènes du Mag'reb un manifeste qui fut répandu dans toute la contrée et qui eut pour conséquence d'entraîner un grand nombre de conversions [2]. Des missionnaires envoyés dans les régions reculées furent chargés d'éclairer les néophytes sur la pratique et les obligations de leur nouveau culte, car ils étaient fort ignorants sur ces matières ; on obtint des résultats réels.

---

1. En-Nouéïri, p. 379.
2. Fotouh-El-Boldane, cité par Fournel, *Berbers*, p. 270.

Jusqu'alors un certain nombre de Grecs et d'indigènes chrétiens avaient pu, ainsi que nous l'avons dit, continuer à résider dans leurs territoires et à pratiquer leur culte, en payant la capitation. Mais, soit que les ordres du khalife n'aient plus autorisé cette tolérance, soit que les prêtres jacobites d'Alexandrie aient entretenu des intrigues parmi ces populations, en les poussant à la révolte, ainsi que l'affirme El-Kaïrouani[1], les privilèges accordés aux chrétiens leur furent retirés, et ils durent se convertir ou émigrer.

Ces mesures de coercition commencèrent à amener de la fermentation chez les Berbères qui étaient travaillés depuis quelque temps par des réfugiés kharedjites.

En Espagne, où Es-Samah avait remplacé El-Horr, les Musulmans avaient achevé la conquête des pays et commencaient à se lancer dans les défilés des Pyrénées.

Gouvernement de Yezid-ben-Abou-Moslem. Il est assassiné. — Le règne d'Omar II ne fut pas plus long que celui de son prédécesseur. En février 720, ce prince mourait et Yezid II lui succédait. Avec ce khalife, le parti kaïsite revenait au pouvoir. Yezid-ben-Abou-Moslem, affranchi d'El-Hadjadj, fut retiré de la prison où il avait été détenu pendant les règnes précédents, et nommé au gouvernement du Mag'reb. Ce chef, qui, étant vizir de Syrie, avait traité avec une grande rigueur les populations de cette contrée, pensa qu'il pourrait agir de même à l'égard des Berbères. Il commença à mettre en pratique tout un système de vexations contre eux et voulut leur imposer, en outre des autres charges, la capitation. Les indigènes protestèrent, déclarant qu'ils étaient Musulmans et, par conséquent, affranchis de cette charge ; mais leurs doléances furent brutalement repoussées. Le gouverneur s'était entouré d'une garde berbère et il comptait s'assurer, par des faveurs, sa fidélité. Ayant voulu imposer à ses soldats l'obligation de porter des inscriptions tatouées sur les mains[2], selon l'usage des Grecs, les gardes, irrités de ce qu'ils considéraient comme une humiliation, assassinèrent le gouverneur pendant qu'il faisait la prière du soir, dans la mosquée. Les Berbères écrivirent alors au khalife pour protester de leur dévouement et demander qu'on leur rendît leur ancien gouverneur Mohammed-ben-Yezid. Peut-être celui exerça-t-il, durant quelques jours, le pouvoir.

Pendant ce temps, les Musulmans d'Espagne, sous la conduite

1. P. 63.
2. Sur la main droite le nom de l'individu ; sur la gauche le mot « garde » (Berbers, p. 272).

de leur gouverneur Es-Samah[1], avaient fait une expédition dans les Gaules. Parvenus sous les murs de Toulouse, ils se heurtèrent contre Eude, duc d'Aquitaine, et essuyèrent une défaite dans laquelle presque tous les guerriers restèrent sur le champ de bataille. Abd-er-Rahman-ben-Abd-Allah ramena en Espagne les restes de l'armée (721). Dans la Galice, un noyau de résistance nationale s'était formé, à la voix de Pélage, qui avait été proclamé roi par ses compatriotes.

GOUVERNEMENT DE BICHR-BEN-SAFOUANE. — Sur ces entrefaites, le khalife ayant nommé au gouvernement de l'Afrique Bichr-ben-Safouane de la tribu de Kelb, ce général arriva à Kaïrouan et un de ses premiers actes fut d'envoyer en Espagne Anbaça le kelbite, avec mission de relever les armes musulmanes, et surtout d'augmenter le tribut fourni au khalifat par cette province (721). Pour obtenir ce résultat, le gouverneur ne trouva rien de mieux que de faire payer aux chrétiens un double impôt[2].

Après avoir apaisé les séditions qui s'étaient produites sur différents points de la Berbérie, Bichr alla en Orient présenter ses hommages et ses présents au nouveau khalife Hicham, qui avait remplacé son frère Yezid II, mort en 724. Confirmé dans ses fonctions, le gouverneur revint à Kaïrouan. Peu après, Anbaça étant mort, il nomma à sa place Yahïa-ben-Selama le kelbite. Cet officier s'attacha à faire restituer aux chrétiens les biens qui leur avaient été enlevés par son prédécesseur.

En 727, Bichr fit une expédition en Sicile et revint chargé de butin. Quelques mois après, le gouverneur cessait de vivre ; avant de mourir, il avait désigné pour lui succéder un de ses compatriotes, espérant que le khalife ratifierait son choix ; mais il n'en fut pas ainsi et le kelbite se disposa à résister, même par les armes, au nouveau chef.

GOUVERNEMENT DE OBEÏDA-BEN-ABD-ER-RAHMAN. — Hicham, qui depuis le commencement de son règne avait favorisé les Yéménites, sembla, à partir de ce moment, faire pencher la balance pour leurs rivaux. Ce fut ainsi qu'il nomma au gouvernement de l'Afrique un kaïsite nommé Obeïda-ben-Abd-er-Rahman. Cet officier, prévenu des dispositions hostiles de la population de Kaï-

---

1. Ce chef avait dû être nommé en Espagne, ainsi que nous l'avons dit, en remplacement d'El-Horr ; cependant En-Nouéïri attribue à celui-ci les faits que nous retraçons (p. 357).
2. Dozy, *Musulmans d'Espagne*, t. I, p. 227.

rouan, arriva à l'improviste devant cette ville, à la tête d'une troupe de gens de sa tribu, et s'en empara par surprise. « Il sévit contre les kelbites, avec une cruauté sans égale. Après les avoir fait jeter dans les cachots, il les mit à la torture et, afin de contenter la cupidité de son souverain, il leur extorqua des sommes énormes[1]. »

L'influence des kelbites avait, jusqu'alors, régné à peu près sans conteste en Espagne. Obéïda envoya dans la péninsule plusieurs officiers qui ne purent parvenir à se faire accepter. Enfin, en 729, le kaïsite Haïtham-ben-Obéïd arriva en Espagne avec des forces suffisantes et se fit l'exécuteur de toutes les haines de sa tribu : quiconque avait un nom ou une fortune fut livré au supplice, et le pays gémit pendant près d'un an sous la tyrannie la plus affreuse. Enfin, les plaintes des opprimés parvinrent à la cour d'Orient, et, en présence de tels excès, le khalife n'hésita pas à destituer Haïtham. Abd-er-Rahman-ben-Abd-Allah, yéménite de race, fut nommé gouverneur à sa place. Quant à Haïtham, il fut accablé d'opprobres et renvoyé, chargé de fers, à Obéïda, qui se contenta de le tenir en prison, malgré les ordres du khalife. Les Kelbites attendaient sa mort comme réparation à eux légitimement due ; voyant qu'il allait échapper à leur vengeance, ils adressèrent à Hicham une pièce de vers dans laquelle ils lui exposèrent éloquemment leurs doléances, en lui laissant entendre qu'un tel déni de justice aurait pour conséquence de les pousser à la révolte.

Le khalife tenait avant tout à conserver l'Espagne ; il destitua Obéïda et lui envoya l'ordre d'avoir à se présenter devant lui[2].

Incursions des Musulmans en Gaule. Bataille de Poitiers. — Le premier soin d'Abd-er-Rahman, nommé au commandement de l'Espagne, avait été de préparer une grande expédition contre les Gaules. Il tenait à venger les désastres de Toulouse, et il était attiré par la richesse de ces campagnes, qu'il avait parcourues avec Samah. Un certain Othman, officier berbère qui commandait la limite septentrionale, était entré en relations avec Eude et avait obtenu sa fille en mariage. Abd-er-Rahman, considérant ce fait comme une trahison, vint, en 731, attaquer Othman, le défit et envoya au khalife la tête du traître et sa femme. Le duc d'Aquitaine, occupé alors à repousser une invasion de Karl, duc des Franks, n'avait pu venir en aide à son gendre[3].

---

1. Dozy, *Hist. des Musulmans d'Espagne*, t. I, p. 220.
2. Voir pour l'hist. des gouv. d'Esp. *El Marrakchi* (Ed. or. de Dozy, p. 6 à 11).
3. Henri Martin, *Histoire de France*, t. II, p. 190 et suiv.

En 732, Abd-er-Rahman, ayant reçu de puissants renforts d'Afrique et réuni une armée considérable, traverse les Pyrénées et inonde l'Aquitaine. Marchant droit devant lui, il arrive sous les murs de Bordeaux. Eude l'y attend avec toutes ses forces, mais la fortune est infidèle au prince chrétien : son armée est écrasée et, s'il échappe au désastre, c'est pour voir, dans sa fuite, les flammes dévorant sa métropole. Après avoir saccagé l'Aquitaine, les Musulmans passent la Loire, enlèvent et pillent Poitiers et marchent sur Tours, où, leur a-t-on dit, se trouve la plus riche basilique de la Gaule.

Cependant, Karl n'est pas resté inactif ; il a publié le ban de guerre et tout le monde a répondu à son appel. « Les plus impraticables marécages de la mer du Nord, les plus sauvages profondeurs de la Forêt-Noire vomirent des flots de combattants demi-nus qui se précipitèrent vers la Loire, à la suite des lourds escadrons austrasiens tout chargés de fer[1]. » Eude s'est joint à Karl en lui faisant hommage de vassalité et lui a amené les débris de ses troupes.

Dans le mois d'octobre, les deux armées se trouvèrent en présence en avant de Poitiers. On passa plusieurs jours à s'observer et, enfin, les Musulmans se développèrent dans la plaine et attaquèrent les Franks avec leur impétuosité habituelle. Mais les guerriers austrasiens, tenus en haleine par vingt années de guerres incessantes, essuyèrent, sans broncher, cet assaut tumultueux, et, pendant toute la journée, restèrent inébranlables sous la grêle de traits de leurs ennemis. Vers le soir, Eude et les Aquitains, ayant attaqué de flanc le camp des Musulmans, ceux-ci se retournèrent pour voler à la défense du butin amoncelé dans les tentes. Aussitôt les escadrons austrasiens s'ébranlent et fondent comme la foudre sur leurs ennemis, dont ils font un carnage horrible. En vain Abder-Rahman essaye de rallier ses guerriers ; il tombe avec eux sous les coups du vainqueur.

La nuit avait interrompu la lutte, de sorte que les Chrétiens n'avaient pas pu juger de l'importance de leur victoire. Mais le lendemain, alors qu'ils se disposaient à attaquer le camp, ils s'aperçurent qu'il était vide. Les Musulmans avaient fui pendant la nuit, en abandonnant tout leur butin aux mains des guerriers du Nord.

Cette belle victoire sauvait, pour le moment, la chrétienté, mais il est probable que les Mulsulmans n'auraient pas tardé à reparaître plus nombreux en Gaule, si l'émigration berbère n'avait pas été arrêtée par les événements dont l'Afrique va être le théâtre.

---

1. Henri Martin, *Histoire de France*, t. II, p. 202.

GOUVERNEMENT D'OBÉÏD-ALLAH-BEN-EL-HABHAB. — Nous avons vu que le gouverneur Obéïda avait été rappelé en Orient par le khalife. Après son départ l'autorité fut exercée d'une façon temporaire par Okba-ben-Kodama. Cette situation se prolongea pendant dix-huit mois, et ce ne fut qu'à la fin du printemps de l'année 734 que le titulaire fut nommé. C'était un kaïsite du nom d'Obéïd-Allah-ben-el-Habhab, très dévoué à sa tribu et à son souverain, mais méprisant profondément les populations vaincues. Il arriva en Afrique pénétré de ces idées et traita les Berbères avec la plus grande injustice.

Sur ces entrefaites, un certain Abd-el-Malek, qui avait succédé à Abd-er-Rahman dans le commandement de l'Espagne, essuya une nouvelle défaite dans les Pyrénées. Le gouverneur en profita pour le remplacer par Okba-ben-el-Hadjadj et, sous l'impulsion de ce chef, les Musulmans opérèrent de nouvelles razias en Gaule. Alliés au comte de Provence, Mauronte, ils pénétrèrent dans la vallée du Rhône et vinrent prendre et saccager la ville de Lyon. Remontant le cours de la Saône, ils dépouillèrent les cités et les monastères sans que les populations terrifiées songeassent à leur résister. Mais bientôt Karl et ses Franks parurent, et les Musulmans regagnèrent en hâte les régions du midi. Après avoir tenté une faible résistance à Avignon, ce fut derrière les remparts de Narbonne qu'ils concentrèrent toutes leurs forces, et Karl essaya en vain de prendre cette ville.

DESPOTISME ET EXACTIONS DES ARABES. — A Kaïrouan, Obéïd-Allah continuait à faire peser son despotisme sur les Berbères. Non content de leur enlever leurs filles pour en peupler les sérails de Syrie, il s'amusait à décimer leurs troupeaux pour chercher dans les entrailles des brebis des agneaux à duvet fin couleur de miel[1]. Le peuple frémissait sous cette tyrannie et sa colère contenue n'allait pas tarder à faire explosion. Le gouverneur avait nommé son fils Ismaïl au commandement du Mag'reb extrême. De Tanger, Ismaïl avait fait plusieurs expéditions dans l'intérieur et notamment dans le Sous, où il avait frappé de lourdes contributions. Obéïd-Allah, alléché par le succès de cette campagne, nomma commandant de Tanger un certain Omar-el-Moradi et envoya son fils Ismaïl dans le Sous, en lui adjoignant le général El-Habib-ben-Abou-Obéïda et en le chargeant d'exécuter une grande reconnaissance dans l'extrême sud. Les Arabes parcoururent alors tout le désert, contraignirent les Sanhadja-au-voile à

---

1. Dozy, *Musulmans d'Espagne*, p. 234. Ibn-Khaldoun, t. I, p. 337.

recevoir l'islamisme, et s'avancèrent jusqu'au Soudan. Ils rentrèrent dans le Mag'reb en ramenant un nombre considérable d'esclaves et en rapportant un riche butin.

Ces succès avaient porté l'audace des Arabes à son comble ; les excès que nous avons retracés n'étaient pas suffisants : Ismaïl, de concert avec Omar-el-Moradi, prétendit prélever, en outre des impôts réguliers, le quint sur les populations soumises. Cette fois la mesure était comble. En 740, Obéïd-Allah rappela du Mag'reb une partie des troupes et les envoya contre la Sicile, sous le commandement d'El-Habib. L'occasion attendue par les Berbères se présentait enfin ; ils ne la laissèrent pas échapper.

Révolte de Méïcera. — Soulèvement général des Berbères. — Un chef de la tribu des Matr'ara (Faten), nommé Méïcera, se fit le promoteur de la révolte. Les Berbères du Mag'reb, Matr'ara, Miknaça, Berg'ouata et autres, accoururent à sa voix. Tous avaient adopté dans les dernières années les doctrines kharedjites et s'étaient affiliés principalement à la secte sofrite, de sorte que le soulèvement national se doublait d'une révolte religieuse.

Ce grand rassemblement, s'étant porté sur Tanger, se rendit facilement maître de cette ville. Omar-el-Moradi y fut mis à mort. De là, les rebelles marchèrent vers le Sous et, s'étant emparés d'Ismaïl, lui infligèrent le même sort. Ces événements eurent un retentissement énorme en Afrique. Les Kharedjites de l'Ifrikiya, appartenant en général à la secte ëïbadite, répondirent à l'appel de leurs frères du Mag'reb, et le feu de la révolte se répandit partout. Méïcera proclama l'indépendance berbère et l'obligation du culte kharedjite, seul orthodoxe.

Dès qu'il eut reçu ces importantes nouvelles, Obéïd-Allah s'empressa de rappeler les troupes de l'expédition de Sicile et de donner l'ordre à Okba, gouverneur de l'Espagne, d'aller en Mag'reb combattre les rebelles. En même temps, il réunit tous ses soldats de race arabe et les fit partir pour l'Ouest, sous le commandement de Khaled-ben-el-Habib. Méïcera offrit le combat aux Arabes en avant de Tanger ; mais, après une lutte longue et meurtrière, les Berbères durent chercher un refuge dans la ville. Méïcera, accusé d'impéritie ou de vues ambitieuses, fut tué dans une sédition. Bientôt la lutte contre les Arabes recommença et, comme les Berbères reçurent, pendant le combat, un renfort de Zenètes, commandé par Khaled-ben-Hamid, la victoire ne tarda pas à se prononcer pour eux. Tous les Arabes y périrent et cette bataille fut appelée par eux « *la journée des nobles* ». Khaled-ben-Hamid, qui avait si heureusement déterminé la victoire, fut élu chef des rebelles[1].

La nouvelle de ce succès eut un effet immense et la révolte se propagea aussitôt en Espagne. Okba avait essayé, sans succès, de combattre les rebelles du Mag'reb ; il fut déposé par un mouvement populaire et remplacé par son prédécesseur Abd-el-Melek, et alla mourir à Narbonne (fin décembre 740).

Défaite de Koltoum a l'Ouad-Sebou. — Lorsque ces événements furent connus en Orient, le khalife Hicham entra dans une violente colère : « Par Dieu ! dit-il, je ferai sentir à ces rebelles le poids de la colère d'un Arabe ! Je leur enverrai une armée telle qu'ils n'en virent jamais dans leur pays : la tête de colonne sera chez eux, pendant que la queue en sera encore chez moi. J'établirai un camp de guerriers arabes à côté de chaque château berbère[2] ! » Il rappela sur-le-champ Obéïd-Allah et s'occupa de la formation d'une armée expéditionnaire. A cet effet il tira des milices de Syrie un corps considérable de cavalerie et en confia le commandement au kaïsite Koltoun-ben-Aïad. Dans le courant de l'été 741, ce général arriva en Ifrikiya, après avoir rallié les contingents de l'Égypte, de Barka et de la Tripolitaine. L'effectif de son armée s'élevait à une trentaine de mille hommes. Le khalife avait recommandé à ces troupes de commettre en Afrique les plus grandes dévastations.

Parvenu à Kaïrouan, Koltoum y fut très mal reçu par la colonie arabe qui détestait les Syriens. Quand El-Habib avait reçu, en Sicile, l'ordre de rentrer, il venait de s'emparer de Syracuse et de remporter de grands succès qui pouvaient faire présager la conquête de toute l'île[3]. Dès son retour il s'était porté avec toutes ses forces jusqu'à la hauteur de Tiharet pour contenir les Berbères et couvrir Kaïrouan ; lorsque l'armée d'Orient l'eut rejoint, les deux troupes faillirent en venir aux mains. Baleg, qui commandait l'avant-garde des Syriens, avait donné le signal du combat, mais des officiers s'interposant parvinrent à empêcher la lutte.

L'armée continua sa marche vers l'ouest sans rencontrer aucun ennemi ; elle pénétra dans le Mag'reb extrême, et enfin trouva les Kharedjites sur les bords du Sebou, dans une position qu'ils

---

1. Nous adoptons ici une opinion qui s'écarte de celle de M. Dozy (t. I, p. 242) et de M. Fournel (p. 228) ; mais il est peu probable que Khaled eût été élu chef de la révolte avant d'avoir déterminé la victoire de la journée des nobles.
2. En Nouéïri, p. 360, 361.
3. Michele Amari, *Storia*, t. I, p. 173 et suiv.

avaient choisie, à Bakdoura. Ils étaient là en nombre considérable, presque nus, la tête rasée, remplis d'enthousiasme. El-Habib voulut faire entendre quelques conseils que sa longue pratique des Berbères lui donnait le droit de présenter. Mais l'impétueux Baleg repoussa dédaigneusement son offre. Koltoum confia à Baleg le commandement de la cavalerie syrienne, se réserva celui de l'infanterie du centre et mit deux autres chefs à la tête des troupes d'Afrique, de sorte qu'El-Habib ne dut combattre que comme un simple guerrier.

La brillante cavalerie syrienne, ayant entamé l'action, fut accueillie par le cri de guerre des Kharedjites. Selon Ibn-Khaldoun, les Berbères portèrent le désordre dans le camp des Syriens en lançant au milieu d'eux des chevaux affolés, à la queue desquels ils avaient attaché des outres remplies de pierres. Malgré les pertes qu'il avait éprouvées, Baleg ramena au combat environ sept mille de ses cavaliers et, les ayant entraînés dans une charge furieuse, parvint à traverser toutes les lignes des Berbères; mais ceux-ci étaient si nombreux qu'une partie des leurs, faisant volte-face, lui tinrent tête pendant que le reste luttait corps à corps avec les fantassins de Koltoum et les troupes d'Afrique. El-Habib et les principaux chefs étant morts, ces troupes se mirent en retraite, abandonnant les Syriens abhorrés à leur malheureux sort. Koltoum lutta avec la plus grande vaillance, en récitant des versets du Koran jusqu'au moment où il tomba percé de coups. La bataille était perdue. Les Kharedjites poursuivirent les fuyards et en firent un grand massacre. Quant aux cavaliers syriens de Baleg, ils furent bientôt forcés, malgré tout leur courage, de se mettre en retraite vers le nord-ouest, puisque le chemin opposé leur était coupé. Ils gagnèrent avec beaucoup de peine Tanger où ils ne purent pénétrer et de là se réfugièrent à Ceuta (742)[1].

Victoires de Handhala sur les Kharedjites de l'Ifrikiya. — Dès que la nouvelle de ce succès parvint dans l'est, les tribus de l'Ifrikiya se mirent en état de révolte. Un certain Okacha-ben-Aïoub, de la tribu des Houara, essaya même de soulever Gabès. Mais le général Abd-er-Rahman-ben-Okba, qui commandait à Kaïrouan où il avait rallié les fuyards de l'Ouad-Sebou, marcha contre les rebelles et les contraignit à chercher un refuge dans le sud. Okacha y rejoignit Abd-el-Ouahad-ben-Yezid, qui était à la

---

1. Ibn-Khaldoun, t. I, p. 216, 235 et suiv. En-Nouéïri, p. 360. El-Kaïrouani, p. 69.

tête des autres tribus houarides, et tous deux s'appliquèrent à soulever les tribus du sud de l'Ifrikiya, jusqu'au Zab.

Cependant le khalife avait expédié au kelbite Handhala-ben-Safouan, gouverneur de l'Égypte, l'ordre de se porter au plus vite en Ifrikiya, avec toutes les forces disponibles. Ce général parvint à Kaïrouan dans le courant du printemps et s'occupa aussitôt de l'organisation de son armée.

Mais bientôt il apprit que les Kharedjites, divisés en deux corps, s'avançaient contre lui et que l'un d'eux, commandé par Okacha, avait pénétré dans la plaine et était venu prendre position à El-Karn, entre Djeloula et Kaïrouan. Le seul espoir de succès consistait à attaquer séparément les rebelles; Handhala le comprit et, sans perdre un instant, il marcha sur El-Karn, attaqua ses ennemis avec la plus grande vigueur, les mit en déroute, s'empara de leur camp et fit prisonnier Okacha. Mais ce n'était là que la partie la plus facile de la tâche. Abd-el-Ouahad était descendu du Zab à la tête d'un rassemblement considérable et avait déjà atteint Badja, où les fuyards d'El-Karn l'avaient rallié.

Handhala lança contre lui sa cavalerie pour le contenir, tandis qu'à Kaïrouan on armait tous les hommes valides. Les Kharedjites repoussèrent facilement les troupes envoyées contre eux, puis ils s'avancèrent jusqu'à Tunis, où Abd-el-Ouahad se fit, dit-on, proclamer khalife. De là, les rebelles vinrent prendre position à El-Asnam, dans le canton de Djeloula; leur armée présentait, si l'on en croit les auteurs arabes, un effectif de 300,000 combattants, mais ce chiffre est évidemment exagéré.

La situation était fort critique pour les Arabes. Handhala enrôlait tous les hommes valides, en offrant même une prime à ceux dont le patriotisme n'était pas assez ardent; il put réunir ainsi dix mille recrues qui, jointes à ses vieilles troupes, lui constituèrent une armée assez nombreuse. On passa la nuit à armer les volontaires, à la lueur des flambeaux, et le lendemain, ces soldats pleins d'ardeur, ayant brisé les fourreaux de leurs épées, marchèrent à l'ennemi. Dès le premier choc, l'aile gauche des Kharedjites fléchit; la gauche des Arabes, qui avait perdu du terrain, revint alors à la charge et bientôt toute la ligne des Berbères fut enfoncée. Ce fut alors une mêlée affreuse qui se termina par la victoire des Arabes. Selon En-Nouéïri, cent quatre-vingt mille Kharedjites restèrent sur le champ de bataille. Abd-el-Ouahad y trouva la mort, Okacha, moins heureux fut livré au bourreau (mai 742).

Ce beau succès permettait aux Arabes de se maintenir à Kaïrouan et de se préparer à de nouvelles luttes contre les Kharedjites du Mag'reb, demeurés dans l'indépendance absolue.

Révolte de l'Espagne. Les Syriens y sont transportés. — Les Syriens qui, avec Baleg, s'étaient réfugiés à Ceuta, après la défaite du Sebou, ne tardèrent pas à se trouver dans une situation très critique. Bloqués de tous côtés par les Berbères, et manquant de vivres, ils s'adressèrent au gouverneur de l'Espagne en le suppliant de venir à leur aide, ou de leur fournir le moyen de traverser le détroit. Mais Abd-el-Malek était Médinois; il avait lutté autrefois contre les Syriens et, vaincu par eux, avait assisté aux excès dont ils avaient souillé leur victoire. Il repoussa avec hauteur les demandes de Baleg et défendit, sous les peines les plus sévères, qu'on envoyât des secours aux Syriens. Un Arabe de la tribu de Lakhm, leur ayant fait passer deux barques chargées de blé, périt dans les tortures[1]. Ainsi les Syriens restaient à Ceuta, en proie aux souffrances de la faim; ils avaient mangé leurs chevaux et semblaient voués à un trépas certain, lorsque des circonstances imprévues vinrent changer la face des choses.

Nous avons vu que les Berbères, en Espagne, n'avaient pas été favorisés lors du partage des terres, bien qu'ils eussent été les véritables conquérants. Il en était résulté chez eux une grande irritation contre les Arabes et, comme ils avaient adopté, de même que leurs frères du Mag'reb, les doctrines kharedjites, la révolte de Meïcera fut saluée chez eux par un seul cri d'enthousiasme, suivi d'une levée de boucliers. L'insurrection, partie de la Galice, devint bientôt générale. Partout les Arabes furent expulsés et durent chercher un refuge dans l'Andalousie. Les Berbères élurent alors un chef, ou *imam*, et divisèrent leurs forces en trois corps qui devaient marcher simultanément sur Tolède, Cordoue et Algésiras. De cette dernière ville, où se trouvait la flotte, on serait allé en Mag'reb chercher des renforts berbères.

Les Arabes étaient peu nombreux en Espagne et tiraient toutes leurs forces des Africains. La situation devenait critique et, dans cette conjoncture, Abd-el-Malek ne vit son salut que dans l'appui de ces Syriens qu'il avait juré de laisser mourir de faim. Il entra de nouveau en pourparlers avec eux et conclut un traité par lequel il fut stipulé que les Syriens lui fourniraient leur aide pour combattre la révolte des Berbères; qu'après l'avoir domptée, ils évacueraient l'Espagne et qu'un certain nombre d'otages, choisis parmi les chefs, seraient gardés dans une île pour assurer l'exécution de ces conventions. De son côté, Baleg exigea que, lorsque ses hommes seraient rapatriés, ils fussent emmenés tous ensemble et déposés dans une contrée d'Afrique soumise à l'autorité arabe.

---

1. Dozy, *Musulmans d'Espagne*, t. I, p. 254.

Les Syriens débarquèrent en Espagne dans le plus triste état et il fallut d'abord les habiller et leur donner à manger; mais ils furent bientôt refaits et, comme la colonne berbère marchant sur Algésiras était déjà à Médina-Sidonia, ils se portèrent contre elle avec toutes les forces arabes et la mirent en déroute. Ils attaquèrent ensuite celle qui avait Cordoue pour objectif, et lui infligèrent le même sort. La troisième armée berbère assiégeait Tolède depuis près d'un mois; les Syriens la forcèrent à lever le siège de cette ville et, malgré le grand nombre des rebelles, parvinrent encore à en triompher[1].

Ainsi la domination arabe en Espagne était sauvée; mais de nouvelles difficultés allaient naître du succès même des Syriens. Baleg, invité par Abd-el-Malek à se retirer, conformément aux clauses du traité, éluda l'exécution de sa promesse; il se sentait maître de la position, était gorgé de butin et ne se souciait nullement de courir de nouveaux hasards. Des contestations s'élevèrent, on s'aigrit, on se menaça de part et d'autre, et enfin Baleg, levant le masque, chassa Abd-el-Malek de son palais et se fit proclamer gouverneur à Cordoue. Les Syriens, méconnaissant la voix de leur chef, se saisirent d'Abd-el-Malek, alors nonagénaire, et lui firent endurer un supplice aussi ignominieux que celui infligé par lui à l'homme qui leur avait envoyé des vivres à Ceuta (742).

Le meurtre d'Abd-el-Malek eut un grand retentissement en Espagne. Tous les Arabes, même ceux qui étaient en France, accoururent en Andalousie. Abd-er-Rahman, gouverneur de Narbonne, ayant réuni ses forces à celles d'Abd-er-Rahman-ben-Habib, marcha contre les Syriens et tua Baleg de sa propre main. Néanmoins la victoire resta à ces étrangers. Taâleba, qui avait pris le commandement, surprit les Arabes pendant qu'ils célébraient une fête[2], en fit un grand massacre et réduisit en esclavage dix mille prisonniers.

Les Arabes d'Espagne ayant appris que les Syriens se disposaient à massacrer tous leurs prisonniers adressèrent à Hendhala un pressant appel, et cet émir envoya en Espagne un officier du nom d'Abou-el-Khattar, avec quelques troupes. Il arriva à Cordoue au moment où les Syriens, avant de préluder au massacre de leurs esclaves, les vendaient au rabais, pour un chien ou pour un bouc. Malgré l'opposition de Taâleba il fit mettre en liberté tous ces Musulmans; puis il éloigna successivement les chefs turbulents,

---

1. Dozy, *Musulmans d'Espagne*, t. I, p. 257 et suiv.
2. Dans les guerres entre musulmans, les jours de fête étaient toujours des trèves strictement observées.

tels que Taâleba et Abd-er-Rahman-ben-Habib, et enfin, il distribua aux Syriens des terres et les répartit dans les districts d'Ocsonoba, de Béja, de Murcie, de Niébla, de Séville, de Sidona, d'Algesiras, de Regio, d'Elvira et de Jaën. Les tenanciers établis sur ces terres reçurent l'ordre de donner à ces nouveaux maîtres le tiers de leurs récoltes, qu'ils versaient précédemment à l'Etat[1]. L'obligation de fournir le service militaire fut imposée aux Syriens et on les forma en milices ou *Djond*.

L'introduction de ce nouvel élément en Espagne mit fin à la suprématie des fils des Défenseurs. La fusion de ces diverses races : berbère, arabe et syrienne, devait former plus tard cette belle et intelligente nation maure d'Espagne ; mais avant d'arriver à cette cohésion elle avait à traverser encore de longues années de guerres civiles et d'anarchie.

Les nouvelles conditions dans lesquelles se trouvaient l'Espagne et l'Afrique depuis la révolte kharedjite font comprendre pourquoi la belle victoire de Karl à Poitiers suffit à délivrer la Gaule de l'invasion musulmane. La marche des Berbères vers le sud ayant dégarni les provinces du nord de l'Espagne, les chrétiens en profitèrent pour reconquérir de vastes régions dans la direction du midi.

Abd-er-Rahman-ben-Habib usurpe le gouvernement de l'Ifrikiya.

— Nous avons dit qu'Abd-er-Rahman-ben-Habib, petit-fils d'Okba, avait quitté l'Espagne; peut-être avait-il été éloigné par le nouveau gouverneur, peut-être aussi, comme l'affirment certains auteurs, avait-il pris la fuite. Il se réfugia en Tunisie et se tint dans l'expectative, entouré d'un certain nombre d'adhérents. Sur ces entrefaites, le khalife Hicham étant mort (février 743), l'Orient devint le théâtre de nouveaux troubles sous les règnes éphémères de ses successeurs Oualid II, Yezid III et Ibrahim.

Abd-er-Rahman profita de cette anarchie pour lever le masque et revendiquer le gouvernement de l'Ifrikiya. Il écrivit à Hendhala en le sommant avec hauteur de lui céder le pouvoir. Ce dernier était parfaitement en mesure de résister à de pareilles prétentions, mais, soit qu'il lui répugnât de verser le sang musulman, ainsi que l'affirme En-Nouëïri, et de donner aux schismatiques le spectacle d'une guerre entre orthodoxes, soit qu'il ne fût pas sûr de ses troupes, il préféra tenter les moyens de conciliation et envoya à Abd-er-Rahman une députation de notables, chargés de lui faire entendre la voix de la raison. Cet acte de faiblesse ne

---

1. Dozy, *loc. cit.*, p. 268. El-Kaïrouani, p. 70.

servit qu'à augmenter l'arrogance du rebelle : il fit mettre les envoyés aux fers et adressa à Hendhala une nouvelle et pressante sommation. Ce chef préféra alors se démettre du pouvoir. Il convoqua le cadi et les notables de Kaïrouan, ouvrit en leur présence le trésor public, en retira la somme nécessaire à son voyage et, étant sorti de la ville, prit la route de l'Orient. Abd-er-Rahman fit alors son entrée à Kaïrouan et prit possession du gouvernement de l'Ifrikiya.

Les populations arabes établies sur le littoral de la Tripolitaine et de la Tunisie se déclarèrent contre l'usurpateur, et, ayant fait alliance avec les Berbères, se mirent bientôt en révolte ouverte. Deux chefs des Houara, Abd-el-Djebbar et El-Hareth, s'avancèrent avec leurs bandes jusqu'aux portes de Tripoli. Mais Abd-er-Rahman ne se laissa point intimider ; il attaqua en détail tous ses ennemis, les défit et les contraignit de rentrer dans l'obéissance[1].

CHUTE DE LA DYNASTIE OMÉÏADE. ÉTABLISSEMENT DE LA DYNASTIE ABBASSIDE. — L'anarchie continuait à désoler l'Orient. Un nouveau khalife oméïade, du nom de Merouan, avait renversé l'infâme Ibrahim et pris le pouvoir ; mais il avait à lutter contre les kharedjites et les chiaïtes et, en outre, contre les descendants d'El-Abbas, oncle du prophète, qui s'étaient transmis, de père en fils, le titre d'*imam*. Après plusieurs années de luttes acharnées, Abou-l'Abbas-es-Saffah fut proclamé khalife par les abbassides (30 octobre 749). Merouan, ayant marché contre ses troupes, essuya plusieurs défaites et trouva la mort dans un dernier combat (août 750). Avec lui finit la dynastie des oméïades. Abou-el-Abbas-es-Saffah s'assit alors sur le trône de Damas et ainsi la dynastie des abbassides succéda à celle qui avait été fondée quatre-vingt-dix ans auparavant par le Mekkois Moaouïa.

Abd-er-Rahman fit aussitôt reconnaître en Ifrikiya l'autorité abbasside et fut confirmé par le nouveau khalife dans les fonctions qu'il avait usurpées.

1. Ibn-Khaldoun, t. I, p. 219, 276. En-Nouéïri, p. 364 et suiv.

CHAPITRE IV

RÉVOLTE KHAREDJITE. FONDATIONS DE ROYAUMES INDÉPENDANTS

750-772

Situation des Berbères du Mag'reb au milieu du vɪɪɪe siècle. — Victoire de Abd-er-Rahman; il se déclare indépendant. — Assassinat de Abd-er-Rahman. — Lutte entre El-Yas et El-Habib. — Prise et pillage de Kaïrouan par les Ourfeddjouma. — Les Miknaça fondent un royaume à Sidjilmassa. — Guerres civiles en Espagne. — L'oméïade Abd-er-Rahman débarque en Espagne. — Fondation de l'empire oméïade d'Espagne. — Les Ourfeddjouma sont vaincus par les Eïbadites de l'Ifrikiya. — Défaites des Kharedjites par Ibn-Achath. — Ibn-Achath rétablit à Kaïrouan le siège du gouvernement. — Fondation de la dynastie rostemide. — Gouvernement d'El-Ar'leb-ben-Salem. — Gouvernement d'Omar-ben-Hafs dit Hazarmed. — Mort d'Omar. — Prise de Kaïrouan par les kharedjites.

Situation des Berbères du Mag'reb au milieu du vɪɪɪe siècle. — Après la mort de Khaled, chef des Zenata, le commandement de ces tribus était échu à Abou-Korra, des Beni-Ifrene. Ces schismatiques, toujours en révolte contre le khalifat, s'étaient établis à Tlemcen et exerçaient leur suprématie sur la partie méridionale et occidentale du Mag'reb central[1].

Le Mag'reb extrême était également indépendant. Dans la vallée de la Moulouia, dominait la tribu des Miknaça, dont l'influence d'étendait jusque sur les oasis du désert marocain[2].

Enfin, sur le littoral de l'Atlantique, les Berg'ouata avaient acquis une grande puissance. Un certain Salah, fils de Tarif, venait s'y créer un nouveau schisme. Il se faisait passer pour prophète et avait composé *en langue berbère* un nouveau Koran. Un certain nombre de pratiques du culte avaient été modifiées par lui. Nous verrons, sous les descendants de ce *prophète,* ce schisme devenir un sujet de guerres implacables entre les Berbères[3].

Ainsi, de toutes parts, des tribus se disposent à entrer en scène et à jouer un rôle prépondérant, jusqu'à ce qu'elles soient remplacées par d'autres, après s'être usées dans les luttes politiques.

1. Ibn-Khaldoun, t. III, p. 199.
2. *Ibid.*, t. I, p. 259.
3. *Ibid.*, t. II, p. 125 et suiv. El Bekri, passim.

VICTOIRES DE ABD-ER-RAHMAN ; IL SE DÉCLARE INDÉPENDANT. — L'Ifrikiya avait été sinon pacifiée, du moins réduite au silence ; mais tout le Mag'reb était encore en pleine insurrection. Abd-er-Rahman se décida à y faire une expédition et, vers 752, il alla attaquer Abou-Korra auprès de Tlemcen, ville fondée depuis peu par les Beni-Ifrene. Abou-Korra, soutenu par les tribus zenètes, essaya en vain de résister ; il fut vaincu et contraint d'abandonner sa capitale aux Arabes. Poursuivant ses succès, Abd-er-Rahman pénétra dans le Mag'reb extrême et obtint une soumission à peu près générale des Berbères. Il est probable cependant que les Berg'ouata ne reconnurent pas son autorité, car ils étaient devenus fort puissants. Salah, qui avait succédé à son père Tarif, dans le commandement de la tribu, s'était arrogé le titre de prophète et avait obtenu beaucoup d'adhésions à la nouvelle doctrine [1].

De retour en Ifrikiya, après avoir laissé son fils El-Habib pour le représenter dans le Mag'reb, Abd-er-Rahman lança ses troupes contre la Sicile et la Sardaigne. Les rivages de ces îles furent livrés au pillage et les populations soumises, dit-on, à la capitation.

Cependant, en Orient, le khalife Abou-Djâfer-el-Mansour II avait succédé à son frère Abou-l'Abbas, décédé le 9 juin 754. Le nouveau khalife s'empressa de confirmer Abd-er-Rahman dans son commandement ; mais les grands succès remportés par le gouverneur, son éloignement du siège du khalifat, avaient sans doute réveillé en lui des idées d'indépendance. Il envoya à son souverain des cadeaux sans valeur et s'excusa de ne pas lui offrir d'esclaves, sous le prétexte que la Berbérie n'en fournissait pas, puisque les populations étaient musulmanes. Le khalife fut très irrité de ce procédé et, après un échange d'observations, il adressa à son lieutenant une lettre conçue dans des termes injurieux et menaçants. Le petit-fils d'Okba résolut alors de rompre toute relation avec son suzerain : s'étant rendu en grande pompe à la mosquée, il y prononça la prière publique ; puis il se répandit en invectives contre le khalife abbasside, se déclara délié de tout serment envers lui et déchira les vêtements d'investiture qu'il avait reçus d'Orient. Lançant au loin ses sandales, il s'écria : « Je rejette aujourd'hui son autorité comme je rejette ces sandales. » Il adressa ensuite, dans toutes ses provinces, un manifeste annonçant sa déclaration d'indépendance.

ASSASSINAT D'ABD-ER-RAHMAN. — Abd-er-Rahman avait pacifié

---

1. Ibn-Khaldoun, t. II, p. 126 et suiv.

la Berbérie et secoué le joug du khalifat; il semblait au comble de la puissance, mais un complot se tramait autour de lui et ses propres frères préparaient son assassinat. Une première conjuration, dont les auteurs étaient des réfugiés oméïades, fut découverte et sévèrement réprimée. El-Yas, frère de l'émir, avait épousé la sœur d'un des conjurés et cette femme le poussait à la vengeance et excitait les sentiments de jalousie qu'il éprouvait en voyant son frère tout disposer pour léguer le pouvoir à son fils El-Habib. El-Yas prêta l'oreille à ces incitations : il s'assura l'appui d'un certain nombre d'habitants de Kaïrouan, fit entrer dans le complot son frère Abd-el-Ouareth, et il ne resta qu'à attendre le moment opportun pour frapper.

Un soir, El-Yas, qui n'avait voulu confier à personne le soin de tuer son frère, demanda à être introduit dans ses appartements. Abd-er-Rahman était à moitié déshabillé, tenant sur ses genoux un de ses jeunes enfants, lorsqu'El-Yas pénétra auprès de lui. Les deux frères causèrent pendant un certain temps, sans que l'assassin osât perpétrer son meurtre; enfin, cédant aux encouragements muets d'Abd-el-Ouareth qui se tenait derrière une portière, El-Yas se leva, puis, se penchant comme pour embrasser son frère, enfonça entre ses épaules un poignard qui lui traversa la poitrine; Abd-er-Rahman, bien que frappé à mort, essaya de lutter contre son meurtrier, mais il eut la main abattue en voulant parer les coups et ne tarda pas à expirer couvert de blessures. Après cette horrible scène, El-Yas s'enfuyait égaré, lorsque son frère et les conjurés le rappelèrent à la réalité en lui demandant la tête de la victime, afin que le peuple ne doutât pas de sa mort. Le meurtrier et Abd-el-Ouareth rentrèrent alors dans la chambre et décapitèrent le cadavre (755).

Ainsi périt cet homme remarquable qui eût sans doute affermi l'empire indépendant de la Berbérie, si le poignard fraternel n'avait arrêté sa carrière. Son fils El-Habib alla à Tunis se réfugier auprès de son oncle Amran[1].

Lutte entre El-Yas et El-Habib. — Dès que la nouvelle de la mort d'Abd-Er-Rahman fut connue, le peuple se porta en foule au palais et El-Yas se fit facilement reconnaître pour son successeur; pendant ce temps, les partisans d'El-Habib se réunissaient autour de lui à Tunis. Bientôt El-Yas marcha sur cette ville, et

---

1. Ibn-Khaldoun, *Hist. de l'Afr. et de la Sicile*, p. 47 de la trad. En-Nouéïri, p. 368, 369.

El-Habib se porta à sa rencontre jusqu'au lieu dit Semindja[1]. Les armées se trouvaient en présence et l'on allait en venir aux mains, lorsque les deux parties acceptèrent un arrangement aux termes duquel l'autorité serait partagée de la manière suivante entre les contractants : El-Habib rentrerait à Kaïrouan et aurait la possession de la région s'étendant au midi de cette ville, en y comprenant le Djerid et le pays de Kastiliya. Son oncle Amran garderait Tunis et les régions environnantes, et El-Yas aurait le commandement du reste de l'Ifrikiya et du Mag'reb.

Mais cette pacification froissait trop d'ambitions pour être durable. El-Yas commença par attaquer Amran à l'improviste ; s'étant emparé de lui, il le fit mettre à mort, ainsi que ses principaux partisans[2]. Selon le Baïan, il se serait contenté de les embarquer pour l'Espagne ; mais nous pensons qu'il en fit courir la nouvelle, afin de pousser El-Habib à fuir pour rejoindre son oncle dans la péninsule. Celui-ci, soit qu'il fût tombé dans le piège, soit qu'il craignît pour sa sécurité, s'il restait dans le pays, se décida à prendre la mer ; mais les vents contraires le forcèrent de descendre à Tabarka. Aidé par des partisans de son père, il s'empara de cette ville, et y fut rejoint par un grand nombre d'adhérents qui le poussèrent à tenter le sort des armes contre l'usurpateur.

El-Habib commença les hostilités en s'emparant d'El-Orbos (Laribus). El-Yas accourut au plus vite pour lui livrer bataille (décembre 755-janvier 756). Lorsque les deux partis se trouvèrent de nouveau en présence et au moment où l'action allait s'engager, El-Habib s'avança vers son oncle El-Yas, et lui proposa de vider leur querelle toute personnelle par un combat singulier : « Si tu me tues, lui dit-il, tu n'auras fait que m'envoyer rejoindre mon père, et si je te tue, j'aurai vengé sa mort[3]. »

El-Yas essaya d'abord de repousser cette proposition, mais, comme les yeux de tous étaient fixés sur lui et que chacun l'accusait hautement de lâcheté, il dut, bon gré mal gré, accepter le duel. Les deux adversaires s'étant donc précipités l'un sur l'autre, El-Yas porta à El-Habib un coup d'épée qui s'engagea dans sa cotte de mailles ; mais ce dernier, par une prompte riposte, désarçonna son oncle et, se jetant sur lui avant qu'il eût eu le temps de se relever, lui coupa la tête. Abd-er-Rahman était vengé.

El-Habib, resté ainsi seul maître du pouvoir, fit exécuter les

---

1. A une dizaine de lieues au sud de Tunis, dans la direction de Zaghouan.
2. En-Nouéiri, p. 370.
3. *Ibid.*, p. 371.

partisans les plus compromis de son oncle, et rentra à Kaïrouan rapportant comme trophées les têtes de ses ennemis, presque tous ses proches parents. Quant à Abd-el-Ouareth, il put se réfugier avec quelques partisans chez les Ourfeddjouma.

Prise et pillage de Kaïrouan par les Ourfeddjouma. — C'est en vain qu'El-Habib avait pu compter, après son succès, sur un peu de tranquillité; les haines qui divisaient sa famille devaient poursuivre jusqu'au bout leur œuvre destructive; aussi les Musulmans y voyaient-ils un effet de la malédiction lancée par le pieux Handhala, après avoir été déposé par Abd-er-Rahman.

Abd-el-Ouareth, bien accueilli par Acem-ben-Djemil, chef des Ourfeddjouma, proclama l'autorité du khalife El-Mansour, et appela aux armes les Musulmans. El-Habib somma inutilement Acem de livrer son hôte; il n'essuya que de dédaigneux refus et se décida à marcher en personne contre les rebelles. Ayant laissé le commandement de Kaïrouan au cadi Abou-Koréïb, il partit, en 757, à la tête de ses troupes pour combattre les Ourfeddjouma, qui marchaient directement sur sa capitale. Le sort des armes lui fut funeste : après avoir vu son armée mise en déroute, il dut chercher un refuge à Gabès. De nouvelles troupes furent envoyées à son secours par Abou-Koréïb, mais elles passèrent sans coup férir dans les rangs des rebelles, afin de faire acte d'adhésion au khalife abbasside.

Acem, laissant de côté Gabès, se porta rapidement sur Kaïrouan. Abou-Koréïb, à la tête d'une poignée de braves, sortit pour les repousser, tandis que les habitants de la ville se réfugiaient dans leurs maisons. Les Ourfeddjouma passèrent sur le corps de la petite troupe d'Abou-Koréïb, et l'on vit ces Berbères-kharedjites, portant la bannière du khalife abbasside, se ruer dans la ville sainte d'Okba, la profaner et se livrer à tous les excès. Acem, qui avait gardé le commandement pendant toute cette campagne, car les annales ne parlent plus d'Abd-el-Ouareth, marcha alors contre El-Habib. Celui-ci l'attira dans l'Aourès, où il avait cherché un refuge, le défit et le mit à mort. Prenant ensuite l'offensive, El-Habib se porta sur Kaïrouan, mais il fut à son tour défait et tué par les Ourfeddjouma (mai-juin 757).

Restés maîtres de Kaïrouan, les sauvages hérétiques s'attachèrent à profaner les lieux consacrés par les orthodoxes : ils transformèrent leurs mosquées en écuries, soumirent les Arabes aux plus épouvantables traitements et firent régner une terreur si grande qu'une partie de la population se décida à émigrer. Abd-el-Malek-ben-Abou-el-Djaâda, qui avait remplacé Acem comme chef de la tribu, encourageait ces excès [1].

Les Miknaça fondent un royaume a Sidjilmassa. — Pendant que l'Ifrikiya était le théâtre de ces luttes, le Mag'reb demeurait livré à lui-même. Les Berg'ouata hérétiques continuaient à étendre leur autorité sur les rives de l'Atlantique et jusqu'au versant occidental de l'Atlas. Plus à l'est, les Miknaça occupaient, de plus en plus fortement, la vallée de la Moulouïa, et une partie de cette tribu dominait dans les oasis de l'Ouad-Ziz. Ils avaient adopté depuis longtemps les doctrines kharedjites et, sous l'impulsion d'un de leurs contribules, nommé Bel-Kassem-Semgou, ils formèrent à Sidjilmassa une communauté d'adeptes de la secte sofrite. Vers 758, ils se donnèrent comme chef un certain Aïça-ben-Yezid, le Noir, et construisirent la ville de Sidjilmassa, capitale de cette petite royauté indépendante [2].

Guerres civiles en Espagne. — Nous avons vu dans le chapitre précédent qu'Abou-l'Khattar avait rétabli en Espagne la paix entre les Musulmans; mais les rivalités étaient trop violentes pour que cette pacification fût de longue durée. Un kaïsite du nom de Soumaïl-ben-Hatem, allié à Touaba-ben-Selama, chef des Djodham, tribu yéménite, leva l'étendard de la révolte dans le district de Sidona. Abou-l'Khattar, ayant marché contre eux, fut vaincu et fait prisonnier (mai 745). Touaba exerça alors le commandement avec l'assistance de Soumaïl; l'année suivante il mourut et la lutte entre Kelbites et Kaïsites recommença. Un descendant d'Okba, nommé Youçof, ayant été proclamé gouverneur à l'instigation de Soumaïl, les Kelbites replacèrent à leur tête Abou-l'Khattar; mais, en 747, celui-ci fut fait prisonnier et mis à mort, après un combat acharné. Youçof resta ainsi en possession d'un pouvoir précaire, tandis que les luttes fratricides, les vengeances et les meurtres continuaient à décimer la race arabe en Espagne, au profit de l'élément berbère, qui prenait part à ces guerres comme allié de l'un ou de l'autre parti. Les chrétiens, de leur côté, n'étaient pas sans tirer avantage de cette situation. En 751, Pélage mourut et fut remplacé par Alphonse, fils de Pédro, qui forma la souche des rois de Galice [3].

1. En-Nouéïri, p. 372, 373. Ibn-Khaldoun, t. I, p. 219.
2. El-Bekri, passim. Ibn-Khaldoun, t. I, p. 261.
3. Dozy, *Hist. des Musulmans d'Espagne*, p. 273 et suiv. et *Recherches sur l'hist. de l'Espagne*, p. 100. Rosseeuw Saint-Hilaire, *Histoire d'Espagne*, t. I et II.

L'oméïade Abd-er-Rahman débarque en Espagne. — Mais la face des choses allait changer profondément en Espagne, par l'établissement d'une nouvelle dynastie. Après le triomphe des Abbassides en Orient, les membres et les partisans de la famille oméïade qui avaient échappé à la mort dans les combats furent recherchés avec le plus grand soin et impitoyablement massacrés. L'un d'eux, nommé Abd-er-Rahman, fils de Moaouïa-ben-Hecham, parvint cependant à échapper à ses ennemis [1] et à passer en Afrique, accompagné d'un affranchi du nom de Bedr (750). Après avoir séjourné quelque temps, caché dans une localité du pays de Barka, il profita de la déclaration d'indépendance d'Abd-er-Rahman-ben-Habib pour se rendre en Ifrikiya, puisque l'autorité abbasside n'y était pas reconnue. Il fut probablement reçu à la cour de ce prince, mais la conspiration des réfugiés oméïades ayant alors provoqué des mesures de rigueur contre les partisans de cette dynastie, Abd-er-Rahman fut encore obligé de fuir. Il gagna les régions de l'ouest et séjourna à Tiharet, puis chez les Mar'ila ; il erra ainsi pendant cinq années et se fit des amis parmi les tribus zenètes. Ces Berbères étaient en relation avec leurs compatriotes d'Espagne et, par eux, Abd-er-Rahman fut mis au courant des événements dont cette contrée était le théâtre. La dynastie oméïade y avait de nombreux partisans qui s'empressèrent d'appeler chez eux le descendant de leurs princes. Après avoir fait sonder le terrain et même envoyé à Youçof des propositions qui furent repoussées par Soumaïl, Abd-er-Rahman se décida à passer en Espagne. Il s'embarqua avec un certain nombre de guerriers zenètes, sur un bateau envoyé par ses partisans de la péninsule. Ce fut d'un point du littoral de la province d'Oran, occupé par la tribu des Mar'ila, qu'il mit à la voile [2].

Dans le mois de septembre 755, Abd-er-Rahman débarqua à Almuñecar, à égale distance de Grenade et de Malaga. Youçof revenait alors d'une expédition à Saragosse, expédition dans laquelle il avait commis de grandes cruautés, à l'instigation de Soumaïl, et soulevé la réprobation générale.

Fondation de l'empire oméïade d'Espagne. — Cependant Abd-er-Rahman se préparait à la lutte, en enrôlant des guerriers et en se ménageant des intelligences dans le pays. Au printemps de l'année 756, il se mit en marche et reçut la soumission de Malaga, de

---

1. Voir les détails romanesques de sa fuite, dans l'*Hist. des Musulmans d'Espagne*, p. 229 et suiv. et El Marrakchi, édit. Dozy, p. 11 et suiv.
2. Ibn-Khaldoun, t. I, p. 249.

Xérès, de Ronda et enfin de Séville. De là, il marcha sur Cordoue.

Youçof, de son côté, se préparait à la lutte ; il était appuyé par la grande majorité des kaïsites et une partie des Berbères. Tous les Yéménites, quelques kaïsites et le reste des Berbères étaient avec Abd-er-Rahman.

Les deux armées se rencontrèrent sur les bords du Guadalquivir et, séparées par ce fleuve grossi par les pluies, tâchèrent l'une et l'autre de gagner Cordoue ; enfin, le 14 mai, les eaux ayant baissé, Abd-er-Rahman fit passer le fleuve à ses troupes sans être inquiété par Youçof, avec lequel il avait entamé des négociations. Le lendemain, le prétendant disposa ses troupes pour la bataille, et Youçof essaya bravement de lui tenir tête ; mais la victoire se décida bientôt pour Abd-er-Rahman. Youçof et Soumaïl échappèrent par la fuite, tandis que le prétendant entrait en triomphateur à Cordoue. Il montra une grande modération dans le succès.

Ainsi se trouva fondée la dynastie des Oméïades d'Espagne qui devait briller d'un grand éclat dans le moyen âge barbare. Cette province était à jamais perdue pour le khalifat.

Youçof et Soumaïl tenaient encore la campagne ; ils réussirent même à mettre en ligne une armée sérieuse et obtinrent quelques avantages. Mais la victoire demeura au prince oméïade. En 758, Youçof fut tué dans une déroute, et Soumaïl, ayant été fait prisonnier, mourut dans un cachot[1]. Ainsi, Abd-er-Rahman resta seul maître du pouvoir et s'appliqua à faire cesser l'anarchie, rude tâche dans un pays où les Musulmans étaient divisés par des haines traditionnelles et des rivalités de race et d'intérêt. Les Yéménites, auxquels il devait son succès, essayèrent alors de reprendre la suprématie, et il dut résister à leurs exigences, en attendant qu'il eût à combattre leurs révoltes.

Les courses des Musulmans en Gaule avaient à peu près cessé ; cependant ils occupaient encore la Septimanie, avec Narbonne comme capitale. En 739 et 740, Karl les avait expulsés de la Provence, après avoir défait et tué leur allié le comte Mauronte. Peppin le Bref, ne leur laissant aucune trêve, les chassa du pays ouvert et vint les assiéger dans Narbonne. Ils y résistèrent pendant sept années ; enfin, en 759, cette ville tomba au pouvoir des Franks, et les dernières bandes musulmanes rejoignirent, au delà des Pyrénées, leurs coréligionnaires.

Les Ourfeddjouma sont vaincus par les Eïbadites de l'Ifrikiya.

---

1. Makkari, t. II, p. 24.

— Nous avons laissé les Ourfeddjouma maîtres de Kaïrouan et se livrant à toutes les violences, dans l'ivresse de leur succès. L'excès du mal, ou peut-être la jalousie des autres Berbères, allait amener une réaction. Les Houara, soulevés à la voix d'un Arabe nommé Abou-l'Khattab-el-Moafri, firent alliance avec des tribus zenètes voisines et vinrent s'emparer de Tripoli. Ces tribus étaient kharedjites-éïbadites. Abou-l'Khattab ayant marché sur Kaïrouan, rencontra Abd-el-Malek qui s'était avancé au devant de lui, le défit et le tua dans une sanglante bataille et s'empara de Kaïrouan. Les Ourfeddjouma et Nefzaoua, restés dans le pays, furent tous massacrés; ils occupaient la capitale depuis quatorze mois (758-59)[1].

Abou-l'Khattab nomma Abd-er-Rahman-ben-Rostem gouverneur de Kaïrouan; puis il rentra à Tripoli et, de là, établit son autorité sur toute la partie orientale de l'Ifrikiya. C'était le triomphe de la race berbère et du culte kharedjite-éïbadite; après le Mag'reb, après l'Espagne, l'Ifrikiya secouait le joug des Arabes, et l'on ne comprendrait pas pourquoi le khalifat abandonnait ainsi les provinces de l'Ouest, si l'on ne savait que l'Orient était encore le théâtre de troubles provoqués par des sectaires.

DÉFAITE DES KHAREDJITES PAR IBN-ACHATH. — En 760, Mohammed-ben-Achath, gouverneur de l'Egypte, fit marcher contre les rebelles de l'Ifrikiya une armée commandée par le général Abou-l'Haouas; mais Abou-l'Khattab, chef des éïbadites, sortit à sa rencontre et lui infligea une défaite complète, au lieu dit Mikdas, au fond de la grande Syrte.

A la nouvelle de ce désastre, le khalife El-Mansour résolut d'en finir avec les rebelles d'Occident. Il nomma Ibn-Achath lui-même au gouvernement de l'Afrique et lui envoya une armée de quarante mille hommes[2] fournie par les colonies militaires de Syrie, et plusieurs officiers distingués, parmi lesquels El-Ar'beb-ben-Salem qui devait prendre le commandement dans le cas où la campagne serait fatale au gouverneur. En 761, l'armée partit pour le Mag'reb.

Abou-l'Khattab, au courant de ces préparatifs, avait appelé les Berbères aux armes, et un grand nombre de contingents houarides et zenètes étaient accourus sous ses étendards. Il vint alors prendre position à Sort, pour barrer le passage à l'ennemi, et y fut rejoint par Ibn-Rostem, lui amenant les guerriers de la Tunisie. Un im-

---

1. Ibn-Khaldoun, t. I, p. 220 et suiv. En-Nouéïri, p. 373. El-Kaïrouani, p. 77.
2. 20.000, selon El-Adhari.

mense rassemblement, que les auteurs arabes portent à deux cent mille hommes, se trouva ainsi formé. Ibn-Achath n'osa pas se mesurer contre de pareilles forces et se contenta de rester en observation, attendant une occasion favorable. La désunion, si fatale aux Berbères, vint alors à son secours. A la suite d'un crime commis sur un Zenète, la discorde éclata entre ses contribules et les Houara. Les Zenètes crièrent à la trahison et parlèrent de se retirer, et l'armée berbère désunie perdit la confiance en elle-même.

Ibn-Achath profita habilement de la situation : après avoir laissé croire qu'il allait attaquer les Berbères, il fit courir le bruit qu'il était rappelé en Orient, leva précipitamment son camp et se mit en retraite. A cette vue, un grand nombre de Berbères reprirent la route de leur pays, tandis que les autres suivaient l'armée arabe. Pendant trois jours, Ibn-Achath continua son mouvement de retraite, suivi à distance par les Kharedjites, dont le nombre diminuait constamment, et qui négligeaient les précautions usitées en guerre. Mais le quatrième jour, au matin, Ibn-Achath, qui était revenu sur ses pas pendant la nuit, à la tête de ses meilleurs guerriers, fondit sur le camp berbère plongé dans la sécurité. En vain Abou-l'Khattab essaya de rallier ses soldats, qui, surpris dans leur sommeil et n'ayant pas eu le temps de s'armer, fuyaient dans tous les sens. En un instant le camp fut pillé et l'armée mise en déroute. Les Arabes passèrent au fil de l'épée tous les Kharedjites qu'ils purent atteindre. Abou-l'Khattab et, dit-on, quarante mille Berbères restèrent sur le champ de bataille.

Ibn-Achath rétablit a Kaïrouan le siège du gouvernement. — Sans perdre un instant, Ibn-Achath se mit en marche sur Tripoli, tandis qu'il envoyait un de ses lieutenants poursuivre les Houara jusqu'au Fezzan. Les contingents zenètes s'étant ralliés et ayant voulu faire tête furent mis en déroute, et rien ne s'opposa plus à la marche des Arabes. Après s'être emparé de Tripoli sans coup férir, Ibn-Achath s'avança vers Kaïrouan. Abd-er-Rahman-ben-Rostem avait essayé d'y rentrer après la défaite des Kharedjites, mais la population de la ville l'ayant repoussé, il avait dû continuer sa route vers l'ouest.

Ibn-Achath fut reçu à Kaïrouan comme un libérateur (fin janvier 762). Il compléta la pacification de l'Ifrikiya, extermina les Kharedjites et les força à la fuite ou à l'abjuration. Le général El-Ar'leb, envoyé par lui dans le Zab, fut chargé de faire rentrer les populations zenètes dans l'obéissance.

Le siège du gouvernement rétabli à Kaïrouan, l'autorité abbasside régna de nouveau sur l'Ifrikiya. Ibn-Achath s'appliqua à faire disparaître les traces des dévastations commises par les Kharedjites à Kaïrouan ; il entoura la ville d'une muraille en terre épaisse de dix coudées[1] et compléta cette fortification d'un large fossé. Les habitants rentrèrent dans la capitale, qui brilla d'une nouvelle splendeur.

FONDATION DE LA DYNASTIE ROSTEMIDE A TIHARET. — Cependant Abd-er-Rahman-ben-Rostem, ayant continué sa route vers l'ouest, atteignit Tiharet, où il fut rejoint par un grand nombre de kharedjites des tribus de Nefzaoua, Louata, Houara et Lemaïa. Il se fit reconnaître par eux comme chef, et avec leur aide jeta les fondements d'une nouvelle cité sur le versant du Djebel-Guezoul. Cette ville, qui fut nommée Tiharet la neuve, reçut sa famille et ses trésors et devint la capitale de sa dynastie et le centre du kharedjisme ëibadite (761). Ainsi un nouveau royaume berbère indépendant était formé dans le Mag'reb central[2].

Dans le Rif marocain, la ville de Nokour avait été fondée quelques années auparavant par un chef arabe, Salah-ben-Mansour, qui en avait fait un centre religieux orthodoxe. Les tribus r'omariennes des environs, après avoir accepté sa foi, lui avaient constitué une population de sujets dévoués qui avaient conservé le culte orthodoxe, entre les hérétiques Berg'ouata et les kharedjites[3].

GOUVERNEMENT D'EL-ARLEB-BEN-SALEM. — Ibn-Achath gouvernait depuis près de quatre ans l'Ifrikiya, appliqué à rétablir la bonne marche de l'administration et à faire disparaître les traces de la guerre, lorsqu'une révolte de sa propre milice, composée en majorité de modhérites, tandis qu'il était yéménite, le força à descendre du pouvoir (mai 765). Un certain Aïssa-ben-Moussa, milicien khoraçanite, fut élu à sa place par les soldats ; mais le khalife El-Mansour, tout en ratifiant la déposition d'Ibn-Achath, envoya le diplôme de gouverneur à El-Ar'leb-ben-Salem, qui était resté à Tobna, afin de garder la frontière méridionale contre les entreprises des tribus zenètes. Il lui traça des instructions fort sages, lui recommandant de ménager la milice, sa seule force au milieu des Berbères, et de combattre ceux-ci sans relâche. El-Ar'leb chassa du palais le gouverneur d'un jour et, s'étant emparé du pouvoir, donna tous ses soins à la mise en pratique des instructions du khalife ; mais il avait à lutter contre une double difficulté :

---

1. El-Kaïrouani, p. 78. El-Bekri, p. 24 du texte arabe.
2. Ibn-Khaldoun, t. I, p. 341 et suiv.
3. *Ibid.*, t. II, p. 137 et suiv.

l'indiscipline de la milice, qui se sentait toute-puissante, et l'esprit de révolte des Berbères surexcité par le fanatisme religieux.

Nous avons vu précédemment que les Beni-Ifrene, sous l'impulsion de leur chef Abou-Korra, avaient fondé une sorte de royaume indépendant à Tlemcen. Les guerres civiles, qui depuis longtemps absorbaient les forces des Arabes, avaient favorisé le développement de la puissance des Beni-Ifrene. La présence d'El-Ar'leb dans le Zab avait contenu les Zenètes, mais, en 767, Abou-Korra leva l'étendard de la révolte et, après avoir forcé ses voisins à accepter la doctrine sofrite (kharedjite), il les entraîna vers l'est par les chemins des hauts plateaux à la conquête de l'Ifrikiya.

El-Arleb marcha contre lui, à la tête de ses meilleurs soldats, mais les Berbères ne l'attendirent pas et cherchèrent un refuge vers l'ouest. Le général arabe était parvenu dans le Zab et voulait poursuivre les rebelles jusqu'au fond du Mag'reb, lorsque ses troupes se mutinèrent et refusèrent péremptoirement de le suivre ; puis elles rentrèrent en débandade à Kaïrouan, le laissant seul avec quelques officiers dévoués.

Dans l'est, la situation était grave : à peine le gouverneur avait-il quitté l'Ifrikiya, que le commandant de Tunis, El-Hassan-ben-Harb, s'était mis en état de révolte et avait chassé de Kaïrouan le représentant du gouverneur. El-Ar'leb, accouru en toute hâte, réunit à Gabès tous ses adhérents et se mit en marche sur Kaïrouan. On en vint aux mains non loin de la ville et la bataille se termina par la défaite et la fuite d'El-Hassan. Le gouverneur rentra ainsi en possession de sa capitale ; mais bientôt son compétiteur, qui avait formé une nouvelle armée à Tunis, revint lui livrer bataille sous les murs mêmes de Kaïrouan. Après une lutte acharnée, dans laquelle El-Ar'leb trouva la mort, les rebelles furent complètement écrasés. El-Mokharek, qui avait pris le commandement après la mort du gouverneur, poursuivit les fuyards dans toutes les directions : peu après El-Hassan, qui avait d'abord trouvé un asile chez les K'etama, fut mis à mort (sept. 767)[1].

GOUVERNEMENT D'OMAR-BEN-HAFS, DIT HAZARMED. — En mars 768, Omar-ben-Hafs, surnommé Hezarmed[2], désigné par le khalife comme gouverneur de l'Ifrikiya, arriva à Kaïrouan à la tête de cinq cents cavaliers et fut reçu par les notables de la ville, sortis à sa rencontre. Quelque temps après, il se rendit dans le Zab, afin d'y maintenir la tranquillité et de relever les murs de Tobna, selon les

---

1. Ibn-Khaldoun, t. I, p. 220. En-Nouéïri, p. 377 et suiv.
2. Ce mot signifie *mille hommes* en persan.

ordres du khalife. Cette position couvrait le sud contre les entreprises des Zenètes.

A peine le gouverneur se fut-il éloigné de la Tunisie, que les tribus de la Tripolitaine se révoltèrent, en prenant comme chef Abou-Hatem-Yakoub. Un corps de cavalerie, envoyé contre eux par le commandant de Tripoli, fut défait, et un renfort arrivé de Zab éprouva le même sort. En même temps le gouverneur avait à tenir tête à une attaque générale des Berbères du Mag'reb central, entraînés par Abou-Korra. Il détacha cependant son général Soléïman et l'envoya contre les rebelles de l'est ; mais Abou-Hatem le vainquit près de Gabès et vint mettre le siège devant Kaïrouan, dont les fortifications l'arrêtèrent (771).

Dans le Zab, la situation d'Omar devenait fort critique ; il s'était retranché à Tobna avec sa petite armée de cinq ou six mille cavaliers[1], et y était bloqué par des nuées de Kharedjites. Abou-Korra avait amené quarante mille sofrites fournis par les Beni-Ifrene. Ibn-Rostem, seigneur de Tiharet, était là avec six mille Eïbadites ; dix mille Zenètes eïbadites étaient commandés par El-Miçouer ; enfin les Sanhadja, Ketama, Mediouna, etc., avaient donné des contingents. Omar, jugeant que le sort des armes ne lui offrait aucune chance de salut, employa la division et la corruption pour se débarrasser de ses ennemis. Il fit offrir à Abou-Korra un cadeau de 40,000 dinars (pièces d'or), à titre de rançon et, grâce à l'intervention du fils de celui-ci, que son envoyé sut intéresser par des cadeaux, il réussit à se débarrasser des Beni-Ifrene, qui formaient à eux seuls la moitié des assaillants[2].

Tandis que l'armée kharedjite était démoralisée par la nouvelle de cette trahison, Omar envoya un corps de 1,500 hommes attaquer Ibn-Rostem, qui occupait Tehouda. Mis en déroute, le seigneur de Tiharet regagna comme il put sa capitale, avec les débris de ses troupes. Les autres contingents se retirèrent et, ainsi, se fondit ce grand rassemblement. Omar, ayant enfin le passage libre, sortit de Tobna, où il laissa un corps de troupes, et se porta, à marches forcées, au secours de Kaïrouan. Depuis huit mois, cette ville, étroitement bloquée, avait supporté les fatigues d'un siège et était livrée aux horreurs de la famine. La garnison, épuisée et décimée, soutenait chaque jour des combats pour repousser les assiégeants. Déjà un certain nombre d'habitants, considérant la

---

1. D'après le Baïan, il aurait eu avec lui un effectif de 15,500 hommes ; mais les chiffres précédents, donnés par En-Nouéïri, paraissent plus probables.

2. Ibn-Khaldoun, t. I, p. 223, t. III, p. 200. En-Nouéïri, p. 379 et suiv.

situation comme désespérée, étaient allés rejoindre le camp des assiégeants.

A l'approche du gouverneur, Abou-Hatem, abandonnant le siège, se porta à sa rencontre, mais Omar, après avoir feint d'être disposé à lui offrir le combat près de Tunis, parvint à l'éviter et put opérer sa jonction avec son frère utérin Djemil-ben-Saker, sorti de Kaïrouan. Tous deux rentrèrent dans la ville et l'arrivée du gouverneur, bien qu'il n'amenât qu'un faible renfort, ranima le courage des Arabes.

Mort d'Omar. Prise de Kaïrouan par les Kharedjites. — Abou-Hâtem revint bientôt à Kaïrouan à la tête d'une nombreuse armée renforcée des contingents d'Abou-Korra qui, après avoir inutilement essayé d'enlever Tobna, était venu rejoindre les Eïbadites de la Tunisie. Les Arabes tentèrent en vain de tenir la campagne ; ils furent forcés de se réfugier derrière les murailles de Kaïrouan, dont la force et la solidité préserva la ville d'une chute immédiate. Un grand nombre de Berbères accoururent de toutes parts pour se joindre aux assiégeants et, selon les chroniques, 350,000 Karedjites se trouvèrent réunis à Kaïrouan[1]. Le courage des assiégés fut inébranlable, mais la famine vint augmenter les chances de leurs ennemis. Lorsque les bêtes de somme et même les animaux immondes furent dévorés, et qu'il fut reconnu que la position n'était plus tenable, Omar voulut tenter une sortie pour se procurer des vivres, mais ses soldats refusèrent de le laisser partir, prétendant qu'il se disposait à les abandonner et ne voulurent pas tenter eux-mêmes l'aventure. « Eh bien ! leur dit Omar, enflammé de colère, je vous enverrai tous à l'abreuvoir de la mort ! »

Sur ces entrefaites, un messager, ayant pu pénétrer dans la ville, apporta la nouvelle que le khalife, irrité contre Omar, se préparait à envoyer un nouveau général avec des troupes fraîches, en Ifrikiya. Le gouverneur résolut aussitôt d'éviter par la mort l'amertume d'une telle injustice. Ayant pris ses dernières dispositions, il se jeta comme « un chameau enragé » sur les assiégeants, et après en avoir abattu un grand nombre, il trouva la mort qu'il cherchait (novembre 771).

Djemil-ben-Saker, auquel le commandement avait été dévolu, entra alors en pourparlers avec Abou-Hâtem et signa une capitulation par laquelle il lui livrait la ville. Les assiégés avaient la liberté de se retirer avec leurs armes et leurs insignes, et le respect des personnes et des biens était garanti. Djemil se dirigea vers l'Orient,

---

1. Tous ces chiffres paraissent fortement exagérés.

tandis qu'une partie de la milice prenait la route de Tobna et que quelques officiers passaient au service d'Abou-Hatem.

Pour la deuxième fois, en quelques années, les Karedjites berbères entraient en vainqueurs dans la ville sainte d'Okba. Cette fois, il n'y eut pas de pillage ; Abou-Hatem se contenta de démanteler les fortifications de Kaïrouan. Du reste, il n'eut pas le loisir de jouir lontemps de ses succès.

CHAPITRE V

DERNIERS GOUVERNEURS ARABES

772-800

Yezid-ben-Hatem rétablit l'autorité arabe en Ifrikiya. — Gouvernement de Yezid-ben-Hatem. — Les petits royaumes berbères indépendants. — L'Espagne sous le premier khalife oméïade.; expédition de Charmelagne. — Intérim de Daoud-ben-Yezid; gouvernement de Rouh-ben-Hatem. — Edris-ben-Abd-Allah fonde à Oulili la dynastie édricide. — Conquêtes d'Edris ; sa mort. — Gouvernements d'En-Nasr-ben-el-Habib et d'El-Fadel-ben-Rouh. — Anarchie en Ifrikiya. — Gouvernement de Hertema-ben-Aïan. — Gouvernement de Mohammed-ben-Mokatel. — Ibrahim-ben-el-Ar'leb apaise la révolte de la milice. — Ibrahim-ben-el-Ar'leb, nommé gouverneur indépendant, fonde la dynastie ar'lebite. — Naissance d'Edris II. — L'Espagne sous Hicham et El-Hakem. — Chronologie des gouverneurs de l'Afrique.

YEZID-BEN-HATEM RÉTABLIT L'AUTORITÉ ARABE EN IFRIKIYA. — Lorsque la nouvelle des désastres dont l'Ifrikiya avait été le théâtre parvint en Orient, elle y excita la plus violente indignation. Le khalife El-Mansour réunit aussitôt une armée considérable, formée de troupes prises dans les colonies militaires du Khorassan, de l'Irak et de Syrie, en donna le commandement à Yezid-ben-Hatem et le fit partir pour l'Occident (772).

Abou-Hatem, de son côté, réunit ses contingents et, laissant le commandement de Kaïrouan à Abd-el-Aziz-el-Moafri, il se mit en marche sur Tripoli. Mais, à peine avait-il quitté sa capitale, que les miliciens se révoltèrent, chassèrent Abd-el-Aziz et placèrent à leur tête Omar-ben-Othman. Abou-Hatem revint sur ses pas, défit les rebelles et lança à leur poursuite un de ses lieutenants nommé Djerid. Omar, avec une partie de ses miliciens, avait cherché un refuge près de Djidjel, dans le pays des Ketama. Djerid voulut l'y poursuivre, mais il tomba dans une embuscade et fut défait et tué. Quant aux autres miliciens, ils avaient rejoint l'armée arabe à Sort.

Cependant Abou-Hatem s'était avancé jusque vers Tripoli, mais, lorsqu'il connut la force de l'armée de Yezid, il renonça à lutter contre elle en bataille rangée et alla se retrancher dans les montagnes de Nefouça. Il occupait une position très forte et ne craignit pas d'attaquer l'avant-garde des Arabes. Les Kharedjites la rejetèrent sur le corps principal, puis ils regagnèrent leurs montagnes. Yezid marcha alors contre les rebelles avec toutes ses troupes, attaqua de front leurs retranchements et les enleva l'un après l'autre. Une dernière et sanglante bataille dans laquelle Abou-Hatem trouva la mort, consacra le triomphe des Arabes (mars 772). Les débris des contingents berbères tâchèrent de regagner leurs tribus, mais la cavalerie arabe, lancée à leur poursuite dans toutes les directions, fit un grand carnage des karedjites. Abou-Korra put cependant rentrer à Tlemcen. En même temps, Abd-er-Rahman, fils d'El-Habib, le seul officier arabe resté fidèle à la cause d'Abou-Hatem, se réfugia avec un certain nombre d'adhérents dans les montagnes de Ketama[1].

GOUVERNEMENT DE YEZID-BEN-HATEM. — Vers la fin de mai, Yezid, qui avait assuré la pacification des provinces méridionales en noyant la révolte dans le sang, fit son entrée à Kaïrouan. Il s'appliqua à rendre à la ville toute sa splendeur et à faire oublier la domination des Kharedjites.

Abd-er-Rahman tint encore la campagne pendant huit mois, dans le pays des Ketama ; mais il finit par succomber avec ses partisans, sous les efforts combinés des généraux arabes. La révolte kharedjite qui, en réalité, était le réveil de l'esprit national berbère, semblait domptée ; plus de trois cents combats avaient été livrés et les indigènes avaient toujours supporté le poids de la défaite et la sanglante vengeance de leurs vainqueurs. Cependant, les Houara se soulevèrent encore, à la voix d'un de leurs chefs, nommé Abou-Yahïa-ben-Afounas. Le commandant de Tripoli, ayant marché contre eux, les défit non loin de cette ville. L'année suivante (773), un certain Abou-Zerhouna parvint à entraîner les turbulents Ourfeddjouma à la révolte contre l'autorité arabe. Une armée envoyée contre eux par Yezid fut d'abord défaite. Alors Mohelleb, fils du gouverneur qui commandait le poste de Tobna, sollicita l'honneur de réduire les rebelles. Ayant reçu de son père un important renfort, il attaqua vigoureusement les Ourfeddjouma, les délogea de toutes leurs positions et en fit « un massacre épouvantable. »

Cette fois, les révoltés kharedjites étaient, sinon domptés, du moins réduits à l'impuissance. L'Ifrikiya put profiter de quelques années de paix que le gouverneur employa aux embellissements de Kaïrouan. « En 774, dit En-Nouéïri, il fit rebâtir la grande mosquée de Kaïrouan et construire des bazars pour chaque mé-

---

1. Ibn-Khaldoun, t. I, p. 222, t. III, p. 200. En-Nouéïri, p. 384.

tier. Ainsi, on pourrait dire, sans trop s'écarter de la vérité, qu'il en fut le fondateur. » En même temps il rétablissait, par son esprit de justice, la sécurité des transactions. El-Kaïrouani rapporte, d'après l'historien Sahnoun, que Yezid se plaisait à dire : « Je ne crains rien tant sur la terre que d'avoir été injuste envers quelqu'un de mes administrés, quoique je sache cependant que Dieu seul est infaillible[1]. »

LES PETITS ROYAUMES BERBÈRES INDÉPENDANTS. — Nous n'avons pas voulu interrompre le cours des événements importants dont l'Ifrikiya était le théâtre ; mais il convient de retourner de quelques années en arrière, pour reprendre l'historique des petites royautés du Mag'reb.

A Sidjilmassa, le premier roi que la communauté des Miknaça s'était donné, Aïca-ben-Yezid, fut déposé, en 772, après quinze années de règne, et mis à mort par la populace. Abou-l'Kassem-Semgou-ben-Ouaçoul, véritable fondateur du royaume, fut élu à sa place. Il forma la souche des Beni-Ouaçoul, souverains de Sidjilmassa. Cette oasis continua à être le centre d'une secte kharedjite tenant de l'eïbadisme et du sofrisme. Ces hérétiques prononçaient la prière au nom du khalife abbasside, dont ils se déclaraient les vassaux[2].

Les Berg'ouata, dirigés par leur prophète, le mehdi[3] Salah, continuaient à vivre indépendants, dans le Mag'reb extrême, et à propager leurs doctrines hérétiques. Après un long règne de près d'un demi-siècle, Salah mourut (vers 792), en laissant le pouvoir à son fils El-Yas[4].

Dans le Rif marocain, à Nokour, Saïd, petit-fils d'un autre Salah, était en possession de l'autorité et maintenait l'exercice du culte orthodoxe sur le littoral de la Méditerranée[5].

A Tlemcen et dans le sud du Mag'reb central, les Beni-Ifrene régnaient en maîtres et étendaient chaque jour leur influence. Leurs cousins, les Mag'raoua, commençaient à envahir les plaines de cette région et à devenir redoutables par leur nombre et leur puissance.

Enfin, Abd-er-Rahman-ben-Rostem, à Tiharet, avait continué

---

1. El-Kaïrouani, p. 79. En-Nouéïri, p. 385.
2. Ibn-Khaldoun, t. I, p. 262. El-Bekri, p. 149 du texte arabe.
3. Ce titre, que nous reverrons souvent apparaître, a été pris par un grand nombre d'agitateurs musulmans: on peut le rendre par : *Messie*.
4. Ibn-Khaldoun, t. II, p. 125 et suiv. El-Bekri, passim.
5. *Ibid.*, t. II, p. 138, 139.

à recueillir les réfugiés de toutes les tribus appartenant à la secte éïbadite, dont il était le chef reconnu.

Partout ailleurs, dans les deux Mag'reb, les tribus berbères vivaient dans l'indépendance la plus complète. Mais on voit, par ce qui précède, que cette race tendait à abandonner l'état démocratique pour grouper ses forces en formant de petites royautés autonomes.

L'Espagne sous le premier khalife oméïade. Expédition de Charlemagne. — Nous avons laissé l'oméïade Abd-er-Rahman seul maître du pouvoir à Cordoue, après avoir triomphé de Youçof. Il n'eut pas le loisir de jouir longtemps de son succès, car l'anarchie était devenue un état normal pour les Musulmans d'Espagne et ils avaient perdu l'habitude d'obéir à un seul maître. Ce ne fut, durant des années, qu'une suite de révoltes : Yéménites, Berbères, Fihrites (descendants d'Okba), s'évertuèrent à renverser le trône oméïade à peine assis.

En 763, El-Ala-ben-Moghit, nommé gouverneur de l'Espagne par le khalife El-Mansour, débarqua dans la province de Béja et arbora le drapeau noir des abbassides. Aussitôt, yéménites et fihrites accourent se ranger autour du représentant de l'autorité légitime, et tous viennent assiéger Abd-er-Rahman qui s'était retranché dans la place forte de Carmona. Le siège durait depuis deux mois et la situation des assiégés était des plus critiques, lorsque le prince oméïade, prenant une résolution désespérée, se mit à la tête de ses meilleurs guerriers, sortit de la ville et, se jetant avec impétuosité sur le camp des assiégeants, s'en rendit maître et tailla en pièces ses ennemis. On dit qu'ayant coupé les têtes des principaux chefs, parmi lesquels El-Ala, il les fit saler, après avoir attaché à l'oreille une étiquette indiquant le nom de chacun, et expédia le tout, roulé dans les débris du drapeau noir et enveloppé d'un sac, au khalife abbasside. En recevant le funèbre envoi, El-Mansour se serait écrié : « Je rends grâce à Dieu de ce qu'il y a une mer entre moi et un tel ennemi![1] » Abd-er-Rahman triompha ensuite de cette révolte et traita avec la dernière rigueur ceux qui s'y étaient compromis.

En 766, une grande insurrection éclata parmi les Berbères à la voix d'un illuminé du nom de Chakia, qui se faisait passer pour un descendant du prophète et avait pris le nom de Abd-Allah-ben-Mohammed. Il était originaire d'une fraction des Miknaça, passée en Espagne lors de la première invasion et devenue très puissante.

---

1. Dozy, *Hist. des Musulmans d'Espagne*, p. 367.

Il proclama l'autorité abbasside, obtint de grands succès et, durant neuf années, tint en échec la puissance d'Abd-er-Rahman. Ce prince parvint enfin à écraser ses adhérents et à le faire assassiner.

Sur ces entrefaites, trois chefs arabes formèrent un nouveau complot, c'étaient : le kelbite el-Arbi, gouverneur de Barcelone, le fihrite Abd-er-Rahman-ben-Habib, surnommé le Slave, gendre de Youçof, et un fils de Youçof, appelé Abou-el-Asouad. La gloire de Charlemagne étant parvenue jusqu'à eux, ils résolurent de solliciter son concours et, à cet effet, se rendirent, en 777, à Paderborn et proposèrent au grand conquérant de lui ouvrir l'Espagne. Charles accueillit leurs ouvertures et leur promit de conduire une armée dans la péninsule. El-Arbi devait l'appuyer avec tous ses adhérents, au nord de l'Ebre, et le faire reconnaître comme souverain de cette région, tandis que le Slave irait chercher des Berbères en Afrique et occuperait avec eux la province de Murcie.

Ce plan, si bien combiné, pécha dans l'exécution : le Slave arriva le premier, avec un certain nombre de Berbères, et demanda des secours à El-Arbi ; mais celui-ci lui objecta que, selon leur traité, il ne devait pas franchir l'Ebre. Irrité de ce qu'il appelait une trahison, le Slave marcha contre El-Arbi, fut battu et forcé de rentrer dans la province de Murcie, où il périt assassiné.

Lorsque Charlemagne eut franchi les Pyrénées, il ne trouva, pour l'appuyer, qu'El-Arbi et quelques officiers, tels qu'Abou-Thaur, Abou-l'Asouad et le comte de Cerdagne. Au lieu de voir, comme on le lui avait promis, toutes les places lui ouvrir leurs portes, il dut commencer par entreprendre le siège de Saragosse, où commandait un fanatique, ne voulant aucune alliance avec les chrétiens. Tandis qu'il était devant cette place, il reçut la nouvelle que Witekind et les Saxons avaient repris les armes et menaçaient Cologne. Force lui fut de lever le siège et de reprendre au plus vite la route du Nord ; il passa par la vallée de Roncevaux, où son arrière-garde tomba dans une embuscade tendue par les Basques.

Ainsi Abd-er-Rahman avait échappé au plus grave danger qu'il eût encore couru, et cela sans faire aucun effort personnel. Après le départ des Franks, il s'appliqua à combattre isolément tous ses adversaires et, par sa persévérance et son implacable cruauté, arriva enfin à briser toutes les résistances. Ne pouvant compter sur les Musulmans d'Espagne, il appela d'Afrique un grand nombre de Berbères et même de nègres et en forma une armée dévouée, sans aucun lien avec les gens du pays [1].

---

1. Dozy, *Musulmans d'Espagne*, t. I p. 370 et suiv.

Pendant que le khalife oméïade était absorbé par ces luttes, Alphonse, roi des Asturies, étendait les limites de ses provinces et arrachait la Galice aux Musulmans. Ce prince termina son glorieux règne en 759, et fut remplacé par son fils Froïla. Lugo, Porto, Zamora, Salamanque et une partie de la Castille étaient en son pouvoir. Il mourut en 769, léguant la couronne à son fils Aurélio[1].

Intérim de Daoud-ben-Yezid. — Gouvernement de Rouh-ben-Hatem. — En 787, Yezid-Ben-Hatem cessa de vivre, après avoir exercé le pouvoir durant près de quinze années. L'Afrique avait joui d'une période de tranquillité bien nécessaire après tant de luttes. Aussitôt après la mort du gouverneur, les Nefzaoua se révoltèrent et, conduits par l'un des leurs, nommé Salah-ben-Nacir, attaquèrent leurs voisins et les contraignirent à adopter la doctrine eïbadite, puis ils envahirent le Tel et s'avancèrent jusqu'à Badja. Le commandant de Tobna ayant marché contre eux fut défait près de cette ville.

Daoud, fils de Yezid, qui avait pris la direction des affaires après la mort de son père, envoya alors contre les insurgés le général Soleïman avec dix mille cavaliers. Les Kharedjites, vaincus dans une première rencontre, se reformèrent à Sikka (le Kef); mais Soleïman les y poursuivit et les dispersa, après en avoir tué un grand nombre. Ainsi la révolte se trouva encore une fois apaisée. Daoud administrait depuis plus de neuf mois l'Ifrikiya, lorsque le khalife Haroun-er-Rachid le remplaça par son oncle Rouh-ben-Hatem, et, pour le récompenser de ses services, lui conféra le gouvernement de l'Egypte.

Au commencement de l'année 788, Rouh arriva à Kaïrouan et prit en main l'autorité. C'était un homme prudent et expérimenté qui, au lieu de pousser les indigènes à la révolte par de durs traitements, jugea préférable de composer avec eux. Abd-er-Rahman-ben-Rostem était mort à Tiharet, quelque temps auparavant, et avait été remplacé par son fils Abd-el-Ouahab. Ce chef adressa au gouverneur de Kaïrouan des propositions d'alliance qui furent acceptées, et un traité de paix fut signé entre le représentant du khalife et le chef du kharedjisme eïbadite[2].

Edris-ben-Abdallah fonde a Oulili la dynastie edriside. — Ainsi l'autorité arabe s'affaiblissait chaque jour en Afrique; une

---

1. Dozy, *Recherches sur l'hist. de l'Espagne*, p. 101.
2. Ibn-Khaldoun, t. I, p. 224. En-Noueïri, p. 387, 388.

nouvelle dynastie allait s'établir dans le Mag'reb et consa*r*rer la perte définitive de cette contrée pour le khalifat.

Nous avons vu précédemment qu'après l'assassinat du khalife Ali, gendre de Mahomet, ses partisans avaient en vain essayé de faire obtenir le trône à ses enfants. Vaincus, les Alides n'avaient pu empêcher l'établissement de la dynastie oméïade ; mais ils avaient formé une vaste société secrète et s'étaient donné le nom de *Chiaïtes (co-ayants-droit)*. Ils avaient continué à compter en secret le règne des descendants d'Ali, seuls khalifes légitimes, et n'avaient cessé d'attendre le moment de reconquérir le pouvoir. Sous le règne de l'abbasside El-Mansour, deux des descendants d'Ali, croyant l'heure arrivée, avaient levé les armes ; mais la victoire s'était prononcée pour leur adversaire et la révolte avait été étouffée dans le sang. Après la mort d'El-Mansour, un alide du nom de Hocéïne, petit-fils de Haçan II, se mit en révolte contre le khalife El-Mehdi ; mais il fut vaincu et tué à la bataille de Fekh, près de La Mekke, et presque tous ses adhérents périrent massacrés (787).

Un oncle de Hocéïn, nommé Edris-ben-Abd-Allah, avait échappé au désastre de Fekh ; il se tint soigneusement caché et put se soustraire aux minutieuses recherches ordonnées par le khalife. Son signalement avait été envoyé à tous les commandants militaires, et des postes furent établis sur les routes afin de l'arrêter s'il tentait de sortir de l'Arabie. En dépit de ces précautions, Edris parvint, grâce au dévouement de son affranchi Rached, à gagner l'Egypte ; de là, il partit pour l'ouest, vêtu d'une robe de laine et coiffé d'un turban grossier. Pour mieux tromper les agents du khalife, Rached lui donnait des ordres comme à un domestique, et il put sous ce déguisement atteindre le fond du Mag'reb. Après avoir séjourné à Tanger, il gagna Oulili[1], près d'une des sources du Sebou, dans les montagnes des Aoureba, et fut bien accueilli par ces Berbères, dont le chef Abou-Léïla-Ishak lui jura fidélité. Ainsi, c'était loin de sa patrie, et au milieu de populations sauvages, que le descendant de Mahomet trouvait la sécurité et pouvait faire reconnaître ses droits. Vers la fin de l'année 788, Edris se proclama indépendant et obtint l'appui des Zouar'a, Louata, Seddrata, Riatha, Nefza, Mar'ila, Miknaca et même d'une partie des R'omara[2].

Ayant reçu des contingents de ces tribus, Edris étendit son

---

1. L'antique Volubilis, où fut ensuite construite la ville de Fès.
2. Ibn-Khaldoun, t. I, p. 209, 239, 290, t. II, p. 559 et suiv. *Roudh-El-Kartas*, trad. Beaumier, p. 12 et suiv. El-Bekri, trad. de Slane, art. *Idricides*.

autorité sur les régions du Mag'reb. Quelques populations d'origine ancienne, débris de vieilles tribus, les Fendelaoua, Behloula, Fazaz, etc., avaient trouvé un refuge dans ces montagnes reculées, et y avaient conservé le culte israélite ou chrétien. Le descendant du prophète les força à professer l'islamisme. Il alla ensuite réduire les populations de Mediouna, au delà de la Moulouïa, puis passa dans le Temesna et en fit la conquête, ainsi que de Tedla et de la ville de Chella, régions dans lesquelles le paganisme avait encore des adeptes.

Conquêtes d'Edris ; sa mort. — Devenu ainsi maître d'un vaste territoire, Edris s'y fit proclamer khalife, et imam ou chef de la religion orthodoxe. L'année suivante, il marcha vers l'est, contre les Beni-Ifren et Mag'raoua hérétiques et, par conséquent, ennemis. Parvenu auprès de Tlemcen, il reçut la soumission du chef de ces Zenètes, Mohammed-ben-Khazer, qui avait remplacé Abou-Korra. Edris entra dans Tlemcen sans coup férir et séjourna un certain nombre de mois dans cette ville, où il construisit la mosquée qui porta son nom. Après avoir fait une tentative infructueuse pour abattre la puissance des Rostemides de Tiharet, il reprit le chemin d'Oulili, laissant à Tlemcen, pour le représenter, son frère Soleïman (790).

Mais, tandis que le nouveau souverain de Mag'reb se disposait à poursuivre ses conquêtes, sa perte se tramait en Orient. Le khalife Haroun-er-Rachid ne pouvant le combattre par les armes, dans ce pays éloigné, résolut de s'en débarrasser par un moyen qui lui était familier, l'assassinat. Un certain Soleïman-ben-Horeïz, surnommé Ech-Chemmakh, affilié à la secte des Zaïdiya, fut envoyé par lui, dans ce but, en Mag'reb. Il se présenta à la cour d'Edris comme médecin et comme déserteur du parti abbasside ; ayant, au moyen de ce double titre, capté la confiance d'Edris, il parvint un jour à éloigner le fidèle Rached, et en profita pour empoisonner son maître. Lorsqu'il fut certain de sa mort, il monta à cheval et reprit en toute hâte la route de l'est ; mais Rached fut bientôt sur ses traces et, l'ayant atteint près de la Moulouïa, engagea avec lui un combat dans lequel chacun des adversaires reçut plusieurs blessures. Ech-Chemmakh put néanmoins traverser la rivière et, tout sanglant, continuer sa route.

Edris fut enterré à Oulili (793). Il ne laissait pas d'enfants, et le khalife pouvait croire cette dynastie éteinte. Mais nous verrons plus tard qu'une de ses concubines, la Berbère Kenza, était enceinte et que, grâce à l'adresse et à la prudence de Rached, le royaume edricide fut conservé à l'enfant posthume de son fondateur.

Gouvernements d'En-Nasr-ben-el-Habib et d'El-Fadel-ben-Rouh. — En Ifrikiya, le vieux gouverneur Rouh-ben-Hatem était mort (791), et avait désigné pour lui succéder son fils Kabiça. Mais Haroun-er-Rachid n'entendait pas que la fonction de gouverneur se transmît par hérédité dans son empire : prévenu de la fin prochaine de Rouh, il envoya, pour le remplacer en Ifrikiya, Nasr-ben-el-Habib. Cet officier arriva à Kaïrouan au moment où Kabiça venait de se faire reconnaître comme émir ; ayant montré son diplôme, il reçut le serment de la population et des troupes. Il exerça, pendant deux ans, le pouvoir avec équité ; mais, en 793, El-Fadel, autre fils de Rouh, obtint du khalife sa nomination au poste qui avait été occupé par son père, et vint prendre possession du commandement à Kaïrouan (mai 793).

Peu de temps après, la milice syrienne en garnison à Tunis se révolta contre le gouverneur de cette ville, El-Moréïra-ben-Bachir, neveu d'El-Fadel, dont la conduite imprudente et les exactions avaient soulevé l'opinion publique. Le chef de cette sédition, Abd-Allah-ben-Djaroud, écrivit à El-Fadel pour faire connaître les griefs de la population, et aussitôt un autre commandant fut envoyé à Tunis ; mais les gens qui s'étaient portés à sa rencontre le mirent à mort et cette sédition se changea en révolte ouverte. Les commandants des places voisines, gagnés par les promesses ou par l'argent, firent cause commune avec les rebelles. El-Fadel, ayant marché avec ses troupes contre Abd-Allah, fut défait par celui-ci et ne put l'empêcher de s'emparer de Kaïrouan. Ayant été lui-même fait prisonnier, il fut massacré par les soldats, malgré l'opposition d'Ibn-el-Djaroud (794).

Anarchie en Ifrikiya. — Cependant le commandant d'El-Orbos, nommé Chemdoun, se déclara hautement contre les rebelles, fit alliance avec plusieurs autres chefs, parmi lesquels son collègue de Mila, et recueillit Moréïra et tous les adhérents de la cause légitime. Ayant marché contre l'usurpateur, il éprouva une première défaite ; mais, bientôt, El-Ala-ben-Saïd, gouverneur du Zab, vint le rejoindre avec de nouveaux contingents, et tous marchèrent sur Kaïrouan.

Sur ces entrefaites, Ibn-Djaroud, ayant appris que le khalife avait nommé comme gouverneur de l'Ifrikiya Hertema-ben-Aïan, et qu'en attendant son arrivée, un officier du nom de Yaktin allait venir avec la mission de pacifier la milice, se porta au devant de l'envoyé pour tâcher de transiger avec lui ou de détourner le coup qui le menaçait. En vain, Yaktin pressa le rebelle de déposer les armes : Ibn-Djaroud refusa sous le prétexte que, s'il abandonnaît Kaïrouan, cette ville serait livrée au pillage par les Berbères au service de ses ennemis. Ne pouvant rien obtenir de lui, Yaktin s'appliqua à détacher de sa cause un certain nombre d'adhérents.

Peu après, Yahia-ben-Moussa, lieutenant de Hertema, se mit en marche vers l'ouest à la tête d'un corps d'armée et s'empara de Tripoli. Quant au gouverneur, il était resté en observation à Barka. En même temps, El-Ala, gouverneur du Zab, revint, avec ses Berbères, mettre le siège devant Kaïrouan. Ibn-Djaroud, se voyant perdu, écrivit en hâte à Yahïa pour lui offrir sa soumission ; puis il sortit de la capitale, où il avait commandé pendant sept mois, et vint se remettre entre ses mains. Aussitôt El-Ala fit son entrée à Kaïrouan et massacra tous les partisans du chef révolté. Yahia-ben-Moussa arriva à son tour (mars-avril 795) et obtint, non sans peine, qu'El-Ala renvoyât ses troupes, dont les excès allaient croissant. Le chef qui se prétendait le sauveur de l'autorité du khalife se retira à Tripoli et, de là, écrivit à Hertema pour réclamer le prix de ses services. Il est à supposer que sa puissance était fort à craindre, car le khalife Er-Rachid lui écrivit lui-même, en le félicitant, et en lui envoyant une forte gratification. On put ainsi le décider à partir pour l'Orient[1].

GOUVERNEMENT DE HERTEMA-BEN-AÏAN. — Dans le mois de juin 795, Hertema fit son entrée à Kaïrouan. Il proclama une amnistie générale et s'occupa de mettre en état de défense les fortifications de plusieurs villes de la côte, notamment Monastir et Tripoli. Mais l'esprit de révolte agitait partout les populations indigènes et le gouverneur ne pouvait compter sur sa milice, pour laquelle l'indiscipline était devenue une habitude. Se sentant trop faible et trop isolé pour mener à bien la rude tâche qu'on lui avait confiée, il sollicita lui-même du khalife son rappel. Haroun-er-Rachid désigna alors son propre frère de lait Mohammed-ben-Mokatel pour occuper le poste important de gouverneur de l'Ifrikiya. L'on s'explique difficilement pourquoi le choix du khalife tomba sur un homme aussi incapable, dans un moment où la situation réclamait un esprit particulièrement habile et expérimenté.

GOUVERNEMENT DE MOHAMMED-BEN-MOKATEL. — Arrivé à Kaïrouan dans le mois de ramadan 181 (octobre 797), le gouverneur donna aussitôt la mesure de son incapacité, ne comprenant rien à la situation, et se livrant à toutes les fantaisies d'un despote grisé par son pouvoir. Un an s'était à peine écoulé depuis son arrivée,

---

1. En-Nouéiri, p. 389 et suiv.

que les miliciens syriens et khoraçanites se mettaient en état de révolte et plaçaient à leur tête Morra-ben-Makhled. Un corps de troupes envoyé contre les rebelles les réduisit au silence ; leur chef fut mis à mort.

Peu de temps après, Temmam-ben-Temim, commandant de Tunis, releva l'étendard de la révolte et, ayant réuni tous les mécontents, marcha sur Kaïrouan (octobre 799).

Ibn-Mokatel sortit à sa rencontre et lui livra bataille à Moniat-el-Kheïl ; mais il fut complètement défait et n'obtint la vie sauve qu'en promettant de quitter la place. Il se réfugia en effet avec sa famille à Tripoli, tandis que Temmam faisait son entrée à Kaïrouan.

Ibrahim-ben-el-Ar'leb apaise la révolte de la milice. — A ce moment, le commandement du Zab était confié à un fils de l'ancien gouverneur El-Ar'leb, nommé Ibrahim, qui avait acquis une grande autorité dans cette situation. Dès qu'il eut appris les événements d'Ifrikiya, Ibrahim se mit en marche, à la tête de ses contingents, pour combattre l'usurpateur. Mais Temmam ne l'attendit pas ; il évacua la ville, et le fils d'El-Ar'leb, ayant pris possession de Kaïrouan, annonça en chaire qu'Ibn-Mokatel était toujours le seul gouverneur de l'Ifrikiya. Ce dernier rentra en toute hâte dans sa capitale.

Quant à Temmam, qui s'était réfugié à Tunis, il tenta de semer la désunion parmi les troupes fidèles et même d'indisposer le gouverneur contre Ibrahim ; mais toutes ses manœuvres échouèrent et il apprit bientôt que celui-ci marchait contre lui.

Au commencement de février 800, Ibn-el-Ar'leb infligea à Temmam une défaite qui le força à rentrer à Tunis ; il se disposait à entreprendre le siège de cette ville, lorsque Temmam lui offrit sa soumission, à condition que lui et ses frères auraient la vie sauve. Cette demande lui ayant été accordée, il se rendit à discrétion et fut conduit à Kaïrouan, d'où on l'expédia en Orient comme prisonnier d'état avec les chefs les plus compromis [1].

Ibrahim-ben-el-Ar'leb, nommé gouverneur indépendant, fonde la dynastie ar'lébite. — Cependant, le khalife Haroun-er-Rachid, ayant appris les tristes exploits de son frère de lait, se convainquit de la nécessité de le remplacer en Ifrikiya. Dans l'état des choses, Ibrahim était l'homme de la situation et son choix s'imposait. Le khalife ayant consulté à ce sujet Hertema-ben-Aïan, dont il appré-

---

1. En-Nouéïri, p. 397.

ciait fort l'expérience, obtint cette réponse : « Vous n'avez per-
« sonne de plus aimé, de plus dévoué et de plus digne d'exercer
« le pouvoir qu'Ibrahim-ben-el-Ar'leb, dont la conduite passée est
« garante de l'avenir. » Ces paroles achevèrent de décider le khalife
qui avait reçu d'Ibn-el-Ar'leb une lettre par laquelle il sollicitait
pour lui le gouvernement de l'Ifrikiya, offrant non seulement de
renoncer à la subvention de cent mille dinars fournie par le gouvernement de l'Egypte, mais encore de payer au souverain un
tribut de quarante mille dinars.

Cette solution, qui allait débarrasser le khalifat d'ennuis toujours renaissants et retarder de plus d'un siècle la chute de l'autorité arabe en Afrique, permettait néanmoins de mesurer tout le
terrain perdu dans le Mag'reb. Dès lors, en effet, le gouvernement
central n'aurait plus à intervenir dans l'administration du pays
qu'il consentait à abandonner, moyennant fermage, à des vice-rois
formant une dynastie vassale, et chez lesquels le pouvoir se
transmettrait par voie d'hérédité. Ainsi, cette brillante conquête
qui avait coûté si cher aux Arabes s'était détachée d'eux, province
par province, dans l'espace de moins d'un siècle, et il ne restait
au khalifat qu'une suzeraineté presque nominale sur l'Ifrikiya.

Ibrahim apprit officieusement sa nomination; mais, lorsque le
courrier porteur des brevets arriva en Afrique, Ibn-Mokatel, qui
se trouvait à Tripoli, les intercepta au passage et fit parvenir à
Kaïrouan une fausse lettre le maintenant au poste de gouverneur.
En recevant cette missive, l'Ar'lebite devina la supercherie ;
néanmoins il céda la place et reprit avec ses troupes le chemin du
Zab. Mais le khalife, à l'annonce de cette incartade de son frère de
lait, entra dans une violente colère et intima à Ibn-Mokatel, qui
se disposait à revenir à Kaïrouan, l'ordre formel de résigner ses
fonctions entre les mains d'Ibrahim. Celui-ci revint aussitôt du
Zab et, dans les premiers jours de juillet 800, il prit définitivement la direction des affaires [1].

Naissance d'Edris II. — Pendant que l'Ifrikiya était le théâtre
de ces événements importants, la dynastie edricide, que le khalife
Haroun avait cru écraser dans son germe, renaissait pour ainsi
dire de ses cendres.

Nous avons vu qu'Edris, en mourant, avait laissé une de ses
concubines, nommée Kenza, enceinte. Après les funérailles du
prince, le fidèle Rached réunit les principaux chefs des tribus

---

1. En-Nouéïri, p. 395 et suiv.

berbères et leur dit : « L'imam Edris est mort sans enfants, mais
« Kenza, sa femme, est enceinte de sept mois, et, si vous le voulez
« bien, nous attendrons jusqu'au jour de son accouchement pour
« prendre un parti : s'il naît un garçon, nous l'élèverons, et quand
« il sera homme, nous le proclamerons souverain ; car, descen-
« dant du prophète de Dieu, il apportera avec lui la bénédiction
« de la famille sacrée [1]. »

Cette proposition fut acceptée avec acclamation par les Berbères, et en septembre 793, Kenza donna le jour à un enfant mâle
« d'une ressemblance frappante avec son père ». Rached le présenta aux cheiks indigènes qui s'écrièrent en le voyant : « C'est
Edris lui-même, l'imam n'a pas cessé de vivre ! »

On laissa à Rached le soin de l'élever et de gouverner en son
nom, jusqu'à sa majorité, et les chroniques rapportent que ce
tuteur ne négligea rien pour donner à Edris II une brillante ins-
truction et faire de lui un redoutable guerrier.

L'Espagne sous Hicham et el-Hakem. — En Espagne, le khalife
oméïde Abd-er-Rahman était mort en septembre 788, après un
règne de plus de trente-trois années employées presque entièrement
à l'affermissement de son pouvoir. Il laissa trois fils : Soleïman,
Abd-Allah et Hicham. Ce dernier, bien que le plus jeune, lui
succéda après une courte lutte avec son aîné Soleïman. Pour
assurer sa tranquillité, il acheta à ses deux frères leur renonciation
au trône et, en vertu de leur convention, ceux-ci se retirèrent au
Mag'reb.

Après un règne de près de huit années, Hicham cessa de vivre
et fut remplacé par son fils El-Hakem (avril 796). Soleïman et
Abd-Allah, ses oncles, ne tardèrent pas à quitter le Mag'reb en
amenant une armée de Berbères pour lui disputer le pouvoir.
Après deux années de luttes, Soleïman ayant été tué, la victoire
resta définitivement à El-Hakem (800).

Pendant le règne de Hicham, des expéditions heureuses avaient
été faites par les Musulmans en Galice, et les chrétiens avaient
été humiliés par des défaites qui leur avaient arraché une partie
de leurs conquêtes [2]. Plusieurs souverains avaient succédé à
Alphonse Ier. A la fin du VIIIe siècle, Alphonse II, dit le Chaste,
roi des Asturies, ne put empêcher les Musulmans de pénétrer
jusque dans les montagnes de son royaume.

---

1. Kartas, p. 23. Ibn-Khaldoun, *Berbères*, p. 561. El-Bekri, *Idricides*.
2. Dozy, *Recherches sur l'hist. de l'Espagne*, p. 101-139 et suiv. El Marrakchi (Dozy), p. 17 et suiv.

Chronologie des gouverneurs de l'Afrique.

	Date de la nomination.
Okba-ben-Nafa...............................	vers 669
Dinar-Abou-el-Mohadjer......................	vers 675
Okba-ben-Nafa.	681
Zoheïr-ben-Kais	vers 688
Haçane-ben-Nomane.........................	vers 697
Mouça-ben-Noceïr...........................	705
Mohammed-ben-Yezid........................	715
Ismaïl-ben-Abd-Allah	718
Yezid-ben-Abou-Moslem.....................	720
Bichr-ben-Safouane	721
Obeïda-ben-Abd-er-Rahman..................	728
Okba-ben-Kodama	732
Obeïd-Allah-ben-el-Habhab	734
Koltoum-ben-Aïad	741
Hendhala-ben-Sofiane........................	742
Abd-er-Rahman-ben-Habib...................	744
El-Yas-ben-Habib...........................	755
El-Habib-ben-Abd-er-Rahman	756
Mohammed-ben-Achath	761
El-Ar'leb-ben-Salem.........................	765
Omar-ben-Hafs-Hazarmed....................	768
Yezid-ben-Hatem............................	772
Daoud-ben-Yezid	787
Rouh-ben-Hatem	788
En-Nasr-ben-el-Habib	791
El-Fadel-ben-Rouh..........................	793
Hertema-ben-Aïan	795
Mohammed-ben-Mokatel.....................	797
Ibrahim-ben-el-Ar'leb	800

CHAPITRE VI

L'IFRIKIYA SOUS LES AR'LEBITES. CONQUÊTE DE LA SICILE

800-838

Ibrahim établit solidement son autorité en Ifrikiya. — Edris II est proclamé par les Berbères. — Fondation de Fez par Edris II. — Révoltes en Ifrikiya. — Mort d'Ibrahim. — Abou-l'Abbas-Abd-Allah succède à son père Ibrahim. — Conquêtes d'Edris II. — Mort de Abd-Allah; son frère Ziadet-Allah le remplace. — Espagne : Révolte du faubourg. Mort d'El-Hakem. — Luttes de Ziadet-Allah contre les révoltes. — Mort d'Edris II ; partage de son empire. — Etat de la Sicile au commencement du IXe siècle. — Euphémius appelle les Arabes en Sicile; expédition du cadi Aced. — Conquête de la Sicile. — Mort de Ziadet-Allah ; son frère, Abou-Eïkal-el-Ar'leb, lui succède. — Guerres entre les descendants d'Edris II. — Les Midrarides à Sidjilmassa. — L'Espagne sous Abd-er-Rahman II.

IBRAHIM ÉTABLIT SOLIDEMENT SON AUTORITÉ EN IFRIKIYA. — Le choix d'Ibrahim-ben-el-Ar'leb, comme vice-roi de l'Ifrikiya, était le meilleur que le khalife pût faire ; lui seul, par son habileté et la pratique qu'il possédait des affaires du pays, était capable d'étouffer les germes de révolte, et de contenir les Berbères sans se soumettre aux caprices de la milice. L'anarchie des dernières années provenait surtout de ce que le gouverneur n'avait aucune force sur laquelle il put compter, en dehors des miliciens d'Orient. Ceux-ci, se sentant nécessaires, devenaient intraitables. Pour remédier à cet inconvénient, il ne fallait pas penser à former des corps berbères ; ce fut aux nègres qu'il eut recours pour contrebalancer la force des Syriens. Ayant acheté un grand nombre d'esclaves noirs, il les habitua à porter les armes, en laissant croire aux miliciens qu'il destinait ces nègres à être employés dans les postes les plus périlleux.

En même temps, pour s'assurer une retraite sûre, en cas de révolte, il fit construire, à trois milles de Kaïrouan, la place forte d'El-Abbassïa où il déposa ses trésors et une grande quantité d'armes. Puis il se disposa à aller s'établir dans cette résidence, qu'on appela, plus tard, El-Kasr-el-Kedim (le vieux château). Ce fut là qu'il reçut les envoyés de Charlemagne qui avaient été chargés de prendre à Karthage, à leur retour d'Orient, les reliques de plusieurs martyrs chrétiens. En même temps, Ibrahim envoyait une ambassade à l'empereur, alors à Pavie (801)[1].

L'année suivante (802), Ibrahim eut à lutter contre son représentant à Tunis, Hamdis-ben-Abd-er-Rahman-el-Kindi, qui se révolta en appelant à lui les mécontents arabes et berbères. Amran-ben-Mokhaled, général du gouverneur ar'lebite, ayant marché contre les rebelles, leur livra une sanglante bataille, dans laquelle leur chef fut tué, et les mit en déroute. Ibrahim s'appliqua alors à rétablir la paix en Ifrikiya, puis il tourna ses regards vers le Mag'reb, où le souvenir de l'autorité arabe disparaissait de jour en jour.

Edris II est proclamé par les Berbères. — A Oùlili, le fils d'Edris I grandissait sous la tutelle éclairée de Rached et la protection des Aoureba, tandis qu'à Tlemcen, son oncle Soleïman exerçait le pouvoir en son nom. Ibrahim, considérant avec raison que l'empire edricide était le plus grand obstacle à la réalisation de ses vues ambitieuses sur le Mag'reb, espéra l'anéantir en faisant assassiner Rached. Mais ce crime tardif fut inutile et eut pour conséquence de resserrer les Berbères autour du jeune prince (802); l'un d'eux, Abou-Khaled-Yezid, se chargea de remplacer Rached, comme tuteur d'Edris, alors âgé de neuf ans. En mars 803, les Aoureba et les représentants des tribus voisines, réunis à Oulili, dans la mosquée de cette ville, prêtèrent serment solennel de fidélité à Edris II.

Ce prince, qui avait alors onze ans et montrait une intelligence très précoce, commença à gouverner sous la tutelle d'Abou-Khaled. Ainsi se consolidait l'empire edricide, malgré les intrigues entretenues en Mag'reb par le vice-roi ar'lebite. L'attitude énergique et dévouée des Berbères, plus que la supplique adressée par Edris à Ibrahim, décida ce dernier à ajourner la réalisation de ses plans sur l'Occident[2]. Du reste, Ibn-el-Ar'leb fut bientôt absorbé par d'autres soins. En 805, la garnison de Tripoli se révolta, chassa son commandant et se donna comme chef Ibrahim-ben-Sofian, Arabe de la tribu de Temim. Ibrahim dut employer toutes ses forces pour apaiser cette sédition qui ne fut domptée qu'au commencement de 806.

Fondation de Fès par Edris II. — A Oulili, le jeune Edris

1. Fournel, *Berbers*, p. 453.
2. Ibn-Khaldoun, *Berbères*, t. II, p. 563. En-Nouéïri, p. 401. Kartas, p. 18. El-Bekri, *Idricides*.

grandissait au milieu des intrigues encouragées par son jeune âge et son inexpérience. Un certain nombre d'Arabes étaient venus, tant de l'Espagne que de l'Ifrikiya, lui offrir leurs services et avaient été bien accueillis par lui; l'un d'eux, Omaïr-ben-Moçaab, avait même reçu le titre de vizir en remplacement d'Abou-Yezid [1].

Ainsi l'influence arabe dominait à Oulili et allait pousser Edris à un acte autrement grave. En 808, il fit mourir Abou-Leïla-Ishak, chef des Aoureba, qui avait été le protecteur de son père et le sien. Il est probable que ce chef avait laissé entrevoir son ressentiment de la protection accordée aux Arabes. Ibn-Khaldoun, pour excuser l'ingratitude d'Edris, prétend qu'il avait découvert que ce chef entretenait des intelligences avec l'ar'lebite Ibrahim [2]. Les Berbères, froissés dans leurs sentiments les plus intimes, supportèrent cependant ces injustices sans protestation.

Edris II, voyant chaque jour sa puissance s'accroître, jugea que sa résidence d'Oulili ne lui suffisait plus et résolut de construire une capitale digne de son empire. Après avoir cherché longtemps, il se décida pour un emplacement traversé par un des affluents du Sebou, et occupé par des Berbères de la tribu de Zouar'a. La nouvelle ville se trouvait ainsi divisée naturellement en deux quartiers. Edris jeta en 808 les fondements de celui qui devait être appelé « *des Andalous* », et, l'année suivante, il fit construire l'autre, nommé plus tard « *des Kaïrouanites* ». Il dota sa capitale de nombreux édifices et notamment de la mosquée dite « *des Cherifs* ».

Lorsqu'Edris eut atteint sa majorité, c'est-à-dire vers 810, les tribus berbères lui renouvelèrent leur serment de fidélité, et il reçut la soumission des principales contrées du Mag'reb [3].

Révoltes en Ifrikiya. Mort d'Ibrahim. — Pendant ce temps, Ibrahim-ben-el-Ar'leb était encore aux prises avec la révolte. Les miliciens arabes avaient vu, avec beaucoup de jalousie, les précautions prises contre eux par le vice-roi; lorsqu'il se fut établi définitivement à El-Abbassïa, sous la protection de sa garde noire, leur irritation ne connut plus de bornes, et bientôt le général Amrane donna le signal de la révolte (811). Maître de Kaïrouan, il appela à lui tous les mécontents et vint assiéger Ibrahim dans sa forteresse.

Pendant un an, on combattit sans grand avantage de part et d'autre. Enfin Ibrahim, ayant appris qu'on lui envoyait d'Egypte

---

1. Kartas, p. 30.
2. *Berbères*, t. III, p. 561.
3. Bekri, *Idricides*.

un secours en argent, dépêcha son fils, Abd-Allah, vers Tripoli pour arrêter la somme au passage. Puis il fit répandre la nouvelle de la prochaine arrivée des fonds. Aussitôt la milice, qui n'avait pas touché de solde depuis qu'elle avait embrassé la cause de la révolte, commença à s'agiter dans Kaïrouan, et Amrane, dépourvu de ressources, se convainquit qu'il ne pouvait plus lutter contre ce nouvel ennemi. Il sortit nuitamment de la ville et courut se réfugier dans le Zab.

Ibrahim venait de triompher de cette longue révolte et était occupé à démanteler les fortifications de Kaïrouan, lorsqu'il apprit que son fils Abd-Allah avait été chassé de Tripoli par les troupes occupant cette place. Il lui envoya des fonds au moyen desquels Abd-Allah put enrôler un grand nombre de Berbères et rentrer en possession de Tripoli. Ce furent alors ces mêmes indigènes, appartenant à la tribu des Houara, qui se lancèrent dans la révolte. Conduits par leur chef, Aïad-ben-Ouahb, ils vinrent attaquer Tripoli qui était défendu par le général Sofiane, se rendirent maîtres de cette ville et la renversèrent presque entièrement. Abd-Allah, envoyé en toute hâte par son père, à la tête d'une armée de treize mille hommes, défit les Berbères et, étant rentré à Tripoli, s'occupa à relever les fortifications de cette ville (811)[1].

Sur ces entrefaites, Abd-el-Ouahab-ben-Rostem, roi de Tiharet, arrivé de l'Ouest avec de nombreux contingents, rallia les Houara et Nefouça et vint mettre le siège devant Tripoli. Il fit, avec soin, garder une des issues de la place et pressa l'autre avec la plus grande vigueur. Abd-Allah était sur le point de succomber, lorsqu'on reçut la nouvelle de la mort d'Ibrahim qui était décédé à l'âge de 56 ans (juillet 812), dans son château d'El-Abbassïa.

ABOU-L'ABBAS-ABD-ALLAH SUCCÈDE A SON PÈRE IBRAHIM. — Aussitôt que la mort d'Ibrahim fut connue, Abd-Allah, qui avait été désigné par lui pour lui succéder, se hâta de proposer à Ibn-Rostem de conclure le paix. Il fut convenu entre eux que le prince de Tiharet se retirerait dans les montagnes des Nefouça et que Tripoli resterait aux Ar'lebites; mais toutes les plaines de la Tripolitaine furent abandonnées aux Kharedjites.

Pendant que cette paix boiteuse se signait à Tripoli, Ziadet-Allah, second fils d'Ibrahim, recevait, selon les dispositions prises par son père, le serment des principaux citoyens de Kaïrouan.

1. Les détails donnés par les auteurs arabes sur les différentes phases de cette révolte sont assez embrouillés, et il est possible qu'Abd-Allah n'ait repris qu'une seule fois Tripoli.

Dans le mois d'octobre 812, Abou-l'Abbas-Abd-Allah arriva dans sa capitale. Son frère, Ziadet-Allah, s'était porté au devant de lui pour le saluer comme souverain, mais il fut reçu avec la plus grande dureté. Pour la première fois, le fils d'un gouverneur de l'Ifrikiya succédait à son père sans l'intervention du khalifat [1].

Haroun-er-Rachid était mort en 809, laissant le trône à son fils El-Mamoun. Le nouveau khalife se borna à ratifier l'élévation du vice-roi de Kaïrouan.

Conquêtes d'Edris II. — Dans le Mag'reb, Edris II continuait à affermir son trône. Voulant sans doute faire oublier aux Aoureba l'ingratitude qu'il avait montrée à leur chef, il leur confia des commandements importants ; puis, s'enfonçant dans les montagnes du sud-ouest, il attaqua les tribus masmoudiennes, les vainquit et soumit l'Atlas à son autorité. Après s'être avancé en vainqueur jusqu'à Nefis, près de la montagne de Tine-Mellal dans le Sous, il rentra à Fès (812). C'est sans doute vers cette époque qu'Edris commença à combattre le kharedjisme, dont il décréta l'abolition dans ses états ; mais ce schisme avait pénétré trop profondément la nation berbère, pour pouvoir être supprimé d'un trait de plume ; aussi ne devait-il disparaître de l'Afrique, où il avait déjà fait couler tant de sang, qu'après de longues et nouvelles convulsions.

Quelque temps après [2] Edris marcha sur Tlemcen, qui s'était affranchie de son autorité. Il y entra en vainqueur et reçut l'hommage des Beni-Ifrene et Mag'raoua qui y dominaient. Il séjourna quelque temps à Tlemcen et de là dirigea quelques expéditions heureuses contre les peuplades zenatienes et autres berbères. Ses troupes s'avancèrent ainsi jusqu'au Chelif. Cependant, il ne paraît pas qu'il eût osé se mesurer contre les Rostemides de Tiharet. Selon Ibn-Khaldoun, il passa à Tlemcen trois années, pendant lesquelles il s'appliqua à embellir cette ville et à orner la mosquée construite par son père. En partant, il laissa le commandement de la province, avec suprématie sur les tribus des Beni-Ifrene et Mag'raoua, à son cousin Mohammed, fils de Soleïman, qu'Edris I avait préposé au commandement de Tlemcen.

Rentré à Fès, il recueillit huit mille Musulmans d'Espagne, expulsés de Cordoue par El-Hakem à la suite de la révolte dite du faubourg (Ribad'), et les établit dans sa capitale, où ils formèrent le quartier des Andalous. Les émigrés de Cordoue étaient presque

---

1. Ibn-Khaldoun, t. I, p. 243, 277. En-Nouéïri, p. 403.
2. Soit dans la même année, soit en 814, les auteurs n'étant pas d'accord sur cette date.

tous des gens d'origine celto-romaine, qui avaient été contraints d'embrasser l'islamisme après la conquête de l'Espagne par les Arabes. L'arrivée de cette population très civilisée fut une bonne fortune pour la nouvelle capitale, et contribua à la faire briller d'une réelle splendeur dans les arts, les lettres et les sciences [1].

Mort de Abd-Allah. — Son frère Ziadet-Allah le remplace. — A Kaïrouan, Aboul'-Abbas-Abd-Allah, fils d'Ibrahim, loin d'imiter la prudence de son père et de chercher à arrêter les progrès du prince de Fès, n'avait réussi qu'à indisposer les esprits contre lui. Violent et cruel, même envers les membres de sa famille, sacrifiant tout à la milice, accablant le peuple de charges, il combla la mesure des fautes en frappant la culture faite par chaque charrue d'une taxe uniforme de huit dinars (pièces d'or). Cet impôt, énorme pour l'époque, remplaça la dîme (achour), qui précédemment se payait en nature et était proportionnée à l'abondance de la récolte. De toutes parts s'élevèrent des réclamations ; mais le prince resta sourd aux prières et le peuple continua à gémir sous son oppression.

Enfin, par un bonheur inespéré, Abd-Allah mourut presque subitement, d'une affection charbonneuse (juin 817). Ce prince, « le plus bel homme de son temps », avait exercé le pouvoir pendant un peu plus de cinq ans.

Abou-Mohammed-Ziadet-Allah succéda à son frère, et, employant des procédés de gouvernement tout différents, s'attacha à réduire les prérogatives de la milice et à maltraiter et abaisser de toutes les façons les miliciens [2].

Espagne : — Révolte du faubourg. Mort d'El-Hakem. — En Espagne, le khalife El-Hakem, avait entrepris, avec des chances diverses, plusieurs campagnes au delà des Pyrénées. L'alliance de ses oncles avec Charlemagne et Alphonse II, roi des Asturies, l'avait contraint à déployer toutes ses forces contre la coalition. Quelques-unes de ses *razias* furent couronnées de succès. Alphonse, de son côté, poussa une pointe jusqu'à Lisbonne et mit cette ville au pillage. Pour rendre compte à son allié Charlemagne du succès de cette expédition, il lui envoya « sept Musulmans de distinction, » avec leurs armes et leurs mulets [3] ».

---

1. Dozy, *Hist. des Musulmans d'Espagne*, t. II, p. 70 et suiv. El-Bekri, *Idricides*. Ibn-Khaldoun, t. II, p. 560, t. III, p. 229.
2. En-Nouéïri, p. 404, 405.
3. Dozy, *Recherches sur l'hist. de l'Espagne*, p. 149.

Après avoir conclu un traité de paix avec les princes chrétiens, El-Hakem se renferma dans Cordoue et y vécut de la vie des despotes musulmans de cette époque, jusqu'à la grande révolte dite du faubourg (*Ribad'*), qui mit sa vie en danger et dont il triompha par son indomptable énergie. Sa victoire fut suivie de trois jours de massacres, et quand ses soldats furent las de tuer, sa vengeance n'était pas encore satisfaite; il ordonna aux survivants de quitter l'Espagne sans délai. On vit alors cette malheureuse population, décimée, ruinée, se diriger à pied, par groupes, vers les ports du littoral. Quinze mille Cordouans firent voile pour l'Egypte; ils abordèrent à Alexandrie et s'y maintinrent, avec l'appui d'une tribu arabe, jusqu'en 826. Le khalife El-Mamoun les ayant alors forcés à capituler, leur chef les conduisit à la conquête de l'île de Crète, qu'ils arrachèrent aux Byzantins et où ils fondèrent une république indépendante. Les autres réfugiés, au nombre de huit mille, passèrent au Mag'reb et furent bien accueillis par Edris II, qui les établit, ainsi que nous l'avons vu, dans sa nouvelle capitale. A Fès, ils furent groupés dans le quartier des Andalous [1]. El-Hakem mourut le 22 mai 822 et fut remplacé par son fils Abd-er-Rahman II.

Luttes de Ziadet-Allah contre les révoltes. — Pendant que l'Espagne était le théâtre de ces événements, l'ar'lebite Ziadet-Allah se livrait à Kaïrouan à tous les caprices de son caractère bizarre et cruel. Adonné au vin, comme le furent presque tous les princes de sa famille, il prescrivait dans ses moments d'ivresse les mesures les plus sanguinaires, qui retombaient presque toujours sur la milice. Dès le début de son règne il avait failli rompre, sans raison plausible, avec le khalife El-Mamoun et avait même poussé l'insolence jusqu'à adresser à son suzerain des dinars edrisides, pour lui faire entendre qu'il était disposé à se rallier à cette dynastie.

De tels procédés de gouvernement ne pouvaient aboutir qu'à des révoltes. En 822, une première sédition fut assez facilement apaisée; l'année suivante, le commandant de Kasreïne [2], place forte du Sud, nommé Omar-ben-Moaouïa, de la tribu de Kaïs, leva de nouveau l'étendard de la révolte. Ayant été fait prisonnier après une courte campagne, il fut mis à mort ainsi que ses deux fils par

---

1. Dozy, *Hist. des Musulmans d'Espagne*, t. II, p. 76 et suiv. Ibn-Khaldoun, t. II, p. 562. El-Bekri, *Idricides*. Nous n'indiquons aucune date pour la révolte du faubourg, en raison de l'incertitude à laquelle les chroniques donnent lieu à ce sujet. Il faut la placer entre 814 et 817.
2. Au sud-ouest de Sebaïtla.

ordre du vice-roi : on fit endurer à ces malheureux les plus atroces souffrances. Cette cruauté envers un personnage des plus respectés par la colonie arabe excita la colère de la milice.

Mançour-ben-Nacer-et-Tonbodi, gouverneur de Tripoli, ayant laissé publiquement éclater son indignation et manifesté devant ses troupes l'intention de se révolter, fut bientôt arrêté et conduit à Kaïrouan. Mis en liberté, grâce à l'intercession de son ami R'alboun, cousin de Ziadet-Allah, Mansour se réfugia dans son château de Tonboda, non loin de Tunis, et une fois à l'abri de ses murailles, il renoua les intrigues qu'il avait entretenues avec les officiers de la milice et ne cessa de les pousser à la révolte, en leur retraçant tous leurs griefs contre le prince. Mais Ziadet-Allah, ayant encore une fois mis la main sur la trame, dépêcha vers Tunis son général Mohammed-ben-Hamza, à la tête de cinq cents cavaliers, avec l'ordre d'arrêter inopinément Mansour.

De Tunis, le général envoya au rebelle une députation conduite par le cadi de la ville pour l'engager à venir se remettre entre ses mains. Mansour reçut la députation avec honneur, se montra disposé à obéir aux ordres du vice-roi et, en attendant, fit porter aux soldats de Mohammed-ben-Hamza des vivres et du vin. Lorsque la nuit fut venue, il garrotta le cadi et ses compagnons, s'empara de leurs chevaux, et, réunissant tous ses cavaliers, se porta rapidement sur Tunis. Les soldats de Mohammed étaient occupés à faire bonne chère avec les vivres de Mansour; plusieurs même étaient déjà plongés dans l'ivresse. Attaqués à l'improviste par les rebelles, ils furent bientôt massacrés ou dispersés.

A l'annonce de ces événements, tous les miliciens se trouvant dans cette région accoururent se ranger sous la bannière de Mansour. Le rebelle fit mettre à mort le gouverneur de Tunis et s'installa dans cette ville. Presque aussitôt Ziadet-Allah envoya contre les rebelles l'élite de ses troupes, sous la conduite de son cousin R'alboun, le chef le plus aimé des miliciens. A leur départ, le vice-roi leur adressa des menaces humiliantes et intempestives, annonçant que quiconque oserait fuir serait puni de mort. R'alboun eut beaucoup de peine à calmer l'irritation de ses hommes ; mais les paroles imprudentes du maître avaient produit leur effet et il ne put empêcher les miliciens d'entrer secrètement en relation avec le rebelle. Lorsque, dans le mois de juillet 824, les deux troupes furent en présence, près de la Sebkha de Tunis, R'alboun vit ses soldats prendre la fuite et se trouva bientôt seul avec ses officiers. Ceux-ci étaient restés fidèles, mais on ne put les décider à rentrer à Kaïrouan, car ils connaissaient trop bien la violence de Ziadet-Allah pour aller s'exposer à ses coups. Ils se retirèrent dans diverses localités, semant l'anarchie et l'indécision, tandis que l'armée d'El-Mansour recevait sans cesse des transfuges.

Ziadet-Allah, mis au courant de la gravité de la situation, envoya partout des courriers pour annoncer qu'il ne songeait pas à punir les miliciens ; mais il était trop tard ; l'impulsion était donnée et la défection de la milice devint générale. Retranché dans son palais d'El-Abbassia, tandis que les rebelles marchaient sur Kaïrouan, le gouverneur put encore former une troupe nombreuse, composée de sa garde nègre et des gens de sa maison ; il en confia le commandement à son neveu Mohammed et la lança contre l'armée d'El-Mansour. Mais la fortune le trahit encore : son armée fut anéantie, après avoir perdu ses principaux chefs. Cette victoire fit entrer dans le parti de Mansour les habitants de Kaïrouan, qui lui ouvrirent leur ville et lui envoyèrent des secours de toute sorte.

Ne pouvant plus compter que sur lui seul, Ziadet-Allah réunit ses derniers soldats fidèles et, s'étant mis bravement à leur tête, vint prendre position entre son château et Kaïrouan. Durant une quarantaine de jours, ce ne fut qu'une série de combats qui se terminèrent, en général, à l'avantage du vice-roi. L'armée de Mansour se débanda après une dernière défaite, et Ziadet-Allah put rentrer en possession de Kaïrouan. Contre son habitude, il accorda l'amnistie aux habitants et se contenta de raser les fortifications de la ville (septembre-octobre 824).

El-Mansour avait gagné le sud ; il rallia ses partisans et infligea, auprès de Sebiba, une nouvelle défaite aux troupes du gouverneur. La route du nord lui étant ouverte, il se rapprocha de Kaïrouan afin de faciliter la sortie de cette ville aux familles des miliciens révoltés ; puis il retourna à Tunis et s'y installa en maître (825).

Ziadet-Allah se trouvait dans une position très critique, car tout son royaume était en insurrection ; fort abattu, il se disposait même à capituler, lorsque la désunion éclata entre les rebelles et vint à son aide.

Ameur-ben-Nafa, le meilleur officier de Mansour, ayant rompu avec lui, accourut l'assiéger dans son château de Tonboda. Mansour n'avait pas le moyen de résister ; il prit la fuite vers El-Orbos ; mais, ayant été rejoint par ses ennemis, il fut forcé de se rendre. Ameur, au mépris de sa promesse de lui laisser la vie sauve et de lui faciliter le moyen de se retirer en Orient, lui fit trancher la tête. En même temps, une troupe de cavalerie envoyée dans le sud par Ziadet-Allah obtenait, avec l'appui des populations, quelques succès contre les rebelles et rétablissait son autorité dans le pays de Kastiliya.

La cause de la révolte perdit dès lors, de jour en jour, des partisans et Ameur eut à lutter, à son tour, contre son lieutenant Abd-es-Selam-ben-Feredj, qui le força à se réfugier à Karna, dans le voisinage de Badja. Ameur étant mort sur ces entrefaites, ses fils et ses derniers adhérents allèrent, selon sa recommandation, faire leur soumission à Ziadet-Allah, qui les accueillit avec bonté (828). Abd-es-Selam continua à tenir la campagne, mais il cessa bientôt d'être dangereux, et Ziadet-Allah put s'occuper de l'expédition de Sicile, dont nous allons parler plus loin [1].

Mort d'Edris II ; partage de son empire. — En 828, Edris II mourut subitement à Fès. Il s'étouffa, dit-on, en avalant un grain de raisin. Ce prince n'avait que trente-trois ans, et si la mort n'était venue prématurément arrêter sa carrière, on ne peut prévoir où se seraient arrêtées ses conquêtes. Son royaume comprenait alors tout le Mag'reb extrême et s'étendait, dans le Mag'reb central, jusqu'à la Mina. Il avait combattu avec ardeur le kharedjisme, dans les dernières années de sa vie, et abattu l'orgueil des Beni-Ifrene et Mag'raoua. Mais, dans la vallée du haut Moulouïa, les Miknaça régnaient toujours en maîtres, et la dynastie des Beni-Ouaçoul à Sidjilmassa protégeait ouvertement le schisme. Fès était devenue une brillante capitale où les savants et les artistes étaient certains de rencontrer un accueil empressé.

Ainsi, au fond de la Berbérie, florissait un centre de pure civilisation arabe, tout entouré de sauvages indigènes.

Edris laissa douze fils. L'aîné d'entre eux, Mohammed, lui succéda à Fès. Peu après, ce prince, suivant le conseil de son aïeule Kenza, partagea son empire avec sept de ses frères, en âge de régner. Ayant conservé pour lui Fès et son territoire, il donna :

A El-Kassem : les villes de Tanger, Basra, Ceuta, Tetouane et les contrées maritimes qui en dépendaient ;

A Omar : la région maritime du Rif, avec Tikiça et Tergha, contrée habitée par les R'omara ;

A Daoud : Taza, Teçoul, Meknas et toutes les possessions edrisides de l'est, jusqu'à la Mina, pays comprenant les Riatha, Houara, etc. ;

A Abdallah : les régions du sud, comprenant le Sous et les montagnes de l'Atlas, avec les villes d'Ar'mat et d'Anfis, pays habité par les Masmouda et Lamta ;

---

1. Ibn-Khaldoun, *Hist. de l'Ifrikiya et de la Sicile*, l. 11, 12 et 13. En-Nouéïri, p. 406 et suiv. El-Kaïrouani, p. 83. Baïan, t. I, passim.

A Yahïa : les villes d'Azila et d'El-Araïch, avec la région maritime environnant ces ports, sur l'Océan, et habitée par les Ouergha ;

A Aïça : les villes de Salé et Azemmor, sur l'Océan, et le pays de Tamesna, avec les tribus qui en dépendaient ;

Enfin Hamza eut Oulili et la contrée environnante.

Tlemcen, avec son territoire, fut placée sous l'autorité de Aïça, fils de Soleïman, son oncle.

Ainsi l'empire edriside se trouvait fractionné en neuf commandements ; ce démembrement ne pouvait que lui être fatal, car c'est en vain que Mohammed avait espéré conserver une suprématie sur le royaume et prévenir toute tentative d'usurpation de la part de ses frères. La jalousie et l'ambition de ces princes allaient bientôt être fatales à la dynastie edriside[1].

État de la Sicile au commencement du IXe siècle. — Nous allons quitter un instant la terre d'Afrique pour nous transporter en Sicile, où les armes musulmanes vont cueillir de nouveaux lauriers ; mais il convient, avant de commencer ce récit, d'examiner quelle était la situation de cette île au IXe siècle.

Depuis longtemps, nous l'avons vu, les Musulmans convoitaient la Sicile et avaient exécuté contre cette grande île diverses expéditions ; l'une d'elles se serait certainement terminée par la conquête du pays, si la révolte kharedjite n'avait forcé le gouverneur arabe à rappeler toutes ses forces pour les conduire en Mag'reb[2]. En présence de cette menace, les empereurs byzantins s'étaient efforcés de mettre la Sicile en état de défense et d'y envoyer des troupes, car ils tenaient à conserver ce boulevard de leur puissance en Occident. Mais la période d'anarchie que traversa l'empire d'Orient pendant le VIIIe siècle, les guerres qu'il eut à soutenir, les révoltes qu'il dut réprimer, son déplorable système administratif qui consistait à pressurer les populations et à les livrer à la rapacité de leurs patrices, les persécutions religieuses, à la suite des hérésies des *Monothélites* et des *Iconoclastes*, et enfin les conséquences de l'hostilité du pape, qui s'était déclaré en quelque sorte souverain indépendant, en posant les bases de son pouvoir temporel ; toutes ces conditions avaient eu pour résultat de rendre la situation de la Sicile très critique, au commencement du IXe siècle. La haine des populations contre l'Empire était portée à son comble

---

1. Ibn-Khaldoun, *Berbères*, t. II, p. 563. El-Bekri, *Idricides*. Kartas, p. 61 et suiv.

2. V. ci-devant, ch. III (Révolte de Meïçera).

et, comme les souverains de Byzance avaient pris l'habitude d'exiler en Sicile les personnages disgraciés, il en résultait des rébellions continuelles, affaiblissant de jour en jour l'autorité byzantine [1]. Plusieurs fois, les rebelles avaient cherché un appui ou un refuge auprès des princes arabes de Kaïrouan. Du reste, les courses des Musulmans d'Afrique et d'Espagne contre les îles de la Méditerranée étaient pour ainsi dire incessantes, et répandaient la terreur parmi les populations de ces rivages, au mépris des traités particuliers, souscrits de temps à autre, dans l'intérêt du commerce, entre les gouvernements oméïade, edriside ou ar'lebite et le patrice de Sicile, le pape ou les républiques maritimes.

EUPHÉMIUS APPELLE LES ARABES EN SICILE. — EXPÉDITION DU CADI ACED. — A la fin de l'année 820, Michel le Bègue, qui allait être livré au bourreau, est porté par une révolution de palais au trône de l'empire. A cette nouvelle, les Syracusains, ayant à leur tête un certain Euphémius, mettent à mort le patrice Grégoire qui gouvernait l'île et se déclarent indépendants : mais l'empereur envoie en Sicile une armée qui défait les Syracusains et écrase cette révolte. Euphémius se réfugie en Afrique, avec sa famille, et offre à Ziadet-Allah la suzeraineté de la Sicile, s'il veut l'aider à y reprendre le pouvoir, assurant qu'il a de nombreux partisans dans l'armée et la population et que la conquête sera facile (826).

Ziadet-Allah était alors absorbé par ses luttes contre les rebelles. Cependant, après la mort d'El-Mansour, sa sécurité étant assurée, il s'occupa des propositions d'Euphémius et, comme il avait reçu de Platha, gouverneur de Sicile, des communications destinées à le détourner de cette entreprise, il convoqua une assemblée de notables et lui soumit la question. Plusieurs membres répugnaient à cette expédition, ne voulant pas rompre une trêve conclue en 813 ; mais Euphémius fit ressortir que ce traité était détruit, *ipso facto*, puisque des Musulmans étaient détenus en Sicile, et le cadi Aced, prenant la parole, insista avec tant de force pour que l'aventure fût tentée, qu'il finit par décider l'assemblée à autoriser l'expédition, comme une opération isolée, et non dans un but de conquête. Aced, s'étant proposé pour diriger cette entreprise, fut nommé, par Ziadet-Allah, cadi-émir chef de l'expédition.

La guerre sainte fut proclamée et l'expédition se prépara à Souça, sous les yeux d'Euphémius et d'Aced. Un grand nombre de

---

1. Amari, *Storia dei Musulmani di Sicilia*, t. I, p. 76 et suiv., 178 et suiv., 194 et suiv.

Berbères, particulièrement de la tribu de Houara, des réfugiés espagnols, des miliciens, accoururent à Souça, et bientôt une armée de mille cavaliers et de cinq cents fantassins s'y trouva réunie[1]. On ne saurait trop remarquer l'analogie de cette expédition avec celle qui livra, un peu plus d'un siècle auparavant, l'Espagne aux Musulmans : ce sont les mêmes causes et les mêmes procédés d'exécution ; jusqu'à l'effectif de l'armée qui est sensiblement le même ; enfin, la guerre de Sicile va absorber les forces actives des Musulmans de l'Ifrikiya et consolider la puissance des Ar'lebites en arrêtant l'ère des révoltes.

Conquête de la Sicile. — Le 13 juin 827, selon En-Nouéïri, la flotte, composée d'une centaine de barques portant l'armée expéditionnaire, leva l'ancre et le lendemain aborda à Mazara. Dès lors, Aced écarta Euphémius et se réserva pour lui seul la direction des opérations ; un rameau placé sur le heaume des Musulmans leur servit de signe de ralliement.

Bientôt Platha s'avança contre les envahisseurs à la tête de toutes les forces chrétiennes, que les auteurs arabes portent, avec leur exagération habituelle, à cent cinquante mille hommes. Le 15 juillet, l'action fut engagée par Aced, qui attaqua bravement les Grecs en avant de Mazara. Entraînés par l'exemple de leurs chefs, les Musulmans traversent les lignes ennemies, culbutent partout les chrétiens et remportent une grande victoire. La Sicile était ouverte.

Tandis que Platha cherchait un refuge en Calabre, Aced, après avoir assuré sa base d'opérations, marcha contre la capitale, en recevant sur sa route l'hommage des populations. A la fin du mois de juillet, il commença le siège de Syracuse ; mais cette ville se défendit avec vigueur et reçut des secours d'Orient et de Venise. Dans l'été de 828, Syracuse était sur le point de tomber aux mains des Musulmans et avait déjà fait des offres de reddition, d'ailleurs repoussées, lorsque Aced mourut. Dès lors la fortune abandonna les Musulmans. Mohammed-ben-el-Djouari, successeur d'Aced, eut à lutter contre des séditions et vit partout la résistance s'organiser. En même temps, le comte de Lucques faisait une descente sur les côtes de Tunisie et empêchait le gouverneur ar'lebite d'envoyer des secours à l'expédition. Forcés de lever le siège de Syracuse, les Musulmans tentèrent d'abord de fuir par mer ; mais, la flotte ennemie leur ayant coupé le chemin, ils descendirent à terre, incendièrent leurs vaisseaux et se réfugièrent dans des montagnes

---

1. Ibn-Khaldoun, t. I, p. 277. Amari, *Storia*, t. I, p. 258 et suiv.

escarpées, avec Euphémius qui avait pris le titre d'empereur. Reprenant ensuite l'offensive, ils s'emparèrent de Minée, de Girgenti et de Castro-Giovanni (Enna), où ils mirent à mort Euphémius, soupçonné d'être entré en pourparlers avec l'ennemi. Mohammed-el-Djouari fit alors battre monnaie à son nom ; il mourut en 829 et fut remplacé par Zoheïr-ben-R'aouth.

La situation des Musulmans, réduits à la possession de Mazara et de Minée, était assez précaire, lorsque, dans l'été de 830, une flotte arriva d'Afrique avec trente mille hommes: Berbères, Arabes, aventuriers espagnols et autres, envoyés par Ziadet-Allah, pour reconquérir le terrain perdu. Les Musulmans reprirent une vigoureuse offensive et vinrent assiéger Palerme. Après une héroïque résistance de plus d'un an, cette ville capitula dans l'automne de 831 [1], et les habitants qui avaient échappé aux dangers et aux privations du siège furent réduits en esclavage. Ainsi les Musulmans étaient maîtres d'une grande partie de la Sicile. Ils s'établirent solidement à Palerme et fondèrent une colonie où accoururent Africains et Espagnols. Ziadet-Allah nomma de ses parents comme gouverneurs de l'île, et la guerre suivit son cours entre les musulmans et les chrétiens, avec les alternatives ordinaires de succès et de revers [2].

MORT DE ZIADET-ALLAH. — SON FRÈRE ABOU-EÏKAL-EL-AR'LEB LUI SUCCÈDE. — Pendant que la Sicile était le théâtre de ces évènements, le rebelle Abd-es-Selam continuait à tenir la campagne en Ifrikiya. Un certain Fadel ayant, en 833, levé l'étendard de la révolte, dans la péninsule de Cherik, Abd-es-Selam opéra avec lui sa jonction ; mais les troupes du gouverneur les mirent en déroute, et la paix se trouva enfin rétablie d'une manière définitive (836).

Le vice-roi put alors se consacrer entièrement à la direction de la guerre sainte et aux travaux d'embellissement qu'il avait entrepris à Kaïrouan. Selon En-Nouëïri, il rebâtit la mosquée qui avait été construite par Yezid-ben-Hatem, fit établir un pont à la porte d'Abou-Rebia et compléta les fortifications de Souça. Le 10 juin 838, la mort vint le surprendre au milieu de ces travaux. Il était âgé de cinquante et un ans et avait exercé le pouvoir pendant vingt et un ans, sept mois et huit jours. Malgré les difficultés toujours renaissantes contre lesquelles il avait eu à lutter, son règne, illustré

---

1. Ibn-el-Athir donne à cet événement la date de 832. En-Nouëïri et Elie de la Primaudaie, (*Arabes et Normands en Sicile et en Italie*), 835. Nous adoptons la date donnée par M. Amari, t. I, p. 290.

2. Amari, t. I, p. 294 et suiv.

par la conquête de la Sicile, fut un des plus glorieux de sa dynastie. Ce prince, après s'être montré cruel et injuste, donna, sur la fin de son règne, de beaux exemples de générosité et de grandeur de caractère ; seule, la milice ne pouvait trouver grâce devant lui. Il était doué d'un esprit cultivé et faisait assez bien les vers, mais sa passion pour le vin le poussait trop souvent à commettre des excentricités. C'est ainsi que, se trouvant un jour en état d'ivresse, il adressa au khalife El-Mamoun des vers inconvenants et menaçants qu'il s'empressa de désavouer quand il eut repris son bon sens. Son frère Abou-Eïkal-el-Ar'leb, surnommé Khazer, lui succéda[1]. Il était depuis longtemps son premier ministre.

Guerres entre les descendants d'Edris II. — Dans le Mag'reb, la guerre n'avait pas tardé à éclater entre les fils d'Edris II. Aïça, à Azemmor, s'était d'abord mis en état de révolte. Mohammed, usant de son droit de suzeraineté, chargea alors ses frères El-Kassem et Omar de le combattre ; mais ce dernier seul y consentit. Ayant marché contre le rebelle, il le mit en déroute, le força à se réfugier à Salé et s'empara de ses états. Il reçut ensuite de Mohammed l'ordre de réduire son autre frère El-Kassem qui persistait dans sa désobéissance et, lui ayant fait subir le même sort, adjoignit encore sa province à la sienne, de sorte qu'il se trouva en possession de toutes les régions maritimes de l'Océan. El-Kassem se réfugia dans un couvent auprès d'Azila et se consacra entièrement à la dévotion.

Omar, qui paraissait avoir hérité des qualités guerrières de son père, mourut prématurément en 835. Ce prince est l'aïeul de la dynastie des Edrisides-Hammoudites, dont nous aurons à parler plus tard ; son fils Ali lui succéda.

L'année suivante (836), Mohammed cessa de vivre, à Fès, laissant un fils nommé Ali, âgé seulement de onze ans, auquel les Aoureba prêtèrent serment de fidélité[2]. Ainsi disparaissaient, l'un après l'autre, les chefs de cette brillante famille et se fractionnait l'empire fondé par Edris. Les survivants régnèrent obscurément dans leurs provinces, et comme les événements de leur histoire ne présentèrent rien de saillant pendant quelques années, nous cesserons pour le moment de nous occuper des Edrisides.

Les Midrarides a Sidjilmassa. — A Sidjilmassa, les Beni-Ouaçoul

---

1. En-Noueïri, p. 412. El-Kaïrouani, p. 84. Ibn-Khaldoun, *Histoire de l'Ifr. et de la Sic.*, p. 110.
2. Ibn-Khaldoun, *Berbères*, t. II, p. 564. El-Bekri, *Idricides*.

continuaient à exercer le pouvoir; El-Montaçar-el-Yaçâa, surnommé Midrar, qui avait succédé à Abou-l'Kacem, subjugua les Berbères du Sahara, rebelles à son autorité, et conquit les mines de Deraa, dont il se fit attribuer le cinquième. Ce prince donna un véritable lustre à sa dynastie qui fut désignée sous le nom de Beni-Midrar. Il rechercha l'alliance des Rostemides de Tiharet et obtint une de leurs filles en mariage. Les Kharedjites persécutés par les Edrisides trouvèrent, à Sidjilmassa, un refuge assuré. El-Montaçar était occupé à entourer sa capitale de retranchements, lorsqu'il mourut (824). Son fils, nommé aussi El-Montaçar, lui succéda et vit son règne troublé par la révolte de ses fils. L'un d'eux, nommé Meïmoun, s'empara du pouvoir ou l'exerça simultanément avec son père [1].

L'ESPAGNE SOUS ABD-ER-RAHMAN II. — En Espagne, Abd-er-Rahman II continuait à régner. Il avait rétabli la paix dans son royaume et vivait somptueusement dans sa capitale. « Jamais — « dit Dozy [2] —, la cour des sultans d'Espagne n'avait été aussi « brillante qu'elle le devint sous le règne d'Abd-er-Rahman II. « Amoureux de la superbe prodigalité des khalifes de Bagdad, de « leur vie de pompe et d'apparat, ce monarque s'entoura d'une « nombreuse domesticité, embellit sa capitale, fit construire à « grands frais des ponts, des mosquées, des palais et créa de vastes « et magnifiques jardins, sur lesquels des canaux répartissaient les « torrents des montagnes. Il aimait la poésie, et si les vers qu'il « faisait passer pour les siens n'étaient pas toujours de lui, du « moins il récompensait généreusement les poètes qui lui venaient « en aide. Au reste, il était doux, facile et bon jusqu'à la fai- « blesse. »

En 828, les habitants de Mérida s'étant révoltés, le khalife fit marcher contre eux une armée. Ils se soumirent alors et livrèrent des otages ; mais quand ils virent qu'on démolissait les remparts de leur cité, ils se soulevèrent de nouveau et restèrent indépendants jusqu'en 833 [3].

1. Ibn-Khaldoun, t. I, p. 262. El-Bekri, passim.
2. *Musulmans d'Espagne*, t. II, p. 87.
3. Dozy, *Recherches sur l'histoire de l'Espagne*, p. 158. El-Marrakchi (Dozy), p. 14 et suiv.

CHAPITRE VII

LES DERNIERS AR'LEBITES

838-902

Gouvernement d'Abou-Eikal. — Gouvernement d'Abou-l'Abbas-Mohammed. — Gouvernement d'Abou-Ibrahim-Ahmed. — Événements d'Espagne. — Gouvernements de Ziadet-Allah le jeune et d'Abou-el-R'aranik. — Guerre de Sicile. — Mort d'Abou-el-R'aranik. — Gouvernement d'Ibrahim-ben-Ahmed. — Les souverains edrisides de Fès. — Succès des Musulmans en Sicile. — Ibrahim repousse l'invasion d'El-Abbas-ben-Touloun. — Révoltes en Ifrikiya; cruautés d'Ibrahim. — Progrès de la secte chiaïte en Berbérie; arrivée d'Abou-Abd-Allah. — Nouvelles luttes d'Ibrahim contre les révoltés. — Expédition d'Ibrahim contre les Toulounides. — Abdication d'Ibrahim. — Événements de Sicile. — Événements d'Espagne.

GOUVERNEMENT D'ABOU-EÏKAL. — Le règne d'Abou-Eïkal, frère et successeur de Ziadet-Aliah, fut fort court. Ce prince, que les historiens comparent à son aïeul El-Ar'leb, s'attacha à faire fleurir dans son gouvernement la paix et la justice. Il abolit les impôts qui n'étaient pas conformes à la loi religieuse et une foule de taxes particulières établies, dans diverses localités, par les gouverneurs, qui reçurent alors un traitement fixe, et auxquels il fut défendu sévèrement de se créer aucune autre source de revenus. Il proscrivit à Kaïrouan l'usage du vin, afin d'éviter les abus dont son frère avait donné de si tristes exemples. Il aurait également, selon Cardonne, assigné une paie régulière à la milice qui, jusque-là, avait vécu surtout des ressources qu'elle se procurait en campagne. La milice, bien traitée par lui, se tint tranquille et oublia pour quelque temps ses traditions d'indiscipline [1].

Abou-Eïkal ne négligea pas la guerre de Sicile et, grâce aux renforts qu'il expédia dans cette île, les Musulmans reprirent activement la campagne et s'emparèrent d'un grand nombre de places. Sur ces entrefaites, le prince longobard de Bénévent ayant attaqué la république de Naples, le consul de cette ville, Sicard, demanda des secours aux Arabes de cette ville, qui lui envoyèrent une petite armée, avec laquelle il repoussa les agresseurs. Il en ré-

---

1. En-Nouéïri, p. 414, 415.

sulta une ligue entre Naples et les émirs de Sicile, ligue qui dura cinquante ans [1].

Après un règne paisible de deux ans et neuf mois, Abou-Eïkal cessa de vivre (février 841).

Gouvernement d'Abou-l'Abbas-Mohammed.

— Abou-l'Abbas-Mohammed succéda à Abou-Eïkal, son père, sans hériter de sa sagesse. Négligeant le soin des affaires publiques pour se livrer à ses plaisirs, il choisit comme ministres les deux frères Abou-Abd-Allah et Abou-Homéïd, et les laissa diriger le gouvernement selon leur bon plaisir. Abou-Djafer, frère du vice-roi, fut profondément blessé de cette préférence qui le reléguait au second plan, et résolut de s'emparer du pouvoir. Lorsque le complot, ourdi en secret, eut été préparé, les conjurés montèrent à cheval à midi, au moment où tout le monde se reposait, et pénétrèrent dans le palais du gouvernement, après avoir culbuté la garde. Ils se saisirent d'abord du vizir Abou-Abdallah et le mirent à mort.

Cependant quelques serviteurs, étant revenus de leur surprise, se jetèrent au devant des agresseurs et leur tinrent tête un moment, ce qui permit à Abou-l'Abbas de se retrancher dans le réduit. Le chef des révoltés protesta alors qu'il n'en voulait qu'aux ministres, et, devant ces assurances, le gouverneur consentit à se rendre dans la salle d'audience. S'étant assis sur son trône, il donna l'ordre d'introduire le peuple, en feignant d'ignorer ce qui s'était passé. Abou-Djafer entra le premier à la tête des mutins et reprocha à son frère, en termes assez violents, de se laisser conduire par les fils de Homéïd, et de fermer les yeux sur leurs actes. Abou-l'Abbas était dans une situation trop critique pour se montrer arrogant. Il consentit à livrer Abou-Homéïd à son frère, après avoir reçu de lui la promesse qu'on n'attenterait pas à sa vie.

Moyennant cette concession, Abou-Djafer jura de ne faire aucune tentative pour renverser son frère, mais il profita de cette occasion pour s'emparer de la direction des affaires de l'état ; il devint donc le véritable gouverneur, tandis que Mohammed n'en conservait que le titre. Durant quelque temps, Abou-Djafer tint d'une main ferme les rênes du gouvernement ; puis, lorsqu'il fut rassasié du pouvoir, il commença à se relâcher de son active surveillance pour se lancer dans les mêmes écarts que son frère et s'adonner particulièrement au vin. Par une bizarre coïncidence, Abou-l'Abbas, faisant alors un retour sur lui-même, se trouva las

---

1. Amari, t. I, p. 309 et suiv.

du rôle secondaire auquel il était réduit et prit la virile résolution de ressaisir l'autorité.

Après avoir noué des relations avec quelques chefs mécontents, Mohammed fit entrer dans son parti un certain Ahmed-ben-Sofiane, cheikh très influent à Kaïrouan, qui devint son principal agent. Bientôt la conjuration fut organisée. Abou-Djafer, en ayant été prévenu par un traître, refusa d'y croire, car Abou-l'Abbas paraissait de plus en plus absorbé par ses débauches. Au jour fixé pour l'exécution du complot, un grand nombre de conjurés déguisés en esclaves s'introduisirent dans la forteresse. Ahmed-ben-Sofiane leur distribua des armes, ainsi qu'aux esclaves et aux affranchis dont il était sûr, et les fit cacher. Averti une deuxième et une troisième fois, Abou-Djafer envoya une patrouille faire une reconnaissance au dehors; mais les soldats n'ayant rien trouvé d'extraordinaire, il reprit sa tranquillité.

Au coucher du soleil, un groupe de conjurés se précipita sur les gardes de la porte qu'on avait pris le soin d'enivrer et les massacra. Ayant ensuite placé sur le toit du réduit un feu devant servir de signal aux gens de la ville, les partisans du gouverneur légitime attaquèrent ceux d'Abou-Djafer. On se battit pendant une partie de la nuit, jusqu'à l'arrivée des habitants de Kaïrouan, dont le grand nombre assura la victoire. Abou-Djafer, réfugié dans son palais, fit demander sa grâce à Abou-l'Abbas qui lui pardonna généreusement. Il se contenta de lui reprocher en public sa conduite et de l'exiler du pays, après lui avoir confisqué ses trésors (846). Abou-Djafer se réfugia en Orient, où il mourut.

Délivré de la tyrannie de son frère, le gouverneur Mohammed eut bientôt à lutter contre d'autres révoltes. En 848, Amer, fils de Selim-ben-R'alboun, voulant venger son père qui avait été mis à mort par l'ordre du prince, à la suite d'une tentative de révolte, répudia l'autorité de son maître et se proclama indépendant à Tunis. Durant deux ans, le gouverneur essaya en vain de le réduire ; enfin, le 20 septembre 850, Tunis fut enlevée d'assaut, et Amer ayant été pris fut décapité. La révolte était domptée [1].

Abou-l'Abbas paraît ensuite avoir tourné ses regards vers l'ouest et essayé de s'opposer aux empiètements des Rostemides de Tiharet, en faisant construire non loin de cette ville une place forte qu'il nomma El-Abbassïa, s'appuyant sur une ligne de postes avancés; mais il était trop tard pour pouvoir ressaisir une autorité à jamais perdue ; avant peu la nouvelle ville devait être brûlée par

---

1. En-Nouéïri, p. 417.

Afia, fils d'Abd-el-Ouahab-ben-Rostem, poussé à cela par le khalife d'Espagne [1].

Le 11 mai 856, Abou-l'Abbas mourut à Kaïrouan [2]. Quelque temps auparavant, avait eu lieu le décès de Sahnoun, un des plus grands docteurs selon le rite malekite.

Gouvernement d'Abou-Ibrahim-Ahmed. — Abou-Ibrahim-Ahmed succéda à son frère Abou-l'Abbas. Il régna paisiblement pendant trois ans. Vers 859, les Berbères des environs de Tripoli s'étant refusés d'acquitter l'impôt, Abd-Allah, gouverneur de cette ville, marcha contre eux. Mais, après avoir essuyé plusieurs défaites, il dut se renfermer derrière les remparts de Tripoli et demander du secours au gouverneur de Kaïrouan. Ziadet-Allah, frère d'Abou-Ibrahim, accouru en toute hâte à la tête d'une armée, fit rentrer les rebelles dans le devoir, après leur avoir infligé une sévère punition.

Abou-Ibrahim continua à s'occuper de travaux d'utilité publique pour lesquels il avait un grand goût, et en fit profiter non seulement sa capitale, mais encore Souça et plusieurs autres localités. Il s'attacha surtout aux travaux hydrauliques et dota Kaïrouan de plusieurs citernes, notamment de celle appelée El-Madjel-el-Kebir établie près de la porte de Tunis [3].

Ces soins ne l'empêchèrent pas de continuer la guerre de Sicile. Abou-l'Abbas-Ibn-Abou-Fezara avait succédé comme commandant militaire à Abou-l'Ar'leb, mort en 851. Ce général poussa activement les opérations militaires et remporta de réels succès qui furent accompagnés des plus grandes cruautés. En 858, il s'empara de Céfalu. Le 24 janvier de l'année suivante, il se rendit maître de la forteresse de Castrogiovanni, qui résistait depuis trente ans et où les Siciliens avaient réuni de grandes richesses. Cette perte causa dans l'île une véritable stupeur, dont profitèrent les Musulmans.

Vers 860, l'empereur Michel III, l'ivrogne, envoya une nouvelle expédition en Sicile. A l'approche des Byzantins, plusieurs cantons se soulevèrent, mais Abbas, ayant écrasé l'armée impériale et forcé ses débris à reprendre la mer, ne tarda pas, grâce à son énergie, à rétablir la paix dans son territoire. Il mourut le 18 août 861 [4].

---

1. Ibn-Khaldoun, t. I, p. 419. Ibn-El-Athir, passim.
2. El-Kaïrouani donne la date de 854.
3. En-Nouéïri, p. 420.
4. Michele Amari, *Storia*, t. I, p. 320 et suiv.

En décembre 863, Abou-Ibrahim, qui avait su par sa justice et sa bonté, s'attirer l'affection de ses sujets, tomba malade et mourut le 28 dudit mois, après avoir régné huit ans. On rapporte que, pendant sa maladie, on achevait la citerne du vieux château et qu'il s'informait chaque jour, avec intérêt, de l'état des travaux. Enfin on lui apporta une coupe pleine de l'eau de la citerne : il la but avec empressement et mourut presque aussitôt. Il n'était âgé que de vingt-neuf ans.

Evénements d'Espagne. — En Espagne, Abd-er-Rahman II était mort subitement le 22 septembre 852. Il laissait deux fils : Mohammed et Abdallah qui aspiraient l'un et l'autre à lui succéder, car leur père n'avait pris aucune disposition précise à ce sujet. Appuyé par les eunuques, Mohammed parvint à s'emparer du pouvoir. C'était un homme médiocre, entièrement livré à la débauche. Il ne tarda pas à éloigner de lui la masse de ses sujets et ne sut plaire qu'à la caste des clercs, ou fakihs, dont il flatta le fanatisme en persécutant les chrétiens.

Les habitants de Tolède s'étant mis en état de révolte appelèrent à leur secours les chrétiens du royaume de Léon, et Ordoño Ier envoya une armée pour les soutenir. Mais Mohammed ayant, en personne, marché contre eux, attira les confédérés dans une embuscade, les vainquit et en fit un carnage épouvantable : huit mille têtes furent coupées et envoyées dans les principales villes d'Espagne et même d'Afrique. Cependant Tolède continua à rester en état de révolte, et, comme les Musulmans accusaient les chrétiens d'être les fauteurs de cette rébellion, les persécutions redoublèrent contre eux. Bientôt, du reste, une levée de boucliers des chrétiens et des renégats se produisit dans les montagnes de Regio.

Sur ces entrefaites, un chef d'origine wisigothe, Moussa II, qui avait formé dans le nord un état indépendant, appelé *la frontière supérieure*, et dont la puissance avait contrebalancé celle de l'émir de Cordoue, vint à mourir (862). Mohammed rentra alors en possession de Tudèle et de Sarragosse, ainsi que d'une partie de la frontière supérieure ; mais le reste, de même que Tolède, demeura dans l'indépendance sous la protection du roi de Léon [1].

Vers cette époque, les Normands, qui avaient déjà pillé et brûlé Séville, en 844, firent de nouvelles incursions dans la péninsule en remontant les fleuves. Le fameux Hasting parcourut, avec une flotte de cent voiles, la Méditerranée et ravagea le littoral de la

---

1. Dozy, *Musulmans d'Espagne*, t. II, p. 158 et suiv.

Maurétanie, de l'Espagne et des îles, vers 860. La ville de Nokour eut particulièrement à souffrir de leurs excès [1].

GOUVERNEMENT DE ZIADET-ALLAH, DIT LE JEUNE, ET D'ABOU-EL-R'ARANIK. — A Kaïrouan, Abou-Mohammed-Ziadet-Allah, le jeune, avait succédé à son frère Ahmed (décembre 863). Ce prince paraissait bien doué, mais la mort le surprit le 22 décembre 864, après un an de règne. Son neveu Abou-Abd-Allah-Mohammed, surnommé Abou-el-R'aranik (l'homme aux grues) lui succéda. Le goût de ce prince pour la chasse aux grues lui avait valu ce surnom.

Une révolte des Berbères signala les premiers jours de son règne. Biskra, Tehouda, les Houara, voisins du territoire des Rostemides, toutes les populations du Zab et du Hodna, régions qui formaient alors la limite du sud-ouest, se lancèrent dans la rébellion. Le général Abou-Khafadja-ben-Ahmed, envoyé par le prince contre les révoltés, leur infligea de nombreuses défaites et les contraignit à la soumission. Seuls, les Houara résistaient encore. Abou-Khafadja ayant opéré sa jonction avec le général Haï-ben-Malek, qui commandait un autre corps d'armée, pénétra dans le Hodna et atteignit les Houara. Les indigènes essayèrent en vain d'obtenir leur pardon en se soumettant aux conditions qu'on voudrait leur imposer, Abou-Khafadja, inflexible, donna le signal de l'attaque. Les Houara, sans espoir de salut, combattirent avec le dernier acharnement et, contre toute attente, les guerriers arabes commencèrent à plier ; bientôt, Haï-ben-Malek prit la fuite, en entraînant la cavalerie. Abou-Khafadja, voyant la victoire lui échapper, se fit bravement tuer avec presque toute son escorte. Les débris de ses troupes se réfugièrent à Tobna. Il ne paraît pas qu'Abou-l'R'aranik ait cherché à tirer vengeance de cet échec [2].

GUERRE DE SICILE. — Pendant que l'Afrique était le théâtre de ces événements, les armes arabes obtenaient de nouveaux succès en Sicile. En 867, Basile le Macédonien, étant monté sur le trône impérial, s'appliqua à réorganiser l'armée et, dans la même année, envoya une expédition en Sicile. Une certaine anarchie divisait les Musulmans, depuis la mort de Abbas ; les Berbères étaient jaloux des Arabes, et ceux-ci étaient toujours divisés par les rivalités des Yéménites et des Modhérites. Les troupes impériales obtinrent

---

1. El-Bekri, p. 92 du texte arabe. Ibn-Khaldoun, t. II, p. 159. Baïan, t. II, p. 44. Dozy, *Recherches sur l'histoire de l'Espagne*, t. I et II, passim.
2. En-Nouéïri, p. 422.

quelques succès et paraissent s'être emparées de Castrogiovanni ; mais bientôt les Musulmans reprirent l'avantage et portèrent le ravage dans les environs de Syracuse. En 868, Khafadja-ben-Sofian qui avait pris le commandement, défit une nouvelle armée byzantine envoyée par Basile ; mais il tomba peu après sous le poignard d'un Berbère houari.

L'année suivante (869), Ahmed-ben-Omar-ben-El-Ar'leb s'empara de l'île de Malte. Les Byzantins, accourus en toute hâte, arrachèrent aux Ar'lebites leur nouvelle conquête. Mais, au mois de juin 870, la flotte musulmane envoyée de Sicile débarqua à Malte une nouvelle armée qui reprit l'île aux chrétiens [1].

Mort d'Abou-el-R'aranik. — Gouvernement d'Ibrahim-ben-Ahmed. — Abou-El-R'aranik mourut le 16 février 875, après avoir régné une dizaine d'années. Il n'était âgé que de vingt-quatre ans, et avait une si mauvaise santé qu'il avait passé plusieurs fois pour mort, ce qui lui avait valu le surnom d'El-Mït. Comme la plupart des membres de la famille ar'lebite, ce prince se distinguait par la bonté et la générosité ; mais aussi il avait les défauts de ses devanciers, qui tous mouraient si jeunes ; esclave de ses passions, il était dominé par le goût des plaisirs, de la chasse et surtout de la débauche et du vin. Sa prodigalité était si grande qu'il laissa le trésor complètement à sec. Son frère, Abou-Ishak-Ibrahim, qui dirigeait les affaires comme premier ministre, était impuissant à le modérer dans ses dépenses.

Avant de mourir, Abou-el-R'aranik avait désigné, pour lui succéder, son fils Ahmed-Abou-L'Eïkal, et, comme il redoutait l'influence de son frère Ibrahim et ses visées ambitieuses, il l'avait contraint à jurer solennellement, *cinquante fois de suite,* dans la grande mosquée, qu'il ne tenterait pas de s'emparer du pouvoir. Mais cette précaution fut absolument inutile : aussitôt que la mort du gouverneur fut connue, le peuple se porta en foule auprès d'Ibrahim et le força à se rendre au château et à prendre en main les rênes du gouvernement.

Ibrahim essaya de résister en représentant qu'il était lié envers son frère par un engagement solennel. Mais, quand il vit le peuple décidé à n'accepter en aucune manière le règne d'un enfant, il se décida à prendre le pouvoir. Etant monté à cheval, il pénétra de force dans le vieux château et y reçut l'hommage des principaux citoyens.

Le nouveau gouverneur s'occupa ensuite de l'édification d'un

---

1. Amari, *Storia*, p. 341 et suiv.

vaste château au lieu dit Rakkada, à quatre milles de Kaïrouan, dans une localité privilégiée comme climat. Son but était d'en faire sa demeure et d'abandonner le vieux château. Il employa les premières années de son règne à diverses autres constructions, tout en dirigeant la guerre de Sicile et d'Italie, sur laquelle nous allons entrer plus loin dans des détails. En 878, les affranchis, descendants des troupes nègres formées par El-Ar'leb, se révoltèrent dans le vieux château et osèrent même interrompre les communications avec Rakkada ; mais ils furent bientôt forcés de se rendre, et Ibrahim les fit périr sous le fouet, ou crucifier, donnant ainsi le premier exemple de l'incroyable férocité qu'il devait montrer plus tard. Il fit ensuite acheter d'autres esclaves au Soudan et forma une nouvelle garde nègre qui se distingua, plus tard, par sa bravoure et son aveugle fidélité [1].

Les Souverains edrisides de Fez. — C'est sans doute vers cette époque que l'edriside Yahïa mourut à Fès et fut remplacé par son fils nommé, comme lui, Yahïa. Ce prince, par sa conduite dissolue, indisposa contre lui la population de la capitale ; à la suite d'un dernier scandale, la révolte éclata, à la voix d'un nommé Abder-Rahman-el-Djadami. Expulsé du quartier des Kaïrouanides, Yahïa se réfugia dans celui des Andalous, où il mourut la même nuit. Ali, fils d'Edris-ben-Omar, souverain du Rif, cédant aux sollicitations des partisans de sa famille qui étaient venus lui porter une adresse, se rendit à Fès, y prit en main le pouvoir et reçut le serment de fidélité des chefs du Mag'reb extrême.

Mais, peu de temps après, un kharedjite sofrite nommé Abd-er-Rezzak, natif d'Espagne, parvint à soulever les indigènes des montagnes de Mediouna, au sud de Fès. Après plusieurs combats, il remporta sur Ali une victoire décisive qui lui donna la possession du quartier des Andalous ; il força ensuite Ali à se réfugier dans le territoire des Aoureba, ces fidèles amis de sa famille. Les habitants du quartier des Kaïrouanides ayant alors proclamé roi Yahïa, fils de Kacem-ben-Edris, ce prince réunit une armée et, étant parvenu à renverser l'usurpateur, conserva seul le pouvoir [2].

Succès des Musulmans en Sicile. — Tandis que le Mag'reb était le théâtre de ces événements, le gouverneur Ibrahim se trouvait absorbé par d'autres soins et surtout par la guerre de Sicile. Aus-

---

1. En-Nouéïri, p. 424 et suiv.
2. El-Bekri, trad. art. *Idricides*. Ibn-Khaldoun, t. II, p. 566-567. Le Kartas, p. 103 et suiv.

sitôt après son avènement, il y avait envoyé de nouvelles troupes et les Musulmans avaient repris, contre les Grecs, une vigoureuse offensive. Sous le commandement de Djafer-ben-Mohammed, ils vinrent, dans l'été 877, mettre le siège devant Syracuse, et déployèrent pour réduire cette place autant d'habileté stratégique que d'ardeur. La flotte grecque, ayant été envoyée au secours de la ville, fut vaincue par celle des Ar'lebites qui purent ensuite compléter le blocus par mer. Syracuse endura avec la plus grande fermeté les tortures d'une épouvantable famine et pendant ce temps Basile, occupé à construire une église à Constantinople, restait impassible. Étant enfin sorti de son inertie, il envoya une nouvelle flotte qui fut retenue par son chef dans un port du Péloponnèse pour y attendre le vent. Le 2 mai 878, Syracuse fut emportée d'assaut, malgré l'héroïque défense des assiégés. Les chrétiens furent massacrés ou réduits en esclavage, et la ville subit le plus complet pillage. Après quoi, les Musulmans l'incendièrent et se retirèrent, ne laissant à la place de cette riche cité qu'un monceau de ruines fumantes. Peu après les Grecs reprirent l'offensive et obtinrent un succès près de Taormina (879)[1].

Mais en 881, les Musulmans furent vainqueurs à leur tour et en 882 ils s'emparèrent de Polizzi « la ville du roi ». Il ne resta alors aux chrétiens en Sicile que les monts Peloriade, l'Etna et la vallée intermédiaire.

IBRAHIM REPOUSSE L'INVASION D'EL-ABBAS-BEN-TOULOUN. — Les événements dont l'Afrique, l'Espagne et la Sicile étaient le théâtre, nous ont depuis longtemps fait perdre de vue l'Orient. Cela prouve, entre autres choses, que l'influence du khalifat disparaissait de plus en plus en Occident. La dynastie abbasside penchait déjà vers son déclin, et son vaste empire était en proie à l'anarchie. Pendant que les khalifes se succédaient après de courts règnes terminés par l'assassinat, pendant que leur capitale demeurait abandonnée aux factions, leurs provinces se détachaient. Depuis quelques années, l'Egypte, un des plus beaux fleurons de la couronne, était aux mains d'un chef indépendant de fait, Ahmed-ben-Touloun. — En 878, Ibn-Touloun entreprit la conquête de la Syrie et laissa l'Egypte sous le commandement de son fils El-Abbas. Mais celui-ci profita de son absence pour se mettre en état de révolte et s'approprier les réserves du trésor. Puis il réunit une armée et partit vers l'ouest, à la conquête de l'Ifrikiya. A cette nouvelle, le gouverneur ar'lebite fit marcher contre lui un corps

---

1. Amari, *Storia*, t. I, p. 393 et suiv.

de troupes sous la conduite de son général Ibn-Korhob (879). Les deux armées en vinrent aux mains près de l'Ouad-Ourdaça, non loin de Lebida, et la journée se termina par la déroute d'Ibn-Korhob. El-Abbas, soutenu sans doute par les indigènes, poursuivit ses ennemis jusqu'à Lebida, s'empara de cette ville, puis vint entreprendre le siège de Tripoli. Il était urgent d'arrêter les succès de ce conquérant. Ibrahim se mit aussitôt en marche contre lui ; mais, parvenu à Gabès, il apprit qu'El-Abbas avait été entièrement défait et réduit à la fuite. Voici ce qui s'était passé : les gens de Lebida, irrités des excès commis par les vainqueurs, avaient appelé à leur aide El-Yas-ben-Mansour, chef des Kharedjites des monts Nefouça, et ce cheikh était descendu de ses montagnes à la tête de 12,000 Berbères. El-Abbas avait essayé en vain de leur tenir tête ; il avait dû prendre la fuite et avait été poursuivi par Ibn-Korhob. Réfugié à Barka, El-Abbas fut arrêté par les troupes de son père et ramené en Égypte (881).

Révoltes en Ifrikiya. — Cruautés d'Ibrahim. — Diverses révoltes partielles des Berbères suivirent cette échauffourée. Ce furent d'abord les Ouzdadja de l'Aourès qui chassèrent leur gouverneur et refusèrent l'impôt. Ibn-Korhob, envoyé contre eux par le gouverneur, les força à la soumission après plusieurs combats. De là, le général ar'lebite se porta contre les Houara qui s'étaient aussi lancés dans la rébellion. Après les avoir en vain sommés de se rendre, il se mit à ravager et à incendier leur pays et les contraignit par ce moyen à demander la paix.

C'est à partir de cette époque que le caractère d'Ibrahim changea. Naturellement soupçonneux, irrité par les résistances qu'il rencontrait autour de lui, ou peut-être perverti par l'exercice du pouvoir, il devint d'une cruauté inouïe et se mit à verser le sang comme par plaisir, disposition qui le porta plus tard à commettre tant de crimes, même sur ses proches. En même temps, son amour des richesses se manifesta, et, par une étrange contradiction, après avoir, dans le commencement de son règne, cherché à alléger les impôts, il devait avant peu employer tous les moyens pour s'approprier le bien d'autrui.

En 882, les Louata se lancèrent à leur tour dans la révolte, s'emparèrent de la ville de Karna, la mirent au pillage et vinrent attaquer Badja et Ksar-el-Ifriki, près de Tifech. Le général Ibn-Korhob ayant marché contre eux essuya une défaite, et, dans sa fuite, tomba au pouvoir des rebelles, qui le mirent à mort (juillet). Irrité au plus haut point de cet échec, Ibrahim chargea son fils, Abou-l'Abbas, de châtier les rebelles et lui confia à cet effet sa milice, la garde nègre et des contingents de tribus alliées. Mais les Louata ne l'attendirent pas ; Abou-l'Abbas les poursuivit jusque dans le sud, en leur tuant du monde et les forçant d'abandonner leurs prises. Dans le cours de cette année, 882, une affreuse disette désola l'Afrique. Le blé avait atteint des prix excessifs, et les malheureuses populations s'étaient vues, en maints endroits, réduites à manger de la chair humaine [1].

A la suite des sanglantes luttes que nous avons retracées, une tranquillité apparente, sinon réelle, régna durant quelques années, et Ibrahim put donner libre carrière à ses cruels instincts. En-Nouëïri retrace longuement les cruautés raffinées qu'il savait inventer et qu'il exerçait autour de lui au moindre soupçon [2].

PROGRÈS DE LA SECTE CHIAÏTE EN BERBÉRIE. — ARRIVÉE D'ABOU-ABD-ALLAH. — Tandis qu'Ibrahim se livrait aux écarts de son étrange caractère, donnant tour à tour l'exemple d'une certaine grandeur d'âme ou d'une basse cruauté, un nouvel élément de discorde s'introduisait en Afrique. Nous avons indiqué ci-devant [3] de quelle façon se forma la secte des chiaïtes, après la mort d'Ali. Écrasés en 787 à la bataille de Fekh, ils durent rentrer dans l'ombre. Ils se formèrent alors en société secrète et envoyèrent des émissaires dans toutes les directions, même en Berbérie, malgré la surveillance exercée par les Abbassides.

Le schisme chiaïte se divisait en plusieurs sectes, parmi lesquelles nous ne nous occuperons que des Imamïa, formant les Ethna-Acheria (Duodécémains) et les Ismaïlia (Ismaïliens).

Les Duodécémains comptaient douze *imam* ayant régné après Ali, et enseignaient que le douzième, ayant disparu mystérieusement, devait reparaître plus tard pour faire renaître la justice sur la terre et qu'il serait le *Mehdi*, ou être dirigé, prédit par Mahomet [4]. Les Ismaïliens ne comptaient que six imam ; le septième, Ismaïl, désigné pour succéder à son père, était, selon eux, mort avant lui. A partir de ce septième, leurs imam étaient dits *cachés* (Mektoum), ne transmettant leurs ordres au monde que par l'intermédiaire des *daï* (missionnaires) [5].

---

1. Comme dans un récent exemple dont nous avons été témoins, la famine de 1867-1868.
2. En-Nouëïri, p. 427, 436.
3. Chapitre II, *Mort d'Ali, et Kharedjites et Chiaïtes.*
4. Telle est la tradition sur laquelle s'appuient tous les *Mehdi* que nous verrons paraître dans l'histoire et qui se produisent encore de nos jours.
5. Ibn-Khaldoun, t. II, append. II.

Le troisième imam caché, nommé Mohammed-el-Habib, vivait à Salemïa, ville du territoire d'Emesse, en Syrie, dans les premières années du règne d'Ibrahim. De là il lançait des daï, dont les uns s'avancèrent en guerriers jusque dans l'Inde, d'autres gagnèrent l'Afrique. L'un d'eux s'établit à Mermadjenna, au nord-est de Tebessa; un autre dans le pays des Ketama, non loin de l'Oued-Remel, appelé alors, en langue indigène, *Souf-Djimar*. Ils firent de nombreux prosélytes et décidèrent plusieurs de leurs adeptes à effectuer le pèlerinage de Salemïa.

En présence de ces résultats, Mohammed-el-Habib résolut d'envoyer en Mag'reb un de ses plus fidèles adhérents, nommé Abou-Abd-Allah-el-Hocéin. Cet homme de mérite, qui devait rendre de si grands services à la cause fatemide, avait été d'abord *mohtacib* ou receveur d'impôts à Basra, puis il avait enseigné publiquement les doctrines des Imamiens, ce qui lui avait valu le surnom d'*El-Maallem* (le maître)[1]. Il partit pour le Mag'reb, en compagnie des chefs ketamiens; pour éviter les postes placés par les Abbassides sur toutes les routes, ils passèrent par les déserts et, grâce à leur prudence, parvinrent à atteindre les chaînes des Ketama, et s'établirent à Guédjal, dans le territoire occupé actuellement par les Djimela, près de Sétif. Le chef de ces indigènes, Mouça-ben-Horeïth, un de ceux qui revenaient d'Orient, protégea l'établissement du missionnaire dans cette localité qui fut appelée par lui : *Le col des gens de bien (Fedj-el-Akhiar)*. Ce nom n'avait pas été pris au hasard ; Abou-Abd-Allah annonça, en effet, que le Mehdi lui avait révélé qu'il serait forcé de fuir son pays et, de même que le prophète, d'avoir une hégire, et qu'il serait soutenu par des *gens de bien* (ses Ansars), dont le nom serait un dérivé du verbe *katama* (cacher).

Ces moyens, habilement choisis, devaient réussir auprès de gens ignorants tels que les montagnards du Mag'reb. Aussi les Ketama, flattés d'être choisis pour le rôle d'Ansars du nouveau prophète, vinrent-ils en foule se ranger sous la bannière du daï chiaïte. Ces faits se passèrent sans doute entre les années 890 et 893, car la date de l'arrivée d'Abou-Abd-Allah en Afrique est incertaine.

Nouvelles luttes d'Ibrahim contre les révoltes. — Vers le même temps, le gouverneur ar'lebite Ibrahim, qui venait de faire périr ses propres filles, ses favorites et un grand nombre de ser-

---

1. Ibn-Khaldoun, t. II, p. 509, et Ibn-Hammad, trad. Cherbonneau, *Rev. afr.*, nos 72-78.

viteurs, attira par ses promesses les principaux chefs du Zab et de Bellezma, à Rakkada ; puis il les fit massacrer et s'empara de leurs richesses. Un millier d'indigènes périrent, dit-on, dans ce guet-à-pens, qui eut pour effet de jeter un grand nombre de Berbères, et particulièrement des Ketama, dans les bras du chiaïte, car les gens de Bellezma étaient leurs suzerains [1].

Cependant Ibrahim, apprenant la propagande que faisait Abou-Abd-Allah, lui écrivit pour lui enjoindre d'avoir à cesser toute prédication. Le chiaïte répondit par une lettre injurieuse. Le prince ar'lebite donna aussitôt aux commandants des contrées voisines l'ordre de marcher contre les rebelles. A l'approche du danger, les Ketama commencèrent à se repentir de leur audace, et plusieurs chefs émirent l'avis d'expulser le chiaïte ; mais les Djimela prirent sa défense, et, soutenu par eux, Abou-Abd-Allah vint se retrancher à Tazrout, non loin de Mila où habitait la tribu ketamienne de R'asman [2].

Tandis que ces événements s'accomplissaient dans les montagnes des Ketama, une révolte importante éclatait aux environs de Tunis. La péninsule de Cherik, la ville de Tunis, celles de Badja et d'El-Orbos, enfin la ville et la montagne de Gammouda, au sud de Kaïrouan, s'étaient lancés dans la rébellion. Inquiet des proportions que prenait ce soulèvement, Ibrahim fit renforcer d'abord les retranchements de Rakkada, afin d'y trouver un refuge contre toute éventualité, puis il envoya dans la péninsule de Cherik une armée qui dispersa les insurgés ; leur chef fut mis en croix. En même temps, deux généraux, l'eunuque Meïmoun et le général Ibn-Naked commençaient le siège de Tunis, pendant que l'eunuque Salah allait faire rentrer dans le devoir la province de Gammouda.

Bientôt, les troupes ar'lebites entrèrent victorieuses à Tunis et mirent cette ville au pillage. Douze cents des principaux citoyens furent réduits en esclavage et envoyés à Kaïrouan. Quand, à Tunis, on fut las de tuer, les cadavres furent, par l'ordre d'Ibrahim, chargés sur des charrettes pour être promenés dans les rues de la capitale, aux yeux des habitants (mars 894) [3].

EXPÉDITION D'IBRAHIM CONTRE LES TOULOUNIDES D'ÉGYPTE. — Peu de temps après, Ibrahim transporta le siège de son gouvernement

---

1. Selon le Baïan, les habitants de Bellezma étaient de race arabe et descendaient des miliciens qui y avaient été placés en garnison.
2. Ibn-Khaldoun, t. II, p. 512 et suiv.
3. En-Nouéïri, p. 429.

à Tunis et construisit, à cette occasion, plusieurs châteaux dans cette ville. Deux ans plus tard, il résolut de mettre à exécution un projet qu'il méditait depuis longtemps et qui n'était rien moins que l'invasion de l'Egypte. Cette province était alors gouvernée par Djaïch, petit-fils d'Ahmed-ben-Touloun, et l'on se demande si le prince ar'lebite voulait tirer une vengeance tardive de l'agression d'El-Abbas, ou s'il avait réellement la pensée de conquérir l'Egypte.

Ayant rassemblé une armée nombreuse, il se mit à sa tête et prit la route de l'est (896). Parvenu dans la province de Tripoli, il se heurta contre les Nefouça en armes et disposés à lui barrer le passage. Un combat sanglant s'ensuivit, et, comme les hérétiques berbères avaient l'avantage de la position, les troupes ar'lebites plièrent, après avoir vu tomber leur chef Meïmoun. Mais Ibrahim, ayant lui-même rallié ses soldats, attaqua les rebelles avec impétuosité et les mit en déroute. Le plus grand carnage suivit cette victoire; le gouverneur se fit amener les principaux chefs prisonniers et s'amusa à les percer lui-même de son javelot; il ne s'arrêta, dit-on, qu'au chiffre de cinq cents selon En-Noueïri[1], et de trois cents d'après le Baïan.

Ibrahim fit alors son entrée à Tripoli. Cette ville était commandée par son cousin Abou-l'Abbas-Mohammed, fils de Ziadet-Allah II, homme instruit, d'un esprit élevé et qui jouissait d'une certaine influence. Sans aucun autre motif que la jalousie, Ibrahim le fit mettre en croix. On dit cependant qu'il avait reçu du khalife El-Motadhed une missive lui reprochant ses cruautés et lui ordonnant de remettre le pouvoir à son cousin et qu'il aurait répondu à cette injonction par le meurtre du malheureux Abou-l'Abbas et de sa famille. Mais ces faits, rapportés par le Baïan, seul, ne semblent pas probables et l'on doit croire plutôt que le prince ar'lebite a cédé, une fois de plus, à un de ses caprices sanguinaires.

Continuant sa route vers l'est, Ibrahim parvint jusqu'à Aïn-Taourgha, au fond du golfe de la grande Syrte. Son armée irritée et effrayée des cruautés qu'elle lui avait vu commettre à Tripoli ne le suivait qu'à contre-cœur. De nouvelles violences achevèrent de détacher de lui ses soldats et il se vit abandonné par la plus grande partie de l'armée. Force lui fut alors de rebrousser chemin et de rentrer à Tunis. Son fils, Abou-l'Abbas-Abd-Allah resta en Tripolitaine pour achever la soumission des Nefouça.

ABDICATION D'IBRAHIM. — En l'année 901, les habitants de Tunis,

---

1. En-Noueïri, p. 430.

qui avaient tant souffert de la tyrannie d'Ibrahim, réussirent à faire entendre leurs légitimes réclamations par le khalife. La supplique qu'ils lui adressèrent à cette occasion était si éloquente qu'El-Motadhed envoya aussitôt un officier en Ifrikiya, pour enjoindre à Ibrahim de déposer le pouvoir et le transmettre à son fils Abou-l'Abbas, après quoi il aurait à se rendre à Bagdad pour expliquer sa conduite. Le gouverneur ar'lebite reçut ces ordres à Tunis, vers la fin de l'année 901 ; il fit au délégué le plus brillant accueil et rappela de Sicile son fils pour lui remettre le pouvoir. Il prétendit alors avoir été touché de la grâce divine, se revêtit de vêtements grossiers, fit mettre en liberté les malheureux qui remplissaient les prisons, et se prépara à effectuer le pèlerinage imposé à tout musulman. Ayant abdiqué au profit d'Abou-l'Abbas (février-mars 902), il prit la route de l'Orient ; mais, parvenu à Souça, il suspendit sa marche, séjourna dans une petite localité voisine, nommée Nouba, incertain sans doute sur le parti qu'il prendrait ; puis, dans le mois de juin, il s'embarqua pour la Sicile et aborda heureusement à Trapani [1].

Événements de Sicile. — Les révoltes dont l'Ifrikiya était le théâtre avaient entravé, dans les dernières années, les succès des Musulmans en Sicile, et les rivalités qui divisaient les Berbères et les Arabes avaient causé le salut des chrétiens, car, sans cela, ils se seraient vus expulsés de leurs derniers refuges. Vers l'an 895, une sorte de trêve fut conclue entre eux et les Musulmans, puis, tous unis dans le même sentiment, se mirent en révolte contre l'autorité ar'lebite. Ibrahim était alors trop occupé en Afrique pour avoir le loisir de combattre les rebelles de Sicile ; aussi, durant trois années, restèrent-ils dans l'indépendance. Mais, en 898, des discussions s'élevèrent entre eux et eurent pour résultat de les pousser à livrer leurs chefs au gouverneur ar'lebite qui les fit périr. Ibrahim envoya comme gouverneur, en Sicile, un de ses parents, nommé Abou-Malek, homme de nulle valeur ; aussitôt la guerre civile recommença et désola l'île pendant toute l'année 899. Abou-l'Abbas, fils d'Ibrahim, nommé gouverneur, arriva en Sicile, dans le courant de l'été 900, à la tête d'une puissante armée. Au mois de septembre suivant, il entrait en triomphateur à Palerme, après une campagne brillamment conduite.

Pour occuper les Musulmans, Abbou-l'Abbas attaque les chrétiens de Taormina et assiège Catane, mais sans succès. En 901, il porte son camp à Demona, d'où il est bientôt délogé par une armée

---

1. En-Nouéïri, p. 431 et suiv. Amari, *Storia*, t. II, p. 76 et suiv.

byzantine arrivée d'Orient. Il va alors surprendre et enlever Messine, où il fait 17,000 prisonniers, et s'empare d'un butin considérable. Au mois de juillet suivant, il fait une expédition en Italie et revient à la fin de l'année dans l'île. Sous la main ferme de ce prince, la Sicile avait recouvré un peu de tranquillité, lorsqu'en 902, il fut appelé en Afrique pour prendre le fardeau de l'autorité suprême [1].

Événements d'Espagne. — En Espagne, le sultan Mohammed avait continué à régner sans gloire, occupé à lutter contre les chefs indépendants qui, de tous côtés, profitaient de l'affaiblissement de l'autorité centrale, pour se créer de petites royautés, le plus souvent avec l'appui des chrétiens. Le midi restait soumis à l'autorité des oméïades, lorsque, vers 881, un certain Omar-ben-Hafçoun, d'une famille d'origine wisigothe, réunit une armée de partisans presque tous renégats, las du joug musulman, et tint la campagne contre le sultan. Dans le courant de l'été 886, Moundhir, héritier présomptif du trône oméïade, dirigea une expédition heureuse contre ces aventuriers et était sur le point de les forcer dans leur dernière retraite, lorsqu'il apprit la mort de son père (4 août). Forcé de lever le siège pour aller prendre possession du trône, il dut laisser le champ libre à Omar, qui se fit reconnaître comme souverain par la plus grande partie des populations du midi. Une guerre acharnée contre ce compétiteur occupa tout le règne de Moundhir, qui mourut le 29 juin 888, pendant qu'il assiégeait encore Omar. Aussitôt, l'armée prit, en désordre, la route de Cordoue.

Abd-Allah succéda à son frère Moundhir. Il prenait le pouvoir dans des circonstances très critiques, car, non seulement les provinces, les cantons, les villes tendaient à se déclarer indépendants, mais encore l'aristocratie arabe relevait la tête dans la capitale même.

Pour être entièrement à l'abri des entreprises d'Ibn-Hafçoun, le sultan lui offrit le gouvernement de Regio, à la condition qu'il reconnaîtrait le prince oméïade comme son suzerain. Cette tendance au fractionnement, qui devait être si préjudiciable à la domination musulmane, n'était que l'effet de la réaction des indigènes, devenus sectateurs de l'Islam, et des Berbères, contre la domination des Arabes d'Orient.

A chaque instant, des massacres, comme ceux d'Elvira et de Séville [2], manifestaient le sentiment général et la persistance de la ri-

---

1. Amari, *Storia dei Mus.*, t. II, p. 52 et suiv.
2. Dozy, *Musulmans d'Espagne*, t. II, p. 210 et suiv., 243 et suiv.

valité des maadites et des yéménites empêchait les Arabes de s'unir pour résister à l'ennemi commun. Bientôt la lutte prit un caractère d'extermination féroce ; Espagnols et Arabes s'entretuèrent et Ibn-Hafçoun, comme on peut le deviner, prit une part active à la guerre civile. « A cette époque — (891) dit Dozy [1] — presque toute l'Espagne musulmane (moins Séville), s'était affranchie de la sujétion. Chaque seigneur arabe, berbère ou espagnol, s'était approprié sa part de l'héritage des Oméïades. Celle des Arabes avait été la plus petite. Ils n'étaient puissants qu'à Séville, partout ailleurs ils avaient beaucoup de peine à se maintenir contre les deux autres races ». Telle était la situation de l'Espagne à la fin du IXe siècle.

En 870, Ibn-Hafçoun, après être entré en pourparlers avec le gouverneur ar'lebite et le khalife lui-même, leur offrant de rétablir l'autorité abbasside en Espagne, attaqua le prince oméïade, mais il fut vaincu dans une sanglante bataille (avril 891). Cette victoire avait rendu à Abd-Allah quelques places. Cependant Ibn-Hafçoun, qui avait en vain réclamé des secours des ar'lebites, ne tarda pas à reprendre l'offensive et le succès couronna de nouveau ses armes. Pendant de longues années on lutta de part et d'autre avec des chances diverses et enfin, dans les premières années du Xe siècle, le prince oméïade finit par triompher de ses ennemis et raffermir son trône [2].

---

1. Dozy, *l. c.*, p. 259.
2. Dozy, *Musulmans d'Espagne*, t. II, p. 311 et suiv. El-Marrakchi, Dozy, p. 17 et suiv.

CHAPITRE VIII

ÉTABLISSEMENT DE L'EMPIRE OBÉIDITE ; CHUTE DE L'AUTORITÉ ARABE EN IFRIKIYA

902-909

Coup d'œil sur les événements antérieurs et la situation de l'Italie méridionale. — Ibrahim porte la guerre en Italie. — Progrès des Chiaïtes. — Victoire d'Abou-Abd-Allah chez les Ketama. — Court règne d'Abou-l'Abbas; son fils Ziadet-Allah lui succède. — Le mehdi Obeïd-Allah passe en Mag'reb. — Campagnes d'Abou-Abd-Allah contre les Ar'lebites, ses succès. — Les Chiaïtes marchent sur la Tunisie. Fuite de Ziadet-Allah III. — Abou-Abd-Allah prend possession de la Tunisie. — Les Chiaïtes vont délivrer le mehdi à Sidjilmassa. — Retour du mehdi Obeïd-Allah en Tunisie; fondation de l'empire obéidite.

APPENDICE

CHRONOLOGIE DES GOUVERNEURS AR'LEBITES

COUP D'ŒIL SUR LES ÉVÉNEMENTS ANTÉRIEURS ET LA SITUATION DE L'ITALIE MÉRIDIONALE. — Au moment où l'enchaînement des faits va nous amener en Italie, il est nécessaire de jeter un rapide coup d'œil sur les événements survenus depuis un demi-siècle dans cette péninsule, afin de bien préciser les conditions dans lesquelles elle se trouvait. Nous avons vu précédemment que la situation de l'empire, dans le midi de l'Italie, était devenue fort précaire ; un grand nombre de principautés composées le plus souvent d'un canton ou de républiques constituées par une ville et sa banlieue, s'étaient formées dans la région centrale.

Attaqués au nord par les Longobards, au midi par les Byzantins, exposés à l'ouest aux incursions des Musulmans de Sicile, en guerre les uns contre les autres, ces petits états se trouvaient souvent dans une situation critique qui les forçait à se jeter dans les bras de leurs ennemis. C'est ainsi qu'en 830 les Musulmans de Sicile portèrent secours à Naples contre les Longobards. Appelés de nouveau en Italie, à la suite de la guerre entre Bénévent d'une part, et Salerne et Capoue de l'autre, les Arabes conquirent des places dans la Calabre, s'emparèrent de Tarente et, remontant l'Adriatique, firent des incursions jusqu'aux bouches du Pô [1].

Après plusieurs années de luttes, avec des péripéties diverses, les Musulmans, alliés au duc de Bénévent, conservent Bari, sur la terre ferme, et y fondent une colonie. Appuyés sur cette place, les Arabes de Sicile font de nombreuses incursions sur le continent ; vers 846, ils osent attaquer Rome, mais sont repoussés sans avoir obtenu d'autre satisfaction que de saccager la basilique de Saint-Pierre-et-Saint-Paul-hors-les-Murs. Une seconde fois, en 849, ils préparent une nouvelle et formidable expédition contre la ville éternelle, mais la tempête disperse et détruit leur flotte, et leur entreprise se termine par un véritable désastre [2].

En 851 les guerres intestines qui divisaient les chrétiens prennent fin. L'ancien état de Bénévent est divisé en deux principautés, Salerne et Bénévent, et il est décidé qu'on ne recourra plus au secours des Musulmans. Le gouverneur de Sicile accourt pour protéger les Arabes d'Italie ; il obtient de grands succès et ne rentre dans l'île qu'après avoir assuré la sécurité de Bari. Le chef de cette colonie, Mouferredj-ben-Salem, prend alors le titre de sultan et s'adresse au khalife abbasside pour être reconnu indépendant. Bari devient le refuge de tous les aventuriers, de tous les brigands musulmans ; de ce repaire, partent des bandes qui portent sans cesse le ravage dans l'Italie et, pendant ce temps, Bénévent lutte contre Salerne, Naples contre Capoue, Capoue contre Salerne, les Capouans, les uns contre les autres.

L'empereur Lodewig appelé comme un libérateur arrive en 867 en Italie, à la tête d'une armée nombreuse, met le siège devant Bari et presse en vain, pendant deux ans, cette ville sans cesse ravitaillée par mer. Il s'allie, dans l'espoir d'en triompher, avec l'empereur d'Orient et avec Venise, afin de pouvoir agir sur mer. Mais les Napolitains envoient secrètement des secours à Bari ; en même temps, la discorde ayant éclaté parmi les alliés, les Byzantins se retirent. Lodewig, qui n'a plus avec lui qu'une poignée d'hommes, se jette en désespéré à l'assaut de Bari, enlève cette ville et fait le sultan prisonnier. Pour assurer les effets de sa victoire, il se dispose à poursuivre les Musulmans dans leurs repaires et à punir Naples de sa trahison ; mais une nouvelle ligue est conclue contre lui entre Bénévent, Salerne et Naples. Abandonné de tous, Lodewig est, à son tour, vaincu et fait prisonnier.

1. Amari, *Musulmans de Sicile*, t. 1, p. 358 et suiv.
2. Muratori, *Vie de Léon IV*, t. III.

En 871, les Ar'lebites de Sicile effectuèrent une grande expédition en Italie, dans l'espoir de récupérer leur conquête ; mais le résultat fut peu favorable et ils eurent encore à lutter contre les troupes envoyées par Lodewig au secours des Capouans et des Salernitains.

Vers 875, les Byzantins tenaient une partie de la Calabre et le territoire d'Otrante, le reste de cette province était aux Musulmans. De là, jusqu'aux confins de l'État de l'Eglise, le prince de Bénévent occupait le versant oriental de l'Apennin. Le versant occidental était tenu, au midi, par la principauté de Salerne, au nord par celle de Capoue, et au milieu d'elles vivaient indépendantes les républiques de Naples, Amalfi, Gaëte, soit six Etats en guerre les uns contre les autres [1].

De 876 à 880, les Musulmans, soutenus par Naples, Amalfi et Gaëte, luttent avec acharnement contre les Byzantins; mais ceux-ci, habilement commandés par Nicéphore Phocas, les chassent successivement de la Calabre et d'une partie de la Pouille. Dans le même temps, les gens de Capoue, soutenus par les Musulmans, luttent contre le pape et ravagent la campagne de Rome. Amalfi, Gaëte, Naples, Spolète, Bénévent, se battent ensemble avec rage. Les Arabes, dont l'alliance est fort recherchée, en profitent pour établir une nouvelle colonie à Carigliano, et de là, porter le ravage dans la Terre de labour. L'abbaye du Mont-Cassin, qui avait toujours été respectée, est mise à sac et brûlée. Le Mont-Cassin est bientôt relevé de ses ruines et devient un monastère fortifié dont l'abbé a un petit état confinant à celui du Saint-Siège.

A la fin du IXe siècle, des groupes de condottiers musulmans, venus d'Afrique ou de Sicile, restent établis dans le pays, vivant de rapines et offrant leurs bras aux tyrans [2].

Ibrahim porte la guerre en Italie. — Sa mort. — Débarqué à Trapani, à la fin de mai 902, Ibrahim-ben-el-Ar'leb commença par réorganiser l'armée. Dans le mois de juillet, il marcha sur Taormina, qui était alors la capitale byzantine, et l'enleva d'assaut, le 1er août, malgré l'héroïque défense des chrétiens. Il fit faire un massacre horrible de la population et incendia la ville. Après ce succès, Ibrahim divisa ses forces en quatre corps, de façon à envelopper les dernières possessions chrétiennes ; mais il fut alors appelé en Italie et, le 3 septembre, traversa le détroit. Débarqué

---

1. Amari, *Musulmans de Sicile*, t. I, p. 434 et suiv.
2. *Ibid.*, t. I, p. 458 et suiv.

en Calabre avec son armée, il arriva devant Cosenza. Des envoyés chrétiens étant venus humblement solliciter la paix, il leur dit : « Retournez auprès des vôtres, et dites-leur que je vais m'occuper « de toute l'Italie et disposer de ses habitants comme il me plaira. « Les princes, Grecs ou Francs, espèrent peut-être me résister et « m'attendent, à cet effet, avec toutes leurs troupes. Restez donc « dans vos villes. Rome aussi, la cité du vieux Pierre, m'attend « avec ses soldats germains ; j'y passerai également, puis ce sera « le tour de Constantinople. »

Tout le monde s'enfuit devant lui, et la terreur s'étendit jusqu'à Naples. Le 1ᵉʳ octobre, Ibrahim commença le siège de Cosenza ; mais la maladie était dans l'armée et, malgré toute son ardeur, le vieux gouverneur ne put se rendre maître de la place. Atteint lui-même par l'épidémie, il mourut le 23 octobre, dans sa cinquante-quatrième année « après vingt-six ans de tyrannie et six mois de pénitence », dit M. Amari[1].

Aussitôt après sa mort, les capitaines se mutinèrent et élurent son petit-fils, Ziadet-Allah, en le chargeant de les ramener en Afrique. Ce prince qui avait, paraît-il, été désigné par son aïeul, n'accepta le pouvoir qu'avec une grande répugnance : il s'empressa d'accorder la paix aux gens de Cosenza, puis il passa en Sicile et rentra en Ifrikiya[2]. Le corps d'Ibrahim fut rapporté en Afrique et enterré à Kaïrouan.

Progrès des Chiaïtes. — Victoires d'Abou-Abd-Allah chez les Ketama. — Pendant que ces faits se passaient en Europe, l'Afrique était le théâtre d'événements non moins graves. Après le mouvement hostile qui s'était prononcé parmi les Ketama contre Abou-Abd-Allah, sous l'empire de la terreur causée par l'annonce de l'attaque prochaine des Ar'lebites, plusieurs combats avaient été livrés entre les tribus fidèles et les partisans du chiaïte. L'avantage était resté à ce dernier ; il avait vu le noyau de ses adhérents se grossir de ces masses qui suivent toujours le vainqueur. Les gens de Bellezma, les Lehiça, les Addjana, fractions ketamiennes, quelques groupes de Sanhadja, tribu restée jusqu'alors fidèle aux Ar'lebites, et enfin une partie des Zouaoua, montagnards du Djerdjera, se déclarèrent pour Abou-Abd-Allah.

Pendant que le chiaïte recueillait ces soumissions, un chef de la fraction ketamienne des Latana, nommé Ftah-ben-Yahïa, qui s'était montré l'adversaire déclaré du novateur, se rendit à Rak-

---

1. Amari, *l. c.*, t. II, p. 93.
2. En-Nouéïri, p. 431 et suiv.

kada, dans l'espoir de déterminer le gouverneur à entreprendre une campagne sérieuse contre les rebelles. Au même moment, Abou-Abd-Allah s'emparait par trahison de Mila et mettait à mort le commandant de ce poste. Le fils de ce chef, qui avait par la fuite évité le sort de son père, vint à Kaïrouan, où il retrouva Ftah, et tous deux redoublèrent d'efforts pour obtenir vengeance. Cédant à leurs instances, Abou-l'Abbas se décida à envoyer contre les Ketama un corps de troupes, sous la conduite de son fils Abou-l'Kaoual (902).

Abou-Abd-Allah fit marcher à la rencontre de l'ennemi un groupe de ses adhérents, mais les troupes régulières les ayant dispersés sans peine, il dut évacuer précipitamment la place forte de Tazrout pour se réfugier dans son quartier-général de Guédjal, situé au milieu d'un pays coupé et d'accès difficile[1].

Abou-l'Kaoual, après avoir démantelé Tazrout, essaya de relancer son ennemi dans sa retraite, mais en s'avançant au milieu du dédale des montagnes ketamiennes, il reconnut bientôt qu'il ne pourrait, sans s'exposer à une perte certaine, continuer la campagne dans un tel terrain. Les Berbères surent profiter habilement de son indécision et du découragement qui gagnait son armée pour le harceler, surprendre les corps isolés, et enfin le forcer à évacuer le pays. Débarrassé de ses ennemis, le daï chiaïte s'établit, d'une façon définitive, à Guédjal, dont il fit sa ville sainte et qu'il appela *Dar-el-Hidjera* (la maison du refuge).

Court règne d'Abou-l'Abbas. — Son fils Ziadet-Allah lui succède. — La défaite des troupes ar'lebites coïncida avec le décès d'Ibrahim.

Le prince Abou-l'Abbas ne prit officiellement le titre de gouverneur qu'après la mort de son père. Il gouverna avec une grande modération, et l'on put croire qu'une ère de justice allait succéder à la terreur du règne précédent. Malheureusement il fut bientôt obligé de sévir contre son propre fils, Ziadet-Allah, qui, se fondant sur les dispositions prises devant Cosenza, lors du décès de son aïeul, aspirait directement au trône. Il fut jeté dans les fers, avec un grand nombre de ses partisans, pour prévenir un attentat qui ne devait que trop bien se réaliser plus tard[2].

Malgré les embarras qui l'assaillirent au début de son règne, Abou-l'Abbas, comprenant toute la gravité des progrès des

---

1. Ibn-Khaldoun, *Berbères*, t. II, p. 513 et suiv.
2. En-Nouéiri, p. 439.

Chiaïtes, envoya contre eux, pour la seconde fois, son autre fils Abou-l'Kaoual; mais le jeune prince n'eut pas plus de succès dans cette campagne que dans la précédente, et dut se contenter de s'établir dans un poste d'observation près de Sétif[1].

Peu de temps après, c'est-à-dire le 27 juillet 903, le gouverneur ar'lebite tomba, à Tunis, sous les poignards de trois de ses eunuques, poussés à ce crime par son fils Ziadet-Allah, du fond de sa prison. Après avoir accompli leur forfait, les assassins vinrent annoncer à celui qui les avait gagnés que son père n'existait plus, mais le parricide, craignant quelque piège, ne voulut pas se laisser mettre en liberté avant d'avoir la certitude du meurtre. Les eunuques, étant donc retournés auprès du cadavre, lui coupèrent la tête et l'apportèrent à Ziadet-Allah, qui, devant cette preuve irrécusable, consentit à ce qu'on brisât ses fers. Abou-l'Abbas avait montré, pendant son court séjour aux affaires, des qualités remarquables. C'était un prince instruit et d'un esprit élevé, digne en tout point du nom ar'lebite.

Quant à Ziadet-Allah, qui n'avait pas craint de parvenir au trône par le meurtre de son père, il était facile de prévoir ce que serait son règne. Un de ses premiers actes fut d'ordonner le supplice des eunuques qui avaient assassiné Abou-l'Abbas. Il fit proclamer son avènement dans les mosquées de Tunis et envoya aux gouverneurs des provinces l'ordre de l'annoncer officiellement. Il se livra ensuite à tous les déportements de son caractère, qui avait la férocité de celui d'Ibrahim, sans en avoir le courage. Vingt-neuf de ses frères et cousins furent, par son ordre, déportés dans l'île de Korrath[2], puis mis à mort. Cela fait, il envoya à son frère Abou-l'Kaoual, qui opérait dans le pays des Ketama, une lettre écrite au nom de leur père, lui enjoignant de rentrer. Le malheureux prince, ayant obtempéré à cet ordre, subit le sort de ses parents[3].

Le mehdi Obéïd-Allah passe en Mag'reb. — Quelque temps avant les événements que nous venons de rapporter, Mohammed-el-Habib, troisième *imam-caché,* était mort en Orient, laissant son héritage à son fils Obeïd-Allah. Se sentant près de sa fin, il lui avait adressé ces paroles : « C'est toi qui es le *Mehdi;* après « ma mort, tu dois te réfugier dans un pays lointain où tu auras « à subir de rudes épreuves[4] ! »

1. Ibn-Khaldoun, t. II, p. 514.
2. Vis-à-vis l'extrémité occidentale du golfe de Tunis.
3. En-Nouéïri, p. 440 et suiv.
4. Ibn-Khaldoun, *Berbères,* t. II, p. 515. Il est à remarquer que la fin des siècles de l'hégire est toujours favorable à l'apparition des Medhi.

Pour se conformer à sa destinée, Obéïd-Allah, qui était alors âgé de dix-neuf ans, quitta, après le décès de son père, la ville de Salemïa et voulut d'abord se diriger vers l'Iémen. Il était accompagné de son jeune fils, Abou-l'Kacem et de quelques serviteurs. En chemin, il apprit que les partisans de son père en Arabie avaient presque abandonné sa doctrine, et ne paraissaient nullement disposés à le recevoir. Il était donc fort indécis, lorsqu'il reçut un message d'Abou-Abd-Allah, apporté de Mag'reb par Abou-l'Abbas, frère de celui-ci, accompagné de quelques chefs ketamiens. Le fidèle missionnaire le félicitait de son avènement, comme imam, et l'engageait à venir le rejoindre en Afrique, où son parti devenait de jour en jour plus puissant.

Ces bonnes nouvelles décidèrent Obeïd-Allah à gagner l'Occident. Mais l'annonce de l'apparition du Mehdi attendu par les Chiaïtes s'était répandue. Le khalife, El-Moktefi, ordonna de le rechercher avec le plus grand soin ; son nom et son signalement furent adressés aux gouverneurs des provinces les plus reculées, et ordre fut donné de le saisir partout où on le découvrirait.

Obéïd-Allah parvint cependant à passer en Egypte, sous l'habit d'un marchand, car, selon l'énergique expression arabe, « les « yeux étaient aiguisés sur lui [1] ». Arrêtés au Caire par le gouverneur de cette ville, les voyageurs ne recouvrèrent leur liberté que grâce à l'habileté de leurs réponses; ils purent alors continuer leur route, mais en redoublant de prudence. Lorsqu'ils furent arrivés à la hauteur de Tripoli, le mehdi garda avec lui son fils, et envoya en avant ses compagnons et sa mère, sous la conduite d'Abou-l'Abbas, frère d'Abou-Abd-Allah, afin d'annoncer son arrivée aux Ketama.

La petite caravane, grossie de quelques marchands, négligea toute précaution, et au lieu de prendre la route du sud, vint passer à Kaïrouan. Mais les ordres donnés étaient tellement sévères, que personne ne pouvait demeurer inaperçu. Aboul'Abbas fut arrêté avec tout son monde et conduit à Ziadet-Allah. Devant ce prince le daï fut impénétrable : ni menaces, ni promesses, ne purent lui arracher son secret. Quelqu'un de la suite ayant déclaré qu'il venait de Tripoli, le gouverneur ar'lebite devina sans doute que le mehdi devait être dans cette région, car il donna l'ordre de l'arrêter [2].

Cette fois encore, Obéïd-Allah, prévenu à temps, put échapper

---

1. Ibn-Hammad, dont Cherbonneau a donné une traduction dans le *Journal asiatique* et dans la *Revue africaine*, n° 72.
2. Ibn-Khaldoun, t. II, p. 516.

par une prompte fuite. Il gagna probablement l'intérieur et, reprenant sa marche vers l'ouest, traversa le pays de Kastiliya, et vint passer près de Constantine. De là il aurait pu, sans doute, se rendre chez les Ketama, et cependant il continua sa fuite, ne voulant pas, s'il se découvrait, sacrifier Abou-l'Abbas qui était resté entre les mains de Ziadet-Allah[1]. Ne devait-il pas, du reste, accomplir la prophétie de son père : « ...Tu dois te réfugier dans un pays lointain, où tu subiras de rudes épreuves ! » Il fallait au mehdi des aventures extraordinaires, et, opérer sa jonction avec Abou-Abd-Allah, c'eût été le triomphe sans les épreuves. Il continua donc à errer en proscrit.

CAMPAGNES D'ABOU-ABD-ALLAH CONTRE LES AR'LEBITES. SES SUCCÈS. — Pendant ce temps, Abou-Allah-Allah achevait de conquérir au mehdi un empire. — Après le départ d'Abou-l'Kaoual, seul obstacle qui s'opposât à sa marche, il réunit tous ses adhérents et vint audacieusement mettre le siège devant Sétif. Le gouverneur de cette ville, soutenu, dit-on, par quelques chefs ketaniens demeurés fidèles, essaya une résistance désespérée; mais lorsque tous furent morts en combattant, la place capitula et fut rasée par les Chiaïtes vainqueurs.

A cette nouvelle, le prince ar'lebite envoya, contre les rebelles, un de ses parents, nommé Ibn-Hobaïch, avec une très nombreuse armée. Ces troupes vinrent se masser près de Constantine, où elles perdirent un temps précieux ; puis, elles s'avancèrent jusqu'à Bellezma, et, près de cette localité, offrirent la bataille aux Ketama, qui avaient marché en masse à leur rencontre. La victoire se déclara pour les Chiaïtes. Ibn-Hobaïch se replia en désordre, avec les débris de son armée, à Bar'aï, d'où il gagna ensuite Kaïrouan.

Profitant de ses avantages, Abou-Abd-Allah se porta sur Tobna avec une partie de son armée et divisa le reste en deux corps, qu'il envoya opérer sur ses flancs. Tobna, puis Bellezma, tombèrent en son pouvoir. En même temps, un de ses généraux s'emparait de la place de Tidjist[2], et accordait à la garnison une capitulation honorable. En revanche, le général Haroun-et-Tobni, ayant poussé une pointe audacieuse sur les derrières des Chiaïtes, vint surprendre et brûler la place de Dar-Melloul, près de Tobna.

En somme, la cause des Chiaïtes obtenait de constants avantages, et les populations, attirées autant par l'appât de la nou-

---

1. C'est du moins l'opinion d'Ibn-el-Athir.
2. L'antique Tigisis (ou Ticisis), à une douzaine de lieues au sud de Constantine.

veauté, que par la clémence et la justice d'Abou-Abd-Allah, accouraient se ranger autour de lui. Le gouverneur ar'lebite voyait le danger approcher, mais ses prédécesseurs avaient négligé d'écraser l'ennemi quand il n'avait aucune force, et maintenant il était trop tard. Les rebelles tenaient déjà les principales places de l'ouest, et Ziadet-Allah pouvait s'attendre à les voir paraître d'un jour à l'autre et mettre le siège devant sa capitale. Dans cette prévision, il fit réparer les fortifications de Kaïrouan et des places environnantes ; en même temps, il vidait le trésor public pour lever des troupes et les opposer à l'ennemi.

En 907, le gouverneur ar'lebite se porta, avec une armée, contre les Chiaïtes, qui opéraient sur les versants de l'Aourès. Mais, parvenu à El-Orbos, il ne jugea pas prudent de s'avancer davantage et rentra à Rokkada, laissant le général Ibrahim-ben-el-Ar'leb en observation avec un corps de troupes. Ziadet-Allah fit renforcer les fortifications de son château et, sans se préoccuper davantage du danger qui le menaçait, il se plongea de plus en plus dans la débauche.

Sur ces entrefaites, Abou-Abd-Allah s'empara successivement de Bar'aï et de Mermadjenna ; puis il réduisit les tribus nefzaouiennes et s'avança jusqu'à Tifech[1], dont il reçut la soumission. Il rentra alors dans son centre d'opérations, afin de préparer une nouvelle campagne ; mais aussitôt, le général Ibrahim, arrivant à sa suite, reprit une partie du territoire conquis, avec Tifech.

Bientôt, le daï chiaïte reparut dans l'est ; laissant derrière lui Constantine, qu'il n'osa attaquer, en raison de sa position inexpugnable, il vint enlever la Meskiana et Tebessa. Pénétrant ensuite en Tunisie, il réduisit la ville et le canton de Gammouda et s'avança sur Rokkada. Mais il avait trop présumé de ses forces. Bientôt, en effet, le général Ibrahim, accouru avec toutes ses troupes disponibles, lui livra bataille et le mit en déroute ; les Chiaïtes s'enfuirent en désordre par tous les défilés. Abou-Abd-Allah, lui-même, ne s'arrêta qu'à Guédjal. Cette victoire des Ar'lebites eut pour résultat de faire rentrer momentanément sous leur domination la plupart des places conquises par les rebelles, y compris Bar'aï.

Mais l'échec des Chiaïtes, qui aurait pu avoir les suites les plus graves, si leurs adversaires avaient su profiter du succès en reprenant vigoureusement l'offensive, ne devait retarder que de bien peu de jours la chute définitive du trône ar'lebite. Sitôt, en effet, qu'Abou-Abd-Allah eut appris qu'Ibrahim, au lieu de le poursuivre, était rentré dans son poste d'observation à El-Orbos, il

---

1. L'antique Tipaza de l'est, près de Souk-Ahras.

vint mettre le siège devant Constantine et s'empara de cette ville et du pays environnant ; puis il alla reprendre Bar'aï, et après y avoir laissé un commandant, rentra dans son quartier de Guédjal. Ibrahim marcha alors sur Bar'aï, mais il se heurta à un corps de douze mille Chiaïtes qui le repoussa [1].

Les Chiaïtes marchent sur la Tunisie. — Fuite de Ziadet-Allah III. — Cependant, Abou-Abd-Allah, comprenant que le moment décisif était arrivé, ne restait pas inactif à Guédjal. Il avait adressé un appel à tous ses adhérents ou alliés, et s'occupait de réunir une armée formidable. De tous côtés arrivaient les contingents : Zouaoua du Djerdjera, Sanhadja du Mag'reb-Central, Zenata du Zab, Nefzaoua de l'Aourès, venaient se joindre aux vieilles bandes ketamiennes.

Au mois de mars 909 [2], Abou-Abd-Allah se mit en marche, à la tête d'une armée dont le chiffre est porté par les chroniques à deux cent mille hommes, divisés en sept corps. Avec de telles forces, il se porta en droite ligne sur la capitale de son ennemi.

En vain le général Ibrahim essaya de faire tête aux Chiaïtes ; vaincu dans plusieurs rencontres, il dut abandonner son camp et se replier sur Kaïrouan, où se trouvait le gouverneur ar'lebite. L'armée d'Abou-Abd-Allah s'arrêta à El-Orbos le temps nécessaire pour mettre cette ville au pillage [3], puis pénétra comme un torrent en Tunisie.

Dans cette circonstance solennelle, Ziadet-Allah se montra ce qu'il avait toujours été : lâche, cruel et incapable. Lorsqu'il eut appris la défaite de son général et qu'il fut convaincu qu'il ne pouvait résister à la tourbe de ses ennemis, il fit courir, à Rokkada, le bruit que ses troupes avaient remporté la victoire ; puis il ordonna de mettre à mort toutes les personnes qu'il détenait dans les cachots, et de promener leurs têtes à Kaïrouan, au vieux château et à Rokkada, en annonçant qu'elles provenaient des cadavres des ennemis. En même temps, il s'empressa de réunir tous les objets précieux et les trésors qu'il possédait, et se prépara à fuir avec ses courtisans et ses favorites.

En vain, un de ses meilleurs officiers, nommé Ibn-es-Saïr', s'efforça de le retenir et de l'exhorter à la résistance, en lui rappelant les exploits de ses aïeux. Le dernier des Ar'lebites ne répondit à

1. En-Nouéïri, p. 440-441. Ibn-Khaldoun, t. II, p. 515 et suiv. El-Kaïrouani, p. 88. Ibn-Hammad, *loc. cit.*
2. C'est par erreur qu'Ibn-Hammad donne 907.
3. Selon El-Bekri, les habitants réfugiés dans la mosquée auraient été impitoyablement massacrés.

ces généreux efforts que par des paroles de défiance et de menace.

Bientôt, tout fut prêt pour le départ ; les plus fidèles serviteurs esclavons reçurent chacun une ceinture contenant mille pièces d'or ; on plaça les autres objets précieux et les femmes sur des mulets, et à la nuit close, Ziadet-Allah sortit de Rokkada et prit la route de l'Egypte : « A l'heure du coucher du soleil, — dit « En-Noueïri, — il avait appris la défaite de ses troupes ; à celle « de la prière d'*El-Acha* (de huit à neuf heures du soir) il était « parti ». — « Il prit la nuit pour monture » dit, de son côté, Ibn-Hammad.

Ce fut ainsi que le dernier des Ar'lebites descendit du pouvoir. La population de Rokkada l'accompagna pendant quelque temps, à la lueur des flambeaux ; un certain nombre d'habitants suivit même sa fortune.

Abou-Abd-Allah prend possession de la Tunisie. — Aussitôt que la nouvelle de la fuite du gouverneur fut connue à Kaïrouan, le peuple se porta en foule à Rokkada et mit le palais au pillage. En même temps arrivait le général Ibrahim, ramenant les débris de ses troupes qui achevèrent de se débander, en apprenant la fuite de Ziadet-Allah. Malgré l'état désespéré des affaires, Ibrahim voulut tenter un dernier effort. S'étant rendu au Divan, à la tête de partisans dévoués, il se fit proclamer gouverneur et adressa à la population des paroles pleines de cœur pour l'engager à la résistance. Mais la terreur des règnes précédents avaient éteint tout sentiment d'honneur chez ce peuple opprimé ; après avoir d'abord obtenu l'adhésion de la foule, le général la vit bientôt se tourner contre lui et dut, pour sauver sa vie, s'ouvrir un passage à la pointe de son épée. Il partit alors avec ses compagnons sur les traces de Ziadet-Allah.

Sur ces entrefaites, l'avant-garde des Chiaïtes, commandée par Arouba-ben-Youçof et El-Haçen-ben-bou-Khanzir, chefs ketamiens, apparut sous les murs de Rokkada. Il ne fallut rien moins que la terreur inspirée par les farouches berbères, pour faire cesser le pillage qui durait depuis huit jours.

Peu après, dans le mois d'avril 909, Abou-Abd-Allah fit son entrée triomphale dans cette place. Il était précédé d'un crieur psalmodiant ces versets du Koran [1] : « C'est lui qui a chassé les infidèles de sa maison...... Combien de jardins et de fontaines abandonnées ! » etc.

Les gens de Kaïrouan lui avaient envoyé une députation des

---

1. Sourate de la fumée.

citoyens les plus honorables, pour lui offrir leur soumission et lui demander l'aman ; l'avant-garde des Chiaïtes entra donc sans coup férir dans cette ville, mais, comme un grand nombre d'habitants s'étaient enfuis, Abou-Abd-Allah proclama une amnistie générale, qui rassura les esprits et fit rentrer les émigrés. Un de ses premiers soins fut de mettre en liberté son frère Abou-l'Abbas et la mère du mehdi qui, jusqu'alors, étaient restés en prison. S'il continua à se montrer modéré dans sa victoire, sa clémence n'alla pas jusqu'à faire grâce aux soldats de la garde noire ar'lebite. Tous ceux qu'on put arrêter furent impitoyablement mis à mort.

Les adhérents du gouverneur déchu étaient venus se grouper autour de lui à Tripoli. Ibrahim, qui l'avait également rejoint, dut aussitôt prendre la fuite pour éviter le supplice que Ziadet-Allah voulait lui infliger, comme coupable de tentative d'usurpation du pouvoir. Après avoir passé à Tripoli dix-sept jours, pendant lesquels il fit trancher la tête d'Ibn-es-Saïr, le ministre qui avait commis le crime de tenter d'arrêter sa fuite, le gouverneur se remit en route. Parvenu au Caire, il écrivit au khalife El-Moktader-b'Illah, en sollicitant une entrevue. Pour toute réponse, il reçut l'ordre de se rendre à Rakka, en Syrie, et d'y attendre ses instructions. Quelque temps après, il obtint l'autorisation de rentrer en Egypte, et il y acheva misérablement sa vie dans les plus honteuses débauches.

Ainsi finit la dynastie ar'lebite, qui avait donné à l'Afrique des princes si remarquables. Avec elle disparaissait le dernier reste de l'autorité arabe, imposée aux Berbères deux siècles et demi auparavant. Le Mag'reb avait déjà repris possession de lui-même ; l'Ifrikiya, à son tour, était délivrée de la domination du khalifat, et les indigènes allaient former maintenant de puissants empires autonomes. Ce succès était particulièrement le triomphe de la tribu des Ketama, dont la suprématie s'établissait sur les autres groupes de la race et sur les restes des colonies arabes.

Après sa rapide victoire, Abou-Abd-Allah s'occupa de l'organisation de l'empire par lui conquis. A cet effet, il envoya dans toutes les provinces des gouverneurs fournis par la tribu des Ketama. Il congédia les auxiliaires, qui retournèrent chez eux chargés de butin, puis il s'appliqua à rappeler à Kaïrouan et à Rokkada même les populations émigrées. Établi dans le palais des princes ar'lebites, il s'entoura des insignes du pouvoir, fit frapper des monnaies nouvelles[1] et s'occupa de l'organisation des

---

1. Ces monnaies portaient les inscriptions suivantes : d'un côté حجة الله

troupes régulières, auxquelles il donna des étendards portant des inscriptions à la louange des Fatemides.

Après avoir, avec autant de prudence que d'habileté, établi sur des bases solides le gouvernement, il songea à faire profiter de ses conquêtes celui pour lequel il avait travaillé, son maître, le mehdi Obéïd-Allah.

Les Chiaïtes vont délivrer le mehdi a Sidjilmassa. — Tandis que le nom du nouveau souverain de l'Afrique était proclamé dans toutes les mosquées, celui-ci gémissait au fond d'une prison dans une oasis saharienne.

Nous l'avons laissé près de Constantine, continuant son chemin vers le sud-ouest, au lieu de donner la main à son daï. Il ne cessa d'errer en proscrit, toujours accompagné de son jeune fils, et tenu, dit-on, au courant des succès de ses partisans par des émissaires secrets. Il arriva enfin à l'oasis de Sidjilmassa, au fond du Mag'reb. Nous savons que ce territoire était le siège de la petite royauté des Beni-Midrar, exerçant leur autorité sur les tribus miknaciennes du haut Moulouïa.

Bien que ces Berbères fussent des kharedjites-sofrites, très fervents, ils reconnaissaient la souveraineté du khalife abbasside. Le prince régnant, El-Içâa, avait reçu de Bagdad l'ordre de saisir le mehdi, s'il pénétrait dans ses états. Les deux voyageurs lui ayant été signalés, il devina leur caractère et les fit arrêter. Ainsi, après avoir échappé pendant sept années, à travers deux continents, aux poursuites de ses ennemis, Obeïd-Allah trouvait la captivité dans une oasis de l'extrême sud du Mag'reb, à plus de douze cents lieues de son point de départ; c'était la continuation des épreuves annoncées par son père [1].

Aussitôt qu'Abou-Abd-Allah eut affermi l'organisation du nouvel empire, il se prépara à aller délivrer son maître. Ayant réuni une armée « dont le nombre inondait la terre » selon l'expression d'Ibn-Hammad, il laissa à Kaïrouan son frère Abou-l'Abbas, assisté du chef ketamien Abou-Zaki-Temmam, puis il se mit en route vers l'ouest (juin 909). Les populations zenètes que les Chiaïtes rencontrèrent sur leur passage se retirèrent devant eux ou offrirent leur soumission et, enfin, l'armée parvint sous les murs de Sidjilmassa. Abou-Abd-Allah ayant envoyé à El-Içâa un message pour l'engager à éviter les chances d'un combat, en rendant les

(*la preuve de Dieu*) et de l'autre نفرقاعداءالله (*que les ennemis de Dieu soient dispersés !*)

1. Ibn-Khaldoun, t. I, p. 263, t. II, p. 520. Ibn-Hammad, *loc. cit.* El-Kaïrouani, p. 89 et suivantes.

prisonniers, le prince midraride, pour toute réponse, fit mettre à mort les parlementaires.

Après cette infructueuse tentative, on en vint aux mains, non loin de la ville, car les Miknaça, sous la conduite de leur roi, avaient bravement marché à la rencontre de leurs ennemis. Dès les premiers engagements, le succès se déclara pour les Chiaïtes ; les troupes d'El-Içâa furent taillées en pièces, et ce prince dut prendre la fuite, suivi seulement de quelques serviteurs. Le lendemain de la bataille, les principaux habitants de la ville vinrent au camp des assiégeants implorer leur clémence et leur offrir de les mener à la prison où était détenu le mehdi.

Abou-Abd-Allah se réserva le soin de mettre en liberté les prisonniers. Il les revêtit d'habits somptueux, les fit monter sur des chevaux de parade et salua Obéïd-Allah du titre d'*imam*. Puis il le conduisit au camp, en marchant à pied devant lui, et pendant le chemin il s'écriait, en versant des larmes de joie : « *Voici votre « imam, voici votre seigneur !* » C'était, pour le mehdi, le triomphe après les épreuves.

Les troupes ketamiennes ne tardèrent pas à se saisir d'El-Içâa qui fut mis à mort. Sidjilmassa avait été livrée au pillage et incendiée [1].

RETOUR DU MEHDI OBÉÏD-ALLAH EN TUNISIE. — FONDATION DE L'EMPIRE OBÉÏDITE. — Après un repos de quarante jours, à Sidjilmassa, l'armée reçut l'ordre du retour. En quittant la ville, le mehdi y laissa, comme gouverneur, le ketamien Ibrahim-ben-R'âleb, avec un corps de Chiaïtes. A son retour, l'armée passa par Guédjal. Le fidèle Abou-Abd-Allah remit alors à son maître les trésors qu'il avait amassés dans cette place, et qui provenaient du butin des précédentes campagnes. Tout avait été religieusement conservé, pour que le mehdi en opérât lui-même le partage.

Dans le mois de décembre 909, ou au commencement de janvier 910, Obéïd-Allah, suivi de son fils Abou-l'Kacem, fit son entrée à Rokkada. Quelques jours après, il reçut, dans une séance d'inauguration solennelle, le serment des habitants de Kaïrouan. En attendant qu'il eût bâti une ville pour lui servir de résidence royale [1], Obéïd-Allah s'établit dans le palais du Rokkada. Il prit

1. Notre récit, dans les pages qui précèdent, s'éloigne, sur un grand nombre de points, de celui de Fournel (*Berbers*, t. II, de la page 30 à la page 98) qui s'appuie, pour ainsi dire exclusivement, sur le texte du Baïan. Les données d'Ibn-Khaldoun et d'En-Nouéïri sont presque toujours écartées par cet auteur, qui, en outre, paraît ne pas avoir connu le texte si intéressant d'Ibn-Hammad.

alors officiellement le titre de mehdi et fit frapper des monnaies où ce nom était inscrit.

Son empire se composait de la plus grande partie du Mag'reb central, de toute l'Ifrikiya et de la Sicile. Vingt années à peine avaient suffi pour arracher aux Ar'lebites cet immense territoire ; mais, en raison même de la rapidité de cette conquête, la fidélité des populations n'était rien moins que bien établie et, en mains endroits, l'autorité chiaïte n'était pas officiellement reconnue. C'est pourquoi le mehdi envoya, dans toutes les provinces, des agents ketamiens chargés de sommer les populations de faire acte d'adhésion au nouveau souverain. Grâce à ces mesures et à la sévérité déployée dans leur application, car tout opposant était mis à mort, l'ordre fut rétabli et le fonctionnement de l'administration assuré. Ainsi se trouva accomplie une prédiction colportée par les Fatemides et annonçant, pour la fin du IIIe siècle de l'hégire, la chute de la domination arabe dans l'Ouest: « Le soleil se lèvera à « l'Occident », tel était le texte ambigü de cette prédiction, qu'on faisait remonter à Mahomet [2].

Pour trancher complètement avec le régime tombé, les anciennes places-fortes, sièges des commandants ar'lebites, furent rasées, et les préfets fatemides s'établirent dans d'autres localités, élevées au rang de chefs-lieux.

La tribu des Ketama fut comblée de faveurs ; elle fournit les premiers officiers du gouvernement et les généraux pour les postes importants. C'est en s'appuyant sur un mouvement religieux que la cause d'Obéïd-Allah avait réussi. Les Berbères, adoptant la nouvelle secte, en avaient fait un signe de ralliement pour chasser l'étranger.

C'est ce qui s'était passé, deux siècles auparavant, à l'égard du kharedjisme. Malgré la persécution dont il avait été l'objet, ce schisme possédait encore beaucoup d'adhérents, et nous n'allons pas tarder à voir s'engager une lutte suprême entre la doctrine fatemide et l'hérésie kharedjite, au grand détriment de la vieille race berbère.

---

1. El-Mehdia (voir plus loin).
2. Carette, *Migrations des tribus algériennes*, p. 386, citant d'Herbelot.

APPENDICE

CHRONOLOGIE DES GOUVERNEURS AR'LEBITES

Ibrahim-ben-El-Ar'leb.............................	800
Abou-l'Abbas-Abd-Allah...........................	812
Ziadet-Allah I.....................................	817
Abou-Eikal-el-Ar'leb..............................	838
Abou-l'Abbas-Mohammed..........................	841
Abou-Ibrahim-Ahmed..............................	856
Ziadet-Allah II....................................	863
Abou-el-R'aranik..................................	864
Ibrahim II ben-Ahmed.............................	875
Abou-Abd-Allah...................................	902
Ziadet-Allah III...................................	903
Chute de Ziadet-Allah III.........................	909

CHAPITRE IX

L'AFRIQUE SOUS LES FATEMIDES

910-934

Situation du Mag'reb en 910. — Conquêtes des Fatemides dans le Mag'reb central; chute des Rostemides. — Le mehdi fait périr Abou-Abd-Allah et écrase les germes de rébellion. — Evénements de Sicile. — Evénements d'Espagne. — Révoltes contre Obeïd-Allah. — Fondation d'El-Mehdia par Obeïd-Allah. — Expédition des Fatemides en Egypte, son insuccès. — L'autorité du mehdi est rétablie en Sicile. — Première campagne de Messala en Mag'reb pour les Fatemides. — Nouvelle expédition fatemide contre l'Egypte. — Conquêtes de Messala en Mag'reb. — Expéditions fatemides en Sicile, en Tripolitaine et en Egypte. — Succès des Mag'raoua; mort de Messala. — El-Hassan relève à Fès le trône edriside; sa mort. — Expédition d'Abou-l'Kacem dans le Mag'reb central. — Succès d'Ibn-Abou-l'Afia. — Mouça se prononce pour les Oméïades ; il est vaincu par les troupes fatemides. — Mort d'Obeïd-Allah, le mehdi. — Expéditions fatemides en Italie.

SITUATION DU MAG'REB EN 910. — Au moment où le triomphe des Fatemides va faire entrer l'histoire de l'Afrique dans une nouvelle phase, il est opportun de jeter un coup d'œil général sur l'état du pays et de passer en revue les événements survenus en Mag'reb; car le récit des révolutions dont l'Ifrikiya a été le théâtre nous en a forcément détournés.

A Fès, Yahïa-ben-Kacem-ben-Edris continua de régner paisiblement jusqu'en l'année 904. La guerre ayant alors éclaté entre lui et son neveu Yahïa-ben-Edris-ben-Omar, souverain du Rif, il périt dans un combat livré contre lui par Rebïa-ben-Sliman, général de son adversaire. A la suite de cette victoire, Yahïa-ben-Edris s'empara de l'autorité dans le Mag'reb et fit briller d'un dernier éclat le trône de Fès [1].

La grande tribu des Miknaça avait profité, dans ces dernières années, de l'affaiblissement de la dynastie edriside et se préparait à s'élever sur ses débris. Sous la conduite de leur chef, Messala-ben-Habbous, ces Berbères avaient soumis à leur autorité tout le territoire compris entre Teçoul, Taza et Lokaï, c'est-à-dire, la fron-

---

1. Ibn-Khaldoun, t. II, p. 566, 567. Le Kartas, p. 106. El-Bekri, trad. article *Idricides*.

tière orientale du Mag'reb extrême. Le reste de la tribu était à Sidjilmassa, où la royauté qu'elle y avait fondée venait d'être renversée par les Chiaïtes [1].

Dans le Mag'reb central, les Beni-Ifrene conservaient encore l'autorité sur Tlemcen et les plaines situées à l'est de cette ville. Auprès d'eux étaient leurs frères les Mag'raoua, dont la puissance avait grandement augmenté et qui étendaient leur autorité dans les régions sahariennes et sur les plaines du nord. Leur chef, Mohammed-ben-Khazer était un guerrier redoutable que nous allons voir entrer en scène [2].

Les souverains oméïades d'Espagne cherchaient à établir leur influence sur le littoral du Mag'reb central. Vers 902, ils y envoyèrent une expédition. Les généraux Mohammed-ben-Bou-Aoun et Ibn-Abdoun, qui la commandaient, conclurent avec les Beni-Mesguen, fraction des Azdadja, un traité par lequel ceux-ci livrèrent un territoire, où ils fondèrent la ville d'Oran [3]. Ce fut la première colonie oméïade en Mag'reb.

Enfin, à Tiharet, régnait encore la dynastie des Rostemides, mais fort affaiblie et cherchant, dans l'alliance des souverains espagnols, un secours capable de la protéger contre les ennemis qui l'entouraient [4].

Conquête des Fatemides dans le Mag'reb central. — Chute des Rostemides. — Lors du retour de l'armée chiaïte, après la délivrance du mehdi, un corps d'armée avait été laissé dans le Mag'reb central, sous le commandement du ketamien Arouba-ben-Youçof. Ce général ayant attaqué Yakthan, souverain de Tiharet, s'empara de cette ville et fit mettre à mort le prince Rostemide. Ainsi s'éteignait cette petite dynastie. En même temps, Tiharet cessa d'être le centre du kharedjisme eïbadite ; les sectaires de ce schisme, poursuivis sans relâche par les Fatemides, durent émigrer vers le sud et chercher un refuge dans la vallée de l'Oued-Rir', en plein désert (910). Ils paraissent avoir été accueillis par les Beni-Mezab qui adoptèrent leurs doctrines.

Arouba combattit ensuite les tribus voisines, et les força à la soumission et à la conversion ; puis il alla réduire une révolte qui avait éclaté dans le pays des Ketama, sous l'inspiration de quelques mécontents.

---

1. Ibn-Khaldoun, t. I, p. 263.
2. *Ibid*, t. III, p. 198, 229.
3. *Ibid.*, t. I, p. 283.
4. *Ibid.*, t. I, p. 243.

Douas-ben-Soulat, officier ketamien, laissé comme gouverneur à Tiharet, entra alors en relations avec les Beni-Mesguen, des environs d'Oran. Ceux-ci, ayant rompu avec les Oméïades, lui offrirent de lui livrer cette ville. Leurs propositions furent accueillies avec faveur et, peu après, les troupes fatemides s'emparaient d'Oran. Mohammed-ben-bou-Aoun, qui avait contribué à leur succès, en fut nommé gouverneur (910).

Il est assez difficile, au milieu de la confusion qui règne à ce sujet dans les chroniques arabes, de dire si cette expédition fut conduite par Douas ou par Arouba. Toujours est-il que le général du mehdi étendit l'autorité de son maître sur les tribus des Matmata, Louata, Lemaia et Azdadja de la province d'Oran. Peut-être même entrait-il, dès lors, en relations avec Messala-ben-Habbous, chef des Miknaça, qui devait être avant peu un des principaux auxiliaires des Fatemides dans le Mag'reb.

Vers le même temps, les habitants de Sidjilmassa se révoltaient contre les Fatemides et massacraient leur gouverneur, Ibrahim, ainsi que toute sa garde de Ketama.

LE MEHDI FAIT PÉRIR ABOU-ABD-ALLAH ET ÉCRASE LES GERMES DE RÉBELLION. — Cependant un grave dissentiment s'était élevé entre le mehdi et son fidèle serviteur Abou-Abd-Allah. Ce dernier, cédant, dit-on, à l'influence de son frère, Abou-l'Abbas, avait voulu s'appuyer sur les services rendus, pour conserver une grande influence dans la direction des affaires. Mais Obeïd-Allah n'entendait nullement partager son autorité avec qui que ce fût Irrité de voir ses avis brutalement repoussés, Abou-Abd-Allah montra d'abord une grande froideur vis-à-vis de son maître; puis il se mit, avec plusieurs de ses chefs, à conspirer sourdement contre lui. Ces mécontents répandirent le bruit que le mehdi n'était pas l'instrument de la volonté divine, l'être surnaturel, dont le caractère devait se révéler aux humains par des miracles. « Nous nous sommes trompés à son sujet, — disaient-ils, — car, « il devrait avoir des *signes* pour se faire reconnaître ; le vrai « Imam doit faire des miracles et imprimer son sceau dans la « pierre, comme d'autres le feraient dans la cire[1] ».

Ils l'accusaient en outre d'avoir gardé pour lui seul les trésors de Guédjal. La plupart des chefs ketamiens, qui avaient toute confiance en Abou-Abd-Allah, prêtèrent l'oreille à ces discours et chargèrent leur grand cheikh de faire des remontrances à Obeïd-Allah lui-même.

1. Ibn-Hammad, *loc. cit.*

Le danger était pressant pour le mehdi, puisque ses adhérents commençaient à s'apercevoir que celui qu'ils avaient soutenu comme un être surnaturel n'était qu'un homme comme eux. Obeïd-Allah comprit que sa seule porte de salut était l'énergie, qui impose toujours aux masses, et, pour toute réponse, il fit mettre à mort le grand cheikh des Ketama. Afin d'achever d'anéantir la conspiration, il envoya les principaux chefs occuper des commandements éloignés, de sorte qu'ils se trouvèrent dispersés et sans force, avant d'avoir eu le temps d'agir. Les plus compromis furent tués au loin et sans bruit par des émissaires dévoués. L'auteur de la conspiration restait à punir; le medhi, étouffant tout sentiment de reconnaissance, n'hésita pas à sacrifier à sa sécurité l'homme auquel il devait le pouvoir.

Dans le mois de janvier 911, Abou-Abd-Allah se promenait avec son frère Abou-l'Abbas, dans le jardin du palais, lorsque deux autres frères, Arouba et Hobacha, enfants de Youçof, sortirent des massifs et se précipitèrent sur eux. Abou-l'Abbas fut frappé le premier. En vain Abou-Abd-Allah essaya d'imposer son autorité aux deux chefs qui avaient été autrefois ses lieutenants : « Celui « auquel tu nous a ordonné d'obéir nous commande de te tuer [1] », répondirent-ils, et Abou-Abd-Allah tomba percé de coups sur le cadavre de son frère.

Obéïd-Allah fit enterrer avec honneur les deux frères : il présida lui-même au lavage de leurs corps ; puis, après la récitation des prières, il dit à haute voix en s'adressant au cadavre d'Abou-Abd-Allah : « Que Dieu te pardonne et qu'il te récompense dans « l'autre vie, car tu as travaillé pour moi avec un grand zèle ! » — Se tournant ensuite vers Abou-l'Abbas : « Quant à toi, — dit-il, « — qu'il ne t'accorde aucune pitié, car tu es cause des égare- « ments de ton frère ; c'est toi qui l'as conduit aux abreuvoirs « du trépas ! »

Les deux victimes furent enterrées au lieu même où elles étaient tombées sous le poignard des assassins [2]. Quant à ceux-ci, l'un d'eux, Hobacha, fut nommé gouverneur de Barka et de la région de l'est ; l'autre, Arouba, reçut le commandement de Bar'aï et de la frontière sud-ouest. Des troubles partiels chez les Ketama suivirent ces exécutions, mais ils furent promptement étouffés dans le sang de leurs promoteurs. Grâce à ces mesures énergiques, le pouvoir d'Obéïd-Allah, loin de ressentir aucune atteinte, se

---

1. Ibn-Khaldoun, t. II, p. 522.
2. Ibn-Hammad, *loc. cit.*

renforça de tout l'effet produit par l'écrasement de ceux qui avaient voulu le renverser.

Événements de Sicile. — Pendant le cours des luttes qui avaient amené la chute de la dynastie ar'lebite, l'anarchie, ainsi qu'on peut le prévoir, avait divisé les Musulmans de Sicile. Les chrétiens en profitèrent pour se fortifier au Val-Demone. Un certain nombre d'Arabes nobles, émigrés d'Afrique, relevèrent un peu la situation de la colonie, et cherchèrent à proclamer l'indépendance de la Sicile, au nom des Ar'lebites. Mais, aussitôt que le mehdi eût assuré son pouvoir, il envoya dans l'île un de ses principaux officiers, le ketamien Hassan-ben-Koléïb, surnommé Ben-bou-Khanzir.

Débarqué en 910, le nouveau gouverneur fit proclamer partout le nom du mehdi, et imposa aux Cadis l'obligation d'abandonner le rite sonnite, pour rendre la justice selon la doctrine fatemide. Puis, il fit une heureuse expédition au Val-Demone et répandit partout la terreur de son nom. Mais bientôt son extrême cruauté indisposa contre lui ses plus fidèles adhérents, qui l'arrêtèrent par surprise et l'expédièrent au mehdi. Il fut remplacé par Ali-ben-Omar-el-Beloui (912)[1].

Événements d'Espagne. — Nous avons vu précédemment que le khalife Abd-Allah était arrivé, au commencement du xe siècle, après de longues années de lutte, à rétablir l'autorité oméïade en Espagne et à tenir en respect les petites royautés, qui se formaient de toute part. Le succès continua à couronner ses efforts, surtout dans le midi : « En 903, son armée prit Jaën ; en 905, elle gagna la bataille du Guadalballou, sur Ibn-Hafçoun et Ibn-Mastana ; en 906, elle enleva Cañete, aux Beni-el-Khali ; en 907, elle força Archidona à payer tribut ; en 910, elle prit Baeza, et l'année suivante, les habitants d'Iznajar se révoltèrent contre leur seigneur et envoyèrent sa tête au sultan. Même dans le nord il y avait une amélioration notable[2]. »

Sur ces entrefaites, Abd-Allah cessa de vivre (15 octobre 912), après un règne de vingt-quatre ans.

Abd-er-Rahman III, son petit-fils, lui succéda. C'était un jeune homme de vingt-deux ans et, si l'on put craindre d'abord, qu'en raison de sa jeunesse, il ne fût pas à la hauteur de sa mission, il ne

---

1. Ibn-Khaldoun, t. II, p. 521. Amari, *Musulmans de Sicile*, t. II, p. 141 et suiv.
2. Dozy, *Musulmans d'Espagne*, t. II, p. 318, citant Ibn-Haïan.

tarda pas à démontrer lui-même, que pour le courage et l'habileté politique, il ne le cédait à personne.

Attaquant résolument ce qui restait de chefs rebelles, il en contraignit une partie à la soumission. Mais Ibn-Hafçoun, qui se faisait appeler Samuel, depuis sa conversion, maintenait ferme à Bobastro le drapeau de l'indépendance nationale et du christianisme.

Les Berbères de Magr'eb, particulièrement de la province de Tanger, prenaient part à ces luttes comme mercenaires. S'étant mis à la tête de l'armée, Abd-er-Rahman parcourut en maître les provinces d'Elvira et de Jaën, recevant partout des soumissions, et brisant les résistances qu'il rencontrait. Il se présenta enfin devant Séville, dont les notables lui ouvrirent les portes (décembre 913)[1].

Les années suivantes furent non moins favorables, et, en 917, Ibn-Hafçoun rendait le dernier soupir. L'unité de l'empire oméïade se trouvait rétablie et un grand règne allait commencer.

RÉVOLTES CONTRE OBÉÏD-ALLAH. — En Ifrikiya, le nouvel empire, à peine assis, était ébranlé par les révoltes indigènes ; mais l'énergie du mehdi suffisait à tout. Ce fut d'abord dans la région de Tripoli, que les Houara et Louata prirent les armes. Les généraux obéïdites étouffèrent dans le sang cette sédition ; on dit que les têtes des promoteurs furent expédiées à Kaïrouan et exposées sur les remparts.

Dans l'ouest, Mohammed-ben-Khazer avait entraîné ses Zenètes à l'attaque de Tiharet, s'était emparé de cette ville et avait contraint le gouverneur, Douas, à chercher un refuge dans le vieux Tiharet. Une armée nombreuse, envoyée par le mehdi, délogea les Zenètes de leur nouvelle conquête, les poursuivit et en fit un grand carnage. Il est probable que Messala-ben-Habbous, chef des Miknaça, qui, nous l'avons vu, avait déjà contracté alliance avec les Obéïdites, les aida à écraser les Zenètes, car Messala reçut, comme récompense, le commandement de Tiharet et la mission de protéger la frontière occidentale.

Les Ketama avaient été douloureusement frappés par la mise à mort d'Abou-Abd-Allah ; de son côté, le mehdi, craignant les effets de leur rancune, leur avait retiré sa confiance. Les habitants de Kaïrouan détestaient ces sauvages étrangers, dont l'insolence était sans bornes.

La situation devenait critique pour eux. Dans le mois d'avril 912, la population de Kaïrouan, saisissant un prétexte, se jeta sur eux et en fit un véritable massacre. Plus de mille cadavres de

---

Dozy, *Musulmans d'Espagne*, t. II, p. 325 et suiv.

Ketama jonchèrent, paraît-il, les rues et l'on s'empressa de les faire disparaître en les jetant dans les égouts.

En apprenant la façon dont leurs contribules étaient traités en Ifrikya, les Ketama se mirent en révolte ouverte, placèrent à leur tête un des leurs, auquel ils donnèrent le titre de mehdi, et envahirent le Zab. La situation était grave. Obéïd-Allah fit marcher contre les rebelles son fils Abou-l'Kassem, avec les meilleures troupes ; mais il fallut une campagne de près d'un an pour les réduire. Le faux mehdi, ayant été pris, fut ramené à Kaïrouan et exécuté à Rokkada, après avoir été promené, revêtu d'un accoutrement ridicule, sur un chameau [1].

Pendant que le Mag'reb était le théâtre de la révolte ketamienne, les gens de Tripoli, imitant ceux de Kaïrouan, massacraient les Ketama, chassaient leur gouverneur et se déclaraient indépendants. Le mehdi envoya d'abord sa flotte qui réussit à surprendre, dans le port de Tripoli, les navires des révoltés et les détruisit. On investit ensuite la ville par terre, et, après quelques mois de blocus, les Tripolitains, qui avaient souffert les horreurs de la famine, se décidèrent à se rendre à Abou-l'Kassem. Selon Ibn-Khaldoun, les habitants furent massacrés et la ville livrée au pillage ; une forte contribution de guerre fut frappée sur les survivants [2].

FONDATION D'EL-MEHDIA PAR OBEID-ALLAH. — C'est probablement vers cette époque qu'Obeïd-Allah, après avoir visité le littoral, depuis Tunis et Karthage jusqu'à la petite Syrte, arrêta son choix sur une petite presqu'île, située à soixante milles de Kaïrouan, et nommée par les indigènes El-Hamma, ou Djeziret-el-Far. Une mince langue de terre la reliait au rivage, du côté de l'ouest. Les ruines de l'antique Africa couvraient cet emplacement, que le mehdi choisit pour y construire sa capitale.

La presqu'île avait, disent les auteurs arabes, « la forme d'une main avec son poignet. » De solides fortifications établies sur l'isthme ne laissaient qu'une seule entrée, qu'on ferma au moyen d'une porte de fer. Dans ce vaste enclos, Obeïd-Allah fit construire des palais pour lui et des logements pour ses soldats. Des citernes et des silos y furent creusés, et des travaux exécutés afin de rendre plus sûr le port naturel ; il pouvait, dit-on, contenir cent galères.

---

1. Ibn-Khaldoun, t. II, p. 523-524. *Arib*, in Nicholson, apud Fournel, *Berbers*, t. II, p. 111.
2. Ibn-Khaldoun, t. II, p. 524.

En face, sur la terre ferme, se fonda le faubourg de Zouïla, où le peuple et les marchands vinrent s'établir[1].

EXPÉDITION DES FATEMIDES EN ÉGYPTE, SON INSUCCÈS. — Si Obeïd-Allah cherchait à se faire un refuge inexpugnable en Ifrikiya, c'est qu'il sentait son trône encore bien vacillant ; de tous côtés, les têtes fermentaient. En Sicile, après quelque temps d'anarchie, l'esprit de résistance s'était réveillé, et les Musulmans avaient placé à leur tête le chef ar'lebite Ahmed-ben-Korhob, dont le premier acte avait été de retrancher de la khotba (prône) le nom du mehdi et de proclamer l'autorité du khalife abasside, El-Moktader; sa soumission fut accueillie, en Orient, avec faveur et il reçut les emblèmes du commandement : « Drapeaux et robes noirs, colliers et bracelets[2]. »

Obeïd-Allah, du reste, considérait son séjour en Ifrikiya comme une simple station. C'est vers l'Orient qu'il tournait ses regards et il n'aspirait qu'à se transporter sur un autre théâtre. La première étape devait être l'Egypte et il en décida audacieusement la conquête. Ayant réuni une armée nombreuse de Ketama, il en donna le commandement à son fils Abou-l'Kassem et le lança vers l'est. Le jeune prince traversa facilement la Tripolitaine et fit rentrer dans l'obéissance le pays de Barka. De là, il marcha directement sur Alexandrie et commença le siège de cette ville. En même temps, une flotte de deux cents navires, sous le commandement de Hobacha, venait la bloquer par mer (914). Après s'être emparés d'Alexandrie, Abou-l'Kassem et Hobacha s'avancèrent dans l'intérieur, envahirent la province de Faïoum et marchèrent sur le vieux Caire.

Mais le gouverneur de l'Egypte, Tikine-el-Khezari, ayant reçu du khalife un renfort important, commandé par l'eunuque Mounês, qu'on appelait *le maître de la victoire*, marcha contre les envahisseurs, les battit dans plusieurs combats et les força à la retraite. Abou-l'Kassem dut abandonner tout le pays conquis dans sa brillante campagne et se réfugier à Barka.

La flotte du mehdi venait à peine de rentrer d'Orient et se trouvait dans le port de Lamta[3], lorsque les vaisseaux siciliens, lancés par Ibn-Korhob, vinrent audacieusement l'attaquer. Mohammed, fils d'Ibn-Korhob, qui commandait l'expédition, dispersa ou coula les

---

1. Ibn-Khaldoun, *Berbères*, t. II, p. 325. El-Bekri, passim. El-Kaïrouani, p. 95.
2. Amari, *Musulm.*, t. II, p. 149.
3. L'antique Leptis parva, dans le golfe de Monastir.

navires chiaïtes ; puis, ayant opéré son débarquement, mit en déroute les troupes envoyées contre lui de Rakkada. Marchant ensuite sur Sfaks, il mit cette ville au pillage et, enfin, se présenta devant Tripoli, où il trouva Abou-l'Kassem, revenant d'Egypte avec les débris de ses troupes. Il se décida alors à se rembarquer et rentra en Sicile chargé de butin.

Les insuccès militaires ont toujours pour résultat de provoquer la suspicion contre les généraux malheureux. A son retour, H bacha fut jeté en prison ; son frère, craignant le même sort, prit la fuite et essaya de gagner le pays des Ketama, pour le soulever à son profit ; mais il fut arrêté et livré à Obéïd-Allah, qui fit trancher la tête aux deux frères[1].

L'Autorité du Mehdi est rétablie en Sicile. — En Sicile, Ibn-Korhob avait à combattre l'indiscipline des Berbères, des Arabes, des légistes, des nobles et des intrigants de toute sorte, qui ne cessaient de lutter les uns contre les autres. Le succès de l'expédition de son fils Mohammed n'avait fait qu'exciter la cupidité des Musulmans ; aussi Ibn-Korhob dut-il céder à leurs instances et organiser une razia sur la terre ferme. Débarquée en Calabre, l'armée expéditionnaire ravagea une partie de cette province. Mais une tempête détruisit la flotte, et les Musulmans qui échappèrent au naufrage regagnèrent comme ils purent l'île. Ne possédant plus de navires, Ibn-Korhob ne put résister aux attaques constantes des vaisseaux du mehdi.

Sur ces entrefaites, l'impératrice Zoé, régente pendant la minorité de son fils, prescrivait à son lieutenant, en Calabre, de faire la paix avec les Musulmans, car elle craignait l'attaque des Bulgares et avait besoin de toutes ses forces. Un traité fut alors conclu, par lequel les Byzantins s'engagèrent à verser à l'émir de Sicile un tribut annuel de vingt-deux mille pièces d'or (fin 915)[2].

Bientôt, une nouvelle révolte ayant éclaté en Sicile, Ibn-Korhob se démit du pouvoir et voulut se réfugier en Espagne (juillet 916) ; mais les révoltés assaillirent son vaisseau et, s'étant emparés de l'émir, l'envoyèrent au mehdi : « Qui t'a poussé, — lui dit ce prince, — à méconnaître les droits sacrés de la maison d'Ali, en te révoltant contre nous ? » — « Les Siciliens, — répondit le prisonnier, — m'ont élevé au pouvoir malgré moi et, malgré moi, m'en

---

1. Ibn-Khaldoun, t. II, p. 524 et suiv. El-Kaïrouani, p. 95-96. Ibn-Hammad, passim.
2. Amari, t. II, p. 153.

ont fait descendre. » Le souverain fatemide l'envoya au supplice[1].

Abou-Saïd-Moussa, dit Ed-D'aïf, fut chargé par le mehdi de prendre le commandement en Sicile. Ce général éteignit dans leur germe toutes les révoltes et déploya une grande sévérité : s'étant rendu maître de Palerme, le 12 mars 917, il fit un massacre général de la population. Enfin, une amnistie fut proclamée, au nom du chef de l'empire obéïdite, et Abou-Saïd rentra à Kaïrouan, en laissant dans l'île, comme gouverneur, Saïd-ben-Aced avec des forces ketamiennes[2].

PREMIÈRE CAMPAGNE DE MESSALA DANS LE MAG'REB POUR LES FATEMIDES. — Les difficultés auxquelles le mehdi avait à faire face dans l'Est ne l'empêchaient pas de tourner ses regards vers l'Occident. Messala-ben-Habbous, préposé par lui à la garde de Tiharet, le poussait à entreprendre des campagnes dans le Mag'reb. Sur ces entrefaites, Saïd, le descendant de la petite royauté des Beni-Salah à Nokour, s'étant allié aux Edrisides, et ayant refusé obéissance aux Fatemides, Obéïd-Allah jugea que le moment d'agir était arrivé, et il donna à Messala l'ordre de se mettre en marche.

Le chef des Miknaça partit de Tiharet au printemps de l'année 917. Saïd l'attendait, en avant de Nokour, dans un camp retranché, mais la clef de la position ayant été livrée par un traître, Saïd fit transporter sa famille et ses objets précieux dans une île voisine du port, puis, se jetant en désespéré sur les ennemis, il tomba percé de coups. Messala livra le camp et la ville au pillage et envoya au Mehdi la tête de l'infortuné Saïd. Sa famille parvint à gagner l'Espagne et fut reçue avec honneur par Abd-er-Rahman III[3].

Pour affermir sa conquête, Messala guerroya encore pendant plusieurs mois dans le territoire de Nokour, puis il reprit le chemin de l'est en laissant une garnison dans cette ville. Peu de temps après, les fils de Saïd, soutenus par les Berbères, rentrèrent en possession de leur petit royaume, et l'un d'eux, nommé Salah, fut reconnu comme prince régnant. Un de ses premiers actes consista à proclamer l'autorité du khalife oméïade d'Espagne, dans cette partie du Mag'reb. Le mehdi ne se sentit pas assez fort pour entrer en lutte contre Abd-er-Rahman.

---

1. Ibn-Khaldoun, t. II, p. 526.
2. Amari, *Musulmans de Sicile*, t. III, p. 157.
3. El-Bekri, passim. Ibn-Khaldoun, *Berbères*, t. II, p. 141. Dozy, *Musulmans d'Espagne*, t. III, p. 37 et suiv.

Nouvelle expédition fatémide contre l'Egypte. — Obeïd-Allah reprit alors ses plans de campagne en Orient. Ayant réuni une armée formidable, dont les auteurs arabes, avec leur exagération habituelle, portent le chiffre à cinq cent mille hommes, il en confia le commandement à son fils Abou-l'Kassem et la lança contre l'Egypte. Au printemps de l'année 919, cet immense rassemblement, dont les Ketama formaient l'élite, se mit en marche. L'Egypte était alors dégarnie de troupes ; aussi les Chiaïtes se rendirent-ils facilement maîtres d'Alexandrie qu'ils livrèrent au pillage, puis ils envahirent le Faïoum et une partie du Saïd. Le gouverneur n'avait pas osé lutter en rase campagne ; retranché à Djiza, il ne cessait de demander des secours au khalife. Mais le but du mehdi n'était pas seulement de conquérir cette riche contrée : c'était l'Orient, sa patrie, qu'il convoitait, et il voulait reparaître en vainqueur là où il avait été persécuté. Abou-l'Kassem écrivit aux habitants de la Mekke pour les sommer de se rendre à lui.

Cependant, la situation des Chiaïtes ne laissait pas d'être critique : coupés de leur base d'opérations, décimés par la peste, ils attendaient avec impatience des secours d'Ifrikiya. Le gouverneur abbasside étant mort avait été remplacé par Takin qui avait déjà eu la gloire de repousser la première invasion ; des troupes lui avaient été envoyées et enfin, l'eunuque nègre Mounès, rentré en grâce près de son souverain, se préparait à accourir pour jeter son épée dans la balance.

Sur ces entrefaites, une flotte de 80 vaisseaux, envoyée par le mehdi au secours de son fils, arriva en Egypte ; mais les navires abbassides lancés contre elle par Monnès réussirent à l'incendier à Rosette. En 920, Mounès arriva avec les troupes de l'Irak et, dès lors, la face des choses changea ; Abou-l'Kassem se vit enlever une à une toutes ses conquêtes et, en 921, il dut reprendre la route de l'Ifrikiya. Cette retraite, bien qu'effectuée en assez bon ordre, fut désastreuse ; dans le mois de novembre, le prince obéïdite rentra à Kaïrouan, ne ramenant, dit-on, qu'une quinzaine de mille hommes, le reste avait péri par le fer ou la maladie, était prisonnier ou s'était dispersé [1].

Conquêtes de Messala en Mag'reb. — Pendant que l'Orient était le théâtre de ces événements, Messala recevait du mehdi l'ordre d'entreprendre une nouvelle campagne dans le Mag'reb. En 920, le chef des Miknaça, soutenu par un corps de Ketamiens,

---

1. Ibn-Khaldoun, *Berbères*, t. II, p. 526. Ibn-Hammad, passim. El-Kaïrouani, p. 96.

marcha directement contre la capitale des Edrisides. Yahïa-ben-Edris ayant réuni ses guerriers arabes, son corps d'affranchis et tous les contingents berbères dont il disposait et parmi lesquels les Aoureba tenaient toujours le premier rang, s'avança contre l'ennemi. Mais il essuya une défaite et dut rentrer dans Fès, sa capitale, pour s'y retrancher. Messala, arrivé sur ses traces, commença le siège de la ville, et bientôt le descendant d'Edris se vit forcé de traiter avec son ennemi. Il reconnut la suzeraineté du sultan fatemide et consentit à accepter la position secondaire de lieutenant du mehdi à Fès. Avant de rentrer à Tiharet, Messala confia à son cousin Mouça-ben-Abou-l'Afia, le commandement des régions du Mag'reb, jusqu'auprès de Fès.

L'année suivante, des contestations survenues entre Mouça et le prince edriside, soutenu par les Beni-Khazer et autres tribus magraouiennes, ne tardèrent pas à amener une rupture. Aussitôt Messala accourut avec ses troupes dans le Mag'reb. Étant entré à Fès, il destitua Yahïa-ben-Edris, l'interna dans la ville d'Azila (près de Tanger), et s'empara de ses trésors (921). De là il se porta sur Sidjilmassa, où les descendants des Beni-Midrar avaient, depuis longtemps, repris en main l'autorité. Ahmed-ben-Meïmoun, le souverain midraride, essaya en vain de lui résister, il fut pris et mis à mort. Messala, ayant rétabli dans le sud l'autorité fatemide, laissa comme gouverneur El-Moatez, neveu du précédent roi, et rentra à Tiharet d'où il se rendit à El-Mehdïa pour recevoir les félicitations de son maître [1].

EXPÉDITIONS FATEMIDES EN SICILE EN TRIPOLITAINE ET EN ÉGYPTE. — En Ifrikiya, le souverain fatemide, établi dans sa capitale d'El-Mehdïa, continuait à diriger des expéditions contre les chrétiens de Sicile, pendant que son lieutenant lui conquérait le Mag'reb. Selon M. Amari [2], Siméon, roi des Bulgares, aurait recherché l'alliance du mehdi, en l'invitant à l'aider dans ses entreprises contre Byzance. La générosité de l'impératrice Zoé, qui mit en liberté ses ambassadeurs tombés entre les mains de ses troupes, désarma Siméon et fit échouer le projet.

Sur ces entrefaites, une révolte des Nefouça, toujours impatients du joug, tint en échec pendant de longs mois les armées fatemides, et ce ne fut qu'à la fin de 923 que leur dernier retranchement fut enlevé et qu'ils se virent forcés à la soumission.

---

1. Ibn-Khaldoun, *Berbères*, t. I, p. 264, t. II, p. 526 et suiv., t. III, p. 230. Kartas, p. 106 et suiv. El-Bekri, *Idricides*.
2. *Musulmans de Sicile*, t. II, p. 173.

Selon le Baïan, une nouvelle expédition aurait été effectuée en Égypte, sous le commandement du général fatemide Mesrour, en l'année 924, mais les détails précis manquent sur cette campagne qui, dans tous les cas, n'eut pour la cause du mehdi aucun résultat effectif.

Succès des Mag'raoua. — Mort de Messala. — Nous avons vu que les Mag'raoua, sous le commandement d'Ibn-Khazer, ne cessaient de se poser en ennemis de la dynastie fatemide et saisissaient toutes les occasions d'attaquer ses frontières ou de s'allier à ses ennemis. Selon Ibn-Khaldoun [1], Messala aurait péri en les combattant dans le cours de l'année 921, mais nous avons vu plus haut qu'après être rentré de son expédition de Sidjilmassa, ce général était allé saluer son suzerain à El-Mehdïa. L'étude comparative des auteurs nous conduit à reporter cet événement à l'année 924. Les Beni-Khazer et autres tribus zenètes s'étant lancées dans la révolte, Messala marcha contre elles et après plusieurs combats, il se laissa surprendre par Ibn-Khazer qui le tua de sa propre main (novembre 924). Cette perte fut vivement ressentie par le mehdi.

Une nouvelle armée ketamienne, sous le commandement de Bou-Arous et Ben-Khalifa [2], arrivée de l'est, fut complètement détruite par les Zenètes. Grâce à ces succès, Ibn-Khazer acquit l'adhésion de presque toutes les tribus des hauts plateaux du Mag'reb central ; mais au delà de la Moulouïa, Mouça-ben-Boul'Afia continuait à exercer le pouvoir au nom des Fatemides jusqu'à la limite extrême du territoire de Fès.

El-Haçan relève, a Fès, le trône edriside. — Sa mort. — Le contre-coup des échecs éprouvés par les armes du mehdi se fit aussitôt sentir en Mag'reb. Un membre de la famille edriside, nommé El-Haçan, dit El-Hadjam [3], prince d'une grande bravoure, releva, dans la montagne des Djeraoua, l'étendard de sa dynastie. Marchant sur Fès, il s'empara par surprise de cette ville et en chassa le gouverneur Rihan, le ketamien.

Aussitôt Mouça-ben-Abou-l'Afia se porta contre Fès à la tête de toutes ses forces disponibles. El-Haçan s'avança bravement au devant de lui et la rencontre eut lieu entre Fès et Taza, près d'un

---

1. *Histoire des Berbères*, t. II, p. 527 et t. III, p. 230.
2. Selon Ibn-Hammad.
3. Le phlébotomiste, parce qu'il avait, dit-on, l'habitude de frapper son ennemi à la veine du bras.

ruisseau appelé Ouad-el-Metahen. La lutte fut acharnée et la victoire se prononça pour l'edriside qui contraignit Mouça à fuir, en abandonnant sur le champ de bataille deux mille Miknaça, parmi lesquels son propre fils. El-Haçan soumit alors à son autorité les régions de Safraoua, Mediouna, Meknès, Basra, etc., c'est-à-dire la partie centrale du Mag'reb [1] (926).

En même temps, El-Moatez répudiait la suzeraineté fatemide à Sidjilmassa, et se déclarait indépendant. C'est également vers cette époque qu'il faut placer l'occupation de Melila par les Oméïades d'Espagne. Ainsi Abd-er-Rahman prenait pied sur cette terre d'Afrique où il cherchait depuis longtemps à exercer son influence. Ses agents entrèrent en pourparlers avec Ibn-Khazer et un traité d'alliance fut conclu entre le chef des Mag'raoua et le khalife d'Espagne.

Sur ces entrefaites, l'edriside El-Haçan, victime d'une sédition, fut arrêté et jeté en prison. Aussitôt Mouça-ben-Abou-l'Afia accourut à Fès et entreprit le siège du quartier des Andalous, resté fidèle aux Edrisides. Après une lutte acharnée, la victoire resta aux Miknaça. Mouça voulait qu'El-Haçan lui fut livré, mais on facilita sa fuite en essayant de lui faire escalader le rempart. Dans sa chute, El-Haçan se brisa la cuisse et mourut misérablement.

Expédition d'Abou-l'Kassem dans le Mag'reb central. — Les succès d'Ibn-Khazer dans le Mag'reb central, l'alliance de ce chef avec les Oméïades, décidèrent le mehdi à y faire une nouvelle campagne et à en confier la direction à son fils. Au printemps de l'année 927, le prince Abou-l'Kassem se mit en route à la tête d'une puissante armée. Il passa par les montagnes des Ketama et se heurta contre la tribu des Beni-Berzal, qui essaya de lui barrer le passage et contre laquelle il dut entreprendre toute une série d'opérations gênées par le mauvais temps. Ayant contraint les rebelles à la soumission, il continua sa route vers l'ouest et dut réduire diverses tribus telles que les Houara, et les Lemaïa, chez lesquelles le schisme kharedjite-sofrite s'était conservé. Il est assez difficile de dire jusqu'à quel point il s'avança dans le Mag'reb ; ce qui paraît certain, c'est que les Mag'raoua se retirèrent dans le sud pour éviter son attaque.

Après avoir confirmé Mouça-ben-Abou-l'Afia dans son commandement, Abou-l'Kassem revint sur ses pas et s'arrêta à Mecila, dans

---

1. Ibn-Khaldoun, t. I, p. 267, t. II, p. 527, 568. El-Bekri, art. *Idricides*. Le Kartas, p. 110 et suiv. Ibn-Hammad.

le Hodna. Les Beni-Kemlan, tribu voisine, lui ayant manifesté de l'hostilité, il les réduisit à la soumission et, pour les punir, les déporta à Kaïrouan. De même que les généraux byzantins avaient songé à établir dans cette localité une place forte qu'ils appelèrent Justiniana-Zabi, Abou-l'Kassem traça sur les bords de l'Oued-Sehar une ville destinée à couvrir la frontière du sud-ouest contre les incursions des Zenètes. Il lui donna le nom de Mohammedïa, mais l'ancienne appellation de Mecila prévalut. Le commandement de cette place forte fut donné par lui à l'andalousien Ali-ben-Hamdoun, qui avait été, dit-on, un des premiers partisans du mehdi et aurait même partagé sa captivité à Sidjilmassa. Tout le Zab fut placé sous les ordres de cet officier et l'on accumula dans la nouvelle place forte des approvisionnements et des armes [1].

Abou-l'Kassem rentra ensuite en Ifrikiya où l'appelait le soin de conserver ses droits d'héritier présomptif (928).

Vers le même temps (927), vingt pirates maures, d'Espagne, jetés par la tempête sur les côtes de Provence, s'établissaient au Fraxinet, et, ayant été rejoints par des aventuriers de toute race, fondaient une petite république qui ne tarda pas à devenir un objet de terreur pour les régions environnantes; ces brigands parcoururent en maîtres les Alpes, l'Italie septentrionale, la Suisse, et poussèrent l'audace jusqu'à venir assiéger Milan.

Succès d'Ibn-Abou-l'Afia. — Nous avons laissé dans le Mag'reb Mouça-ben-Abou-l'Afia maître de Fès. Après avoir reçu la soumission des régions environnantes, Mouça, plaçant à Fès son fils Medin, s'attacha à poursuivre les descendants de la famille edriside et leurs partisans dans les retraites où ils s'étaient réfugiés. Les montagnes du Rif et le pays des R'omara étaient le dernier rempart de cette dynastie déchue. Une forteresse élevée sur un piton, au milieu de montagnes escarpées, était maintenant leur capitale. On l'appelait *Hadjar-en-Necer* (le rocher de l'aigle). A la mort d'El-Hadjam, la royauté était échue à Ibrahim, fils de Mohammed-ben-Kassem. Après avoir essayé en vain de réduire ses adversaires dans une retraite aussi difficile d'accès, Mouça se décida à laisser en observation son général Ibn-Abou-el-Fetah [2]; quant à lui, il alla enlever Nokour où régnait un descendant de Salah, nommé El-Mouaïed. Les vainqueurs mirent cette malheureuse ville au pillage et achevèrent l'œuvre de destruction commencée,

---

1. Ibn-Khaldoun, t. II, p. 527-553. Ibn-Hammad, passim. El-Kaïrouani, p. 96.
2. Abou-Komah, selon El-Bekri.

quelques années auparavant, par Messala. Le chef des Miknaça envahit ensuite la province de Tlemcen, où se trouvait un prince edriside du nom d'El-Hacen, descendant de Soleïman, qui prit la fuite à son approche et alla se réfugier à Melila (931). Mouça entra vainqueur à Tlemcen.

Ce n'était pas sans motif que Mouça avait abandonné le Mag'reb. Nous avons vu plus haut qu'Ibn-Khazer avait conclu une alliance avec Abd-er-Rhaman III, khalife d'Espagne, surnommé En-Nacer (le victorieux), en raison de ses grands succès sur les princes de Léon[1]. Stimulé par les agents de ce prince, il avait reparu dans le Mag'reb central, après le départ d'Abou-l'Kassem, et soumis pour les Omeïades tout le pays compris entre Ténès et Oran. Il est probable que l'arrivée du chef victorieux des Miknaça, maître d'une grande partie du Mag'reb, força Ibn-Khazer à regagner les solitudes du désert, son refuge habituel.

Pendant ce temps, le khalife d'Espagne, ne dissimulant plus ses plans de conquête en Mag'reb, enlevait Ceuta par un coup de main. Cette ville tenait encore pour les Edrisides et sa perte fut vivement ressentie par les derniers représentants de cette dynastie (931).

Mouça se prononce pour les Omeïades. Il est vaincu par les troupes fatemides. — Une fois maîtres de Ceuta, les généraux omeïades entrèrent en pourparlers avec Mouça-ben-Abou-l'Afia qui se disposait à marcher contre eux, et lui transmirent de la part de leur maître des offres très séduisantes, s'il consentait à l'accepter pour suzerain. Le chef des Miknaça avait-il à se plaindre du mehdi, ou jugea-t-il simplement qu'il était préférable pour lui de s'attacher à la fortune du brillant En-Nacer? Nous l'ignorons ; dans tous les cas, il accueillit les ouvertures à lui faites et se décida à répudier la suzeraineté fatemide pour laquelle il avait combattu jusqu'alors. S'étant déclaré le vassal du khalife d'Espagne, il fit proclamer l'autorité omeïade dans le Mag'reb.

Dès que ces graves nouvelles furent parvenues en Ifrikiya, le mehdi expédia au gouverneur de Tiharet l'ordre de marcher contre ses ennemis du Mag'reb; mais les descendants de Messala, qui y commandaient, ne possédaient pas de forces suffisantes pour entreprendre une campagne sérieuse, et l'année 932 se passa en escarmouches sans importance. L'année suivante (933), une armée fatemide se mit en route vers l'ouest, sous le commandement de Homeïd-ben-Isliten, neveu de Messala, traversa sans peine le

---

1. Dozy, *Musulmans d'Espagne*, t. III, p. 49 et suiv.

Mag'reb central et pénétra dans le Mag'reb extrême. Mouça attendait ses ennemis en avant de Taza, sur la rive gauche de la Moulouïa, au lieu dit Messoun. Après plusieurs jours de lutte, les troupes fatemides parvinrent à se rendre maîtresses du camp ennemi, ce qui contraignit Mouça à se jeter dans Teçoul, et à appeler à son aide le général Ibn-Abou-l'Fetah, resté en observation devant Hadjar-en-Necer. Aussitôt l'edriside Ibrahim et ses partisans reprirent l'offensive et vinrent attaquer les derrières de Mouça. Au profit de cette diversion, qui immobilisait le chef miknacien, Homeïd continua sa marche sur Fès, où il entra sans coup férir, car Medin, fils de Mouça, avait abandonné la ville à son approche. Après avoir rétabli l'autorité fatemide en Mag'reb, Homeïd reprit la route de l'Ifrikiya en laissant comme gouverneur à Fès Hâmed-ben-Hamdoun[1].

MORT D'OBÉÏD-ALLAH, LE MEHDI. — Peu de temps après le retour de l'armée, Obéïd-Allah mourut à El-Mehdïa (3 mars 934). Il était âgé de soixante-trois ans et avait régné près de vingt-cinq ans. Il laissait sept fils et huit filles. Les astrologues de la cour prétendirent qu'au moment de sa mort la lune avait subi une éclipse totale.

Ce prince laissait à son fils un immense empire qui s'étendait de la grande Syrte au cœur du Mag'reb. Il faut reconnaître qu'une rare fortune avait secondé l'ambition de ce messie (mehdi), qui, après avoir erré en proscrit, durant de longues années, était venu s'asseoir en triomphateur sur le trône préparé par un disciple dont l'abnégation égalait le dévouement. Grâce à son énergie invincible, Obéïd-Allah sut conserver, étendre et établir sur des bases durables un pouvoir assez précaire au début. Nul doute que, sans les mesures rigoureuses qu'il prit et dont les premières conséquences furent de sacrifier ceux auxquels il devait tout, il eût été renversé après un court règne.

Et cependant l'ambition constante du mehdi, le désir de toute sa vie n'était pas réalisé. C'est vers l'Orient qu'il avait les yeux tournés et c'est sur le trône des khalifes, où son ancêtre Ali n'avait pu se maintenir, qu'il voulait s'asseoir. Après l'insuccès de ses tentatives militaires en Egypte, il dut se borner à employer l'intrigue, et ce fut, dit-on, par un de ses émissaires que le khalife El-Moktader fut tué pendant les guerres qui suivirent la révolte de Mounès. Suivant l'historien Es-Saouli, cité par Ibn-

---

1. Ibn-Khaldoun, *Berbères*, t. I, p. 268, t. II, p. 528, 569, t. III, p. 231. Kartas, p. 111 et suiv. Bekri, passim.

Hammad, il aurait même annoncé officiellement cette nouvelle dans une assemblée politique où il reçut les félicitations du peuple.

Le mehdi établit quelques modifications de rite dans la pratique de la religion musulmane. La révolte des Karmates, qui ensanglanta l'Orient pendant la fin de son règne, favorisa ces innovations. Le pèlerinage, une des bases de la religion islamique, était devenu impossible depuis que les farouches sectaires avaient mis la *ville sainte* au pillage et enlevé la pierre noire de la Kaâba[1].

EXPÉDITIONS DES FATEMIDES EN ITALIE. — Avant de terminer ce chapitre, nous devons passer une rapide revue des expéditions faites en Europe pendant les dernières années du règne du mehdi. A la suite d'une alliance conclue avec les ambassadeurs slaves venus de Dalmatie en Afrique, une expédition fut faite, vers 925, de concert avec eux, dans le midi de l'Italie. Les alliés s'emparèrent d'un certain nombre de villes détachées de l'obéissance de l'empire, et notamment d'Otrante. Saïn, chef des Slaves, força Naples et Salerne à lui verser une rançon, puis il fit payer tribut à la Calabre et retourna à Palerme avec un riche butin. Les Slaves avaient en effet pris l'habitude d'hiverner dans cette ville, dont un quartier conserva leur nom. Beaucoup d'entre eux passèrent en Espagne et entrèrent au service des princes oméïades.

Malgré l'appui prêté par les Fatemides à Saïn dans son expédition d'Italie, le tribut stipulé par les précédents traités fut régulièrement servi à Obéïd-Allah jusqu'à sa mort, par les Byzantins.

En 933, une flotte envoyée contre Gênes par le mehdi porta le ravage dans les environs de cette ville[2].

1. Ibn-Khaldoun, t. II, p. 529 et suiv. Ibn-Hammad, passim. El-Kaïrouani, p. 96,
2. Amari, *Musulmans de Sicile*, t. II, p. 176 et suiv. Dozy, *Musulmans d'Espagne*, t. III, p. 61.

CHAPITRE X

SUITE DES FATEMIDES. RÉVOLTE DE L'HOMME A L'ANE

934-947.

Règne d'El-Kaïm; premières révoltes. — Succès de Meïçour, général fatemide, en Mag'reb; Mouça, vaincu, se réfugie dans le désert. — Expéditions fatemides en Italie et en Egypte. — Puissance des Sanhadja; Ziri-ben-Menad. — Succès des Edrisides; mort de Mouça-ben-Abou-l'Afia. — Révolte d'Abou-Yezid, *l'homme à l'âne*. — Succès d'Abou-Yezid; il marche sur l'Ifrikiya. — Prise de Kaïrouan par Abou-Yezid. — Nouvelle victoire d'Abou-Yezid, suivie d'inaction. — Siège d'El-Medhia par Abou-Yezid. — Levée du siège d'El-Mehdïa. — Mort d'El-Kaïm; règne d'Ismaïl-el-Mançour. — Défaites d'Abou-Yezid. — Poursuite d'Abou-Yezid par Ismaïl. — Chute d'Abou-Yezid.

Règne d'El-Kaïm; premières révoltes. — Le prince Aboul-l'Kassem avait pris, depuis longtemps, en main la direction des affaires de l'empire fatemide; il lui fut donc possible de tenir secrète la mort de son père pendant un certain temps[1]. Il envoya dans l'est et dans l'ouest des forces suffisantes pour étouffer dans leur germe les rébellions qui auraient pu se produire à la nouvelle du décès du mehdi. Après avoir pris ces habiles dispositions, il annonça le fatal événement et se fit proclamer sous le nom d'*El-Kaïm-bi-Amr-Allah* (celui qui exécute les ordres de Dieu). Il ordonna alors un deuil public en l'honneur du mehdi et manifesta le plus grand chagrin de sa mort, s'abstenant de passer à cheval dans les rues d'El-Mehdïa.

El-Kaïm, c'est ainsi que nous le désignerons maintenant, était alors un homme de quarante-deux à quarante-trois ans. Il avait, quelque temps auparavant, institué à El-Mehdïa un véritable cérémonial de cour et pris l'habitude de ne sortir qu'avec le parasol, qui devint l'emblème de la dynastie fatemide. Selon Ibn-Hammad, ce parasol, semblable à un bouclier fiché au bout d'une lance, était porté au-dessus de sa tête par un cavalier.

A peine la nouvelle de la mort du souverain fatemide se fut-elle répandue qu'une révolte éclata dans la province de Tripoli, à la voix d'un aventurier, Ibn-Talout, qui se faisait passer pour le fils

---

[1]. Les auteurs varient entre un mois et un an.

du mehdi. Entouré d'un grand nombre de partisans, cet agitateur poussa l'audace jusqu'à attaquer Tripoli, mais son ardeur s'usa contre les remparts de cette place et bientôt ses adeptes se tournèrent contre lui, le mirent à mort et envoyèrent sa tête à El-Kaïm.

Dans la province de Kastiliya, un agitateur religieux du nom d'Abou-Yezid commençait ses prédications. Ce marabout allait, avant peu, mettre l'empire fatemide à deux doigts de sa perte[1].

SUCCÈS DE MEIÇOUR, GÉNÉRAL FATEMIDE, EN MAG'REB. — MOUÇA, VAINCU; SE RÉFUGIE DANS LE DÉSERT. — Lorsque, dans le Mag'reb, Mouça-ben-Abou-l'Afia apprit la mort du mehdi, il sortit de sa retraite, et, avec l'appui des forces oméïades, se rendit maître de Fès. Après avoir fait mourir Hâmed-ben-Hamdoun, il se porta dans le Rif avec l'espoir de tirer une éclatante vengeance de ses ennemis les Edrisides, qu'il rendait responsables de ses dernières défaites.

Cependant, l'armée fatemide, envoyée dans l'ouest, sous le commandement de l'eunuque Meïçour, avait commencé par réduire à la soumission les populations des environs de Tiharet qui, après avoir mis à mort leur gouverneur, s'étaient placées sous la protection de Mohamed-ben-Abou-Aoun, commandant d'Oran pour les Oméïades. Ce dernier, attaqué à son tour, avait dû également se soumettre au vainqueur. Ayant ainsi assuré ses derrières, Meïçour n'hésita pas à marcher directement sur Fès. Il mit le siège devant cette ville, mais il y rencontra une résistance désespérée et fut retenu sous ses murailles pendant de longs mois.

El-Kaïm, ne recevant plus de nouvelles de son armée, lui expédia du renfort sous le commandement de son nègre Sandal. Cet officier, parvenu dans le Mag'reb, commença par se rendre maître de Nokour, que les descendants des Beni-Salah avaient relevée de ses ruines; puis, il opéra sa jonction à Meïçour. Les princes edrisides entrèrent alors en pourparlers avec ce dernier et lui proposèrent de le soutenir s'il voulait attaquer leur ennemi mortel, Mouça. Cette démarche devait consacrer une rupture définitive entre eux et les Oméïades. Mais, que pouvaient-ils attendre d'Abd-er-Rahman, représenté en Mag'reb par Ben-Abou-l'Afia ?

Meïçour, qui, depuis sept mois, assiégeait inutilement Fès, accepta les propositions des Edrisides et se décida à traiter avec les assiégés. Ceux-ci reconnurent, pour la forme, l'autorité fate-

---

1. Ibn-Hammad, passim. Ibn-Khaldoun, *Berbères*, t. II, p 328 et suiv. et t. III, p. 201 et suiv.

mide. Meïçour, ayant alors réuni toutes ses forces et reçu dans ses rangs le contingent edriside, se mit à la poursuite de Mouça, le vainquit dans toutes les rencontres, le chassa de toutes ses retraites et le contraignit à chercher un refuge dans le désert.

Après avoir obtenu ce résultat, Meïçour donna à El-Kacem-ben-Edris, surnommé Kennoun, alors chef de la famille edriside, le commandement de tout le pays conquis sur Mouça. Cependant Fès fut réservé et les Edrisides ne rentrèrent pas encore dans la métropole fondée par leur aïeul. Ils continuèrent à faire de Hadjar-en-Nacer leur capitale provisoire.

Meïçour rentra à El-Mehdia en 936 [1].

Expéditions fatemides en Italie et en Egypte. — Pendant que ces événements se passaient dans le Mag'reb, El-Kaïm obtenait de brillants résultats sur un autre théâtre. Une nouvelle expédition maritime envoyée d'El-Mehdia contre Gênes remportait un grand succès. Les soldats fatemides, après avoir enlevé d'assaut cette ville, la mirent au pillage et ramenèrent des captifs nombreux. A leur retour, ils portèrent le ravage sur les côtes de Sardaigne et peut-être de Corse, et rentrèrent à El-Mehdia avec un riche butin et un millier de femmes chrétiennes captives (935) [2].

En Sicile, où quelques troubles avaient éclaté, le khalife fatemide envoya comme gouverneur un certain Khalil-ben-Ouerd, homme d'une rare énergie, qui ne tarda pas à rétablir la paix et put s'appliquer tout entier à l'embellissement de Palerme.

Mais El-Kaïm avait, comme son père, les yeux tournés vers l'Orient, et il faut avouer que le moment semblait favorable pour y exécuter de nouvelles tentatives. Après la mort du khalife El-Moktader, on avait proclamé El-Kaher-b'Illah à Bagdad; mais son règne avait été fort troublé et de courte durée. Déposé en 934, il fut remplacé par son neveu Er-Radi, fils d'El-Moktader. Ce prince nomma alors au gouvernement de l'Egypte un officier d'origine turque [3], nommé Abou-Beker-ben-Bordj et qui prit le titre d'*Ikhchid* (roi des rois). En réalité, l'Egypte devenait une vice-royauté presque indépendante, et, comme elle était très divisée par la guerre civile, il était naturel qu'El-Kaïm songeât à y intervenir.

1. Ibn-Khaldoun, *Berbères*, t. II, p. 142, 145, 529. Kartas, p. 117. El-Bekri, *Idricides*.
2. Ibn-Khaldoun, *Berbères*, t. II, p. 529. Amari, *Musulmans de Sicile*, t. III, p. 180 et suiv.
3. Il ne faut pas perdre de vue que les Turcs habitaient alors le centre de l'Asie.

L'affranchi Zeïdane, général fatemide, partit pour l'Egypte à la tête d'une armée et entra en vainqueur à Alexandrie, mais, Ikhchid étant accouru avec des forces imposantes, Zeïdane ne jugea pas prudent de se mesurer avec lui ; il s'empressa d'évacuer le pays conquis et de rentrer en Ifrikiya.

Puissance des Sanhadja. — Ziri-ben-Menad. — La grande tribu des Sanhadja, qui occupait la majeure partie du Tell du Mag'reb central, n'a, jusqu'à présent, joué aucun rôle actif dans l'histoire. Son territoire confrontait à l'est aux Ketama, au nord aux Zouaoua du Djerdjera, et s'étendait à l'ouest jusque vers le méridien de Ténès ; il renfermait des localités importantes telles que Hamza, Djezaïr-beni-Mez'ranna (Alger), Médéa et Miliana. La race des Sanhadja constituait une des plus anciennes souches berbères. La tribu des Telkata [1] avait la prééminence sur les autres. Les Mag'raoua, qui confrontaient au sud et à l'ouest aux Sanhadja, étaient en luttes constantes avec eux.

Vers le commencement du xe siècle, vivait chez les Sanhadja un certain Menad, sorte de *marabout* dont la famille était venue quelque temps auparavant s'établir dans la tribu et y avait fondé une mosquée. Il avait un fils nommé Ziri, dont les auteurs disent : « ...Qu'on n'avait jamais vu un si bel enfant..... à l'âge de dix ans, il paraissait en avoir vingt pour la force et la vigueur [2] ». Ses instincts belliqueux s'étaient révélés de bonne heure ; aussi, dès qu'il eut atteint l'âge d'homme, il rassembla une bande de jeunes gens déterminés et alla faire des expéditions et des razias chez les Mag'raoua. Son audace et son courage, que le succès favorisa, lui procurèrent bientôt une grande influence parmi les Sanhadja. Il put alors exécuter une razia très fructueuse sur les Mar'ila, établis dans le bas Chelif, non loin de Mazouna. Retranché dans la montagne de Titeri, au sud de Médéa, il y emmagasina son butin et y logea ses chevaux. Malgré l'opposition de quelques rivaux, il ne tarda pas à devenir le chef incontesté des Sanhadja. Ayant envoyé sa soumission à El-Kaïm, il reçut de ce prince l'investiture du commandement de sa tribu.

Ziri songea alors à se construire une capitale digne de lui et reçut à cette occasion les conseils et les secours du souverain fatemide, trop heureux de voir s'établir une puissance rivale de celle des Mag'raoua et destinée à servir de rempart contre eux.

Le fils de Menad choisit l'emplacement de sa capitale dans le

---

1. Voir au chap. i, 2e partie, les subdivisions de cette tribu.
2. En-Nouëïri, *apud* Ibn-Khaldoun, t. II, p. 487.

Djebel-el-Akhdar (Titeri), près de Médéa, et lui donna le nom d'Achir. Lorsqu'elle fut achevée, il fit appel aux habitants de Tobna, de Mecila et de Hamza pour la peupler [1].

Succès des Edrisides ; mort de Mouça-ben-Abou-l'Afia. — Dans le Mag'reb, les Edrisides consolidaient le pouvoir qu'ils avaient recouvré et l'autorité qu'ils tenaient du général fatemide. En 936, Kacem-Kennoun, chef de cette dynastie, s'emparait d'Azila et, pendant ce temps, son cousin El-Hassen rentrait en vainqueur à Tlemcen. Mouça, réduit à l'impuissance, suivait de loin ces événements, en guettant l'occasion de reprendre l'offensive.

Abd-er-Rahman-en-Nacer était alors retenu par ses guerres contre les rois de Galice et de Léon. La fortune, jusqu'alors fidèle, l'avait trahi, et il avait essuyé de sérieux échecs qu'il brûlait du désir de venger. C'est ce qui explique que ses partisans du Mag'-reb restaient abandonnés à eux-mêmes [2].

En 938, eut lieu la mort de Mouça, « pendant qu'il travaillait, dit Ibn-Khaldoun, de concert avec son puissant voisin (Ibn-Khazer), à fortifier la cause des Oméïades ». On ignore s'il fut tué dans un combat ou s'il mourut de maladie. Son fils Medine recueillit sa succession et reçut du khalife oméïade le titre platonique de gouverneur du Mag'reb. Il contracta avec El-Kheir, fils de Mohammed-ben-Khazer, une alliance semblable à celle qui avait existé entre leurs pères, d'où il y a lieu de conjecturer que ce dernier était mort vers la même époque.

Révolte d'Abou-Yezid, l'homme a l'ane. — Abou-Yezid, fils de Makhled-ben-Keïdad, zenète de la tribu des Beni-Ifrene, fraction des Ouargou, avait été élevé à Takious, dans le pays de Kastiliya. Il était né, dit-on, au Soudan, du commerce de son père avec une négresse, dans un voyage effectué par Makhled pour ses affaires. Il avait fait ses études à Takious et à Touzer, où il avait reçu les leçons du Mokaddem (évêque) des eïbadites Abou-Ammar, l'aveugle. Il s'était ainsi pénétré, dès son jeune âge, des principes de ces sectaires et particulièrement de la fraction qui était désignée sous le nom de *Nekkariens*. C'étaient des puritains militants qui permettaient le meurtre, le viol et la spoliation sur tous ceux qui n'appartenaient pas à leur secte.

Abou-Yezid était contrefait, boiteux de naissance et fort laid, mais, dans cette enveloppe frêle et disgracieuse, brûlait une âme

---

1. Ibn-Khaldoun, *Berbères*, t. II, p. 4 et suiv. En-Nouéïri, *loc. cit.* El-Bekri, art. Achir.
2. Dozy, *Musulmans d'Espagne*, t. II, p. 64 et suiv.

ardente et d'une énergie invincible. Il possédait à un haut degré l'éloquence qui entraîne les masses. Dès qu'il eut atteint l'âge d'homme, il s'adonna à l'enseignement, c'est-à-dire qu'il s'appliqua à répandre les doctrines de sa secte, et ses prédications enflammées n'avaient qu'un but : pousser à la révolte contre l'autorité constituée. Il parcourut les tribus kharedjites en pratiquant le métier d'apôtre, et se trouvait à Tiharet au moment du triomphe du mehdi. Il se posa, dès lors, en adversaire résolu de la dynastie fatemide. Forcé de fuir de Tiharet, il rentra dans le pays de Kastiliya et ne tarda pas à se faire mettre hors la loi par les magistrats de cette province. Il tenta alors d'effectuer le pèlerinage, mais il ne paraît pas qu'il eût réalisé ce projet, qui n'était peut-être qu'une ruse de sa part pour détourner l'attention.

Vers 928, il était de retour à Takious et, dès l'année suivante, commençait à grouper autour de lui des partisans prêts à le soutenir dans la lutte ouverte qu'il allait entamer. En 934, il se crut assez fort pour lever l'étendard de la révolte à Takious, mais le souverain fatemide s'étant décidé à agir sérieusement contre lui, Abou-Yezid dut encore prendre la fuite. Il renouvela sa tactique et simula ou effectua un voyage en Orient. Après quelques années de silence, il rentrait à la faveur d'un déguisement à Touzer (938) ; mais ayant été reconnu, il fut arrêté par le gouverneur et jeté en prison. A cette nouvelle, son ancien précepteur Abou-Ammar, l'aveugle, mokaddem des Nekkariens, cédant aux instances de deux des fils d'Abou-Yezid, nommés Fadel et Yezid, réunit un groupe de ses adeptes et alla délivrer le prisonnier.

Cette fois, il n'y avait plus à tergiverser et il ne restait à Abou-Yezid qu'à combattre ouvertement. Il se réfugia dans le sud chez les Beni-Zendak, tribu zenète, et, de là, essaya d'agir sur les populations zenètes de l'Aourès et du Zab et notamment sur les Beni-Berzal. Il avait soixante ans, mais son ardeur n'était nullement diminuée, malgré l'âge et les infirmités. Après plusieurs années d'efforts persévérants, il parvint à décider ces populations à la lutte. Vers 942, il réunit ses principaux adhérents dans l'Aourès, se fit proclamer par eux *cheikh des vrais croyants,* leur fit jurer haine à mort aux Fatemides et les invita à reconnaître la suprématie des Oméïades d'Espagne. Il leur promit en outre qu'après la victoire, le peuple berbère serait administré, sous la forme républicaine, par un conseil de douze cheiks. L'homicide et la spoliation étaient déclarés licites à l'encontre des prétendus orthodoxes, dont les familles devaient être réduites en esclavage[1].

1. Ibn-Khaldoun, *Berbères*, t. II, p. 530 et suiv., t. III, p. 201 et suiv.

Succès d'Abou-Yezid. Il marche sur l'Ifrikiya. — En 942, Abou-Yezid profita de l'absence du gouverneur de Bar'aï pour venir, à la tête de ses partisans, ravager les environs de cette place forte. Une nouvelle course dans la même direction fut moins heureuse, car le gouverneur, qui, cette fois, était sur ses gardes, repoussa les Nekkariens et les poursuivit dans la montagne ; mais, s'étant engagé dans des défilés escarpés, il se vit entouré de kharedjites et forcé de chercher un refuge derrière les remparts de sa citadelle.

Abou-Yezid essaya en vain de le réduire ; manquant de moyens pour faire, avec succès, le siège de Bar'aï, il changea de tactique. Des ordres, expédiés par lui aux Beni-Ouacin, ses serviteurs spirituels, établis dans la partie méridionale du pays de Kastiliya, leur prescrivirent d'entreprendre le siège de Touzer et des principales villes du Djerid. Cette feinte réussit à merveille, et, tandis que toutes les troupes des postes du sud se portaient vers les points menacés, Abou-Yezid venait s'emparer sans coup férir de Tebessa et de Medjana. La place de Mermadjenna éprouva bientôt le même sort ; dans cette localité, le chef de la révolte reçut en présent un âne gris dont il fit sa monture. C'est pourquoi on le désigna ensuite sous le sobriquet de l'*homme à l'âne*.

De là, Abou-Yezid se porta sur El-Orbos, et, après avoir mis en déroute le corps de troupes ketamiennes qui protégeait cette place, il s'en empara et la livra au pillage : toute la population réfugiée dans la grande mosquée fut massacrée par ses troupes, qui se livrèrent aux plus grands excès. Ainsi, un succès inespéré couronnait les efforts de l'apôtre. L'homme à l'âne prit alors le titre de *Cheikh des Croyants* : vêtu de la grossière chemise de laine à manches courtes usitée dans le sud, il affectait une grande humilité, n'avait comme arme qu'un bâton et comme monture qu'un âne.

En présence du danger qui le menaçait, El-Kaïm, sans s'émouvoir, réunit des troupes et les envoya renforcer les garnisons des places fortes. Avec le reste de ses soldats, il forma trois corps dont il donna le commandement en chef à Meïçour. L'esclavon Bochra partit à la tête d'une de ces divisions pour couvrir Badja, menacée par les Nekkariens. Le général Khalil-ben-Ishak alla occuper Kaïrouan et Rakkada, avec le second corps. Enfin Meïçour demeura avec le dernier à la garde d'El-Mehdïa.

Ibn-Hammad, passim. El-Bekri, art. Abou-Yezid. El-Kaïrouani, p. 98 et suiv. Voir aussi l'étude publiée par Cherbonneau dans la *Revue africaine*, sous le titre *Documents inédits sur l'hérétique Abou-Yezid*, n° 78 et dans le *Journal asiatique*, passim.

Abou-Yezid marcha directement sur Badja et fit attaquer de front l'armée de Bochra par un de ses lieutenants nommé Aïoub. Celui-ci n'ayant pu soutenir le choc des troupes régulières, l'Homme à l'âne effectua en personne un mouvement tournant qui livra aux Kharedjites le camp ennemi et changea la défaite en victoire. La ville de Badja fut mise à feu et à sang par les vainqueurs. Les hommes, les enfants mêmes furent passés au fil de l'épée, les femmes réduites en esclavage. Cette nouvelle victoire eut le plus grand retentissement dans le pays et, de partout, accoururent, sous la bannière d'Abou-Yezid, de nouveaux adhérents, autant pour échapper à ses coups que dans l'espoir de participer au butin.

Les Beni-Ifrene et autres tribus zenètes formaient l'élite de son armée. L'Homme à l'âne s'efforça de donner une organisation à ces hordes indisciplinées qui reçurent des officiers, des étendards, du matériel et des tentes; quant à lui, il conserva encore la simplicité de son accoutrement.

Prise de Kaïrouan par Abou-Yezid. — De Tunis, où il s'était réfugié, Bochra envoya contre les Nekkariens de nouvelles troupes, mais elles essuyèrent encore une défaite à la suite de laquelle ce général, contraint d'évacuer Tunis, alla se réfugier à Souça.

L'Homme à l'âne, après avoir fait une entrée triomphale à Tunis, alla établir son camp sur les bords de la Medjerda, pour y attendre de nouveaux renforts, afin d'attaquer le souverain fatemide au cœur de sa puissance. Les populations restées fidèles à cette dynastie se réfugièrent sous les murs de Kaïrouan. Le moment décisif approchait. En attendant qu'il pût investir El-Medhïa, Abou-Yezid, pour tenir ses troupes en haleine, les envoya par petits corps faire des incursions sur les territoires non soumis. Ces partis répandirent la dévastation dans les contrées environnantes et rapportèrent un butin considérable.

Enfin l'Homme à l'âne donna le signal de la marche sur la capitale. En avant de Souça, l'avant-garde, commandée par Aïoub, se heurta contre Bochra et ses guerriers brûlant de prendre une revanche. Les Kharedjites furent entièrement défaits: quatre mille d'entre eux restèrent sur le champ de bataille et un grand nombre de prisonniers furent conduits à El-Medhïa, où le prince ordonna leur supplice.

Cet échec, tout sensible qu'il fût, n'était pas suffisant pour arrêter l'ardeur des Nekkariens avides de pillage. Bientôt, en effet, renforcés de nouveaux volontaires, ils reprirent leur marche vers le sud et arrivèrent sous les murs de Rakkada. A leur approche, les troupes abandonnèrent cette place et allèrent se renfermer dans Kaïrouan.

Après être entré sans coup férir dans Rakkada, Abou-Yezid se porta sur Kaïrouan, qu'il investit avec les cent mille hommes dont il était suivi.

Khalil-ben-Ishak, qui n'avait rien fait pour empêcher l'investissement de la ville dont il avait le commandement, ne sut pas mieux la défendre pendant le siège. Dans l'espoir de sauver sa vie, il entra en pourparlers avec Abou-Yezid et poussa l'imprudence jusqu'à venir à son camp. L'homme à l'âne le jeta dans les fers et bientôt le fit mettre à mort, malgré les représentations que lui adressa Abou-Ammar contre cet acte de lâcheté. Pressée de toutes parts et privée de chef, la ville ne tarda pas à ouvrir ses portes aux assiégeants (milieu d'octobre 944). Suivant leur habitude, les Kharedjites livrèrent Kaïrouan au pillage ; les principaux citoyens, les savants, les légistes étant venus implorer la clémence du vainqueur, n'obtinrent que d'humiliants refus ; ils auraient même, selon Ibn-Khaldoun [1], reçu l'ordre de se joindre aux Kharedjites et de les aider à massacrer les habitants de la ville et les troupes fatemides.

On dit qu'en faisant son entrée dans la ville, Abou-Yezid criait au peuple : « Vous hésitez à combattre les Obéïdites ? Voyez cependant mon maître Abou-Ammar et moi ; l'un est aveugle, l'autre boiteux : Dieu nous a donc, l'un et l'autre, dispensés de verser notre sang dans les combats, mais nous ne nous en dispensons pas ! » [2].

NOUVELLE VICTOIRE D'ABOU-YEZID SUIVIE D'INACTION. — Dans toute cette première partie de la campagne, les généraux fatemides semblent avoir lutté d'incapacité, en se laissant successivement écraser sans se prêter aucun appui. Après la chute de Kaïrouan, Meïçour, sortant de son inaction, vint, à la tête d'une nombreuse armée, attaquer le camp des Kharedjites. La bataille eût lieu au col d'El-Akouïne, en avant de la ville sainte, et elle parut, d'abord, devoir être favorable aux Fatemides, lorsque le contingent de la tribu houaride des Beni-Kemlane de l'Aourès, transportée quelques années auparavant dans l'Ifrikyia, passa dans les rangs kharedjites et, se retournant contre les troupes fatemides, y jeta le désordre, suivi bientôt de la défaite. Meïçour reçut la mort de la main des Beni-Kemlane qui portèrent sa tête au chef de la révolte. Les tentes et les étendards obéïdites tombèrent aux mains des Nekkariens. La tête de Meïçour, après avoir été traînée dans les rues de Kaïrouan, fut envoyée en Mag'reb avec la nouvelle de la victoire.

---

1. *Berbères*, t. III, p. 206.
2. Ibn-Hammad, *loc. cit.*

Abou-Yezid s'installa dans le camp de Meïçour, et, suivant son plan de campagne, au lieu de profiter de la terreur répandue par sa dernière victoire pour marcher sur El-Mehdïa, il lança ses guerriers par groupes sur les provinces de l'Ifrikiya. Les farouches sectaires portèrent alors le ravage et la mort dans tout le pays, qu'ils couvrirent de sang et de ruines. Parmi les plus acharnés à commettre ces excès, se distinguèrent les Beni-Kemlane. L'autorité d'Abou-Yezid s'étendit au loin. Plusieurs places fortes tombèrent en son pouvoir et notamment Souça, où les plus épouvantables cruautés furent commises[1].

Ce fut sans doute vers ce moment qu'Abou-Yezid envoya à l'oméïade En-Nacer, khalife de Cordoue, une ambassade pour lui offrir son hommage de fidélité. Cette démarche, il est inutile de le dire, fut fort bien accueillie par la cour d'Espagne. La municipalité de Kaïrouan avait, dit-on, insisté, pour qu'il la fît. Afin de lui plaire, Abou-Yezid avait rétabli dans cette ville le culte orthodoxe[2].

L'Homme à l'âne, sur le point de réussir, agissait déjà en souverain. Enivré par ses succès, il ne tarda pas à rejeter sa robe de mendiant pour se vêtir d'habillements princiers et s'entourer des attributs de la royauté. Il allait au combat monté sur un cheval de race. Ce n'était plus l'homme à l'âne. Pendant ce temps, El-Kaïm occupait ses troupes à couvrir sa capitale de solides retranchements, car il s'attendait tous les jours à voir paraître l'ennemi sous ses murs. En même temps, il put faire passer un message aux Ketamiens, toujours fidèles, et à leurs voisins les Sanhadja. Ces derniers accueillirent favorablement sa demande de secours. Leur chef Ziri-ben-Menad, que des généalogistes complaisants rattachèrent à la filiation du prophète, s'était, ainsi qu'on l'a vu, déclaré l'ami des Fatemides; la rivalité de sa tribu avec celle des Zenètes-Mag'raoua était une raison de plus pour combattre la révolte des Zenètes-Kharedjites. Des contingents fournis par les Ketama et les Sanhadja vinrent harceler les derrières de l'armée nekkarienne, tandis que des forces plus considérables se concentraient à Constantine.

Siège d'El-Mehdïa par Abou-Yezid. — Après être resté pendant 70 jours dans une inaction inexplicable, Abou-Yezid vint mettre le siège devant El-Mehdïa. Le faubourg de Zoüila tomba en sa

---

1. Ibn-Khaldoun, *Berbères*, t. II, p. 532, t. III, p. 207. El-Kairouani, p. 100.
2. Amari, *Musulmans de Sicile*, t. II, p. 200 et suiv. Dozy, *Histoire des Musulmans d'Espagne*, t. III, p. 67.

possession, à la suite d'une série de combats qui durèrent plusieurs jours, et il s'avança jusqu'à la Meçolla, à une portée de flèche de la ville (janvier 945). Ainsi se trouva réalisée une prédiction attribuée au mehdi. Abou-Yezid, dans son ardeur, avait failli se faire prendre, il reconnut que la ville ne pouvait être enlevée par un coup de main et, ayant établi un vaste camp retranché au-dessus de Zouïla, au lieu dit Fehas-Terennout, il entreprit le siège régulier d'El-Mehdïa.

Ce fut alors que les Ketama et Sanhadja, pour opérer une diversion, sortirent de leur camp de Constantine et vinrent attaquer, à revers, l'armée kharedjite. Mais, Abou-Yezid lança contre eux les Ourfeddjouma, sous la conduite de Zeggou-el-Mezati, et ces troupes parvinrent à les repousser. Ainsi, El-Kaïm demeura abandonné à lui-même, n'ayant d'autre espoir de salut que dans son courage et sa ténacité. Abou-Yezid pressa le siège, livrant de nombreux assauts à la ville; les Fatemides, de leur côté, firent de continuelles sorties. L'issue de ces engagements était généralement indécise, car les assiégeants, en raison de la configuration du terrain, ne pouvaient mettre en ligne toutes leurs forces et perdaient l'avantage du nombre. L'Homme à l'âne se multipliait, conduisant lui-même ses guerriers au combat et il faillit trouver la mort dans une de ces luttes, où l'acharnement était égal de part et d'autre.

Il fallut dès lors renoncer à enlever la place de vive force et se contenter de maintenir un blocus rigoureux. Pour employer une partie de ses troupes et se procurer des approvisionnements, Abou-Yezid les envoyait fourrager dans l'intérieur. Bientôt la famine vint ajouter à la détresse des assiégés, entassés dans El-Mehdïa, et El-Kaïm dut se décider à expulser les non-combattants qui étaient venus s'y réfugier lors de l'approche des Kharedjites. Ces malheureux, femmes, vieillards et enfants furent impitoyablement massacrés par les Nekkariens, qui leur ouvraient le ventre pour chercher, dans leurs entrailles, les bijoux et monnaies qu'ils supposaient avoir été avalés par les fuyards[1]. Abou-Yezid donnait lui-même l'exemple de la cruauté : tout prisonnier était torturé. Les Obéïdites, de leur côté, ne faisaient aucun quartier.

Le siège traînait en longueur; les Fatemides avaient trouvé de nouvelles ressources, soit dans les magasins d'approvisionnement, soit par suite d'un ravitaillement exécuté par Ziri-ben-Menad, selon Ibn-Khaldoun[2], ce qui semble peu probable, à moins qu'il n'ait

---

1. Ibn-Hammad, Ibn-Khaldoun, El-Kaïrouani rapportent ce trait.
2. *Berbères*, t. II, p. 56.

été opéré par mer. Dans les premiers jours, des rassemblements considérables de Berbères arrivant du Djebel-Nefouça, du Zab, ou même du Mag'reb, venaient sans cesse grossir l'armée des Nekkariens. Mais cette armée, par sa composition hétérogène, ne pouvait subsister qu'à la condition d'agir et surtout de piller. L'inaction, les privations ne pouvaient convenir à ces montagnards accourus à la curée. L'Homme à l'âne essayait de les lancer sur les contrées de l'intérieur ; mais à une grande distance, il ne restait plus rien ; tout avait été pillé. Les guerriers nekkariens commencèrent à murmurer ; bientôt des bandes entières reprirent le chemin de leur pays et, une fois cette impulsion donnée, l'immense rassemblement ne tarda pas à se fondre. Promptement, Abou-Yezid n'eut plus autour de lui que les contingents des Houara de l'Aourès et des Beni-Kemlane et quelques Beni-Ifrene. El-Kaïm profita de l'affaiblissement de son ennemi pour effectuer une sortie énergique qui rejeta l'assiégeant dans son camp. En même temps, des émissaires habiles suscitèrent le mécontentement parmi les derniers adhérents d'Abou-Yezid, en faisant ressortir combien son luxe et sa conduite déréglée étaient indignes de son caractère.

Levée du siège d'El-Mehdia. — Incapable de résister à une nouvelle sortie et ne pouvant même plus compter sur ses derniers soldats, Abou-Yezid se vit forcé de lever le siège au plus vite et d'opérer sa retraite sur Kaïrouan, en abandonnant son camp aux assiégés. Selon El-Kaïrouani, trente hommes seulement l'accompagnaient dans sa fuite[1] (août 945).

El-Mehdïa se trouva ainsi délivrée au moment où les rigueurs du blocus l'avaient réduite à la dernière extrémité. Depuis longtemps, les vivres étaient épuisées ; on avait dû manger la chair des animaux domestiques et même celle des cadavres. Les assiégés trouvèrent dans le camp kharedjite des vivres en abondance et des approvisionnements de toute sorte. Aussitôt, le khalife El-Kaïm reprit l'offensive. Tunis, Souça et autres places rentrèrent en sa possession, car la retraite des Nekkariens avait été le signal d'un tolle général de la part des populations victimes de leurs excès.

Quant à Abou-Yezid, il avait été reçu avec le dernier mépris par les habitants de Kaïrouan, lorsqu'ils avaient vu sa faiblesse. L'Homme à l'âne, en éprouvant la rigueur de la mauvaise fortune, changea complètement de genre de vie, il revint à la simplicité des premiers jours et reprit la chemise de laine et le bâton, simple livrée sous laquelle il avait obtenu tous ses succès. En même

---

1. Page 102.

temps, des officiers dévoués lui amenèrent des troupes fidèles qui occupaient différents postes. Il se mit à leur tête et porta le ravage et la désolation dans les campagnes environnantes.

Sur ces entrefaites, Ali-ben-Hamdoun, gouverneur de Mecila, ayant réuni un corps de troupe, opéra sa jonction avec les contingents des Ketama et Sanhadja et s'avança à marches forcées au secours des Fatemides. Les garnisons de Constantine et de Sicca Veneria (le Kef) se joignirent à eux. Mais Aïoub, fils d'Abou-Yezid, suivait depuis Badja tous leurs mouvements, et, une nuit, il attaqua à l'improviste Ibn-Hamdoun dans son camp. Les confédérés, surpris avant d'avoir pu se mettre en état de défense, se trouvèrent bientôt en déroute et les Nekkariens en firent un grand carnage. Ali-ben-Hamdoun, lui-même, tomba, en fuyant, dans un précipice où il trouva la mort[1]. Les débris de l'armée, sans penser à se rallier, rentrèrent dans leur cantonnement.

Tunis était tombée, quelques jours auparavant, au pouvoir de Hacen-ben-Ali, général d'El-Kaïm, qui avait fait un grand massacre des Kharedjites et de leurs partisans.

Aussitôt après sa victoire, Aïoub se porta sur Tunis, mais le gouverneur Hacen étant sorti à sa rencontre, plusieurs engagements eurent lieu avec des chances diverses. Aïoub finit cependant par écraser les forces de son ennemi et le couper de Tunis, où les Nekkariens entrèrent de nouveau en vainqueurs. Hacen, qui s'était réfugié sous la protection de Constantine, toujours fidèle, entreprit de là plusieurs expéditions contre les tribus de l'Aourès.

Encouragé par ce regain de succès, Abou-Yezid voulut tenter un grand coup. Dans le mois de janvier 946, il alla, à la tête d'un rassemblement considérable, attaquer Souça, et, pendant plusieurs mois, pressa cette place avec un acharnement qui n'eut d'égal que la résistance des assiégés.

Mort d'El-Kaïm; Règne d'Ismaïl-el-Mansour. — Sur ces entrefaites, un dimanche, le 18 mai 946, le khalife Abou-l'Kacem-el-Kaïm cessa de vivre à El-Mehdïa. Il était âgé de 55 ans. Avant sa mort, il désigna comme successeur son fils Abou-Tahar-Ismaïl qui devait plus tard recevoir le surnom d'El-Mansour (le victorieux). Selon El-Kaïrouani, El-Kaïm aurait, un mois avant sa mort, abdiqué en faveur de son fils[2].

---

1. Histoire des Beni-Hamdoun (Appendice III au t. II de l'*Histoire des Berbères*, p. 554.)
2. Page 103.

Ismaïl, le nouveau khalife fatemide, était âgé de 32 ans. C'était un homme courageux, instruit et distingué.

Il s'élevait, dit Ibn-Hammad, au-dessus de tous les princes de la famille obéïdite par la bravoure, le savoir et l'éloquence. Dans les circonstances où il prenait le pouvoir, il lui fallait autant de prudence que de décision ; aussi, pour éviter de fournir un nouveau sujet de perturbation, commença-t-il par tenir secrète la mort de son père. Rien, à l'extérieur, ne laissa supposer le changement de règne.

Souça était alors réduite à la dernière extrémité. Le premier acte d'Ismaïl fut d'envoyer une flotte porter des provisions et un puissant renfort aux assiégés. Les généraux Rachik et Yakoub-ben-Ishak, qui commandaient cette expédition, abordèrent heureusement et, secondés par les troupes de la garnison, vinrent avec impétuosité attaquer le camp des Nekkariens, au moment où ceux-ci se croyaient sûrs de la victoire. Après une courte lutte, les kharedjites furent mis en déroute et leur camp demeura aux mains des Fatemides. Souça était sauvée.

Abou-Yezid chercha un refuge à Kaïrouan, où se trouvaient ses femmes et le fidèle Abou-Ammar. Mais les habitants de la ville, indisposés contre lui à cause de ses cruautés, et voyant son étoile sur le point d'être éclipsée, fermèrent les portes à son approche et refusèrent de le recevoir. Il se retira à Sebiba, suivi seulement de quelques partisans. En même temps, le khalife Ismaïl, après avoir passé par Souça, faisait son entrée à Kaïrouan (fin mai 946). Il accorda une amnistie générale aux habitants de cette ville. Les femmes et les enfants d'Abou-Yezid furent respectés, et le prince fit pourvoir à leurs besoins.

Défaites d'Abou-Yezid. — Cependant, l'Homme à l'âne, qui avait obtenu quelques succès sur des corps isolés, réunit encore une armée et vint, avec confiance, se présenter devant Kaïrouan ; il attaqua même le camp d'Ismaïl qui se trouvait en dehors de la ville. On combattit pendant plusieurs jours avec des alternatives diverses; enfin le khalife, ayant reçu des renforts et pris une vigoureuse offensive, repoussa les kharedjites dans le sud.

Abou-Yezid envoya alors des corps isolés inquiéter les environs de Kaïrouan et couper la route de cette ville à El-Mehdïa et à Souça. Le chef de la révolte semblait néanmoins à bout de forces ; Ibrahim crut pouvoir entrer en pourparlers avec lui et lui offrir de lui rendre ses femmes à condition qu'il s'éloignerait pour toujours. L'Homme à l'âne accepta et reçut le pardon pour lui et ses partisans.

Mais c'est en vain que le prince fatemide avait espéré obtenir la paix en traitant le rebelle avec cette générosité. A peine Abou-Yezid fut-il rentré en possession de son harem qu'il revint attaquer les Fatemides plongés dans une trompeuse sécurité (août 946). Le khalife résolut alors d'en finir par la force avec ce lâche ennemi. Ayant réuni un corps nombreux de troupes régulières et d'auxiliaires Ketama et Berbères et de l'est, il se mit à leur tête et vint attaquer les Kharedjites qui, en masses tumultueuses, se préparaient à renouveler leurs agressions. Lorsqu'on fut en présence, Ismaïl disposa sa ligne de bataille en se plaçant au centre avec les troupes régulières et en formant son aile droite avec les contingents de l'Ifrikiya et son aile gauche avec les Ketama. Il attendit dans cet ordre le choc de ses ennemis.

Abou-Yezid vint attaquer impétueusement les Berbères de l'aile droite et, les ayant mis en déroute, se heurta contre le centre qui l'attendit de pied ferme sans se laisser entamer. Après avoir laissé aux Karedjites le temps d'épuiser leur ardeur, Ismaïl charge à la tête de sa réserve et force l'ennemi à la retraite. Bientôt les adhérents d'Abou-Yezid sont en déroute; ils fuient dans tous les sens en abandonnant leur camp et les vainqueurs en font le plus grand carnage. Dix mille têtes de ces partisans furent, dit-on, envoyées à Kaïrouan, où elles servirent d'amusement à la lie du peuple.

Ce fut alors qu'Ismaïl traça le plan de la ville de Sabra à un mille au sud-ouest de Kaïrouan. Cette place, qui devait être la capitale de l'empire obéïdite, reçut le nom de son fondateur : Mansouria (la ville de Mansour). Après sa défaite, Abou-Yezid avait en vain essayé de se jeter dans Sebiba. De là, il prit la route de l'ouest et se présenta devant Bar'aï; cette forteresse, qu'il n'avait pu enlever au début de la campagne, lui ferma de nouveau ses portes et il dut en commencer le siège.

Mais il avait affaire à un ennemi dont les qualités militaires se développaient avec les difficultés de la campagne. Sans lui laisser aucun répit, Ismaïl confia le commandement de Kaïrouan à l'esclavon Merah, et, se mettant à la tête des troupes, alla établir son camp à Saguïet-Mems, où il reçut les contingents des Ketama et ceux des cavaliers nomades du sud et de l'est (octobre 946).

Poursuite d'Abou-Yezid par Ismaïl. — Alors commença cette chasse mémorable qui devait se terminer par la chute de l'agitateur. Ismaïl marcha d'abord sur Bar'aï. A son approche, Abou-Yezid prit la fuite à travers les montagnes, vers l'ouest, en passant par Bellezma et Negaous ; il pensait pouvoir résister dans la place forte de Tobna, mais le khalife arriva sur ses talons et il fallut fuir encore.

Dans cette localité, Djafer-ben-Hamdoun, gouverneur de Mecila et du Zab, vint apporter des présents à son souverain et lui présenter ses hommages. Il lui amenait aussi un jeune chef de partisans qui se disait le Mehdi et qu'on avait fait prisonnier dans l'Aourès, à la tête d'une bande. Le khalife ordonna de l'écorcher vif. « Ainsi faisait-il de tous ceux qu'il prenait », dit Ibn-Hammad, ce qui lui valut le surnom de *l'écorcheur*. D'autres prisonniers eurent les mains et les pieds coupés.

Ismaïl reçut également de Mohammed, fils d'El-Kheir-ben-Khazer, chef des Mag'raoua, un message amical. Ce prince, allié des Oméïades d'Espagne, avait, au profit de l'anarchie, étendu son autorité jusqu'à Tiharet et exerçait sa prépondérance sur tout le Mag'reb central. Jusqu'alors il avait soutenu l'Homme à l'âne, mais la cause de l'agitateur devenait par trop mauvaise, et le chef des Mag'raoua se hâtait de l'abandonner avant qu'elle fût tout à fait perdue.

Abou-Yezid, ne sachant où trouver un appui, dépêcha son fils Aïoub en Espagne pour tâcher d'obtenir une diversion des Oméïades. En attendant leur secours, il se jeta dans les montagnes de Salat, sur les confins occidentaux du Hodna. Ce pays était occupé par les Beni-Berzal, fraction des Demmer, qui professaient ses doctrines. Grâce à l'appui de ces indigènes, il put atteindre la montagne abrupte de Kiana[1]. Mais le khalife l'y poursuivit, força les Beni-Berzal à la soumission et mit en déroute les adhérents de l'agitateur.

Abou-Yezid, qui avait gagné le désert, y resta peu de temps et reparut dans le pays des R'omert, au sud du Hodna. Ismaïl vint l'y relancer, et l'Homme à l'âne chercha en vain à rentrer dans le pâté montagneux de Salat. Rejeté vers le sud, il entraîna à sa poursuite les troupes fatemides, qui reçurent, des mains des Houara de Redir, Abou-Ammar l'aveugle et un autre partisan qu'ils avaient arrêtés[2]. L'armée du khalife éprouva les plus grandes privations dans cette marche, tant par le fait des intempéries que par le manque de vivres, et elle perdit beaucoup d'hommes et de matériel.

Ismaïl pénétra alors dans le pays des Sanhadja, où il fut reçu par Ziri-ben-Menad avec les honneurs dus à un suzerain. Pour reconnaître sa fidélité, le khalife le nomma gouverneur de toute

---

1. Actuellement le Djebel-Mezita « à 12 milles de Mecila », dit Ibn-Hammad.
2. Ce fait, avancé par Ibn-Hammad, est contredit par Ibn-Khaldoun.

la région, au nom des Fatemides, et lui accorda l'autorisation d'achever la ville d'Achir, dont il avait commencé la construction dans le Djebel-el-Akhdar [1], pour en faire sa capitale.

Après être arrivé à Hamza, Ismaïl tomba malade et dut séjourner quelque temps dans le pays des Sanhadja. On avait complètement perdu la trace d'Abou-Yezid, lorsque tout à coup on apprit qu'il était venu, à la tête d'un rassemblement de Houara et de Beni-Kemlane, mettre le siège devant Mecila. Ismaïl, qui se disposait à pousser jusqu'à Tiharet, se hâta d'accourir au secours d'Ibn-Hamdoun (fin janvier 947). Bientôt Abou-Yezid fut délogé de ses positions : ayant été abandonné par ses partisans, las de partager sa mauvaise fortune, il n'eut d'autre ressource que de se jeter encore dans les montagnes de Kiana.

Chute d'Abou-Yezid. — Après s'être ravitaillé à Mecila, Ismaïl, en attendant des renforts, alla bloquer la montagne où s'était réfugié son ennemi. Mais celui-ci recevait des vivres de Bantious et autres oasis du Zab, et ne souffrait nullement du blocus. Les contingents des tribus alliées étant enfin arrivés, l'armée fatemide attaqua la montagne ; le combat fut rude ; mais à force d'énergie, les défilés gardés par les kharedjites furent tous enlevés et les rebelles se dispersèrent en désordre.

Abou-Yezid, entraîné dans la déroute, reçut un coup de lance qui le jeta en bas de son cheval. Ceux qui le poursuivaient, et en tête desquels étaient, dit-on, Ziri-ben-Menad, se précipitèrent sur lui pour le prendre vivant ; mais son fils Younès et ses partisans accoururent à son secours, et un nouveau combat acharné s'engagea sur son corps. Les Nekkariens purent enfin emporter leur chef blessé. Un grand nombre de kharedjites avaient été tués. On décapita tous les cadavres, ce qui valut à cette bataille le nom de *journée des têtes* [2].

L'Homme à l'âne avait pu gagner le sommet de la montagne de Kiana et se renfermer dans une citadelle établie sur un piton appelé *Tagarboucet* (l'arçon). Ismaïl l'y poursuivit, mais le refuge du rebelle était dans une position tellement escarpée qu'il dut renoncer à l'enlever sur-le-champ. Il planta ses tentes au lieu dit En-Nador (l'observatoire), sur un des contreforts de la montagne, et y commença le Ramadan le vendredi 26 mars 947. Le lendemain, il ordonna l'assaut, mais Abou-Yezid, entouré de ses fils [3],

---

1. Voir *Revue africaine*, n° 74.
2. Ibn-Hammad.
3. Selon Ibn-Khaldoun, Abou-Ammar était aussi avec lui.

s'y défendit avec le courage du désespoir. En vain les assiégeants s'avancèrent, en traversant des ravins escarpés et en escaladant les roches, jusqu'au pied du dernier escarpement, malgré la grêle de pierres et de projectiles que leur lançaient les assiégés, ils ne purent arriver au sommet, et la nuit les surprit avant qu'ils eussent achevé d'assurer leur victoire. Pendant la nuit, Ibrahim fit incendier les broussailles qui environnaient le fort, afin qu'elles ne pussent favoriser la fuite de son ennemi. Les Houara, dont les habitations avaient été brulées et les bestiaux enlevés, vinrent le soir même faire leur soumission.

Ismaïl avait pu se convaincre, dans ces journées de luttes, qu'il n'avait pas assez de troupes pour réduire son ennemi. Il demanda des soldats réguliers à Kaïrouan et, en attendant leur arrivée, s'installa à son camp du Nador. « Tant que je n'aurai pas triomphé de mon ennemi, disait-il [1], mon trône sera où je campe. » Le khalife passa ainsi de longs mois, pendant lesquels il employa les troupes que le blocus laissait disponibles à pacifier la contrée.

Enfin les renforts arrivés par mer parvinrent au camp du Nador et l'on donna l'assaut. Cette fois, la forteresse fut enlevée. Abou-Yezid, ses fils et quelques serviteurs dévoués, s'étaient réfugiés dans une sorte de réduit où ils tenaient encore. On finit par y pénétrer, mais l'agitateur n'y était plus; il était sorti par un passage secret et fuyait au milieu des roches, porté par trois hommes, car il était couvert de blessures. Peut-être aurait-il échappé encore si ceux qui le portaient ne l'avaient laissé rouler dans un ravin profond, d'où il fut impossible de le retirer.

Les vainqueurs finirent par le trouver à demi-mort. Ils l'apportèrent au khalife, qui l'accabla de reproches sur son manque de foi et sa conduite envers lui; néanmoins, comme il le réservait pour son triomphe, il fit soigner ses blessures; mais, quelques jours après, l'Homme à l'âne rendait le dernier soupir (août 947). Son corps fut écorché et sa peau bourrée de paille pour être rapportée à El-Mehdïa. Sa chair et les têtes de ses principaux adhérents ayant été salées, furent expédiées à El-Mehdïa. Du haut de la chaire, on y annonça la victoire du khalife, et les preuves sanglantes en furent livrées à la populace.

La chute d'Abou-Yezid fut le dernier coup porté aux Nekkariens. Aïoub et Fadel, fils de l'homme à l'âne, qui avaient pu échapper, tentèrent de rallier les débris des adhérents de leur père. S'étant associés à un ambitieux de la famille d'Ibn-Khazer,

---

1. Selon Ibn-Hammad.

nommé Mâbed, ils parvinrent à réunir une armée et allèrent attaquer Tobna et même Biskra. Mais le khalife ayant envoyé contre eux ses généraux Chafa et Kaïcer, soutenus par les contingents des Sanhadja avec Ziri-ben-Menad, les agitateurs furent défaits et durent se réfugier dans les profondeurs du désert.

Ainsi se termina la révolte de l'Homme à l'âne, sous les coups de laquelle l'empire fatemide avait failli s'écrouler. Abou-Yezid, dont on ne saurait trop admirer la ténacité, l'indomptable énergie et même les talents militaires, se laissa, comme beaucoup d'autres, griser par le succès. Par la seule faute qu'il commit, en ne marchant pas sur El-Mehdïa après la prise de Kaïrouan, il perdit à jamais sa cause. Doit-on le regretter ? Nous n'osons affirmer que son succès aurait été bien avantageux pour l'Afrique [1].

1. Nous avons suivi, pour tout le récit de la révolte d'Abou-Yezid, les auteurs suivants : Ibn-Khaldoun, *Berbères*, t. II, p. 530-542, t. III, p. 201-213. El-Bekri, passim. Ibn-Hammad, passim. El-Kaïrouani, p. 98 et suivantes. *Documents sur l'hérétique Abou-Yézid*, par Cherbonneau. *Revue africaine*, n° 78, et collection du *Journal asiatique*.

CHAPITRE XI

FIN DE LA DOMINATION FATEMIDE

947-973

Etat du Mag'reb et de l'Espagne. — Expédition d'El-Mansour à Tiharet. — Retour d'El-Mansour en Ifrikiya. — Situation de la Sicile; victoires de l'Ouali Hassan-ben-Ali en Italie. — Mort d'El-Mansour, avènement d'El-Moëzz. — Les deux Mag'reb reconnaissent la suprématie oméïade. — Les Mag'raoua appellent à leur aide le khalife fatemide. — Rupture entre les Oméïades et les Fatemides. — Campagne de Djouher dans le Mag'reb; il soumet ce pays à l'autorité fatemide. — Guerre d'Italie et de Sicile. — Evénements d'Espagne; mort d'Abd-er-Rahman-en-Nacer; son fils El-Hakem II lui succède. — Succès des Musulmans en Italie et en Sicile. — Progrès de l'influence oméïade en Mag'reb. — Etat de l'Orient; El-Moëzz prépare son expédition. — Conquête de l'Egypte par Djouher. — Révoltes en Afrique; Ziri-ben-Menad écrase les Zenètes. — Mort de Ziri-ben-Menad; succès de son fils Bologguine dans le Mag'reb. — El-Moëzz se dispose à quitter l'Ifrikiya. — El-Moëzz transporte le siège de la dynastie fatemide en Egypte. — Appendice. Chronologie des Fatemides d'Afrique.

ÉTAT DU MAG'REB ET DE L'ESPAGNE. — Il n'avait pas fallu à Ismaïl moins de deux années de luttes incessantes pour triompher de la terrible révolte de l'Homme à l'âne. C'était un grand résultat, obtenu grâce à l'énergie du khalife, et le surnom d'El-Mansour qui lui fut donné, il faut le reconnaître, était mérité. Mais, si le principal ennemi était abattu, il restait bien des plaies à fermer. Pendant cette crise, l'autorité fatemide avait perdu tout son prestige dans l'ouest, au profit des Oméïades d'Espagne. Le Mag'reb et Akça, en entier, leur obéissait déjà. Les fils de Ben-Abou-l'-Afia, nommés El-Bouri, Medien et Abou-el-Monkad, y gouvernaient en leur nom. Les Edricides, toujours cantonnés dans le pays des R'omara et obéissant à leur chef Kennoun, se tenaient seuls éloignés du khalife espagnol, mais en se gardant bien de témoigner contre lui la moindre hostilité.

Auprès de Tlemcen, les Beni-Ifrene avaient peu à peu étendu leur domination sur leurs voisins; ayant pris une part active à la révolte d'Abou-Yezid, ils avaient profité de la période de succès de cet agitateur pour augmenter leur empire. Le khalife En-Nacer, par une habile politique, avait nommé leur chef, Yala-ben-Mohammed, gouverneur du Mag'reb central. Enfin, à Tiharet, commandait Hamid-ben-Habbous pour les Oméïades.

En Espagne, Abd-er-Rahman-en-Nacer avait obtenu, dans le nord, de non moins grands succès, en profitant de la discorde qui paralysait les forces des chrétiens ; Castille et Léon étaient en guerre. Les Castillans, sous le commandement de Ferdinand Gonzalez, surnommé l'excellent Comte, avaient cherché à s'affranchir du joug un peu lourd de Ramire II, prince de Léon ; mais la fortune avait trahi Ferdinand : fait prisonnier par son ennemi, il avait été tenu dans une dure captivité et n'avait obtenu la liberté qu'en renonçant à exercer aucun commandement. Les Musulmans, pendant ces luttes fratricides, avaient reporté leur frontière jusqu'au delà de Medina-Céli [1].

Expédition d'El-Mansour a Tiharet. — Le khalife Ismaïl voulut profiter de son séjour dans l'ouest pour tâcher d'y rétablir son autorité. Ayant convoqué ses alliés à Souk-Hamza [2], il fut rejoint dans cette localité par Ziri-ben-Menad avec ses Sanhadja. Dans le mois de septembre 947, l'armée s'ébranla et marcha directement sur Tiharet ; Hâmid prit la fuite à son approche et gagna Ténès, d'où il s'embarqua pour l'Espagne.

Une fois maître de Tiharet, le souverain fatemide ne jugea pas à propos de s'enfoncer davantage dans l'ouest, il préféra entrer en pourparlers avec Yala, le puissant chef des Beni-Ifren. Afin de le détacher de la cause oméïade, il lui offrit de le reconnaître comme son représentant dans le Mag'reb central, avec la suprématie sur toutes les tribus zenètes. Yala accueillit ces ouvertures et adressa à El-Mansour un hommage plus ou moins sincère de soumission. Tranquille de ce côté, le khalife alla châtier les tribus louatiennes de la vallée de la Mina, lesquelles étaient infectées de kharedjisme. Après les avoir contraintes à la soumission, il se disposa à rentrer en Ifrikiya ; mais, auparavant, il renouvela l'octroi de ses faveurs à Ziri-ben-Menad, dont le secours lui avait été si utile, et lui confirma l'investiture de chef des tribus sanhadjiennes et de tout le territoire occupé par elles jusqu'à Tiharet. Cette vaste région comprenait, en outre des villes d'Achir et de Hamza, celles de Lemdia (Médéa), Miliana, et enfin une bourgade à peine connue auparavant, mais qui avait pris, depuis peu, un grand développement et était destinée au plus brillant avenir, nous avons nommé

---

1. Dozy, *Musulmans d'Espagne*, t. III, p. 64 et suiv. Kartas, p. 417. Ibn-Khaldoun, *Berbères*, t. I, p. 270, t. II, p. 148-569, t. III, p. 213 et suiv. El Bekri, trad., art. *Idricides*. Ibn-Hammad, *loc. cit.* El Marracki, éd. Dozy, p. 27 et suiv.
2. Actuellement Bouïra, au N.-E. d'Aumale.

Djezaïr-beni-Mezr'anna (Alger). Bologguine, fils de Ziri, fut investi par son père du commandement de ces trois dernières places[1].

Retour d'El-Mansour en Ifrikiya. — Avant de reprendre le chemin de l'est, le khalife adressa en Ifrikiya des lettres par lesquelles il annonçait la mort de son père et son avènement sous le titre d'*El-Mansour-bi-Amer-Allah* (le vainqueur par l'ordre de Dieu). Le 18 janvier 948, il faisait son entrée triomphale à Kaïrouan, précédé par un chameau sur lequel était placé le mannequin d'Abou-Yezid, soutenu par un homme. De chaque côté, deux singes, qui avaient été dressés à cet office, lui donnaient des soufflets et le tiraient par la barbe[2]. Les plus grands honneurs furent prodigués au souverain victorieux.

Peu de temps après, on reçut la nouvelle que Fadel, fils d'Abou-Yezid, était sorti du Sahara à la tête d'une bande de pillards, qu'il ravageait l'Aourès et était venu mettre le siège devant Bar'aï. Mais bientôt il fut mis à mort par un chef zenatien, qui envoya sa tête au kalife. Celui-ci fit expédier en Sicile la peau d'Abou-Yezid et la tête de son fils, mais le vaisseau qui portait ces tristes restes fit naufrage et tout le monde périt. Seul le mannequin de l'Homme à l'âne fut rejeté sur le rivage; on l'attacha à une potence, où il resta jusqu'à ce qu'il eût été mis en lambeaux par les éléments. Aioub, l'autre fils de l'apôtre nekkarien, fut également assassiné par un chef zenète, et ainsi la famille de l'agitateur se trouva entièrement détruite; ses cendres mêmes furent dispersées.

Situation de la Sicile; victoires de l'Ouali Hassan-el-Kelbi en Italie. — Pendant les années d'anarchie qui avaient été la conséquence de la révolte d'Abou-Yezid, la Sicile était demeurée abandonnée aux aventuriers berbères amenés par Khalil. Personne n'y exerçait effectivement l'autorité, et les chrétiens en avaient profité pour cesser de payer le tribut. Ceux-ci tenaient, en réalité, la partie méridionale de l'île, mais ils étaient misérables et vivaient dans un état de luttes permanentes, incertains du lendemain. Beaucoup de villes, tributaires des Musulmans, avaient rompu tout lien avec l'empire. A Palerme, la famille des Beni-Tabari, d'origine persane, avait usurpé peu à peu l'autorité.

Un des premiers soins d'El-Mansour fut de placer à la tête de

1. Ibn-Khaldoun, t. II, p. 6.
2. Ibn-Hammad, *loc. cit.*

l'île un de ses plus fidèles soutiens, dont la famille s'était distinguée en Mag'reb et en Espagne, l'arabe kelbite Hassan-ben-Ali. Il lui conféra le titre d'Ouali (gouverneur), qui devint ensuite héréditaire dans sa famille (948). Hassan trouva Palerme en état de révolte, mais il parvint à y pénétrer par ruse, et, s'étant saisi des Tabari, les fit mettre à mort.

Hassan entreprit alors de châtier les chrétiens qui avaient secoué le joug. Sur ces entrefaites, Constantin Porphyrogénète, qui occupait le trône de l'empire, las de payer un tribut aux Musulmans, envoya des troupes en Calabre pour reconquérir l'indépendance. Hassan, de son côté, ayant reçu des renforts d'El-Mansour, alla attaquer Reggio avec une armée nombreuse (950), puis mettre le siège devant Gerace. Les Grecs étant arrivés, l'ouali les battit et les força de se réfugier à Otrante et à Bari; puis il rentra à Palerme. Deux ans plus tard, Hassan passa de nouveau en Italie, où des troupes nombreuses avaient été amenées, et y remporta de grandes victoires. Les têtes des vaincus furent expédiées dans les villes de Sicile et d'Afrique (mai 852).

Dans l'été de la même année, l'ouali de Sicile signa avec l'envoyé de l'empereur une trêve reconnaissant aux Musulmans le droit de percevoir le tribut. Hassan établit une mosquée à Reggio[1].

Mort d'El-Mansour. Avènement d'El-Moezz. — Le khalife avait transporté sa demeure à Sabra, vaste château situé près de Kaïrouan, qu'on appelait El-Mansouria, du nom de son fondateur. De là, il dirigeait la guerre d'Italie et suivait les événements de Mag'reb, où l'influence fatemide avait entièrement cessé pour faire place à la suprématie omeïade.

Au commencement de l'année 953, El-Mansour tomba malade, à la suite d'une partie de plaisir où il avait pris un refroidissement. Dans le mois de mars[2], il rendait le dernier soupir. Il n'était âgé que de trente-neuf ans, sur lesquels il en avait régné sept.

Son fils Maâd (Abou-Temim), qui avait été désigné par lui comme héritier présomptif parmi ses dix enfants, lui succéda et prit le nom d'*El-Moëzz li dine Allah* (celui qui exalte la religion de Dieu). C'était un jeune homme de vingt-deux ans, doué d'un

---

1. Amari, *Musulmans de Sicile*, t. II, p. 203-248. Ibn-Khaldoun, t. II, p. 540-541.

2. Le 27 janvier, selon Ibn-Khaldoun, en désaccord sur ce point avec tous les autres auteurs.

esprit mûr et ferme. Le 25 avril, il reçut le serment de ses officiers, et s'appliqua immédiatement à la direction des affaires de l'état. Il alla ensuite faire une tournée dans ses provinces, afin de s'assurer de la fidélité de ses gouverneurs et de l'état de défense des frontières [1].

LES DEUX MAG'REB RECONNAISSENT LA SUPRÉMATIE OMÉÏADE. — De graves événements s'étaient accomplis en Mag'reb, ainsi que nous l'avons dit.

Le chef de la famille edricide, Kacem-Kennoun, étant mort en 949, avait été remplacé par son fils Abou-l'Aïch-Ahmed, surnommé *El-Fâdel* (l'homme de mérite). Ce prince, qui entretenait des relations avec la cour oméïade, s'empressa de faire hommage de vassalité à En-Nacer et de rompre avec les fatemides. Les autres branches de la famille edricide envoyèrent également des députations au souverain de l'Espagne musulmane, et ainsi toute la région septentrionale du Mag'reb extrême se trouva placée sous sa suzeraineté. Mais il ne suffisait pas à En-Nacer que l'on y prononçât la prière en son nom ; il lui fallait des gages plus sérieux et il demanda bientôt à l'imprudent El-Fâdel de lui céder les places de Tanger et de Ceuta [2].

Dans le Mag'reb central, Yâla-ben-Mohammed, chef des Beni-Ifrene, et Mohammed-ben-Khazer, émir des Mag'raoua, avaient été complètement détachés, par les agents d'En-Nacer, de la cause fatemide, et avaient reçu l'investiture du gouvernement oméïade. Ils s'étaient alors partagé le pays : Ibn-Khazer avait eu pour son lot la région orientale ; il était venu s'installer à Tiharet, et, sur cette frontière, s'était rencontré avec les Sanhadja, ennemis héréditaires des Mag'raoua. Aussi, les luttes n'avaient pas tardé à recommencer entre ces deux tribus. Quant à Yâla, il avait conservé la région de l'ouest et étendu sa suprématie sur les populations du nord jusqu'à Oran ; pour se créer un refuge et un point d'appui, il se construisit, dans les hauts plateaux, à une journée à l'ouest de Maskara, une capitale qui reçut le nom d'Ifgane ; les villes environnantes en fournirent les premiers habitants [3].

Ainsi, les deux Mag'reb reconnaissaient la suprématie oméïade. Fès, même, avait reçu un gouverneur envoyé au nom du khalife.

---

1. Ibn-Khaldoun, *Berbères*, t. II, p. 142.
2. Kartas, p. 117, 118. Ibn-Khaldoun, t. II, p. 147, 569. El-Bekri, *Idricides*.
3. Ibn-Khaldoun, *Berbères*, t. II, p. 148, t. III, p. 213, t. IV, p. 2. El-Bekri, passim.

Seule, l'oasis de Sidjilmassa, où régnait un descendant de la famille miknacienne des Beni-Ouaçoul, nommé Mohammed-ben-el-Fetah, refusa de suivre l'exemple du reste du pays. Ce prince répudia même les doctrines kharedjites et se déclara indépendant en prenant le nom d'*Ech-Chaker-l'Illah* (le reconnaissant envers Dieu)[1].

La grande tribu des Miknaça, qui avait toujours à sa tête des descendants de Ben-Abou-l'Afia, était restée fidèle à la cause oméïade, malgré les revers qu'elle avait éprouvés.

LES MAG'RAOUA APPELLENT A LEUR AIDE LE KHALIFE FATEMIDE. — Nous avons vu qu'En-Nacer avait réclamé aux Edricides la possession de Tanger et de Ceuta, les clefs du détroit. Ayant essuyé un refus, il profita des dissensions survenues parmi les membres de cette famille pour intervenir en Mag'reb. Un corps d'armée envoyé dans le Rif, sous le commandement de cet Homeïd qui avait été précédemment expulsé de Tiharet par les Fatemides, remporta de grandes victoires, s'empara de Tanger et força El-Fàdel à la soumission (951). Chassé de Hadjar-en-Necer, il ne resta à celui-ci que la ville d'Azila sur le littoral.

Homeïd reçut ensuite le commandement de Tlemcen et le khalife oméïade envoya à Yâla, chef des Beni-Ifrene, de nouveaux témoignages de son amitié. Il n'en fallut pas davantage pour exciter la jalousie d'Ibn-Khazer, auquel le gouvernement fatemide venait de donner un gage en faisant mettre à mort ce Mâbed qui avait soutenu autrefois les fils d'Abou-Yezid, et qui visait ouvertement à l'usurpation de l'autorité sur les Mag'raoua. Bientôt Yala poussa l'audace jusqu'à venir enlever Tiharet aux Mag'raoua, puis Oran, à Ben-Abou-Aoun. Mohammed-ben-Khazer, rompant alors d'une manière définitive avec les Oméïades, alla, de sa personne, en Ifrikiya porter ses doléances. Le khalife El-Moëzz le reçut avec les plus grands honneurs, accepta son hommage de vassalité et se fit donner par lui les renseignements les plus précis sur l'état du Mag'reb (954).

Dans le cours de la même année, El-Moëzz appela à Kaïrouan le chef des Sanhadja, et renouvela avec lui les traités d'alliance qui le liaient à son père. De grandes réjouissances furent données en l'honneur de ce chef qui rentra, comblé de présents, dans son pays, avec l'ordre de se tenir prêt à accompagner et soutenir les troupes qui seraient envoyées dans le Mag'reb.

---

1. Ibn-Khaldoun, *Berbères*, t. I, p. 264.

RUPTURE ENTRE LES OMÉIADES ET LES FATEMIDES. — En 955, le khalife oméiade, ayant conclu une trêve avec Ordoño III, fils et successeur de Ramire, et une autre avec Gonzalez, pour la Castille, se décida à intervenir plus activement en Afrique et commença les hostilités contre la dynastie fatemide, en faisant, sans aucun autre préambule, saisir un courrier allant de Sicile en Ifrikiya. Comme représailles, El-Moëzz donna à El-Hacen-le-Kelbi, gouverneur de Sicile, l'ordre de tenter, avec la flotte, une descente en Espagne. Ce chef, ayant pu aborder auprès d'Alméria, porta le ravage dans la contrée et rentra chargé de butin.

Pour tirer, à son tour, vengeance de cet affront, En-Nacer lança, peu après, sa flotte, commandée par son affranchi R'aleb, contre l'Ifrikya. Mais, des mauvais temps et l'inhospitalité des côtes africaines ne lui ayant pas permis de débarquer, il dut rentrer dans les ports d'Espagne. L'année suivante, il revint avec une flotte de soixante-dix navires, opéra son débarquement à Merça-El-Kharez (La Calle), et, de ce point, alla ravager le pays jusqu'aux environs de Tabarka. Cela fait, il rentra en Espagne.

Mais ces escarmouches n'étaient que des préludes d'actions plus sérieuses. Le khalife En-Nacer voulait attaquer l'empire fatemide au cœur de sa puissance et préparait une grande expédition, lorsqu'il apprit la mort d'Ordoño III (957) et son remplacement par son frère Sancho, dont le premier acte avait été la rupture du traité conclu avec les Oméiades. Forcé de voler au secours de la frontière septentrionale, En-Nacer dut ajourner ses projets sur l'Afrique[1].

CAMPAGNE DE DJOUHER DANS LE MAG'REB ; IL SOUMET CE PAYS A L'AUTORITÉ FATEMIDE. — El-Moëzz jugea alors le moment opportun pour réaliser l'expédition en Mag'reb qu'il méditait depuis longtemps. Ayant donc réuni une armée imposante, il en confia le commandement à son secrétaire (*kateb*), l'affranchi chrétien Djouher dont la renommée, comme général, n'était pas à faire. En 958, Djouher partit à la tête des troupes. Parvenu à Mecila, il y prit un contingent commandé par Djâfer, fils de Ali-ben-Hamdoun, et fut rejoint par Ziri-ben-Menad, amenant ses guerriers. Mohammed-ben-Khazer se joignit également à la colonne, avec quelques Mag'raoua.

C'est à la tête de ces forces considérables que Djouher pénétra dans le Mag'reb. Yâla s'avança à sa rencontre avec les Beni-Ifrene et il est possible, comme le dit Ibn-Khaldoun, que les deux chefs entrèrent en pourparlers et qu'Ibn-Khazer essaya encore de se

---

1. Dozy, *Musulmans d'Espagne*, t. III, p. 73 et suiv. Amari, *Musulmans de Sicile*, t. II, p. 249. Ibn-Khaldoun, t. II, p. 542.

sauver par une soumission plus ou moins sincère. Selon la version du Kartas, il y eut de sanglants combats livrés auprès de Tiharet. Quoi qu'il en soit, Yâla fut tué par les Ketama et Sanhadja, qui voulaient gagner la prime promise par le général fatemide. Sa tête fut expédiée au khalife en Ifrikiya.

Djouher s'attacha ensuite à poursuivre les Beni-Ifrene ; il écrasa leur puissance et dévasta Ifgane leur capitale. De là, il marcha sur Fés où commandait Ahmed-ben-Beker el-Djodami, pour les Oméïades. Il dut entreprendre le siège de cette ville qui était bien fortifiée et pourvue d'un grand nombre de défenseurs. Après quelques efforts, voyant que les assiégés tenaient avec avantage, il se décida à décamper et à marcher sur Sidjilmassa, où le prince Mohammed-Chaker-l'-Illah s'était déclaré indépendant, sous la suprématie abasside et avait frappé des monnaies à son nom. Ce roitelet lui ayant été livré, Djouher le chargea de chaînes ; puis, après avoir rétabli dans ces contrées lointaines l'autorité fatemide, il conduisit son armée vers l'ouest et s'avança jusqu'à l'Océan, en soumettant sur son passage les populations sahariennes. On dit que, des bords de l'Océan, il envoya à son maître des plantes marines et des poissons de mer dans des urnes.

De là, Djouher revint devant Fès et, à force de persévérance et de courage, réussit à enlever d'assaut cette ville, où Ziri-ben-Menad pénétra un des premiers par la brèche. Ahmed-ben-Beker fut fait prisonnier et la ville livrée au pillage. Après y avoir passé quelques jours, Djouher y laissa un gouverneur, et partit pour le Rif afin de soumettre les Edrisides. Abou-l'Aïch-el-Fadel était mort et c'était El-Hassan-ben-Kennoun qui l'avait remplacé. Pour conjurer le danger, ce prince se réfugia dans le château de Hadjar-en-Necer et, de là, envoya sa soumission au général fatemide, en protestant que l'alliance de sa famille avec les Oméïades avait été une nécessité de circonstance. Djouher accepta cette soumission et confirma Hassan dans son commandement du Rif et du pays des R'omara, en lui assignant comme capitale la ville de Basra.

Après avoir soumis toute cette partie du Mag'reb et expulsé, ou réduit au silence, les partisans des Oméïades, Djouher laissa, comme représentant de son maître dans cette région, les affranchis Kaïcer et Modaffer, puis il reprit la route de l'est. En passant à Tiharet, il donna cette ville comme limite de ses états à Ziri-ben-Menad, en récompense de sa fidélité.

A son arrivée à Kaïrouan, le général fatemide fit une entrée triomphale et reçut les plus grands honneurs. Il traînait à sa suite, enfermés dans des cages de fer, Mohammed-ben-Ouaçoul, le souverain détrôné Sidjilmassa et Ahmed-ben-Beker, l'ancien gouverneur de Fès (959)[1].

GUERRE D'ITALIE ET DE SICILE. — Pendant que l'autorité fatemide obtenait en Mag'reb ces succès inespérés, la guerre avait recommencé en Italie entre les Byzantins et les Arabes. L'empereur Constantin ayant rompu la trêve en 956, avait envoyé, contre les Musulmans d'Italie, des troupes thraces et macédoniennes. Le patrice Argirius était alors venu mettre le siège devant Naples, pour punir cette ville de son alliance avec les infidèles. Ammar, frère de Hassan, opéra une diversion en Calabre.

Mais, l'année suivante, Reggio est surpris par un capitaine byzantin nommé Basile, la colonie anéantie et la mosquée détruite. De là, Basile va attaquer Mazara en Sicile et défait Hassan qui était accouru avec ses troupes, puis il se retire.

En 958, Hassan, ayant rejoint Ammar en Calabre, alla, avec toutes ses forces navales, attaquer à Otrante la flotte byzantine. Un coup de vent favorisa la fuite des navires impériaux et poussa ceux des Musulmans sur les côtes de Sicile, où plusieurs firent naufrage. En 960, une trêve fut conclue avec l'empire et dura jusqu'à l'élévation de Nicéphore Phocas[2].

ÉVÉNEMENTS D'ESPAGNE. MORT D'ABD-ER-RAHMAN III (EN NACER). SON FILS EL-HAKEM II LUI SUCCÈDE. — En Espagne le roi Sancho avait été détrôné et remplacé par Ordoño IV, qui devait être surnommé *le Mauvais* (958). La grand'mère de Sancho, Tota, reine de Navarre, se rendit elle-même à Cordoue, pour déterminer le khalife oméïade à rétablir son fils sur le trône. En-Nacer accepta, à la condition que dix forteresses lui fussent livrées, et bientôt l'armée musulmane marcha contre le royaume de Léon. Au mois d'avril 859, Sancho était maître de la plus grande partie de son royaume; l'année suivante, le comte Ferdinand tombait aux mains des Navarrais; la révolte était vaincue et Ordoño IV cherchait un refuge à Burgos.

Les avantages obtenus dans le nord étaient pour le khalife une bien faible compensation de ses pertes en Afrique. Il avait vu en quelques mois disparaître les résultats de longues années d'efforts persévérants. Dominé par le chagrin qu'il en ressentit, affaibli

---

1. Ibn-Khaldoun, *Berbères*, t. I, p. 265, t. II, p. 8, 543, 555, t. III, p. 233 et suiv. Le Kartas, p. 121, 122. El-Bekri, passim. El-Kaïrouani, p. 106, 107.

2. Amari, *Musulmans de Sicile*, t. II, p. 250 et suiv.

par l'âge, Abd-er-Rahman-en-Nacer tomba malade et rendit le dernier soupir le 16 octobre 961, à l'âge de soixante-dix ans. Ce prince avait régné pendant quarante-neuf ans et, sauf en Mag'reb, la fortune lui avait presque toujours été favorable. Après avoir pris un pouvoir disputé, un royaume réduit presque à rien, il laissait l'empire musulman d'Espagne dans l'état le plus florissant, le trésor rempli, les frontières respectées. Cordoue, sa brillante capitale, avait alors un demi-million d'habitants, trois mille mosquées, de superbes palais, cent treize mille maisons, trois cents maisons de bain, vingt-huit faubourgs[1] ».

El-Hakem II, fils d'Abd-er-Rahman, lui succéda. Aussitôt, le roi de Léon, qui était humilié de la protection des Musulmans, commença à relever la tête et il fut facile de prévoir que la paix ne serait plus de longue durée[2].

Succès des Musulmans en Sicile et en Italie. — En Sicile, le gouverneur kelbite avait entrepris d'arracher aux chrétiens les places qu'ils tenaient encore. Vers la fin de 962, son fils Ahmed se rendit maître de Taormina, qui avait opposé une héroïque résistance de six mois. Un grand nombre de captifs furent envoyés en Afrique et la ville reçut le nom d'El-Moëzzïa en l'honneur du khalife. Dans toute l'île, la seule place de Rametta restait aux chrétiens. En 963, Hassan-ben-Ammar vint l'assiéger et la pressa en vain, pendant de longs mois. Sur le point de succomber, les chrétiens purent faire parvenir un appel désespéré à Byzance.

De graves événements venaient de se produire dans la métropole chrétienne de l'Orient. L'empereur Romain II, faible souverain, qui ne régnait que de nom, était mort, le 15 mars 963, et avait été remplacé par deux enfants en bas âge, sous la tutelle de leur mère et d'un eunuque. Quelques mois après, le général Nicéphore Phocas, qui avait acquis un grand renom par la conquête de l'île de Crète (en mai 961), et qui disposait de l'armée, s'empara du pouvoir.

Le nouvel empereur répondit à l'appel des Siciliens en leur envoyant une armée de 40,000 hommes, tous vétérans de la campagne de Crète, sous le commandement de Nicétas et de son neveu Manuel Phocas. De son côté, El-Moëzz renvoya Hassan en Sicile avec des renforts berbères (septembre-octobre 964). La flotte byzantine ayant occupé Messine, l'armée s'y retrancha, et de cette base les généraux rayonnèrent dans l'intérieur. Manuel Phocas

---

1. Dozy, *Musulmans d'Espagne*, t. III, p. 91, 92.
2. *Ibid.*, p. 95. El-Marrakchi (éd. Dozy), p. 28 et suiv.

alla lui-même au secours de Rametta et livra, près de cette ville, une grande bataille aux Musulmans (24 octobre). L'action fut longtemps indécise, mais la victoire se décida enfin pour ces derniers. Manuel Phocas et dix mille de ses guerriers y trouvèrent la mort. Le butin fait dans cette journée fut considérable. Hassan mourut dans le mois de novembre suivant.

Rametta continua à se défendre avec héroïsme pendant une année entière. Enfin, en novembre 965, les assiégés, réduits à la dernière extrémité, ne purent empêcher les Musulmans de pénétrer par la brèche. Les hommes furent massacrés, les femmes et les enfants réduits en esclavage, et la ville pillée. Vers le même temps, Ahmed atteignait la flotte byzantine à Reggio, l'incendiait et faisait prisonnier l'amiral Nicétas et un grand nombre de personnages de marque qui furent envoyés à El-Mehdïa.

Ahmed attaqua ensuite les villes grecques de la Calabre, les soumit au tribut et les contraignit à signer une trêve [1].

Progrès de l'influence oméiade en Mag'reb. — Pendant que le kalife fatemide était absorbé par la guerre de Sicile et d'Italie, le Mag'reb, à peine reconquis, demeurait livré à lui-même, et les Oméïades cherchaient par tous les moyens à y reprendre de l'influence. Les généraux Kaïcer et Modaffer, qui, nous l'avons vu, avaient été laissés comme réprésentants du khalife dans ces régions, prêtèrent-ils l'oreille aux émissaires d'Espagne, ou furent-ils victimes de calomnies? Nous l'ignorons. Toujours est-il qu'El-Moëzz les fit mettre à mort comme traîtres (961).

Peu après, Sidjilmassa répudiait encore une fois la suprématie fatemide et ouvrait ses portes à un fils d'Ech-Chaker, qui se faisait reconnaître sous le nom d'El-Mostancer-l'Illah. Ainsi la dynastie des Beni-Ouaçoul reprenait le commandement des régions du sud. En 964, le nouveau souverain était mis à mort par son frère Abou-Mohammed. Ce prince, qui s'était donné le titre d'El-Moâtezz-l'Illah, proclama de nouveau l'autorité oméïade, dans le sud du Mag'reb, et la fit reconnaître par les tribus du haut Moulouïa.

Dans le Rif, les Edrisides étaient comblés de cadeaux par le souverain d'Espagne, qui ne négligeait rien pour les rattacher à sa cause. En même temps, El-Hakem faisait réparer et compléter les fortifications de Ceuta, où il entretenait une forte garnison [2].

---

1. Amari, *Musulmans de Sicile*, t. II, p. 259 et suiv.
2. El-Bekri, passim. Ibn-Khaldoun, t. I, p. 265, t. II, p. 544, 569. Kartas, p. 125, 126.

ÉTAT DE L'ORIENT. EL-MOEZZ PRÉPARE SON EXPÉDITION. — Les souverains de la dynastie fatemide, suivant l'exemple donné par son fondateur, n'avaient cessé d'avoir les yeux tournés vers l'Orient ; c'est sur l'Arabie qu'ils devaient régner, et il avait fallu des motifs aussi graves que la révolte d'Abou-Yezid et la nécessité de défendre le Mag'reb contre les entreprises des Oméïades, pour faire ajourner ces projets. El-Moëzz les avait à cœur, au moins autant que ses devanciers, et il faut reconnaître que, depuis longtemps, le moment d'agir n'avait paru aussi favorable.

L'empereur d'Orient, dégoûté par l'insuccès de ses tentatives en Sicile et en Italie, menacé dans la péninsule par Othon de Saxe et occupé, du reste, par ses conquêtes en Asie, tendait à se rapprocher d'El-Moëzz, et même à s'unir avec lui dans un intérêt commun. Le khalife abbasside, ayant perdu presque toutes ses provinces, était réduit à la possession de Bagdad et d'un faible rayon alentour. Les Bouïdes tenaient la Perse ; les Byzantins étaient maîtres de l'Asie Mineure. Enfin, les Karmates, ces terribles sectaires[1] qui avaient ravagé la Mekke, parcouraient les provinces de l'Arabie et commençaient à en déborder. La Syrie et l'Egypte obéissaient aux Ikhchidites.

Rapprochés par un intérêt commun, El-Moëzz et Phocas conclurent, en 967, une paix qu'ils estimaient devoir être avantageuse pour chacun d'eux. Le khalife fatemide intima alors à l'émir de Sicile l'ordre de cesser toute hostilité et d'appliquer ses soins à la colonisation et à l'administration de l'île.

Libre de ce côté, l'empereur envoya toutes ses troupes en Asie. Il enleva aux Ikhchidites les places du nord de la Syrie, tandis que les Karmates envahissaient cette province par le midi. Sur ces entrefaites, Ikhchid vint à mourir (968), en laissant comme successeur un enfant de onze ans, sous la tutelle de l'affranchi Kafour. La révolte, cette compagne des défaites, éclatait partout. Les événements, on le voit, favorisaient à souhait les projets d'El-Moëzz.

Le khalife, voulant à tout prix éviter les échecs que ses aïeux avaient éprouvés dans l'est, résolut de ne se mettre en route qu'après avoir assuré, par ses précautions, la réussite de l'entreprise. Par son ordre, des puits furent creusés et des approvisionnements amassés sur le trajet que devait suivre l'armée. En même temps, comme il voulait assurer ses derrières, Djouher fut envoyé

---

1. Les Karmates admettaient l'usage du vin, réduisaient les jours de jeûne à deux par an, prescrivaient cinquante prières par jour au lieu de cinq, et enfin avaient modifié à leur guise presque toutes les prescriptions de la religion musulmane.

avec une armée dans le Mag'reb. En outre des intrigues oméïades dont nous avons parlé, et qu'il fallait réduire à néant, le général fatemide avait pour mission de rétablir la paix entre les Sanhadja et les Mag'raoua, toujours rivaux. Mohammed-ben-Khazer était mort depuis quelques années, et le système des razias avait recommencé. Djouher passa, dit-on, deux ans dans le Mag'reb et ne revint en Ifrikiya qu'après avoir tout rétabli dans l'ordre, fait rentrer les impôts et recruté une nombreuse et solide armée [1] (968).

Conquête de l'Egypte par Djouher. — Au moment où tout était prêt pour le départ, un événement imprévu vint encore favoriser les projets d'El-Moezz. Kafour, qui, en réalité, gouvernait depuis deux ans l'empire ikhchidite, mourut (968), et le pays demeura en proie aux factions et à l'anarchie. De pressants appels furent adressés d'Egypte au khalife. Au commencement de février 969, l'immense armée, qui ne comptait, dit-on, pas moins de cent mille cavaliers, partit pour l'Orient sous le commandement de Djouher. Le khalife, entouré de sa maison et de ses principaux officiers, vint à Rakkada faire ses adieux à l'armée et à son brave chef.

Parvenu sans encombre en Egypte, Djouher reçut, auprès d'Alexandrie, une députation de notables venus du vieux Caire pour lui offrir la soumission de la ville. Les troupes restées fidèles se trouvaient alors en Syrie (juin 967). Mais, après le départ des envoyés, un mouvement populaire s'était produit au Caire et chacun se prétendait prêt à combattre. Djouher reprit donc sa marche et, ayant rencontré l'ennemi en avant de la capitale, il le culbuta sans peine et fit son entrée au Caire le 6 juillet 969. La souveraineté des fatemides fut alors proclamée dans toute l'Egypte, en même temps que la déchéance des Ikhchidites. Ce fut en très peu de temps, et pour ainsi dire sans combattre, que le descendant du mehdi devint maître de ce beau royaume, depuis si longtemps convoité, et pour lequel ses ancêtres avaient fait tant d'efforts stériles.

Après avoir tracé, à son camp de Fostat, le plan d'une vaste citadelle qu'il appela El-Kahera (*la Triomphante*) [2], Djouher jugea indispensable d'agir en Syrie, où les partisans de la dynastie déchue s'étaient réunis en forces assez considérables. Il y envoya un de ses généraux, le ketamien Djafer-ben-Falah, avec une partie de l'armée. Ramla, puis Damas tombèrent au pouvoir de l'armée fatemide (novembre-décembre 969).

---

1. Amari, *Musulmans de Sicile*, t. II, p. 274 et suiv. Ibn-Khaldoûn, *Berbères*, t. II, p. 344 et suiv., t. III, p. 233 et suiv., El-Kaïrouani, p. 107 et suiv.

2. C'est de ce nom qu'on a fait *Le Caire*.

Djouher s'était présenté en Egypte comme un pacificateur. Il continua ce rôle après la victoire, rétablit la marche régulière de l'administration, en plaçant partout des fonctionnaires pris parmi les Ketama et Sanhadja, et s'appliqua surtout à ne pas froisser les convictions religieuses et à maintenir les usages qui n'étaient pas contraires à la Sonna et au Koran. Il jeta, dit-on, les fondations de la fameuse mosquée El-Azhar [1].

Révoltes en Afrique. Ziri-ben-Menad écrase les Zenètes. — Dans le Mag'reb, la cause fatemide était loin d'obtenir d'aussi brillants succès. Aussitôt après le départ de Djouher, le feu de la révolte y avait de nouveau éclaté. La rivalité qui existait entre les Mag'raoua, commandés par Mohammed-ben-el-Kheïr, petit-fils d'Ibn-Khazer, et Ziri-ben-Menad, avait été habilement exploitée par le khalife El-Hakem. Les agents oméïades avaient également réussi à exciter Djâfer-ben-Hamdoun contre Ziri, en lui faisant remarquer combien il était humiliant pour lui de voir les faveurs du souverain fatemide être toutes pour le chef des Sanhadja. Bientôt la révolte éclatait sur un autre point et, tandis que Djouher partait pour l'Egypte, un certain Abou-Djâfer se jetait dans l'Aourès, en appelant à lui les mécontents et en ralliant les débris des Nekkariens. El-Moëzz, en personne, marcha contre le rebelle, mais, à son approche, les Nekkariens se débandèrent, et Abou-Djâfer n'eut d'autre salut que dans la fuite. Le khalife, qui s'était avancé jusqu'à Bar'aï, chargea Bologguine, fils de Ziri, de poursuivre les révoltés et rentra dans sa capitale. Peu après, Abou-Djâfer faisait sa soumission.

La rivalité entre les Sanhadja et les Mag'raoua s'était transformée en un état d'hostilité permanente. Sur ces entrefaites, Mohammed-ben-el-Kheïr, chef de ces derniers, contracta alliance avec les autres tribus zenètes, toutes dévouées aux Oméïades, et leva l'étendard de la révolte.

Les partisans avérés des Fatemides furent massacrés et on proclama, dans tout le Mag'reb, l'autorité d'El-Hakem. Tandis que les Mag'raoua et Zenata se préparaient à prendre l'offensive, Ziri-ben-Menad fondit sur eux à l'improviste à la tête de ses meilleurs guerriers sanhadja. Son fils Bologguine commandait l'avant-garde. Le premier moment de surprise passé, les Zenètes confédérés essayèrent de reformer leurs lignes, et un combat acharné s'engagea. Enfin les Beni-Ifrene lâchèrent pied en abandonnant les Mag'raoua. Ceux-ci, enflammés par l'exemple de leur chef, se

---

1. Amari, *Musulmans de Sicile*, t. II, p. 284 et suiv.

firent tuer jusqu'au dernier. Mohammed-ben-el-Kheïr, après avoir vu tomber tous ses guerriers, se perça lui-même de son épée. Les pertes des Zenètes, et surtout des Mag'raoua, furent considérables. On expédia à Kaïrouan les têtes des principaux chefs (970). Le résultat de cette victoire fut de rétablir, pour un instant, l'autorité fatemide dans le Mag'reb [1].

MORT DE ZIRI-BEN-MENAD. SUCCÈS DE SON FILS BOLOGGUINE DANS LE MAG'REB. — El-Moëzz n'était pas sans inquiétude sur les intentions de Djâfer-ben-Hamdoun, dont la jalousie venait d'être excitée par les derniers succès de Ziri. Il le manda amicalement à sa cour; mais le gouverneur de Mecila, craignant quelque piège, leva le masque et alla rejoindre les Zenètes, qui avaient été ralliés par El-Kheïr, fils de Mohammed-ben-Khazer [2], brûlant du désir de tirer vengeance de la mort de son père. Bientôt ces deux chefs envahirent le pays des Sanhadja, à la tête d'une armée considérable. Ziri-ben-Menad, pris à son tour au dépourvu et séparé de son fils Bologguine, rassembla à la hâte ses guerriers et marcha contre l'ennemi avec sa bravoure habituelle. Cette fois la victoire se déclara contre lui. Après un engagement sanglant, les Sanhadja commencèrent à prendre la fuite. En vain Ziri tenta de les rallier : son cheval s'étant abattu, il fut aussitôt percé de coups par ses adversaires, qui se précipitèrent sur son corps et le décapitèrent (juillet 971). Yahïa, frère de Djâfer-ben-Hamdoun, fut chargé de porter à Cordoue la tête de Ziri. On l'exposa sur le marché de la ville.

A la nouvelle de ce désastre, Bologguine accourut pour venger son père et préserver ses provinces. Il atteignit bientôt les Zenètes et leur infligea une entière défaite. Il reçut alors du khalife le diplôme d'investiture, en remplacement de son père, et l'ordre de continuer la campagne si bien commencée. A la tête d'une armée composée de guerriers choisis, Bologguine se porta d'abord dans le Zab, pour en expulser les partisans d'Ibn-Hamdoun, et s'avança jusqu'à Tobna et Biskra; puis, reprenant la direction de l'ouest, il chassa devant lui tous les Zenètes dissidents. Après un séjour à Tiharet, il se lança résolument dans le désert, où El-Kheïr et ses Zenètes avaient cherché un refuge, et les poursuivit jusqu'auprès de Sidjilmassa. Les ayant atteints, il les mit de nouveau en déroute; El-Kheïr, fait prisonnier, fut mis à mort.

1. Ibn-Khaldoun, *Berbères*, t. II, p. 7, 149, 549, t. III, p. 234 et suiv. El-Kaïrouani, p. 125. El-Bekri, passim.
2. Nous suivons ici l'usage indigène consistant à donner le nom de l'aïeul, devenu patronymique, en supprimant celui du père.

Quant à Djâfer, il alla demander un asile en Espagne, auprès d'El-Hakem.

Traversant alors le Mag'reb extrême, Bologguine revint vers le Rif, où les Edrisides s'étaient de nouveau déclarés les champions de la cause oméïade. El-Hacen-ben-Kennoun dut, encore une fois, changer de drapeau et jurer fidélité au khalife fatemide. Après cette courte et brillante campagne, dans laquelle les Mag'raoua et Beni-Ifrene avaient été en partie dispersés, au point qu'un certain nombre d'entre eux étaient allés chercher un refuge en Espagne, Bologguine se disposa à revenir vers l'est; auparavant, il défendit aux Berbères du Mag'reb de se livrer à l'élève des chevaux, et, pour compléter l'effet de cette mesure, ramena avec lui toutes les montures qu'on put saisir [1].

En passant à Tlemcen, il déporta une partie de la population de cette ville et la fit conduire à Achir [2].

EL-MOEZZ SE PRÉPARE A QUITTER L'IFRIKIYA. — Pendant que la cause fatemide obtenait ces succès en Mag'reb, ses armées, habilement conduites, achevaient de détruire en Syrie la résistance des derniers partisans de la dynastie ikhchidite. Le fils de Djouher conduisit lui-même à Kaïrouan les membres de cette famille faits prisonniers. Le khalife les reçut avec une grande pompe, couronne en tête, et leur rendit la liberté.

Mais les Fatemides trouvèrent bientôt devant eux, en Syrie, des adversaires autrement redoutables; les Karmates, sous le commandement d'El-Hassan-ben-Ahmed, avaient conquis une partie de ce pays et s'avançaient menaçants. Le général ketâmien Djâfer-ben-Felah, envoyé contre eux, fut entièrement défait et perdit la vie dans la rencontre. Damas tomba aux mains des Karmates, qui marchèrent ensuite contre l'Egypte.

Les brillantes victoires remportées par les Fatemides risquaient d'être annihilées, comme effet, si une main puissante ne venait prendre le commandement dans la nouvelle conquête. Djouher pressait depuis longtemps le khalife de transporter en Egypte le siège de l'empire; mais El-Moëzz, au moment de réaliser le rêve de sa famille, hésitait à quitter cette Ifrikiya, berceau de la puissance fondée par le mehdi. En présence des complications survenues en Syrie Djouher redoubla d'instances, et comme, en même

---

1. El-Kaïrouani, p. 127.
2. Ibn-Khaldoun, t. II, p. 8, 150, 543, t. III, p. 234, 235, 255. Kartas, p. 125. El-Bekri, *Idricides*, passim.

temps, arriva à Kaïrouan la nouvelle de la pacification du Mag'reb par Bologguine, El-Moëzz se décida à partir pour l'Orient. Il établit son camp à Sardenia, entre Kaïrouan et Djeloula, y réunit les troupes qu'il devait emmener, et s'occupa de prendre toutes les dispositions nécessaires en vue de l'abandon définitif du pays.

La grande difficulté était de pouvoir laisser l'Ifrikiya dans des mains sûres. Afin de ne pas donner trop de puissance à son représentant, il divisa le pouvoir entre plusieurs fonctionnaires. Le Ketamien Abd-Allah-ben-Ikhelef fut nommé gouverneur de la province de Tripoli. En Sicile, la famille des Ben-el-Kelbi avait conservé le commandement; El-Moëzz craignit que l'influence énorme dont elle jouissait la poussât à se déclarer indépendante. Il rappela de l'île le gouverneur Ahmed-ben-el-Kelbi, et chargea un affranchi, du nom de Iaïch, de la direction des affaires. Mais, à peine celui-ci était-il arrivé, que la révolte éclatait et que le prince s'empressait d'envoyer dans l'île, comme gouverneur, Bel-Kassem-el-Kelbi. Quant au poste quasi-royal de gouverneur de l'Ifrikiya et du Mag'reb résidant à Kaïrouan, le khalife le réserva à Bologguine, fils de Ziri, dont l'intelligence et le dévouement lui étaient connus. La perception de l'impôt fut confiée à deux fonctionnaires, sous les ordres directs du khalife; le cadi et quelques chefs de la milice furent également réservés à sa nomination; enfin, un conseil de grands officiers fut chargé d'assister Bologguine [1].

EL-MOEZZ TRANSPORTE LE SIÈGE DE LA DYNASTIE FATEMIDE EN ÉGYPTE. — Au commencement de l'automne de l'année 972, Bologguine rentra de son heureuse expédition. Le khalife l'accueillit avec les plus grands honneurs et lui accorda les titres honorifiques de *Sif-ed-Daoula* (l'épée de l'empire) et d'*Abou-el-Fetouh* (l'homme aux victoires); il voulut en outre qu'il prît le nom de Youçof. Lui ayant annoncé son intention de le nommer gouverneur de l'Afrique, il lui traça sa ligne de conduite, et lui recommanda surtout de ne cesser de faire sentir aux Berbères une main ferme, de ne pas exempter les nomades d'impôts, et de ne jamais donner de commandement important à une personne de sa famille, qui serait amenée à vouloir partager l'autorité avec lui. Il lui prescrivit encore de combattre sans cesse l'influence des Oméïades dans le Mag'reb et de faire son possible pour expulser définitivement leurs adhérents du pays.

---

1. Ibn-Khaldoun, t. II, p. 9, 10, 549, 550. El-Kaïrouani, p. 110. Ibn-El-Athir, passim. De Quatremère, *Vie d'El-Moez*. Amari, *Musulmans de Sicile*, p. 287 et suiv.

Dans le mois de novembre 972, El-Moëzz se mit en route et fut accompagné jusqu'à Sfaks par Bologguine. Le khalife emportait avec lui les cendres de ses ancêtres et tous ses trésors fondus en lingots. C'était bien l'abandon définitif d'un pays que les Fatemides avaient toujours considéré comme lieu de séjour temporaire.

El-Moëzz arriva à Alexandrie dans le mois de mai 973. Le 10 juin suivant, il fit son entrée triomphale au vieux Caire (Misr) et alla fixer sa résidence au nouveau Caire (El-Kahera-el-Moëzzïa). Nous perdrons de vue, maintenant, les faits particuliers à sa dynastie en Egypte, pour ne suivre que le cours des événements accomplis en Mag'reb [1].

Ainsi les derniers souverains de race arabe ont quitté la Berbérie, car nous ne comptons plus les Edrisides dispersés et sans forces et dont la dynastie est sur le point de disparaître de l'Afrique. Partout le peuple berbère a repris son autonomie; il n'obéit plus à des étrangers; il va fonder de puissants empires et avoir ses jours de grandeur.

APPENDICE

CHRONOLOGIE DES FATEMIDES D'AFRIQUE

	Date de l'avènement
Obéïd-Allah-el-Mehdi	Janvier 910.
Abou-l'-Kacem-el-Kaïm	3 mars 934.
Ismaïl-el-Mansour	18 mai 946.
Maad-el-Moëzz	Mars 953.
Son départ pour l'Egypte	Décembre 972.

1. Ibn-Khaldoun, t. II, p. 10, 550, 551. El-Kaïrouani, p. 111, 124. El-Bekri, passim. Amari, *Musulmans de Sicile*, p. 287 et suiv.

CHAPITRE XII

L'IFRIKIYA SOUS LES ZIRIDES (SANHADJA). — LE MAG'REB SOUS LES OMEIADES

973-997

Modifications ethnographiques dans le Mag'reb central. — Succès des Oméïades dans le Mag'reb; chute des Edrisides; mort d'El-Hakem. — Expéditions des Mag'raoua contre Sidjilmassa et contre les Berg'ouata. — Expédition de Bologguine dans le Mag'reb; ses succès. — Bologguine, arrêté à Ceuta par les Oméïades, envahit le pays des Berg'ouata. — Mort de Bologguine; son fils El-Mansour lui succède. — Guerre d'Italie. — Les Oméïades d'Espagne étendent de nouveau leur autorité sur le Mag'reb. — Révoltes des Ketama réprimées par El-Mansour. — Les deux Mag'reb soumis à l'autorité oméïade; luttes entre les Mag'raoua et les Beni-Ifrene. — Puissance de Ziri-ben-Atiya; abaissement des Beni-Ifrene. — Mort du gouverneur El-Mansour; avènement de son fils Badis. — Puissance des gouverneurs kelbites en Sicile. — Rupture de Ziri-ben-Atiya avec les Oméïades d'Espagne.

MODIFICATIONS ETHNOGRAPHIQUES DANS LE MAG'REB CENTRAL. — Les résultats des dernières campagnes de Djouher et de Bologguine en Mag'reb avaient été très importants pour l'ethnographie de cette contrée. Les Mag'raoua et Beni-Ifrene vaincus, dispersés, rejetés vers l'ouest, durent céder la place, dans les plaines du Mag'reb central, à leurs cousins les Ouemannou et Iloumi, qui, jusque-là, n'avaient guère fait parler d'eux. Sur les Zenètes expulsés, un grand nombre, et, parmi eux, les Beni-Berzal, allèrent se réfugier en Espagne et fournirent d'excellents soldats au khalife oméïade. D'autres se placèrent sous les remparts de Ceuta [1].

Les Sanhadja, au comble de la puissance, étendirent leurs limites et leur influence jusque dans la province d'Oran.

Un autre mouvement s'était produit dans les régions sahariennes. La grande tribu zenète des Beni-Ouacine s'avança dans le désert de la province d'Oran et se massa entre le mont Rached [2], ainsi nommé d'une de ses fractions, et le haut Moulouïa jusqu'à Sidjilmassa, prête à pénétrer, à son tour, dans le Tell [3].

---

1. Ibn-Khaldoun, *Berbères*, t. III, p. 236, 294.
2. Actuellement Djebel-Amour.
3. Ibn-Khaldoun, *Berbères*, t. III, p. 327, t. IV, p. 2, 5, 25.

Les débris des Mag'raoua, ralliés autour de la famille d'Ibn-Khazer, passèrent le Moulouïa et s'avancèrent du côté de Fès, en usurpant peu à peu les conquêtes des Miknaça[1].

Succès des Oméïades en Mag'reb; chute des Edrisides; mort d'El-Hakem. — El-Hakem voulut profiter du départ d'El-Moëzz pour regagner le terrain perdu en Mag'reb, et, tandis que le khalife fatemide s'éloignait vers l'est, une armée oméïade, commandée par le vizir Mohammed-ben-Tamlès, débarquait à Ceuta, avec la mission de châtier le prince edriside pour sa défection. Cette fois, El-Hassan, décidé à combattre, s'avança à la rencontre de ses ennemis et les défit complètement en avant de Tanger. Les débris de ces troupes, Africains et Maures d'Espagne, se réfugièrent à Ceuta et demandèrent du secours à El-Hakem. Le khalife, plein du désir de tirer une éclatante vengeance de cet affront, réunit une nouvelle et formidable armée, en confia le commandement à son célèbre général R'aleb et l'envoya en Mag'reb. Il lui recommanda, s'il ne pouvait vaincre, de savoir mourir en combattant, et lui déclara qu'il ne voulait le revoir que victorieux. Des sommes d'argent considérables furent mises à sa disposition. La campagne devait commencer par la destruction du royaume edriside.

Cependant l'edriside El-Hassan, tenu au courant de ces préparatifs, s'empressa de renfermer ce qu'il possédait de plus précieux dans sa forteresse imprenable de Hadjar-en-Necer, puis il évacua Basra, sa capitale, et se retrancha à Kçar-Masmouda, place forte située entre Ceuta et Tanger. R'aleb ne tarda pas à venir l'attaquer et, durant plusieurs jours, on escarmoucha sans grand avantage de part ni d'autre. Le général oméïade parvint alors à corrompre, à force d'or, les principaux adhérents d'El-Hassan, et celui-ci se vit tout à coup abandonné par ses meilleurs officiers et contraint de se réfugier à Hadjar-en-Necer.

R'aleb l'y suivit et entreprit le siège du *nid d'aigle*. La position défiait toute attaque et ce n'était que par un blocus rigoureux qu'on pouvait la réduire. Pour cela, du reste, des renforts étaient nécessaires, et bientôt arriva dans le Rif une nouvelle armée oméïade, commandée par Yahïa-ben-Mohammed-et-Todjibi, général qui était investi précédemment du commandement de la frontière supérieure en Espagne. Avec de telles forces, le siège fut mené vigoureusement et il ne resta à El-Hassan d'autre parti que de se rendre à la condition d'avoir la vie sauve (octobre 973). Ainsi disparut ce qui restait du royaume edriside.

---

1. *Loc. cit.*, t. I, p. 265; t, III, p. 235.

Après la chute de Hadjar-en-Necer, R'aleb rechercha partout les derniers descendants et partisans de la dynastie d'Edris, dans le Rif et le pays des R'omara. De là, il pénétra dans l'intérieur du Mag'reb. Arrivé à Fès, il y rétablit l'autorité oméïade et laissa deux gouverneurs : l'un dans le quartier des Kaïrouanides et l'autre dans celui des Andalous. R'aleb parcourut ainsi le Mag'reb septentrional et laissa partout des représentants de l'autorité oméïade.

Après avoir rempli si bien son mandat, R'aleb nomma gouverneur général du Mag'reb Yahïa-et-Todjibi, et rentra en Espagne, traînant à sa suite les membres de la famille edriside, des prisonniers de distinction et une foule de Berbères qui avaient suivi ses drapeaux. Le khalife El-Hakem, suivi de tous les notables de Cordoue, vint au devant du général victorieux, le combla d'honneurs, et reçut avec distinction El-Hassan-ben-Kennoun et ses parents. Il fit des cadeaux à ces princes et leur assigna des pensions (septembre 974).

Peu de jours après, El-Hakem, atteint d'une grave maladie, remettait la direction des affaires de l'état à son vizir, Moushafi. Presque aussitôt, ce ministre se débarrassa des Edrisides, dont l'entretien était ruineux pour le trésor, en les expédiant vers l'Orient. On les débarqua à Alexandrie, où ils furent bien accueillis par le souverain fatemide. La maladie d'El-Hakem avait eu, en outre, pour conséquence, de redonner de l'espoir aux chrétiens du nord, et, comme la frontière avait été dégarnie de troupes, ils l'attaquèrent en différents endroits. Dans cette conjecture, le vizir n'hésita pas à rappeler d'Afrique le brave Yahïa-et-Todjibi pour l'envoyer reprendre son commandement dans le nord. Djâfer-ben-Hamdoun, chargé de le remplacer en Mag'reb, emmena avec lui pour l'assister son frère Yahïa.

El-Hakem, sentant sa fin prochaine, réunit, le 5 février 976, tous les grands du royaume et leur fit signer un acte par lequel son jeune fils Hicham était reconnu pour son successeur. Le premier octobre suivant, le khalife mourait et l'empire passait aux mains d'un mineur : c'était la porte ouverte à toutes les compétitions et, par voie de conséquence, le salut du Mag'reb[1].

Vers la même époque (975), Guillaume de Provence mettait fin à la petite république musulmane du Fraxinet. Depuis cinquante

---

1. Dozy, *Musulmans d'Espagne*, t. III, p. 124 et suiv. Ibn-Khaldoun, t. II, p. 151, 556, 559, 570. Kartas, p. 125 et suiv., 140 et suiv. El-Bekri, passim. El-Marrakchi (éd. Dozy), p. 29 et suiv.

ans ces brigands répandaient la terreur en Provence, dans le Dauphiné, en Suisse, dans le nord de l'Italie et sur mer [1].

EXPÉDITIONS DES MAG'RAOUA CONTRE SIDJILMASSA ET CONTRE LES BERG'OUATA. — Arrivé en Mag'reb, à la fin de l'année 975, Djafer-ben-Hamdoun s'appliqua à apaiser les discussions qui avaient éclaté entre les Mag'raoua, Beni-Ifrene et Miknaça, et qui étaient la conséquence de la récente immigration des tribus zenètes. Pour les occuper, il permit aux Mag'raoua de tenter une expédition contre Sidjilmassa, où régnait toujours le Midraride Abou-Mohammed-el-Moatezz.

L'année suivante, un grand nombre de Mag'raoua et de Beni-Ifrene, sous la conduite d'un prince de la famille de Khazer, nommé Khazroun-ben-Felfoul, se portèrent sur Sidjilmassa, et, après avoir défait les troupes d'El-Moatezz, qui s'était avancé en personne contre ses ennemis, s'emparèrent de l'oasis ; El-Moatezz ayant été mis à mort, sa tête fut envoyée à Cordoue. Khazroun, qui s'était emparé de tous ses trésors, fut nommé chef du pays pour le compte du khalife d'Espagne, dont la suprématie fut proclamée dans ces contrées éloignées. Ainsi à Sidjilmassa, comme sur le cours du bas-Moulouïa, les Miknaça durent céder la place aux Zenètes-Mag'raoua, qui s'installèrent définitivement dans le Mag'reb extrême.

Quelque temps après, une querelle s'éleva entre Djâfer-ben-Hamdoun et son frère Yahïa. Ce dernier vint alors, avec un certain nombre de Zenètes, se retrancher dans la ville de Basra, non loin de Ceuta, où résidait un commandant oméïade. Djafer voulait marcher contre lui ; mais, voyant ses troupes peu disposées à entreprendre une campagne dans le Rif et, en partie, sur le point de l'abandonner, il les entraîna vers l'ouest, contre les Berg'ouata. Cette grande tribu masmoudienne, cantonnée au pied des versants occidentaux de l'Atlas et sur les bords de l'Océan, était devenue le centre d'un schisme religieux, qui y avait pris naissance environ un siècle et demi auparavant, à la voix d'un réformateur nommé El-Yas. Après la mort de ce *marabout,* son fils Younos avait réuni tous ses adhérents et contraint par la force ses compatriotes à accepter la nouvelle doctrine [2]. De grandes guerres avaient désolé alors le sud du Mag'reb ; deux cent quatre-vingt-sept villes avaient été ruinées. La puissance des Berg'ouata était devenue redou-

---

1. Voir Raynaud, *Expéditions des Sarrasins dans le midi de la France,* pass. et Elie de la Primaudaie, *Arabes et Normands,* passim.
2. Voir ci-devant, p. 238, 255.

table, et, plusieurs fois, les Edrisides et les descendants de Ben-Abou-l'Afia avaient tenté, mais en vain, de réduire ces hérétiques[1].

Ce fut du nom de *guerre sainte* que Djâfer colora son expédition contre les Berg'ouata. Il s'avança jusqu'au cœur de leur pays, mais alors, ces indigènes, s'étant rassemblés en grand nombre, écrasèrent son armée composée de Mag'raoua et autres Zenètes ; les débris de ces troupes se réfugièrent à Basra, et Djâfer rentra en Espagne. Le Vizir, qui craignait l'influence de ce général en Mag'reb, confirma, pour l'affaiblir, son frère Yahïa dans le commandement de la ville de Basra et du Rif, et n'inquiéta pas celui-ci, au sujet de sa défection qui avait été si préjudiciable à Djâfer[2].

EXPÉDITION DE BOLOGGUINE DANS LE MAG'REB ; SES SUCCÈS. — Bologguine, en Ifrikiya, suivait avec attention les événements dont le Mag'reb était le théâtre et attendait le moment favorable pour intervenir ; mais il devait au préalable assurer sa position à Kaïrouan, et l'on ne saurait trop admirer la prudence et l'esprit politique dont le chef berbère fit preuve en cette circonstance. Son protecteur, le khalife El-Moëzz, était mort peu de temps après son arrivée au Caire (975) et avait été remplacé par son fils El-Aziz-Nizar. Bologguine obtint de lui, en 977, la suppression du gouvernement isolé de la Tripolitaine, tel qu'il avait été établi par El-Moëzz, lors de son départ. Ainsi, le prince berbère étendit son autorité jusqu'à l'Egypte et, tranquille du côté de l'est, il put se préparer à intervenir activement en Mag'reb.

En 979, Bologguine, à la tête d'une armée considérable, partit pour les régions de l'Occident. Il traversa sans difficulté le Mag'reb central, et, ayant franchi la Moulouïa, trouva déserts les pays occupés alors par les tribus zenètes, celles-ci s'étant réfugiées, à son approche, soit dans le sud, soit sous les murs de Ceuta. Il s'avança ainsi, sans coup férir jusqu'à Fès, entra en maître dans cette ville et, de là, se porta vers le sud. Ayant remonté le cours de la Moulouïa, il parvint, en chassant devant lui les Mag'raoua, jusqu'à Sidjilmassa. Cette oasis lui ouvrit ses portes. El-Kheïr-ben-Khazer, ayant été pris, fut mis à mort. Les familles de Yâla l'ifremide, d'Atiya-ben-Khazer et des Beni-Khazroun trouvèrent un refuge à Ceuta. Bologguine, laissant des officiers dans les provinces qu'il venait de conquérir, reprit la route du nord, pour y

---

1. Ibn-Khaldoun, t. II, p. 125 et suiv. El-Bekri, *Berghouata*. Ibn-Haukal, passim.
2. Ibn-Khaldoun, t. I, p. 265, t. II, p. 156, 556, 557, t. III, p. 218, 235 et suiv. Kartas, p. 140. El-Bekri, passim.

relancer les Zenètes, ses ennemis et les soutiens de la cause oméïade. La province de Hebet étant tombée en son pouvoir, il se disposa à marcher sur Ceuta.

Bologguine, arrêté a Ceuta par les Oméïades, envahit le pays des Berg'ouata. — Mais, pendant que ces succès couronnaient les armes du lieutenant des Fatemides, les Oméïades d'Espagne ne restaient pas inactifs. Le vizir El-Mansour-ben-Abou-Amer, qui avait supplanté, quelque temps auparavant El-Meshafi, dirigeait habilement les affaires du royaume et tenait dans une tutelle absolue le souverain Hicham II. Décidé à disputer à Bologguine la domination du Mag'reb, El-Mansour ne vit, autour de lui, aucun chef plus digne de lui être opposé que Djâfer-ben-Hamdoun, son mortel ennemi. L'ayant placé à la tête d'une armée considérable, il mit, dit-on, à sa disposition cent charges d'or et l'envoya en Afrique. Aussitôt après son débarquement, ce général rallia autour de lui les principaux chefs zenètes avec leurs contingents, et les fit camper aux environs de Ceuta. Bientôt, d'autres renforts, arrivés d'Espagne, portèrent l'effectif de l'armée oméïade à un chiffre considérable.

Pendant ce temps, Bologguine continuait sa marche sur Ceuta. Il s'était jeté dans les montagnes de Tétouan et y avait rencontré les plus grandes difficultés pour la marche de ses troupes. Enfin, à force de courage et de persévérance, la dernière montagne fut gravie et le gouverneur sanhadjien put voir à ses pieds la ville de Ceuta. Cet aspect, loin de le récompenser de ses peines par l'espoir d'un facile succès, le jeta dans le découragement. Un immense rassemblement était concentré sous la ville, et des convois arrivaient de toutes les directions pour ravitailler ces camps.

Attaquer à ce moment eût été insensé. Bologguine y renonça sur-le-champ ; ramenant son armée sur ses pas, il alla détruire la ville de Basra et, de là, envahit le pays des Berg'ouata, qu'il avait déjà rencontrés dans sa précédente campagne. Ces schismatiques s'avancèrent bravement à sa rencontre, sous la conduite de leur roi Abou-Mansour-Aïça. Mais les Sanhadja se lancèrent contre eux avec tant d'impétuosité qu'ils les mirent en pleine déroute après avoir tué leur chef[1].

Mort de Bologguine. Son fils El-Mansour lui succède. — L'éloignement de Bologguine avait renversé tous les plans de

1. Ibn-Khaldoun, *Berbères*, t. II, p. 12, 131, 557, t. III, p. 218, 236, 237. El-Bekri, *Berghouata*. Dozy, *Musulmans d'Espagne*, t. III, p. 183.

Djâfer. Bientôt les Berbères, entassés à Ceuta, manquèrent de vivres et, avec la disette, la mésintelligence entra dans le camp. Le vizir El-Mansour, qui avait besoin, en Espagne, de troupes déterminées afin d'écraser les factions adverses, en profita pour attirer dans la péninsule un grand nombre d'Africains.

Pendant ce temps, Bologguine continuait ses expéditions dans le pays des Berg'ouata. Ces farouches sectaires qui, depuis des siècles, vivaient indépendants, avaient dû se soumettre et leurs principaux chefs, chargés de fers, avaient été expédiés en Ifrikiya. Dans le cours de l'année 983, Bologguine se décida à rentrer à Kaïrouan, mais comme Ouanoudine, de la famille mag'raouienne des Beni-Khazroun, avait réussi à s'emparer de l'autorité à Sidjilmassa, il résolut de pousser d'abord une pointe dans le sud. A son approche, Ouanoudine prit la fuite. Peut-être Bologguine n'alla-t-il pas jusqu'à Sidjilmassa ; sentant sans doute les atteintes du mal qui allait l'emporter, il ordonna le retour vers le nord, par la route de Tlemcen. Mais, parvenu au lieu dit Ouarekcen, au sud de cette ville, Bologguine, fils de Ziri, cessa de vivre (mai 984). Son affranchi Abou-Yor'bel envoya aussitôt la nouvelle de cette mort à El-Mansour, fils de Bologguine et son héritier présomptif, qui commandait et résidait à Achir, puis l'armée continua sa route vers l'est.

El-Mansour se rendit à Kaïrouan et reçut en route une députation des habitants de cette ville, venus pour le saluer. Il leur donna l'assurance qu'il continuerait à employer pour gouverner la voie de la douceur et de la justice. A Sabra il reçut le diplôme du khalife El-Aziz lui conférant le commandement exercé avec tant de fidélité par son père. El-Mansour répondit par l'envoi d'un million de dinars (pièces d'or) à son suzerain. Il confia le commandement de Tiharet à son oncle Abou-l'Behar et celui d'Achir à son frère Itoueft[1].

GUERRE D'ITALIE. — Pendant que le Mag'reb était le théâtre des luttes que nous venons de retracer, les émirs kelbites de Sicile, maîtres incontestés de l'île, avaient reporté tous leurs efforts sur la terre ferme. L'empereur Othon I était mort, en 973, et avait été remplacé par son fils Othon II. Ce prince, guerrier et sanguinaire, profita de l'affaiblissement de l'autorité de ses deux cousins de Constantinople, pour envahir l'Italie méridionale. Benevent et Salerne tombèrent en son pouvoir, et les empereurs ne virent

---

1. El-Kaïrouani, p. 131, 132. Ibn-Khaldoun, *Berbères*, t. II, p. 11, 12, 130, t. III, p. 218, 235. Kartas, p. 140. El-Bekri, passim.

d'autre chance de salut, dans cette conjonture, que d'appeler les Musulmans.

Au printemps de l'année 982, Othon, ayant reçu de nombreux renforts, entra dans les possessions byzantines à la tête d'une armée composée de Saxons, Bavarois et autres Allemands, d'Italiens des provinces supérieures et de Longobards, conduits par les grands vassaux de l'empire. Tarente, mal défendue par les Grecs, fut enlevée, ainsi que Brindes. Mais le gouverneur kelbite Abou-l'Kacem, accouru avec son armée, vient offrir le combat aux envahisseurs. Après une rude bataille dans laquelle Abou-l'Kacem trouve la mort du guerrier, l'armée allemande est en pleine déroute, laissant quatre mille morts sur le terrain. Othon, presque seul, peut à grand'peine s'enfuir sur une galère grecque. Il regagne le nord de l'Italie et meurt à Rome le 7 décembre 983.

Djaber, fils d'Abou-l'Kacem, rentra en Sicile avec un riche butin, sans poursuivre la campagne. Son élévation fut ratifiée par le khalife El-Aziz[1].

Les Oméïades d'Espagne étendent de nouveau leur autorité sur le Mag'reb. — Revenons en Mag'reb. A peine Bologguine avait-il quitté les régions du sud, que Ouanoudine, chef des Mag'raoua du sud, était rentré en maître à Sidjilmassa.

En Espagne, la révolte qui se préparait depuis longtemps contre l'omnipotence du vizir El-Mansour-ben-Abou-Amer, avait éclaté. Le célèbre général R'aleb se mit à la tête de ceux qui voulaient rendre au souverain ses prérogatives, mais il succomba dans une émeute et Ibn-Abou-Amer resta seul maître de l'autorité (981). Djâfer-ben-Hamdoun le gênait encore par son influence : il le fit assassiner (janvier 983).

Pendant ce temps, l'edriside El-Hassan-ben-Kennoun quittait l'Egypte et rentrait en Ifrikiya, avec une recommandation du khalife pour son lieutenant. Celui-ci lui donna une escorte de guerriers sanhadjiens avec lesquels il atteignit le Mag'reb (mai 984). Il entra aussitôt en relations avec les chefs des Beni-Ifrene, dont Yeddou-ben-Yâla était le prince, et conclut avec eux un traité d'alliance contre les Oméïades. Dès lors, la guerre de partisans recommença dans le Mag'reb.

Le vizir Ibn-Abou-Amer, qui venait de remporter de grands avantages dans le nord de l'Espagne, voulut mettre un terme aux

---

1. Ibn-El-Athir, passim. Amari, *Musulmans de Sicile*, t. II, p. 322 et suiv. Elie de la Primaudaie, *Arabes et Normands en Sicile et en Italie*, p. 154 et suiv.

succès des Edrisides, et, à cet effet, envoya en Afrique un certain nombre de troupes sous le commandement de son cousin Abou-el-Hakem, surnommé Azkeladja. Ce général, après avoir reçu le contingent des Magr'aoua, s'avança contre l'edriside. Aussitôt les Beni-Ifrene abandonnèrent El-Hassan, qui n'eut d'autre parti à prendre que de s'en remettre à la générosité de son vainqueur.

Azkeladja promit la vie au prince edriside et l'envoya au vizir en Espagne; mais celui-ci, au mépris de la promesse donnée, le fit mettre aussitôt à mort, et, comme il avait appris que son cousin Azkeladja avait ouvertement blâmé cet acte, il le rappela de Mag'reb et lui fit subir le même sort (oct.-nov. 985). Une sentence d'exil frappa en outre les derniers descendants de la famille d'Edris[1].

Dans la même année, Itoueft, frère d'El-Mansour, fut envoyé en expédition par celui-ci dans le Mag'reb. Il se heurta contre Ziri-ben-Atiya, chef des Mag'raoua, qui le défit complètement et le força à rétrograder au plus vite.

Le vizir Ibn-Abou-Amer nomma au gouvernement du Mag'reb Hassen-ben-Ahmed-es-Selmi, et l'envoya à Fès avec ordre de protéger les princes mag'raouiens de la famille d'Ibn-Khazer, et de les opposer aux Ifrenides qui manifestaient de plus en plus d'éloignement à l'égard de la dynastie oméïade. Le nouveau gouverneur arriva à Fès en 986 et, par son habileté et sa fermeté dans l'exécution des instructions reçues, ne tarda pas à rétablir la paix dans le Mag'reb. Ziri-ben-Atiya fut comblé d'honneurs, ce qui acheva d'indisposer Yeddou-ben-Yàla, chef des Beni-Ifrene, et le décida à lever le masque dès qu'une occasion favorable se présenterait.

RÉVOLTES DES KETAMA RÉPRIMÉES PAR EL-MANSOUR. — Tandis que l'influence fatemide s'affaiblissait de plus en plus dans le Mag'reb, les séditions intestines retenaient El-Mansour à Kaïrouan et absorbaient toutes ses forces. La grande tribu des Ketama, si honorée sous le gouvernement fatemide, en raison des immenses services par elle rendus à cette dynastie, voyait, avec la plus vive jalousie, celle des Sanhadja se substituer à elle et absorber successivement tous les emplois. Déjà un grand nombre de Ketamiens étaient partis pour l'Egypte avec El-Moëzz et s'y étaient fixés; des rapports constants s'établirent entre ces émigrés et leurs frères du Mag'reb, et ils se firent les intermédiaires de ces derniers pour présenter leurs doléances au khalife. Fatigué de leurs récriminations, El-Aziz-Nizar envoya à Kaïrouan un agent secret du nom d'Abou-l'Fahm-ben-Nasrouïa, avec mission de tout étudier par

---

1. Dozy, *Musulmans d'Espagne*, t. III, p. 201 et suiv.

lui-même. Cet émissaire fut adressé par le khalife à Youçof, fils d'Abd-Allah-el-Kateb, ancien officier de Bologguine, personnage très influent, qui avait acquis, dans ses divers emplois, une fortune scandaleuse, et dont El-Mansour n'avait osé se défaire à cause de sa puissance.

Ainsi protégé dans l'entourage même du gouverneur, Abou-l'Fahm, après avoir séjourné quelque temps à Kaïrouan, gagna le pays des Ketama, où il commença à prêcher la révolte à ces Berbères. Cependant El-Mansour, ayant été instruit de toutes ces intrigues, fit tomber Abd-Allah-el-Kateb et son fils Youçof dans un guet-apens où ils trouvèrent la mort (987). Il les frappa, dit-on, de sa propre main. Débarrassé de ces dangereux ennemis, il se disposa à combattre l'agitateur, qui avait pleinement réussi à soulever les Ketama et déjà battait monnaie en son nom.

Sur ces entrefaites, arrivèrent d'Egypte deux envoyés, apportant, de la part du khalife El-Aziz, un message par lequel il défendait à El-Mansour de s'opposer aux actes d'Abou-l'Fahm et le menaçait du poids de sa colère s'il transgressait cet ordre; les messagers déclarèrent même que, dans ce cas, ils devraient le conduire, la corde au cou, à leur maître. Ces menaces causèrent au fils de Bologguine la plus violente indignation et eurent un effet tout opposé à celui qu'on en attendait. Au lieu de se conformer aux ordres d'un suzerain qui reconnaissait si mal les services de sa famille, El-Mansour commença par séquestrer les deux officiers, puis il pressa de toutes ses forces les préparatifs de la campagne. Bientôt, il se mit en marche et vint directement enlever Mila, qu'il livra au pillage. Les Ketama avaient fui : il porta la destruction dans tous leurs villages, atteignit Abou-l'Fahm non loin de Sétif et le mit en déroute. L'agitateur chercha un refuge dans une montagne escarpée, mais il fut pris et conduit au gouverneur. El-Mansour ordonna de le mettre en pièces devant les envoyés du khalife El-Aziz, qu'il avait traînés à sa suite dans la campagne; des esclaves nègres, après avoir dépecé le corps d'Abou-l'Fahm, le firent cuire et en mangèrent les morceaux en leur présence. Les envoyés reçurent alors licence de retourner au Caire; ils y arrivèrent terrifiés et racontèrent à leur maître ce dont ils avaient été témoins, déclarant qu' « *ils revenaient de chez des démons mangeurs d'hommes et non d'un pays habité par des humains* [1] ».

Au mois de mai 988, El-Mansour rentra à Kaïrouan.

L'année suivante, un Juif, du nom d'Abou-l'Feredj, réussit encore, en se faisant passer pour un petit-fils d'El-Kaïm, à soulever

---

1. En-Nouéïri, apud Ibn-Khaldoun, t. II, p. 14, 15.

les Ketama. Mais cette révolte fut bientôt étouffée par El-Mansour lui-même, qui fit mettre à mort l'imposteur et infligea de nouvelles punitions à la tribu où ce dernier avait trouvé asile. De là, il se porta à Tiharet en poursuivant son oncle Abou-l'Behar, qui venait de se déclarer contre lui ; celui-ci n'eut alors d'autre ressource que de se jeter dans les bras des Mag'raoua. El-Mansour, après être resté quelque temps à Tiharet, y laissa comme gouverneur son frère Itoueft, puis il alla à Achir recevoir la soumission de Saïd-ben-Khazroun, auquel il donna le commandement de Tobna. Il rentra ensuite à Kaïrouan (989) [1].

LES DEUX MAG'REB SOUMIS A L'AUTORITÉ OMÉÏADE ; LUTTES ENTRE LES MAG'RAOUA ET LES BENI-IFRENE. — Dans le Mag'reb, Ziri-ben-Atiya, resté seul chef des Mag'raoua, avait vu s'accroître son autorité et son influence aux dépens de Yeddou-ben-Yâla. En 987, il fut appelé à Cordoue par le vizir Ibn-Abou-Amer, qui venait de remporter sur les chrétiens de grandes victoires. Bermude, roi de Léon, avait vu jusqu'à sa capitale tomber aux mains des Musulmans et n'avait conservé que quelques cantons voisins de la mer. Le vizir fit à Ziri une réception princière.

Yeddou aurait, paraît-il, été également invité à se rendre en Espagne, mais il ne jugea pas prudent d'aller se livrer aux mains de ses rivaux. Selon Ibn-Khaldoun, il se serait même écrié : « *Le Vizir croit-il que l'onagre se laisse mener chez le dompteur de chevaux ?* » C'était la rupture définitive. Il leva l'étendard de la révolte (991) et débuta en attaquant et dépouillant les tribus fidèles aux Oméïades. Le gouverneur, Hassen-ben-Ahmed, réunit alors une armée à laquelle se joignirent les contingents de Ziri, rentré d'Espagne, puis il marcha contre le rebelle ; mais ce dernier avait eu le temps de rassembler un grand nombre d'adhérents, avec lesquels il vint courageusement à la rencontre de l'armée oméïade. L'ayant attaquée, il la mit en déroute. Hassen et une masse de guerriers mag'raoua restèrent sur le champ de bataille. Yeddou, marchant alors sur Fès, enleva cette ville d'assaut et étendit son autorité sur une partie des deux Mag'reb.

A l'annonce de la défaite et de la mort de son lieutenant, le vizir Ibn-Abou-Amer nomma Ziri-ben-Atiya gouverneur du Mag'reb, avec ordre de reprendre Fès et d'en faire sa capitale. Ziri s'occupa d'abord de rallier les débris de la milice oméïade, puis il appela de nouveau ses Mag'raoua à la guerre. Sur ces entrefaites, Abou-l'Behar, oncle d'El-Mansour, qui, nous l'avons vu,

---

1. Ibn-Khaldoun, t. II, p. 15, t. III, p. 238, 259. El-Kaïrouani, p. 133.

avait échappé à la poursuite de son neveu, vint avec un assez grand nombre d'adhérents se joindre à Ziri. Ces deux chefs attaquèrent aussitôt Yeddou-ben-Yâla et, après une campagne sanglante, dans laquelle ils prirent et perdirent deux fois Fès, ils finirent par rester maîtres du terrain, après avoir réduit Yeddou au silence.

Pendant cette guerre, Khalouf-ben-Abou-Beker, ancien gouverneur de Tiharet pour les Fatemides, et son frère Atiya, avaient achevé de détacher de l'autorité d'El-Mansour la région comprise entre les monts Ouarensenis et Oran, et y avaient fait prononcer la prière au nom du khalife oméïade. Comme ils avaient agi sous l'impulsion d'Abou-l'Behar, le vizir espagnol, pour récompenser celui-ci de ces importants résultats, dont il lui attribuait le mérite, le nomma chef des contrées du Mag'reb central et laissa à Ziri le commandement du Mag'reb extrême.

Mais, peu de temps après, Khalouf, irrité de voir que la récompense qu'il avait méritée avait été recueillie par un autre, abandonna le parti des Oméïades pour rentrer dans celui d'El-Mansour. Ziri-ben-Atiya pressa en vain Aboul-l'Behar de marcher contre le transfuge. N'ayant pu l'y décider, il se mit lui-même à sa poursuite, l'atteignit, mit ses adhérents en déroute et le tua; Atiya put s'échapper et se réfugier, suivi de quelques cavaliers, dans le désert (novembre 991) [1].

PUISSANCE DE ZIRI-BEN-ATIYA; ABAISSEMENT DES BENI-IFRENE. — Débarrassé de cet ennemi, Ziri, qui avait reçu à sa solde une partie de ses adhérents, expulsa tous les Beni-Ifrene de ses provinces et s'installa fortement à Fès avec ses Mag'raoua, auxquels il donna les contrées environnantes. Le refus d'Abou-l'Behar de concourir à la dernière campagne amena entre les deux chefs une mésintelligence qui se transforma bientôt en conflit. Ils en vinrent aux mains, et Abou-l'Behar, battu, se vit contraint de chercher un refuge auprès de la garnison oméïade de Ceuta. Il écrivit, de là, à la cour d'Espagne, pour demander réparation; en même temps, il envoyait un émissaire à Kaïrouan afin d'offrir sa soumission à son neveu El-Mansour. Aussi, lorsque le vizir oméïade, qui considérait ce personnage comme un homme très influent qu'il tenait à ménager, lui eut envoyé à Ceuta son propre secrétaire pour recevoir ses explications et ses plaintes, Abou-l'Behar évita de le rencontrer et, peu après, gagna le chemin de l'est.

---

1. Ibn-Khaldoun, t. II, p. 15 et suiv., t. III, p. 220, 221, 240, 241. Kartas, p. 141, 142. El-Bekri, passim.

Aussitôt, le vizir Ibn-Abou-Amer accorda à Ziri le gouvernement des deux Mag'reb, avec ordre de combattre cet ennemi. Ziri vint alors attaquer Abou-l'Behar, lui prit Tlemcen et toute la contrée jusqu'à Tiharet, et le contraignit à la fuite. Ce chef, s'étant rendu à Kaïrouan, fut bien accueilli par son neveu El-Mansour, qui lui confia de nouveau le commandement de Tiharet.

Maître enfin, sans conteste, des deux Mag'reb, Ziri-ben-Atiya y régna plutôt en prince indépendant, qu'en représentant des khalifes de Cordoue. Après la mort de Yeddou, les Beni-Ifrene s'étaient ralliés autour de son neveu Habbous, mais bientôt ce chef avait été, à son tour, assassiné, et le commandement avait été pris par Hammama, petit-fils de Yâla, qui avait emmené les débris de la tribu dans le territoire de Salé et était venu s'implanter entre cette ville et Tedla.

En l'an 994, Ziri, qui avait pu juger par lui-même de l'inconvénient qu'offrait la ville de Fès, comme capitale, en cas d'attaque, fonda, près de l'Oued-Isli, la ville d'Oudjda, où il s'établit avec sa famille et ses trésors. En outre de la force de la position, il comptait sur les montagnes voisines pour lui servir de refuge, s'il était vaincu.

MORT DU GOUVERNEUR EL-MANSOUR. AVÈNEMENT DE SON FILS BADIS. — Quelque temps après, El Mansour mourut à Kaïrouan (fin mars 996), et fut inhumé dans le grand château de Sabra ; il avait régné treize ans. Son fils Badis, qu'il avait précédemment désigné comme héritier présomptif, lui succéda en prenant le nom d'*Abou-Menad-Nacir-ed-Daoula*. Il confia à ses deux oncles, Hammad et Itoueft, les charges et les commandements les plus importants. Ayant reçu du Caire un diplôme confirmant son élévation, Badis se serait écrié : « Je tiens ce royaume de mon père et de mon « grand-père : un diplôme ne peut me le donner, ni un rescrit me « le retirer [1] ». Six mois après la mort d'El-Mansour, eut lieu celle du khalife fatemide El-Aziz. Son fils El-Hakem-bi-Amer-Allah lui succéda. C'était un enfant en bas âge, que les Ketama proclamèrent sous la tutelle de l'un des leurs, Hassan-ben-Ammar, qui prit le titre d'*Ouacita* ou de *Amin-ed-Daoula* (*intermédiaire ou intendant de l'empire*).

Dans les dernières années, la cour du Caire, loin de tenir rigueur au vassal de Kaïrouan, avait tout fait pour resserrer les liens l'unissant à elle et empêcher une rupture trop facile à prévoir. Parmi les présents envoyés du Caire en 983 par le khalife à El-Mansour,

---

1. Baïan, t. I.

se trouvait un éléphant qui excita, à Kaïrouan, la curiosité publique au plus haut degré et que le gouverneur eut soin de faire figurer dans les fêtes [1].

PUISSANCE DES GOUVERNEURS KELBITES EN SICILE. — Pendant que l'Afrique était le théâtre de tous ces événements, la Sicile devenait florissante sous le commandement des émirs kelbites. Djaber, se livrant à la débauche et ayant laissé péricliter l'état, avait été bientôt déposé par le khalife du Caire et remplacé par Djâfer-ben-Abd-Allah. Celui-ci, après avoir gouverné avec intelligence et équité, mourut en 986. Son frère et successeur, Abd-Allah, qui suivit sa voie, eut également un règne très court. Après sa mort, survenue en décembre 989, il fut remplacé par son fils Aboul-l'Fetouh-Youssof. Sous l'égide de ce prince, la Sicile, soumise et tranquille, fleurit et devint le séjour favori des poètes et des lettrés.

Vers la fin du xe siècle, les Byzantins reconquirent sans peine la Calabre et la Pouille, et placèrent le siège de leur commandement à Bari ; le gouverneur prit le titre de Katapan. Mais bientôt, les exactions des Grecs indisposèrent les populations qui appelèrent souvent à leur aide les Musulmans. Ainsi, les gouverneurs de Sicile se trouvaient ramenés, pour ainsi dire, malgré eux, sur cette terre d'Italie, où ils avaient combattu depuis près de deux siècles sans conserver de leurs victoires de réels avantages matériels [2].

RUPTURE DE ZIRI AVEC LES OMÉÏADES D'ESPAGNE. — Dans ces dernières années, l'Espagne avait vu une tentative du souverain légitime Hicham II, agissant sous l'impulsion de sa mère Aurore, pour reprendre le pouvoir des mains du vizir Ibn-Abou-Amer. Cette femme ambitieuse et énergique avait compté sur l'émir des Mag'raoua, le berbère Ziri-ben-Atiya, pour l'appuyer dans son dessein, au milieu d'une cour efféminée et courbée sous le despotisme. Ziri avait, en effet, soutenu les revendications du prince légitime dont il avait proclamé le nom en Afrique, en même temps que la déchéance du Vizir.

Mais le chef berbère avait compté sans la hardiesse d'Ibn-Abou-Amer et l'influence qu'il exerçait sur son souverain. Celui-ci n'avait pas tardé à regretter son éclair d'énergie, et, de lui-même, s'était replacé sous le joug. Le Vizir était sorti de cette épreuve

---

1. El-Kaïrouani, p. 115, 133, 134, 135. Ibn-Khaldoun, t. II, p. 15 et suiv.

2. Amari, *Musulmans de Sicile*, t. II, p. 330 et suiv. Elie de la Primaudaie, *Arabes et Normands de Sicile*, p. 158.

plus fort que jamais ; pour en donner la preuve, il commença par supprimer à Ziri tous ses subsides, puis il appela aux armes les Berbères dépossédés : Beni-Khazer, Miknaça, Azdadja, Beni-Berzal, etc.; il en forma une armée, destinée à opérer en Mag'reb, et en confia le commandement à l'affranchi Ouadah. En même temps, il prépara une expédition contre Bermude et tous ses ennemis de la Péninsule. Cette fois, c'était la basilique de saint Jacques de Compostelle, célèbre dans toute la chrétienté, qui devait lui servir d'objectif (fin 996) [1].

1. Dozy, *Musulmans d'Espagne*, t. III, p. 222 et suiv. Ibn-Khaldoun, t. III, p. 243, 244. El-Bekri, passim.

CHAPITRE XIII

AFFAIBLISSEMENT DES EMPIRES MUSULMANS EN AFRIQUE, EN ESPAGNE ET EN SICILE.

997 - 1045.

Ziri-ben-Atiya est défait par l'oméïade El-Modaffer. — Victoires de Ziri-ben-Atiya dans le Mag'reb central. — Guerres de Badis contre ses oncles et contre Felfoul. — Mort de Ziri-ben-Atiya; fondation de la Kalaa par Hammad. — Espagne : Mort du vizir Ben-Abou-Amer. El-Moëzz, fils de Ziri, est nommé gouverneur du Mag'reb. — Guerres civiles en Espagne ; les Berbères et les chrétiens y prennent part. — Triomphe des Berbères et d'El-Mostaïn en Espagne. — Luttes de Badis contre les Beni-Khazroun; Hammad se déclare indépendant à la Kalaa. — Guerre entre Badis et Hammad. — Mort de Badis, avènement d'El-Moëzz. — Conclusion de la paix entre El-Moëzz et Hammad. — Espagne : Chute des Oméïades; l'edriside Ali-ben-Hammoud monte sur le trône. — Anarchie en Espagne ; fractionnement de l'empire musulman. — Guerres entre les Mag'raoua et les Beni-Ifrene. — Luttes du sanhadjien El-Moëzz contre les Beni-Khazroun de Tripoli; préludes de sa rupture avec les Fatemides. — Guerres entre les Mag'raoua et les Beni-Ifrene. — Événements de Sicile et d'Italie; chute des Kelbites. — Exploits des Normands en Italie et en Sicile ; Robert Wiscard. — Rupture entre El-Moëzz et le hammadite El-Kaïd.

ZIRI-BEN-ATIYA EST DÉFAIT PAR L'OMÉÏADE EL-MODAFFER. — En rompant courageusement avec le vizir oméïade, Ziri avait peut-être beaucoup présumé de ses forces; il se prépara néanmoins, de son mieux, à lutter contre lui. Débarqué à Tanger, le général Ouadah entra aussitôt en campagne (997). Pendant trois ou quatre mois ce fut une série d'escarmouches sans action décisive ; Ouadah parvint alors à surprendre de nuit le camp de Ziri, près d'Azila, et à s'en emparer. Le chef berbère dut opérer sa retraite vers l'intérieur, tandis que Nokour et Azila tombaient au pouvoir des troupes oméïades.

Ces succès étaient bien insignifiants aux yeux d'Ibn-Abou-Amer, et, comme Ziri avait repris l'offensive et forcé Ouadah à la retraite, le vizir se décida à envoyer dans le Mag'reb de nouvelles troupes, sous le commandement de son fils Abd-el-Malek-el-Modaffer, et vint lui-même s'établir à Algésiras, afin de surveiller de plus près le départ des renforts. L'arrivée du fils du puissant vizir en Afrique produisit le plus grand effet sur l'esprit si versatile des Berbères. De toutes parts, les chefs des tribus, entraînant une partie de leurs gens, désertèrent la cause de Ziri, pour se ranger sous les étendards oméïades.

Malgré ces défections, Ziri, dont l'âme ne se laissait pas facilement abattre, attendit l'ennemi dans la province de Tanger et se prépara, avec une armée fort nombreuse, à soutenir son choc. Quand El-Modaffer eut réuni toutes les ressources dont il pouvait disposer, il se mit en marche pour attaquer son adversaire. Celui-ci s'avança bravement à sa rencontre, et, en octobre 998, les deux armées se heurtèrent au sud de Tanger. La bataille s'engagea aussitôt, acharnée et meurtrière; longtemps, l'issue en demeura indécise; enfin les troupes oméïades commençaient à plier, lorsque Ziri, qui se trouvait au plus fort de l'action, fut frappé de trois coups de lance par un de ses propres serviteurs, un nègre dont il avait fait tuer le frère. Le meurtrier accourut aussitôt dans les rangs ennemis porter la nouvelle de la mort de l'émir des Mag'raoua. Cependant Ziri, bien que grièvement blessé au cou, n'était pas tombé et son étendard tenait encore debout, de sorte qu'El-Modaffer ne savait ce qu'il devait croire des rapports du transfuge ou du témoignage de ses yeux. Ayant alors remarqué un certain désordre parmi les Mag'raoua, il entraîna une dernière fois ses guerriers dans une charge furieuse, et parvint à mettre en déroute l'ennemi.

Les Mag'raoua et leurs alliés se dispersèrent dans tous les sens; quant à Ziri, on le transporta tout sanglant à Fès, où se trouvait alors sa famille; mais les habitants refusèrent de le recevoir, et ce fut avec beaucoup de peine qu'on put obtenir d'eux la remise de son harem. Ziri ne trouva de sécurité pour lui et les siens qu'en se réfugiant dans les profondeurs du désert.

Cette seule victoire rendit le Mag'reb aux Oméïades. Aussi, lorsque la nouvelle en parvint à Cordoue, le Vizir ordonna-t-il des réjouissances publiques. Il envoya ensuite à son fils El-Modaffer le diplôme de gouverneur du Mag'reb. Ce prince confia le commandement des provinces à ses principaux officiers, puis il s'occupa de faire rentrer les contributions qu'il avait frappées sur les populations rebelles. Sidjilmassa avait été évacuée par les Beni-Khazroun; le gouverneur oméïade y envoya, pour le représenter, un officier du nom de Hamid-ben-Yezel [1].

VICTOIRES DE ZIRI-BEN-ATIYA DANS LE MAG'REB CENTRAL. — Lorsque

---

1. Ibn-Khaldoun, *Berbères*, t. III, p. 244 et suiv., 257. Kartas, p. 147 et suiv. Dozy, *Musulmans d'Espagne*, t. III, p. 235 et suiv. El-Bekri, passim.

Ziri-ben-Atiya fut à peu près guéri de ses blessures, il rallia autour de lui les Beni-Khazroun et autres tribus dépossédées et repartit en guerre ; mais, n'osant s'attaquer aux Oméïades, ce fut contre les Sanhadja qu'il tourna ses armes. Il envahit leur pays et mit en déroute Itoueft et Hammad, qui avaient voulu lui barrer le passage. Il vint alors assiéger Tiharet, où Itoueft s'était réfugié.

Sur ces entrefaites, les oncles de Badis, ayant à leur tête Makcen et Zaoui, deux d'entre eux, se mirent en état de révolte, et leur exemple fut suivi par leur parent Felfoul-ben-Khazroun, fils et successeur du commandant de Tobna. Itoueft, Hammad et Aboul'Behar restèrent fidèles au gouverneur. Ces graves événements décidèrent Badis à marcher en personne contre les ennemis. En 999, il se porta sur Tiharet, débloqua cette ville et força Ziri à la retraite ; mais, en même temps, Felfoul-ben-Khazroun s'avançait vers l'est et entrait en Ifrikiya. Force fut à Badis de revenir sur ses pas pour garantir le siège de son commandement, sans avoir pu compléter sa victoire. Ziri reprit alors l'offensive, et après avoir de nouveau défait Itoueft et Hammad, s'empara de Tiharet et de Mecila, puis, se portant vers le nord, il conquit Chelif, Ténès et Oran. Dans toutes ces villes, de même qu'à Tlemcen qu'il avait conservée, il fit célébrer la prière au nom de Hicham II et de son vizir.

Encouragé par ses succès, Ziri pénétra au cœur du pays des Sanhadja et vint mettre le siège devant Achir. En même temps, il écrivit au vizir de Cordoue pour lui rendre compte de ses victoires et lui demander pardon de sa rébellion. Ceux des oncles de Badis que Ziri avait recueillis furent chargés de porter le message en Espagne. Ils y arrivèrent en l'an 1000 et furent bien reçus par Ibn-Abou-Amer ; le vizir parut oublier les fautes de Ziri ; il rappela son fils El-Modaffer, permit aux Beni-Ouanoudine de rentrer à Sidjilmassa et nomma le général Ouadah gouverneur résidant à Fès. Quant à Ziri, il lui abandonna le commandement des provinces conquises dans le Mag'reb central [1].

GUERRES DE BADIS CONTRE SES ONCLES ET CONTRE FELFOUL-BEN-KHAZROUN. — En Ifrikiya, Felfoul-ben-Khazroun était venu mettre le siège devant Bar'aï. De là il avait, dit-on, demandé des secours en Orient au khalife fatemide, alors en froid avec le gouverneur de Kaïrouan. Celui-ci lui aurait expédié Yahïa-ben-Hamdoun, ré-

---

1. Ibn-Khaldoun, t. II, p. 16, 17, t. III, p. 246, 247, 260, 261. Kartas, p. 147, 148. Dozy, *Musulmans d'Espagne*, t. III, p. 237. Baïane, passim.

fugié en Egypte depuis l'assassinat de son frère; mais ce chef, accompagné de quelques troupes, n'aurait pu traverser le pays de Barka, occupé par la tribu hilalienne des Beni-Korra, récemment transportée de Syrie, et ainsi Felfoul serait demeuré réduit à ses propres forces.

Cependant, la panique était grande à Kaïrouan, et déjà l'on barricadait les rues pour se défendre, mais Badis, arrivant à marches forcées, obligea Felfoul à lever le siège de Bar'aï et à rétrograder vers l'ouest. Makcen, oncle de Badis, et ses adhérents, se joignirent alors à Felfoul, et les confédérés firent une nouvelle expédition contre Tebessa, mais ils furent repoussés. Makcen resta seul avec Felfoul, ses autres frères étant allés rejoindre Ziri-ben-Atiya.

En 1001, Hammad marcha contre les rebelles, les attaqua vigoureusement et les mit en pleine déroute. Makcen et ses enfants, étant tombés aux mains du vainqueur, furent livrés par lui à des chiens affamés qui les mirent en pièces. Hammad poursuivit les fuyards jusque dans le mont Chenoua, près de Cherchel, où ils s'étaient réfugiés, et les obligea à se rendre, à la condition qu'on leur permît de passer en Espagne.

MORT DE ZIRI-BEN-ATIYA. FONDATION DE LA KALAA PAR HAMMAD. — Au moment où Hammad obtenait ces succès, Ziri-ben-Atiya rendait le dernier soupir sous les murs de la ville d'Achir, qu'il assiégeait depuis longtemps sans succès. On dit que sa mort fut causée par les blessures que lui avait faites le nègre et qui s'étaient incomplètement guéries. Son fils El-Moëzz prit alors le commandement et offrit au gouvernement de Cordoue une forte somme d'argent, avec son fils Moannecer comme otage, pour se faire nommer gouverneur du Mag'reb.

Mais Hammad s'avançait à marches forcées, et El-Moëzz ne jugea pas prudent de l'attendre, car son ennemi culbutait tout devant lui et semblait précédé par la victoire. Achir délivrée, Hamza et Mecila rentrèrent aussi au pouvoir du général sanhadjien, qui rendit à l'empire ses anciennes limites. Il rasa un grand nombre de villes infidèles ou difficiles à défendre et vint fonder, dans les montagnes abruptes de Kiana, au nord de Mecila [1], une ville forte qu'il appela la Kalâa (le château), et qu'il peupla avec les habitants des cités détruites.

---

1. Les ruines de la Kalâa (Galâa, selon la prononciation locale) se voient encore dans le Djebel-Nechar, qui ferme, au nord, le bassin du Hodna.

Badis, de son côté, n'était pas resté inactif; sans laisser de répit à Felfoul, il l'avait contraint à se jeter dans le désert. Voyant sa route coupée, le chef mag'raouien chercha un refuge dans la province de Tripoli, alors en proie à l'anarchie, car le khalife du Caire y envoyait des gouverneurs que son représentant de Kaïrouan refusait de reconnaître. Il entra en maître à Tripoli, dont les habitants l'accueillirent en libérateur. Un certain nombre de Mag'raoua le rejoignirent dans cette localité [1].

La peste et la famine ravageaient alors l'Afrique et faisaient des milliers de victimes [2].

Espagne : Mort du vizir Ibn-Abou-Amer. El-Moezz, fils de Ziri, est nommé gouverneur du Mag'reb. — Dans le mois d'août 1002, le vizir El-Mansour-ben-Abou-Amer, qui venait de rentrer d'une dernière expédition en Castille, mourut à Medina-Céli. Le rôle qu'il a joué dans l'histoire des Musulmans d'Espagne est considérable; par son indomptable énergie, il a retardé le démembrement de l'empire oméïade, et, par son audacieuse activité, étendu ses frontières jusqu'au cœur des pays chrétiens. Les Musulmans avaient maintenant trois capitales : Léon, Pampelune et Barcelone; les basiliques les plus célèbres avaient été pillées ou détruites, le culte du Christ aboli. Aussi les populations chrétiennes accueillirent-elles avec un soupir de soulagement la nouvelle de la mort du terrible vizir.

Avant de mourir, Ibn-Abou-Amer avait fait venir son fils, Abd-el-Malek, et lui avait fait les plus minutieuses recommandations, car il sentait bien que, malgré l'apparence de la force, son pouvoir était précaire et résultait surtout de la manière dont il l'exerçait. A son arrivée à Cordoue, El-Modaffer trouva le peuple soulevé et réclamant à grands cris son souverain. Or, Hicham II ne tenait nullement à se charger des soucis du gouvernement, et, grâce à ces dispositions, le vizir parvint assez rapidement à faire reconnaître son autorité. Suivant alors l'exemple de son père, il donna tous ses soins à la *guerre sainte* [3].

El-Modaffer avait trouvé dans sa capitale l'ambassade envoyée du Mag'reb par El-Moëzz, fils de Ziri. Il accueillit avec empressement ses propositions, qui lui laissaient plus de liberté d'action pour ses entreprises contre les chrétiens. Le général Ouadah fut

---

1. Ibn-Khaldoun, t. II, p. 16, 17, t. III, p. 248, 263. Kartas, p. 148. El-Bekri, passim. Ibn-el-Athir, année 386.
2. Ibn-er-Rakik, cité par les auteurs musulmans.
3. Dozy, *Musulmans d'Espagne*, t. III, p. 238 et suiv.

rappelé par lui de Fès, et il envoya à El-Moëzz un diplôme daté d'août 1006, lui conférant le titre de gouverneur du Mag'reb pour la dynastie oméïade[1]. Sidjilmassa resta sous l'autorité particulière de Ouanoudine-ben-Kazroun.

El-Moëzz, fils de Ziri-ben-Atiya, s'établit alors à Fès et prit en main la direction des affaires.

GUERRES CIVILES EN ESPAGNE. LES BERBÈRES ET LES CHRÉTIENS Y PRENNENT PART. — El-Modaffer était parvenu à rétablir la paix en Espagne, et, sous sa direction, les affaires de l'empire musulman continuaient à être florissantes, lorsqu'il mourut subitement (octobre 1008). Il laissait un frère du nom d'Abd-er-Rahman, issu de l'union de son père avec une chrétienne, fille d'un Sancho de Navarre ou de Castille. Ce jeune homme était détesté, et on lui donnait par dérision le nom de *Sanchol* (le petit Sancho). Plein de présomption, il prétendait néanmoins se faire décerner le titre d'héritier présomptif, que son père et son frère n'avaient osé prendre; aussitôt la guerre civile éclata dans la péninsule. Des ambitieux firent passer pour mort le khalife Hicham II, proclamèrent, comme son successeur, un arrière-petit-fils d'Abd-er-Rahman III, nommé Mohammed, et ayant réuni une bande d'hommes déterminés, vinrent attaquer le palais du khalife. Ils arrachèrent facilement à ce prince son acte d'abdication; le château de Zahira tomba ensuite au pouvoir de Mohammed, qui se fit proclamer khalife sous le nom d'*El-Mehdi-b'Illah* (le dirigé par Dieu).

Sanchol (Abd-er-Rahman), qui se trouvait à Tolède, voulut marcher à la tête de ses troupes, composées en grande partie de Berbères, contre celui qu'il appelait l'usurpateur; mais ses soldats l'abandonnèrent. Peu après, il tombait aux mains de ses ennemis et était massacré. Son cadavre fut mis en croix à Cordoue (1009).

On croyait qu'après cette crise la tranquillité allait renaître; malheureusement, le nouveau khalife n'avait pas les qualités nécessaires pour conserver le pouvoir dans un tel moment. Bientôt une nouvelle révolte éclata; un petit-fils d'Abd-er-Rahman III, nommé Hicham, se fit proclamer khalife, et, soutenu principalement par les Berbères, vint attaquer El-Mehdi; mais celui-ci, avec l'aide de la population de Cordoue, triompha de son compétiteur et le fit décapiter. Un grand massacre des familles berbères suivit cette victoire.

Zaoui, oncle du gouverneur sanhadjien de Kaïrouan, qui s'était

---

1. Voir le texte de ce diplôme. Ibn-Khaldoun, Berbères, t. III, p. 248, 249, 250.

précédemment réfugié en Espagne, rallia les Berbères, brûlant du désir de tirer vengeance des Cordouans, et leur fit proclamer un nouveau khalife, Soleïman, neveu du malheureux Hicham, sous le nom d'*El-Mostaïn-l'Illah* (qui implore le secours de Dieu).

Puis les Africains, conduits par ces chefs, allèrent s'emparer de Medina-Céli; mais bientôt ils y furent bloqués et se virent réduits à implorer l'assistance de Sancho, comte de Castille. Une ambassade lui avait été envoyée par El-Mehdi dans le même but, avec l'offre de lui abandonner de nombreuses places s'il l'aidait à écraser son compétiteur. Ainsi, il avait suffi de quelques années de guerre civile pour faire perdre aux Musulmans tous les avantages qu'ils avaient obtenu sur les chrétiens par de longues années de luttes.

Le comte de Castille se prononça pour les Berbères, leur envoya un ravitaillement et vint, en personne, se joindre à eux avec ses guerriers. Les confédérés marchèrent alors sur Cordoue (juillet 1009), défirent le général Ouadah, qui avait voulu les prendre à revers, et furent bientôt en vue de la capitale. El-Mehdi sortit bravement à leur rencontre et leur offrit le combat. Il fut entièrement défait; ses soldats furent massacrés par milliers, tandis que Ouadah regagnait la frontière du nord et que le khalife cherchait un refuge dans son palais. Voyant sa situation désespérée, El-Medhi se décida à rendre le trône à Hicham II, qu'il avait fait passer pour mort quelque temps auparavant. Mais les Berbères, victorieux, n'étaient pas gens à tomber dans ce piège; ils entrèrent en vainqueurs à Cordoue et, aidés des Castillans, mirent cette ville au pillage. Zaoui put alors enlever le crâne de son père Ziri-ben-Menad du crochet où il avait été ignominieusement suspendu, le long de la muraille du château.

El-Mehdi avait pu fuir et gagner Tolède; ses partisans étaient encore nombreux; Ouadah, dans le nord, était en pourparlers avec les comtes de Barcelone et d'Urgel. El-Mostaïn, ne pouvant retenir les Castillans en les récompensant, comme il s'y était engagé, par des cessions de territoire, ceux-ci regagnèrent, chargés de butin, leur province. Sur ces entrefaites, Ouadah, accompagné d'une armée catalane, commandée par les comtes Raymond et Ermengaud, opéra sa jonction avec le Mehdi à Tolède. Puis, le khalife, à la tête de toutes ses forces, marcha sur Cordoue, défit l'armée d'El-Mostaïn et rentra en maître dans sa capitale, qui fut de nouveau livrée au pillage par les Catalans (juin 1010).

Les Berbères s'étaient mis en retraite vers le sud. El-Mehdi les poursuivit, et, les ayant atteints près du confluent du Guadaira avec le Guadalquivir, leur offrit le combat. Cette fois, les Africains prirent une éclatante revanche. L'armée d'El-Mehdi fut mise en déroute et plus de trois mille Catalans restèrent sur le champ de bataille. Les survivants de l'armée chrétienne, rentrés à Cordoue, s'y conduisirent avec une cruauté inouïe. Enfin les Catalans s'éloignèrent; peu après, El-Mehdi tombait sous les coups des officiers slaves à son service, qui rétablirent sur le trône Hicham II, ce fantôme de khalife. Ouadah, un des chefs de la conspiration, s'adjugea le poste de premier ministre [1].

TRIOMPHE DES BERBÈRES ET D'EL-MOSTAÏN EN ESPAGNE. — Cette révolution à Cordoue ne résolvait rien, car les Berbères, victorieux, restaient dans le midi avec El-Mostaïn, et n'étaient nullement disposés à se soumettre au slave Ouadah. Celui-ci, dans cette conjoncture, se tourna de nouveau vers le comte de Castille, en implorant son secours; mais Sancho voulut au préalable des gages, c'est-à-dire la remise entre ses mains des places conquises par Ibn-Abou-Amer, menaçant, en cas de refus, de se joindre aux Berbères. Ces conditions étaient dures; cependant Ouadah, ayant perdu tout autre espoir de salut, se décida à les accepter. Dans le mois de septembre 1010, fut signé le traité qui rendait aux chrétiens presque toutes les conquêtes des règnes précédents.

Cependant les Berbères avaient repris la campagne; durant l'automne et l'hiver suivants, ils répandirent dans toutes les provinces musulmanes la dévastation et la mort. Cordoue fut bloquée, et la peste vint bientôt joindre ses ravages à ceux de la guerre. Dans le mois d'octobre 1011, Ouadah fut mis à mort par les soldats révoltés. Cependant Cordoue resta encore aux mains des soldats slaves jusqu'au mois d'avril 1013. Quant aux Castillans, ils étaient rentrés, sans coup férir, en possession de leurs provinces, et ne paraissent pas s'être souciés de tenir strictement leurs promesses.

Le 29 avril, Cordoue tomba aux mains des Berbères; la plus horrible boucherie, le viol, le pillage et enfin l'incendie furent les conséquences de leur succès. Soleïman-el-Mostaïn restait enfin maître du pouvoir et obtenait du malheureux Hicham II une nouvelle abdication. « Le triomphe des Berbères, dit M. Dozy, porta le dernier coup à l'unité de l'empire. Les généraux slaves s'emparèrent des grandes villes de l'est; les chefs berbères, auxquels les Amirides (vizirs) avaient donné des fiefs et des provinces à gouverner, jouissaient aussi d'une indépendance complète, et le peu

---

[1]. Dozy, *Musulmans d'Espagne*, t. III, p. 268 et suiv. Le même, *Recherches sur l'hist. de l'Espagne*, t. I, p. 205 et suiv. Ibn-Khaldoun, t. II, p. 60 et suiv., 153 et suiv. El-Marrakchi (éd. Dozy), p. 29 et suiv.

de familles arabes qui étaient encore assez puissantes pour se faire valoir n'obéissaient pas davantage au nouveau khalife [1]. »

En Espagne comme en Afrique, l'élément berbère reprenait la prépondérance, au détriment des petits-fils des conquérants arabes.

Luttes de Badis contre les Beni-Khazroun. Hammad se déclare indépendant a la Kalaa. — Pendant que l'Espagne était le théâtre de ces événements, sur lesquels nous nous sommes étendus en raison de leur importance pour l'histoire de la domination musulmane dans la Péninsule, les Berbères d'Afrique voyaient leur puissance s'affaiblir par l'anarchie, au moment où l'union leur aurait été si nécessaire pour résister à l'invasion hilalienne près de s'abattre sur eux.

Badis avait lutté en vain pour anéantir le royaume mag'raouien fondé à Tripoli par Felfoul-ben-Kazroun. Ce chef avait résisté avec avantage et était parvenu à conserver le pays conquis. Abandonné par le khalife fatemide du Caire, il avait proclamé la suzeraineté des Oméïades et était mort en l'an 1010. Son frère Ouerrou avait recueilli son héritage et offert sa soumission à Badis, mais bientôt la guerre avait recommencé dans la Tripolitaine et le Djerid entre lui, plusieurs de ses parents et les officiers sanhadjiens. En vain le gouverneur essaya de s'interposer et de rétablir la paix, Ouerrou conserva Tripoli et y commanda en chef indépendant.

Dans le Mag'reb central, la situation était autrement grave. Hammad, après avoir soumis la partie occidentale de l'empire sanhadjien, s'était occupé activement de la construction de sa capitale; bientôt la Kalâa, peuplée des meilleurs artisans et ornée des richesses enlevées aux villes voisines, était devenue une cité de premier ordre. Son fondateur y commandait en roi, exerçant une autorité indépendante sur le Zab, Constantine et le pays propre des Sanhadja, avec Achir, l'ancienne capitale. D'après M. de Mas-Latrie [2], un groupe important de Berbères chrétiens contribua à former la population de la Kalâa. Des privilèges leur furent accordés pour le libre exercice de leur culte et un évêque leur fut donné plus tard par le pape Grégoire VII. Les historiens musulmans sont muets sur ce point.

La jalousie de Badis, excitée par les ennemis de son oncle, qui présentaient le fondateur de la Kalâa comme visant à l'indépendance, ne tarda pas à amener entre eux une rupture. El-Moëzz,

---

1. *Musulmans d'Espagne*, t. III, p. 212.
2. *Traités de paix et de commerce concernant les relations des Chrétiens avec les Arabes de l'Afrique septentrionale au Moyen Age.* T. I, p. 52 et suiv.

fils de Badis, venait d'être reconnu par le khalife comme héritier présomptif de son père; celui-ci invita alors son oncle Hammad à remettre au jeune prince le commandement de la région de Constantine.

Cette décision, qui cachait peu les sentiments de défiance de Badis, fut très mal accueillie par Hammad. Il y répondit par un refus formel. En même temps, il se déclara indépendant, répudia hautement la suzeraineté des Fatemides, massacra leurs partisans et fit proclamer dans les mosquées la suprématie des Abbassides. La doctrine chiaïte fut proscrite de ses états et le culte sonnite déclaré seul orthodoxe (1014) [1]. La réaction des Sonnites contre les Chiaïtes commença à se manifester dans les villes habitées par des populations d'origine arabe. L'entourage même du jeune El-Moëzz ressentit les effets de ce mouvement des esprits, le précepteur du prince étant orthodoxe. Bientôt un massacre général des Chiaïtes eut lieu en Ifrikiya [2].

Guerre entre Badis et Hammad. Mort de Badis. Avènement d'El-Moezz. — Prenant alors l'offensive, Hammad fit irruption en Ifrikiya, à la tête de nombreux contingents des tribus sanhadjiennes et de quelques Zenètes (Ouadjidjen, Ouar'mert), et vint enlever la ville de Badja, à l'ouest de Tunis. Badis envoya contre lui son oncle Brahim; mais celui-ci passa du côté de son frère, et le gouverneur n'eut d'autre ressource que de se mettre lui-même à la tête de ses troupes. A son approche, l'armée envahissante se débanda et Hammad se vit contraint de fuir. Il se réfugia d'une traite derrière le Chelif.

Badis le poursuivit l'épée dans les reins, entra en vainqueur à Achir, pénétra dans les hauts plateaux, reçut la soumission des tribus zenètes, telles que les Beni-Toudjine, et s'avança jusqu'au plateau de Seressou. Renforcé par un contingent de trois mille Beni-Toudjne, commandés par Yedder, fils de leur chef Lokmane, le gouverneur descendit dans la plaine, passa le Chelif et attaqua son oncle Hammad qui l'attendait dans une position retranchée. Cette fois encore, la victoire se prononça pour Badis, une partie des adhérents de son compétiteur l'ayant abandonné et le reste ayant été facilement dispersé.

Hammad se réfugia, non sans peine, dans sa Kalâa, mais Badis

---

1. Ibn-Khaldoun, t. II, p. 18, 44, t. III, p. 263, 264. El-Kaïrouani, p. 136, 137.
2. Ibn-el-Athir, année 407.

ne tarda pas à venir camper dans la plaine de Mecila, et, de là, fit commencer le blocus de la capitale de son oncle. Pendant les opérations de ce siège; Badis mourut subitement dans sa tente (juin 1016). Comme la peste avait reparu en Afrique, il est possible qu'il succomba au fléau. Cet événement porta le désordre dans l'armée assiégeante composée d'éléments hétérogènes; les auxiliaires s'étant débandés, la Kalâa fut débloquée. Les officiers proclamèrent le jeune El-Moëzz, fils de Badis, âgé seulement de huit ans, et le conduisirent à Kaïrouan pendant que son oncle Kerama essayait de couvrir Achir. Les restes de Badis furent rapportés à Kaïrouan, puis on procéda à l'inauguration de son successeur dont l'extrême jeunesse allait favoriser si bien les projets ambitieux de son grand-oncle. El-Moëzz reçut d'Orient un diplôme où le titre de *Cherf-ed-Daoula* (noblesse de l'empire) lui était donné [1].

CONCLUSION DE LA PAIX ENTRE EL-MOEZZ ET HAMMAD. — Hammad avait repris vigousement l'offensive; après être rentré en possession de son ancien territoire, il vint mettre le siège devant Bar'aï. Mais il avait trop présumé de ses forces; son neveu ayant marché contre lui le mit en déroute et le réduisit encore à la dernière extrémité (1017). Hammad s'était réfugié derrière les remparts de sa Kalâa, tandis que le vainqueur s'avançait jusqu'à Sétif; il fit proposer à celui-ci un arrangement que le jeune El-Moëzz, bien conseillé, refusa.

Le gouverneur était rentré à Kaïrouan, mais la situation de son grand-oncle ne restait pas moins critique : abandonné de tous, sans argent, il se décida à faire une nouvelle démarche auprès de son petit-neveu et lui dépêcha en Ifrikiya son propre fils El-Kaïd, porteur de riches présents. L'ambassade fut accueillie avec de grands honneurs et, enfin, on arriva à conclure un traité de paix par lequel Hammad reçut le gouvernement du Zab et du pays des Sanhadja, avec les villes de Tobna, Mecila, Achir, Tiharet et tout ce qu'il pourrait conquérir à l'ouest. C'était la consécration du démembrement de l'empire fondé par Bologguine. El-Kaïd reçut aussi un commandement et revint à la Kalâa avec des cadeaux somptueux pour son père (1017).

ESPAGNE, CHUTE DES OMÉÏADES : L'ÉDRISIDE ALI-BEN-HAMMOUD MONTE SUR LE TRÔNE. — Pendant que ces événements se passaient en

---

1. Ibn-el-Athir, année 403.

Afrique, l'Espagne était le théâtre d'une nouvelle révolution. El-Mostaïn, parvenu au trône avec l'appui des Berbères et des chrétiens, n'avait aucune sympathie parmi la population musulmane espagnole; quant aux Berbères, ils ne lui accordaient qu'une confiance relative et ne reconnaissaient, en réalité, que leurs propres chefs, parmi lesquels le sanhadjien Zaoui, gouverneur de Grenade, et l'edriside Ali-ben-Hammoud, commandant de Tanger, avaient la plus grande influence. Les Slaves, qui constituaient un élément important dans l'armée, conservaient toute leur fidélité à Hicham II, bien qu'en réalité personne ne sût s'il était encore vivant.

Khéïrane, chef des Slaves, ayant conclu une alliance avec Ali-ben-Hammoud, celui-ci traversa le détroit, à la tête de ses partisans, avec l'aide de son frère Kacem, gouverneur d'Algésiras; après avoir rejoint les Slaves, il marcha directement sur la capitale. Zaoui se prononça aussitôt pour lui. Le 1er juillet 1016, Ali-ben-Hammoud entra en maître à Cordoue. El-Mostaïn et ses parents furent mis à mort, et, quand on eut acquis la certitude que Hicham n'existait plus, tout le monde se rallia à Ali, qui fut proclamé khalife, sous le nom d'*El-Metaoukkel-li-Dîne-Allah* (celui qui s'appuie sur la religion de Dieu). Ainsi finit la dynastie oméïade, qui régnait sur l'Espagne depuis près de trois siècles et qui avait donné à l'empire musulman de si beaux jours de gloire. Un Arabe de race, dont la famille, bien que d'origine cherifienne, était devenue berbère, et qui lui-même ne parlait que très mal l'arabe, monta sur le trône de Cordoue.

Ali avait espéré, paraît-il, rendre à l'Espagne la paix et le bonheur, mais il comptait sans les factions. Khéïrane, le chef des Slaves, voulut jouer le rôle de premier ministre tout-puissant; mais le prince edriside n'entendait nullement partager son autorité. Déçu dans ses espérances, le chef des Slaves se mit à conspirer et entraîna dans son parti ses compatriotes et les Andalous. Il fallait un khalife : on trouva un petit-fils d'Abd-er-Rhaman III, que l'on para de ce titre. Moundir, ouali de Saragosse, soutenu par son allié Raymond, comte de Barcelone, se joignit aux rebelles et, au printemps de l'année 1017, tous marchèrent contre le souverain. Ali, qui jusque là avait écarté les Berbères et résisté à leurs prétentions, se jeta dans leurs bras et, avec leur appui, triompha sans peine de ses ennemis. Dès lors, il renonça à faire le bonheur des Andalous, qui reconnaissaient si mal ses bonnes intentions; le pays fut livré de nouveau à la tyrannie des Berbères, et le khalife donna lui-même l'exemple de l'avidité et de la cruauté. Peu de temps après, il fut assassiné par trois Slaves, au moment où il préparait une grande expédition (17 avril 1018) [1].

ANARCHIE EN ESPAGNE; FRACTIONNEMENT DE L'EMPIRE MUSULMAN. — Ali laissa deux fils, dont l'aîné, Yahïa, était gouverneur de Ceuta, mais Kacem, frère d'Ali, avait une plus grande notoriété et ce fut lui que les Berbères proclamèrent. De leur côté, Khëïrane et Moundir élirent le petit-fils d'En-Nacer, sous le nom d'Abd-er-Rahman IV, avec le titre d'*El-Mortada* (l'agréé de Dieu). Zaoui, le sanhadjien, dont la puissance était grande, restait dans l'expectative. Les adhérents du prétendant oméïade essayèrent de l'entraîner dans leur parti et, n'ayant pu y parvenir, marchèrent contre lui, mais ils furent défaits et, peu après, El-Mortada était assassiné par ses partisans. Kacem, resté ainsi seul maître du pouvoir, essaya de rendre un peu de tranquillité à la malheureuse Espagne. Pour cela, il fit la paix avec Khëïrane et les principaux chefs slaves et andalous et leur donna le commandement de villes ou de provinces, où ils s'établirent en maîtres. Ainsi la paix ne s'obtenait que par le morcellement de l'empire musulman.

Vers cette époque (1020), Zaoui abandonna le commandement de la province de Grenade à son fils et rentra à Kaïrouan, après une absence de vingt années; il y fut reçu avec de grands honneurs par son neveu El-Moëzz [2].

Mais bientôt, Yahïa, fils d'Ali, leva l'étendard de la révolte et, soutenu par les Berbères et les Slaves, marcha sur la capitale. Abandonné de tous, Kacem dut céder la place (août 1021). Yahïa ne tarda pas à éprouver à son tour le même revers de fortune, et Kacem remonta sur le trône (février 1023). Dès lors, la guerre devint incessante entre les Edrisides, et s'étendit jusqu'au Mag'reb où un de leurs parents, du nom d'Edris, allié à Yahïa, parvint à s'emparer de Tanger. L'Espagne se trouva encore livrée aux fureurs de la guerre civile. Yahïa, ayant triomphé une dernière fois de son oncle, le tint dans une étroite captivité; mais alors, les Cordouans, profitant de ce que Yahïa avait choisi Malaga comme résidence, proclamèrent un prince oméïade, Abd-er-Rahman V, sous le nom d'*El-Mostad'hir* : c'était la réaction de la noblesse arabe contre l'élément berbère. Mais cette société caduque et corrom-

---

1. Dozy, *Musulmans d'Espagne*, t. III, p. 313 et suiv. Ibn-Khaldoun, t. II, p. 61, 153, 154. El-Bekri, trad. art. *Idricides*. El-Marrakchi (éd. Dozy), p. 42 et suiv.
2. Ibn-Khaldoun, t. II, p. 61, 62.

pue était incapable de se gouverner; bientôt une nouvelle sédition renversa El-Mostad'hir et le remplaça par El-Moktafa, sans pour cela ramener la paix, si bien que les Cordouans se décidèrent à appeler chez eux Yahïa, afin de mettre un terme à cette anarchie. Yahïa leur envoya un de ses généraux (novembre 1025). Quelques mois après, une nouvelle émeute plaçait sur le trône de Cordoue un souverain éphémère du nom de Hicham III, appartenant à la famille oméïade [1].

GUERRES ENTRE LES MAG'RAOUA ET LES BENI-IFRENE. — Dans le Mag'reb, El-Moëzz, fils de Ziri-ben-Atiya, chef des Mag'raoua, ayant voulu arracher Sidjilmassa des mains des Beni-Khazroun, qui s'étaient déclarés indépendants, avait été entièrement défait et contraint de rentrer dans Fès, après avoir perdu presque toute son armée (1016). Dès lors la puissance des Mag'raoua de Fès fut contrebalancée par celle de leurs cousins du sud. Ils se firent une guerre incessante, dont le résultat fut préjudiciable à El-Moëzz. Son adversaire, Ouanoudine, s'empara de la vallée de la Moulouïa, mit des officiers dans toutes les places fortes et vint même enlever Sofraoua, une des dépendances de Fès. En 1026, El-Moëzz cessa de vivre et fut remplacé par son cousin Hammama. Sous l'énergique direction de ce chef, les Mag'raoua se relevèrent de leurs humiliations en faisant subir de nombreuses défaites aux Beni-Khazroun de Sidjilmassa.

Les Beni-Ifrene étaient, en partie, passés en Espagne; mais un groupe important, resté dans le Mag'reb, se réunit à Tlemcen, autour des descendants de Yeddou-ben-Yâla. Après avoir étendu de nouveau leur autorité sur le Mag'reb central, ils attaquèrent les Mag'raoua de Fès, mais sans réussir à les vaincre; conduits par leur chef Temim, petit-fils de Yâla, ils se portèrent alors sur Salé, enlevèrent cette ville et, de là, allèrent guerroyer contre les Berg'ouata hérétiques [2].

LUTTES DU SANHADJIEN EL-MOEZZ CONTRE LES BENI-KHAZROUN DE TRIPOLI. PRÉLUDES DE SA RUPTURE AVEC LES FATEMIDES. — En Ifrikiya, la puissance du gouverneur sanhadjien continuait à décliner. Renonçant, pour ainsi dire, aux régions de l'ouest, abandonnées de fait à Hammad, El-Moëzz ne s'occupait guère que des

---

1. Ibn-Khaldoun, t. II, p. 19, 62, 154. Dozy, *Musulmans d'Espagne*, t. III, p. 351 et suiv. El-Bekri, *Idricides*.
2. Ibn-Khaldoun, t. II, p. 131, t. III, p. 215, 224, 235, 257, 271. El-Bekri, passim.

Beni-Khazroun de la province de Tripoli. L'anarchie y était en permanence. Ouerrou, frère de Felfoul, étant mort en 1015, son fils Khalifa voulut prendre le commandement des Zenètes, mais ces Berbères se divisèrent, et une partie suivit les étendards de Khazroun, frère de Ouerrou.

Après une courte lutte, celui-ci resta maître de l'autorité et entraîna ses adhérents à des incursions sur les territoires de Gabès et de Tripoli, où un gouverneur, du nom d'Abd-Allah-ben-Hacen, commandait pour El-Moëzz. En 1026, cet Abd-Allah, dont le frère venait d'être mis à mort à Kaïrouan, par l'ordre du gouverneur, livra, pour se venger, Tripoli à Khalifa, chef des Zenètes, et celui-ci, étant ainsi devenu maître de cette place, en expulsa Abd-Allah et fit massacrer tous les Sanhadja qui s'y trouvaient.

El-Moëzz, bien qu'ayant été élevé dans les principes de la doctrine chiaïte, s'était rattaché à la secte de Malek et n'avait pas tardé à persécuter ses anciens coreligionnaires. A El-Mehdïa, à Kaïrouan, les Chiaïtes étaient poursuivis, molestés, torturés même. Leur sang avait coulé à flots et ces mauvais traitements les avaient forcés, en maints endroits, à l'exil volontaire. La Sicile et l'Orient avaient vu arriver ces malheureux dans le plus triste état. Cette attitude n'était rien moins que la révolte contre les khalifes d'Egypte. En vain El-Hakem, qui régnait alors, essaya de ramener à l'obéissance son représentant de Kaïrouan, en le comblant de cadeaux ; il ne réussit qu'à retarder une rupture inévitable.

Khalifa, de Tripoli, exploitant la situation, entra en rapports avec la cour du Caire et reçut du khalife un diplôme lui conférant le commandement de la Tripolitaine. C'était, entre les deux cours, un échange d'hostilités indirectes, prélude d'actes plus décisifs.

En 1028, Hammad mourut à la Kalâa, et fut remplacé par son fils El-Kaïd, qui confia à ses frères les grands commandements de son empire. Les bons rapports continuèrent pendant quelque temps entre lui et son cousin de Kaïrouan, mais, de ce côté aussi, une rupture était imminente [1].

GUERRE ENTRE LES MAG'RAOUA ET LES BENI-IFRENE. — A Fès, Ham-

---

1. Ibn-Khaldoun, t. I, p. 30, t. II, p. 20, 21, 45, 131, t. III, p. 266, 267. El-Kairouani, p. 140, 141. El-Bekri, passim. Amari, *Musulmans de Sicile*, t. II, p. 357 et suiv.

mama, roi des Mag'raoua, continuait à régner au milieu d'une cour brillante, et, pendant ce temps, les Beni-Ifrene, commandés par Temim, guerroyaient contre les Berg'ouata et devenaient redoutables. En 1033, ils vinrent, avec l'aide d'autres tribus zenètes, mettre le siège devant Fès. Le chef des Mag'raoua leur livra une grande bataille sous les murs de la ville ; mais, après une lutte acharnée où tombèrent ses meilleurs guerriers, il fut entièrement défait. Les Beni-Ifrene entrèrent victorieux à Fès, qu'ils mirent au pillage. Le quartier des juifs, surtout, attira leur convoitise, car il était rempli de richesses ; les vainqueurs massacrèrent les hommes et réduisirent les femmes en esclavage.

Temim s'installa en souverain dans Fès, tandis que Hammama se réfugiait à Oudjda et s'occupait avec activité à réunir ses adhérents, afin de prendre sa revanche. Peu de temps après, il fut en mesure de commencer les hostilités et, en 1038, il arrachait sa capitale des mains des Beni-Ifrene. Ceux-ci rentrèrent dans leurs anciens territoires ; Temim se retrancha à Chella [1].

Après cette victoire, Hammama se crut assez fort pour entreprendre d'autres conquêtes. A la tête d'une armée zenatienne, il se mit en marche vers l'est et envahit le territoire sanhadjien. El-Kaïd, seigneur de la Kalâa, s'avança à sa rencontre ; mais, se sentant moins fort, il n'osa pas engager le combat, et préféra employer l'intrigue et la corruption pour détourner les adhérents de son adversaire. Abandonné par son armée, Hammama n'eut bientôt d'autre parti à prendre que d'accepter la paix et de rentrer chez lui. Il mourut l'année suivante (1040), laissant le pouvoir à son fils ; mais la guerre civile divisa alors les Mag'raoua ; et Fès fut, pendant de longues années, le théâtre de luttes et de compétitions dans lesquelles les forces des Mag'raoua s'épuisèrent.

Événements de Sicile et d'Italie. Chute des Kelbites. — Absorbés par l'histoire de l'Afrique et de l'Espagne, nous avons perdu de vue la Sicile et l'Italie, et il convient de revenir sur nos pas afin de passer une rapide revue des événements survenus dans ces contrées.

La Sicile, indépendante de fait sous les émirs kelbites, qui reconnaissaient pour la forme l'autorité des khalifes fatemides, profita d'une période de paix, pendant laquelle fleurirent les lettres

---

1. Le Kartas donne pour date à cet événement l'année 1041. Nous adoptons la date et la leçon d'Ibn-Khaldoun qui paraissent plus probables.

et les arts. Toutes les forces vives des Musulmans s'étaient reportées sur l'Italie. Les villes de Cagliari et de Pise avaient été pillées par les Sarrasins (1002). En 1004, le doge de Venise, P. Orseolo, vint au secours de Bari, assiégée par le renégat Safi, et força les Musulmans à la retraite. En 1005, les Pisans remportèrent l'importante bataille navale de Reggio. En 1009, les Musulmans, prenant leur revanche, s'emparèrent de Cosenza.

En 1015, une expédition musulmane assiégeait Salerne, et cette ville, pour éviter de plus grands maux, se disposait à accepter les exigences des Arabes, lorsque quarante chevaliers normands revenant de Terre sainte, qui se trouvaient de passage dans la localité, scandalisés de voir des chrétiens ainsi malmenés par des infidèles, entraînèrent à leur suite quelques hommes de cœur et forcèrent les Musulmans à se rembarquer, après avoir pillé leur camp. Refusant ensuite toutes les offres qui leur étaient faites, ils continuèrent leur chemin. Mais le prince de Salerne les fit accompagner par un envoyé chargé de ramener des champions de leur pays, en les attirant par les promesses les plus séduisantes.

Le caïd de Sicile, Youssof-el-Kelbi, ayant été frappé d'hémiplégie, avait résigné quelque temps auparavant le pouvoir entre les mains de son fils Djâfer, qui avait reçu d'El-Hakem l'investiture, avec le titre de *Seïf-ed-Daoula*. En 1015, Ali, frère de Djâfer, appuyé par les Berbères, se mit en état de révolte, mais il fut vaincu et tué par son frère, qui expulsa une masse de Berbères de l'île. Djâfer, vivant dans le luxe, abandonna la direction des affaires à l'Africain Hassan, de Bar'aï, et ce ministre, pour subvenir aux dépenses de son maître, ne trouva rien de mieux que d'augmenter les impôts, en percevant le cinquième sur les fruits, alors que les terres étaient déjà grevées d'une taxe foncière. Il en résulta une révolte générale (mai 1019). Djâfer fut déposé, transporté en Egypte et remplacé par son frère Ahmed-ben-el-Akehal.

Le nouveau gouverneur, après avoir rétabli la paix en Sicile, entreprit des expéditions en Italie. L'empereur Basile, qui avait tenu sous le joug les Musulmans d'Orient, les Russes et les Bulgares, se prépara, malgré ses soixante-huit ans, à faire une descente en Sicile. Son aide de camp Oreste le précéda avec une nombreuse armée et chassa de Calabre tous les Musulmans ; il attendait l'empereur pour passer en Sicile lorsque celui-ci mourut (décembre 1025).

Averti du péril qui menaçait la Sicile, El-Moëzz offrit son aide à El-Akehal, qui l'accepta. Mais la flotte envoyée d'Afrique fut détruite par une tempête (1026). Oreste, débarqué en Sicile, ne sut pas tirer parti des circonstances ; il laissa affaiblir son armée par la maladie et, lorsque les Musulmans attaquèrent, il se trouva hors d'état de leur résister.

Toutes les tentatives tournaient au profit des Musulmans. Les flottes combinées d'El-Moëzz et d'El-Akehal sillonnèrent alors les mers du Levant et allèrent porter le ravage sur les côtes d'Illyrie, des îles de la Grèce, des Cyclades et de la Thrace. Mais, dans la Méditerranée, les chrétiens, oubliant leurs dissensions particulières, s'unissaient partout pour combattre l'influence musulmane. C'est ainsi que les Pisans, aidés sans doute des Génois, armèrent en 1034 une flotte imposante et effectuèrent une descente en Afrique. Bône, objectif de l'expédition, fut prise et pillée par les chrétiens. En 1035, la cour de Byzance envoya des ambassadeurs à El-Moëzz pour traiter de la paix. Sur ces entrefaites, une révolte éclata en Sicile contre El-Akehal, qui avait voulu encore augmenter les impôts pour subvenir aux frais de la guerre. La situation devenant périlleuse, ce prince se hâta de faire la paix avec l'empire et d'accepter le titre de *maître*, qui impliquait une sorte de vasselage; il demanda alors des secours aux Byzantins, tandis que les rebelles appelaient à leur aide El-Moëzz.

Le gouverneur de Kaïrouan leur envoya son propre fils Abd-Allah, avec trois mille cavaliers et autant de fantassins. En 1036, Léon Opus, qui commandait en Calabre, passa en Sicile pour secourir le nouveau vassal de l'empire et défit l'armée berbère; mais, craignant des embûches, il ne profita pas de sa victoire et rentra en Italie, accompagné de quinze mille chrétiens qui avaient suivi sa fortune. Bientôt El-Akehal fut assassiné, et Abd-Allah resta seul maître de l'autorité [1].

Exploits des Normands en Italie et en Sicile. Robert Wiscard. — Nous avons vu que le prince de Salerne, enthousiasmé des exploits des Normands, avait député une ambassade pour décider leurs compatriotes à lui prêter l'appui de leurs bras. Son appel fut entendu, et bientôt une petite compagnie d'aventuriers normands arriva en Italie, sous la conduite d'un certain Drengot (1017). Présentés au pape Benoît VIII, ils furent encouragés par le pontife à lutter contre les Byzantins, qui se rendaient odieux par leur tyrannie et dont l'ambition portait ombrage à tous les souverains de l'Italie centrale. Après avoir, tout d'abord, infligé aux Grecs des pertes sensibles, les Normands ressentirent à leur tour les effets de la fortune adverse et furent cruellement éprou-

---

1. Amari, *Musulmans de Sicile*, t. II, p. 341 et suiv. Elie de la Primaudaie, *Arabes et Normands*, p. 159 et suiv.

vés par le fer de l'ennemi. Le katapan Boïannès les expulsa de toutes leurs conquêtes et rétablit l'autorité de l'empire jusque sur l'Apulie.

Le pape Benoît VIII appela alors à son aide l'empereur Henri II, qui envahit l'Italie à la tête d'une nombreuse armée ; les Normands se joignirent à lui et l'aidèrent à triompher des Grecs. Mais bientôt l'armée allemande reprit la route de son pays, et les Normands demeurèrent livrés à eux-mêmes sans ressources, et se virent forcés de vivre de brigandage et d'offrir leurs bras aux princes ou aux républiques qui voudraient bien les employer.

Sur ces entrefaites, arriva de Normandie une nouvelle troupe commandée par de braves chevaliers, fils d'un homme noble des environs de Coutances, nommé Tancrède de Hauteville, qui, à défaut d'autre patrimoine, avait donné à ses douze fils l'éducation militaire de son temps. C'était un puissant renfort que de tels hommes, et, comme la guerre venait d'éclater entre le prince de Salerne et celui de Capoue, ils trouvèrent immédiatement à s'employer. Plus tard, ils s'attachèrent aux uns et aux autres avec des chances diverses.

Vers 1036, le général Georges Maniakès débarqua en Italie à la tête d'une armée byzantine considérable ; il réussit à s'adjoindre les Normands du comté de Salerne et passa en Sicile (1038). Débarqués à Messine, les chrétiens ne tardèrent pas à rencontrer les Musulmans ; ils les mirent en déroute, après un rude combat, dans lequel Guillaume *Bras de fer*, un des fils de Tancrède, fit des prodiges de valeur à la tête des Normands. Messine capitule ; puis on assiège Rametta, où les Musulmans ont concentré leurs forces. Maniakès triomphe sur tous les points. Les chrétiens mettent alors le siège devant Syracuse ; mais cette ville résiste avec énergie. Abd-Allah reçoit des renforts d'Afrique et porte son camp sur les plateaux de Traïana, au nord de l'Etna. Mais l'habile Maniakès, secondé par les Normands, met encore une fois en déroute les Musulmans.

Sur ces entrefaites, une brouille étant survenue entre Maniakès et le Lombard Ardoin, qui avait le commandement de la compagnie normande, ce chef ramena ses hommes en Italie et appela le peuple aux armes contre les Byzantins. Cependant Syracuse était tombée aux mains du général grec, et bientôt il allait achever la conquête de toute l'île, lorsque, par suite d'intrigues, il fut rappelé en Orient et jeté dans les fers. La révolte éclata dans la Pouille sous l'impulsion des Normands ; une partie des troupes impériales furent rappelées de Sicile et les Musulmans respirèrent.

En 1040, les Musulmans se lancent également dans la rébellion, et Abd-Allah, après avoir vu tomber la plupart de ses adhérents, est contraint de rentrer à Kaïrouan, en abandonnant la Sicile à son compétiteur Simsam, frère d'El-Akehal. Les Byzantins sont bientôt expulsés de l'île (1042). Mais la Sicile se divise en un grand nombre de principautés indépendantes, obéissant à des officiers d'origine diverse, souvent obscure.

En Italie, les Normands avaient obtenu de grands succès et conquis un vaste territoire dont ils s'étaient partagé les villes. Amalfi, neutralisée, devint la capitale de ce petit royaume, et Guillaume en fut nommé chef, sous le nom de comte de la Pouille. Mais en 1042, Maniakès, qui avait recouvré la liberté, reparut en Italie, et, comme toujours, la victoire couronna ses armes. Par bonheur pour les Normands, il se fit proclamer empereur et passa en Grèce, où il fut tué par surprise. La ligue normande acquit dès lors une grande puissance. A la mort de Guillaume, survenue en 1046, les frères de Hauteville se disputèrent sa succession, et la ligue fut rompue. Le plus jeune d'entre eux, nommé Robert, arrivé depuis peu en Italie, ayant trouvé tous les bons postes occupés, se distingua par sa hardiesse et les ressources de son esprit ; il reçut pour cela le surnom de *Wiscard* ou Guiscard (fort et prudent). Après avoir guerroyé avec succès en Calabre, il se forma un groupe de compagnons dévoués et courageux. Nous verrons avant peu quel parti il en tira.

Quelques années plus tard, les forces combinées de Gênes, de Pise et du Saint-Siège parviennent à expulser les Musulmans de la Sardaigne (1050). Cette île obéissait aux émirs espagnols et la lutte avait duré de longues années [1].

Rupture entre El-Moezz et le Hammadite El-Kaïd. — Pendant que l'Italie et la Sicile étaient le théâtre de ces événements, une rupture, depuis longtemps imminente, éclatait entre El-Moëzz et son parent El-Kaïd, de la Kalâa, qui s'était rendu entièrement indépendant du gouverneur de Kaïrouan. Par esprit d'opposition, El-Kaïd refusait en outre de suivre El-Moëzz dans son hostilité contre les khalifes du Caire.

Le gouverneur, s'étant mis à la tête de ses troupes, vint lui-même assiéger la Kalâa ; mais cette place, par sa forte position, défiait toute surprise. Aussi, après l'avoir tenue longtemps blo-

---

1. Amari, *Musulmans de Sicile*, t. II, p. 367 et suiv. Elie de la Primaudaie, *Arabes et Normands*, p. 166 et suiv. De Mas Latrie, *Traités de paix*, etc., p. 21 et suiv.

quée, El-Moëzz se décida-t-il à signer avec El-Kaïd une sorte de trêve. Il leva le siège, mais au lieu de rentrer en Ifrikiya, il alla guerroyer du côté d'Achir (1042-43).

Comme en Sicile, comme en Espagne, la désunion des Musulmans d'Afrique, en paralysant leurs forces, allait avoir les conséquences les plus graves et favoriser l'arrivée d'un nouvel élément ethnographique [1].

---

1. Ibn-Khaldoun, t. II, p. 20 et 46.

FIN DE LA DEUXIÈME PARTIE

TABLE DES MATIÈRES

	Pages.
Préface	III
Système adopté pour la transcription des noms arabes	VI
Introduction : Description physique et géographique de l'Afrique septentrionale	IX
Divisions géographiques adoptées par les anciens	XVI
Divisions géographiques adoptées par les Arabes	XIX
Ethnographie. — Origine et formation du peuple berbère	XXI

PREMIÈRE PARTIE

PÉRIODE ANTIQUE

(Jusqu'en 642 de l'ère chrétienne)

Chapitre I. — *Période phénicienne (1100-268 av. J.-C.)*	1
Sommaire :	
Temps primitifs	1
Les Phéniciens s'établissent en Afrique	2
Fondation de Cyrène par les Grecs	3
Données géographiques d'Hérodote	3
Prépondérance de Karthage	4
Découvertes de l'amiral Hannon	5
Organisation politique de Karthage	6
Conquête de Karthage dans les îles et sur le littoral de la Méditerranée	6
Guerres de Sicile	7
Révolte des Berbères	8
Suite des guerres de Sicile	8
Agathocle, tyran de Syracuse. — Il porte la guerre en Afrique	9
Agathocle évacue l'Afrique	11
Pyrrhus, roi de Sicile. — Nouvelles guerres dans cette contrée	11
Anarchie en Sicile	12

CHAPITRE II. — *Première guerre punique* (268-220).............. 13

    Sommaire :

Causes de la première guerre punique....................... 13
Rupture de Rome avec Karthage........ 14
Première guerre punique................................... 14
Succès des Romains en Sicile.............................. 15
Les Romains portent la guerre en Afrique.................. 16
Victoire des Karthaginois à Tunis. — Les Romains évacuent l'Afrique.. 17
Reprise de la guerre en Sicile............................ 18
Grand siège de Lylibée.................................... 19
Bataille des îles Égates. — Fin de la première guerre punique 20
Divisions géographiques de l'Afrique adoptées par les Romains 21
Guerre des Mercenaires 22
Karthage, après avoir rétabli son autorité en Afrique, porte la guerre en Espagne.. 24
Succès des Karthaginois en Espagne........................ 25

CHAPITRE III. — *Deuxième guerre punique* (220-201) 27

    Sommaire :

Hannibal commence la guerre d'Espagne. Prise de Sagonte... 27
Hannibal marche sur l'Italie.............................. 28
Combat du Tessin ; batailles de la Trébie et de Trasimène.. 29
Hannibal au centre et dans le midi de l'Italie ; bataille de Cannes... 31
Conséquences de la bataille de Cannes. — Énergique résistance de Rome... 32
La guerre en Sicile....................................... 33
Les Berbères prennent part à la lutte. Syphax et Massinissa... 34
Guerre d'Espagne.. 34
Campagne de Hannibal en Italie............................ 35
Succès des Romains en Espagne et en Italie ; bataille du Métaure... 36
Evénements d'Afrique ; rivalité de Syphax et de Massinissa... 37
Massinissa, roi de Numidie................................ 38
Massinissa est vaincu par Syphax.......................... 38
Evénements d'Italie ; l'invasion de l'Afrique est résolue ... 39
Campagne de Scipion en Afrique............................ 40
Syphax est fait prisonnier par Massinissa 41
Bataille de Zama.. 41
Fin de la deuxième guerre punique ; traité avec Rome...... 42

CHAPITRE IV. — *Troisième guerre punique* (201-146)........... 44

    Sommaire :

Situation des Berbères en l'an 201........................ 44
Hannibal, dictateur de Karthage ; il est contraint de fuir. Sa mort... 45
Empiètements de Massinissa................................ 46
Prépondérance de Massinissa............................... 46

	Pages.
Situation de Karthage	47
Karthage se prépare à la guerre contre Massinissa	48
Défaite des Karthaginois par Massinissa	48
Troisième guerre punique	49
Héroïque résistance de Karthage	50
Mort de Massinissa	51
Suite du siège de Karthage	52
Scipion prend le commandement des opérations	52
Chute de Karthage	54
L'Afrique province romaine	55

CHAPITRE V. — *Les rois berbères vassaux de Rome (146-89)* 57

Sommaire :

L'élément latin s'établit en Afrique	57
Règne de Micipsa	58
Première usurpation de Jugurtha	58
Défaite et mort d'Adherbal	59
Guerre de Jugurtha contre les Romains	60
Première campagne de Métellus contre Jugurtha	62
Deuxième campagne de Métellus	63
Marius prend la direction des opérations	64
Chute de Jugurtha	66
Partage de la Numidie	67
Coup d'œil sur l'histoire de la Cyrénaïque; cette province est léguée à Rome	68

CHAPITRE VI. — *L'Afrique pendant les guerres civiles (89-46)* 71

Sommaire :

Guerre entre Hiemsal II et Yarbas	71
Défaite des partisans de Marius en Afrique; mort de Yarbas	71
Expéditions de Sertorius en Maurétanie	72
Les pirates africains châtiés par Pompée	73
Juba I successeur de Hiemsal II. — Il se prononce pour le parti de Pompée	74
Défaite de Curion et des Césariens par Juba	75
Les Pompéiens se concentrent en Afrique après la bataille de Pharsale	76
César débarque en Afrique	77
Diversion de Sittius et des rois de Maurétanie	78
Bataille de Thapsus, défaite des Pompéiens	79
Mort de Juba. — La Numidie orientale est réduite en province romaine	80
Chronologie des rois de Numidie	81

CHAPITRE VII. — *Les derniers rois berbères* (46 avant J.-C. — 43 après J.-C.)... 83

    Sommaire :

Les rois maurétaniens prennent parti dans les guerres civiles. 83
Arabion rentre en possession de la Sétifienne................ 83
Lutte entre les partisans d'Antoine et ceux d'Octave.......... 84
Arabion se prononce pour Octave............................. 84
Arabion s'allie à Sextius, lieutenant d'Antoine ; sa mort....... 86
L'Afrique sous Lépide....................................... 86
Bogud II est dépossédé de la Tingitane. Bokkus III réunit toute la Maurétanie sous son autorité........................... 87
La Berbérie rentre sous l'autorité d'Octave................... 87
Organisation de l'Afrique par Auguste........................ 88
Juba II roi de Numidie...................................... 89
Juba roi de Maurétanie...................................... 90
Révolte des Berbères.. 90
Mort de Juba II ; Ptolémée lui succède....................... 92
Révolte des Tacfarinas...................................... 92
Assassinat de Ptolémée...................................... 94
Révolte d'Ædémon. La Maurétanie est réduite en province romaine.. 94
Division et organisation administrative de l'Afrique romaine... 95
CHRONOLOGIE DES ROIS DE MAURÉTANIE........................... 99

CHAPITRE VIII. — *L'Afrique sous l'autorité romaine* (43-297).... 100

    Sommaire :

Etat de l'Afrique au Ier siècle ; productions, commerce, relations 100
Etat des populations....................................... 102
Les gouverneurs d'Afrique prennent part aux guerres civiles... 103
L'Afrique sous Vespasien................................... 104
Insurrection des Juifs de la Cyrénaïque..................... 105
Expéditions en Tripolitaine et dans l'extrême sud............ 105
L'Afrique sous Trajan...................................... 106
Nouvelle révolte des Juifs.................................. 107
L'Afrique sous Hadrien ; insurrection des Maures............ 107
Nouvelles révoltes sous Antonin, Marc-Aurèle et Commode, 138-190.. 109
Les empereurs africains : Septime Sévère.................... 110
Progrès de la religion chrétienne en Afrique ; premières persécutions... 110
Caracalla, son édit d'émancipation.......................... 112
Macrin et Elagabal... 112
Alexandre Sévère... 113
Les Gordiens ; révolte de Capellien et de Sabinianus......... 113
Période d'anarchie ; révoltes en Afrique.................... 115
Persécutions contre les chrétiens........................... 116
Période des trente tyrans.................................. 116
Dioclétien ; révolte des Quinquégentiens.................... 117
Nouvelles divisions géographiques de l'Afrique.............. 118

TABLE DES MATIÈRES

	Page
Chapitre IX. — *L'Afrique sous l'autorité romaine*, suite (297-415)	120

Sommaire :

Etat de l'Afrique à la fin du iiiᵉ siècle...	120
Grandes persécutions contre les chrétiens...	121
Tyrannie de Galère en Afrique...	122
Constantin et Maxence, usurpation d'Alexandre...	123
Triomphe de Maxence en Afrique ; ses dévastations...	124
Triomphe de Constantin...	124
Cessation des persécutions contre les chrétiens ; les Donatistes ; schisme d'Arius...	125
Organisation administrative et militaire de l'Afrique par Constantin...	128
Puissance des Donatistes. Les Circoncellions...	129
Les fils de Constantin ; persécution des Donatistes par Constant	131
Constance et Julien ; excès des Donatistes...	131
Exactions du comte Romanus...	132
Révolte de Firmus...	133
Pacification générale...	135
L'Afrique sous Gratien, Valentinien II et Théodose...	136
Révolte de Gildon...	136
Chute de Gildon...	137
L'Afrique sous Honorius...	138

Chapitre X. — *Période vandale* (415-531)...	140

Sommaire :

Le christianisme en Afrique au commencement du vᵉ siècle...	140
Boniface gouverneur d'Afrique ; il traite avec les Vandales...	142
Les Vandales envahissent l'Afrique...	143
Lutte de Boniface contre les Vandales...	144
Fondation de l'empire vandale...	145
Nouveau traité de Genséric avec l'empire ; organisation de l'Afrique Vandale...	146
Mort de Valentinien III ; pillage de Rome par Genséric...	147
Suite des guerres des Vandales...	148
Apogée de la puissance de Genséric ; sa mort...	149
Règne de Hunéric ; persécutions contre les catholiques...	150
Révolte des Berbères...	151
Cruautés de Hunéric...	151
Concile de Karthage ; mort de Hunéric...	152
Règne de Gondamond...	152
Règne de Trasamond...	153
Règne de Hildéric...	154
Révoltes des Berbères ; usurpation de Gélimer...	154

Chapitre XI. — *Période byzantine* (531-642)...	156

Sommaire :

Justinien prépare l'expédition d'Afrique...	156
Départ de l'expédition. Bélisaire débarque à Caput-Vada...	157

	Pages.
Première phase de la campagne..................................	158
Défaite des Vandales conduits par Ammatas et Gibamund.....	159
Succès de Bélisaire. Il arrive à Karthage............................	160
Bélisaire à Karthage..	161
Retour des Vandales de Sardaigne. Gélimer marche sur Karthage....................	162
Bataille de Tricamara...	163
Fuite de Gélimer..	164
Conquêtes de Bélisaire..	164
Gélimer se rend aux Grecs..	165
Disparition des Vandales d'Afrique.................................	166
Organisation de l'Afrique byzantine; état des Berbères........	167
Luttes de Salomon contre les Berbères.............................	168
Révolte de Stozas..	169
Expéditions de Salomon	171
Révolte des Levathes; mort de Salomon...........................	172
Période d'anarchie...	173
Jean Troglita, gouverneur d'Afrique; il rétablit la paix........	174
Etat de l'Afrique au milieu du vi^e siècle..........................	175
L'Afrique pendant la deuxième moitié du vi^e siècle...........	176
Derniers jours de la domination byzantine.......................	177
Appendice: Chronologie des rois Vandales.......................	178

FIN DE LA PREMIÈRE PARTIE

DEUXIÈME PARTIE

PÉRIODE ARABE ET BERBÈRE

641 — 1045

	Pages.
CHAPITRE I. — *Les Berbères et les Arabes*	179

Sommaire :

Le peuple berbère ; mœurs et religion	179
Organisation politique	180
Groupement des familles de la race	181
Divisions des tribus berbères	182
Position de ces tribus	187
Les Arabes ; notice sur ce peuple	189
Mœurs et religions des Arabes anté-islamiques	190
Mahomet ; fondation de l'islamisme	192
Abou Beker, deuxième khalife ; ses conquêtes	193
Khalifat d'Omar ; conquête de l'Egypte	193

CHAPITRE II. — *Conquête arabe* (641-709)	194

Sommaire :

Campagnes de Amer en Cyrénaïque et en Tripolitaine	194
Le khalife Othmane prépare l'expédition d'Ifrikiya	195
Usurpation du patrice Grégoire ; il se prépare à la lutte	196
Défaite et mort de Grégoire	197
Les Arabes traitent avec les Grecs et évacuent l'Ifrikiya	198
Guerres civiles en Arabie	199
Les Kharedjites. Origine de ce schisme	200
Mort de Ali ; triomphe des Oméïades	201
Etat de la Berbérie. Nouvelles courses des Arabes	202
Suite des expéditions arabes en Mag'reb	202
Okba, gouverneur de l'Ifrikiya. Fondation de Kaïrouan	203
Gouvernement de Dinar Abou-el-Mohadjer	204
Deuxième gouvernement d'Okba. Sa grande expédition en Mag'reb	205
Défaite de Tehouda. Mort d'Okba	206
La Berbérie libre sous l'autorité de Kocéïla	208
Nouvelles guerres civiles en Arabie	208
Les Kharedjites et les Chiaïtes	209
Victoire de Zohéïr sur les Berbères. Mort de Kocéïla	210
Zohéïr évacue l'Ifrikiya	211
Mort du fils de Zobéïr. Triomphe d'Abd-el-Malek	211
Situation de l'Afrique. La Kahéna	212
Expédition de Haçane en Mag'reb. Victoire de La Kahéna	213
La Kahéna reine des Berbères. Ses destructions	214
Défaite et mort de la Kahéna	215
Conquête et organisation de l'Ifrikiya par Haçane	216
Mouça-ben-Noçéïr achève la conquête de la Berbérie	217

Pages.

Chapitre III. — *Conquête de l'Espagne. Révolte kharedjite* (709-750) 219

Sommaire :

Le comte Julien pousse les Arabes à la conquête de l'Espagne. 219
Conquête de l'Espagne par Tarik et Mouça.................. 220
Destitution de Mouça.. 222
Situation de l'Afrique et de l'Espagne...................... 222
Gouvernement de Mohammed-ben-Yezid.......................... 224
Gouvernement d'Ismaïl-ben-Abd-Allah......................... 224
Gouvernement de Yezid-ben-Abou-Moslem ; il est assassiné.... 225
Gouvernement de Bichr-ben-Safouane.......................... 226
Gouvernement de Obéïda-ben-Abd-er-Rahman.................... 226
Incursions des Musulmans en Gaule ; bataille de Poitiers... 227
Gouvernement d'Obéïd-Allah-ben-el-Habhab.................... 229
Despotisme et exactions des Arabes.......................... 229
Révolte de Meïcera, soulèvement général des Berbères........ 230
Défaite de Koltoum à l'Ouad-Sebou........................... 231
Victoires de Handhala sur les Kharedjites de l'Ifrikiya..... 232
Révolte de l'Espagne ; les Syriens y sont transportés....... 234
Abd-er-Rahman-ben-Habib usurpe le gouvernement de l'Ifrikiya 236
Chute de la dynastie oméïade : établissement de la dynastie abbasside.. 237

Chapitre IV. — *Révolte kharedjite. Fondations de royaumes indépendants* (750-772) 238

Sommaire :

Situation des Berbères du Mag'reb au milieu du VIIIe siècle... 238
Victoires de Abd-er-Rahman ; il se déclare indépendant...... 239
Assassinat de Abd-er-Rahman................................. 229
Lutte entre El-Yas et El-Habib.............................. 240
Prise et pillage de Kaïrouan par les Ourfeddjouma........... 242
Les Miknaça fondent un royaume à Sidjilmassa................ 243
Guerres civiles en Espagne.................................. 243
L'oméïade Abd-er-Rahman débarque en Espagne................. 244
Fondation de l'empire oméïade d'Espagne..................... 244
Les Ourfeddjouma sont vaincus par les Eïbadites de l'Ifrikiya.. 245
Défaites des Kharedjites par Ibn-Achath..................... 246
Ibn-Achath rétablit à Kaïrouan le siège du gouvernement..... 247
Fondation de la dynastie rostemide à Tiharet................ 248
Gouvernement d'El-Ar'leb-ben-Salem.......................... 248
Gouvernement d'Omar-ben-Hafs dit Hazarmed................... 249
Mort d'Omar. Prise de Kaïrouan par les kharedjites.......... 251

Chapitre V. — *Derniers gouverneurs arabes* (772-800)............ 253

Sommaire :

Yezid-ben-Hatem rétablit l'autorité arabe en Ifrikiya....... 253
Gouvernement de Yezid-ben-Hatem............................. 254
Les petits royaumes berbères indépendants................... 255

TABLE DES MATIÈRES

	Pages.
L'Espagne sous le premier khalife oméïade ; expédition de Charmelagne	256
Intérim de Daoud-ben-Yezid ; gouvernement de Rouh-ben-Hatem	258
Edris-ben-Abd-Allah fonde à Oulili la dynastie edriside	258
Conquêtes d'Edris ; sa mort	260
Gouvernements d'En-Nasr-ben-el-Habib et d'El-Fadel-ben-Rouh	261
Anarchie en Ifrikiya	261
Gouvernement de Hertema-ben-Aïan	262
Gouvernement de Mohammed-ben-Mokatel	262
Ibrahim-ben-el-Ar'leb apaise la révolte de la milice	263
Ibrahim-ben-el-Ar'leb, nommé gouverneur indépendant, fonde la dynastie ar'lebite	263
Naissance d'Edris II	264
L'Espagne sous Hicham et El-Hakem	265
Chronologie des gouverneurs de l'Afrique	266

CHAPITRE VI. — *L'Ifrikiya sous les Ar'lebites. Conquête de la Sicile (800-838)* 267

Sommaire :

Ibrahim établit solidement son autorité en Ifrikiya	267
Edris II est proclamé par les Berbères	268
Fondation de Fès par Edris II	268
Révoltes en Ifrikiya. Mort d'Ibrahim	269
Abou-l'Abbas-Abd-Allah succède à son père Ibrahim	270
Conquêtes d'Edris II	271
Mort de Abd-Allah. Son frère Ziadet-Allah le remplace	272
Espagne : Révolte du faubourg. Mort d'El-Hakem	272
Luttes de Ziadet-Allah contre les révoltes	273
Mort d'Edris II ; partage de son empire	276
Etat de la Sicile au commencement du IXe siècle	277
Euphémius appelle les Arabes en Sicile. Expédition du cadi Aced	278
Conquête de la Sicile	279
Mort de Ziadet-Allah. Son frère Abou-Eïkal-el-Ar'leb lui succède	280
Guerres entre les descendants d'Edris II	281
Les Midrarides à Sidjilmassa	281
L'Espagne sous Abd-er-Rahman II	282

CHAPITRE VII. — *Les derniers Ar'lebites (838-902)*,............ 283

Sommaire :

Gouvernement d'Abou-Eïkal	283
Gouvernement d'Abou-l'Abbas-Mohammed	284
Gouvernement d'Abou-Ibrahim-Ahmed	286
Evénements d'Espagne	287
Gouvernement de Ziadet-Allah, dit le jeune, et d'Abou-el-R'aranik	288
Guerre de Sicile	288
Mort d'Abou-el-R'aranik. Gouvernement d'Ibrahim-ben-Ahmed	289
Les souverains edrisides de Fez	290
Succès des Musulmans en Sicile	290

	Pages.
Ibrahim repousse l'invasion d'El-Abras-ben-Touloun	291
Révoltes en Ifrikiya. Cruautés d'Ibrahim	292
Progrès de la secte chïaïte en Berbérie. Arrivée d'Abou-Abd-Allah	293
Nouvelles luttes d'Ibrahim contre les révoltes	294
Expédition d'Ibrahim contre les Toulounides d'Egypte	295
Abdication d'Ibrahim	296
Evénements de Sicile	297
Evénements d'Espagne	298

CHAPITRE VIII. — *Etablissement de l'empire obéïdite. Chute de l'autorité arabe en Ifrikiya* (902-909).................... 300

Sommaire :

Coup d'œil sur les événements antérieurs et la situation de l'Italie méridionale	300
Ibrahim porte la guerre en Italie. Sa mort	302
Progrès des Chiaïtes. Victoires d'Abou-Abd-Allah chez les Ketama	303
Court règne d'Abou-l'Abbas. Son fils Ziadet-Allah lui succède...	304
Le mehdi Obéïd-Allah passe en Mag'reb	305
Campagnes d'Abou-Abd-Allah contre les Ar'lebites. Ses succès..	307
Les Chiaïtes marchent sur la Tunisie. Fuite de Ziadet-Allah III	309
Abou-Abd-Allah prend possession de la Tunisie	310
Les Chiaïtes vont délivrer le mehdi à Sidjilmassa	312
Retour du mehdi Obéïd-Allah en Tunisie. Fondation de l'empire obéïdite	313
Chronologie des gouverneurs ar'lebites	315

CHAPITRE IX. — *L'Afrique sous les Fatemides* (910-934).......... 316

Sommaire :

Situation du Mag'reb en 910	316
Conquête des Fatemides dans le Mag'reb central. Chute des Rostemides	317
Le mehdi fait périr Abou-Abd-Allah et écrase les germes de rébellion	318
Evénements de Sicile	320
Evénements d'Espagne	320
Révoltes contre Obéïd-Allah	321
Fondation d'El-Mehdia par Obéïd-Allah	322
Expédition des Fatemides en Egypte, son insuccès	323
L'autorité du Mehdi est rétablie en Sicile	324
Première campagne de Messala dans le Mag'reb pour les Fatemides	325
Nouvelle expédition fatemide contre l'Egypte	326
Conquêtes de Messala en Mag'reb	326
Expéditions fatemides en Sicile, en Tripolitaine et en Egypte.	327
Succès des Mag'raoua. Mort de Messala	328
El-Haçan relève, à Fès, le trône edriside. Sa mort	328
Expédition d'Abou-l'Kacem dans le Mag'reb central	329
Succès d'Ibn-Abou-l'Afia	330

Mouça se prononce pour les Oméïades. Il est vaincu par les troupes fatemides... 331
Mort d'Obéïd-Allah, le mehdi..................................... 332
Expéditions des Fatemides en Italie............................. 333

CHAPITRE X. — *Suite des Fatemides. Révolte de l'Homme à l'âne* (934-947) 334

Sommaire :

Règne d'El-Kaïm ; premières révoltes............................ 334
Succès de Meïçour, général fatemide, en Mag'reb. Mouça, vaincu, se réfugie dans le désert.................................. 335
Expéditions fatemides en Italie et en Egypte.................. 336
Puissance des Sanhadja. Ziri-ben-Menad......................... 337
Succès des Edrisides ; mort de Mouça-ben-Abou-l'Afia......... 338
Révolte d'Abou-Yezid, l'*Homme à l'âne* 338
Succès d'Abou-Yezid. Il marche sur l'Ifrikiya................. 340
Prise de Kaïrouan par Abou-Yezid............................... 341
Nouvelle victoire d'Abou-Yezid suivie d'inaction.............. 342
Siège d'El-Mehdïa par Abou-Yezid............................... 343
Levée du siège d'El-Mehdia..................................... 345
Mort d'El-Kaïm. Règne d'Ismaïl-el-Mansour..................... 346
Défaites d'Abou-Yezid... 347
Poursuite d'Abou-Yezid par Ismaïl.............................. 348
Chute d'Abou-Yezid.. 350

CHAPITRE XI. — *Fin de la domination fatemide* (947-973)........ 353

Sommaire :

Etat du Mag'reb et de l'Espagne................................ 353
Expédition d'El-Mansour à Tiharet............................... 354
Retour d'El-Mansour en Ifrikiya................................ 355
Situation de la Sicile ; victoires de l'Ouali Hassan-el-Kelbi en Italie.. 355
Mort d'El-Mansour. Avènement d'El-Moëzz....................... 356
Les deux Mag'reb reconnaissent la suprématie oméïade........ 357
Les Mag'raoua appellent à leur aide le khalife fatemide...... 358
Rupture entre les Oméïades et les Fatemides................... 359
Campagne de Djouher dans le Mag'reb ; il soumet ce pays à l'autorité fatemide... 359
Guerre d'Italie et de Sicile................................... 361
Evénements d'Espagne. Mort d'Abd-er-Rahman III (en Nâcer). Son fils El-Hakem II lui succède............................ 361
Succès des Musulmans en Sicile et en Italie................... 362
Progrès de l'influence oméïade en Mag'reb..................... 363
Etat de l'Orient. El-Moëzz prépare son expédition............ 364
Conquête de l'Egypte par Djouher.............................. 365
Révoltes en Afrique. Ziri-ben-Menad écrase les Zenètes....... 366
Mort de Ziri-ben-Menad. Succès de son fils Bologguine dans le Mag'reb... 367

El-Moëzz se prépare à quitter l'Ifrikiya............................	368
El-Moëzz transporte le siège de la dynastie fatemide en Egypte..	369
Chronologie des Fatemides d'Afrique...............................	370

Chapitre XII. — *L'Ifrikiya sous les Zirides (Sanhadja). Le Mag'reb sous les Oméïades* (973-997).............................. 599

Sommaire :

Modifications ethnographiques dans le Mag'reb central.........	371
Succès des Oméïades en Mag'reb; chute des Edrisides; mort d'El-Hakem...	372
Expéditions des Mag'raoua contre Sidjilmassa et contre les Berg'ouata..	374
Expédition de Bologguine dans le Mag'reb; ses succès.........	375
Bologguine, arrêté à Ceuta par les Oméïades, envahit le pays des Berg'ouata...	376
Mort de Bologguine. Son fils El-Mansour lui succède...........	376
Guerre d'Italie...	377
Les Oméïades d'Espagne étendent de nouveau leur autorité sur le Mag'reb..	378
Révoltes des Ketama réprimées par El-Mansour................	379
Les deux Mag'reb soumis à l'autorité oméïade; luttes entre les Mag'raoua et les Beni-Ifrene.................................	381
Puissance de Ziri-ben-Atiya; abaissement des Beni-Ifrene......	382
Mort du gouverneur El-Mansour. Avènement de son fils Badis.	383
Puissance des gouverneurs kelbites en Sicile....................	384
Rupture de Ziri avec les Oméïades d'Espagne...................	384

Chapitre XIII. — *Affaiblissement des empires musulmans en Afrique, en Espagne et en Sicile* (997-1045)................... 386

Sommaire :

Ziri-ben-Atiya est défait par l'oméïade El-Modaffer............	386
Victoires de Ziri-ben-Atiya dans le Mag'reb central............	387
Guerres de Badis contre ses oncles et contre Feltoul-ben-Khazroun...	388
Mort de Ziri-ben-Atiya. Fondation de la Kalâa par Hammad...	389
Espagne : Mort du vizir Ben-Abou-Amer. El-Moëzz, fils de Ziri, est nommé gouverneur du Mag'reb...........................	390
Guerres civiles en Espagne. Les Berbères et les Chrétiens y prennent part...	391
Triomphe des Berbères et d'El-Mostaïn en Espagne............	393
Luttes de Badis contre les Beni-Khazroun. Hammad se déclare indépendant à la Kalâa.....................................	394
Guerre entre Badis et Hammad. Mort de Badis. Avènement d'El-Moëzz...	395
Conclusion de la paix entre El-Moëzz et Hammad.............	396
Espagne : Chute des Oméïades. L'edriside Ali-ben-Hammoud monte sur le trône..	396
Anarchie en Espagne. Fractionnement de l'empire musulman..	397

TABLE DES MATIÈRES

	Pages.
Guerres entre les Mag'raoua et les Beni-Ifrene...............	399
Luttes du Sanhadjien El-Moëzz contre les Beni-Khazroun de Tripoli. Préludes de sa rupture avec les Fatemides.........	399
Guerre entre les Mag'raoua et les Beni-Ifrene................	400
Evénements de Sicile et d'Italie. Chute des Kelbites...........	401
Exploits des Normands en Italie et en Sicile. Robert Wiscard..	403
Rupture entre El-Moëzz et le Hammadite El-Kaïd............	405

FIN DE LA DEUXIÈME PARTIE

Carte de l'Afrique septentrionale au ɪɪᵉ siècle.

Carte de l'Espagne.

FIN DU PREMIER VOLUME

INDEX DES NOMS PROPRES

SE TROUVANT DANS CE VOLUME

Nota. — Les noms d'auteurs ou d'ouvrages ne s'y trouvent pas compris. Quant aux noms tels que Afrique, Mag'reb, Berbères, etc., qui se rencontrent à presque toutes les pages, ils sont simplement recensés ; mais il a fallu renoncer à indiquer les numéros de toutes les pages où ils se trouvent.

A

Abbassia (el), près Tiharet. 285.
Abbassia (de Tunisie). 267, 269.
Abbasside (dynastie). 237, 395, et s.
Abaritane. 147.
Abigas (rivière). 169, 171.
Abd-Allah-ben-Abd-Allah (le Kelbite de Sicile). 384, 404 et suiv.
Abd-Allah-ben-Abd-er-Rahman (l'Oméïade). 287.
Abd-Allah-ben-Abou-Sarh. 195.
Abd-Allah-ben-Djaroud. 261.
Abd-Allah-ben-Hacen. 399.
Abd-Allah-ben-Ibrahim (l'Ar'lebite). 270.
Abd-Allah-ben-Ikhelef (le Ketamien). 369.
Abd-Allah-ben-Kaïs. 203.
Abd-Allah-ben-Mohammed (l'Oméïade). 298.
Abd-Allah-ben-Mouça-ben-Nocéïr. 221.
Abd-Allah-ben-Zobéïr. 197 et suiv. 208 et suiv. jusqu'à 212.
Abd-Allah-el-Kateb. 380.
Abd-Allah, fils d'Edris II. 276.
Abd-Allah, fils d'El-Hakem. 265 et s.
Abd-Allah, fils d'El-Moëzz (le Sanhadjien). 403.
Abd-el-Aziz-ben-Mouça-ben-Nocéïr. 222, 223.
Abd-el-Aziz-el-Moafri. 253.
Abd-el-Djebbar. 237.
Abd-el-Malek-ben-Abou-Djaada. 243.
Abd-el-Malek-ben Mouça. 222.
Abd-el-Malek-el-Modaffer, fils d'Ibn-Abou-Amer. 386, 390, 391.
Abd-el-Malek, khalife oméïade. 209 à 220.
Abd-el-Malek (le Médinois), 229 à 235.
Abd-el-Ouad (tribu). 187.
Abd-el-Ouahad-ben-Yezid. 232.
Abd-el-Ouahab-ben-Rostem. 258 et s. à 270.
Abd-el-Ouareth-ben-Abd-er-Rahman. 240.
Abd-er-Rahman I (fondateur de la dyn. oméïade d'Espagne). 244 et s.
Abd-er-Rahman II. 273, 282, 287.
Abd-er-Rahman III (dit En-Nacer). 330 et s. à 362.
Abd-er-Rahman IV (dit El-Mostad'hir). 378.
Abd-er-Rahman V (dit El-Morteda). 398.
Abd-er-Rahman-ben-Abd-Allah. 226, 227.
Abd-er-Rahman-ben-Habib (dit le Slave). 257.

Abd-er-Rahman-ben-Habib, 235 et s. jusqu'à 240.
Abd-er-Rhaman-ben-Rostem. 246 et suiv. 255 à 258.
Abd-er-Rahman-el-Djodami. 290.
Abd-er-Rahman, fils d'El-Habib. 254.
Abd-er-Rahman (l'amérite), surnommé Sanchol. 391 et suiv.
Abd-er-Rahman le Kaïsite. 215.
Abd-er-Rezzak (le Kharedjite). 290.
Abd-es-Selah-ben-Feredj. 276 et s.
Abou-Abd-Allah-el-Hoceïn (le Chiaïte). 294, 303 et suiv., 318, 319.
Abou-Abd-Allah-Mohammed, dit Abou el-R'aranik (l'Ar'lebite). 288, 289.
Abou-Abd-Allah (vizir ar'lebite). 284.
Abou-Ammar (l'Aveugle). 338.
Abou-Beker (khalife). 193.
Abou-Beker-ben-Bordj le turc (dit Ikhchid). 336 et suiv., 364.
Abou-Djâfer (l'Ar'lebite). 284.
Abou-Djâfer (le Nekkarien). 336.
Abou-Eïkal-el-Ar'leb, dit Khazer. 281 à 284.
Abou-Hâtem-Yakoub. 250 à 264.
Abou-Homeïd (vizir ar'lebite). 284.
Abou-Ibrahim-Ahmed (l'Ar'lebite). 286.
Abou-Ishak-Ibrahim (l'Ar'lebite). 289.
Abou-Khafadja-ben-Ahmed (général ar'leb.). 288.
Abou-Khâled-Yezid. 268.
Abou-Komah. 330.
Abou-Koreïb (cadi). 242.
Abou-Korra (l'ifrenide). 238 et suiv.
Abou-l'Abbas-Abd-Allah (l'Ar'lebite). 270 et suiv.
Abou-l'Abbas-ben-Abou-Fezara. 286.
Abou-l'Abbas-es-Saffah (khalife abasside). 237.
Abou-l'Abbas, fils d'Ibrahim (l'Ar'lebite). 292 à 303.
Abou-l'Abbas le chiaïte, 306 à 319.
Abou-l'Abbas-Mohammed (l'Ar'lebite). 284 à 286.
Abou-l'Abbas-Mohammed, fils de Ziadet-Allah II. 296.
Abou-l'Aïch-Ahmed, dit El-Fadel (l'Edricide). 357 à 360.
Abou-l'Asouad, fils de Youçof. 257.
Abou-l'Behar-ben-bou-el-Afia. 353.
Abou-l'Fahm-ben-Nasrouïa. 379 et s.

Abou-Leïla-Ishak. 259, 269.
Abou-l'Feredj, le Juif. 380.
Abou-l'Fetouh-Youssof (le Kelbite). 384.
Abou-l'Hakem, dit Azkeladja. 378 et suiv.
Abou-l'Kaou... (l'Ar'lebite). 304.
Abou-l'Kassem (le Kelbite). 378.
Abou-l'Kassem (ou Kacem), fils de Mehdi-Obéïd-Allah (voir El-Kaïm).
Abou-l'Kassem-Semgou-ben-Ouâçoul. 255.
Abou-l'Khattab-el-Moafri. 246.
Abou-l'Khattar. 235 à 243.
Abou-l'-Monkad-ben-bou el-Afia. 253.
Abou-Malek (l'Ar'lebite). 297.
Abou-Mansour-Aïça (le Berg'ouati). 376.
Abou-Menad-Nacir-ed-Daoula (voir Badis).
Abou-Mohammed-Ziadet-Allah (voir Ziadet-Allah).
Abou-l'R'aranick (voir Abou-Abd-Allah-Mohammed).
Abou-Saïd-Moussa, dit Ed-Daïf (gén. obéïdite). 325.
Abou-Tahar-Ismaïl (voir El-Mansour).
Abou-Taleb. 192 et suiv.
Abou-Temim-Maad (voir El-Moëzz).
Abou-Thaur. 257.
Abou-Yahïa-ben-Afounas. 254.
Abou-Yezid, l'homme à l'âne. 67, 335, 338 et suiv. à 352, 355.
Abou-Zaki-Temmam. 312.
Abou-Zerhouna. 254.
Abou-Zor'bel (l'affranchi). 377.
Aced (le cadi). 278.
Acem-ben-Djemil. 242.
Achir. 338, 350, 368, 377, 381 et suiv. 388 et suiv., 394, 405.
Actium. 88.
Addjana (tribu). 183, 303.
Adherbâl. 57 à 82.
Adjiça (tribu). 184.
Adis (Radès). 17.
Adnane (tribu). 190 et suiv.
Adriatique. 31, 33 et suiv.
Adyrmakhides. 4.
Aedémon. 94, 95.
Aemilius. 29.
Aétius. 132, 146, 147.

Afia, fils d'Ab-el-Ouahab-ben-Rostem. 285.
Africa (nom ancien d'El-Medhïa). 322.
Africa nova. 81.
Afrique (diocèse d'). 119.
Afrique (préfecture). 128.
Afrique propre. 21, 119.
Afrique (province proconsulaire d'). 95.
Afrique septentrionale (Berbérie). 1 et suiv.
Agathocle. 9 à 69.
Agisymba. 106.
Agoura. 182.
Agrigente. 7, 18 (voir Akragas).
Agripa (Marcus). 103.
Ahénobarbus (Domitius), 72.
Ahmed-Abou-l'Eïkal (l'Ar'lebite). 289.
Ahmed-ben-Beker-el-Djodami. 360 et suiv.
Ahmed-ben-el-Akehal. 402.
Ahmed-ben-Korhob. 323.
Ahmed-ben-Omar (général ar'lebite). 289.
Ahmed-ben-Meimoun (le Midraride). 327.
Ahmed-ben-Sofiane. 285.
Ahmed-ben-Hassan-el-Kelbi. 362 à 369.
Ahmed-ben-Touloun. 291.
Aïad-ben-Ouahb. 270.
Aïan (tribu). 183.
Aïça-ben-Moussa. 248.
Aïça-ben-Yezid, le Noir. 243, 255.
Aïça, fils de Soleïman l'Edriside. 277.
Aïça, fils d'Edris II. 277, 281.
Aïcha (veuve du Prophète). 200.
Aïfaoun (tribu). 183.
Aigan. 168.
Aïhala le Noir. 173.
Aïnoutlal (tribu). 185.
Aïntift (tribu). 185.
Aïoub, fils d'Abou-Yezid. 346 à 352.
Akhouïne (el), 342.
Akouba. 196.
Akragas (Agrigente). 9, 15.
Algésiras. 220 et suiv., 234, 386, 397 et suiv.
Ala-(el)-ben-Moghit. 256.
Ala-(el)-ben-Saïd. 261.
Alains. 138 et suiv.
Alaric. 139, 143.
Albe. 43.

Albinus. 61.
Albinus (L.). 104.
Alexandre le Grand. 10, 69, 77, 87.
Alexandre (le tyran). 123, 124.
Alexandrie. 77, 105 et suiv., 110 et suiv., 325, 365, 370, 376.
Ali-ben-Hamdoun (l'Andalousien). 330 à 346.
Ali-ben-Hammoud (l'Edriside). 296.
Ali-ben-Mohammed (l'Edric.). 281.
Ali-ben-Omar-el-Beloui (off. obeïdite). 320.
Ali-ben-Omar (l'Edriside). 281 à 290.
Ali (gendre du Prophète). 195 à 201, 259, 293.
Alides. 259 et suiv.
Alpes (les), 29, 330.
Alphonse I, fils de Pedro. 243, 258.
Alphonse II (dit le Chaste). 265, 272.
Alméria. 359.
Amabilis (préfet). 176.
Amalafrid. 154.
Amalfi. 302, 404.
Amer-ben-Selim-ben-R'alboun. 285.
Amer-ben-el-Aci. 193.
Ameur-ben-Nafà. 275.
Amilcar-Barka. 17, 23 à 34.
Amilcar, fils de Magon. 7 à 10.
Amirides (vizirs esp.). 293.
Ammar le Kelbite. 361.
Ammatas. 159.
Ammon (oasis d'), 68, 102.
Amporia (Ampurias). 26.
Amrane (beni). 185.
Amran-ben-Habib. 240.
Amran-ben-Mokalled. 268, 269.
Amsaga (fl.). 22, 44, 47, 84, 119, 143, 144.
Anbaça le Kelbite. 226.
Andalous (quartier des). 269 et suiv., 273, 329, 373.
Andalousie. 223, 234 et suiv.
Andréas (ou Lucus). 107.
Anfaça (tribu). 183.
Anfis, 277.
Annius. 72.
Ansars (les). 192 et suiv., 294.
Antallas. 155, 168, 171 et suiv.
Antarite. 23.
Antigone. 69.
Antiochus. 45, 46.

Antoine (Marc). 84 à 88.
Antonin (emp.). 109, 111.
Antonina. 157, 160.
Antonius (Lucius). 87.
Anulinus. 122 à 126.
Apennin. 30, 302.
Apion. 7.
Appius Claudius. 14.
Apronius (L.). 93.
Apulie. 31, 36, 403.
Aquitaine. 228 et suiv.
Aoureba (tribu). 183 à 211, 259, 268, 281, 327.
Aourès (Mont ou Djebel). 92, 109, 120, 151, 169 et suiv., 205, 211 et suiv., 355 et suiv.
Aoureth (beni). 186.
Aourir'a (tribu) 182.
Aous (tribu). 192.
Arabes. 189 et suiv.
Arabes Hilaliens. 181.
Arabie. 189 et suiv.
Arabion. 81 à 86, 99.
Araïch (el). 277.
Arbi (el) le Kelbite. 257.
Arcadius. 136.
Archagate. 11.
Archélaüs. 157 à 161.
Archidona. 320.
Archimède. 33.
Ardoin le Lombard. 404.
Aréobinde. 173.
Argirius (patrice). 361.
Ariobarzane. 48.
Aristée. 3.
Ariens. 145 et suiv., 152, 161, 167.
Arius. 128.
Ar'leb-(el)-ben-Salem. 246, 248 et suiv.
Ar'lebites (les). 264 et suiv., 279.
Ar'mat. 277.
Arouba-ben-Youçof. 310.
Arrétium (camp d'). 30.
Arsaoua (tribu). 185.
Arzabane. 174.
Asbystes. 4.
Ascalis. 72.
Asculum. 11.
Asdrubâl, fils de Giscon. 37, 38, 40.
Asdrubâl, gendre d'Amilcar. 25 à 31.
Asdrubâl (géner. karth.). 18.
Asdrubâl le Barkide. 48, 53.

Asnam (el). 233.
Aspar. 145.
Aspidis. 169.
Assaden (tribu). 185).
Astarté (Tanit). 102.
Asturies (les). 223.
Asturiens. 132, 133.
Atalaric. 165.
Atarantes. 102.
Athias. 169.
Atiya-ben-Abou-Beker. 382.
Atiya-ben-Kházer. 375.
Atlas (grand). 4 et suiv., 218 et suiv.
Atlantes. 102.
Atratinus (L.-S.). 90.
Atrouza (tribu). 182.
Attila. 146.
Attius Varus. 75.
Audjela (oasis de). 102, 105.
Augma ou Megna (tribu). 185.
Augusta (légion III). 89.
Auguste (emp.). 88 à 96.
Augustin (S'.). 141 et suiv.
Aulus. 61.
Aurélien (emp.). 116.
Aurelio (roi des Asturies). 258.
Aurore (mère de Hicham II). 384.
Auses (tribu). 4.
Auskhyses (tribu). 4.
Austrusiens (tribu). 139.
Autel des Philènes. 3.
Auzia (Aumale). 94, 115.
Avignon. 229.
Ayoub, neveu de Mouça-ben-Noceïr. 224.
Azdadja (tribu), 184. 217, 385.
Azemmor (tribu). 182.
Azemmor (ville). 277.
Azerdane ou Zerdal. 187.
Azhar (mosquée d'El). 366.
Azkeladja (voir Abou-l'Hakem).
Azila. 277, 327, 358, 386.
Aziz (el)-Nizar (khalife fatemide). 375 à 379.
Aziz (Oulad). 184.

B

Baal (temple de). 54.
Babares (tribu). 115.

Babor (mont). 115.
Badine (beni). 187.
Badis-ben-Mansour le Sanhadjien, 383 et suiv., 388 à 395.
Badja ou Béja. 61, 62, 233, 258, 276, 292 et suiv., 346, 395.
Baeza. 320.
Bagdad, Passim, 364.
Baghaïa ou Bar'aï. 171 et suiv. (voir Bar'aï).
Bagradas (voir Medjerda).
Bakdoura. 232.
Baléares (îles). 168, 218.
Baleg (le Syrien). 231 et suiv.
Balbus (Cornélius). 91, 105.
Balbus (mont). 38.
Bantious (oasis). 350.
Baquates (tribu). 109.
Bar'aï (Baghaïa). 205 et suiv., 214 et suiv., 307 et suiv., 340 et suiv., 348, 355 et suiv., 388, 396.
Barcelone. 257, 390.
Bari. 301 et suiv., 356, 384, 401.
Barka (pays de). 186 et suiv., 194 et suiv., 389 et suiv.
Basile (capitaine byzantin). 361.
Basile (empereur). 402.
Basile le Macédonien (emp.). 288 à 291.
Basiliscus. 149.
Basra (du Mag'reb). 276, 329, 360, 372, 374.
Bassien-Elagabal (voir Elagabal).
Battos. 68.
Beau promontoire. 40.
Bebius (Caius). 61.
Bedoins. 190 et suiv.
Bedr (l'affranchi). 244.
Behloula. 260.
Béja (Esp.). 236, 256.
Bel (tribu). 183.
Bélisaire. 157 et suiv., 166, 170.
Bel-Kassem-el-Kelbi. 369.
Bel-Kassem-Semgou. 243.
Bellezma. 295, 303 et suiv., 348.
Bénévent. 300, 377.
Ben-Ghazi. 69.
Beni-el-Khâli. 320.
Ben-Khalifa (général ketamien). 328.
Benoît VIII (pape). 403.
Ben-Zobéïr. 197 et suiv.
Benzert (Bizerte). 213.

Berbères. Passim.
Berbères de l'Est. 182 et suiv., 348.
Berbères de l'Ouest. 182 et suiv.
Berbérie (Afrique septentrionale). Passim.
Berber (Ouâd). 55.
Bérénice. 69.
Berg'ouata (tribu), 185 et suiv., 230, 238 et suiv., 255, 374 et suiv., 399.
Bermude. 381, 385.
Berzal (beni). 186, 329, 339 et suiv., 349 et suiv., 371, 385.
Bestia (Calpurnius). 60, 61.
Betalça (tribu). 185.
Bïata (tribu). 183.
Bichr-ben-Safouane. 226.
Bir-el-Kahéna. 216.
Biskra. 207, 288, 352, 367.
Bithya. 53.
Blésus. 93.
Bobastro. 321.
Bochra (l'Esclavon). 340.
Bogud. I. 72 à 84, 99.
Bogud II. 87, 99.
Boïannès (le Katapan). 403.
Boïens. 29.
Bokkar. 38 et suiv.
Bokkus I. 60 à 67, 82, 99.
Bokkus II. 72 à 82, 99.
Bokkus III. 84 à 88, 99.
Bologguine, fils de Ziri-ben-Menad le Sanhadjien. 355, 366 et suiv., 375 à 377.
Bomilcar. 10.
Bomilcar. 61 à 63.
Bône (Hippône). 402 (voir Hippône).
Boniface (général). 142 et suiv.
Boniface (serv. de Gélimer). 165.
Bordeaux. 228.
Botouïa (tribu). 181, 185.
Botr, plur. d'Abter (peuple). 181.
Bou-Arous (général ketamien). 328.
Bouéïra (el) (tribu) 184.
Bouïdes (les). 364.
Bouira (ville). 354.
Bou-R'ardane (beni). 184.
Bouri (el)-ben-bou-l'Afla. 353.
Bou-Saïd (beni). 186.
Bou-Youçof (beni). 184.
Brahim le Sanhadjien. 395.
Brahim (Oulad). 184.
Branès, plur. de Bernès (peuple). 181.

Brindes. 378.
Bruttium. 19, 35, 37.
Bulla (regia). 72, 160, 162.
Burgaon (mont). 169.
Burgos. 361.
Byrsa. 54, 55, 161.
Bithynie. 46.
Byzacène. 44, 95, 119, 128, 146 et s., 153 et suiv.
Byzance. 145 et suiv., 157 et suiv., 198, passim.

C

Caire (le) el-Kahéra. 365, 170, 383 et s.
Caire (le vieux). 306, 322, 326, 370.
Caïus Gracchus. 57.
Calabre. 279, 301, 324, 333, 356, 361, 384, 402.
Calama (Guelma). 144.
Calatinus. 16.
Caligula (emp.). 94 à 96.
Calonyme. 161.
Calpé (mont). 220.
Camillus (M.-F.). 92.
Canaries (îles Fortunées). 90.
Canarine. 16.
Cañete. 320.
Cannes. 31 à 33, 40, 45.
Canusium. 36.
Capellien. 114, 115.
Capoue. 32 à 36, 300 et suiv., 404.
Capsa (Gafsa). 65, 153 (voir Gafsa).
Capusa. 38.
Caput-Vada. 158, 174.
Caracalla (emp.). 112.
Carcassan. 175.
Carigliano. 302.
Carinus. 91.
Carmona. 256.
Cartenna (Tenès). 132 (voir Tenès).
Carthagène. 28, 36, 90, 143, 149.
Carus (emp.). 118.
Cases-Noires (les). 126, 130.
Cassius (Lucius). 61, 78.
Castellum Audiense (Aïoun-Bessem). 135.
Castillans (les). 392 et suiv.
Castille. 258, 354.
Castro-Giovanni. 280, 286, 289.
Catalans (les). 392 et suiv.

Catane. 8, 297.
Caton (le Censeur). 46 à 48.
Caton (d'Utique). 76 à 80.
Catilina. 78.
Catullus. 105.
Cécilien. 125 à 129.
Cefalù. 286.
Célestius. 141.
Cellas-Vatari. 170.
Celsus. 116, 127.
Celtibériens. 32.
Censorinus (Lucius). 49, 50, 51.
Centuria. 169.
César (Jules). 71 à 85.
César (Octavien). 86.
Césarée (Yol). 90, 92, 133 et suiv., 165, 176.
Ceuta. 165, 206, 218, 222, 234, 276, 331, 357, 363, 371, 375 et suiv., 382 et suiv., 397.
Chafa (général fatemide). 352.
Chaïb (beni). 184.
Chakia. 256.
Charlemagne. 257 et suiv., 267, 272.
Chelif (fl.). 271, 337, 395.
Chelif (ville). 388.
Chella. 260, 401.
Chemdoun. 261.
Chemmakh (ech.). 260.
Chenoua (mont). 389.
Cherchel. 380 (voir Yol et Césarée).
Cherik (presqu'île de). 205, 280, 295.
Chiaïtes. 210 et suiv., 259, 303 et s., 400.
Chullu (Collo). 81.
Cinna. 72.
Circoncellions. 131 à 141.
Cirta (Constantine). 22, 39, 41, 47, 51 à 66, 81 à 85, 97, 108, 115.
Cirtésiens. 81.
Cyrille. 165.
Claude (emp.). 94, 95, 101.
Claude II. 116.
Cléopâtre. 88.
Cléopâtre Séléné. 88, 92.
Clypée (Iclibiya). 16, 17, 38.
Colonnes d'Hercule (les). 2.
Commode (emp.). 101, 107.
Considius. 77.
Constance (emp.). 131, 132.
Constance Chlore (César). 118, 122, 123.

Constant (emp.). 131.
Constantin I, 123 à 129.
Constantin II. 131.
Constantin Porphyrogénète. 356, 361, 394.
Constantine (ville). 81, 125, 307 et suiv., 312, 343, 346 et suiv.
Constantine (province de). 188 et s.
Consulaire (province). 147.
Cordoue. 234, 245, 256, 271, 273, 287, 298, 361, 367, 373, 381, 387, 391 et suiv., 397.
Cornélien (camp). 75.
Cornificius. 84, 85.
Corse. 6, 148, 336.
Cosenza. 303 et suiv., 401.
Cossus (Cornélius). 91.
Cothon (le). 54.
Crassus. 71.
Crête (la). 89, 273, 362.
Crétion. 132.
Crotone. 41.
Curion. 74, 75.
Cutzinas (ou Coutzinas). 168 et suiv., 172 et suiv., 176.
Cyclades (îles). 402.
Cyprien (saint). 116.
Cyrénaïque. 21, 47, 95 et suiv., 105, 107 et suiv., 119, 128 et suiv.
Cyrène. 3, 68, 69.
Cyrus (général byzantin). 172.

D

Dahhah-ben-Kaïs. 209.
Daï (missionnaire). 293 et suiv.
Damas. 365, 368.
Damïa. 212.
Dar-el-Hidjera. 304.
Dariça (tribu). 184.
Dar-Melloul. 307.
Darsoun (tribu). 184.
Daoud-ben-Yezid. 258.
Daoud, fils d'Edris II. 276.
Dauphiné. 375.
Décianus (C.-M.). 115.
Décimum. 159, 160.
Décius (emp.). 115, 116.
Défenseurs (les *Ansars*). 192.
Dekhir (beni). 186.
Démétrius. 69.

Demona. 297.
Demmer (tribu). 186.
Denhadja (tribu). 183.
Denis (saint) d'Alexandrie. 116.
Denys l'Ancien. 78.
Denys le Jeune. 89.
Désalcès. 38.
Diadumène. 113.
Dihïa (la Kahéna). 212.
Dikouça (tribu). 183.
Dinar (Abou-el-Mohadjer). 204 et s.
Dinar (beni). 183.
Dioclétien (emp.). 117 à 122.
Djaad (beni). 184.
Djaber-ben-Abou-l'Kacem, le Kelbite. 378, 384.
Djâfer-ben-Abd-Allah, le Kelbite. 384.
Djâfer-ben-Felah. 365, 368.
Djâfer-ben-Hamdoun. 349 et suiv., 359, 366 et suiv. à 378.
Djâfer-ben-Mohammed. 291.
Djâfer, fils de Youçof-el-Kelbi. 401.
Djaich le Toulounide. 296.
Djebel-Amour. 151.
Djebel-el-Akhdar, 338, 350.
Djebel-Djerdjera. 151, 303 et suiv.
Djebel-Guezoul. 248.
Djebel-Nechar. 389.
Djebel-Nefouça. Passim, 345.
Djebel-Tarik (Gibraltar). 220.
Djeloula. 203, 233, 369.
Djemila (tribu). 183.
Djemil-ben-Saker. 251.
Djenaha. 199, 202.
Djeraoua. 187, 212, 328.
Djerba (île). 203.
Djerid (province du). 106, 147, 198, 204, 340 et suiv., 394 et suiv.
Djerid (lieutenant d'Abou-Hatem), 253.
Djermama (tribu). 182.
Djezaïr-beni-Mezr'anna (Alger), 337, 354.
Djeziret-el-Far. 322.
Djidjel (Djidjeli). 5.
Djimela. 294, 295 et suiv.
Djiza. 326.
Djodham (tribu Yém.). 243.
Djond. 236.
Djouher-el-Kateb (général fat.). 359 et suiv., 364 et suiv. à 371.
Dokkala (tribu). 185.

Dolabella. 93.
Domitien (emp.). 105, 106, 111.
Domna (Julia). 110, 112.
Donat. 126, 127, 130.
Donatistes. 127 à 144 et suiv., 167.
Dor'ar'a (tribu). 185.
Douas-ben-Soulat (off. ket.). 317.
Douna (tribu). 185.
Drengot (le Normand). 403.
Drépane. 19, 20.
Dius (ou Duis). 133.
Duilius. 16.
Duodécemains. 293.

E

Ebre. 26, 28, 257.
Ech-Chaker-l'Illah (voir Mohammed-ben-el-Fetah).
Edris I ben-Abd-Allah, 259 et suiv.
Edris II. 264 et suiv., 268 à 276.
Edrisides. 259 et suiv., 338, 353, 360, 363, 368, 370, 372.
Egilone. 223.
Egates (îles). 20.
Egussa (Favignano). 20.
Egypans. 22.
Egypte. 1, 3 et suiv., 70, 76, 291 et suiv., 323 et suiv., 326 et suiv., 368 et suiv.
Eïad (tribu). 184.
Eïbadisme. 255.
Eïbadites (Kharedjites). 246 et suiv., 338.
Eïci (tribu). 184.
Ejiça. 221.
Eknone. 16, 17.
Elagabal (Bassien, emp.). 112, 113.
El-Djem. 79, 216.
Elmaï (ou Lemaï) (tribu). 184.
Elvira. 221, 236, 298, 321.
Emigrés (les Mehadjer). 192.
Emilien (le Maure). 115.
Emporia (territoire des). 46.
Enna. 16, 280.
Epiphanius. 157.
Eratosthène. 6.
Erbesse. 16.
Ercté (mont Pellégrino). 19.
Ermengaud (le comte). 392.
Er-Radi, fils d'El-Moktader (khal. abb.). 336.

Espagne. 24 et suiv., 36 et suiv., 73, 119 et suiv., 143 et suiv., 218 et suiv., 320, 354, 361, 390 et suiv., 396 et suiv.
Es-Samah. 225.
Estradamure. 223.
Ethna-Acherïa (Duodecémains). 293.
Etna. 291, 404.
Etrurie. 30, 31.
Etrusques (les). 7.
Eude (duc d'Aquitaine). 226 et suiv.
Eudoxie (imp.). 148.
Eugène. 137.
Euphémius. 278 à 280.

F

Fabius (Maximus). 27, 31 et suiv.
Fâdel (révolté tunis.). 280.
Fâdel (el) l'Edriside (voir Abou-l'Aïch).
Fâdel (el) ben-Rouh. 261.
Fâdel, fils d'Abou-Yezid. 339, 351, 355.
Fango (C.-F.). 86.
Faïoum. 323, 326.
Fara (l'Hérule). 165.
Faraxen. 115.
Fatemides (les). 312 et suiv., 343 et suiv., 370.
Faten (beni). 184 et suiv.
Fatima (fille du Prophète). 210.
Fazaz. 260.
Fechtal (beni). 186.
Fechtala (beni). 185.
Fedj-el-Akhiar. 294.
Fehas-Terennou. 344.
Fekh (bataille de). 259, 293.
Felaça (tribu). 183.
Felfoul-ben-Khazroun. 388 et suiv., 394 et suiv.
Félicité (sainte). 112.
Felix. 132.
Fendelaoua. 260.
Ferratus (Mons). 102 et suiv.
Fès. 269 et suiv., 290 et suiv., 317 et suiv., 327 et suiv., 332, 357, 360 et suiv., 371 et suiv., 379 et suiv., 387 et suiv., 391 et suiv., 399 et suiv.
Festus Valérius. 104, 105.
Fetouaka (tribu). 185.
Fezzan. Passim, 247.
Firmianiens. 133.

INDEX DES NOMS PROPRES

Firmus. 67, 133 et suiv.
Fihrites. 256.
Flaccus (Septimius). 105.
Faubourg (révolte du). 273.
Flaminius. 30.
Flavius. 103.
Florien. 117.
Florus (Valérius). 122.
Fortunées (îles Canaries). 73, 90.
Fostat. 365.
Franks. 117.
Fraxinet(république musulmane du). 330, 373.
Fraxiniens. 115.
Frenda. 172.
Froïla (roi des Asturies). 258.
Ftah-ben-Yahïa. 303.
Fulvie. 86.

G

Gabaon. 153.
Gabès. 158, 214 et suiv., 242 et suiv., 399.
Gabès (golfe de). 46.
Gadès (Cadix). 25, 37, 90.
Gaëte. 302.
Gafça. 198, 204, 216 et suiv.
Gaïaza (tribu). 184.
Galba (emp.). 103, 104.
Galère (emp.). 118, 122, 123.
Galice. 223, 243, 258, 265.
Gallien (emp.). 116, 117.
Gallus (off. rom.). 88.
Gallus (emp.). 115.
Gammouda (ou Kammouda). 295, 308.
Garama (Djerma). 4, 91, 105, 110.
Garamantes. 4, 22, 39, 91, 93, 102, 105, 106, 174.
Gargilius (Q.). 115.
Gasmul. 176, 177.
Gauda (roi de Num.). 67, 68, 82.
Gauda, fils de Bokkus. 72.
Gaudentius. 132.
Gaules (les) 28, 122, 131, 136, 227 et s.
Gaules (préfecture des). 128.
Gaulois, 22, 29 et suiv., 77 et suiv., 137 et suiv.
Gazauphyla. 170.
Gélimer. 154 et suiv. à 165.
Gênes. 333, 336.

Gennadius. 177.
Génois (les). 402.
Genson (ou Genzon). 147, 152.
Genseric (ou Gizeric). 143 et suiv. à 150.
Ger (Ouâd-Guir). 95.
Gerace. 356.
Germain. 170, 171.
Gesalic. 153.
Géta (Hasidius). 95.
Gétules. 44 et passim.
Gétulie. 22 et passim.
Ghiligammes. 4.
Ghomara (voir R'omara).
Ghyzantes. 4.
Gibamund. 159.
Gildon. 133, 136, 138.
Girgenti. 280.
Giscon (général karth.). 22, 23, 37.
Giscon (chef karth.). 48.
Glaphyra. 92.
Godas. 157, 158, 182.
Gondamond (ou Gunthamund). 152.
Gontharis. 171, 173.
Gonzalès (Ferdinand), l'excellent comte. 354, 359, 361.
Gordianus (Marcus-Antoninus). 113.
Gordiens (les). 113, 114, 115.
Gordien I (l'ancien). 113.
Gordien II (le jeune). 114.
Gordien III. 114, 115.
Goths (les). 138 et suiv., 143 et suiv., 154, 218 et suiv.
Gouzit (beni). 184.
Gracchus (Caïus). 57, 88.
Grand-Désert. 189 et passim.
Grande-Grèce. 31.
Gratien (emp.). 135, 136.
Grèce. 402.
Grégoire VII (pape). 394.
Grégoire (légat). 177.
Grégoire (patrice). 177, 196 et suiv.
Grenade. 221, 397 et suiv.
Guadaira. 392.
Guadaïballou (bat. de). 320.
Guadalquivir. 245, 392.
Guechtoula (tribu). 184.
Guedala (tribu). 186.
Guédjal. 294 et suiv., 304 et suiv. à 313.
Guedmioua (tribu). 185.
Guenfiça (tribu). 185.

Gueznaïa (tribu). 183.
Guezoula (tribu). 186, 206.
Guillaume Bras-de-Fer. 404.
Guillaume de Provence. 373.
Gula. 34, 38, 81.
Gulussa. 48 à 54, 61, 81.
Gundéric. 141.
Gurzil. 180.

H

Habib (el) ben-Abd-er-Rahman. 239.
Habib-ben-Abou-Obéïda. 228, 229 à 232.
Haçan II. 259.
Haçan-ben-Nòmane. 213 et suiv. à 217.
Haçan (el), Edriside, dit El-Hadjam. 328, 329.
Haçan (el), fils d'Ali. 201.
Hacen-ben-Ali (général fatem.). 346, 359.
Hacen (el) ben-Abou-Khanzir. 310.
Hacen (el), desc. de Soléïman-ben-Edris. 330.
Hache (défilé de la). 24.
Hadjadj (el). 212.
Hadjar-en-Necer. 330 et suiv., 358 et suiv., 360, 372.
Hadrianus (proconsul). 71.
Hadrien (emp.). 107, 108.
Hadrumète (Souça). 2, 42. 77 à 80, 84, 101, 104, 159 (voir Souça).
Haha (tribu). 105.
Haï-ben-Malek (général arl.). 288.
Haitham-ben-Obéïd. 227.
Hakem (el) I (khal. om.). 265 et suiv. à 273.
Hakem (el) II. 362 et suiv. à 373.
Hakem (el) bi-Amer-Allah (khal. fat.). 383 à 400.
Hamdis-ben-Abd-er-Rahman-el-Kindi. 268.
Hâmed-ben-Hamdoun. 332, 335.
Hâmid (beni). 185.
Hâmid-ben-Habbous. 353.
Hâmid-ben-Yezel. 387.
Hamma (el). 332.
Hammad le Sanhadjien. 383, 388, 394 et suiv. à 400.
Hammama (l'Ifrenide). 383.
Hammama (le Mag'raouien). 399 à 401.

Hammamet (golfe de). 79.
Hammoudites (Edrisides). 281.
Hamza (fils d'Edris II). 277.
Hamza (ville et région). 337 et suiv., 350, 389 et suiv.
Handala-ben-Safouan. 233.
Hannibal (famille de Hannon). 79.
Hannibal (le Barkide). 25 à 33 et s.
Hannon (amiral karth.). 5.
Hannon (général karth.). 10.
Hannon (général karth.). 20 à 30.
Hannon (fils de Giscon). 37.
Hannon (chef de parti). 45.
Hareth (el). 237.
Harith (el). 196.
Haroun-er-Rachid (khal. ab.). 258 et suiv. à 271.
Haroun-et-Tobni (général ar'l.). 307.
Hassan-ben-Ali (le Kelbite). 356 et s.
Hassan-ben-Ammar (le Ketamien). 383.
Hassan-ben-Ammar (le Kelbite). 362.
Hassan-ben-Koléïb, dit Ben-bou-Khanzir. 320.
Hassan de Bar'aï. 402.
Hassan (el) ben-Ahmed (chef des Karmates). 368.
Hassan (el) ben-Harb. 249.
Hassan (ou Hacen) (el) ben-Kennoun (l'edriside). 360, 368, 372, 378.
Hassen-ben-Abd-es-Selim. 379 et s.
Hasting. 287.
Hauteville (Tancrède de). 403.
Hebet (province). 375.
Hechtioua (tribu). 183.
Hégire. 192.
Héïlana (tribu). 185.
Héïouara (tribu). 182.
Henri II (emp.). 403.
Héraclée. 11, 15.
Héraclien. 139.
Héraclius (emp.). 177, 195, 196.
Héraclius (exarque). 177.
Héraclius (général). 149.
Hergha (tribu). 185.
Hermione. 158, 159.
Hertema-ben-Aïan. 261 et suiv.
Hérules. 150, 157.
Heskoura (tribu). 186, 206.
Hespéride. 69.
Hezmira (tribu). 185.
Hicham (khal. ab.). 226, 231.

Hicham I (khal. om.). 265.
Hicham (ou Hecham) II. 373, 384, 390 et suiv.
Hicham (ou Hecham) III. 388.
Hicham (petit-fils d'Abd-er R. III). 391.
Hiemsal I. 82.
Hiemsal II. 67 à 74, 82.
Hiéron. 12 à 15 et suiv.
Hiéron. 23, 33.
Hiéronyme. 33.
Hiertas (ou Yarbas). 67.
Hilaliens (Arabes). 181.
Hildéric. 154, 159.
Himilcon (général karth.). 7.
Himilcon (général karth.). 19.
Himyer (tribu). 190.
Hind (la Mangeuse de foie). 200.
Hippône (ou Hippo-Régius). 9, 21, 39, 42, 80, 94, 144, 164, 165 (voir Bône).
Hippo-Zarytos (Benzert). 2, 11, 23, 24, 55.
Hobacha-ben-Youçof (gén. obéïdite). 319.
Hocéïne (Alide). 259.
Hodna. 65 et suiv., 171, 288, 330, 349 et suiv., 389.
Homéïd-ben-Isliten. 311, 358.
Homme (l') à l'âne (voir Abou-Yézid).
Honorius (emp.). 136, 138, 140, 141.
Horr (el) ben-Abd-er-Rahman). 224.
Horréa. 119.
Hostilius (Firminus).
Houara (tribu). 182 et suiv., 232, 246 et suiv., 254, 270 et suiv., 279, 288, 292, 321, 329, 345 et suiv.
Houat (ou Harat) -beni. 185.
Houcéïn (el), fils d'Ali. 201 et suiv., 208.
Hunéric. 145, 147 à 152.
Huns. 138 et suiv.
Hymère. 7.

I

Iaïch (l'affranchi). 369.
Ibn-Abdoun. 317.
Ibn-Abou-Amer (le vizir) (voir Mansour [el]).
Ibn-Abou-l'Fetah. 330.
Ibn-Achath (voir Mohammed-ben-Achath).
Ibn-Djaroud (voir Abd-Allah-ben-Djaroud).
Ibn-es-Saïr'. 309, 310.
Ibn-Hafçoun (dit Samuel). 321.
Ibn-Hobaïch (Ar'lebite). 307.
Ibn-Kôrhob (général touloun.). 291.
Ibn-Mastana. 320.
Ibn-Naked (général ar'l.). 295.
Ibn-R'anïa. 67.
Ibn-Rostem (voir Abd-er-Rahman-ben-Rostem).
Ibn-Talout. 335.
Ibrahim (khalife). 236, 237.
Ibrahim II ben-Ahmed (l'Ar'lebite). 289 et suiv. à 303.
Ibrahim I ben-el-Ar'leb. 263 et suiv. à 270.
Ibrahim-ben-el-Ar'leb (général). 308.
Ibrahim-ben-R'aleb (le Ketamien). 313.
Ibrahim-ben-Sofiane. 268.
Ibrahim, fils de Mohammed-ben-Kacem (l'edr.). 330 et suiv.
Içaa (el) (le Midraride). 312 et suiv.
Icétas. 9.
Iclïbïa (Clypée). 16.
Iconoclastes. 277.
Icosium (Alger). 134.
Iddjana (tribu). 183.
Idjer (beni). 184.
Idjerten (beni). 185.
Idlleten (tribu). 187.
Iémen. 190 et suiv.
Ifgane. 157, 360.
Ifisdias. 175.
Ifrikiya. 188 et passim.
Ifrikiya occidentale. 188.
Ifrene (tribu). 186 et suiv., 249 et suiv., 255, 260 et suiv., 271 et s., 276, 317 et suiv., 339 et suiv., 353, 366 et suiv., 371 et suiv., 378, 399 et suiv.
Igilgilis (Djidjeli). 102, 134.
Igmacen. 134.
Ikhchid (voir Abou-Beker-ben-Bordj).
Iknchidites. 364 et suiv., 368.
Ilanguanten. 182.
Ilasguas. 182.
Ildiger. 170.
Ilent (tribu). 186.
Iloumen (ou Iloumi). 187, 371.
Imamïa (secte). 293.

Inaou (tribu). 183.
Insubres. 29.
Intacen (tribu). 183.
Ipsus (bataille d'). 69.
Irnaten (tribu). 187.
Irnïane (tribu). 187.
Isaflenses. 134.
Isdourine (tribu). 186.
Isliten (beni). 183, 185.
Ismaïl-ben-Abd-Allah. 224.
Ismaïl-ben-Obéïd-Allah. 229.
Ismaïl-el-Mansour (khal. fat.) (voir El-Mansour).
Ismaïliens (Ismaïlia). 293.
Istiten (beni). 182.
Italie. 7 et suiv., 13 et suiv., 28 et suiv., 101 et suiv., 148 et suiv., 300 et suiv., 333, 361 et suiv., 377 et suiv., 401 et suiv.
Itoueft (beni). 186.
Itoueft (le Sanhadjien). 377, 379 et suiv., 383, 388 et suiv.
Itroune (beni). 184.
Itrour' (beni). 184.
Iznajar. 320.

J

Jaën. 236, 321.
Januarius. 132.
Jean (l'Arménien). 157 et suiv., 164.
Jean (l'usurpateur). 142.
Jean (off. byzantin). 173.
Jean (patrice). 213.
Jerna. 174.
Jocundus. 152.
Jonathas. 105.
Josèphe. 105.
Journée des nobles (la). 230.
Jovien. 132.
Juba I, 74 à 82.
Juba II, 89 à 92, 96, 99.
Jugurtha. 57 à 67, 81, 82.
Juifs (les). 105, 107, 167, 191, 221.
Julien (emp.). 131.
Julien (le comte). 206, 218 et suiv.
Julien (l'usurpateur). 118.
Junonia de Gracchus (Karthage). 86, 88.
Justin II (emp.). 177.
Justiniana-Zabi (Mecila). 172, 330.

Justinien. 154 et suiv., 167 et suiv., 175.

K

Kaaba (la). 191 et suiv.
Kabiça, fils de Rouh. 261.
Kacem-ben-Hammoud (l'edric.). 397 et suiv.
Kacem (el) ben-Edris (dit Kennoun). 336 et suiv., 357.
Kacha (tribu). 184.
Kadi (beni). 187.
Kafour (l'Ikhchidite). 364.
Kaher (el) b'Illah (khal. ab.). 336.
Kahéna (la). 212 et suiv. à 216.
Kahtan. 189.
Kaïcer (général fatem.). 352, 360, 363.
Kaïd (el), fils de Hammad (le Sanh.). 396, 400 et suiv., 405.
Kaïm (el) Abou-l'Kacem (khal. obéïdite). 306 et suiv., 322 et suiv., 329 et suiv., 334 à 346.
Kaïrouan. 203 et suiv., pass.
Kaïrouanites (quartier des). 269, 273.
Kaïs (tribu). 201 et suiv.
Kaïsites. 202 et suiv., 212 et suiv., 243 et suiv.
Kalâa (la) des Beni-Hammad. 389 et suiv., 394 et suiv., 405.
Kancila (beni). 183.
Kansara (tribu). 185.
Karl (Martel). 227 et suiv., 245.
Karmates (les). 332, 364, 368.
Karna. 276, 292.
Karn (el). 233.
Kartena (Ténès). 5 (voir Ténès).
Karthage. 2, 5 et suiv., 47 et suiv., 55, 56 et suiv., 101 et suiv., 110 et suiv., 160 et suiv., 177 et suiv.
Karthagène (voir Carthagène).
Kassem (el) (l'Edriside). 276, 280.
Kasrëïne. 273.
Kastiliya (pays de). 204, 216, 276, 307, 325.
Keba (tribu). 182.
Kechana (ou Kechata) (tribu). 185.
Kehlan (tribu). 190.
Kelb (tribu). 202.
Kelbites. 202 et suiv., 213 et suiv., 243 et suiv.

Kelbites (de Sicile). 384.
Kemlan (beni). 182, 330, 342 et suiv., 350.
Kenza (la Berbère). 260, 264, 265.
Kerama (le Sanhadjien). 396.
Kerbela (bataille de). 208.
Kerkinna (îles). 57, 71, 78.
Kerkouda (tribu). 182.
Kernita (tribu). 185.
Ketama (tribu). 183, 250, 254, 294 et suiv., 303 et suiv., 321, 343, 348, 379 et suiv.
Ketama (pays des). 294, 329.
Khafadja-ben-Sofiané (gén. arl.). 289.
Khaled-ben-el-Habib. 230.
Khaled-ben-Hamid. 230.
Khaled-ben-Yezid. 214 et suiv.
Khalifa-ben-Ouerrou. 399 et suiv.
Khalil (beni). 184.
Khalil-ben-Ishak. 340 et suiv.
Khalil-ben-Ouerd. 336.
Khalouf-ben-Abou-Beker. 382.
Kharedjisme. 201 et suiv., 271, 354 et suiv.
Kharedjites. 201 et suiv., 230 et suiv. à 255, 239 et suiv.
Khazer (beni). 327, 328, 376 et suiv., 385.
Khazradj (tribu). 192.
Khazroun-ben-Felfoul. 374 et suiv.
Khazroun-ben-Khazroun. 399.
Khazroun (beni). 387, 399 et suiv.
Kheirane (le Slave). 397 et suiv.
Kheïr (el) ben-Mohammed-ben-Khazer. 338 et suiv.
Kheïr (el) ben-Mohammed-ben-el-Kheïr-ben-Khazer. 367 et suiv., 375.
Kiana (mont). 349 et suiv., 389.
Kici (beni). 182.
Kirta (Cirta). 21.
Koceïla. 204 et suiv. à 211.
Koçour-Hassan. 214.
Koltoum-ben-Aïad. 231.
Korra (beni). 389.
Koréïchites. 191 et suiv.
Korrath (île de). 305.
Kosmana (tribu). 182.
Koufi (beni). 184.
Koumïa (tribu). 184.
Ksar-el-Ifriki. 292.
Ksar-el-Kahéna. 216.
Ksar-el-Kedim (el). 267.
Ksar-Masmouda. 372.

L

Labiënus. 76, 78.
Laevinus (consul). 34.
Lakhès (tribu). 186.
Lakhm (tribu ar.). 234.
Lambèse. 106, 108, 115, 119.
Lamforte. 134.
Lamta (Leptis parva). 78, 323.
Lamta (tribu). 186, 206, 277.
Laribus. 173 (voir El-Orbos).
Lar'ouate (tribu). 186.
Latana (tribu). 183, 303.
Lebida. 292.
Ledjaïa (ou Legaïa). 183.
Lehiça (tribu). 183, 303.
Lélius. 40, 47, 54.
Lélius (Décimus). 84, 85.
Lemaïa (tribu). 184, 318, 329.
Lemas (tribu). 186.
Lemdïa (voir Médéa).
Lemelli. 182.
Lemta. 78 (voir Lamta).
Lemtouna (tribu). 186.
Léon (royaume de). 223, 287, 354, 361, 390.
Lépide. 86, 87, 88.
Leptis magna. 2, 41, 101, 105, 133.
Leptis parva (Lamta). 64, 78, 159.
Leucoethiopiens. 22.
Levathes (Louata). 172 et suiv.
Libye. 3 et passim.
Libyens. 3 et passim.
Libye pentapole. 21.
Libye intérieure. 22.
Licinius. 128.
Liguriens. 64.
Lilybée. 12, 19, 20, 29.
Lipari. 16.
Lisbonne. 272.
Litua (Aurélius). 118.
Lodewig (emp.). 301.
Loire (fl.). 228.
Lokaï (tribu). 185, 316.
Longobards (les). 300 et suiv.
Lothophages. 4, 21.
Loua (race de). 181.
Louata (tribu). 174 et suiv., 182 et suiv., 259, 292 et suiv., 318.

Lucanie. 35.
Lucilla. 126.
Lucita. 121.
Lucullus. 70.
Lugo. 258.
Lupus. 107.
Lusitaniens (les). 25, 73.
Lutatius Catulus. 20.
Lyon. 229.

M

Maad (tribu). 190.
Maad-el-Moëzz (voir El-Moëzz).
Maadites (les). 190, 299.
Mâbed-ben-Khazer. 352, 358.
Macaire. 131.
Macer (Clodius). 103, 104.
Macrin. 112.
Madaure. 141.
Madghis-el-Abter. 181.
Madoun (beni). 187.
Magas. 69.
Magnence. 131.
Magon (am. karth.). 17, 89 et suiv.
Magon (frère de Hannibal). 28, 32, 36, 39, 41.
Magon (fils de Giscon). 37.
Mag'raoua (tribu). 186 et suiv., 206, 217 et suiv., 255, 260 et suiv., 271 et suiv., 317, 328 et suiv., 337, 349, 357 et suiv., 365 et suiv., 371 et s., 378 et suiv., 381 et suiv., 387, 399 et suiv.
Mag'reb. 182 et passim.
Mag'reb central. 188 et suiv., 354, 357 et passim.
Mag'reb extrême. 189 et suiv., 357 et suiv.
Maguer (beni). 185.
Mahomet. 192 et suiv.
Majores (ad). 106.
Majorien. 148.
Majorin. 126, 127, 130.
Makcen le Sanhadjien. 388 et suiv.
Makes. 21.
Makhled-ben-Keïdad. 338.
Makhlies. 4.
Malaga. 221, 244, 378.
Malte. 29, 148, 158, 289.
Malua, Malva (voir Molochath).

Mamertins. 12, 13, 14.
Mamet (beni). 187.
Mamma (plaine de). 169.
Mamoun (el) (khal. abb.). 271.
Mamtour. 203.
Manastabal. 51, 52, 58, 81.
Manche (prov. esp.). 223.
Mancinus (Lucius). 52, 53.
Mandracium. 161.
Maniakès (Georges). 404.
Manichéens. 141.
Manilius. 51.
Manlius. 16.
Mansour-ben-Nacer-et-Tonbodi. 274.
Mansour (el) Abou-Tahar-Ismaïl (khal. fat.). 346 à 356.
Mansour (el) ben-Abou-Amer (vizir om.). 375 à 390.
Mansour II (el) Abou-Djâfer (khal. abb.). 239.
Mansour (el), fils de Bologguine le Sanhadjien. 377 à 383.
Mansouria (el) (Sabra). 348, 356.
Mar'ar'a (tribu). 182.
Marc-Aurèle (emp.). 109, 111.
Marc-Aurèle-Antonin (voir Elagabal).
Marcellin (Flavius). 142.
Marcellus (M.-Cl.). 32, 33, 36, 78.
Marcellus (S'). 121.
Marcien. 147.
Marcien (byz.). 176.
Marcius (Caius). 35.
Marcus Livius. 36.
Mar'ila (tribu). 184, 244, 259, 337.
Marius. 57, 62 à 66, 67, 71.
Marius Priscus. 106.
Mar'ous (tribu). 185.
Marseille. 28.
Marsys. 106.
Mascizel. 133, 137.
Masintha. 68, 74, 82.
Maskara. 357.
Masmouda. 185, 206, 277.
Massa (B.). 104.
Massanassès. 82, 82.
Massinas. 168.
Massinissa. 33 à 49, 81.
Massissenses. 134.
Massiva. 37, 61.
Mastiman. 180.
Maternus (J.). 106.
Mathos. 22, 23.

Matidie. 108.
Matmata (tribu). 134, 318.
Matouça (tribu). 183.
Matr'ara (tribu). 184, 229.
Maures. 3 et passim, 99 et suiv.
Maurétanie ou Maurusie. 3 et pas.
Maurétanie césarienne. 95 et suiv.
Maurétanie orientale (césarienne et sétifienne). 119, 128.
Maurétanie sétifienne. 119 et suiv.
Maurétanie tingitane. 95, 119 et suiv., 128.
Maurice (emp.). 177.
Mauronte. 229, 245.
Maurusie (Maurétanie). 22.
Maxime (emp.). 136.
Maxence (emp.). 123 à 125.
Maximien Hercule. 117, 118, 122.
Maximin (le César). 122.
Maximin (le Goth). 113, 114.
Maximilien (St.). 121.
Maxyes. 139.
Mazara. 279, 361.
Mazippa. 92.
Maziques. 109, 134.
Mazouna. 337.
Mazuca. 134.
Mecellata (tribu). 182.
Mecheddala (tribu). 184.
Mecheli (beni). 186.
Mechta (tribu). 184.
Mecila (anc. Zabi). 329, 338, 350 et suiv., 359, 367, 388, 389 et suiv., 395.
Meçolla (la). 344.
Médéa (Lemdia). 337, 354.
Meden (beni). 187.
Medien ou Medin-ben-bou-l'Afia. 330, 338, 353.
Médina-Céli (ville). 354, 390, 392.
Médine. 192 (anc. Yatrib).
Médina-Sidonia. 235.
Mediouna (mont). 290, 329.
Mediouna (tribu). 184, 250.
Méditerranée 1 et passim.
Medjana (vile). 340.
Medjekça (tribu). 185.
Medjera (tribu). 183.
Medjerda (fl.), anc. Bagradas. 32, 72, 75.
Medjeris (tribu). 183.
Megna (voir Augma).

Meggara. 53, 55.
Medhi (el) B'Illah (voir Moh. petit-fils d'Abder-Rahman III.
Mehdi (el), kalife abb. 259.
Medhi (beni). 184.
Medhi (Messie). 293.
Medhi (le). Voir Obéïd-Allah.
Meddïa (el). 322 et suiv., 327, 332 et suiv., 340 et suiv., 343 et suiv., 351, 363, 400.
Meïcera, 230.
Meïcour (gén. fat.), 335 et suiv., 340, 342.
Meïmoun (gén. fat.). 295.
Meïmoun (le Midraride). 282.
Mekceta (tribu). 185.
Mekke (la). 191 et suiv., 364.
Mekkois. 192.
Meklata (tribu). 183, 184.
Meknès ou Meknas. 276, 320.
Mektoum (iman-caché). 293.
Mélano-Gétules, 22.
Melila (beni). 182, 183.
Mellikch (beni). 184.
Mellila (ville). 329 et suiv.
Melzouza (tribu). 185.
Membresa. 170.
Memmius (Caius). 61.
Mems. 219.
Menad, le Sanhadjien. 337.
Mengouch (beni). 187.
Menguellat (beni). 184.
Meninx (île de). 4.
Mensurius. 125.
Merah (l'Esclavon). 348.
Merana (beni). 184.
Merça-l'Karez (la Calle). 359.
Mercure (cap de). 161.
Merendjiça (tribu). 186.
Merida. 221.
Merine (beni). 187.
Mermadjenna. 198, 294, 308, 340.
Merniça (tribu). 183.
Merouane (beni). 184.
Merouane (khal. om.). 237 et suiv.
Merouane-ben-el-Hakem. 209.
Mesfaoua (tribu). 185.
Meskiana. 214, 308.
Meskour (beni). 183.
Meslama-ben-Mokhalled. 204.
Mesraï (tribu). 182.
Mesrata (tribu). 183, 186.

Mesrour (gén. fat.). 328.
Messala (tribu). 183.
Messala-ben-Habbous, 316, 325 à 328.
Messalta (tribu). 183.
Messine. 8, 12, 13, 298, 362, 404.
Messoufa (tribu). 186.
Messoun. 331.
Mestaoua (tribu). 185.
Metaoukkel (el) li-Dine-Allah (voir Ali-ben-Hammoud, l'Edricide).
Métaure (bataille de). 36, 37.
Métellus. 18, 57, 62 à 64, 71.
Métellus-Scipion. 76.
Metennane (tribu). 184.
Méthone. 87.
Metiona (tribu). 185.
Metouça (tribu). 183.
Mezab (beni). 187, 317.
Mézétule. 38, 42.
Mezguen (beni). 317.
Meziata (tribu). 183.
Mezita (Djebel). 349.
Mezr'anna (beni). 184.
Michel III, l'ivrogne (emp.). 286.
Micipsa. 48, 51, 57, 58, 81.
Miçouer (el). 250.
Midénos. 164, 165.
Midrar (beni). 281, 312, 327.
Miggis. 120.
Mikdas (tribu). 246.
Miknaça (tribu). 185, 230, 238 et s., 256, 259, 276, 316, 329, 358, 372, 374 et suiv., 385.
Mila. 261, 295, 203 et suiv., 380.
Milévum ou Mileu (Mila). 81, 97, 115.
Miliana. 337, 354.
Miloé. 16.
Miltiade (pape). 127.
Mina (riv.). 172, 276, 354.
Minée. 280.
Mithridate. 73.
Moannecer, fils d'El-Moëzz-ben-Atiya. 389 et suiv.
Moaouïa-ben-Abou-Sofiane. 200 à 205.
Moaouïa-ben-Hodaïdj. 203 et suiv.
Moaouïa, fils du khalife Yezid. 209.
Moatez (el), le Midraride. 227.
Moatez (el) l'Illah (Abou-Mohammed). 363, 374.
Modaffer (el), voir Abd-el-Malek (l'affranchi). 360, 363.
Moder (tribu ar.). 190.

Modérites (ou Modhérites). 256, passim, 288.
Moesa (Julia). 112.
Moëzz (el)-Abou-Temim-Maad (khalife fat.). 356 et suiv. à 370, 375.
Moëzz (el), fils de Badis le Sanhadjien. 394 et suiv., 400 et suiv., 405.
Moëzz (el), fils de Ziri-ben-Atiya. 389 et suiv., 399 et suiv.
Moezzia (el). 362.
Mohammed (beni). 184.
Mohammedïa (Mecila). 330.
Mohammed-ben-Abd-er-Rahman (l'oméïade). 287.
Mohammed-ben-Achath. 246 et suiv.
Mohammed-ben-bou-Aoun. 317 et s., 335.
Mohammed-ben-Edris II. 276, 280.
Mohammed-ben-el-Kheïr. 366.
Mohammed-ben-el-Kheir-ben-Kazer. 349.
Mohammed-ben-el-Djouari. 279.
Mohammed-ben-el-Habib. 294, 305.
Mohammed-ben-el-Fetah (ech-Chaker le Midr.). 358, 360.
Mohammed-ben-Hamza. 274.
Mohammed-ben-Khazer. 260 à 317.
Mohammed-ben-Khazer. 358 à 365.
Mohammed-ben-Mokatel. 262 et suiv.
Mohammed-ben-Tamlès (gén. om.). 372 et suiv.
Mohammed-ben-Yezid. 224.
Mohammed, fils d'Ibn-Korhob. 323 et suiv.
Mohammed, fils de Soleïman (l'Edr.). 271.
Mohammed, petit-fils d'Ad-er-Rahman III (El-Mehdi-l'Illah). 191, 192, 193.
Moheleb. 254.
Mokhtar (chef des Chiaïtes). 210.
Moktader (el) b'Illah, Khal. abb.) 311 à 322.
Moktafa (el). 398.
Moktefi (el), khal. abb. 306.
Molochath (Malva, Malua, Moulouïa). 21, 34, 45, 58, 67, 119 (voir Moulouïa).
Monastir. 77, 262.
Monïa-t-el-Kheïl. 263.
Monothélites. 277.
Mons-Ferratus (le Djerdjera). 117.

Montaçar (el) el Yaçaa. 282.
Montaçar (el), son fils. 282.
Mont-Cassin. 302.
Mor'eïra-ben-Bachir. 261.
Morra-ben-Makhled. 263.
Mostaïn (el), voir Soleïman.
Mostancer (el), (khat. fat.) 69 et suiv.
Mostancer (el) b'Illah. 363.
Motadhed (el), (khal. abb.) 296.
Motya. 8.
Moualat (tribu). 185.
Mouaïed (el) ben Salah. 330.
Mouça-ben-bou-l'Afia. 327 à 338.
Mouça-ben-Horeïth. 294.
Mouça-ben-Noceïr. 217 à 222.
Moudja (tribu). 184.
Mouès (tribu). 182.
Mouferredj-ben-Salem. 301.
Moulit (tribu). 184.
Moulouïa (fl.). 21, 238 et suiv., 260, 276, 312, 328, 331, 371, 375, 389.
Moundhir. 298.
Moundir (ouali esp.). 397.
Mounès (l'eunuque). 323.
Moussa (beni). 185.
Moussa II (chef esp.). 287.
Moushafi (el), vizir om. 373.
Munatius (Félix). 122.
Munda. 83.
Murcie. 326.
Musones. 134.
Musulames. 87, 90 à 92.
Muthul. 62.

N

Nador (mont). 164.
Nador (En) l'observatoire. 350.
Nal (beni). 185.
Namphamo. 121.
Naples. 300 et suiv., 333, 361.
Naravase. 23, 24, 34.
Narbonne. 229, 245.
Nasamons. 4, 21, 45, 73, 91, 105, 274.
Nasr.-ben-Habib. 261.
Navarre. 361.
Nedjd. 192 et suiv.
Nefouça (monts). 292.
Nefouça (tribu). 183 et suiv., 253, 270, 296, 327.
Nefis. 206, 271.
Nefza. 259.

Nefzaoua (tribu). 183 et suiv., 246, 258, 309.
Negaous. 483.
Nehrouane (bat. de). 201.
Nekkariens. 338 à 352, 366.
Nemzi (beni). 187.
Nephéris. 51, 53, 54.
Népos (Marcus). 49.
Néron (Caius). 36, 37.
Néron (emp.). 101, 103.
Nerviana (aug. mart. col.). 106.
Nestorius. 141.
Nicéphore (patrice). 202.
Nicétas (gén. byz.). 362.
Nidja (tribu). 183.
Niébla. 236.
Nini (Ouad). 214.
Nokour. 248, 255, 288, 325, 330, 386.
Normands (les). 287.
Normands (de Sicile). 401 à 405.
Nouba. 297.
Novempopulanie. 139.
Nubel. 133.
Numance. 58.
Numidie, 21, 34 et suiv., 56, 95 et suiv., 128 et suiv.
Numidie cirtéene. 119.
Numidie militaire. 119.

O

Oamer. 154, 159.
Obéïda-ben-Abd-er-Rhaman. 226.
Obéïd-Allah-ben-Habhab. 229 à 231.
Obéïd-Allah le Mehdi. 305 et suiv., 312 et suiv. 318 à 332.
Obéïdites. 242 et suiv.
Océan Atlantique. 5 et suiv., 206 et suiv., 360.
Octave (César-Octavien). 84 à 89.
Octavie. 89.
Odoacre. 150.
Oea (Tripoli). 105.
Okacha-ben-Aïoub. 232.
Okba-ben-el-Hadjadj. 220.
Okba-ben-Kodama. 229.
Okba-ben-Nafâ. 194, 203 et suiv. à 207.
Omaïr-ben-Moçaab. 269.
Omar II. 224.
Omar-ben-el-Khattab (3° khalife). 193, 194.

Omar-ben-Hafçoun. 298.
Omar-ben-Hafs, dit Hezarmed. 249 et suiv.
Omar-ben-Othman. 253.
Omar-ben-Moaouïa. 273.
Omar-el-Moradi. 229.
Omar fils d'Edris II. 276, 280.
Ombrie. 31.
Oméïades (d'Orient). 201 et suiv.
Oméïades (d'Espagne). 245 et suiv., 349, 353, 372, 378 et suiv., 388 et suiv., 397.
Ophellas, 10.
Opimius (Lucius). 59.
Oppas. 218.
Oppellas. 69.
Optat (S'.), évêque. 141.
Optatus (év.). 138.
Opus (Léon). 403
Oran. 317, 331, 335, 357, 358, 371, 382, 388.
Orbos (el) (Laribus). 251, 261, 275, 295, 307, 340 et suiv.
Ordoño I. 287.
Ordoño II. 359.
Ordoño IV (le Mauvais). 361.
Oreste (gén. byz.). 402.
Orient (préfecture d'). 128.
Oroscopa. 48.
Orséolo (P.), doge, 401.
Orthaïas. 168 et suiv.
Ostrogoths. 149, 154.
Othmane (4° khalife). 195, 196 à 200.
Othmane (beni). 184.
Othmane (off. berbère). 227.
Othon I (de Saxe). 364, 377.
Othon II. 377.
Othon (emp. rom.). 103.
Otrante. 302, 356.
Ouacil (tribu). 183.
Ouacine (beni). 187, 371.
Ouaçoul (beni). 255, 276, 281, 358, 363.
Ouadah l'affranchi (gén. om.). 388 à 392.
Ouad (ou Oued) Bekka. 200.
Ouad-el-Metahen. 329.
Ouad-Isli. 383.
Ouad-Remel. 294.
Ouad-Rir'. 317.
Ouad-Sehar. 330.

Ouad-Ziz. 243.
Ouaddane. 195.
Ouadjdidjen ou Ouagdiguen (tribu). 187, 395.
Oualid (khal. om.). 220.
Ouanoudine (beni). 388.
Ouanoudine-ben-Khazroun. 377 et suiv., 399.
Ouarekcen. 377.
Ouarensenis (mont). 382.
Ouarghou (tribu). 186, 338.
Ouargla (tribu). 187.
Ouarmekcen (tribu). 184.
Ouar'mert (tribu). 187, 395.
Ouartene (beni). 185.
Ouattas (tribu). 185.
Ouazguit (beni). 187.
Oucil (beni). 185.
Oudjana (tribu). 183.
Oudjda (ville). 383, 400.
Ouemannou (tribu). 187, 271.
Ouennour'a (tribu). 184.
Ouergha (tribu). 182, 277.
Ouerrou-ben-Khazroun. 394 et suiv.
Oulhaça (tribu). 183.
Oulili. 206, 259 et suiv. 268 et suiv., 277.
Ourak (tribu). 186.
Ourcif (tribu). 183.
Ourcifen (tribu). 186.
Ourfeddjouma (tribu). 183, 242, 245, 254.
Ourfel (tribu). 183.
Ourflas (tribu). 185.
Ourgma (tribu). 186.
Ouriagol (beni). 183.
Ouricen (tribu).
Ouridjen (Ouriguen), tribu. 182.
Ouridous (tribu). 185.
Ourifleta (B.). 185.
Ourika (B.). 185.
Ournid (B.). 186.
Oursettif (tribu). 185.
Ourstif (tribu). 183.
Ourtadjen (beni). 187.
Ourtagot (beni). 182.
Ourtandja (tribu). 185.
Ourtantine (tribu). 186.
Ourtedine (tribu). 183.
Ourtedous (tribu). 185.
Ourtezmar (tribu). 186.
Ourtifa (tribu). 185.

INDEX DES NOMS PROPRES

Outzila (tribu). 186.
Ouzdadja (tribu). 184, 292.
Ouzeldja (tribu). 184, 292.
Ou-Zeroual (beni). 185.

P

Paccianus (ou Pacciœcus). 72.
Pagida (fl.). 92.
Palerme. 146, 280, 297, 325, 333, 336, 355 et suiv.
Pallade. 133.
Pampelune. 390.
Panchariana. 134.
Panorme. 18 (voir Palerme).
Papirius. 104.
Pappua (mont). 164.
Parœtonium. 88.
Passiénus (Vibius). 116.
Paul (off. byz.). 131.
Paul-Emile. 31, 32.
Paullinus (Suetonius). 94.
Paulus (évêque). 122, 125.
Pélage (Esp.). 226, 243.
Pélagie. 143 (note).
Pélagiens et Semi-Pélagiens. 141.
Pélagius. 172.
Péloriade (monts). 291.
Peppin le Bref. 245.
Périple de Hannon. 6.
Perpétue (Ste). 112.
Pertinax. 109.
Pétréius. 80.
Pétrone Maxime. 147.
Pétus (L.-A.). 91.
Pharsale. 71, 65.
Phazanic (Fezzan). 91, 105.
Philènes (autel des). 68.
Philippe (l'Arabe). 115.
Philippe (roi de Macédoine). 33.
Philippes (bataille de). 115.
Phocas (centurion). 117.
Phocas Manuel. 362.
Phocas Nicéphore. 302, 361, 362, 364.
Phocéens (les). 6, 7.
Physcon. 69, 70.
Picénum. 31.
Pisans (les). 401 et suiv.
Pison (Calpurnius). 52.
Pison (L.). 95, 104.
Placidie. 142, 147.

Plaisance. 30.
Platée (bat. de). 68.
Platha. 278 et suiv.
Pline. 56.
Pline le jeune. 107.
Pô (fl.). 29.
Poitiers. 228.
Polizzi. 291.
Polybe. 66.
Polyorcète. 69.
Pompée. 71, 74, 76
Pompée (Cnéius). 72, 83.
Pompée (Sextus). 87.
Pomponianus (Vibius). 116.
Porto. 258.
Porto Farina. 75.
Pouille. 302, 384, 404.
Prairie (bat. de la). 209.
Probinus (proc.). 136.
Probus. 117.
Proconsulaire. 89 et suiv., 95 et suiv., 151.
Procope. 157.
Provence. 229, 330, 374.
Prusias. 46.
Psammétik I. 3.
Psylles. 4, 45.
Ptolémée-Evergète. 69.
Ptolémée le Lagide. 69.
Ptolémée-Philadelphe. 18, 79.
Ptolémée-Philomètor. 69. 70.
Ptolémée (roi de Maurétanie). 92 à 95, 99.
Pudentius. 156, 165, 172.
Pulcher (Claudius). 19.
Purpurariæ (Madère). 90.
Purpurius. 125, 126.
Pyrénées. 18, 32, 36, 222, et suiv. 257, 272.
Pyrrhus. 11, 12, 13 et suiv.

Q

Quiétus (Lusius). 107, 108.
Quinquégentiens. 115 à 120, 133.
Quodvuldéus (év.). 146.

R

Rached (beni). 189.

Rached l'affranchi. 259, 260 et suiv., 268.
Rached (mont). 371.
Rachik (gén. fatem.). 347.
Rakka. 311.
Rakkada (ou Rokkada). 290, 303, 308 et suiv., 340 et suiv., 365.
R'alboun (l'arlebite). 274.
R'aleb (l'affranchi). 359, 372, 378.
Rametta. 362 et suiv. 404.
Ramire II (de Léon). 354.
Ramla. 365.
Rapidi (Sour Djouab). 108.
R'ariane (monts). 91.
R'ariane (tribu). 182.
R'arzoul (beni). 186.
Ras-Dimas. 79.
R'asman (tribu), 183, 295.
R'assaça (tribu). 183, 295.
Raymond (comte de Barcelone). 392. 397.
Rebia (tribu). 190.
Rebia ben Sliman (gén. arl.). 316.
Récimer. 148.
Reçouren (tribu). 183.
R'edir. 349.
Reghioua (tribu). 183.
Regio (Esp.). 236, 298.
Reggio (Ital.). 356, 361, 363, 401.
Région Syrtique. 21 et suiv.
Regraga (tribu). 185.
Régulus. 16 à 18.
Rhige. 12, 13.
Rhône. 28, 229.
Riatha. 259, 276.
Rif, passim. 248. 255, 276, et suiv., 316, 330, 335, 358 et suiv., 363, 368, 372 et suiv.
Righa (beni). 186.
Rihan le Ketamien. 328.
Robert de Hauteville, dit Wiscard. 405.
R'obrine (beni). 184.
Roderik (le Goth). 218.
R'odjama (tribu). 186.
Rogathinus. 176.
Rogatus. 132.
Rokkada (voir (Rakkada).
Romain II (emp.). 362.
Romanus (le comte). 133.
R'omara (pays des). 330 et suiv.
R'omara (tribu). 185, 205, 218, 275, 276, 313, 360, 372 et suiv.

Rome. 4 et suiv. (toute la 1re partie) 147, 301, 378.
R'omert (pays des). 349.
R'omert (tribu). 187.
Romulus (Augustule). 150.
Roncevaux. 257.
Ronda. 245.
Rosette. 326.
Rostemide (dynastie). 248 et suiv., 260, 271, 282, 307.
Rouaïfi. 203.
Rouh-ben-Hâtem. 258 et suiv.
Rufin. 168.
Rufus (M.). 62, 76.
Rufus Volusianus, 124, 130.
Rurice. 133.
Rusagus. 133.
Rusicada (Philippeville). 84, 97, 108.
Ruspina. 77.
Rusucurru (Dellis). 115.

S

Sabas (St.). 156.
Sabinianus. 115.
Sabra. 195. 348, 356, 377.
Sabura. 75, 79.
Sadate (les). 191.
Sadixa (tribu). 184.
Safi (le rénégat). 401.
Safraoua (ou Sofroï). 327, 399.
Sagonte. 26. 27.
Saguïet-Mems. 348.
Saïd-ben-Aced. 325.
Saïd-ben-Khazroun, 381.
Saïd (petit-fils de Salah-ben-Mansour). 255.
Saïd (descendant dudit). 325.
Saïd (province d'Egypte). 326.
Saïn le Slave. 333.
Saint-Siège (état du). 301 et suiv.
Salabus. 95.
Salah (beni) de Nokour. 335.
Salah-ben-Mansour. 248.
Salah-ben-Nacir. 258.
Salah, fils de Saïd de Nokour. 325.
Salah, fils de Tarif. 238, 255.
Salah (l'eunuque), général ar'lebite. 295.
Salamanque. 258.
Salamine. 7.

Salat (mont.). 349.
Salat-ben-Ouazmar. 199.
Saldé (Bougie). 5, 58, 67, 68, 84, 90, 102, 119.
Salé. 277, 281; 383, 399.
Salemïa. 294.
Salerne. 300, 363, 377, 401, 404.
Saline (la). 160.
Salluste. 78, 81.
Salmacès. 133.
Salomon (gén. byz.). 157, 165, 167, 169 à 172.
Samah (es). 225.
Sanaës. 121.
Sancho (de Castille). 359, 361, 392.
Sanchol (voir Abd-er-Rahman).
Sandal (le Nègre). 335.
Sanhaga (race). 182 et suiv.
Sanhadja (tribu). 44, 184, 217, 250, 303 et suiv., 337 et suiv., 343, 347, 357, 365 et s., 371 et s., 388 et suiv.
Sanhadja-au-litham (voile). 186, 229.
Saône (fleuve). 229.
Saragosse. 244. 257, 397.
Sardaigne. 23, 25 et suiv., 149, 158 et suiv., 218, 336.
Sardenia. 369.
Sar'mar (beni). 186.
Satate (tribu). 183.
Satfoura. 213.
Saturnin. 112.
Sbéïtla. 196 et suiv.
Scaurus. 88.
Scipion (Cnéius). 36.
Scipion (Emilien). 49, 51, 57.
Scipion (Métellus). 76, 78.
Scipion (Publius). 28, 29, 35 à 43, 46, 51 à 56.
Sebiba. 210, 347.
Sebkha de Tunis. 274.
Sebou (riv.). 231, 259, 269.
Secundus. 126.
Sedjerda (tribu). 185.
Sedka (tribu). 184.
Sedouikech (tribu). 184.
Sedrata (tribu). 182, 259.
Sekçioua (tribu). 185.
Sekour (beni). 186.
Selinonte. 7.
Semindja. 241.
Sempronius. 27, 29, 30.
Septimanie. 245.

Seressou (plateau du). 395.
Sergius. 172, 173.
Sertorius. 71, 72, 73.
Setif. 115, 294, 305, 307, 380.
Sévère (Alexandre), emp. 113.
Sévère (Septime), emp. 110 à 112. 122, 124.
Séville. 236, 245, 298, 321.
Sextius (T.), proconsul. 71, 83 à 86.
Sfax. 324, 370.
Sicard (de Naples). 283.
Sicca (ou Sicca-Vénéria) (le kef). 22, 146, 150, 173, 258.
Sicile. 10 et suiv., 149, 153, 203 et suiv., 218, 226, 231, 271 et suiv., 297 et suiv., 301, 320, 323 et suiv., 336, 355 et suiv., 361 et suiv., 377 et suiv., 384 et suiv., 401 et suiv.
Sidjilmassa (Tafilala). 218, 243, 255, 281, 312 et suiv., 327 et suiv., 357 et suiv., 360 et suiv., 367, 371 et s., 387 et suiv., 399 et suiv., 404.
Sidon, 4.
Sidona (Médina). 236.
Siga. 21, 34, 102.
Sigiswulde. 143.
Sikka (voir Sicca).
Siline (beni). 184.
Siméon (roi des Bulgares). 327.
Simsam le Kelbite, 404.
Sindjas (beni). 187.
Sisebert. 218.
Sitifis. 90, 133, 134, 171 (voir Setif).
Sittiens. 81, 85, 86, 90.
Sittius (P. Nucérinus). 71, 78, 80, 81, 84.
Slave (le), voir Abd-er-Rahman-ben-Habib.
Slaves (les). 333, 396.
Socuzis. 113.
Sofiane (général ar'l.). 270.
Sofrites (Kharedjides). 255.
Sofrisme. 355.
Soleïman-ben-Horéïz (dit Ech.Chemmakh). 260.
Soleïman (général arabe). 258.
Soleïman (frère d'Edris). 260.
Soleïman (khal. om.). 222.
Soleïman-el-Mostaïn l'Illah. 392, 396.
Soléïs (promontoire de). 3.
Sophonisbe. 38, 41.
Sort. 246.

Souça. 203 et suiv., 278, 297, 341 et s.
Soudan. Passim, 230.
Souf-Djimar (O. Remel). 294.
Souk-Ahras. 42.
Souk-Hamza, voir Hamza.
Soumata (tribu). 183.
Soumaïl-ben-Hâtem. 243.
Sous. 218, 229, 276.
Spendius. 22, 23.
Spolète. 302.
Stilicon. 137.
Stozas. 169, 170, 173.
Suffete. 6.
Suèves. 138, 143.
Suisse. 331, 373.
Suthul. 61.
Sylectum. 159.
Sylla. 65 à 67, 71, 72.
Sylvain. 125.
Syphax (ou Sifax). 34 et suiv. à 42, 48, 81.
Syracuse. 8, 33, 158, 203, 231, 279, 289, 291, 404.
Syrie. Passim, 364, 368 et suiv.
Syriens. 231 et suiv.
Syrthes. 4 et passim.
Syrtes (Grande). 3 et pas.
Syrte (Petite). Ibid.
Syrtique (région). 21 et suiv.

T

Taaleba. 235.
Tabari (beni). 355.
Tabarka. 119, 138, 241, 359.
Tacfarinas. 67, 92 à 96.
Tacite. 106.
Tafilala (voir Sidjilmassa).
Tagarboucet (mont). 350.
Takin. 326.
Takious. 338.
Talha. 195 à 200.
Tamesna. 277.
Tanger. 25, 73, 215, 218 et suiv. 229, 259, 321, 357, 372 et suiv., 386 et suiv., 396.
Tanit. 56.
Taormina. 291, 297, 302, 362.
Taourgha. 296.
Tarente. 14, 35, 36, 301, 378.
Targa (touareg). 186.

Tarif. 208.
Tarifa. 220.
Tarik. 218 et suiv.
Tarsoun (Darsoun). 184.
Taurus (Statilius). 87, 91, 102.
Taza. 276, 316, 328, 331.
Tazrout. 295, 304.
Tebessa (Théveste). 172 et suiv., 308, 340 et suiv., 389.
Teçoul. 276, 316, 331.
Tedla. 260, 383.
Tchouda. 206 et suiv., 250, 288.
Telkata (tribu). 184, 185, 337.
Temesna. 260.
Temim-ben-Yâla (l'Ifrenide). 399 et s.
Temman-ben-Temim. 263.
Tenès. 331, 388 (voir Cartenna).
Tergha. 276.
Terin (beni). 185.
Tertullien. 112.
Tessin (combat du). 29.
Tetouane. 276, 376.
Thabet (beni). 184.
Thagaste (Souk-Ahran). 141.
Thala. 63, 64, 93.
Thamugas (Timgad). 106, 131, 138, 171.
Thapsus. 45, 71, 79, 80.
Thénæ (Tina). 55.
Théoctiste. 176.
Théodore (offic. byz.). 170.
Théodore (préf. byz.). 176.
Théodoric. 152, 153.
Théodose (comte). 134, 135.
Théodose (général puis empereur). 136.
Théodose II (emp.). 139, 147.
Théra (île de). 3.
Théérens (Grecs). 68.
Thermida. 89.
Theveste (Tébessa). 25, 89, 106, 108, 137, 146 (v. Tébessa).
Thrace. 402.
Thumar. 71.
Thydrus (El-Djem). 79, 80, 113 (voir El-Djem).
Tibère (emp.). 91, 93, 96, 102.
Tibère II (emp.). 177.
Ticisi (ou Tigisis). 126, 169.
Tidjist. 307.
Tifech. 292, 308.
Tigherine (beni). 187.

Tiharet. 206 et suiv., 231, 244, 248 et suiv., 255, 260, 271, 317, 321, 335, 349 et suiv., 360, 367, 377, 380, 388 et suiv., 396.
Tikiça. 276.
Tikine-el-Khezari. 323.
Timoléon. 9.
Tinemellal (monts). 271.
Tinemellal (tribu). 185.
Tingis (Tanger). 5, 72, 87, 102 (voir Tanger).
Tipaza de l'Est. 309.
Titeri (mont. de). 337.
Titus (emp.). 105.
Tlemcen. 205, 238 et suiv., 255, 260, 271, 277, 317, 330, 338, 353. 368, 382, 399.
Tobna. 248, 250 et suiv., 254, 258, 288, 307, 338, 349 et suiv., 367, 388, 396.
Tolède. 221, 234, 287, 391 et suiv.
Tonboda (château de). 274.
Torghian (tribu). 184.
Tota (reine de Navarre). 361.
Touaba-ben-Selama. 243.
Toudjine (beni). 185, 395.
Toufourt (beni). 186.
Toulaline (beni). 185.
Toulounites (les). 291, 295.
Toulouse. 226.
Touzer. 338 et suiv.
Traïana. 404.
Trajan (emp.). 106, 107, 111.
Trapani. 302.
Trasamond. 153.
Trasimène (bat. de). 29, 30.
Trébie (bat. de). 29. 30.
Tricamara (bat. de). 163.
Trigétius. 145.
Tripoli (Oea). 110 et suiv., 187, 321, 334, 369, 390, 399.
Tripolitaine. 95 et suiv., 119, 128, 187 et suiv., 375.
Triton (lac de). 4, 29, 119.
Troglita (Jean). 174 et suiv.
Troglodytes. 4, 21, 45, 91.
Tubuna (Tobna). 142 (voir Tobna).
Tubusuptus (Tiklat). 193, 134.
Tunès (Tunis). 2, 17, 23, 40, 32, 51.
Tunis (Tunès). 162 et suiv., 215 et suiv., 295 et suiv., 341, 346 et s.
Turbo (Marcius). 107, 108.

Tusca (fl.). 55.
Typaza. 132.
Tyr. 4, 45.
Tyriens (les). 2.
Tzazon. 158 et suiv., 163.

U

Uliaris (off. grec). 164.
Utique. 2, 11, 23, 24, 40 à 42, 49 à 55, 60, 62, 64, 72, 74, 75, 80, 85.

V

Vacca (Badja). 62, 63, 79, 146 (voir Badja).
Val Demone. 320.
Valentinien I (emp.). 133.
Valentinien II (emp.). 135.
Valentinien III. 142, 146, 147.
Valérie (voir Byzacène).
Valérien (emp.)., 115, 116.
Vandales. 138, 140 à 167.
Varron. 31.
Varus (Attius). 75, 76.
Venise, 279.
Ventidius (P.). 84, 85.
Vermina. 39, 42, 44, 81.
Vespasien (emp.). 104, 105.
Vindex. 103.
Vitellius (emp.). 104.
Vizigoths (ou Wizigoths). 146 et suiv.
Volks. 28.
Volux. 66.

W

Witekind. 257.
Wittiza. 218.

X

Xanthippe (gén. lac.). 17, 18.
Xérès. 245.
Xerxès. 7, 68.

Y

Yabdas. 168 et suiv.
Yahïa-ben-Hamdoun. 367 et suiv., 373, 388 et suiv.

Yahïa-ben-Mohammed-et-Todjibi (général om.). 372 et suiv.
Yahïa-ben-Moussa. 262.
Yahïa-ben-Selama (le Kelbite). 226.
Yahïa, fils d'Ali-ben-Hammoud (l'Edri.) 397 et suiv.
Yahïa, fils d'Edris II. 277, 390.
Yahïa, fils du précédent. 290, 316, 327.
Yahïa, fils d'Edris-ben-Omar. 316.
Yahïa, fils de Kacem-ben-Edris. 290.
Yakoub-ben-Ishak (gén. fat.). 347.
Yaktan (le Rostem.). 317.
Yaktin. 261.
Yala-ben-Mohammed. 353, 357 à 375.
Yarbas (ou Hiertas). 67, 71, 72, 82.
Yas-(el)-ben-Abd-er-Rahman. 240.
Yas-(el)-ben-Mansour. 292.
Yas (el), fils de Salah. 255, 374.
Yatrib (Medine). 192 et suiv.
Yectan. 189.
Yedder-ben-Lokman. 395.
Yeddou-ben-Yàla. 378.
Yéménites (passim), 245 et suiv., 256, 288, 299.
Yenni (beni). 184.
Yezid I (khal.). 205 à 209.
Yezid II. 225.
Yezid-ben-Abou-Moslem. 225.
Yezid-ben-Hâtem. 253 à 258.
Yezid, fils d'Abou-Yezid. 339.
Yol et Yol-Césarée (Cherchel). 5, 72, 87, 90, 95, 102, 112,
Youçof (descendant d'Okba). 243.
Youçof-el-Kelbi. 402.
Youçof, fils d'Abd-Allah-ben-el-Kateb. 379 et suiv.
Younos, fils d'El-Yas. 371
Youtanan (tribu). 185.

Z

Zab. 65, 171 et suiv., 206, 211 et s., 330, 339 et suiv., 350 et suiv., 367, 394.
Zabi (Mecila). 171.
Zacinthe. 157.
Zahira (le château de). 391.
Zaïdiya. 260.
Zaïn (ouad). 55.
Zama. 21, 41 à 43, 63, 80 à 86.
Zalane (beni). 184.
Zamora. 258.
Zamma. 133.
Zanaga. 206.
Zaouèkes. 4.
Zaoui le Sanhadjien. 388, 391 et s., 396 et suiv.
Zarzas. 24.
Zatima (tribu). 183.
Zeddjak (beni). 186.
Zeddjala (tribu). 183.
Zeggaoua (tribu). 182, 186.
Zeglaoua (tribu). 184.
Zeggou-el-Mezati. 344.
Zeggoula (tribu). 183.
Zegguen (tribu). 186.
Zehila (tribu). 182.
Zehkoudja (tribu). 183.
Zeïdane (l'affr.). 337.
Zeldoui (tribu). 183.
Zembia. 132.
Zemraoua (tribu). 186.
Zenara (tribu). 182.
Zenas. 124.
Zenata (race). 181 et suiv.
Zendak (beni). 186, 187, 339.
Zenètes. 44, 181 et suiv.
Zénon (emp.). 150, 152.
Zerbula. 171.
Zerdal (tribu). 187.
Zerikof (tribu). 184.
Zeugitane. 95, 147.
Zézius (év.). 130.
Ziadet-Allah I (l'ar'l.). 270, 272 à 280.
Ziadet-Allah II (le jeune). 288.
Ziadet-Allah III. 303 à 310.
Ziadet-Allah (frère d'Abou-Ibrahim). 286.
Ziri-ben-Atiya. 379 et suiv., 384 à 389.
Ziri-ben-Menad. 337, 343, 344, 347, 350, 352 et suiv., 359 et suiv., 367, 392.
Ziyad (beni). 186.
Zobèïr. 195 et suiv. à 200.
Zoé (impér.). 324, 327.
Zohéïr-ben-Kaïs. 205, 210.
Zohéïr-ben-R'aouth. 200.
Zouaoua (tribu). 184, 303.
Zouar'a (tribu). 186, 259, 269.
Zouïla (faub. d'El-Mehdïa). 323, 343 et suiv.
Zouïla du Fezzan. 194.

www.ingramcontent.com/pod-product-compliance
Lightning Source LLC
Chambersburg PA
CBHW070201240426
43671CB00007B/505